Nachfragemacht auf Arbeitsmärkten

Mario Meinzer

Nachfragemacht auf Arbeitsmärkten

Eine Untersuchung der Ausnahmebereiche und Anwendung des Kartellverbots und der Fusionskontrolle im Lichte von Koalitionsfreiheit und Kollektivautonomie

Springer

Mario Meinzer
Juristische Fakultät
Universität Tübingen
Tübingen, Deutschland

D21

ISBN 978-3-658-52575-0 ISBN 978-3-658-52576-7 (eBook)
https://doi.org/10.1007/978-3-658-52576-7

Die Deutsche Nationalbibliothek verzeichnet diese Publikation in der Deutschen Nationalbibliografie; detaillierte bibliografische Daten sind im Internet über https://portal.dnb.de abrufbar.

Springer ist ein Imprint der eingetragenen Gesellschaft Springer Fachmedien Wiesbaden GmbH und ist ein Teil von Springer Nature.
Die Anschrift der Gesellschaft ist: Abraham-Lincoln-Str. 46, 65189 Wiesbaden, Germany

Vorwort

Diese Arbeit wurde im Wintersemester 2025/2026 von der Juristischen Fakultät der Eberhard Karls Universität Tübingen als Dissertation angenommen.

Mein besonderer Dank gilt meinem Doktorvater, Herrn Prof. Dr. Stefan Thomas, für die wertvollen Anregungen zu den Schwerpunkten der Arbeit, die gewissenhafte wissenschaftliche Begleitung und das mir während der gesamten Bearbeitungszeit entgegengebrachte Vertrauen.

Herrn Prof. Dr. Christian Picker danke ich herzlich für die hilfreichen Anregungen im Zweitgutachten und die arbeitsrechtliche Perspektive, die er eingebracht hat.

Zu Dank verpflichtet bin ich auch meinem früheren Arbeitgeber, der Sozietät Gleiss Lutz, die mit ihrem Promotionsmodell diese Arbeit ermöglicht hat.

Von Herzen danken möchte ich meinen Eltern und meiner Familie. Ohne ihren Rückhalt, ihre Geduld und Unterstützung in allen Phasen meiner Ausbildung und während der Anfertigung dieser Arbeit wäre die Promotion nicht möglich gewesen. Ihnen ist diese Arbeit gewidmet.

Rechtsprechung und Literatur befinden sich auf dem Stand der Einreichung am 7. Juli 2025.

Stuttgart im April 2026

Mario Meinzer

INHALTSVERZEICHNIS

EINFÜHRUNG

A. PROBLEMSTELLUNG UND ZIELSETZUNG

Die Arbeitsmarktordnung, wie sie in Deutschland und in vielen anderen Mitgliedstaaten der Europäischen Union gelebt wird, steht in einem Spannungsverhältnis zu einer Wettbewerbsordnung, die das Kartellrecht schützen will. Die Akteure[1] formieren sich auf beiden Marktseiten zu mächtigen Koalitionen (Gewerkschaften und Arbeitgeberverbände), die Arbeitsbedingungen und damit Wettbewerbsparameter für ihre Mitglieder kollektiv verhandeln und mit normativer Wirkung vertraglich fixieren. Der wettbewerbliche Allokationsmechanismus wird dadurch entkräftet. Seine dezentrale Ordnung wird durch eine gewisse Zentralisierung und Bildung von kollektiver Marktmacht ersetzt. Auf anderen wirtschaftlichen Märkten schützen das Kartellverbot und die Fusionskontrolle den Wettbewerb vor einer derartigen Machtbildung durch Unternehmen.

Als wesentlicher Grund für diese Sonderstellung von Arbeitsmärkten wird vielfach eine strukturelle Unterlegenheit der Arbeitnehmer bzw. eine strukturelle Übermacht der Arbeitgeber angeführt.[2] Aus wettbewerbsökonomischer Perspektive spricht man insoweit von Nachfragemacht. Darunter ist allgemein die Fähigkeit eines Nachfragers zu verstehen, die Einkaufsbedingungen zu seinen Gunsten zu beeinflussen, ohne dass dies auf Effizienzen beruht.[3] Dementsprechend wäre ein Arbeitgeber nachfragemächtig, wenn er Löhne und andere Arbeitsbedingungen einseitig zu seinen Gunsten beeinflussen kann. Im Vergleich zu Produktmärkten lässt sich nicht ohne weiteres annehmen, dass diese Fähigkeit überhaupt auf Effizienzen beruhen kann. Denn produktive Effizienzen wie Skaleneffekte durch eine höhere Abnahmemenge (*economies of scale*) scheint es auf Arbeitsmärkten *prima facie* nicht zu geben. Diese Arbeit will sich der Diagnose und dem Umgang mit Nachfragemacht auf Arbeitsmärkten aus wettbewerbsökonomischer und kartellrechtlicher Perspektive widmen. Damit verbunden ist die Frage, wie und

---

1 Soweit im Rahmen dieser Arbeit Personenbezeichnungen verwendet werden, ist die männliche Form nur als *pars pro toto* zu verstehen. Sie wurde zur besseren Lesbarkeit gewählt. Die Personenbezeichnungen beziehen sich ausdrücklich auf alle Geschlechter.

2 Stellvertretend BVerfG, Beschl. v. 26.6.1991, 1 BvR 779/85, BVerfGE 84, 212, 229; BVerfG, Urt. v. 4.7.1995, 1 BvF 2/86 u.a., BVerfGE 92, 365, 395; BAG, Urt. v. 19.6.2007, 1 AZR 396/06, NZA 2007, 1055, 1057; *Säcker*, Gruppenautonomie und Übermachtkontrolle im Arbeitsrecht, 1972, S. 88 ff., 92 ff.; *Rieble*, Arbeitsmarkt und Wettbewerb, 1996, Rn. 100 f.; *Fastrich*, RdA 1997, 65, 77; *Oppolzer*, AuR 1998, 45, 49 ff.; *Söllner*, NZA-Beil. 2000, 33, 34; *Schubert*, RdA 2001, 199, 206; *Bayreuther*, Tarifautonomie als kollektiv ausgeübte Privatautonomie, 2005, S. 58, 66; *Vaupel*, Die Kompensation von Ungleichgewichtslagen im Arbeits- und Verbraucherrecht, 2006, S. 52 ff.; *Arnold*, Betriebliche Tarifnormen und Außenseiter, 2007, S. 240 ff.; *Ulber*, Tarifdispositives Gesetzesrecht im Spannungsfeld von Tarifautonomie und grundrechtlichen Schutzpflichten, 2010, S. 137 ff.; *Mohr/Wolf*, JZ 2011, 1091; *Schubert*, ZfA 2013, 1, 2; *Höpfner*, Die Tarifgeltung im Arbeitsverhältnis, 2015, S. 44; *Löwisch/Rieble*, Tarifvertragsgesetz, 4. Aufl. 2017, Grundl. Rn. 26; *Jacobs*, in: Wiedemann, Tarifvertragsgesetz, 8. Aufl. 2019, Einl. Rn. 60.

3 *Grimes*, 72 Antitrust L. J. 2005, 563, 565; *Thomas*, ZWeR 2015, 210, 214. Fn. 24; OECD 2008, S. 21; vgl. *Chen*, 53 Antitrust Bull. 2008, 241, 247: „Buyer power is the ability of a buyer to reduce price profitably below a supplier's normal selling price, or more generally the ability to obtain terms of supply more favorable than a supplier's normal terms. The normal selling price, in turn, is defined as the supplier's profit-maximizing price in the absence of buyer power"; *van Doorn*, The Law and Economics of Buyer Power in EU Competition Policy, 2015, S. 78.

M. Meinzer, *Nachfragemacht auf Arbeitsmärkten*,
https://doi.org/10.1007/978-3-658-52576-7_1

in welchem Umfang der sozial- und arbeitsrechtliche Schutzgedanke bei der Anwendung der auf Wettbewerbsfreiheit und Effizienzen fokussierten europäischen und deutschen Kartellrechtsordnungen Berücksichtigung finden kann.

Für eine sachgemäße Anwendung des Kartellrechts auf Arbeitsmärkte ist es notwendig, die Ökonomie des Wettbewerbs auf diesen Märkten zu verstehen. Das Kartellrecht schützt den Wettbewerb primär wegen seiner wohlfahrtsmaximierenden Wirkung. Falls der Arbeitsmarktwettbewerb diese Wirkung nicht oder nur eingeschränkt erfüllen sollte, kann dies Anlass für einen regulatorischen Eingriff sein, und damit auch für eine beschränkte Anwendung des Kartellrechts. Das erfordert eine prognostizierbare Verbesserung der Wohlfahrtsergebnisse durch den Eingriff. Deswegen will die Arbeit die korporatistischen, regulatorischen Mittel zur Bekämpfung der behaupteten strukturellen Nachfragemacht, Koalitionsfreiheit und Kollektivautonomie,[4] auf eine mögliche Rechtfertigung aus wettbewerbsökonomischer Perspektive untersuchen. Diese Regulierungsform verlangt die Mitwirkung von Marktakteuren, die Unternehmen im Sinne des europäischen und deutschen Kartellrechts sind. Deren Zusammenschlüsse und Absprachen zu Wettbewerbsparametern sind grundsätzlich an den Fusionskontrollvorschriften und am Kartellverbot zu messen. Die zentrale Frage für diesen Teil der Untersuchung ist, ob auf Arbeitsmärkten eine strukturelle Nachfragemacht besteht und ob eine kollektive Gegenmachtbildung zu einer prognostizierbaren Wohlfahrtsverbesserung gegenüber einer wettbewerblichen Arbeitsmarktordnung führt.

Arbeitsmärkte weisen deutliche Besonderheiten gegenüber industriellen Produktionsfaktormärkten auf. Sie haben zuvorderst eine enorm hohe gesellschaftliche Bedeutung, weil oft ein Großteil der Bevölkerung eines Landes sein Haupteinkommen als Arbeitnehmer erwirtschaftet. Außerdem haften der Arbeitsleistung an sich besondere Eigenschaften an, die Arbeitsmärkten eine gewisse Sonderstellung einräumen. Diese Besonderheiten wird die Untersuchung insoweit berücksichtigen, wie sie eine effizienzsteigernde oder -mindernde Wirkung entfalten können. Rein verteilungs- und sozialpolitische Aspekte lässt die Arbeit jedoch unberücksichtigt. Denn sie werden nicht unmittelbar von den freiheits- und effizienzorientierten Schutzzwecken der europäischen und deutschen Kartellrechtsordnungen umfasst. Sie haben daher auch keine direkte Relevanz für den hiesigen Untersuchungsgegenstand. Damit ist zugleich gesagt, dass dieser Teil der Untersuchung keine umfassende Bewertung der (ökonomischen) Sinnhaftigkeit arbeitsrechtlicher Kollektivverhandlungen anstrebt. Mögliche Aussagen zu einer fehlenden Eignung von Kollektivverträgen, Ineffizienzen auf wettbewerbsgesteuerten Arbeitsmärkten mit hinreichender Wahrscheinlichkeit zu beseitigen, sind daher nicht als Kritik an deren Daseinsberechtigung misszuverstehen.

In normativer Hinsicht wird Nachfragemacht auf Arbeitsmärkten unter zwei verschiedenen Gesichtspunkten behandelt. Primär sollen die Anwendungsgrenzen des Kartellverbots sowie der Fusionskontrolle im europäischen und deutschen Kartellrecht untersucht werden. Dabei geht es um die Identifizierung und konzeptionelle Aufarbeitung von Spannungsverhältnissen konfligierender arbeits- und kartellrechtlicher Normen. Daneben will die vorliegende Abhandlung die bisher wenig untersuchte Anwendung der fusionskontrollrechtlichen Instrumente auf Arbeitsmärkte näher beleuchten. Insgesamt will sie folglich kein politisches Ziel vorgeben oder mögliche Wege zu dessen normativer Umsetzung untersuchen. Vielmehr widmet sie sich der geltenden europäischen und deutschen Rechtslage.

---

4 Der Begriff Koalitionsfreiheit soll hier verstanden werden als das Recht, Koalitionen zu gründen und ihnen beizutreten oder fernzubleiben. Der Begriff Kollektivautonomie soll hier verstanden werden als das Recht der Koalitionen, Kollektivverträge für ihre Mitglieder auszuhandeln und abzuschließen; vgl. *Rebhahn*, EuZA 2010, 62. Der Begriff Koalition meint sowohl die verhandelnden Gewerkschaften als auch Arbeitgeberverbände; *Jarass*, Charta der EU-Grundrechte, 4. Aufl. 2021, Art. 12 Rn. 16.

Arbeitsmärkten wird in der Literatur schon länger eine kartellrechtliche Sonderstellung zugeschrieben. Es geht um einen Ausnahmebereich für Kollektivverträge vom Kartellverbot. Die Diskussion galt früher §§ 1, 2 GWB und dem deutschen Tarifrecht.[5] Mit der Leitentscheidung des EuGH in der Rechtssache *Albany*[6] und der Angleichung der §§ 1, 2 GWB an Art. 101 AEUV wurde der Fokus auf die europäische Rechtsebene verlagert.[7] Der Konflikt musste im Primärrecht gelöst werden, wofür der Diskussionsstand zum deutschen Recht nur sehr begrenzt herangezogen werden konnte. Bis heute ist streitig und nicht geklärt, wo die Grenzen des Ausnahmebereichs liegen und woraus sie abzuleiten sind.[8] Hinzu kommt, dass mit dem Inkrafttreten des Lissabonner Vertrages im Dezember 2009 die Europäische Grundrechtecharta[9] (GRC) eingeführt wurde und die sozialpolitischen Bereichsziele des europäischen Primärrechts gestärkt wurden. Diese Bewegung im Primärrecht wirkt sich auch auf den Ausnahmebereich für Tarifverträge vom Kartellverbot aus.[10] Veränderungen der Arbeitswelt wie die Standardisierung und Digitalisierung von Leistungen rückten zusätzlich sog. Solo-Selbstständige[11] als mögliche Profiteure des Ausnahmebereichs in den Mittelpunkt.[12] Zuletzt veröffentlichte die Europäische Kommission Leitlinien, die Kollektivverträge von Solo-Selbstständigen weitgehend von der Anwendung und Durchsetzung des Kartellverbots ausnehmen.[13] Das Verhältnis von Kollektivverträgen und dem Kartellverbot ist also von einer sehr dynamischen Entwicklung geprägt. Vor diesem Hintergrund ist eine erneute und vertiefte Untersuchung der Herleitung und Grenzen des kartellrechtlichen Ausnahmebereichs für Kollektivverträge geboten. Der Fokus soll im Rahmen dieser Arbeit vor allem auf einer möglichen Einbeziehung von Solo-Selbstständigen liegen.

Soweit Solo-Selbstständige nicht vom Ausnahmebereich für Kollektivverträge erfasst sind, stellt sich die Frage, ob die mit ihnen verfolgten sozial- und verteilungspolitischen Ziele bei der Anwendung des Kartellverbots berücksichtigt werden können. Ist dies der Fall, könnten diese Kollektivverträge trotz ihrer wettbewerbsbeschränkenden Wirkung möglicherweise regelmäßig nicht gegen das Kartellverbot verstoßen. Grundsätzlich widerspricht es zwar dem wettbewerbsschützenden Zweck des Kartellrechts, außerwettbewerbliche Ziele und Interessen unmittelbar zu berücksichtigen. Im europäischen Recht bie-

---

5 Zum damaligen Streitstand in der Literatur siehe etwa *Bechtold*, RdA 1983, 99 ff.; *Kulka*, WuW 1987, 5, 7 ff.; *Nacken*, WuW 1988, 475, 477 ff.; *Immenga*, Grenzen des kartellrechtlichen Ausnahmebereichs Arbeitsmarkt, 1989, S. 3 ff.; *Poth*, NZA 1989, 626 ff.; *Roth*, in: FIW, Tarifautonomie und Kartellrecht, 1990, S. 7 ff., 22 ff.; *Windbichler*, ZfA 1991, 35, 38 ff.; *Salje*, ZfA 1991, 653, 654 ff.; *Säcker/Oetker*, Grundlagen und Grenzen der Tarifautonomie, 1992, S. 206 ff.; *Rieble*, Arbeitsmarkt und Wettbewerb, 1996, Rn. 459.

6 EuGH, Urt. v. 21.9.1999, Rs. C-67/96, ECLI:EU:C:1999:430 – *Albany*.

7 *Kordel*, Arbeitsmarkt und Europäisches Kartellrecht, 2004; *Viol*, Die Anwendbarkeit des europäischen Kartellrechts auf Tarifverträge, 2005; *Mühlbach*, Tarifverträge in der europäischen Kartellkontrolle, 2007, S. 300; bereits zuvor *Graf von Wallwitz*, Tarifverträge und Wettbewerbsordnung des EG-Vertrages, 1997.

8 *Höpfner*, Die Tarifgeltung im Arbeitsverhältnis, 2015, S. 586; *Bien*, in: FS Säcker, 2021, 125; *Mohr*, in: MüKo, Wettbewerbsrecht, 4. Aufl. 2023, Bd. 1-1, Grundl. Rn. 1302.

9 Charta der Grundrechte der Europäischen Union, ABl. 2010 C 83, 389.

10 *Lianos/Countouris/De Stefano*, 10 Eur. Labour L. J. 2019, 291, 308.

11 Darunter sind selbstständig erwerbstätige Personen zu verstehen, die keine eigenen Arbeitnehmer beschäftigen und Dienst- oder Werkleistungen für ihre Auftraggeber unter Einsatz ihrer eigenen Arbeitskraft erbringen; vgl. *Fischels*, RdA 2019, 208 f.; *Asshoff/Walser*, NZA 2021, 1526, 1527.

12 Beispielhaft zu diesem Themenbereich *Rieble*, ZWeR 2016, 165; *Fuchs*, ZESAR 2016, 297; *Mohr*, EuZA 2018, 436; *Säcker*, in: FS Windbichler, 2020, S. 1435; *Countouris/De Stefano/Lianos*, The EU, Competition Law and Workers' Rights, 2021; *Monti*, 17 Eur. Comp. J. 2021, 714; *Seifert*, Kollektivverträge für wirtschaftlich abhängige Selbstständige und unionsrechtliches Kartellverbot, 2022.

13 Mitteilung der Kommission, Leitlinien zur Anwendung des Wettbewerbsrechts der Union auf Tarifverträge über die Arbeitsbedingungen von Solo-Selbstständigen („Leitlinien zu Tarifverträgen Solo-Selbstständiger"), ABl. 2022 C 374, 2. Die niederländische Kartellbehörde hatte ähnliche Leitlinien bereits Ende 2019 veröffentlicht, ACM, Guidelines – Price arrangements between self-employed workers, 2019,.

tet die *Wouters*-Doktrin allerdings einen Anknüpfungspunkt, um Allgemeininteressen in die Anwendung des Kartellverbots einzubeziehen.[14] Ob die Doktrin auch für Kollektivverträge Solo-Selbstständiger gilt, wurde bisher noch nicht untersucht.[15]

Anwendungsfälle des Kartellverbots auf Arbeitsmärkten sind kollusive Verhaltensabstimmungen, die außerhalb des begrenzten Ausnahmebereichs liegen. Dazu zählen insbesondere Lohnabsprachen, Einstellungs- und Abwerbeverbote sowie nachvertragliche Wettbewerbsverbote. Diesen Anwendungsfällen soll im Rahmen dieser Arbeit jedoch nicht weiter nachgegangen werden. Denn dieser Themenkomplex wurde vor allem in den letzten Jahren bereits stark erforscht.[16] Außerdem würde eine solche Untersuchung die Ebene der konzeptionellen Aufarbeitung von arbeits- und kartellrechtlichen Spannungsverhältnissen verlassen, der sich diese Abhandlung primär verpflichtet hat.

Zuletzt will die Arbeit untersuchen, ob und inwiefern Nachfragemacht auf Arbeitsmärkten ein möglicher Anwendungsfall der europäischen und deutschen Fusionskontrolle sein kann. Zu diesem Themenbereich existiert bisher so gut wie keine Literatur.[17] Die Diskussion wird vorwiegend in den USA geführt.[18] Eine behördliche Fusionskontrollentscheidung zu Arbeitsmärkten gibt es bisher allerdings auch dort noch nicht.[19] Aus normativer Sicht ist wie beim Kartellverbot zunächst zu fragen, ob im europäischen oder

---

14 EuGH, Urt. v. 19.2.2002, Rs. C-309/99, ECLI:EU:C:2002:98, Rn. 97 ff. – *Wouters*.

15 Dies nur erwägend *Schiek/Gideon*, 32 Int. Rev. Law Comput. Technol. 2018, 275, 288; *Lianos/Countouris/De Stefano*, 10 Eur. Labour L. J. 2019, 291, 323 f.; *Monti*, 17 Eur. Comp. J. 2021, 714, 729 f.; *Maggiolino*, 10 J. Antitrust Enforc. 2022, 365, 392.

16 Siehe etwa zu horizontalen Wettbewerbsbeschränkungen auf Arbeitsmärkten *Kordel*, Arbeitsmarkt und Europäisches Kartellrecht, 2004, S. 90 ff.; *Denzel/Klöppner*, in: Rieble/Junker/Giesen, Kartellrecht und Arbeitsmarkt, 2010, S. 131, 144 ff.; *Brinker*, NZKart 2015, 209; *Linsmeier/Mächtle*, NZKart 2015, 258; *Alexander*, ZWeR 2016, 16, 24 ff.; *Eufinger*, RIW 2017, 481; *Glöckner*, JuS 2018, 1130 ff.; *Hack/Leister*, DB 2018, 2741; *Heinemann*, WuW 2020, 371, 375 ff.; *Raible/Wecker*, in: FG Bechtold, S. 203 ff.; *Ott*, ZWeR 2022, 200, 207 ff.; *Steinle/Fuhrer*, CB 2023, 201, 202; *Walzel/Monz*, CB 2024, 56, 57 ff.; *Melhardt*, WuW 2025, 201, 204 ff. Sehr ausführlich die Monographien von *Kremer*, Arbeitgeber-Kollusionen und das Kartellverbot, 2022, S. 179 ff.; *Preetz*, Wettbewerbsbeschränkendes Arbeitgeberverhalten, 2023, S. 198 ff.; *Roll*, Die Zulässigkeit von Abwerbe- und Einstellungsverboten zwischen Arbeitgebern, 2024; *Baumgart*, Der Schutz des Wettbewerbs und der Arbeitnehmer durch Arbeits- und Kartellrecht, 2025, S. 209 ff. Zu Wettbewerbsbeschränkungen in (vertikalen) Arbeitsverhältnissen siehe etwa *Paul*, in: FS Schnorr von Carolsfeld, 1973, S. 1, 7 ff.; *Kordel*, Arbeitsmarkt und Europäisches Kartellrecht, 2004, S. 94; *Denzel/Klöppner*, in: Rieble/Junker/Giesen, Kartellrecht und Arbeitsmarkt, 2010, S. 131, 150; *Kling/Thomas*, Kartellrecht, 2. Aufl. 2016, § 16 Rn. 12; *Roth/Ackermann*, in: Frankfurter Kommentar, Kartellrecht, 101. Lfg. 2022, Grundfr. Art. 101 AEUV Rn. 52; *Baumgart*, Der Schutz des Wettbewerbs und der Arbeitnehmer durch Arbeits- und Kartellrecht, 2025, S. 141 ff.

17 Eine deutschsprachige oder – soweit ersichtlich – englischsprachige Monographie gibt es zu diesem Thema bisher noch nicht. Siehe nur die kürzeren Beiträge von *Kordel*, Arbeitsmarkt und Europäisches Kartellrecht, 2004, S. 253 ff.; *Bien/Doganoglu*, NZKart 2019, 185 f.; *Heinemann*, WuW 2020, 371, 380 f.; *Jans*, Merger Control in Labour Markets, 2022; *Déchamps* et al., 18 Comp. Law J. 2019, 190, 195 ff.; *Inderst/Thomas*, Why (European) Antitrust Law Should Not Treat Labor Markets Differently, 2023.

18 Siehe etwa *Naidu/Posner/Weyl*, 132 Harv. L. Rev. 2018, 536, 574 ff.; *Marinescu/Hovenkamp*, 91 Ind. Law J. 2019, 1031; OECD, Competition in Labour Markets, 2020, S. 32 ff.; *Arnold*, Mergers and Acquisitions, Local Labor Market Concentration, and Worker Outcomes, 2021; *Sillman*, 30 Kan. J. L. & Pub. Pol. 2020, 37.

19 Siehe aber die US-behördlichen Leitlinien zur geplanten Prüfung von Arbeitsmärkten in Fusionskontrollverfahren; DOJ/FTC, Merger Guidelines, 2023, S. 26 f., 34, 35, 42, 48. Vgl. auch die Stellungnahme der FTC-Vorsitzende *Khan* und der FTC-Kommissarin *Slaughter* v. 17.2.2022 zur Beschwerde der FTC gegen den angemeldeten Zusammenschluss *Lifespan/CNE* abrufbar unter: https://www.ftc.gov/system/files/ftc_gov/pdf/public_statement_of_commr_slaughter_chair_khan_re_lifespan-cne_redacted.pdf (zuletzt abgerufen am 6.7.2025). Darin geben beide preis, dass sie das Zusammenschlussvorhaben auch aufgrund wettbewerblicher Bedenken auf Arbeitsmärkten blockieren wollten, wofür die vorige Prüfung des Zusammenschlusses durch die FTC wohl Anhaltspunkte geliefert habe. Das interne Votum fiel allerdings 2:2 aus, weshalb die Behörde nicht gegen den Zusammenschluss vorgegangen ist.

deutschen Recht eine Kollisionslage oder eine sonstige Besonderheit besteht, die die Schaffung eines kartellrechtlichen Ausnahmebereichs gebietet. In einem zweiten Schritt will die Arbeit die Anwendung der materiellen Fusionskontrolle auf Arbeitsmärkte untersuchen. Dabei gilt es sowohl die ökonomischen Besonderheiten von Nachfragemacht als auch die von Arbeitsmärkten zu beachten. Das Ziel dieser Untersuchung ist es, die Voraussetzungen herauszuarbeiten, unter denen ein Zusammenschluss wegen wettbewerblicher Bedenken auf Arbeitsmärkten untersagt werden kann.

In Abgrenzung zu diesem Themenkomplex soll nicht untersucht werden, wie die Übernahme von Arbeitnehmern fusionskontrollrechtlich zu bewerten ist, insbesondere ob dies einen Zusammenschlusstatbestand erfüllen oder einen Verstoß gegen das Vollzugsverbot begründen kann.[20] Anlass zu dieser Rechtsfrage gibt im Ausgangspunkt der Untersagungsbeschluss des Bundeskartellamts in Sachen *CTS Eventim/Four Artists*[21]. Diesen umging CTS Eventim, indem das Unternehmen anschließend eine Tochtergesellschaft gründete, die mehr als die Hälfte aller Mitarbeiter von Four Artists abwarb, einschließlich des Geschäftsführers. Diese Problematik hat jedoch keinen direkten Bezug zur Anwendung des Kartellrechts auf Arbeitsmärkten oder zu konfligierenden sozial- und wettbewerbspolitischen Zielen. Es geht dabei eher um begriffsjuristische Methodenarbeit als um die konzeptionelle Aufarbeitung von arbeits- und kartellrechtlichen Spannungsverhältnissen, die den Hauptgegenstand bilden sollen.

Außerdem wird sich die Abhandlung nicht mit der Anwendung der kartellrechtlichen Missbrauchskontrolle auf Arbeitsmärkten auseinandersetzen.[22] Diese wirft spezifische Fragen zum Telos des Missbrauchsverbots auf und verlangt eine Diskussion seiner vielfältigen und komplexen Ausprägungen. Hinzu kommt, dass der deutsche Gesetzgeber mit § 20 GWB von der in Art. 3 Abs. 2 S. 2 VO (EG) Nr. 1/2003 vorgesehenen Möglichkeit zum Erlass einer strengeren mitgliedstaatlichen Vorschrift Gebrauch gemacht hat, die einer gesonderten Untersuchung bedürfte. Den damit verbundenen Rechtsfragen kann im Rahmen dieser Arbeit nicht zusätzlich nachgegangen werden.

B. GANG DER UNTERSUCHUNG

Der erste Teil soll die ökonomischen Grundlagen für die weitere Untersuchung erläutern. Dafür werden zunächst die Eigenschaften und Funktionen von Wettbewerb dargestellt. Anschließend ist darauf einzugehen, wie sich der Wettbewerbsprozess auf Arbeitsmärkten vollzieht und ob er dort seine Funktionen erfüllen kann. Dafür sind die wesentlichen Erkenntnisse der arbeitsökonomischen Literatur aufzuzeigen. Zuletzt wird der Teil auf die ökonomischen Arten von Nachfragemacht sowie die Anwendung dieser Nachfragemacht-Modelle auf Arbeitsmärkte eingehen.

Auf dieser Grundlage kann in einem zweiten Teil geklärt werden, ob freie Arbeitsmärkte von einem Wettbewerbs- oder Marktversagen geprägt sind, das eine Regulierung durch Koalitionsfreiheit und Kollektivautonomie aus wettbewerbsökonomischer Sicht rechtfertigt und damit zugleich Relevanz für die Anwendbarkeit oder Anwendung des Kartellrechts auf Kollektivverträge hat.

---

20 Siehe dazu etwa *von Wallenberg*, NZKart 2023, 473 ff.; *Bien/Becker*, WuW 2024, 81 ff.; *dies.*, WuW 2024, 183 ff.; *dies.*, NZKart 2025, 41 ff.

21 BKartA, Beschl. v. 23.11.2017, B 6 – 35/17 – *CTS Eventim/Four Artists*.

22 Die Missbrauchskontrolle wurde bisher – soweit ersichtlich – nur in der Entscheidung des OLG Düsseldorf, Urt. v. 21.8.2023, VI-6 U 1/23 (Kart), 6 U 1/23 (Kart) auf Arbeitsmärkte angewendet. Das OLG problematisierte die Anwendbarkeit der Missbrauchskontrolle auf Arbeitsmärkte allerdings nicht. Siehe außerdem zur Missbrauchskontrolle auf Arbeitsmärkten *Kordel*, Arbeitsmarkt und Europäisches Kartellrecht, 2004, S. 256 ff.; *Heinemann*, WuW 2020, 371, 378 ff.

Mit dem dritten Teil wird damit begonnen normative Fragestellungen zu untersuchen. Das Ziel dieses Teils ist es, das Spannungsverhältnis zwischen kollektivarbeitsrechtlichen und kartellrechtlichen Normen herauszuarbeiten und einen Lösungsansatz vorzustellen. Im ersten Abschnitt sollen zu diesem Zweck die Grundlagen zu Koalitionsfreiheit, Kollektivautonomie sowie zur Anwendung des Kartellrechts auf Arbeitsmärkte gelegt werden. Im Fokus steht dabei die Einordnung von Koalitionsfreiheit und Kollektivautonomie sowie des Wettbewerbsprinzips in das europäische Primärrecht. Ein genaues Verständnis deren primärrechtlicher Bedeutung ist erforderlich, um anschließend außertatbestandliche Ausnahmebereiche bei der Anwendung des Kartellverbots und der Fusionskontrolle auf Arbeitsmärkte untersuchen zu können.

Im vierten Teil widmet sich die Arbeit dem Verhältnis von Kollektivautonomie und Kartellverbot. Im ersten Abschnitt sollen die Grenzen des Ausnahmebereichs vom Kartellverbot für arbeitsrechtliche Kollektivverträge untersucht werden. Das Hauptaugenmerk wird zunächst auf den umstrittenen Grenzen für kartellrechtlich unangreifbare Tarifinhalte liegen. Darauf aufbauend wird anschließend der personellen Grenze des Ausnahmebereichs vertiefend im Hinblick auf eine mögliche Einbeziehung Solo-Selbstständiger nachgegangen. Dafür sind sowohl der Arbeitnehmerbegriff des Primärrechts als auch der Unternehmensbegriff des EU-Kartellrechts auf ihre Eignung zur Grenzziehung des Ausnahmebereichs zu untersuchen. Anschließend ist die Reichweite des Ausnahmebereichs für Kollektivverträge vom deutschen Kartellverbot in §§ 1, 2 GWB zu klären. Die Ergebnisse der bisherigen Untersuchung sollen abschließend genutzt werden, um die aktuellen Leitlinien der Kommission zu Kollektivverhandlungen von Solo-Selbstständigen aus rechtsdogmatischer Sicht zu bewerten. In einem zweiten Abschnitt wird dann der Frage nachgegangen, ob der Tatbestand des Kartellverbots eine rechtfertigende Berücksichtigung sozial- und verteilungspolitischer Wertungen erlaubt, sollten Arbeitnehmer oder Solo-Selbstständige im Einzelfall nicht von dem kartellrechtlichen Ausnahmebereich für Kollektivverträge erfasst sein. Dafür sind die Tatbestandsmerkmale des Kartellverbots näher in den Blick zu nehmen. Die *Wouters*-Doktrin könnte insoweit eine fruchtbare Grundlage für die Untersuchungsfrage sein.

Im fünften Kapitel widmet sich die Arbeit der Anwendung der europäischen und deutschen Fusionskontrolle auf Arbeitsmärkte. In einem ersten Abschnitt sollen dafür die grundsätzliche Anwendbarkeit der Fusionskontrollvorschriften auf Arbeitsmärkte sowie ein möglicher (beschränkter) Ausnahmebereich untersucht werden. Erst anschließend kann die Abhandlung in einem zweiten Abschnitt der Anwendung der materiellen Fusionskontrolle auf Arbeitsmärkte nachgehen. Dafür sind zunächst die Schutzzwecke der europäischen und deutschen Fusionskontrolle herauszuarbeiten. Denn es hängt vom wettbewerbspolitischen Leitbild einer Kartellrechtsordnung ab, inwiefern Nachfragewettbewerb geschützt wird.[23] Anschließend werden Einzelheiten zur kartellrechtlichen Abgrenzung von Arbeitsmärkten behandelt, bevor die Anwendung des SIEC-Tests („*significant impediment to effective competition*") auf Arbeitsmärkte näher untersucht wird. Letzteres bildet den Schwerpunkt dieses Teils. Die Arbeit will insoweit der Ermittlung von Nachfragemacht auf Arbeitsmärkten, möglichen Schadenstheorien sowie machtbeschränkenden Faktoren nachgehen.

Der sechste Teil wird die Ergebnisse aller Untersuchungsgegenstände zusammenfassen.

23 BKartA, Beschl. v. 28.10.2010, B2-52/10, S. 99 – *EDEKA/trinkgut*.

TEIL 1: WETTBEWERBS- UND ARBEITSÖKONOMISCHE GRUNDLAGEN

A. EINLEITUNG

Im ersten Teil sollen nun die ökonomischen Grundlagen für die folgende normative Untersuchung zum Kartellverbot und der Fusionskontrolle aufbereitet werden. Ausgehend von ihrer Zielsetzung wird die Arbeit an mehreren Stellen fragen müssen, ob geltende wettbewerbsökonomische Grundsätze, die Eingang in die kartellrechtliche Prüfung finden können, auch auf Arbeitsmärkte übertragbar sind. Dieser Teil soll das hierfür notwendige Fundament bieten.

Dies zugrunde gelegt, werden zunächst die erforderlichen wettbewerbsökonomischen Grundlagen dargestellt (B.). Im Anschluss werden arbeitsökonomische Grundlagen erläutert und dahingehend untersucht, ob Wettbewerb grundsätzlich dazu in der Lage ist, seine Zielfunktionen auch auf Arbeitsmärkten zu erfüllen (C.). Abschließend wird sich der Teil mit den ökonomischen Arten von Nachfragemacht sowie der Anwendung dieser Nachfragemacht-Modelle auf Arbeitsmärkte auseinandersetzen (D.).

B. WETTBEWERBSÖKONOMISCHE GRUNDLAGEN

I. Begriff des Wettbewerbs

Wettbewerb[24] ist das systembegründende Prinzip einer Marktwirtschaft.[25] Im Vergleich zu einer planwirtschaftlichen Ordnung stehen bei ihr Güterverteilung, Einkommensverteilung und Fortschrittsgewährleistung durch dezentrale Entscheidungsfindung und Handlungsfreiheit der Individuen im Vordergrund. Trotz der fundamentalen Bedeutung des Wettbewerbs in diesem System fehlt es an einer allgemeingültigen Begriffsdefinition, sowohl im ökonomischen als auch im juristischen Kontext.[26] Ein Umstand, der vermutlich der Natur des Wettbewerbs selbst geschuldet ist. Nach *von Hayek* ist Wettbewerb ein dynamisches, auf stetige Fortentwicklung angelegtes Such- und Entdeckungsverfahren.[27] *Hoppmann* fasst Wettbewerb als komplexes System von Marktprozessen auf, das durch die Freiheit der Teilnahme nach eigenem Plan entsteht.[28] *Schumpeter* sah in Wettbewerb einen Prozess schöpferischer Zerstörung.[29] Damit ist bereits die Schwierigkeit angesprochen, ein solches Verfahren, System oder einen solchen Prozess mit einer allgemeingültigen Definition zu erfassen.[30] Ihr wohnt die Gefahr inne, der evolutorischen Eigenschaft des Realphänomens Wettbewerb nicht hinreichend Rechnung zu tragen. Benennen

---

24 Der Begriff „Wettbewerb“ meint im Rahmen dieser Abhandlung ausschließlich wirtschaftlichen Wettbewerb.

25 *Herdzina*, Wettbewerbspolitik, 5. Aufl. 1999, S. 19.

26 *Dreher/Kulka*, Wettbewerbs- und Kartellrecht, 11. Aufl. 2021, § 6 Rn. 770 f.; *Mestmäcker/Schweitzer*, Europäisches Wettbewerbsrecht, 3. Aufl. 2014, § 3 Rn. 1; *Käseberg*, in: Bunte, Kartellrecht, 14. Aufl. 2022, Bd. 1, Einl. GWB, Rn. 154; *Köhler*, in: Köhler/Bornkamm/Feddersen, UWG, 43. Aufl. 2025, Einl. Rn. 1.1; *Cox/Hübener*, in: Cox/Jens/Markert, Handbuch des Wettbewerbs, 1981, 1, 5 f.; *Herdzina*, Wettbewerbspolitik, 5. Aufl. 1999, S. 11; vgl. *Schmidt/Haucap*, Wettbewerbspolitik und Kartellrecht, 10. Aufl. 2013, S. 3.

27 *von Hayek*, Der Wettbewerb als Entdeckungsverfahren, 1968, S. 3 ff.

28 *Hoppmann*, Wirtschaftsordnung und Wettbewerb, 1988, S. 298.

29 *Schumpeter*, Kapitalismus, Sozialismus und Demokratie, 10. Aufl. 2020, S. 103 ff.

30 Der geläufigste Definitionsansatz stammt von *Fikentscher*, Wirtschaftsrecht Bd. II, 1983, S. 194 f.: „Wirtschaftlicher Wettbewerb ist das selbstständige, nicht notwendig intensive oder effiziente, vielmehr zieloffene Streben, sich aktuell oder potentiell zumindest objektiv im Wirtschaftserfolg beeinflussender Anbieter oder

M. Meinzer, *Nachfragemacht auf Arbeitsmärkten*,
https://doi.org/10.1007/978-3-658-52576-7_2

lassen sich zumindest grundlegende Charakteristika des Wettbewerbsprozesses: das antagonistische Streben mindestens zweier Anbieter oder Nachfrager um Geschäftsverbindungen mit der Marktgegenseite unter Einsatz eines oder mehrerer Aktionsparameter.[31]

II. Funktionen von Wettbewerb

Im Folgenden soll ein Überblick zu den verschiedenen ökonomischen Funktionen gegeben werden, die Wettbewerb erfüllen soll.[32]

Funktionsfähiger Wettbewerb sorgt auf den Märkten für eine Einkommensverteilung nach der Marktleistung und verhindert dadurch eine Ausbeutung aufgrund von Marktmacht.[33] Der dynamische Wettbewerbsprozess ist von einem Vorstoßen und Verfolgen geprägt, so dass Monopolstellungen nur von temporärer Natur sind.[34] Die Einkommensverteilung ist marktgerecht, das bedeutet, sie orientiert sich an der Leistung bzw. der relativen Produktivität des Marktteilnehmers im Verhältnis zu seinen Wettbewerbern. Effizienz wird mit Gewinnen belohnt, während ineffiziente Marktteilnehmer auf lange Sicht den Markt verlassen müssen.[35] Daneben steuert Wettbewerb die Zusammensetzung des laufenden Güterangebots entsprechend den Käuferpräferenzen und ermöglicht damit eine optimale Befriedigung individueller Bedürfnisse.[36] Er kontrolliert folglich Art, Preis, Menge und Qualität der auf einem Markt angebotenen Güter entsprechend der Nachfrage.[37] Außerdem ermöglicht Wettbewerb eine gesamtwirtschaftliche Wohlfahrtsmaximierung durch eine optimale Faktorallokation.[38] Er lenkt die Produktionsfaktoren in ihren produktivsten Einsatzort. Die erhöhte Produktivität hat eine Vermehrung knapper Ressourcen zur Folge, wovon die gesamte Wirtschaft profitiert.[39] Weiter sorgt Wettbewerb für eine laufend flexible Anpassung der Wirtschaft und Produktion an außer- und gesamtwirtschaftliche Daten, wie eine sich wandelnde Nachfragestruktur und Produktionstechnik.[40] Er gewährleistet also, dass sich die Produktion stetig an den zeitgemäßen Bedarf anpasst.[41] Zuletzt beschleunigt Wettbewerb den Fortschritt durch Produkt- und Prozessinnovationen.[42] Der wettbewerbliche Parallelprozess bietet Anreiz zu Inno-

---

Nachfrager (Mitbewerber) nach Geschäftsverbindung mit Dritten (Kunden oder Lieferanten) durch In-Aussicht-Stellen günstiger erscheinender oder (im Falle bloßen Wettbewerbsdrucks) vom Markt genommener Geschäftsbedingungen".

31 Vgl. *Olten*, Wettbewerbstheorie und Wettbewerbspolitik, 2. Aufl. 1998, S. 13 f.; *Schmidt/Haucap*, Wettbewerbspolitik und Kartellrecht, 10. Aufl. 2013, S. 3 f.; *Kling/Thomas*, Kartellrecht, 2. Aufl. 2016, § 2 Rn. 5.

32 Die im Folgenden genannten Funktionen gehen auf *Kantzenbach*, Die Funktionsfähigkeit des Wettbewerbs, 1966, S. 16 f. zurück, der den von *Clark*, Competition as a Dynamic Process, 1961, S. 63 ff. aufgestellten Katalog präzisierte. Sie werden auch als Aufgaben oder Zielfunktionen des Wettbewerbs bezeichnet.

33 *Kantzenbach*, Die Funktionsfähigkeit des Wettbewerbs, 1966, S. 16.

34 Vgl. *Schwalbe/Zimmer*, Kartellrecht und Ökonomie, 3. Aufl. 2021, S. 21.

35 *Köhler*, in: Köhler/Bornkamm/Feddersen, UWG, 43. Aufl. 2025, Einl. Rn. 1.21 f.

36 *Bartling*, WuW 1993, 16, 17; *Olten*, Wettbewerbstheorie und Wettbewerbspolitik, 2. Aufl. 1998, S. 23; *Herdzina*, Wettbewerbspolitik, 5. Aufl. 1999, S. 23.

37 *Olten*, Wettbewerbstheorie und Wettbewerbspolitik, 2. Aufl. 1998, S. 23; vgl. *Fezer*, JZ 1990, 657, 659.

38 *Herdzina*, Wettbewerbspolitik, 5. Aufl. 1999, S. 17, 23; *Fritsch*, Marktversagen und Wirtschaftspolitik, 10. Aufl. 2018, S. 16.

39 Wettbewerb führt allerdings nicht notwendigerweise zu einer sozial verträglichen Allokation von Produktionsfaktoren, *Birk*, NZA 1989, 329, 330.

40 *Kantzenbach*, Die Funktionsfähigkeit des Wettbewerbs, 1966, S. 17; *Bartling*, WuW 1993, 16, 18.

41 *Olten*, Wettbewerbstheorie und Wettbewerbspolitik, 2. Aufl. 1998, S. 23; *Fritsch*, Marktversagen und Wirtschaftspolitik, 10. Aufl. 2018, S. 16.

42 *Kantzenbach*, Die Funktionsfähigkeit des Wettbewerbs, 1966, S. 17.

vationen durch Forschung und Entwicklung, indem er Vorteile bei dem Abschluss von Geschäftsbeziehungen mit der Marktgegenseite und dadurch letztlich höhere Gewinne und eine temporäre Monopolstellung verspricht.[43] Innovationen sind zugleich Anreiz für Wettbewerber, den Wettbewerbsvorsprung des Innovators aufzuholen oder zu überflügeln, in der Hoffnung ähnliche Gewinne zu erzielen oder aus Angst im Wettbewerb zurückzufallen oder ganz auszuscheiden.[44]

Zusammenfassend lassen sich die Funktionen des Wettbewerbs wie folgt benennen: leistungsgerechte Einkommensverteilung, Gewährleistung der Konsumentensouveränität, optimale Faktorallokation, Anpassungsflexibilität und Förderung technischen Fortschritts. Die ersten drei werden als statische Funktionen bezeichnet, die einen stationären Gleichgewichtszustand verlangen, und die letzten beiden als dynamische Funktionen, die erst in einem evolutorischen Wirtschaftsprozess in Erscheinung treten.[45] Über diese Funktionen besteht ein Grundkonsens,[46] auch wenn sie teilweise leicht unterschiedlich kategorisiert werden.[47]

Funktionsfähiger Wettbewerb hat folglich – vereinfachend formuliert – die Aufgabe, die Knappheit von Ressourcen in einer Marktwirtschaft zu reduzieren.[48] Er sorgt für positive Marktergebnisse, indem er den kumulierten Grad der Bedürfnisbefriedigung aller Mitglieder einer Volkswirtschaft steigert.[49] Das Konzept der Wirtschaftstheorie zur Messung von Marktergebnissen ist das der Effizienz.[50] Die gesamtwirtschaftliche Wohlfahrt kann durch eine optimierte Verteilung der vorhandenen Ressourcen (allokative Effizienz), durch einen niedrigeren Ressourceneinsatz bei der Herstellung einer Ware oder Leistung (produktive Effizienz) sowie durch Fortschritt und Produkt- oder Prozessinnovationen (dynamische Effizienz) erhöht werden.[51]

---

[43] *Schwalbe/Zimmer*, Kartellrecht und Ökonomie, 3. Aufl. 2021, S. 21.

[44] *Bartling*, WuW 1993, 16, 17; *Fritsch*, Marktversagen und Wirtschaftspolitik, 10. Aufl. 2018, S. 68.

[45] *Kantzenbach*, Die Funktionsfähigkeit des Wettbewerbs, 1966, S. 17; *Schmidt/Haucap*, Wettbewerbspolitik und Kartellrecht, 10. Aufl. 2013, S. 15.

[46] *Bartling*, WuW 1993, 16, 17 f.; *Schmidt/Haucap*, Wettbewerbspolitik und Kartellrecht, 10. Aufl. 2013, S. 35 f.; *Kaeding*, Ungeschriebene Ausnahmen vom Verbot wettbewerbsbeschränkender Verhaltenskoordinierung?, 2017, S. 39.

[47] Beispielsweise nennt *Herdzina* nur drei ökonomische Wettbewerbsfunktionen: Anpassungs- bzw. Allokationsfunktion, Entdeckungs- bzw. Fortschritts- und Kostensenkungsfunktion, (leistungsgerechte) Verteilungsfunktion; siehe *Herdzina*, Wettbewerbspolitik, 5. Aufl. 1999, S. 19. Er fasst folglich die Anpassungs- und Allokationsfunktionen zu einer Funktion zusammen. Der Unterschied zu *Kantzenbach* besteht darin, dass er die Konsumentensouveränität nicht als eigenständige Wettbewerbsfunktion nennt.

[48] *Herdzina*, Wettbewerbspolitik, 5. Aufl. 1999, S. 18.

[49] Vgl. *Kerber/Schwalbe*, in: MüKo, Wettbewerbsrecht, 4. Aufl. 2023, Bd. 1-1, Grundlagen Rn. 36.

[50] *Schwalbe/Zimmer*, Kartellrecht und Ökonomie, 3. Aufl. 2021, S. 3.

[51] *Schuhmacher*, Effizienz und Wettbewerb, 2011, S. 25 ff.; *Kerber/Schwalbe*, in: MüKo, Wettbewerbsrecht, 4. Aufl. 2023, Bd. 1-1, Grundlagen Rn. 142 ff.

Neben den ökonomischen werden dem Wettbewerb noch metaökonomische Funktionen zugeschrieben.[52] Dazu zählt vor allem die Freiheitsfunktion,[53] die gleichzeitig eine Voraussetzung für funktionsfähigen Wettbewerb ist.[54] Eine Freiheitssicherung durch Wettbewerb lässt sich allerdings kaum überprüfen.[55] Die folgende Untersuchung bezieht sich daher auf die ökonomischen Wettbewerbsfunktionen.

C. FUNKTIONSWEISE UND FUNKTIONSFÄHIGKEIT DES WETTBEWERBS AUF ARBEITSMÄRKTEN

I. Ausgangspunkt

In diesem Abschnitt sollen die gängigen Arbeitsmarkttheorien dargestellt und auf ihren Aussagegehalt zur Funktionsweise und Funktionsfähigkeit von Arbeitsmarktwettbewerb untersucht werden. Die zentralen Arbeitsmarktakteure und damit Gegenstand der Arbeitsmarkttheorien sind Arbeitsanbieter und Arbeitsnachfrager. Unter einem Arbeitsanbieter ist im Folgenden eine Person zu verstehen, die ihre eigene Arbeitskraft gegen Entgelt anbietet. Ein Arbeitsnachfrager kauft diese Arbeitskraft ein. Der arbeitsökonomische Teil wird sich ganz überwiegend auf Arbeitsanbieter konzentrieren, die ihre Arbeitskraft zur abhängigen, fremdbestimmten Verwertung durch Arbeitgeber anbieten, also juristisch als Arbeitnehmer zu kategorisieren sind, da diese Märkte erhebliche Besonderheiten gegenüber traditionellen Gütermärkten aufweisen. Soweit sich die Arbeit mit Marktcharakteristika auseinandersetzt, die nur für (solo)selbstständige Arbeitsanbieter gelten, wird darauf explizit hingewiesen.

Als Ausgangspunkt dieses Abschnitts dient die neoklassische Arbeitsmarkttheorie (II.). Im Anschluss werden insbesondere die Erkenntnisse der Neuen Institutionenökonomik bemüht,[56] um die Eigenschaften von Arbeitsbeziehungen und Arbeitsmärkten bei einer wettbewerblichen Steuerung näher herauszuarbeiten (III.). Ziel der Darstellung in diesem Kapitel ist es zum einen, die Funktionsfähigkeit des Wettbewerbs auf Arbeitsmärkten zu belegen (IV.). Zum anderen soll die Darstellung gleichzeitig als theoretischer Referenzrahmen für die Untersuchung eines Markt- oder Wettbewerbsversagens auf Arbeitsmärkten (Teil 2) sowie der Anwendung der Fusionskontrolle auf Arbeitsmärkten (Teil 5) dienen.[57]

---

52 Dazu *Schmidt/Haucap*, Wettbewerbspolitik und Kartellrecht, 10. Aufl. 2013, S. 37 ff.

53 *Hoppmann*, Wirtschaftsordnung und Wettbewerb, 1988, S. 241 ff.; *Olten*, Wettbewerbstheorie und Wettbewerbspolitik, 2. Aufl. 1998, S. 21 f.; *Herdzina*, Wettbewerbspolitik, 5. Aufl. 1999, S. 12 ff.; *Knieps*, Wettbewerbsökonomie, 3. Aufl. 2008, S. 4; *Fritsch*, Marktversagen und Wirtschaftspolitik, 10. Aufl. 2018, S. 16.

54 *Olten*, Wettbewerbstheorie und Wettbewerbspolitik, 2. Aufl. 1998, S. 15 f.; *Müller*, Wettbewerb und Unionsverfassung, 2014, S. 36 ff.; *Köhler*, in: Köhler/Bornkamm/Feddersen, UWG, 43. Aufl. 2025, Einl. Rn. 1.17.

55 Wird die Abwesenheit eines freiheitsbeschränkenden Marktverhaltens (z.B. Absprachen, abgestimmte Verhaltensweisen, Behinderungspraktiken) unterstellt, kann eine Freiheitsgefährdung der Marktteilnehmer im Einzelfall in einer stark konzentrierten Marktstruktur begründet liegen. Dabei verbietet sich allerdings der Rückschluss per se von einer Marktstruktur auf eine Freiheitsbeschränkung; dazu *Herdzina*, Wettbewerbspolitik, 5. Aufl. 1999, S. 92 ff.

56 Zur Geeignetheit der Neuen Institutionenökonomik für die Analyse von Wettbewerbs- und Marktprozessen *Ewald*, in: Wiedemann, Handbuch des Kartellrechts, 4. Aufl. 2020, § 7 Rn. 8.

57 Die Untersuchung zur Anwendung der materiellen Fusionskontrolle auf Arbeitsmärkte wird ebenfalls auf die arbeitsökonomischen Grundlagen zurückgreifen; siehe dazu unten C.III.

II. Das neoklassische Basismodell

Nach der neoklassischen Arbeitsmarkttheorie ist ein Arbeitsmarkt ein Markt wie jeder andere auch. Für den Produktionsfaktor Arbeitsleistung gelten grundsätzlich die gleichen ökonomischen Gesetzmäßigkeiten wie für andere wirtschaftliche Güter.[58] Der Lohn wird als Preis für den Produktionsfaktor Arbeitsleistung verstanden und wie alle Preise durch Angebot und Nachfrage bestimmt.[59]

Das Modell geht von der Marktform der vollständigen Konkurrenz auf beiden Marktseiten mit freier Möglichkeit zum Markteintritt und Marktaustritt aus.[60] Auf Individuenebene legt die neoklassische Theorie das Bild des *Homo oeconomicus* zugrunde.[61] Danach sind Arbeitsanbieter und -nachfrager frei wählende, tauschende und vollständig rational handelnde Nutzenmaximierer.[62] Ihre wirtschaftlichen Handlungen orientieren sich ausschließlich am eigenen Interesse.[63] Entscheidungen werden anhand einer Kosten-Nutzen-Analyse getroffen mit dem Ziel, den eigenen Nutzen größtmöglich zu maximieren.[64]

Auf Arbeitsmärkten werden Angebot und Nachfrage – wie auch auf Gütermärkten – durch das Grenznutzen- und Grenzproduktivitätstheorem modelliert.[65] Arbeitsnachfrager treten nur als Mengenanpasser am Markt auf. Arbeitsanbieter werden so lange eingestellt, bis das Grenzprodukt des letzten Arbeitsanbieters seinen Grenzkosten, also seinem Lohn, gleicht.[66] Der Arbeitsanbieter wägt für seine individuelle Nutzenmaximierung zwischen den substitutiven Gütern Einkommen, das durch Arbeitsleid erzielt wird, und Freizeit, die Opportunitätskosten in Gestalt eines niedrigeren Einkommens fordert, ab.[67] Ist der Grenznutzen der Arbeit höher als der entgangene Grenznutzen der Freizeit, wird Freizeit so lange durch Arbeit substituiert, bis die Grenznutzen gleich sind.[68] Der spezifische Lohn, ab dem ein Arbeitsanbieter zum Eintritt in den jeweiligen Arbeitsmarkt bereit ist, ist der sog. Reservationslohn.[69]

Das neoklassische Basismodell geht von vereinfachten und idealisierten Grundannahmen aus. Aufgrund seiner analytischen Einfachheit und didaktisch guten Handbarkeit dient es dennoch als Ausgangspunkt für Ergänzungen oder zur Abgrenzung. Dementsprechend wird im Folgenden genauer auf die Besonderheiten des Produktionsfaktors Arbeitsleistung gegenüber den genannten neoklassischen Annahmen eingegangen.

---

58 *Sesselmeier/Funk/Waas*, Arbeitsmarkttheorien, 3. Aufl. 2010, S. 75 f.

59 *Gangl*, in: Abraham/Hinz, Arbeitsmarktsoziologie, 3. Aufl. 2018, S. 261, 264.

60 *Abraham/Hinz*, in: Abraham/Hinz, Arbeitsmarktsoziologie, 3. Aufl. 2018, S. 9, 13 f.

61 Ausführlich zu den sechs Grundprinzipien des Modells *Erlei/Leschke/Sauerland*, Neue Institutionenökonomik, 3. Aufl. 2016, S. 2 ff.

62 Vgl. *Kirchgässner*, Homo oeconomicus, 4. Aufl. 2013, S. 67 f.; *Göbel*, Neue Institutionenökonomik, 2021, S. 47 ff.

63 *Erlei/Leschke/Sauerland*, Neue Institutionenökonomik, 3. Aufl. 2016, S. 2 f.

64 *Sesselmeier/Funk/Waas*, Arbeitsmarkttheorien, 3. Aufl. 2010, S. 75.

65 *Nicholson/Snyder*, Intermediate Microeconomics and its Application, 13. Aufl. 2022, S. 429; *Samuelson/Nordhaus*, Volkswirtschaftslehre, 5. Aufl. 2016, S. 366.

66 Vgl. *Nicholson/Snyder*, Intermediate Microeconomics and its Application, 13. Aufl. 2022, S. 419 f.; *Samuelson/Nordhaus*, Volkswirtschaftslehre, 5. Aufl. 2016, S. 363; *Wagner/Jahn*, Neue Arbeitsmarkttheorien, 2. Aufl. 2004, S. 29 f.

67 *Borjas*, Labor Economics, 9. Aufl. 2024, S. 24, 34; *Apolte*, in: Apolte et al., Kompendium der Wirtschaftstheorie und Wirtschaftspolitik III, 2019, S. 269.

68 *Sesselmeier/Funk/Waas*, Arbeitsmarkttheorien, 3. Aufl. 2010, S. 79.

69 *Gangl*, in: Abraham/Hinz, Arbeitsmarktsoziologie, 3. Aufl. 2018, S. 261, 267.

III. Konkretisierung der Marktprozesse

1. Investitionen in das Humankapital der Arbeitsanbieter

Eine wichtige Modifikation des neoklassischen Basismodells ist die Aufgabe der Annahme, Arbeitsleistung sei ein homogener Produktionsfaktor. Die Humankapitaltheorien stellen insoweit eine Weiterentwicklung der theoretischen Modellierung des Arbeitsangebots dar.[70] Ihr Kern besteht in der Erkenntnis, dass die Produktivität eines Arbeitsanbieters durch seine – zur Einkommenserzielung verwertbaren – Begabungen, Fähigkeiten und sein Wissen (sog. Humankapital) bestimmt wird.[71] Unterschieden wird zwischen *allgemeinem* Humankapital, das auf vielen verschiedenen Arbeitsmärkten eingesetzt werden kann, *berufs-* oder *branchenspezifischem* Humankapital, das nur für ein bestimmtes Berufsbild oder in einer bestimmten Branche verwertbar ist, und *betriebsspezifischem* Humankapital, das nur die Produktivität im Betrieb des jeweiligen Arbeitgebers erhöht.[72] Dieses Humankapital wird nun nicht mehr als gegeben angenommen, sondern jeder Arbeitsanbieter muss es unter Aufwendung von Kosten und Zeit erwerben.[73] Das bedeutet, Bildungsinvestitionen werden zu Kapitalgütern der Arbeitsanbieter, die einer Investition zugänglich sind.[74]

2. Friktionelle Störung der Koordination von Angebot und Nachfrage

Eine weitere Modifikation des neoklassischen Modells ist hinsichtlich der Annahme homogener Arbeitsplätze und vollständig informierter Marktakteure geboten.[75] Arbeitsplätze unterscheiden sich hinsichtlich der Entlohnung, der Art der Tätigkeit und zahlreicher nichtmonetärer Eigenschaften wie der Aufstiegschancen oder des Arbeitsklimas.[76] Vor dem Abschluss eines Arbeitsvertrages verfügen weder Arbeitsanbieter noch -nachfrager über vollständige Informationen zu den Arbeitsmarktverhältnissen und dem möglichen Vertragspartner.[77] Der Arbeitsanbieter weiß nicht, welchen Lohn er von unterschiedlichen Nachfragern erhalten kann oder welche Eigenschaften die jeweiligen Arbeitsplätze aufweisen. Dem Arbeitsnachfrager fehlt eine genaue Kenntnis über Produktivität und Arbeitsmoral der einzelnen Bewerber. Unvollkommene Informationen und heterogene Arbeitsplätze wirken sich auf den Koordinationsprozess der Arbeitsmärkte dergestalt aus, dass Arbeitsverhältnisse nur nach Abschluss eines Suchprozesses zustande kommen, der einen zeitlichen Verzug bewirkt und Kosten[78] verursacht.[79] Arbeits-

---

70 Die Theorien gehen zurück auf die Ansätze von *Becker*; siehe *Becker*, 70 J. Political Econ. 1962, 9; *ders.*, Human Capital, 1964.

71 *Abraham/Hinz*, in: Abraham/Hinz, Arbeitsmarktsoziologie, 3. Aufl. 2018, S. 9, 26.

72 *Keuchel*, Kann der Arbeitsmarkt dem Wettbewerb unterworfen werden?, 1989, S. 123 f.; vgl. *Robbers*, Investitionen in berufliches Humankapital und die Absicherung erwarteter Erträge, 1993, S. 10 ff.

73 *Ehrenberg/Smith*, Modern Labor Economics, 13. Aufl. 2018, S. 333. Zu den Kosten zählen die tatsächlich anfallenden monetären Kosten, Opportunitätskosten, etwa weil im Erwerbszeitraum kein Einkommen erzielt werden kann, sowie intellektuelle Anstrengungen, *Abraham/Hinz*, in: Abraham/Hinz, Arbeitsmarktsoziologie, 3. Aufl. 2018, S. 9, 27.

74 *Weingärtner*, Soziologische Arbeitsmarkttheorien, 2019, S. 31; vgl. *Samuelson/Nordhaus*, Volkswirtschaftslehre, 5. Aufl. 2016, S. 388 f.

75 *Sesselmeier/Funk/Waas*, Arbeitsmarkttheorien, 3. Aufl. 2010, S. 158.

76 *Franz*, Arbeitsmarktökonomik, 8. Aufl. 2013, S. 50 f.

77 *Abraham/Hinz*, in: Abraham/Hinz, Arbeitsmarktsoziologie, 3. Aufl. 2018, S. 9, 16.

78 Es fallen direkte Kosten für die Informationsbeschaffung und Opportunitätskosten in Form des entgangenen Einkommens bzw. des unbesetzten Arbeitsplatzes an; *Borjas*, Labor Economics, 9. Aufl. 2024, S. 438.

79 *Apolte*, in: Apolte et al., Kompendium der Wirtschaftstheorie und Wirtschaftspolitik III, 2019, S. 277.

märkte zeichnen sich folglich durch ein bilaterales Aufeinandertreffen im Rahmen eines Such- und *Matching*-Prozesses aus und entsprechen nicht dem neoklassischen Bild eines kostenfreien Auktionsmarktes.[80]

3. Arbeitsbeziehungen und Arbeitsmärkte

3.1 Vertragstheoretische Einordnung des Arbeitsvertrages

3.1.1 Das Tauschgut Arbeitsleistung

Jede Person hat einen individuellen und veränderbaren Bestand an Humankapital, der ihre Arbeitsleistung prägt. Diese Arbeitsleistung kann entweder zum selbstständigen Anbieten von Gütern genutzt werden oder zur abhängigen, fremdbestimmten Verwertung als Arbeitnehmer.[81]

Für welche der beiden Varianten sich die einzelne Person entscheidet, hängt neben ihren Fähigkeiten vor allem von ihrer Risikobereitschaft ab.[82] Eine selbstständige unternehmerische Tätigkeit ist mit Einkommensunsicherheit und -schwankungen verbunden. Das Einkommen als Arbeitnehmer ist demgegenüber stabil und gestattet Planungssicherheit.[83] Der Arbeitnehmer trägt zwar das Risiko, einen Arbeitsplatz zu finden und ihn zu behalten. Für die Dauer des Arbeitsverhältnisses kann er allerdings mit einem konstanten Einkommen rechnen. Dem Arbeitsvertrag kommt daher eine Art Risikotransformationsfunktion zu.[84] Der Arbeitnehmer stellt seine Arbeitsleistung dem Arbeitgeber für dessen unternehmerische Zwecke zur Verfügung. Letzterer hat die Möglichkeit, mit diesem Produktionsfaktor Arbitragegewinne zu erwirtschaften, indem er ihn in einen Gütermarkt mit höherer Erlöserwartung lenkt.[85] Der Arbeitnehmer hat diese Möglichkeit gegen eine gewisse Einkommenssicherheit eingetauscht.[86]

---

80 Vgl. *Dietz*, Der Arbeitsmarkt in institutionentheoretischer Perspektive, 2006, S. 125.

81 *Hanau*, ZfA 2012, 269, 274.

82 *Keuchel*, Kann der Arbeitsmarkt dem Wettbewerb unterworfen werden?, 1989, S. 117.

83 *Babecký* et al., 112 Scand. J. Econ. 2010, 884 ff. belegen die generelle Abwärtsrigidität von Löhnen in der Europäischen Union empirisch; siehe dazu auch *Caju* et al., 68 ILR Review 2015, 862, 885: „[W]e use a large, specially commissioned survey of firms across 14 European countries that asked managers directly about their experiences with wage cuts. Just a bit more than 2% of the firms surveyed had cut wages during the five years prior to the time of the survey."

84 Vgl. *Hanau*, ZfA 2012, 269, 274; empirische Belege zur Sicherheitspräferenz und Risikoaversion von Arbeitnehmern bei *Köhler/Struck*, in: Köhler et al., Offene und geschlossene Beschäftigungssysteme, 2008, S. 11, 24 ff.

85 *Kirzner*, Wettbewerb und Unternehmertum, 1978, S. 38 ff.; *Keuchel*, Kann der Arbeitsmarkt dem Wettbewerb unterworfen werden?, 1989, S. 117.

86 *Hanau*, ZfA 2012, 269, 274. Die Annahme, dass Arbeitnehmer im Vergleich zu Arbeitgebern risikoavers sind, wird auch von der Kontrakttheorie getroffen, die versucht die Abwärtsrigidität von Löhnen, die sich auf Arbeitsmärkten ohne kollektive Verhandlung gut beobachten lässt, zu erklären. Nach dieser Theorie sind die unterschiedlichen Risikoneigungen der Grund für den Abschluss von sog. impliziten Verträgen, die im Rahmen der Arbeitsbeziehung zusätzlich zum eigentlichen Arbeitsvertrag geschlossen werden und eine Versicherungskomponente zugunsten der Arbeitnehmer enthalten. Diese sind aufgrund ihrer Risikoaversion bestrebt, langfristige Arbeitsverhältnisse einzugehen und Lohnschwankungen zu vermeiden. Arbeitgeber verpflichten sich, bei einer Veränderung der wirtschaftlichen Bedingungen auf dem Gütermarkt nicht sofort eine Mengenanpassung auf dem Arbeitsmarkt vorzunehmen, also Arbeitnehmer zu entlassen oder einzustellen. Diese Versicherungskomponente führt, neben der Lohnstarrheit, zu einer verzögerten Reaktion der Arbeitsverhältnisse auf eine sinkende oder steigende Güternachfrage; dazu *Soltwedel* et al., Regulierung auf dem Arbeitsmarkt der Bundesrepublik, 1990, S. 154 f.; *Richter/Furubotn*, Neue Institutionenökonomik, 4. Aufl. 2010, S. 221.

Eine Besonderheit von Arbeitsleistung ist, dass sie im Rahmen der abhängigen Beschäftigung nicht vollständig auf den Arbeitgeber übertragen werden kann. Die Arbeitsleistung und die Person des Leistenden sind untrennbar miteinander verknüpft.[87] Der Arbeitgeber erhält primär nur das Recht, die Arbeitsleistung und das Humankapital des Arbeitnehmers für einen gewissen Zeitraum zu gebrauchen und deren Erträge einzubehalten.[88] Dies öffnet die Tür für Folgeprobleme, die in den nächsten beiden Abschnitten näher dargestellt werden.

3.1.2 Das Arbeitsverhältnis als Prinzipal-Agenten-Beziehung

Arbeitsbeziehungen können mit den Prinzipal-Agenten-Ansätzen der Institutionenökonomik analysiert werden.[89] Der Arbeitgeber wird in der ökonomischen Literatur als Prinzipal und der Arbeitnehmer als Agent eingeordnet.[90]

Der Arbeitgeber kann vor Vertragsschluss keine abschließende Kenntnis über Humankapital, Arbeitsqualität, Leistungsbereitschaft und soziale Verhaltenseigenschaften (*hidden characteristics*) des Arbeitsanbieters erlangen.[91] Innerhalb der Arbeitsbeziehung maximiert der Arbeitnehmer seinen Nutzen, wenn er seine Arbeitszeit und seinen Arbeitsaufwand minimiert, da die Früchte seiner Arbeitsleistung ohnehin dem Arbeitgeber zustehen.[92] Letzteres ist wiederum der Grund, warum der Arbeitgeber eine möglichst hohe Produktivität der Arbeitsleistung erreichen möchte. Darüber hat er allerdings nicht die volle Kontrolle, da Arbeitsleistung und -leistender untrennbar sind. Zudem ist es bei Aufgaben mit hoher Komplexität oft nicht möglich, die Arbeitsintensität des Arbeitnehmers vollständig und ohne prohibitiv hohe Kosten zu überprüfen (*hidden information*).[93] Letzterer hat daher einen Anreiz, sein Arbeitsleid durch eine verringerte Arbeitsintensität unbemerkt zu minimieren (*hidden action*).[94]

Die *hidden characteristics* begründen für einen Arbeitgeber das Risiko, einen schlechten Arbeitsanbieter einzustellen, dessen Eigenschaften nicht den Anforderungen des jeweiligen Arbeitsplatzes genügen (*adverse selection*).[95] *Hidden information* und *hidden action* setzen in Arbeitsverhältnissen aus ökonomischer Sicht Fehlanreize, sich nach Vertragsschluss durch eine Produktivitätsminderung opportunistisch zu verhalten (*moral hazard*).[96] Die durch die Agenturtheorie herausgearbeiteten Informationsasymmetrien sind Grundlage der theoretischen Ansätze zur Lohnfindung.[97]

---

87 *Lesch*, Ökonomik des Tarifrechts, 2006, S. 9; *Sesselmeier/Funk/Waas*, Arbeitsmarkttheorien, 3. Aufl. 2010, S. 140.

88 *Duda/Fehr*, Leviathan 1986, 546, 547.

89 *Ross*, 63 Am. Econ. Rev. 1973, 134; *Dietz*, Der Arbeitsmarkt in institutionentheoretischer Perspektive, 2006, S. 96 ff.

90 *Sesselmeier/Funk/Waas*, Arbeitsmarkttheorien, 3. Aufl. 2010, S. 210; *Erlei/Leschke/Sauerland*, Neue Institutionenökonomik, 3. Aufl. 2016, S. 72; *Weingärtner*, Soziologische Arbeitsmarkttheorien, 2019, S. 45.

91 *Erlei/Leschke/Sauerland*, Neue Institutionenökonomik, 3. Aufl. 2016, S. 99 f.; *Göbel*, Neue Institutionenökonomik, 2021, S. 95. Zu diesen Eigenschaften können auch Verhaltensmerkmale und Absichten des Arbeitsanbieters gezählt werden, die dem Arbeitsnachfrager ebenfalls nicht bekannt sind (*hidden intention*); vgl. *Göbel*, Neue Institutionenökonomik, 2021, S. 160.

92 Eine Ausnahme sind leistungsbezogene Vergütungen anstelle eines Fixlohnvertrages.

93 Vgl. *Weingärtner*, Soziologische Arbeitsmarkttheorien, 2019, S. 44.

94 *Göbel*, Neue Institutionenökonomik, 2021, S. 160; vgl. *Richter/Furubotn*, Neue Institutionenökonomik, 4. Aufl. 2010, S. 174.

95 *Weingärtner*, Soziologische Arbeitsmarkttheorien, 2019, S. 46; vgl. mit Bezug zu Versicherungsmärkten *Akerlof*, 84 Q. J. Econ. 1970, 488, 493 f.

96 *Görgens/Pfahler*, in: Apolte/Vollmer, Arbeitsmärkte und soziale Sicherungssysteme unter Reformdruck, 2002, S. 85, 90; *Dietz*, Der Arbeitsmarkt in institutionentheoretischer Perspektive, 2006, S. 93.

97 Siehe dazu unten C.III.3.2.

3.1.3 Der Arbeitsvertrag als relationaler Vertrag

In einer Welt vollständig und symmetrisch informierter Marktteilnehmer sowie kostenfreier Tauschprozesse schließen die Akteure nur vollständige Verträge miteinander.[98] Die sog. klassische Vertragslehre geht davon aus, dass die Vertragsparteien *ex ante* sämtliche denkbaren Situationen, die das Vertragsverhältnis zukünftig beeinflussen könnten, abschließend und kostenfrei regeln.[99] Neben Transaktionskosten wird dabei auch außer Acht gelassen, dass sich Vertragsgegenstand und Begleitumstände von Markt zu Markt unterscheiden, was in der Folge auch zu Abweichungen bei der vertraglichen Ausgestaltung der Transaktionen führt.[100] Ebenfalls unberücksichtigt bleibt, dass die Akteure nur über eine begrenzte Rationalität verfügen (*bounded reality*).[101] Damit ist gemeint, dass sie sich zwar um rationale Entscheidungen bemühen, dabei jedoch zeitlichen und kognitiven Grenzen unterliegen.[102] Ein Austauschvertrag kann daher *ex ante* nicht alle zukünftigen Eventualitäten regeln, sondern enthält Lücken, die einen Anreiz für opportunistisches Verhalten bieten können.

Die Arbeitsleistung lässt sich in den meisten Arbeitsverhältnissen ebenfalls weder abschließend vertraglich festlegen noch vollständig kontrollieren.[103] Auch das Ergebnis einer Arbeitsleistung lässt sich oft nur schwierig überprüfen, insbesondere wenn sie innerhalb eines Teamprozesses erbracht wird.[104] Der Arbeitsvertrag ist ein unvollständiger Vertrag.[105] Er kann häufig realitätsnäher mit der Theorie relationaler Verträge beschrieben werden.[106] Relationale Verträge sind langfristige Vereinbarungen über Tauschprozesse, die sich durch eine ausgeprägte persönliche Beziehung, eine intensive Kommunikation und zahlreiche nichtpekuniäre Elemente kennzeichnen.[107] Sie enthalten absichtlich Lücken, da sich beide Vertragsparteien darüber im Klaren sind, dass Unsicherheit, Komplexität sowie hohe Transaktionskosten eine Einigung über alle zukünftigen Ereignisse unmöglich machen.[108] Hinzu kommt, dass

98 Die im Folgenden getroffene Unterscheidung zwischen klassischem, neoklassischem und relationalem Vertrag geht zurück auf *Macneil*, 72 Nw. U. L. Rev. 1978, 854 ff.

99 *Williamson*, Die ökonomischen Institutionen des Kapitalismus, 1990, S. 78.

100 So kann ein Kaufvertrag über Benzin vollständig an der Tankstelle geregelt und abgewickelt werden, wohingegen das Dauerschuldverhältnis Arbeitsvertrag mit der Heterogenität des Arbeitsangebots und der -arbeitsplätze, der asymmetrischen Informationsverteilung und höheren Transaktionskosten größere Probleme bewältigen muss.

101 *Simon*, Administrative Behavior, 2. Aufl. 1962, S. xxiv: „intendedly rational, but only limited to do so". Damit wird eines der sechs Grundprinzipien des *Homo oeconomicus*, das Rationalitätsprinzip, aufgeweicht; *Erlei/Leschke/Sauerland*, Neue Institutionenökonomik, 3. Aufl. 2016, S. 4 f., 6.

102 *Göbel*, Neue Institutionenökonomik, 2021, S. 204; vgl. *Williamson*, Die ökonomischen Institutionen des Kapitalismus, 1990, S. 51. Begrenzte Rationalität und Unsicherheiten lassen eine neoklassische Nutzenmaximierung nicht zu. Möglich sind nur „Daumenregeln"; *Richter/Furubotn*, Neue Institutionenökonomik, 4. Aufl. 2010, S. 205; *Schäfer/Ott*, Lehrbuch der ökonomischen Analyse des Zivilrechts, 6. Aufl. 2020, S. 117. Die Individuen sind nach diesem Ansatz daher nicht rein rationale Nutzenmaximierer, sondern Satifizierer, die nur so lange nach Handlungsalternativen suchen, bis ein für sie zufriedenstellendes Niveau erreicht ist; *Simon*, 49 Am. Econ. Rev. 1959, 253, 262 f.

103 Die Unmöglichkeit, die Art der Arbeitsleistungserbringung vollständig im Arbeitsvertrag festzuhalten, wird auch vom deutschen Recht erkannt, das dem Arbeitgeber deswegen nach § 106 S. 1 GewO ein Weisungsrecht nach billigem Ermessen gibt, soweit die Arbeitsleistung nicht durch Arbeitsvertrag, Betriebsvereinbarung, Tarifvertrag oder eine andere gesetzliche Vorschrift bestimmt ist.

104 *Dietz*, Der Arbeitsmarkt in institutionentheoretischer Perspektive, 2006, S. 99 f.

105 *Jost*, in: Ott/Schäfer, Ökonomische Analyse des Arbeitsrechts, 2001, 174, 181; *Behrens*, ZfA, 1989, 209, 223.

106 *Göbel*, Neue Institutionenökonomik, 2021, S. 107; *Richter/Furubotn*, Neue Institutionenökonomik, 4. Aufl. 2010, S. 172.

107 *Macneil*, 47 S. Cal. L. Rev. 1973/1974, 691, 723.

108 *Richter/Furubotn*, Neue Institutionenökonomik, 4. Aufl. 2010, S. 174.

relationale Verträge Leistungspflichten enthalten, die durch Gerichte oder andere Dritte oft nur schwierig oder gar nicht überprüft werden können.[109] Sie sind daher in einem gewissen Maß implizit, informell und nicht rechtsverbindlich.[110] Auch Arbeitsverträge weisen diese Relationalität auf.[111] Das bedeutet, neben dem formellen Arbeitsvertrag, der das Austauschverhältnis ausdrücklich und rechtsverbindlich – aber lückenhaft – regelt, werden im Laufe der Zeit auch implizite Vereinbarungen getroffen, sich entsprechend bestimmten Gewohnheitsregeln oder sozialen Normen zu verhalten.[112]

Aus transaktionskostentheoretischer Perspektive ist es für Unternehmen regelmäßig sinnvoller, Arbeitsleistung nur einmal am Markt nachzufragen und dann langfristig mittels eines relationalen Vertrages in die Unternehmenshierarchie (vertikal) zu integrieren.[113] Hierdurch werden Fluktuationskosten gesenkt, Opportunitätsprobleme verringert und betriebsspezifisches Humankapital wird aufgebaut und erhalten. Durch die Kumulation solcher Arbeitsverhältnisse bauen Unternehmen einen sog. internen Arbeitsmarkt auf. Externe Arbeitsmärkte kennzeichnen sich dagegen durch eine hohe Personalfluktuation und zwischenbetriebliche Mobilität.[114] Dort agieren etwa Leiharbeitnehmer, Arbeitnehmer mit befristeten Arbeitsverträgen oder (vermeintlich) Solo-Selbstständige. Diese stark vereinfachte Bezeichnung als interne und externe Arbeitsmärkte darf dabei nicht darüber hinwegtäuschen, dass Arbeitsleistung in beiden Fällen auf einem Arbeitsmarkt eingekauft wird – nur eben mit unterschiedlichem zeitlichem Horizont.[115] Arbeit wird regelmäßig auf internen Arbeitsmärkten gehandelt.[116] Hinzuzufügen ist allerdings, dass die Bedeutung von betriebsspezifischem Humankapital in den letzten Jahrzehnten etwas abgenommen

---

109 *Görgens/Pfahler*, in: Apolte/Vollmer, Arbeitsmärkte und soziale Sicherungssysteme unter Reformdruck, 2002, S. 85, 92.

110 *Richter/Furubotn*, Neue Institutionenökonomik, 4. Aufl. 2010, S. 184.

111 *Macneil*, 47 S. Cal. L. Rev. 1973/1974, 691, 725; *Sesselmeier/Funk/Waas*, Arbeitsmarkttheorien, 3. Aufl. 2010, S. 260 f.; *Weingärtner*, Soziologische Arbeitsmarkttheorien, 2019, S. 45 f.

112 Ausführlich zur Notwendigkeit impliziter Vereinbarungen in der Arbeitsbeziehung *Hardes*, MittAB 1989, 540, 541 ff.; vgl. auch *Abraham/Hinz*, in: Abraham/Hinz, Arbeitsmarktsoziologie, 3. Aufl. 2018, S. 9, 20.

113 Das trifft in etwa die Definition eines Normalarbeitsverhältnisses. Darunter wird ein abhängiges Beschäftigungsverhältnis verstanden, das in Voll- oder Teilzeit bei mindestens 21 Wochenstunden unbefristet und außerhalb von Leiharbeit ausgeübt wird. Umgekehrt sind atypische Beschäftigungsverhältnisse solche, die befristet, in Leiharbeit oder mit einer Wochenstundenanzahl von unter 21 ausgeübt werden; dazu *Schäfer/Köster*, Neue Beschäftigungsverhältnisse: Daten, Fakten, Argumente, 2018, S. 5.

114 Interne Arbeitsmärkte meinen betriebsinterne Governancestrukturen, die den Einsatz der langfristig eingestellten Arbeitskräfte durch formale und informelle Normen regeln sowie Einstiegspositionen, Aufstiegsleitern und Weiterbildungsmöglichkeiten etablieren. Zu beachten ist, dass auch ein interner Arbeitsmarkt dem Wettbewerbsdruck der (externen) Arbeitsmärkte ausgesetzt ist und auch die Arbeitskräfte externer Arbeitsmärkte in die innerbetriebliche Struktur integriert werden müssen; dazu *Sesselmeier/Funk/Waas*, Arbeitsmarkttheorien, 3. Aufl. 2010, S. 251, 262 f.; *Hardes*, MittAB 1989, 540, 545 f.

115 Instruktiv *Pongratz*, in: Krause/Köhler, Arbeit als Ware, 2012, S. 207, 209 f.

116 *Fehr/Goette/Zehnder*, 1 Annu. Rev. Econ. 2009, 355, 356 f.; vgl. *Krause/Köhler*, in: Krause/Köhler, Arbeit als Ware, 2012, S. 9, 19; siehe dazu auch Fn. 801. Das gilt auch, weil die Akteure aufgrund ihrer begrenzten Rationalität keine reine Nutzenmaximierer sind, sondern Satifizierer, die bei einer zufriedenstellenden Arbeitsbeziehung regelmäßig bemüht sein werden, diese aufrechtzuerhalten. Auf Seiten der Arbeitnehmer wird der Kooperationswunsch zusätzlich durch die Risikoaversion und das Sicherheitsverlangen getragen. Arbeitgeber haben wiederum aufgrund der Informationsasymmetrie zu ihren Lasten einen zusätzlichen Anreiz, die unternehmensinterne Organisation auf eine zielgerichtete Kooperation der Arbeitnehmer – untereinander und mit dem Arbeitgeber – auszurichten und Mechanismen zur Konfliktvermeidung zu etablieren.

hat.[117] Das fördert die Entstehung externer Arbeitsmärkte auch bei humankapitalintensiven Tätigkeiten, sofern keine Kontroll- und damit Opportunitätsprobleme bestehen.[118]

Bei relationalen Arbeitsbeziehungen ist eine Kontrolle der Arbeitnehmer durch formale Regeln nicht nur schwierig,[119] sondern birgt zudem das Risiko, als Misstrauenserklärung verstanden zu werden und dadurch die intrinsische Arbeitsmotivation[120] zu senken.[121] Die intrinsische Motivation hat durch den gesellschaftlichen Anspruch an den Arbeitsplatz an Bedeutung gewonnen. Arbeit ist nicht nur ein Mittel zum Zweck der Einkommenserzielung, sondern soll auch Freude bereiten und Selbstverwirklichung ermöglichen.[122] Sie schwächt ein *moral hazard*-Problem ohne Gegenmaßnahme ab.[123] Freilich ist die intrinsische Motivation bei jedem Menschen unterschiedlich stark ausgeprägt[124] und unterliegt Schwankungen. Beide Motivationslagen bestehen nebeneinander und müssen bei der Ausgestaltung der Arbeitsbeziehungen berücksichtigt werden.[125] In Arbeitsbeziehungen kann daher eine Kombination expliziter Anreizmechanismen und informeller Vereinbarungen notwendig sein, um einen produktiven Einsatz der Arbeitsleistung zu gewährleisten.[126] Anreize können für den Arbeitnehmer etwa über Löhne, Aufstiegschancen und Möglichkeiten zur Spezialisierung in interessierenden Aufgabenbereichen gesetzt werden.[127] Informelle Institutionen setzen dagegen bei sozialen Normen, wie der Reziprozität und Gerechtigkeit,[128] oder bei der intrinsischen Motivation der Arbeitnehmer an.[129]

---

117 Unternehmen kaufen trotz zunehmender Bedeutung von Dienstleistungstätigkeiten und steigender Spezialisierung Leistungen verstärkt nur punktuell ein, anstatt einen Arbeitnehmer einzustellen. Denn Tertiarisierung und Spezialisierung führen auch zu einer gewissen Standardisierung von Leistungen, die nur branchen-, aber kein betriebsspezifisches Humankapital voraussetzen; dazu ausführlich *Sesselmeier/Funk/Waas*, Arbeitsmarkttheorien, 3. Aufl. 2010, S. 269 ff.; *Sesselmeier*, in: Keller/Seifert, Atypische Beschäftigung – Flexibilisierung und soziale Risiken, 2007, S. 67, 73 ff.

118 *Köhler/Struck*, in: Köhler et al., Offene und geschlossene Beschäftigungssysteme, 2008, S. 11, 21. Als zusätzliche Gründe werden angeführt: Entwertung speziellen Wissens durch kürzere Innovationszyklen und zunehmend wechselnde Aufgaben in internen Aufstiegslinien.

119 *Ouchi*, 25 Adm. Sci. Q. 1980, 129, 134 f.

120 Intrinsische Motivation entsteht durch die Durchführung der Aufgabe selbst, weil sie interessant ist oder Freude bereitet. Extrinsische Motivation entsteht dagegen, wenn ein von der Tätigkeit abgrenzbares Resultat erreicht werden soll. Dieses Resultat kann durch externe Anreizfaktoren gesteuert werden, z.B. Lohn, Aufstiegschancen, soziale Anerkennung; dazu *Ryan/Deci*, 25 Contemp. Educ. Psychol. 2000, 54, 56 ff., 60 ff.

121 *Dietz*, Der Arbeitsmarkt in institutionentheoretischer Perspektive, 2006, S. 112.

122 *Bayreuther*, Tarifautonomie als kollektiv ausgeübte Privatautonomie, 2005, S. 64. Es handelt sich um sog. idealistische Arbeitsansprüche; *Schneider*, Veränderungen von Arbeits- und Umweltansprüchen im internationalen Vergleich, 2000, S. 9.

123 *Dietz*, Der Arbeitsmarkt in institutionentheoretischer Perspektive, 2006, S. 110. Einen empirischen Beleg für eine positive Korrelation von intrinsischer Motivation und Leistung liefern *Becchetti/Castriota/Tortia*, 41 Small. Bus. Econ. 2013, 379 ff.

124 *Schneider*, Veränderungen von Arbeits- und Umweltansprüchen im internationalen Vergleich, 2000, S. 9.

125 *Cerasoli/Nicklin/Ford*, 140 Psychol Bull. 2014, 980, 1001; vgl. *Fehr/Falk*, 46 Eur. Econ. Rev. 2002, 687, 692.

126 *Fehr/Goette/Zehnder*, 1 Annu. Rev. Econ. 2009, 355, 362; *Dietz*, Der Arbeitsmarkt in institutionentheoretischer Perspektive, 2006, S. 106; vgl. *Kreps*, 87 Am. Econ. Rev. 1997, 359, 361 f. Nach der Transaktionskostentheorie bildet sich die effizienteste Transaktionsform unter Wettbewerbsbedingungen selbstständig am Markt heraus; *Williamson*, Die ökonomischen Institutionen des Kapitalismus, 1990, S. 26.

127 Vgl. *Göbel*, Neue Institutionenökonomik, 2021, S. 225.

128 *Ouchi*, 25 Adm. Sci. Q. 1980, 129, 130, 131 f.; vgl. *Williamson*, 87 Am. J. Sociol. 1981, 548, 565. Zur Bedeutung sozialer Normen in Arbeitsbeziehungen am Beispiel der Lohnsetzung ausführlicher unter C.III.3.2.4c).

129 Dazu ausführlich *Dietz*, Der Arbeitsmarkt in institutionentheoretischer Perspektive, 2006, S. 106 ff.

3.1.4 Zusammenfassung

Durch die vertragstheoretische Einordnung des Arbeitsvertrages konnten die Eigenschaften und die Probleme herausgearbeitet werden, die *ex ante* und *ex post* zum Abschluss eines Arbeitsverhältnisses auftreten. Das Recht des Arbeitgebers am Gebrauch der Arbeitsleistung ist nur ein relatives und verdünntes Verfügungsrecht. Arbeitsleistung und die Person des Leistenden sind untrennbar miteinander verbunden. Problematisch wird dies in Verbindung mit der Informationsasymmetrie, die zwischen Arbeitnehmer und Arbeitgeber herrscht. Dem Arbeitgeber fehlen vor Vertragsschluss vollständige Informationen über die Eigenschaften des Arbeitnehmers und nach Vertragsschluss über dessen Arbeitsintensität. Er trägt daher das Risiko, die Stelle mit einem ungeeigneten Arbeitnehmer zu besetzen. Außerdem kann der Arbeitnehmer während der Arbeitsbeziehung opportunistisch handeln, indem er seine Produktivität und damit sein Arbeitsleid minimiert. Die Möglichkeit hierzu hat er, da es sich bei dem Arbeitsvertrag um einen unvollständigen Vertrag handelt. Gepaart mit der verhaltensökonomischen Erkenntnis, dass Individuen nur über eine begrenzte Rationalität verfügen, wird ein langfristiger Arbeitsvertrag bei Abschluss unspezifisch und lückenhaft sein. Diese Lücken werden im Laufe des Arbeitsverhältnisses oft durch implizite Vereinbarungen wie Gewohnheitsregeln und soziale Verhaltensnormen gefüllt. Ein Unternehmen erhöht dabei regelmäßig die Produktivität seiner Arbeitnehmer, wenn die interne Organisation neben der extrinsischen auch ihre intrinsische Motivation fördert.

3.2 Funktionen des Lohns

3.2.1 Ausgangspunkt

Bisher wurde gezeigt, dass Humankapitalspezifität, Fluktuationskosten und Informationsasymmetrien in Arbeitsbeziehungen einer unternehmensinternen Organisationsform bedürfen, die neben Kontrollmechanismen auch sozialen Normen sowie der extrinsischen und intrinsischen Motivation der Arbeitnehmer Rechnung trägt. Ein zentrales Lenkungsinstrument des Angestelltenverhaltens ist der Lohn. Arbeitgeber müssen die genannten Aspekte für einen produktiven Einsatz von Arbeitsleistung regelmäßig bei der Lohnsetzung berücksichtigen. Nach den verschiedenen Ansätzen der Effizienzlohntheorie zahlen Arbeitgeber Löhne, die über dem markträumenden Niveau liegen.[130] Dem liegt die Prämisse zugrunde, dass sich Lohnerhöhungen positiv auf die Arbeitsproduktivität auswirken.[131] Der Lohn ist nicht nur ein Kostenfaktor, sondern auch ein Anreizinstrument.[132] Das Ziel eines Arbeitgebers ist es, einen Lohn zu wählen, der die Arbeitskosten pro Effizienzeinheit so gering wie möglich hält (*Effizienzlohn*).[133] Effizienzlöhne tragen dazu bei, eine schlechte Auswahl an Arbeitskräften (3.2.2), eine hohe Angestelltenfluktuation (3.2.3) und eine geringe Produktivität aufgrund sinkender Motivation (3.2.4) zu verhindern.

3.2.2 Selektionsfunktion des Lohns

Innerhalb der effizienzlohntheoretischen Forschung sieht der *adverse selection*-Ansatz das Produktivitätsproblem bei der Bewerberauswahl.[134] Der Arbeitgeber hat zu diesem Zeitpunkt keine vollständigen Informationen über das Humankapital und damit über die Produktivität des Bewerbers. Das Ziel eines

130 Den Vertretern der Effizienzlohntheorien geht es dabei unter anderem um eine mikroökonomische Erklärung der Existenz von Lohnrigiditäten, Lohnunterschieden und unfreiwilliger Arbeitslosigkeit; *Yellen*, 74 Am. Econ. Rev. 1984, 200 f.

131 *Abraham/Hinz*, in: Abraham/Hinz, Arbeitsmarktsoziologie, 3. Aufl. 2018, S. 9, 20 f.; *Breyer/Buchholz*, Ökonomie des Sozialstaates, 3. Aufl. 2021, S. 132 f.

132 *Jasperneite*, Arbeitsmarktordnung und Arbeitsmarktentwicklung, 2001, S. 25.

133 *Sesselmeier/Funk/Waas*, Arbeitsmarkttheorien, 3. Aufl. 2010, S. 211.

134 Zur Ursache einer *adverse selection* in der Prinzipal-Agenten-Konstellation siehe oben C.III.3.1.2.

Arbeitsnachfragers ist es, die Anstellung von Arbeitnehmern mit geringer Produktivität zu vermeiden. Der Theorieansatz geht dabei davon aus, dass sich eine Selbsteinschätzung der Arbeitnehmer zu ihrer tatsächlichen Produktivität in ihrem individuellen Reservationslohn[135] widerspiegelt.[136] Ein niedriger Reservationslohn ist also ein Anzeichen dafür, dass der jeweilige Arbeitnehmer ein niedriges Produktivitätspotenzial hat.[137] Arbeitnehmer, die im Bewerbungsverfahren eine niedrige Lohnvorstellung äußern, werden demnach nicht eingestellt. Sie sorgen sozusagen unwissend für eine Selbstauslese.[138] [139]

3.2.3 Die Bedeutung von Fluktuationskosten für die Lohnbildung

a) Bedeutung von Fluktuationskosten für Arbeitsnachfrager

Fluktuationskosten sind Ausgaben, die beim Austausch von Arbeitskräften anfallen. Dazu zählen hauptsächlich Personalbeschaffungs- und Ausbildungskosten.[140] Fluktuationskosten fallen folglich zu Beginn einer Arbeitsbeziehung an und stellen für den Arbeitgeber *sunk costs* dar, wenn es zu einer Kündigung kommt.[141] Arbeitgeber tätigen diese Ausgaben in der Erwartung, dass sie sich über die Dauer des Arbeitsverhältnisses amortisieren. Das bedeutet, je länger das Arbeitsverhältnis dauert, desto höher können die anfänglichen Fluktuationskosten für die Besetzung der Stelle sein.[142] Ein Arbeitgeber hat deswegen bei hohen Fluktuationskosten ein erhebliches Interesse daran, die vorzeitige Kündigung des Arbeitnehmers durch Anreize sowie informelle Vereinbarungen zu verhindern.[143] Für Unternehmen kann es daher auch rational sein, Arbeitnehmer in wirtschaftlichen Rezessionsphasen zu horten und in wirtschaftlichen Aufschwungsphasen nur verzögert Neueinstellungen zu tätigen.[144]

b) Erhöhung der Durchschnittsproduktivität

Der *labor turnover*-Ansatz sieht den Grund für Effizienzlöhne in der Vermeidung von Kündigungen durch Arbeitnehmer.[145] Die Betriebstreue der Arbeitnehmer soll verlängert werden, um Fluktuationskosten so gering wie möglich zu halten.[146] Gerade für den Teil der Belegschaft, der über betriebsspezifisches Humankapital oder schwer zu rekrutierendes branchenspezifisches Humankapital verfügt, können Unternehmen durch langfristige Arbeitsverhältnisse erhebliche Fluktuationskosten einsparen. Das

---

135 Der Reservationslohn ist – entsprechend dem Reservationspreis – der spezifische Lohn, ab dem ein Arbeitsanbieter zum Eintritt in den jeweiligen Arbeitsmarkt bereit ist; *Gangl*, in: Abraham/Hinz, Arbeitsmarktsoziologie, 3. Aufl. 2018, S. 261, 267.

136 *Borjas*, Labor Economics, 9. Aufl. 2024, S. 416.

137 *Yellen*, 74 Am. Econ. Rev. 1984, 200, 203; vgl. *Weiss*, Efficiency Wages, 1990, S. 42.

138 *Malcomson*, 91 Econ. J. 1981, 848, 865.

139 In der Praxis gibt es neben der Lohngestaltung noch weitere Möglichkeiten, die Fähigkeiten und die Produktivität des Arbeitsanbieters zu überprüfen (*screening*) und dadurch eine *adverse selection* zu vermeiden (z.B. ein Assessment-Center). Außerdem haben Arbeitsanbieter ein Eigeninteresse daran, dem Arbeitsnachfrager ihre Qualifikationen und Fähigkeiten zu signalisieren (*signaling*), um bessere Aussichten auf den Abschluss eines Arbeitsvertrages zu haben; vgl. *Stecker/Schnettler*, in: Abraham/Hinz, Arbeitsmarktsoziologie, 3. Aufl. 2018, S. 437, 452 Fn. 10.

140 *Weingärtner*, Soziologische Arbeitsmarkttheorien, 2019, S. 54.

141 *Sesselmeier/Funk/Waas*, Arbeitsmarkttheorien, 3. Aufl. 2010, S. 264.

142 *Sesselmeier/Funk/Waas*, Arbeitsmarkttheorien, 3. Aufl. 2010, S. 264.

143 *Sesselmeier/Funk/Waas*, Arbeitsmarkttheorien, 3. Aufl. 2010, S. 264.

144 *Weingärtner*, Soziologische Arbeitsmarkttheorien, 2019, S. 54.

145 *Borjas*, Labor Economics, 9. Aufl. 2024, S. 416.

146 *Yellen*, 74 Am. Econ. Rev. 1984, 200, 203.

liegt vor allem daran, dass auf diese Weise eine höhere Durchschnittsproduktivität der Belegschaft gesichert wird.[147] Denn neu eingestellte, unerfahrene Arbeitnehmer werden zu Beginn regelmäßig unproduktiver sein als die Stammbelegschaft.[148] Der *labor turnover*-Ansatz bietet damit eine Erklärung für Löhne über dem markträumenden Niveau.

c) Insider-Outsider-Strukturen

Die Insider-Outsider-Theorie führt ebenfalls Fluktuationskosten als einen Grund für Löhne oberhalb des markträumenden Niveaus an.[149] Sie geht allerdings davon aus, dass die Ursache für unfreiwillige Arbeitslosigkeit[150] aufgrund hoher Löhne eine Machtasymmetrie zwischen verschiedenen Arbeitnehmern ist.[151] Konkret unterscheidet die Theorie zwischen bereits länger beschäftigten und betriebsspezifisch qualifizierten Arbeitnehmern (*Insidern*), neu eingestellten und unerfahrenen Arbeitnehmern (*Entrants*) und derzeit Unbeschäftigten (*Outsidern*).[152] Die Insider haben in Verhandlungen mit dem Arbeitgeber, im Vergleich zu Entrants und – den noch schwächer gestellten – Outsidern, die stärkere Verhandlungsposition.[153] Das Machtgefälle beruht auf den Kosten, die für den Austausch eines Insiders durch einen Entrant oder einen Outsider anfallen. Je höher diese Kosten sind, umso stärker ist die Stellung der Insider, und umgekehrt.[154] Diese Machtstellung üben Insider in Lohnverhandlungen aus, indem sie den Kostenvorteil der Arbeitgeber teilweise abschöpfen und ihre Löhne über das markträumende Niveau heben.[155]

3.2.4 Die Motivationsfunktion des Lohns

a) Ausgangspunkt

Zwei weitere Ansätze der Effizienzlohntheorie beschäftigen sich mit dem *moral hazard*-Problem. Effizienzlöhne können danach durch Motivation die Produktivität steigern, indem sie Drückebergerei verhindern (b)) und sozialen Normvorstellungen der Arbeitnehmer entsprechen (c)).

---

147 *Holzer*, 43 ILR Review 1990, 147, 162 resümiert in seiner empirischen Studie zum Zusammenhang zwischen Lohnhöhe, Fluktuationskosten und Arbeitsproduktivität auf US-Arbeitsmärkten: „The results show that high-wage firms have lower hiring and training costs as well as better employee performance."

148 *Schlicht*, 134 J. Institutional Theor. Econ. 1978, 337, 338; *Salop*, 69 Am. Econ. Rev. 1979, 117, 118.

149 *Lindbeck/Snower*, 76 Am. Econ. Rev. 1986, 235.

150 Freiwillige Arbeitslosigkeit meint, dass Arbeitsanbieter Arbeitsplätze – trotz Verfügbarkeit – nicht annehmen, weil sie nicht arbeiten möchten oder auf der Suche nach einer besseren Beschäftigung sind. Unfreiwillige Arbeitslosigkeit meint, dass Arbeitsanbieter keinen Arbeitsplatz finden, obwohl sie bereit sind, zu den geltenden Marktbedingungen zu arbeiten, vgl. *Görgens/Ruckriegel*, Makroökonomik, 10. Aufl. 2007, S. 227.

151 *Lindbeck/Snower*, The Insider-Outsider Theory: A Survey, 2002, S. 6.

152 *Sesselmeier/Funk/Waas*, Arbeitsmarkttheorien, 3. Aufl. 2010, S. 169 f., 231.

153 Vgl. *Lindbeck/Snower*, 76 Am. Econ. Rev. 1986, 235.

154 *Sesselmeier/Funk/Waas*, Arbeitsmarkttheorien, 3. Aufl. 2010, S. 169 f., 232. Deswegen werden auch nach dieser Theorie am ehesten auf Jedermanns-Arbeitsmärkten markträumende Löhne gezahlt, da dort die Fluktuationskosten meist niedrig sind.

155 Ein starkes Kündigungsschutzrecht, wie etwa Deutschland eines hat, verstärkt die Machtposition der Insider.

b) Vermeidung von Drückebergerei

Im Mittelpunkt des *shirking*-Ansatzes steht die Möglichkeit des Arbeitnehmers, nach Abschluss des Arbeitsvertrages seinen individuellen Nutzen zu maximieren, indem er sein Arbeitsleid durch Drückebergerei (*shirking*) reduziert.[156] *Shirking* kann sich etwa in einem langsamen Arbeitstempo oder unberechtigten Krankmeldungen äußern.[157] Um den Arbeitnehmer trotzdem zu einer produktiven Arbeitsleistung im Unternehmensinteresse zu motivieren, setzt der Arbeitgeber in diesen Fällen einen Lohn, der über dem markträumenden Niveau liegt.[158] Der Arbeitnehmer erhält durch den Effizienzlohn eine Gewinnrente, die er mit *shirking* riskiert, da ihm der Verlust des Arbeitsplatzes droht, wenn sein Verhalten aufgedeckt wird.[159] Zahlen alle Arbeitgeber eines Arbeitsmarktes Effizienzlöhne, wird der entlassene Arbeitnehmer in der Regel nicht direkt eine neue Beschäftigung finden können, da die Lohnhöhe über dem markträumenden Niveau unfreiwillige Arbeitslosigkeit verursacht.[160] Ihm drohen Suchkosten sowie die Entwertung oder Verwässerung von Humankapital durch Langzeitarbeitslosigkeit nebst negativen Reputationseffekten im Bewerbungsprozess.[161] Der *shirking*-Ansatz hat primär Bedeutung für geringqualifizierte Arbeitskräfte, deren Produktivität keine umfassende oder kosteneffiziente Überwachung zulässt.[162]

c) Einfluss sozialer Normen

aa) *Gift exchange* zwischen Arbeitnehmer und Arbeitgeber

Der *gift exchange*-Ansatz greift die soziale Norm der Reziprozität auf.[163] Der Begriff meint die Wechselbezüglichkeit menschlichen Handelns in der Form, dass eine Person auf freundliches Verhalten ebenfalls freundlich reagieren wird (positive Reziprozität) und unfreundliches Verhalten mit der eigenen Reaktion bestrafen wird (negative Reziprozität).[164] Die freundliche Reaktion wird dabei nicht von der Erwartung geleitet, daraus in Zukunft einen persönlichen Vorteil ziehen zu können.[165] Der *gift exchange*-Ansatz überträgt das soziale Verhaltensprinzip Reziprozität auf die Arbeitsbeziehungen. Nicht nur der

---

156 *Shapiro/Stiglitz*, 74 Am. Econ. Rev. 1984, 433 ff.

157 *Abraham/Hinz*, in: Abraham/Hinz, Arbeitsmarktsoziologie, 3. Aufl. 2018, S. 9, 59.

158 *Shapiro/Stiglitz*, 74 Am. Econ. Rev. 1984, 433.

159 Der Arbeitgeber kann den Arbeitnehmer aufgrund seines Weisungsrechts auch auf andere Weise sanktionieren, z.B. indem er ihm unangenehme Tätigkeiten überträgt; dazu *Dietz*, Der Arbeitsmarkt in institutionentheoretischer Perspektive, 2006, S. 131 Fn. 346.

160 *Shapiro/Stiglitz*, 74 Am. Econ. Rev. 1984, 433; *Yellen*, 74 Am. Econ. Rev. 1984, 200, 201 f.

161 *Dietz*, Der Arbeitsmarkt in institutionentheoretischer Perspektive, 2006, S. 134.

162 *Schwedler*, WuG 1991, 199, 215. Zum einen hat Arbeitslosigkeit für sie ein höheres Drohpotenzial, da Unternehmen sie kostengünstig ersetzen können; *Rebitzer*, 31 J. Econ. Lit. 1993, 1394, 1420. Zum anderen wird angenommen, dass die Arbeitsleidhypothese in höherem Maße für Arbeitskräfte mit niedrigem Humankapital gilt, da diese auch über eine niedrigere intrinsische Arbeitsmotivation verfügen; *Akerlof/Yellen*, Efficiency Wage Models of the Labor Market, 1986, S. 16; *Jasperneite*, Arbeitsmarktordnung und Arbeitsmarktentwicklung, 2001, S. 33.

163 *Akerlof*, 97 Q. J. Econ. 1982, 543, 549 f.

164 *Fehr/Falk*, 46 Eur. Econ. Rev. 2002, 687, 689; *Caliendo/Fossen/Kritikos*, 33 J. Econ. Psych. 2012, 394, 395.

165 *Fehr/Falk*, 46 Eur. Econ. Rev. 2002, 687, 689.

Arbeitnehmer ist auf die Lohnzahlung des Arbeitgebers angewiesen, sondern auch der Arbeitgeber benötigt die Kooperation und Loyalität seiner Belegschaft.[166] Mit dem Effizienzlohn erhält der Arbeitnehmer ein strategisches Geschenk. Im Gegenzug ist er dazu bereit, mit einer höheren Intensität zu arbeiten.[167] Es kommt zu einem bilateralen Geschenkeaustausch, der beiden Seiten einen Nutzen stiftet.

bb) *Fair wage-effort*-Hypothese

Die *fair wage-effort*-Hypothese[168] ist eng mit dem *gift exchange*-Ansatz verknüpft. Sie besagt, dass die Produktivität der Arbeitnehmer davon abhängt, ob sie ihren Lohn als fair empfinden.[169] Bei den bisher beschriebenen Ansätzen der Effizienzlohntheorie bildete das markträumende Lohnniveau den Referenzpunkt für einen leistungssteigernden Effizienzlohn. Die *fair wage-effort*-Hypothese sieht dagegen in Gerechtigkeitsvorstellungen des Arbeitnehmers den Referenzpunkt.[170]

Mögliche Referenzgruppen für die Beurteilung von Lohngerechtigkeit sind Arbeitnehmer im gleichen Unternehmen oder in derselben Branche und Region.[171] Der Maßstab ist nach der Equity-Theorie die relative Gleichheit.[172] Arbeitnehmern kommt es danach nicht darauf an, die gleiche Entlohnung wie ihre Referenzgruppe zu erhalten, sondern eine Entlohnung, die sich proportional zur Leistung der Referenzgruppe verhält.[173] Aufgrund der subjektiven Beurteilung können Arbeitgeber einen fairen Lohn für einzelne Arbeitnehmer kaum abschätzen, weshalb sie einheitlichere Entlohnungsstrukturen bevorzugen.[174] Auf diese Weise entsteht am ehesten eine harmonische Arbeitsatmosphäre, die sich wiederum positiv auf die Gesamtproduktivität auswirkt.[175]

Die *fair wage-effort*-Hypothese ergänzt den *gift exchange*-Ansatz folglich dahingehend, dass positives oder negatives reziprokes Verhalten des Arbeitnehmers davon abhängt, ob er aus seiner Sicht fair behandelt wird, wofür der Lohn ein wichtiges Signal ist.[176] Mit der Annahme, dass Arbeitnehmer Nomi-

---

166 *Akerlof*, 97 Q. J. Econ. 1982, 543, 545; *Sesselmeier/Funk/Waas*, Arbeitsmarkttheorien, 3. Aufl. 2010, S. 214.

167 *Borjas*, Labor Economics, 9. Aufl. 2024, S. 416; vgl. *Gangl*, in: Abraham/Hinz, Arbeitsmarktsoziologie, 3. Aufl. 2018, S. 261, 292.

168 Nach *Akerlof/Yellen*, 78 Am. Econ. Rev. 1988, 44, 47. Angesichts der zahlreichen empirischen Belege kann wohl nicht mehr von einer Hypothese gesprochen werden; siehe etwa *Gächter/Thöni*, Social Comparison and Performance: Experimental Evidence on the Fair Wage-Effort Hypothesis, 2010, S. 1 ff., 18; *Fehr/Goette/Zehnder*, 1 Annu. Rev. Econ. 2009, 355, 356 ff., 376 f.; *Meredith*, Experimental Investigations of the Fair Wage-Effort Hypothesis, 2006, S. 58 ff., 98 ff.; *Cohn/Fehr/Goette*, 61 Management Science 2015, 1777 ff.; *Binder/Choi*, 105 Q. J. Econ. 1990, 1003 ff.

169 *Akerlof/Yellen*, 105 Q. J. Econ. 1990, 255. Einfach ausgedrückt hat vor allem eine Änderung der Einschätzung zur Fairness des eigenen Lohns Auswirkungen auf die Produktivität. Diese steigt beispielsweise, wenn ein als unfair empfundener Lohn nach einer Erhöhung als fair beurteilt wird. Erhalten dagegen Arbeitnehmer, die ihren Lohn bereits als fair empfinden, eine weitere Lohnerhöhung, hat dies keinen Produktivitätsanstieg zur Folge; *Cohn/Fehr/Goette*, 61 Management Science 2014, 1777, 1778.

170 *Dietz*, Der Arbeitsmarkt in institutionentheoretischer Perspektive, 2006, S. 163.

171 *Akerlof/Yellen*, 105 Q. J. Econ. 1990, 255, 259; *Fehr/Goette/Zehnder*, 1 Annu. Rev. Econ. 2009, 355, 357; *Godechot/Senik*, 117 J. Econ. Behav. Organ. 2015, 395, 405.

172 Die Theorie geht zurück auf *Adams*, in: Berkowitz, Advances in Experimental Social Psychology, Vol. 2 1965, 267 ff.

173 *Akerlof/Yellen*, 105 Q. J. Econ. 1990, 255, 259; *Dietz*, Der Arbeitsmarkt in institutionentheoretischer Perspektive, 2006, S. 165.

174 *Akerlof/Yellen*, 78 Am. Econ. Rev. 1988, 44, 45 f.; *Dietz*, Der Arbeitsmarkt in institutionentheoretischer Perspektive, 2006, S. 167; vgl. *Bewely*, Why Wages Don't Fall During a Recession, 1999, S. 82.

175 *Bewely*, Why wages don't fall during a recession, 1999, S. 82.

176 *Akerlof/Shiller*, Animal Spirits, 2009, S. 155.

nallohnkürzungen als unfaire Veränderung gegenüber dem Status quo betrachten und darauf mit negativer Reziprozität in Gestalt reduzierter Produktivität antworten, bieten beide Ansätze eine Erklärung dafür, dass Arbeitsverhältnisse auf negative Nachfrageschocks auf Arbeitsmärkten nur sehr selten mit Lohnanpassungen nach unten reagieren, sondern stattdessen Arbeitnehmer entlassen werden.[177] Arbeitnehmer reagieren generell emotional stärker auf Kürzungen des Nominallohns als auf dessen Erhöhung.[178]

3.2.5 Zusammenfassung

Alle dargestellten Theorieansätze sind sich darin einig, dass Löhne auch bei dezentraler Verhandlung meist über dem markträumenden Niveau liegen und dadurch unfreiwillige Arbeitslosigkeit verursachen. Als Erklärungen werden die Selektion unproduktiver Arbeitnehmer, die Vermeidung von Fluktuationskosten sowie die Motivation zu einem produktiveren Einsatz der Arbeitsleistung angeführt. Die Motivation durch die Zahlung von Effizienzlöhnen dient dabei einerseits der Lösung des Prinzipal-Agenten-Problems der Drückebergerei. Das ist gerade auf Jedermanns-Arbeitsmärkten mit geringer intrinsischer Motivation der Arbeitnehmer von Bedeutung. Bei relationalen Arbeitsbeziehungen rücken dagegen die sozialen Normen Reziprozität und Fairness stärker in den Mittelpunkt. Beide bieten eine überzeugende Erklärung dafür, warum Unternehmen relativ einheitliche Gruppenlohnstrukturen bevorzugen, die nicht sämtliche individuellen Produktivitätsunterschiede berücksichtigen, und dass Löhne selbst in wirtschaftlichen Rezessionsphasen abwärts rigide sein können.

IV. Die ökonomischen Zielfunktionen des Wettbewerbs auf Arbeitsmärkten

1. Ausgangspunkt

Basierend auf der vorherigen theoretischen Analyse sollen im Folgenden Rückschlüsse auf die Funktionsfähigkeit des Wettbewerbs auf Arbeitsmärkten gezogen werden. Anknüpfungspunkt sind die ökonomischen Zielfunktionen des Wettbewerbs:[179] leistungsgerechte Einkommensverteilung (1.), Gewährleistung der Konsumentensouveränität (2.), optimale Faktorallokation (3.), Anpassungsflexibilität (4.) und Förderung des Fortschritts (5.). Ziel dieses Abschnitts ist es nicht, sämtlichen Regulierungsbedarf auf wettbewerblichen Arbeitsmärkten aufzuzeigen.[180] Es geht vielmehr darum, anhand der zuvor herausgearbeiteten Strukturmerkmale von Arbeitsmärkten sowie des Marktverhaltens der Akteure zu untersuchen, ob die ökonomischen Zielfunktionen des Wettbewerbs grundsätzlich auf Arbeitsmärkten erfüllt werden. Dies soll nach *Kantzenbach* nicht der Fall sein.[181]

---

177 *Fehr/Goette/Zehnder*, 1 Annu. Rev. Econ. 2009, 355, 377; *Koch*, 55 J. Labour Mark. Res. 2021, Article No 5, 1 ff., 13; *Dietz*, Der Arbeitsmarkt in institutionentheoretischer Perspektive, 2006, S. 173 ff. *Kaufman*, 52 Indus. & Lab. Rel. Rev. 1999, 361, 385; vgl. *Hannan*, 80 ACCR 2005, 167, 168.

178 *Benjamin*, 66 Jpn. Econ. Rev. 2015, 184, 196 ff.; *Kube/Maréchal/Puppe*, 11 J. Eur. Econ. Assoc. 2013, 853 ff.; *Hannan*, 80 ACCR 2005, 167, 168, 179 ff.; *Fehr/Goette/Zehnder*, 1 Annu. Rev. Econ. 2009, 355, 367 f.; *Goette/Huffman*, Do Emotions Improve Labor Market Outcomes?, 2005, S. 3 ff.; vgl. *Offerman*, 46 Eur. Econ. Rev. 2002, 1423, 1425 ff. Dass eine Lohnkürzung zumindest bei einer bevorstehenden Insolvenz des Unternehmens von Arbeitnehmer als fair eingestuft werden kann zeigen *Kahneman/Knetsch/Tahler*, 76 Am. Econ. Rev. 1986, 728, 733; *Bewely*, Fairness, Reciprocity, and Wage Rigidity, 2004, S. 7, 29.

179 Siehe dazu oben B.II.

180 Im folgenden Teil 2 wird sich die Arbeit gezielt mit einem möglichen Bedürfnis nach Regulierung durch Kollektivverträge aus wettbewerbsökonomischer Sicht auseinandersetzen.

181 *Kantzenbach*, Die Funktionsfähigkeit des Wettbewerbs, 1966, S. 154 f.

2. Leistungsgerechte Einkommensverteilung

Wettbewerb soll das Einkommen der Marktangebotsseite entsprechend der Leistung der Akteure verteilen.[182] Der Beurteilungsmaßstab ist relativer Natur. Überdurchschnittlich produktive Akteure werden auch ein überdurchschnittliches Einkommen erhalten. Das zeigt, warum Wettbewerb die gesamtwirtschaftliche Wohlfahrt nur bei leistungsgerechter Einkommensverteilung bestmöglich fördert. Er setzt bei den Akteuren durch Gewinnaussichten und Verlustrisiken einen Anreiz zu Höchstleistungen hinsichtlich Geschäftsparametern, die für einen Vertragsschluss mit der Marktgegenseite von Bedeutung sind.[183] Wettbewerb soll einen kosteneffizienten Ressourceneinsatz sicherstellen[184] und das Entstehen von nicht-leistungsbezogenem Einkommen verhindern.[185] Er hat dagegen nicht die Funktion, ein bestimmtes (Mindest-)Einkommensniveau seiner Teilnehmer zu sichern.[186]

Auf Arbeitsmärkten scheint die Bedeutung des Humankapitals der Arbeitsanbieter für eine grundsätzlich leistungsgerechte Einkommensverteilung sorgen zu können. Durch den Aufbau von Humankapital steigern Arbeitnehmer ihre Produktivität. Entsprechend werden Arbeitsplätze, die höhere Ansprüche an das Humankapital der Arbeitsanbieter stellen, in der Regel auch besser entlohnt. Dies setzt bei Arbeitnehmern den Anreiz, das jeweilige Humankapital überhaupt erst zu erwerben.[187] Dadurch können sie in Arbeitsmärkte mit einem höheren Lohnniveau aufsteigen und sich gegen Wettbewerber desselben Arbeitsmarktes durchsetzen. Der Nachfragewettbewerb zwingt Unternehmen dazu, überdurchschnittliche Löhne zu zahlen, wenn sie überdurchschnittlich leistungsfähige Arbeitsanbieter einstellen wollen.[188] Neben dem Humankapital sorgen auch kompensierende Lohndifferentiale für eine leistungsgerechte Entlohnung. Damit sind Lohnspreizungen gemeint, die auf eine Mehrbelastung oder einen Mehraufwand für eine Tätigkeit zurückzuführen sind.[189]

Unternehmensinterne Arbeitsmärkte zeichnen sich dagegen häufig durch recht homogene Löhne aus, die Produktivitätsunterschiede zwischen den Arbeitnehmern nicht oder nur in geringem Umfang berücksichtigen.[190] Dass einzelne Arbeitgeber nur in begrenztem Umfang zu interner Lohndifferenzierung bereit sind, liegt allerdings im Interesse der Belegschaft und sorgt für einen produktiven Einsatz von Arbeitsleistung. Die soziale Normen Reziprozität und Fairness sowie die Risikoaversion der Arbeitnehmer bewirken, dass sich homogene und starre Lohnstrukturen regelmäßig positiv auf die Arbeitsintensität und damit die Produktivität auswirken. Zusätzlich können Leistungsanreize beispielsweise durch Bonuszahlungen oder Karriereleitern gesetzt werden, die hohe Arbeitsintensität langfristig belohnen. Aufgrund der begrenzten Anzahl an Aufstiegsmöglichkeiten konkurrieren in der Regel mehrere Arbeit-

182 *Bartling*, WuW 1993, 16, 17 f.; *Herdzina*, Wettbewerbspolitik, 5. Aufl. 1999, S. 28 ff.; *Schmidt/Haucap*, Wettbewerbspolitik und Kartellrecht, 10. Aufl. 2013, S. 35 f.; *Kaeding*, Ungeschriebene Ausnahmen vom Verbot wettbewerbsbeschränkender Verhaltenskoordinierung?, 2017, S. 39.

183 Vgl. *Schmidt/Haucap*, Wettbewerbspolitik und Kartellrecht, 10. Aufl. 2013, S. 25; *Säcker*, in: MüKo, Wettbewerbsrecht, 4. Aufl. 2023, Bd. 1-1, Grundlagen Rn. 5.

184 *Fritsch*, Marktversagen und Wirtschaftspolitik, 10. Aufl. 2018, S. 15 f.; *Säcker*, in: MüKo, Wettbewerbsrecht, 4. Aufl. 2023, Bd. 1-1, Grundlagen Rn. 6.

185 *Herdzina*, Wettbewerbspolitik, 5. Aufl. 1999, S. 28.

186 *Thomas*, ZWeR 2015, 210, 236; zum Konflikt zwischen wettbewerblicher Effizienz und Verteilungsgerechtigkeit *Schäfer/Ott*, Lehrbuch der ökonomischen Analyse des Zivilrechts, 6. Aufl. 2020, Einl. S. XVIII f.

187 Siehe zur Humankapitaltheorie oben C.III.1.

188 *Schlicht*, Wirtschaftsdienst 2010, 221, 223.

189 *Schlicht*, Wirtschaftsdienst 2010, 221, 223; *Ehrenberg/Smith*, Modern Labor Economics, 13. Aufl. 2018, S. 290, 292.

190 Siehe dazu und zum Folgenden insbesondere oben C.III.3.2.4c).

nehmer um eine Beförderung. Dann haben Arbeitnehmer auch ohne strikt leistungsbezogene unternehmensinterne Vergütung – oder gerade deswegen – ausreichend Leistungsanreize, wenn Arbeitgeber diese setzen. Davon ist angesichts deren Eigeninteresses an einer produktiven Belegschaft auszugehen.

Insgesamt spricht folglich viel dafür, dass Arbeitsmarktwettbewerb durch Leistungsanreize für eine Einkommensverteilung sorgt, die sich an der Produktivität der Arbeitnehmer orientiert. Soweit Unternehmen intern nicht (ausschließlich) leistungsbezogene Lohnstrukturen etablieren, geschieht dies in der Regel aufgrund der Besonderheiten von Arbeitsmärkten und soll einen produktiven Einsatz der Arbeitsleistung sicherstellen.

3. Gewährleistung der Konsumentensouveränität

Die Konsumentensouveränität soll nach *Kantzenbach* nur eine geringe Bedeutung auf Arbeitsmärkten haben. Er meint, dass eine Analogie zur Angebotssteuerung auf Produktmärkten in der Orientierung der Berufsausbildung der Arbeitskräfte an der zukünftigen Nachfrage der Wirtschaft gesehen werden könne. Dass ein Preiswettbewerb der Arbeitskräfte diese langfristig wirkende Steuerungsfunktion verbessern würde, sei jedoch unwahrscheinlich.[191]

Die Nachfrage nach Arbeitsleistung leitet sich von den nachgelagerten Waren- und Dienstleistungsmärkten ab. Ändern sich dort die Konsumentenpräferenzen, kann dies auch zu einer Änderung der Nachfragepräferenzen auf Arbeitsmärkten führen. So schaffen etwa die voranschreitende Digitalisierung und Globalisierung neue Anforderungsprofile für Arbeitsanbieter.[192] Diesen Präferenzen müssen sie sich regelmäßig anpassen, wenn sie einen Arbeitsvertrag abschließen und eine möglichst hohe Entlohnung erreichen wollen. Dafür sorgt vor allem der Wettbewerbsdruck anderer Arbeitsanbieter, die diese Qualifikationen mitbringen. Dieser Prozess der Angebotszusammensetzung kann auf Arbeitsmärkten in der Tat sehr zeit- und kostenintensiv werden. Dennoch spricht viel dafür, dass sich die Parameter des Wettbewerbs zwischen Arbeitsanbietern an den Präferenzen der Nachfrager orientieren.

4. Optimale Faktorallokation

Der Wettbewerbsprozess sorgt auf der Seite des Arbeitsangebots, wie soeben gezeigt, für eine Zusammensetzung entsprechend den Nachfragepräferenzen, einschließlich einer möglichst hohen Produktivität der Arbeitsanbieter. Die unterschiedliche Produktivität sorgt dafür, dass Arbeitsnachfrager sich gegenseitig bei Löhnen und sonstigen Arbeitsbedingungen so weit überbieten, bis sie die aus ihrer Sicht geeignetsten Arbeitsanbieter erreichen und einstellen können.[193] Das können auch weniger qualifizierte Arbeitskräfte sein, wenn hierdurch Lohnkosten gespart werden können. Treffen Arbeitsanbieter und -nachfrager mit kompatiblem Reservationslohn und Grenznutzen sowie sonstigen Präferenzstrukturen aufeinander, entsteht mit dem Arbeitsvertragsschluss ein *Match*. Wettbewerb sorgt daher für eine Allokation des Produktionsfaktors Arbeit.[194]

---

191 *Kantzenbach*, Die Funktionsfähigkeit des Wettbewerbs, 1966, S. 153 f. Dabei ist zu ergänzen, dass nicht nur der Preis bzw. Lohn Wettbewerbsparameter sein kann, sondern auch andere Kriterien – vor allem das Humankapital.

192 *Abraham/Hinz*, in: Abraham/Hinz, Arbeitsmarktsoziologie, 3. Aufl. 2018, S. 9, 39.

193 *Wulf*, Nebentätigkeitsbeschränkungen im Wettbewerbsrecht, 2008, S. 124.

194 A.A. *Kantzenbach*, Die Funktionsfähigkeit des Wettbewerbs, 1966, S. 153, der meint, dass auf Arbeitsmärkten kein Faktorallokationsproblem bestehe, da Arbeitsleistung nicht das Ergebnis eines Produktionsprozesses sei. Er übergeht dabei allerdings, dass Arbeitsleistung ein wichtiger Faktor des Produktionsprozesses ist,

Die allokative Effizienz von Arbeitsmärkten entspricht allerdings nicht der Modellannahme vollkommenen Wettbewerbs. Auch auf unregulierten Arbeitsmärkten koexistieren unfreiwillige Arbeitslosigkeit und unbesetzte Stellen. Verantwortlich dafür sind vor allem Marktfriktionen und beidseitig heterogene Präferenzstrukturen bei der Auswahl des Tauschpartners.[195] Hinzu treten die Besonderheiten von Arbeitsbeziehungen, die in der institutionentheoretischen Analyse herausgearbeitet wurden.[196] Die Unvollständigkeit des Arbeitsvertrages führt gerade auf humankapital- und fluktuationskostenintensiven Arbeitsmärkten regelmäßig zu langfristigen, relationalen Beziehungen mit Gewinnrenten auf beiden Seiten. Löhne über dem markträumenden Niveau können Fluktuationskosten verringern und der Auslese sowie der Motivation dienen. Dies verringert eine flexiblere Allokation von beschäftigten Arbeitnehmern und erschwert Arbeitslosen den Markteintritt. Außerdem sind es Risikoaversionen, Gerechtigkeitsüberlegungen und reziprokes Verhalten der Arbeitnehmer, die in Rezessionszeiten überwiegend zu Entlassungen anstelle von – im Regelfall gesamtwirtschaftlich effizienteren – Lohnsenkungen führen.

Die Beständigkeit von Arbeitsbeziehungen und Löhnen ist allerdings grundsätzlich beidseitig gewollt.[197] Sie ermöglicht einen produktiveren Einsatz der Arbeitsleistung. Umgekehrt sorgt Wettbewerb bei einfachen und standardisierten Tätigkeiten meist für flexiblere Strukturen, indem er atypische Beschäftigungsverhältnisse hervorbringt, die von kürzerer Dauer sind und relativ kostengünstig beendet werden können.

5. Anpassungsflexibilität

Die Anpassungsflexibilität bezieht sich allgemein auf eine Anpassung der Produktionskapazitäten an außerwirtschaftliche Daten, insbesondere an eine sich ändernde Nachfragestruktur oder Produktionstechnik.[198] Der Unterschied zur Funktion der Konsumentensouveränität besteht vor allem darin, dass das Produktionsvolumen nicht mehr als gegeben unterstellt wird.[199] Es geht folglich um eine Anpassungsfähigkeit an strukturelle Rahmenbedingungen im Zeitablauf.[200]

Dabei spricht einiges dafür, dass die Anpassungsflexibilität freier Arbeitsmärkte aus der Ableitung der Arbeitsnachfrage aus der Nachfrage auf den nachgelagerten Gütermärkten folgt. Der Nachfragewettbewerb wird auf einen gestiegenen Bedarf einer bestimmten Arbeitsleistung vermutlich mit einer Verbesserung der Arbeitskonditionen reagieren, um mehr Arbeitsanbieter auf die jeweiligen Arbeitsmärkte zu locken. Der Kampf um knappe Talente kann dann zu einer Erhöhung der Löhne und einer Verbesserung der sonstigen Arbeitskonditionen führen, die langfristig mehr Arbeitsanbieter zum Markteintritt veranlassen werden. Entscheidend für die Anpassungsfähigkeit des Wettbewerbs ist, dass die Möglichkeit eines Marktzutritts und -austritts besteht, um eine gewisse Fluktuation der Anbieter zu erlauben.[201]

---

dessen effiziente Allokation die gesamtwirtschaftliche Wohlfahrt fördert – so wie bei jedem anderen Produktionsfaktor auch.

195 Dazu ausführlicher unter D.II.1.

196 Siehe dazu oben C.III.3.

197 *Dietz*, Der Arbeitsmarkt in institutionentheoretischer Perspektive, 2006, S. 180.

198 *Kantzenbach*, Die Funktionsfähigkeit des Wettbewerbs, 1966, S. 17; *Bartling*, WuW 1993, 16, 18; *Olten*, Wettbewerbstheorie und Wettbewerbspolitik, 2. Aufl. 1988, S. 23.

199 Vgl. *Schmidt/Haucap*, Wettbewerbspolitik und Kartellrecht, 10. Aufl. 2013, S. 15.

200 *Fritsch*, Marktversagen und Wirtschaftspolitik, 10. Aufl. 2018, S. 16, 65 f.

201 *Fritsch*, Marktversagen und Wirtschaftspolitik, 10. Aufl. 2018, S. 67.

Natürliche Marktzutrittsschranken entstehen auf Arbeitsmärkten durch den Erwerb des notwendigen Humankapitals für die jeweilige Arbeitsleistung.[202] Die Höhe dieser Zutrittsbarrieren variiert stark. Auf sog. Jedermanns-Arbeitsmärkten bestehen so gut wie keine oder nur geringe Marktzutrittsschranken, weshalb eine Erweiterung des Arbeitsangebots schnell möglich ist. Auf Märkten für hoch qualifizierte Arbeitskräfte wird eine schnelle Anpassung hingegen vermutlich zumeist nur bei einer Bedarfssteigerung in einzelnen geographischen Märkten möglich sein. Ein gesteigerter Gesamtbedarf wird dagegen regelmäßig nur begrenzt oder mit Verzögerung befriedigt werden können.[203] Hierfür benötigt es oft zeitintensive Umschulungs- und Ausbildungsmaßnahmen. Weitere Marktzutrittsschranken entstehen durch Such- oder Mobilitätskosten.[204] Marktaustrittsbarrieren bestehen in Form der Entwertung spezifischen Humankapitals oder des Verlustes bereits erarbeiteter Aufstiegschancen.[205]

In der umgekehrten Situation, einem sinkenden Bedarf einer bestimmten Arbeitsleistung, muss Wettbewerb ebenfalls für eine Mengenanpassung der Arbeitsanbieter sorgen. Dies wird sich oft in einem verschärften Angebotswettbewerb äußern. Unternehmen werden zunächst keine oder nur eine begrenzte Anzahl an Neueinstellungen vornehmen. Sinkt der Nachfragebedarf unter die bestehenden Beschäftigungsverhältnisse, werden die Nominallöhne tendenziell eher nicht gekürzt, sondern die Beschäftigungsverhältnisse beendet.[206] Aufgrund der Versicherungskomponente des Arbeitsvertrages werden Arbeitgeber diese Arbeitskräfte allerdings häufig zunächst horten, auch wenn ihre Leistungsbereitschaft aktuell nicht vollständig ausgelastet werden kann.[207] Das gilt insbesondere für Arbeitskräfte mit hohem betriebsspezifischem Humankapital und hohen Fluktuationskosten. Tritt keine Besserung der Nachfragesituation ein, werden mittelfristig vermutlich dennoch einige Arbeitnehmer zum Marktaustritt gezwungen und müssen auf Arbeitsmärkte mit einer höheren Nachfrage ausweichen. Dies hängt im Einzelfall vom individuellen Reservationslohn und von den *outside options* ab.

Der Wettbewerb kann Arbeitsleistung folglich entsprechend einer strukturellen Bedarfsänderung über verschiedene Arbeitsmärkte hinweg allozieren. Dass Arbeitsmärkte zu einer solch dynamischen Marktentwicklung fähig sind, zeigt die stetig steigende Bedeutung des Humankapitals über längere Zeiträume hinweg.[208] Die Anpassungsfähigkeit ist allerdings vor allem durch Marktzutrittsbarrieren und Eigenheiten von Arbeitsbeziehungen eingeschränkt, weshalb sich die Anpassung an strukturelle Bedarfsänderungen nur mit Verzögerung vollzieht.

---

[202] Dazu ausführlich *Keuchel*, Kann der Arbeitsmarkt dem Wettbewerb unterworfen werden?, 1989, S. 128 ff. Nicht berücksichtigt werden an dieser Stelle Marktzutrittsbarrieren, die durch Regulierung geschaffen wurden, z.B. Berufszulassungen für Ärzte, Psychotherapeuten oder Anwälte.

[203] Ein Beispiel ist der zu Beginn der COVID-19-Pandemie erheblich gestiegene Bedarf an ärztlicher Arbeitsleistung. Ärzte sind in Arbeitsmärkten mit hohen natürlichen Marktzutrittsschranken tätig, da deren Leistungen ein hohes Maß an Humankapital erfordern. Der Nachfrageschock konnte teilweise aufgefangen werden, indem kürzlich pensionierte Ärzte, Medizinstudenten oder Ärzte anderer Fachbereiche bei der Bekämpfung der Pandemie unterstützten. Diese Möglichkeit der Angebotserweiterung ist allerdings begrenzt. Weitere Anbieter können diesen Arbeitsmarkt nur mit einer erheblichen Verzögerung aufgrund des notwendigen Medizinstudiums betreten.

[204] *Keuchel*, Kann der Arbeitsmarkt dem Wettbewerb unterworfen werden?, 1989, S. 130 f.

[205] *Keuchel*, Kann der Arbeitsmarkt dem Wettbewerb unterworfen werden?, 1989, S. 130 f.

[206] Siehe dazu oben C.III.3.2.4c)bb).

[207] Siehe dazu oben C.III.3.1.1.

[208] Zum Wandel der überwiegend qualifikationslosen Arbeitsanbieter während der Zeit der Industrialisierung im 19. Jahrhundert hin zu den heutigen mobileren und qualifizierteren Arbeitsanbietern siehe Monopolkommission, Mehr Wettbewerb auf allen Märkten, Hauptgutachten X, 1994, Rn. 898; *Bayreuther*, Tarifautonomie als kollektiv ausgeübte Privatautonomie, 2005, S. 63; *Dietz*, Der Arbeitsmarkt in institutionentheoretischer Perspektive, 2006, S. 83 ff. Zum Anstieg des Qualifikationsniveaus von Produktionsarbeitern auf US-Arbeitsmärkten während der 1980er siehe *Berman/Bound/Griliches*, 109 Q. J. Econ. 1994, 367.

6. Förderung des Fortschritts

Die Förderung des Fortschritts durch Forschung und Entwicklung kann sich in einer Steigerung der Vielfalt und Qualität der angebotenen Waren äußern.[209] Außerdem kann der Fortschritt zu Prozessinnovationen führen, die zwar nicht die Vielfalt oder Qualität verbessern, dafür allerdings eine marktweit kostengünstigere Herstellung oder Leistungserbringung ermöglichen.[210] Auf Gütermärkten sorgen der Wettbewerbsdruck und die Gewinnanreize einer temporäre Monopolstellung, die durch einen Innovationsvorsprung erreicht wurde, für dynamische Effizienzen.[211] Es erscheint zunächst befremdlich, diese Wettbewerbsfunktion auch auf Arbeitsmärkte zu übertragen.[212]

Es spricht allerdings einiges dafür, dass Arbeitsmärkte ein entscheidender Treiber für Innovationen auf den nachgelagerten Gütermärkten sind.[213] Es sind oft hoch qualifizierte Arbeitskräfte, die in den Forschungs- und Entwicklungsabteilungen arbeiten und Innovationen hervorbringen.[214] Gleiches gilt für Arbeitnehmer im Bereich Prozessoptimierung, die beispielsweise für kosteneffizientere Produktions-, Logistik- oder Vertriebsabläufe sorgen. Wettbewerb schafft auf Gütermärkten für Unternehmen einen Innovationsanreiz. Daraus leitet sich die Nachfrage dieser Unternehmen nach dem hierfür notwendigen Humankapital auf den vorgelagerten Arbeitsmärkten ab.[215] Wenn ein hohes Maß an Humankapital verlangt wird, über das nur eine begrenzte Anzahl an Arbeitsanbietern verfügt, kann um ihre Anstellung ein scharfer Nachfragewettbewerb entstehen, der ein hohes Lohnniveau erzeugt.[216] Die Aussicht auf ein höheres Einkommen ist wiederum ein Anreiz für Arbeitsanbieter, dieses Humankapital zu erwerben und zu erweitern. Dieser Anreiz kann außerdem dazu führen, dass Arbeitnehmer ihr Humankapital an relevante Produkt- und Prozessinnovationen anpassen, sofern dies die Qualität ihrer Arbeitsleistung verbessert.[217]

---

209 BKartA, Beschl. v. 3.7.2014, B2-58/09, Rn. 66 – *Hochzeitsrabatte*; BKartA, Beschl. v. 31.3.2015, B2-96/14, Rn. 605 – *EDEKA/Tengelmann*; *Schwalbe/Zimmer*, Kartellrecht und Ökonomie, 3. Aufl. 2021, S. 9.

210 *Schmidt/Haucap*, Wettbewerbspolitik und Kartellrecht, 10. Aufl. 2013, S. 125; *Fritsch*, Marktversagen und Wirtschaftspolitik, 10. Aufl. 2018, S. 69.

211 *Schmidt/Haucap*, Wettbewerbspolitik und Kartellrecht, 10. Aufl. 2013, S. 125; *Fritsch*, Marktversagen und Wirtschaftspolitik, 10. Aufl. 2018, S. 68; *Schwalbe/Zimmer*, Kartellrecht und Ökonomie, 3. Aufl. 2021, S. 21.

212 Vgl. *Kantzenbach*, Die Funktionsfähigkeit des Wettbewerbs, 1966, S. 153: „Demgegenüber existiert weder ein Faktorallokationsproblem noch die Möglichkeit zu technischem Fortschritt auf dem Arbeitsmarkt, da die angebotenen Arbeitsleistungen nicht das Ergebnis eines Produktionsprozesses sind."

213 *Andersson* et al., in: Bender et al., The Analysis of Firms and Employees, 2008, S. 19, 41: „We find that in the high-tech electronics industry, there is a positive correlation between performance and buying new skills (i.e., hiring at many ports of entry) for both high and low R&D firms, but the relationship is considerably stronger for high R&D firms."

214 *Castillo* et al., 56 J. Dev. Stud. 2020, 469, 470, vgl. *Fritsch*, Marktversagen und Wirtschaftspolitik, 10. Aufl. 2018, S. 71: „Für die Erfüllung der Innovationsfunktion des Marktes ist es einerseits wichtig, dass entsprechendes Wissen vorhanden und auch zugänglich ist, was etwa auf die Rolle des Bildungssystems […] hinweist."

215 *Castillo* et al., 56 J. Dev. Stud. 2020, 469 f.

216 *Castillo* et al., 56 J. Dev. Stud. 2020, 469, 484 untersuchen in ihrer empirischen Studie unter anderem Löhne von Arbeitsanbietern, die bereits an Innovationsprojekten gearbeitet haben, also Projekten, die auf dem Markt noch nicht vorhandenes Wissen generieren sollen. Sie kommen zu dem Ergebnis, dass diese Arbeitsanbieter von dem Humankapitalgewinn profitierten, da Arbeitsnachfrager zur Zahlung höherer Löhne bereit sind, um sie abzuwerben oder die Arbeitsbeziehung aufrechtzuerhalten.

217 *Wulf*, Nebentätigkeitsbeschränkungen im Wettbewerbsrecht, 2008, S. 124.

Wettbewerb auf Arbeitsmärkten kann folglich zur Verbesserung des Humankapitals und damit auch der angebotenen Arbeitsleistung führen. Er ist damit eine wichtige Voraussetzung für dynamische Effizienzen auf den nachgelagerten Gütermärkten. Produktivitätsanreize und Konsumentensouveränität können für das Humankapital sorgen, das technischen Fortschritt durch Produkt- und Prozessinnovationen hervorbringt.[218]

7. Ergebnis

Die Erwägungen dieses Abschnitts konnten zeigen, dass die ökonomischen Zielfunktionen des Wettbewerbs grundsätzlich auch auf Arbeitsmärkten erfüllt werden.[219] Arbeitsmärkte unterscheiden sich aus wettbewerbsökonomischer Sicht insoweit also nicht fundamental von den meisten anderen wirtschaftlichen Märkten. In der Folge ist auch die Anwendung des Kartellrechts zum Schutz des Arbeitsmarktwettbewerbs vor Beschränkungen durch Unternehmen aus wettbewerbsökonomischer Sicht grundsätzlich sinnvoll.[220] Dabei wird nicht in Abrede gestellt, dass Arbeitsmärkte deutliche Besonderheiten gegenüber industriellen Warenmärkten aufweisen, insbesondere ihre Bedeutung und Funktion für die Gesellschaft. Gegenstand der hiesigen Untersuchung ist allerdings ausschließlich die Wettbewerbsökonomie von Arbeitsmärkten.

Freier Arbeitsmarktwettbewerb ist allerdings nicht vollkommen. Er ist mit Transaktionskosten verbunden und die marktlichen Austauschprozesse vollziehen sich langsamer, als es das Modell vollkommener Konkurrenz annimmt. Auch die Anpassung des Arbeitsangebots an die Präferenzen und Struktur der Nachfrage sowie die dynamische Entwicklung des Wettbewerbsprozesses vollziehen sich auf Arbeitsmärkten recht langsam im Vergleich zu anderen wirtschaftlichen Märkten.

D. NACHFRAGEMACHT AUF WAREN- UND ARBEITSMÄRKTEN

I. Ausgangspunkt

Es gibt nicht die eine „Nachfragemacht“, die auf allen Märkten unter gleichen Bedingungen entsteht und die gleichen wohlfahrtsökonomischen Wirkungen erzeugt. Vielmehr hängt es von den konkreten Marktgegebenheiten und Einzelfallumständen ab, ob Nachfragemacht entstehen kann und wie sie sich

---

[218] Arbeitsmarktwettbewerb schafft grundsätzlich für alle Arbeitnehmer Anreize, ihr Humankapital zu verbessern und ihre Arbeitsintensität zu steigern. Die hier diskutierte Zielfunktion des Wettbewerbs bezieht sich allerdings nur auf den technischen Fortschritt durch Produkt- und Prozessinnovationen; vgl. *Fritsch*, Marktversagen und Wirtschaftspolitik, 10. Aufl. 2018, S. 16. Das schließt Arbeitsleistungen aus, wenn sie nicht – wie beschrieben – zu dynamischen Effizienz auf den nachgelagerten Gütermärkten führen. Die Verbesserung von Humankapital oder die Steigerung der Arbeitsintensität alleine führen dagegen noch nicht zu einer entsprechenden Fortschrittsförderung.

[219] So auch *Wulf*, Nebentätigkeitsbeschränkungen im Wettbewerbsrecht, 2008, S. 125.

[220] Vgl. die Ansicht der Kommission zu einer Preisreglementierung im niederländischen Bausektor EuG, Urt. v. 21.2.1995, Rs. T-29/92, ECLI:EU:T:1995:34, Rn. 249 – *Vereniging van Samenwerkende Prijsregelende Organisaties in de Bouwnijverheid*: „Der Bausektor in den Niederlanden unterscheide sich von anderen Dienstleistungssektoren oder dem Bausektor in anderen Mitgliedstaaten nicht so sehr, dass er im Hinblick auf Artikel 85 EWG-Vertrag erheblich anders zu beurteilen wäre. Deshalb nehme die Tatsache, daß der Markt dieser verschiedenen Sektoren ohne solche Regelungen wie die verbotene ordnungsgemäß funktioniere, der Behauptung, daß die streitigen Regelungen die notwendige Korrektur des strukturellen Ungleichgewichts des niederländischen Bausektors seien, jede Grundlage.“

äußert. Es ist Aufgabe der ökonomischen Forschung, Modelle zu entwickeln, die das Phänomen Nachfragemacht möglichst sachgerecht erfassen. In diesem Abschnitt sollen zunächst die in der ökonomischen Literatur anerkannten Arten von Nachfragemacht auf industriellen Warenmärkten – Monopsonmacht und bilaterale Verhandlungsmacht – als Grundlegung für die folgenden Teile erläutert werden (II.). Anschließend wird die Anwendung dieser gängigen Nachfragemacht-Modelle auf Arbeitsmärkte behandelt (III.).

An dieser Stelle wird noch nicht auf eine möglicherweise Nachfragemacht fördernde Beschaffenheit von Arbeitsmärkten,[221] die Ermittlung von Nachfragemacht auf einzelnen Arbeitsmärkten[222] oder die wohlfahrtsökonomischen Wirkungen von Nachfragemacht auf Arbeitsmärkten eingegangen.[223] Dies bleibt späteren Abschnitten vorbehalten, die auf den Erkenntnissen dieses Grundlagenabschnitts aufsetzen.

II. Nachfragemacht auf industriellen Warenmärkten

1. Monopson-Modell

Das Monopson-Modell modelliert Nachfragemacht spiegelbildlich zu Angebotsmacht in Gestalt eines Monopols.[224] Das Modell impliziert, dass auf Märkten grundsätzlich vollkommene Konkurrenz (*bilaterales Polypol*) herrscht und die Marktteilnehmer den Marktpreis deswegen als gegeben hinnehmen müssen.[225] Der Nachfrager entscheidet nur, welche Menge er erwerben will. Er ist also Preisnehmer und Mengenanpasser.[226] Ein Monopsonist, als einziger Nachfrager eines Marktes, ist dagegen keinem vollkommenen Wettbewerb ausgesetzt und hat die Möglichkeit, den Marktpreis zu beeinflussen.[227] Diese Macht kann er dazu nutzen, um seinen Gewinn zu maximieren. Zu diesem Zweck reduziert er seine Nachfragemenge.[228] Bei einem atomistischen Angebot ist die Angebotsfunktion des Monopsonisten grundsätzlich steigend.[229] Seine Grenzkostenfunktion steigt ebenfalls, und sogar steiler an als seine Angebotsfunktion.[230] Eine Reduzierung der Abnahmemenge führt dann zu einem Marktpreis unterhalb des polypolistischen Niveaus.[231] Analog zu einem Monopolisten nimmt dadurch der Gewinn des Monopsonisten zu.[232] Umgekehrt könnte der Monopsonist auch den Einkaufspreis senken mit der Folge, dass die Lieferanten ihre Absatzmenge an den Preis anpassen.[233] Das Resultat ist in beiden Fällen jedoch identisch. Damit ist das klassische Voll-Monopson beschrieben, bei dem es nur einen einzigen Nachfrager

221 Siehe dazu unten Teil 2 D.II.

222 Siehe dazu unten Teil 5 C.III.2.2.2.

223 Siehe dazu unten Teil 5 C.III.2.3.

224 *Blair/Harrison*, Monopsony in Law and Economics, 2010, S. 41, 48; *Schwalbe/Zimmer*, Kartellrecht und Ökonomie, 3. Aufl. 2021, S. 52.

225 Ausführlicher zu den Grundannahmen dieser Marktform im Hinblick auf Arbeitsleistung unten C.II.

226 OECD, Monopsony and Buyer Power, 2008, S. 26.

227 *Dobson/Waterson/Chu*, The Welfare Consequences of Buyer Power, 1998, S. 11 f.

228 *Schwalbe/Zimmer*, Kartellrecht und Ökonomie, 3. Aufl. 2021, S. 51 f.; vgl. *Blair/Harrison*, Monopsony in Law and Economics, 2010, S. 44.

229 *Ezrachi*, 8 J. Comp. Law Econ. 2012, 47, 48 f.; *Schwalbe/Zimmer*, Kartellrecht und Ökonomie, 3. Aufl. 2021, S. 51.

230 *Blair/Harrison*, Monopsony in Law and Economics, 2010, S. 42 f.; *Franz*, Arbeitsmarktökonomik, 8. Aufl. 2013, S. 134 f.

231 *Grimes*, 72 Antitrust L. J. 2005, 563, 566; *Bernheim/Whinston*, Microeconomics, 2008, S. 648.

232 *Schwalbe/Zimmer*, Kartellrecht und Ökonomie, 3. Aufl. 2021, S. 52.

233 *Noll*, 72 Antitrust L. J. 2005, 589, 594.

und einen einheitlichen Marktpreis gibt.[234] Diese Modellannahmen gelten allerdings auch, wenn es neben einem marktanteilsstarken Nachfrager noch kleinere Wettbewerber gibt, die Preisnehmer des vom Quasi-Monopsonisten gesetzten Marktpreises sind.[235] Gleiches gilt auch – in abgeschwächter Weise – für die Marktform des Oligopsons, bei der es nur eine kleine Gruppe an Nachfragern gibt.[236] Monopsonmacht bedeutet folglich, eine Einkaufspreisreduktion gegenüber dem wettbewerbsanalogen Niveau mit einer Mengenreduzierung erreichen zu können.[237]

Durch die Preis- und Mengensenkung verschiebt sich im Monopson-Modell die Rentenaufteilung zwischen den Marktteilnehmern.[238] Gegenüber der hälftigen Rentenaufteilung bei einem bilateralen Polypol vergrößert sich die Rente des Monopsonisten, während die Produzentenrente sinkt.[239] Außerdem kommt es zu einem Wohlfahrtsverlust (*deadweight loss*).[240] Denn die reduzierte Abnahmemenge geht mit einer reduzierten Summe von Monopsonisten- und Produzentenrente einher, wodurch die allokative Effizienz aufgrund geringerer Tauschgewinne unter das Pareto-Optimum[241] fällt.[242]

2. Modell bilateraler Verhandlungen

Die Grundannahmen des Modells bilateraler Verhandlungen unterscheiden sich erheblich von jenen des Monopson-Modells. Es hat nicht einen Markt mit anonymen Tauschvorgängen und homogenen Gütern vor Augen, sondern vielmehr einen mit bilateralen Verhandlungen über differenzierte Güter.[243] Die Konditionen sind Ergebnisse von Verhandlungsprozessen. Sie hängen maßgeblich von der relativen Verhandlungsposition der Transaktionspartner ab. Nachfragemacht resultiert in individuell ausgehandelten Vorzugspreisen, von denen andere Nachfrager am Markt – im Vergleich zum Monopson-Modell – nicht profitieren.[244] Ein verhandlungsmächtiger Nachfrager ist nicht darauf angewiesen, die Einkaufsmenge tatsächlich zu reduzieren. Es genügt, wenn er eine Mengenreduktion oder einen Abbruch der Geschäftsbeziehung lediglich androht.[245] Dann kommt es meist nicht zu einem *deadweight loss*, sondern nur zu einer bilateralen Rentenverschiebung.[246]

---

234 *Ezrachi*, 8 J. Comp. Law Econ. 2012, 47, 48; *van Doorn*, The Law and Economics of Buyer Power in EU Competition Policy, 2015, S. 85.

235 *Thomas*, ZWeR 2015, 210, 214; OECD, Purchasing Power and Buyers' Cartels, 2022, S. 10.

236 *Schwalbe/Zimmer*, Kartellrecht und Ökonomie, 3. Aufl. 2021, S. 51 f.; *Ezrachi*, 8 J. Comp. Law Econ. 2012, 47, 49.

237 *Chen*, 53 Antitrust Bull. 2008, 241, 243 Fn. 4.

238 *Noll*, 72 Antitrust L. J. 2005, 589, 594.

239 OECD, Monopsony and Buyer Power, 2008, S. 27, 29.

240 *Blair/Harrison*, Monopsony in Law and Economics, 2010, S. 45; *van Doorn*, The Law and Economics of Buyer Power in EU Competition Policy, 2015, S. 88.

241 Das Pareto-Optimum beschreibt einen Zustand der Ressourcenallokation, bei dem es nicht möglich ist, die Wohlfahrt eines Individuums zu erhöhen, ohne gleichzeitig die Wohlfahrt eines anderen Individuums zu verringern; *Schwalbe/Zimmer*, Kartellrecht und Ökonomie, 3. Aufl. 2021, S. 4.

242 *Inderst/Wey*, Die Wettbewerbsanalyse von Nachfragemacht aus verhandlungstheoretischer Sicht, 2007, S. 5; *Legner*, Schadenstheorien bei Nachfragemacht im europäischen und deutschen Kartellrecht, 2019, S. 19.

243 *Inderst/Wey*, Die Wettbewerbsanalyse von Nachfragemacht aus verhandlungstheoretischer Sicht, 2007, S. 1 f.; BKartA, Nachfragemacht im Kartellrecht, 2008, S. 2; *Thomas*, WuW 2019, 23, 24.

244 *Inderst*, WuW 2008, 1261, 1264.

245 *Kirkwood*, 72 Antitrust L. J. 2005, 625, 639; OECD, Monopsony and Buyer Power, 2008, S. 26; *Chen*, 53 Antitrust Bull. 2008, 241, 2434.

246 BKartA, Nachfragemacht im Kartellrecht, 2008, S. 3; *Haucap/Heimeshoff/Klein/Rickert/Wey*, WuW 2014, 946, 949; *van Doorn*, The Law and Economics of Buyer Power in EU Competition Policy, 2015, S. 92 f.; *Thomas*, WuW 2019, 23, 24.

Der Ursprung von Nachfragemacht ist in diesem Modell folglich individuelle Verhandlungsmacht in einem bilateralen Austauschprozess. Sie entscheidet, in welchem Verhältnis die Gewinnrenten einer bilateralen Geschäftsbeziehung aufgeteilt werden. Eine wichtige Determinante von Verhandlungsmacht in einer Tauschbeziehung sind die Ausweichoptionen (*outside options*) der Parteien, falls der Vertragsschluss scheitern sollte.[247] Diese sind ein Gradmesser für die in der Verhandlung realisierbare Gewinnrente, also den Gewinn oberhalb der nächstbesten Ausweichmöglichkeit.[248] Ein Nachfrager ist in einer soliden Verhandlungsposition, wenn er neben dem Lieferanten, mit dem er verhandelt, noch weitere gute und realisierbare Bezugsmöglichkeiten hat.[249] Das bedeutet zunächst, dass der Lieferant keine Preise oder sonstige Konditionen durchsetzen kann, die für den Lieferanten schlechter als seine *outside options* sind. Umgekehrt kann der Nachfrager seine *outside options* nutzen, um Druck aufzubauen, falls diese bessere Konditionen als der Lieferant bieten sollten.[250] Dann hängt es wiederum von den *outside options* des Lieferanten ab, ob und in welchem Umfang er zu Preiszugeständnissen bereit ist. Abstrakt formuliert ist der Gewinn des Nachfragers umso höher, je besser seine *outside options* und je schlechter die des Lieferanten sind.[251] Es kommt also nicht nur auf die Anzahl der Ausweichmöglichkeiten an, sondern vor allem auf ihren Wert.[252]

Neben den Ausweichmöglichkeiten, die den Drohpunkt für die Verhandlung fixieren,[253] entscheidet auch das Verhandlungsgeschick über die Höhe der Gewinnrente einer Partei.[254] Dieses ist allerdings stark einzelfallabhängig, weshalb eine abstrakte Modellierung regelmäßig nur ein ausgeglichenes Verhandlungsgeschick beider Parteien annehmen kann.[255] Im Extremfall kann es allerdings der Grund dafür sein, dass eine Partei ein „Alles-oder-nichts-Angebot" machen kann, das ihr die gesamte Gewinnrente der Geschäftsbeziehung einbringt.[256]

---

247 *Inderst*, WuW 2008, 1261, 1264; *van Doorn*, The Law and Economics of Buyer Power in EU Competition Policy, 2015, S. 97.

248 *Wingerter*, WuW 2020, 387, 388.

249 OECD, Monopsony and Buyer Power, 2008, S. 22.

250 Vgl. *Legner*, Schadenstheorien bei Nachfragemacht im europäischen und deutschen Kartellrecht, 2019, S. 22 f.

251 *Thomas*, ZWeR 2015, 210, 215.

252 *Inderst*, WuW 2008, 1261, 1264; *Thomas*, WuW 2019, 23, 27; *Paha*, WuW 2022, 320, 322.

253 *Inderst*, WuW 2008, 1261, 1264.

254 *Haucap/Heimeshoff/Klein/Rickert/Wey*, WuW 2014, 946, 949; *Wey*, SF 2016, 247, 249; *Balan*, Labor Practices Can Be an Antitrust Problem Even when Labor Markets are Competitive, 2020, S. 3.

255 *Wey*, SF 2016, 247, 249.

256 OECD, Monopsony and Buyer Power, 2008, S. 32; *van Doorn*, The Law and Economics of Buyer Power in EU Competition Policy, 2015, S. 94 f.

III. Anwendung der gängigen Nachfragemacht-Modelle auf Arbeitsmärkte

1. Monopson-Modell

Das Monopson-Modell ist ein gängiges Modell zur Darstellung von Nachfragemacht auf Arbeitsmärkten.[257] Das klassische Beispiel ist eine regional abgeschottete Stadt mit nur einem großen Arbeitsnachfrager.[258]

Im klassischen Monopson-Modell werden Arbeitsanbieter als homogener Produktionsfaktor behandelt, da es einen Einheitslohn voraussetzt.[259] Dass Arbeitsleistung tatsächlich ein recht heterogener Produktionsfaktor ist, hat die theoretische Analyse freier Arbeitsmärkte gezeigt.[260] Einer Anwendung des Monopson-Modells steht dies allerdings grundsätzlich nicht entgegen. Denn einerseits bezieht sich diese arbeitsökonomische Einschätzung auf Arbeitsanbieter im Allgemeinen und nicht auf sachlich und geographisch abgegrenzte Arbeitsmärkte. Auf diesen sind die Unterschiede zwischen den zugehörigen Arbeitsanbietern, insbesondere im Hinblick auf ihr Humankapital, regelmäßig weit weniger heterogen. Andererseits hat die Analyse gezeigt, dass Arbeitgeber regelmäßig einheitliche Lohnstrukturen bevorzugen, die Produktivitätsunterschiede zwischen den Arbeitnehmern – wenn überhaupt – nur in geringem Umfang berücksichtigen.[261]

Abweichend von der Modellannahme des Einheitspreis-Monopsons hat ein Monopsonist in der Realität die Möglichkeit, für vergleichbare Arbeitsanbieter unterschiedliche Löhne festzusetzen (diskriminierendes Monopson).[262] Um hierdurch seinen Gewinn gegenüber dem Einheitslohn zu maximieren, muss er die Reservationsgehälter der Arbeitsanbieter kennen oder zumindest näherungsweise bestimmen können. Das wird ihm *ex ante* zumeist nur für bestimmte Arbeitnehmergruppen näherungsweise gelingen. Dass ein Monopsonist den Reservationslohn jedes einzustellenden Arbeitnehmers *ex ante* „perfekt" ermitteln kann, ist jedoch eher fernliegend.[263] Im Übrigen hat er hierzu – aufgrund der beschriebenen Vorteilhaftigkeit einer einheitlichen Lohnstruktur – oft keinen Anreiz.[264] Daher wird die Arbeit im weiteren Verlauf nicht auf das Modell eines perfekt diskriminierenden Monopsons eingehen. Ein nicht perfekt diskriminierendes Monopson wird nach der Modellannahme einen Wohlfahrtsverlust erzeugen, auch wenn dieser geringer als bei einem nicht diskriminierenden Monopson sein kann.[265]

---

257 Siehe etwa *Blair/Harrison*, Monopsony in Law and Economics, 2010, S. 41 ff.; *Borjas*, Labor Economics, 9. Aufl. 2024, S. 167 ff.; *Ehrenberg/Smith*, Modern Labor Economics, 13. Aufl. 2018, S. 166 ff.; OECD, Purchasing Power and Buyers' Cartels, 2022, S. 9.

258 *Sell*, WiSt 2016, 303; *Bien/Doganoglu*, NZKart 2019, 185.

259 *Lewerth*, Nachfragemacht und internationaler Handel, 2014, S. 24.

260 Siehe dazu oben C.III.

261 Siehe dazu oben C.III.3.2.4c).

262 *Manning*, Monopsony in Motion, 2003, S. 118 ff.; *Sell*, WiSt 2016, 303 f.; *Borjas*, Labor Economics, 9. Aufl. 2024, S. 168.

263 *Manning*, Monopsony in Motion, 2003, S. 118 f.

264 Siehe dazu oben C.III.3.2.4c)bb).

265 Bei einem perfekt diskriminierenden Monopson sind die Wohlfahrtswirkungen vergleichbar mit denen des Modells bilateraler Verhandlungen. Ein perfekt diskriminierender Monopsonist wird Arbeitsanbieter entlang ihrer Reservationslöhne bis zum wettbewerbsanalogen Marktniveau einstellen. Zur Gewinnmaximierung ist er nicht auf eine Mengenreduktion angewiesen, weshalb kein *deadweight loss* entstehen muss; dazu *Borjas*, Labor Economics, 9. Aufl. 2024, S. 168.

Ein Arbeitsnachfrager, der zugleich Monopsonist ist, hat die Möglichkeit, den Marktlohn zu beeinflussen.[266] Diese Macht kann er dazu nutzen, seinen Gewinn zu maximieren. Um dies zu erreichen, reduziert er – analog zu industriellen Warenmärkten – seine Beschäftigtenmenge.[267] Umgekehrt könnte der Monopsonist auch direkt den Lohn senken. Das hätte ebenfalls zur Folge, dass Arbeitsanbieter mit einem höheren Reservationslohn den jeweiligen Arbeitsmarkt verlassen werden.[268] Das Resultat ist also in beiden Fällen identisch: Eine Lohnkürzung gegenüber dem wettbewerbsanalogen Niveau wird mit einer Reduzierung der Beschäftigtenmenge erreicht.[269] Die Arbeitsanbieter werden dann unterhalb des Gleichgewichtslohns vergütet.[270] Dadurch steigt die Rente des Monopsonisten, während die Rente der Arbeitsanbieter sinkt.[271] Außerdem kommt es zu einem *deadweight loss*, da die reduzierte Beschäftigtenmenge mit einer reduzierten Summe von Monopsonisten- und Arbeitsanbieterrente einhergeht.[272] Das bedeutet, aufgrund der geringeren Anzahl an Beschäftigungsverhältnissen, also einer steigenden Arbeitslosigkeit, fällt die allokative Effizienz des jeweiligen Arbeitsmarktes.[273]

Für Arbeitsmärkte ist allerdings eine wichtige Einschränkung hinsichtlich der Anwendbarkeit des Monopson-Modells geboten:[274] Das Modell und die darauf basierenden Schadenstheorien setzen voraus, dass der Monopsonist sich einer stetig steigenden Angebotskurve gegenübersieht, weshalb die letzte Arbeitseinheit zum Reservationslohn angeboten wird und keine Rente erzielt. Aus diesem Grund prognostiziert das Monopson-Modell auch bei geringen Lohnsenkungen einen Rückgang der Beschäftigungsmenge. Daraus folgt im Umkehrschluss, dass das Modell nicht mehr uneingeschränkt anwendbar ist, wenn auch die letzte Arbeitseinheit eine Rente erzielt. Dann würde ein hypothetische Lohnsenkung – abhängig von der Höhe – nicht unbedingt zu einer Reduktion der Beschäftigungsmenge führen. Es gibt unterschiedliche Gründe, warum jeder Arbeitnehmer – und damit auch die letzte Arbeitseinheit – eine Rente erzielen kann. Dazu zählen insbesondere Effizienzlöhne, für die wiederum verschiedene Begründungsansätze existieren.[275] Das bedeutet, dass im Einzelfall sorgfältig zu prüfen ist, ob das Monopson-Modell und die damit verbundenen Schadenstheorien anwendbar sind. Erzielen alle Arbeitnehmer eines nachfragemächtigen Unternehmens eine Rente, ist dies jedenfalls kritisch zu hinterfragen.

---

266 *Naidu/Posner/Weyl*, 132 Harv. L. Rev. 2018, 536, 556; *Marinescu/Posner*, 105 Cornell L. Rev. 2020, 1343, 1351.

267 *Franz*, Arbeitsmarktökonomik, 8. Aufl. 2013, S. 134; OECD, Competition in Labour Markets, 2020, S. 15.

268 *Marinescu/Posner*, 105 Cornell L. Rev. 2020, 1343, 1351; OECD, Competition in Labour Markets, 2020, S. 15.

269 *Naidu/Posner/Weyl*, 132 Harv. L. Rev. 2018, 536, 556; OECD, Competition in Labour Markets, 2020, S. 15.

270 *Marinescu/Hovenkamp*, 91 Ind. Law J. 2019, 1031, 1038: „By employing fewer workers, the monopsonist makes a higher profit because it can pay workers less than their productivity, capturing the surplus for itself. In a perfectly competitive labor market each worker would receive the marginal value of his or her labor. But the firm with market power in the market where it purchases labor will suppress its purchases, driving the wage down. Compared to a perfectly competitive labor market, monopsony leads to lower employment and lower wages."

271 *Naidu/Posner/Weyl*, 132 Harv. L. Rev. 2018, 536, 576; *Marinescu/Hovenkamp*, 91 Ind. Law J. 2019, 1031, 1038; *Marinescu/Posner*, 105 Cornell L. Rev. 2020, 1343, 1351.

272 *Blair/Harrison*, Monopsony in Law and Economics, 2010, S. 44 f.; OECD, Competition in Labour Markets, 2020, S. 15.

273 *Blair/Harrison*, Monopsony in Law and Economics, 2010, S. 44 f.; *Marinescu/Hovenkamp*, 91 Ind. Law J. 2019, 1031, 1038.

274 Siehe dazu und zum Folgenden *Inderst/Thomas*, Why (European) Antitrust Law Should Not Treat Labor Markets Differently, 2023, S. 5 f.

275 Siehe dazu ausführlich C.III.3.2.

2. Modell bilateraler Verhandlungsmacht

Das Modell bilateraler Verhandlungsmacht wird in der ökonomischen Literatur zu Arbeitsmärkten – soweit ersichtlich – wenig beachtet. Im Vergleich zum Voll-Monopson-Modell ist es nicht auf Marktformen mit einem einzigen starken Nachfrager beschränkt, sondern greift vor allem dann, wenn Preise und Konditionen bilateral ausgehandelt werden.[276]

Teilweise wird vertreten, dass der jeweilige Anbieter ebenfalls über eine gewisse Marktmacht verfügen müsse und das Modell daher bei einer atomistischen Marktangebotsseite keine Anwendung finde.[277] Der Verhandlungsmacht des Nachfragers komme dann die Rolle einer zur Angebotsmacht gegengewichtigen Macht (*countervailing power*) zu.[278] Diese Einschränkung geht vermutlich auf die Modellannahme zurück, dass die Parteien über die Gewinnverteilung einer Geschäftsbeziehung verhandeln. Ein verhandlungsmächtiger Nachfrager hat einen Drohpunkt, der es ihm erlaubt, einen Großteil der kumulierten Gewinnrenten abzuschöpfen.[279] Ist die Angebotsseite nun atomistisch, müssen Anbieter ohnehin entlang ihrer Grenzkostenkurve anbieten.[280] Der Nachfrager hätte dann keine Möglichkeit, durch eine weitere Drohung den Preis zu senken. Denn die Anbieter können zumindest langfristig nicht unter ihren Grenzkosten anbieten.[281]

Diese Annahmen treffen auf Arbeitsmärkte allerdings nicht uneingeschränkt zu.[282] Der Wettbewerb des Arbeitsangebots ist nicht vollkommen, sondern wird durch Friktionen gestört.[283] Hinzu kommt, dass der Reservationslohn der Arbeitsanbieter keine vergleichbare fixe Untergrenze des Angebotspreises darstellt, wie dies bei den Grenzkosten der Produktion der Fall ist.[284] So geht auch die Suchtheorie davon aus, dass ein Arbeitsanbieter bei einer längeren Suche seinen Reservationslohn absenken wird, um schneller eine Beschäftigung zu finden.[285] Die Untergrenze eines Arbeitssuchenden wird dabei regelmäßig seine beste *outside option* sein. Bis zu diesem Punkt kann ein verhandlungsmächtiger Arbeitsnachfrager die Gewinnrente der Arbeitsbeziehung theoretisch abschöpfen. Das Modell bilateraler Verhandlungen ist folglich ebenfalls auf Arbeitsmärkte anwendbar.[286]

---

276 Dazu, dass das Modell wegen seiner Annahmen einen weiteren Anwendungsbereich als das Monopson-Modell hat, siehe BKartA, Nachfragemacht im Kartellrecht, 2008, S. 2 f.; *Kirkwood*, 92 B. U. L. Rev. 2012, 1485, 1490: „Traditionally, antitrust policy has placed much more emphasis on monopsony power than countervailing power, even though countervailing power is more common"; *Legner*, Schadenstheorien bei Nachfragemacht im europäischen und deutschen Kartellrecht, 2019, S. 23.

277 *Kirkwood*, 72 Antitrust L. J. 2005, 625, 640; OECD, Monopsony and Buyer Power, 2008, S. 26; *Chen*, 52 Antitrust Bull. 2008, 242, 244 f.; *van Doorn*, The Law and Economics of Buyer Power in EU Competition Policy, 2015, S. 78; a.A. *Raeder*, Der Schutz des Lieferanten als Marktgegenseite im Kartellrecht, 2017, S. 182 f.

278 *Chen*, 53 Antitrust Bull. 2008, 241, 245; *van Doorn*, The Law and Economics of Buyer Power in EU Competition Policy, 2015, S. 78.

279 *Kirkwood*, 72 Antitrust L. J. 2005, 625, 640.

280 *Chen*, 53 Antitrust Bull. 2008, 241, 244.

281 *Kirkwood*, 72 Antitrust L. J. 2005, 625, 640; OECD, Monopsony and Buyer Power, 2008, S. 26.

282 A.A. *Grimes*, 72 Antitrust L. J. 2005, 563, 565: „All employees are atomistic sellers unless they are permitted to bargain collectively."

283 Siehe dazu bereits oben C.III.2. sowie D.II.1.

284 Zu dieser Besonderheit des Arbeitsangebots ausführlich unten Teil 2 C.I.

285 *Apolte*, in: Apolte et al., Kompendium der Wirtschaftstheorie und Wirtschaftspolitik III, 2019, S. 282; *Borjas*, Labor Economics, 9. Aufl. 2024, S. 442.

286 Vgl. *Ferguson*, 30 East. Econ. J. 2004, 527 ff.; *Jarosch/Nimczik/Sorkin*, Granular Search, Market Structure, and Wages, 2019, S. 1 f.; *Balan*, Labor Practices Can Be an Antitrust Problem Even when Labor Markets are Competitive, 2020, S. 2 ff.; *Inderst/Thomas*, Why (European) Antitrust Law Should Not Treat Labor Markets

Bilaterale Verhandlungsmacht resultiert allgemein in individuell ausgehandelten Vorzugspreisen, von denen andere Nachfrager am Markt – im Vergleich zum Monopson-Modell – nicht profitieren.[287] Ein verhandlungsmächtiger Arbeitsnachfrager ist nach diesem Modell nicht darauf angewiesen, die Beschäftigtenmenge tatsächlich zu reduzieren, sondern es genügt, wenn er beispielsweise eine Nichteinstellung oder eine Kündigung des Arbeitsverhältnisses bloß androht. Dann kommt es – bei einer statischen Betrachtungsweise – regelmäßig nicht zu einem *deadweight loss*, sondern nur zu einer bilateralen Rentenverschiebung zugunsten des verhandlungsmächtigen Arbeitsnachfragers.

3. Abgrenzung im Einzelfall

Ob das Monopson-Modell oder das Modell bilateraler Verhandlungsmacht im Einzelfall geeignet sind, die jeweilige Marktrealität abzubilden, hängt von den konkreten Marktverhältnissen ab.[288] Ein geeignetes Kriterium, um sich dieser Frage zu nähern, könnte die Art der Lohnsetzung sein. Ein Arbeitsnachfrager kann Löhne entweder einseitig festsetzen, bevor er sich überhaupt mit dem Arbeitsanbieter getroffen hat (*ex ante wage-posting*), oder sie verhandeln, nachdem er den Arbeitsanbieter kennengelernt hat (*ex post wage-bargaining*).[289]

Bei *ex ante wage-posting* fehlt es am Verhandlungsrahmen, den das Modell bilateraler Verhandlungen voraussetzt. Dem Bewerber wird in diesen Fällen nur die bereits zuvor festgelegte Lohnstruktur des Unternehmens mitgeteilt. Liegt das Angebot über seinem derzeitigen Reservationslohn oder entspricht es diesem, wird er es in der Regel annehmen. Andernfalls kommt es nicht zu einem *Match*.[290] In diesen Fällen könnte das Monopson-Modell besser geeignet sein, die Marktverhältnisse sachgerecht zu erfassen. Zu betonen ist, dass die Festsetzung der Löhne mittels *wage-posting* keinesfalls bedeutet, dass der jeweilige Nachfrager automatisch Monopsonmacht hat.[291] Außerdem kann die Anwendbarkeit des Monopson-Modells auch bei *wage-posting* ausscheiden, wenn alle Arbeitnehmer eines Arbeitsmarktes eine Rente erzielen.[292]

Umgekehrt kann das Modell bilateraler Verhandlungen bei *ex post wage-bargaining* geeignet sein, Nachfragemacht adäquat zu erfassen. Dann fehlt es an der einseitigen Setzung eines einheitlichen Lohns durch den Arbeitsnachfrager, die das Monopson-Modell voraussetzt. In diesen Konstellationen spricht zudem einiges dafür, dass für die jeweiligen Arbeitsplätze keine einheitliche unternehmensinterne Lohnstruktur herrscht und dass effiziente *Matches* in einer Verhandlungssituation regelmäßig auch zustande kommen werden.[293] Denn die Parteien werden die Verhandlungen oft nur dann scheitern lassen, wenn sie mit ihren *outside options* einen höheren Gewinn erzielen können.[294] Das gilt auch für individuelle

---

Differently, 2023, S. 4 f.; *Legner*, ZWeR 2025, 215, 219 f.; dies ebenfalls vorsichtig bejahend *Kremer*, Arbeitgeber-Kollusionen und das Kartellverbot, 2022, S. 110 f.; *Baumgart* verneint die Anwendbarkeit zwar nicht explizit, vertritt allerdings, dass zuvorderst das Monopson-Modell anzuwenden sei, Der Schutz des Wettbewerbs und der Arbeitnehmer durch Arbeits- und Kartellrecht, 2025, S. 92 f.

287 *Inderst*, WuW 2008, 1261, 1264.

288 Dazu noch ausführlicher unten Teil 5 C.III.2.2.1.

289 *Manning*, Monopsony in Motion, 2003, S. 15; *Brenzel/Gartner/Schnabel*, 29 Labour Econ. 2014, 41 f.; vgl. *Blanchard/Amighini/Giavazzi*, Macroeconomics, 4. Aufl. 2021, S. 150.

290 *Hemphill/Rose*, 127 Yale L. J. 2018, 2078, 2083.

291 Dazu ausführlicher unten Teil 2 D.II.2.

292 Siehe dazu oben D.III.1.

293 *Brenzel/Gartner/Schnabel*, 29 Labour Econ. 2014, 41, 42; *Jarosch/Nimczik/Sorkin*, Granular Search, Market Structure, and Wages, 2019, S. 1; vgl. OECD, Monopsony and Buyer Power, 2008, S. 35 f.

294 Im Einzelfall mögen Verhandlungen auch scheitern, obwohl die Parteien eine kumulierte Gewinnrente gegenüber ihren Ausweichmöglichkeiten erzielen können. Da die Untersuchung jedoch abstrakte Vorhersagen

Nachverhandlungen des Lohns während einer bestehenden Arbeitsbeziehung (*intra-firm bargaining*)[295].[296] Die Wohlfahrtsannahmen des Modells bilateraler Verhandlungsmacht können außerdem auch dann einschlägig sein, wenn der zuletzt eingestellte Arbeitnehmer eine Gewinnrente erwirtschaftet, was beim Monopson-Modell nicht der Fall ist.[297]

Aus terminologischer Perspektive ist noch klarzustellen, dass die Begriffe Monopsonmacht und Verhandlungsmacht in den folgenden Teilen so verwendet werden, wie sie in diesem Grundlagenabschnitt definiert wurden. Abweichend davon wird der Begriff *monopsony* – vor allem in der US-Literatur – regelmäßig für Lohnsetzungsmacht und damit einheitlich für beide Arten von Nachfragemacht gebraucht.[298]

---

zu Arbeitsmärkten treffen muss, wird im Folgenden der genannte Regelfall zugrunde gelegt. Daher wird davon ausgegangen, dass im Modell bilateraler Verhandlungen im Regelfall kein oder nur ein vernachlässigbar geringer *deadweight loss* entsteht.

295 *Stole/Zwiebel*, 63 Rev. Econ. Stud. 1996, 375. Der Begriff *ex post wage-bargaining* umfasst nach hiesigem Verständnis auch das *intra-firm bargaining*.

296 *Ferguson*, 30 East. Econ. J. 2004, 527; *Balan*, Labor Practices Can Be an Antitrust Problem Even when Labor Markets are Competitive, 2020, S. 3 ff.

297 *Inderst/Thomas*, Why (European) Antitrust Law Should Not Treat Labor Markets Differently, 2023, S. 6; siehe dazu bereits oben D.III.1.

298 Vgl. etwa *Manning*, Monopsony in Motion, 2003, S. 16 Fn. 11, 70; *Marinescu/Posner*, 105 Cornell L. Rev. 2020, 1343; *Sokolova/Sorensen*, 74 ILR Review 2021, 27 f.; *Bachmann/Demir/Frings*, 57 J. Hum. Resour. 2022, 11, 12; U.S. Department of the Treasury, The State of Labor Market Competition, 2022, S. 5.

TEIL 2: UNTERSUCHUNG EINES MARKT- ODER WETTBEWERBSVERSAGENS AUF ARBEITSMÄRKTEN

A. EINLEITUNG

Die ökonomische Analyse freier Arbeitsmärkte mit dezentralen Lohnverhandlungen hat einerseits gezeigt, dass der Wettbewerb auf Arbeitsmärkten grundsätzlich funktionsfähig ist.[299] Sie hat andererseits aber auch gezeigt, dass Arbeitsmarktwettbewerb seine Funktionen nicht optimal erfüllt und deutlich vom neoklassischen Modell vollkommenen Wettbewerbs abweicht. Derartige Marktunvollkommenheiten können Anknüpfungspunkt für einen regulatorischen Eingriff sein. Regulierung zeigt sich grundsätzlich in einer Entscheidung des Gesetzgebers.[300] Er steckt den Rahmen des Eingriffs in die wettbewerbliche Handlungsfreiheit ab.[301] Die Umsetzung kann auch durch die Exekutive oder – wie im Fall von Tarifverträgen[302] – durch die Marktakteure selbst erfolgen.[303]

Nach der Theorie der normativen Regulierung können die Gründe für eine Regulierung in ökonomisch unerwünschten Wettbewerbsergebnissen wie einer ungenügenden Realisierung der wettbewerblichen Zielfunktionen liegen, also einem Markt- oder Wettbewerbsversagen, oder ihre Ursache in sonstigen, außerwettbewerblichen Zielen haben.[304] Erstere werden auch als natürliche Ausnahmebereiche des Wettbewerbs bezeichnet und Letztere als politische Ausnahmebereiche.[305] Beide wirken sich auf die Anwendung kartellrechtlicher Vorschriften aus, allerdings auf unterschiedliche Weise. Bei natürlichen Ausnahmebereichen kann die Anwendung kartellrechtlicher Vorschriften aus ökonomischer Sicht sinnlos sein. Denn soweit Wettbewerb seine wohlfahrtsfördernde Wirkung nicht oder nur teilweise entfalten kann, entfällt auch die Notwendigkeit, ihn vor Beschränkungen und Verfälschungen durch Unternehmen zu schützen. Dagegen besteht bei politischen Ausnahmebereichen kein wettbewerbsökonomischer Regulierungsanlass. Der Gesetzgeber hat jedoch entschieden, auf diesen Märkten andere oder weitere Ziele zu verfolgen, die nicht durch Wettbewerb erreicht werden können. Das Kartellrecht kann hier seinen eigentlichen Zweck erfüllen. Seine Anwendung ist allerdings durch die politische Entscheidung des Gesetzgebers beschränkt.

Soweit die Unvollkommenheiten von Arbeitsmarktwettbewerb zu einem Markt- oder Wettbewerbsversagen führen, ist dies für die Zielsetzung der vorliegenden Abhandlung nur relevant, wenn die geeignete Regulierungsmaßnahme in Konflikt mit den kartellrechtlichen Normen gerät. Das Kartellrecht ist an Unternehmen adressiert. Eine Regulierungsmaßnahme kann folglich primär dann mit kartellrechtlichen

---

299 Siehe dazu oben Teil 1 C.

300 *Walwei*, in: Kleinhenz, IAB-Kompendium Arbeitsmarkt und Berufsforschung, 2002, S. 95, 96; Deregulierungskommission, Marktöffnung und Wettbewerb, 1991, Rn. 2: „Regulierung ist jede staatliche oder staatlich sanktionierte Beschränkung der Handlungsmöglichkeiten, der Verfügungsrechte des Menschen. Sie betrifft dessen Verfügen über sich selbst, über Sachen und über Rechte, sei es in tatsächlicher, sei es in rechtsgeschäftlicher, insbesondere vertraglicher Art."

301 Vgl. *Rittner*, AcP 1988, 101, 124; *Windbichler*, RdA 1992, 74, 80.

302 Die Regulierungsentscheidung des Gesetzgebers besteht hier darin, dem Tarifvertrag eine normative Wirkung zuzusprechen. In Deutschland regelt dies § 4 Abs. 1 TVG; *Schiek*, in: Däubler, Tarifvertragsgesetz, 5. Aufl. 2022, Einl. Rn. 706.

303 Der Tarifvertrag ist jedenfalls eine Regulierungsform, dem ein korporatistisches Element innewohnt; *Windbichler*, RdA 1992, 74, 81.

304 *Schmidt/Haucap*, Wettbewerbspolitik und Kartellrecht, 10. Aufl. 2013, S. 44.

305 *Schmidt/Haucap*, Wettbewerbspolitik und Kartellrecht, 10. Aufl. 2013, S. 44.

M. Meinzer, *Nachfragemacht auf Arbeitsmärkten*,
https://doi.org/10.1007/978-3-658-52576-7_3

Normen kollidieren, wenn sie Unternehmen zu einer Wettbewerbsbeschränkung ermächtigt oder verpflichtet. Erhebliche und gesetzgeberisch legitimierte Wettbewerbsbeschränkungen durch Unternehmen entstehen auf europäischen und deutschen Arbeitsmärkten vor allem durch arbeitsrechtliche Kollektivverträge.[306]

In diesem Abschnitt soll daher untersucht werden, ob Arbeitsmärkte ein Markt- oder Wettbewerbsversagen aufweisen, das eine wohlfahrtssteigernde Abhilfe in Form von Kollektivverträgen rechtfertigt.[307] Sollte dies der Fall sein, hätte das zum einen wettbewerbspolitische Implikationen und könnte konkret eine daran angepasste, beschränkte Anwendung des Kartellrechts auf Arbeitsmärkte und Kollektivverträge erforderlich machen. Dem liegt die Prämisse zugrunde, dass das Kartellrecht den Wettbewerb primär wegen seiner wohlfahrts- und freiheitsmaximierenden Wirkung schützt. Zum anderen könnte es für die Anwendung des aktuellen europäischen und deutschen Kartellrechts bedeuten, dass Kollektivverträge regelmäßig die Voraussetzungen einer Einzelfreistellung vom Kartellverbot nach Art. 101 Abs. 3 AEUV und § 2 GWB erfüllen. Die Besonderheiten von Arbeitsmärkten, etwa deren gehobene gesellschaftliche Bedeutung, werden im Rahmen der Untersuchung insoweit berücksichtigt, wie sich diese effizienzsteigernd oder -mindernd auswirken können. Dagegen umfasst die Untersuchung keine rein verteilungs- und sozialpolitischen Aspekte, da diese auch nicht unmittelbar vom Schutzzweck des Kartellrechts umfasst werden.

Hierfür werden zunächst die notwendigen Grundlagen dargestellt (B.). Im Anschluss wird ein mögliches Wettbewerbsversagen aufgrund einer Anomalie des Arbeitsangebots und einer daraus folgenden ruinösen Konkurrenz untersucht (C.). Im Zentrum steht dann die Frage, ob Arbeitsmärkte generell zu Nachfragemacht neigen und dies aus wettbewerbsökonomischer Sicht eine Regulierung in Gestalt von Kollektivverträgen rechtfertigt (D.). Zuletzt werden Informationsdefizite auf Arbeitsmärkten betrachtet (E.).

B. GRUNDLEGUNG

I. Markt- oder Wettbewerbsversagen

1. Maßstab

Zunächst ist zu klären, welcher Referenzmaßstab für die Bestimmung eines Markt- oder Wettbewerbsversagens anzulegen ist. In Betracht kommt das Modell vollkommener Konkurrenz. In diesem Modell erfüllt Wettbewerb seine statischen Funktionen mit höchstmöglicher Effizienz.[308] Die Modellannahmen bilden jedoch die Realität fast aller Märkte nicht zutreffend ab.[309] Würde man die neoklassische Wettbewerbstheorie unmodifiziert zum Maßstab erheben, wäre ein Markt- oder Wettbewerbsversagen allge-

---

306 Kollektivverträgen ist eine wettbewerbsbeschränkende Wirkung immanent, siehe EuGH, Urt. v. 21.9.1999, Rs. C-67/96, ECLI:EU:C:1999:430, Rn. 59 – *Albany*; *Windbichler*, RdA 1992, 74, 81; *Höpfner*, Die Tarifgeltung im Arbeitsverhältnis, 2015, S. 124 ff.; *Löwisch/Rieble*, Tarifvertragsgesetz, 4. Aufl. 2017, Grundl. Rn. 44 ff., § 1 Rn. 1088.

307 Zu einem politischen Ausnahmebereich für Kollektivverhandlungen siehe die Teile 3-5.

308 *Whish/Bailey*, Competition Law, 10. Aufl. 2021, S. 6.

309 *Schmidt/Haucap*, Wettbewerbspolitik und Kartellrecht, 10. Aufl. 2013, S. 10; *Fritsch*, Marktversagen und Wirtschaftspolitik, 10. Aufl. 2018, S. 57 f.; *Kerber/Schwalbe*, in: MüKo, Wettbewerbsrecht, 4. Aufl. 2023, Bd. 1-1, Grundlagen Rn. 80.

genwärtig und könnte auf fast jedem Markt einen staatlichen Eingriff legitimieren (*nirvana approach*)[310].[311] Dagegen ließe man unberücksichtigt, welche wohlfahrtsökonomischen Verbesserungen in Anbetracht der tatsächlichen Marktstruktur und Wettbewerbsbedingungen realistischerweise erreicht werden können. Denn oft sind Marktgegebenheiten für Ineffizienzen verantwortlich, die auch ein Regulierer nicht beseitigen kann (*constrained pareto efficiency*).[312] Zur Ermittlung eines Markt- oder Wettbewerbsversagens ist es daher sinnvoll, zusätzlich den in Betracht kommenden regulatorischen Eingriff in den Blick zu nehmen (*comparative approach*)[313].[314] Kann durch diesen Eingriff realistischerweise in Summe eine Wohlfahrtssteigerung gegenüber der wettbewerblichen Marktsteuerung prognostiziert werden, ist er aus wettbewerbsökonomischer Sicht gerechtfertigt.[315]

Die Arbeit wird – der Schutzrichtung des Kartellrechts entsprechend – einen effizienzorientierten, wohlfahrtsökonomischen Maßstab fokussieren.[316] Rein sozial- und verteilungspolitische Aspekte, zu denen sie auch die Steigerung des utilitaristischen Nutzens zählt, werden dagegen nicht berücksichtigt. Das bedeutet beispielsweise, dass Nachfragemacht, die nur eine Rentenverteilung zugunsten von Arbeitgebern bewirkt, jedoch keinen gesamtwirtschaftlichen Wohlfahrtsverlust erzeugt, nach hiesigem Maßstab kein Markt- oder Wettbewerbsversagen begründet. Es wird folglich keine Aussage dazu getroffen, ob arbeitsrechtliche Kollektivverträge aus anderen ökonomischen oder politischen Gründen wie dem Arbeitnehmerschutz sinnvoll sind.

2. Fallgruppen

In der ökonomischen Literatur haben sich verschiedene anerkannte Fallgruppen eines Markt- oder Wettbewerbsversagens herausgebildet. Davon sollen im Folgenden jene vorgestellt werden, die für die anschließende Untersuchung eines Markt- oder Wettbewerbsversagens auf Arbeitsmärkten von Bedeutung sein können.

Ruinöse Konkurrenz ist eine Fallgruppe des Wettbewerbsversagens. Die Fehlfunktion hat ihre Ursache folglich nicht in der marktlichen Koordination durch Angebot und Nachfrage, sondern in den Eigenheiten des horizontalen Wettbewerbsprozesses selbst.[317] Kennzeichnend für eine ruinöse Konkurrenz sei ein „Zuviel" an Wettbewerb. Der Grund könne ein deutlicher Angebotsüberhang bei gleichzeitig hohen Marktaustrittsschranken sein.[318] Versuchen die Marktteilnehmer dann die Überkapazitäten durch Preiszugeständnisse auszulasten, komme es zu einem marktweiten existenzgefährdenden Preisverfall und einer Unternehmensauslese.[319] Dabei wird angenommen, dass nicht notwendigerweise die effizientesten

---

310 Begriff nach *Demsetz*, 12 J. Law Econ. 1969, 1.

311 *Eickhof*, Wirtschaftsdienst 1986, 468 f.; *Fritsch*, Marktversagen und Wirtschaftspolitik, 10. Aufl. 2018, S. 58 f.; *Kerber/Schwalbe*, in: MüKo, Wettbewerbsrecht, 4. Aufl. 2023, Bd. 1-1, Grundlagen Rn. 80.

312 Vgl. *Magill/Quinzii*, Theory of Incomplete Markets, 2002, S. 103 ff.

313 Begriff nach *Demsetz*, 12 J. Law Econ. 1969, 1.

314 *Fritsch*, Marktversagen und Wirtschaftspolitik, 10. Aufl. 2018, S. 78.

315 *Fritsch*, Marktversagen und Wirtschaftspolitik, 10. Aufl. 2018, S. 78.

316 Hinzu kommt, dass aus pareto-effizienten Marktergebnissen über Transferleistungen die politisch gewünschte Verteilung generiert werden kann. Ein Beispiel für solche Transferleistungen ist das Bürgergeld.

317 Zur Unterscheidung zwischen Markt- und Wettbewerbsversagen siehe *Eickhof*, Wirtschaftsdienst 1986, 468, 470 ff.; *Olten*, Wettbewerbstheorie und Wettbewerbspolitik, 2. Aufl. 1998, S. 73.

318 *Schmidt/Haucap*, Wettbewerbspolitik und Kartellrecht, 10. Aufl. 2013, S. 48.

319 *Eickhof*, Wirtschaftsdienst 1986, 468, 475.

und leistungsfähigsten Unternehmen überleben, sondern häufig die finanzstärksten.[320] Damit eng verbunden sind Strukturkrisen, bei denen der Wettbewerb seine Anpassungsfunktion an die geänderte Bedarfsstruktur nicht erfüllt und dadurch ruinöse Konkurrenz und Wohlfahrtseinbußen entstehen.[321]

Eine Ursache für ein Marktversagen kann in der Machtposition einer Marktseite liegen.[322] Gängiges Beispiel ist ein natürliches Monopol, bei dem die Nachfrage nach einem bestimmten Gut kostengünstiger durch ein oder sehr wenige Unternehmen befriedigt werden kann, etwa die Energieversorgung oder der Schienenverkehr.[323] Darüber hinaus können Märkte generell so beschaffen sein, dass sie das Entstehen von Marktmacht begünstigen.[324] Aus wettbewerbsökonomischer Sicht sind die Folgen der Ausübung von Marktmacht entscheidend. Bei Monopol- oder Monopsonmacht wird der marktmächtige Akteur seine Stärke dazu einsetzen, seine Einkaufs- bzw. Absatzmenge zu senken und dadurch seinen Profit zu erhöhen.[325] Neben einer Steigerung seiner Gewinnrente führt dieses Verhalten zu einem Wohlfahrtsverlust, da insgesamt weniger Tauschgewinne erzielt werden.[326] Beeinträchtigt wird folglich die Allokationsfunktion des Wettbewerbs. Die Auswirkungen von Marktmacht auf die dynamische Effizienz sind dagegen ambivalent und bedürfen einer Einzelfallanalyse.[327]

Eine weitere Ursache für ein Marktversagen können außerdem Informationsdefizite eines Marktes sein.[328] Diese behindern die Koordination von Angebot und Nachfrage. Oft ist die Informationsverteilung in diesen Fällen asymmetrisch, so dass eine Marktseite bei der Suche schlechtergestellt ist als die andere. Ein Marktversagen ist anzunehmen, wenn Informationsdefizite dazu führen, dass sich im Wettbewerbsprozess nicht die effizientesten und leistungsstärksten Anbieter durchsetzen oder durchführbare Transaktionen nur in geringerem Umfang oder überhaupt nicht zustande kommen.[329] Verantwortlich hierfür können Marktfriktionen sein, die so hohe Transaktionskosten erzeugen, dass nur wenige Nachfrager bereit sind, sich einen Anbieter zu suchen oder diesen zu wechseln.[330] Informationsasymmetrien können außerdem zu den Problemen einer *adverse selection* oder eines *moral hazard* führen, die in einer

---

320 *Schmidt/Haucap*, Wettbewerbspolitik und Kartellrecht, 10. Aufl. 2013, S. 48; *Müller*, Wettbewerb und Unionsverfassung, 2014, S. 93, 153.

321 *Müller*, Wettbewerb und Unionsverfassung, 2014, S. 53.

322 *Fritsch*, Marktversagen und Wirtschaftspolitik, 10. Aufl. 2018, S. 163 ff.; *Schäfer/Ott*, Lehrbuch der ökonomischen Analyse des Zivilrechts, 6. Aufl. 2020, S. 86.

323 *Schmidt/Haucap*, Wettbewerbspolitik und Kartellrecht, 10. Aufl. 2013, S. 44 f.

324 Zu den Ursachen im Einzelnen siehe *Fritsch*, Marktversagen und Wirtschaftspolitik, 10. Aufl. 2018, S. 164 ff.

325 *Schwalbe/Zimmer*, Kartellrecht und Ökonomie, 3. Aufl. 2021, S. 25 f.; zu diesem Mechanismus am Beispiel des Monopsons siehe ausführlich Teil 5 C.III.2.3.2.

326 Anschaulich *Schäfer/Ott*, Lehrbuch der ökonomischen Analyse des Zivilrechts, 6. Aufl. 2020, S. 86: „Die Wirkung falscher Preise durch Monopolmacht kann man sich bildlich so vorstellen, dass zuerst vom Gesamtkuchen ein Stück abgeschnitten und weggeworfen wird und der Rest anders, d.h. stärker zugunsten des Monopolisten verteilt wird."

327 *Fritsch*, Marktversagen und Wirtschaftspolitik, 10. Aufl. 2018, S. 195 ff., 202; *Schwalbe/Zimmer*, Kartellrecht und Ökonomie, 3. Aufl. 2021, S. 27 ff.; speziell zu Nachfragemacht: *Thomas*, ZWeR 2015, 210, 238 ff.; *Legner*, Schadenstheorien bei Nachfragemacht im europäischen und deutschen Kartellrecht, 2019, S. 108 ff., 136 ff.; siehe dazu auch Teil 5 C.III.2.3.4.

328 *Schmidt/Haucap*, Wettbewerbspolitik und Kartellrecht, 10. Aufl. 2013, S. 49 ff.; *Fritsch*, Marktversagen und Wirtschaftspolitik, 10. Aufl. 2018, S. 249 ff.

329 *Müller*, Wettbewerb und Unionsverfassung, 2014, S. 52; *Schäfer/Ott*, Lehrbuch der ökonomischen Analyse des Zivilrechts, 6. Aufl. 2020, S. 87.

330 Vgl. *Olten*, Wettbewerbstheorie und Wettbewerbspolitik, 2. Aufl. 1998, S. 73.

geringen Leistungsqualität resultieren.[331] Daneben kann bei asymmetrischen Informationen und beziehungsspezifischen Investitionen auch eine *hold-up*-Gefahr entstehen. Dann unterbleiben möglicherweise durchführbare Transaktionen, was zu Wohlfahrtseinbußen führt.[332]

II. Kollektivverträge

1. Ausgangspunkt

Soeben wurde erläutert, dass zur Ermittlung eines Markt- oder Wettbewerbsversagens der in Betracht kommende staatliche Eingriff in den Blick zu nehmen ist.[333] Die hier interessierende Abhilfemaßnahme sind Kollektivverträge. Im Folgenden soll daher ein Überblick zu den Funktionen der arbeitsrechtlichen Kollektivautonomie (2.), den verschiedenen Kollektivvertragsformen im deutschen Recht (3.) und zu den Wohlfahrtswirkungen von Kollektivverträgen (4.) gegeben werden.

2. Funktionen der arbeitsrechtlichen Kollektivautonomie

Die arbeitsrechtliche Kollektivautonomie ermöglicht privatautonom organisierten Verbänden von Arbeitnehmern und Arbeitgebern Kollektivverträge mit Bindungswirkung für individuelle Arbeitsverträge zu schließen. Diesem Ordnungsprinzip für Arbeitsmärkte werden im deutschen Recht verschiedene Funktionen zugeschrieben, die eng miteinander verzahnt und teilweise umstritten sind.

Zuvorderst soll die Kollektivautonomie eine Schutzfunktion erfüllen.[334] Den einzelnen Arbeitnehmern wird eine strukturelle Unterlegenheit gegenüber Arbeitgebern unterstellt; dezentral organisierten Arbeitsmärkten hafte eine Machtdisparität an, die für Arbeitnehmer in nachteilhaften individualvertraglichen Regelungen münde.[335] Im Wege kollektiv ausgeübter Privatautonomie sollen Gewerkschaften die (geringe) Macht einzelner Arbeitnehmer bündeln und so das Machtungleichgewicht gegenüber Arbeitgebern beheben.[336]

Hiermit verbunden ist die Ordnungs- und Verteilungsfunktion arbeitsrechtlicher Kollektivverträge.[337] Individualvertraglich geregelte Arbeitsbedingungen führen aufgrund des beschriebenen strukturellen Machtungleichgewichts nicht zur politisch gewünschten Lohnverteilung. Es bedarf deshalb eines anderen Ordnungsprinzips. Die Kollektivautonomie sei hierfür geeignet, weil sie Arbeitnehmern und Arbeitgebern einen Freiraum schaffe, in dem sie ihre Interessengegensätze in eigener Verantwortung austragen

331 *Schmidt/Haucap*, Wettbewerbspolitik und Kartellrecht, 10. Aufl. 2013, S. 49 f.; *Fritsch*, Marktversagen und Wirtschaftspolitik, 10. Aufl. 2018, S. 251 ff., 260 ff.

332 *Schmidt/Haucap*, Wettbewerbspolitik und Kartellrecht, 10. Aufl. 2013, S. 50; *Fritsch*, Marktversagen und Wirtschaftspolitik, 10. Aufl. 2018, S. 251 ff., 258 f.

333 Siehe dazu oben B.I.1.

334 *Däubler*, in: Däubler, Tarifvertragsgesetz, 5. Aufl. 2022, Einl. Rn. 96 f.; *Frieling*, in: Boecken et al., Gesamtes Arbeitsrecht, 2. Aufl. 2023, TVG § 1 Rn. 4; *Franzen*, in: ErfK ArbR, 25. Aufl., TVG § 1 Rn. 1 f.; *Klumpp*, in: Münchener Handbuch ArbR, 6. Aufl. 2025, Bd. 3, § 231 Rn. 6; *Richardi/Bayreuther*, Kollektives Arbeitsrecht, 5. Aufl., § 2 Rn. 27.

335 Siehe Fn. 2.

336 *Picker*, RdA 2014, 25, 27; *van Laak/Reufels*, in: MAH ArbR, 6. Aufl. 2025, § 70 Rn. 7.

337 *Däubler*, in: Däubler, Tarifvertragsgesetz, 5. Aufl. 2022, Einl. Rn. 99; *Treber*, in: Schaub, Arbeitsrecht-Handbuch, 20. Aufl. 2023, § 195 Rn. 4; *Frieling*, in: Boecken et al., Gesamtes Arbeitsrecht, 2. Aufl. 2023, TVG § 1 Rn. 4; *Fischinger*, in: Münchener Handbuch ArbR, 6. Aufl. 2025, Bd. 3, § 215 Rn. 18.

und eine Einigung erzielen können.[338] Die unmittelbar betroffenen Parteien verfügen insoweit über eine größere Sachnähe als ein staatlicher Regulierer.[339] Sie können passendere Arbeitsbedingungen festlegen, die ihren eigenen und gemeinsamen Interessen entsprechen. Die Kollektivautonomie wird daher als vorzugswürdiges Verfahren zur Festlegung von Löhnen und sonstigen Arbeitsbedingungen befürwortet. Sie ermöglicht Arbeitnehmern eine Selbsthilfe ohne direkten regulatorischen Eingriff. Gleichzeitig wird der Staat durch die privatautonome Lösung für eine Vielzahl von Arbeitsverhältnisse entlastet.[340] Freilich haben Tarifverträge keine unmittelbare gesamtwirtschaftliche Verteilungsfunktion, sondern zunächst nur für die jeweils tarifgebundenen Arbeitsverhältnisse.[341] Abhängig von dem Grad der Tarifvertragsdichte und den reflexartigen Auswirkungen auf nicht tarifgebundene Arbeitsverhältnisse (z.B. durch Bezugnahmeklauseln) können Tarifverträge allerdings eine erhebliche Ordnungs- und Verteilungswirkung auf den gesamten Arbeitsmarkt haben.

Zuletzt haben arbeitsrechtliche Kollektivverträge eine Friedensfunktion.[342] Diese bezieht sich nicht auf die Verhandlungen von Kollektivverträgen, die auch mit Arbeitskampfmaßnahmen wie Streiks geführt werden können. Vielmehr geht es um die Legitimität und Akzeptanz des Verhandlungsergebnisses. Denn die tatsächliche oder unterstellte Teilnahme von Arbeitnehmern und Arbeitgebern an der Lösungsfindung wird von den Betroffenen leichter akzeptiert als staatlich vorgegebene Löhne oder Arbeitsbedingungen.[343] Außerdem sind Arbeitskampfmaßnahmen zur Durchsetzung oder Änderung von im Tarifvertrag bereits geregelter Inhalte für dessen Geltungsdauer unzulässig; das gestattet beiden Seiten Planungssicherheit.[344] Kollektivverträge haben insoweit eine friedensstiftende Funktion für das Arbeitsleben.[345]

Auch außerhalb Deutschlands erfüllt die arbeitsrechtliche Kollektivautonomie ähnliche Funktionen.[346] Im Vordergrund steht insbesondere die Schutzfunktion von Kollektivverträgen.[347] Das zeigt, dass arbeitsrechtliche Kollektivverträge nicht dem wettbewerbsökonomischen Wohlfahrtsgedanken entspringen, sondern primär den Schutz von Arbeitnehmern bezwecken. Ob sie einer wettbewerblichen Steuerung von Arbeitsmärkten dennoch (auch) mit Blick auf ihre Wohlfahrtswirkungen überlegen sind, wird Gegenstand der weiteren Untersuchung sein.

3. Überblick zu arbeitsrechtlichen Kollektivvertragsformen

Kollektivverträge können auf Arbeitsmärkten in unterschiedlichen Formen geschlossen werden. Knüpft man die Unterscheidung auf überbetrieblicher Ebene an die jeweiligen Vertragspartner, ergibt sich eine

338 BVerfG, Beschl. v. 2.3.1993, 1 BvR 1213/85, BverfGE 88, 103, 114.

339 *Däubler*, in: Däubler, Tarifvertragsgesetz, 5. Aufl. 2022, Einl. Rn. 99.

340 *Frieling*, in: Boecken et al., Gesamtes Arbeitsrecht, 2. Aufl. 2023, TVG § 1 Rn. 4; *Däubler*, in: Däubler, Tarifvertragsgesetz, 5. Aufl. 2022, Einl. Rn. 100; *Klumpp*, in: Münchener Handbuch ArbR, 6. Aufl. 2025, Bd. 3, § 231 Rn. 19.

341 *Klumpp*, in: Münchener Handbuch ArbR, 6. Aufl. 2025, Bd. 3, § 231 Rn. 15.

342 *Franzen*, in: ErfK ArbR, 25. Aufl., TVG § 1 Rn. 1 f.; *Däubler*, in: Däubler, Tarifvertragsgesetz, 5. Aufl. 2022, Einl. Rn. 100; *Treber*, in: Schaub, Arbeitsrecht-Handbuch, 20. Aufl. 2023, § 195 Rn. 5; *Klumpp*, in: Münchener Handbuch ArbR, 6. Aufl. 2025, Bd. 3, § 231 Rn. 10.

343 *Däubler*, in: Däubler, Tarifvertragsgesetz, 5. Aufl. 2022, Einl. Rn. 100.

344 *Klumpp*, in: Münchener Handbuch ArbR, 6. Aufl. 2025, Bd. 3, § 231 Rn. 10.

345 *Franzen*, in: ErfK ArbR, 25. Aufl., TVG § 1 Rn. 1 f.

346 Siehe hierzu *Davidov*, Collective Bargaining Laws: Purpose and Scope, 2004, S. 2 ff. m.w.N.; *Traxler*, 4 Eur. J. Ind. Relat. 1998, 207 ff.; *Oesingmann*, 2 CESifo DICE Report 2016, 59.

347 Vgl. *Davidov*, Collective Bargaining Laws: Purpose and Scope, 2004, S. 3 f.

Unterteilung in Verbands- und Firmentarifverträge.[348] Ein Verbandstarifvertrag wird zwischen einem Arbeitgeberverband und einer Gewerkschaft geschlossen.[349] Möglich ist auch, dass auf einer Seite mehrere Verbände oder ein Dachverband verhandeln (mehrgliedriger Tarifvertrag) oder spezielle Regelungen für einzelne – meist wirtschaftlich angeschlagene – Unternehmen ausgehandelt werden (firmenbezogener Verbandstarifvertrag).[350] Für die folgende Untersuchung macht es allerdings keinen Unterschied, ob ein oder mehrere Verbände auf jeder Verhandlungsseite agieren.

Ein Firmentarifvertrag wird zwischen einer Gewerkschaft und einem einzelnen Arbeitgeber geschlossen.[351] Unterschieden wird zwischen Anerkennungs- und Haustarifverträgen. Bei Ersteren werden Regelungen von geltenden Verbandstarifverträgen unmodifiziert übernommen.[352] Bei Letzteren werden spezielle Regelungen für einen Arbeitgeber geschlossen. Dies kann unabhängig oder komplementär zu einem Verbandstarifvertrag geschehen.[353]

Neben den Vertragspartnern kann auch der Vertragsinhalt herangezogen werden, um verschiedene Tarifverträge voneinander abzugrenzen. Die zwei wesentlichen Arten sind Vergütungs- und Manteltarifverträge. Der zentrale Regelungsinhalt von Vergütungstarifverträgen sind Löhne, die regelmäßig vielfältig differenziert und gruppiert werden, etwa nach Branche, Region oder Berufserfahrung.[354] Im Unterschied dazu regeln Manteltarifverträge alle anderen Arbeitsbedingungen außer der Lohnhöhe.[355] Sie werden allerdings oft durch Vergütungstarifverträge ergänzt.[356] Daneben können Tarifverträge auch über einzelne Arbeitsbedingungen geschlossen werden, beispielsweise eine private Altersvorsorge.[357]

Tarifverträge haben im deutschen Recht eine Doppelnatur: Sie sind sowohl ein Vertrag im bürgerrechtlichen Sinne als auch eine Rechtsnorm.[358] Tarifliche Arbeitsbedingungen können auf unterschiedliche Weise Eingang in individuelle Arbeitsverträge finden. Zunächst gelten Tarifverträge grundsätzlich für die beteiligten Parteien, einschließlich der Mitglieder der jeweiligen Gewerkschaft oder des jeweiligen Arbeitgeberverbandes.[359] Daneben kann vor allem die schuldrechtliche Bezugnahme auf Tarifverträge durch nicht-tarifgebundene Parteien in Individualarbeitsverträgen sowie eine Gesamtzusage oder betriebliche Übung des Arbeitgebers zur Anwendung tariflicher Normen führen.[360] Nicht-tarifgebundene Parteien können außerdem durch eine Allgemeinverbindlichkeitserklärung den Normen eines Tarifvertrages unterworfen werden.[361]

---

348 *Frieling*, in: Boecken et al., Gesamtes Arbeitsrecht, 2. Aufl. 2023, TVG § 1 Rn. 14 ff.; *Einfeldt*, in: Grobys/Panzer-Heemeier, Arbeitsrecht, 4. Aufl. 2023, Tarifvertrag Rn. 60.

349 *Nebe*, in: Däubler, Tarifvertragsgesetz, 5. Aufl. 2022, § 1 Rn. 68.

350 *Ahrendt*, RdA 2012, 129, 130; *Treber*, in: Schaub, Arbeitsrecht-Handbuch, 20. Aufl. 2023, § 197 Rn. 10 ff.

351 *Frieling*, in: Boecken et al., Gesamtes Arbeitsrecht, 2. Aufl. 2023, TVG § 1 Rn. 15.

352 *Nebe*, in: Däubler, Tarifvertragsgesetz, 5. Aufl. 2022, § 1 Rn. 76.

353 *Nebe*, in: Däubler, Tarifvertragsgesetz, 5. Aufl. 2022, § 1 Rn. 76; *Einfeldt*, in: Grobys/Panzer-Heemeier, Arbeitsrecht, 4. Aufl. 2023, Tarifvertrag Rn. 61.

354 *Nebe*, in: Däubler, Tarifvertragsgesetz, 5. Aufl. 2022, § 1 Rn. 84 ff.

355 *Einfeldt*, in: Grobys/Panzer-Heemeier, Arbeitsrecht, 4. Aufl. 2023, Tarifvertrag Rn. 63.

356 *Einfeldt*, in: Grobys/Panzer-Heemeier, Arbeitsrecht, 4. Aufl. 2023, Tarifvertrag Rn. 63.

357 *Nebe*, in: Däubler, Tarifvertragsgesetz, 5. Aufl. 2022, § 1 Rn. 108 f.

358 Vgl. §§ 1 Abs. 1, 4 Abs. 1 TVG; *Frieling*, in: Boecken et al., Gesamtes Arbeitsrecht, 2. Aufl. 2023, TVG § 1 Rn. 13.

359 Vgl. §§ 3 Abs. 1, 4 Abs. 1 TVG.

360 *Lorenz*, in: Däubler, Tarifvertragsgesetz, 5. Aufl. 2022, § 3 Rn. 216; *Klumpp*, in: Münchener Handbuch ArbR, 6. Aufl. 2025, Bd. 3, § 246 Rn. 1.

361 Vgl. § 5 TVG.

Unter der Tarifebene besteht die Möglichkeit, Betriebsvereinbarungen abzuschließen. Auch dabei handelt es sich um kollektive Normenverträge. Sie werden zwischen Arbeitgeber und Betriebsrat geschlossen.[362] Im deutschen Recht sind Betriebsvereinbarungen zu Löhnen wegen der Sperrwirkung von Tarifverträgen nach § 77 Abs. 3 S. 1 BetrVG allerdings nur in begrenztem Umfang möglich.[363] Im Übrigen geht von Betriebsvereinbarungen eine deutlich geringere wettbewerbsbeschränkende Wirkung als von Tarifverträgen aus. Denn einerseits werden Betriebsvereinbarungen meist nur auf Unternehmensebene geschlossen und sind damit weniger spürbar als marktweit geltende Tarifregelungen. Andererseits sind Betriebsvereinbarungen im Vergleich zu Tarifverträgen keine Konditionenabsprachen aufseiten der Arbeitsnachfrager immanent. Der Fokus der folgenden Untersuchung wird deswegen auf Kollektivverträgen in Gestalt von Tarifverträgen liegen. Soweit sie sich auf Betriebsvereinbarungen bezieht, werden diese explizit als solche benannt.

4. Arbeitsrechtliche Kollektivverhandlungen und ihre Wohlfahrtswirkungen

Wenn für einen regulatorischen Eingriff realistischerweise eine Wohlfahrtssteigerung gegenüber einer Wettbewerbsordnung prognostiziert werden kann, ist er aus wettbewerbsökonomischer Sicht begründet.[364] Im Folgenden sollen daher die wesentlichen Aussagen der arbeitsökonomischen Theorien zu den Wohlfahrtswirkungen von Kollektivverhandlungen knapp dargestellt werden. Diese Theorien setzen voraus, dass kollektiv über Löhne verhandelt wird, weshalb sich die folgenden Ausführungen auf Vergütungstarifverträge beziehen. Zu unterscheiden ist insoweit im Wesentlichen zwischen Theorien, die sich auf die Machtverhältnisse konzentrieren (4.1), und Theorien, die Transaktionskosten in den Blick nehmen (4.2).

4.1 Machtverhältnisse im Verhandlungsprozess

Sowohl bei Verbands- als auch bei Firmentarifverträgen findet ein Verhandlungsprozess zwischen Gewerkschaften und Arbeitgeberverbänden bzw. einzelnen Arbeitgebern statt. Das Verhandlungsergebnis hängt also von Faktoren ab, die bereits im Kontext bilateraler Verhandlungsmacht erläutert wurden.[365] Maßgeblich sind die *outside options* beider Verhandlungsparteien sowie deren Verhandlungsgeschick.

Eine Besonderheit des Tarifverhandlungsprozesses ist, dass auch die Elastizität des Arbeitsangebots und der Arbeitsnachfrage das Verhandlungsergebnis beeinflussen kann, wenn nur über Löhne verhandelt wird.[366] Unternehmen, die von der Reichweite des Tarifvertrages erfasst sind, treffen die Entscheidung über die optimale Beschäftigungsmenge dann selbstständig (*right to manage*-Modell).[367] Im *right to manage*-Modell führt das Verhandlungsergebnis also zu einem einheitlichen Lohn für alle Tarifparteien und teilweise auch zu einem einheitlichen Marktlohn.[368] Die Unternehmen passen ihre Beschäftigungsmenge an diesen Lohn an. Das hat für Machtungleichgewichte bei Tarifverhandlungen zur Folge, dass

---

362 *Spinner*, in: MüKo, BGB, 9. Aufl. 2023, Bd. 1, BGB § 611a Rn. 285.

363 Vgl. BAG, Urt. v. 5.3.2013, 1 AZR 417/12, NZA 2013, 916, 917.

364 *Fritsch*, Marktversagen und Wirtschaftspolitik, 10. Aufl. 2018, S. 78.

365 Siehe dazu Teil 1 D.II.2.

366 *Wey*, SF 2016, 247, 249.

367 *Schnabel*, Zur ökonomischen Analyse der Gewerkschaften in der Bundesrepublik Deutschland, 198, S. 125; *Kaufman*, 41 Ind. Rel. 2002, 110, 133; *Sesselmeier/Funk/Waas*, Arbeitsmarkttheorien, 3. Aufl. 2010, S. 178; *Wey*, SF 2016, 247, 249.

368 Der Tariflohn deckt einen Arbeitsmarkt zwar nicht unbedingt vollständig ab. Denn es kann auch Tarifaußenseiter geben, die nicht Mitglied einer Gewerkschaft oder eines Arbeitgeberverbands sind. Er wird aber

es zu einer geringeren Beschäftigung gegenüber dem Modell vollkommener Konkurrenz kommt.[369] Der Lohn wird – abhängig von den jeweiligen Verhandlungsmachtverhältnissen – über oder unter dem Gleichgewichtslohn liegen. In beiden Fällen ist es für Unternehmen dann grundsätzlich wirtschaftlich, eine Beschäftigungsmenge zu wählen, die nicht dem Modell vollkommenen Wettbewerbs entspricht. Die Unternehmen verhalten sich bei der Mengenentscheidung also entsprechend den Annahmen des Monopol- und Monopson-Modells.[370] Dadurch entsteht ein Wohlfahrtsverlust. In der arbeitsökonomischen Literatur ist insoweit allerdings nur das gewerkschaftliche Monopol-Modell verbreitet,[371] da die höhere Verhandlungsmacht auf Gewerkschaftsseite gesehen wird. Eine gleiche Machtverteilung könnte zu einem Verhandlungsergebnis führen, das sich dem Modell vollkommenen Wettbewerbs annähert, was allerdings praktisch die Ausnahme sein dürfte und reiner Zufall wäre.[372] Denn Gewerkschaften und Arbeitgeberverbände vertreten nur die Interessen ihrer Mitglieder und sind keinem allgemeinen Interesse an einem möglichst markträumenden Verhandlungsergebnis verpflichtet.[373]

Da der dezentrale Arbeitsmarktwettbewerb nicht dem Modell vollkommener Konkurrenz entspricht, kann dieses auch nicht als Maßstab für eine etwaige Wohlfahrtssteigerung durch Tarifverträge dienen. Die Ausführungen zum *right to manage*-Modell zeigen allerdings, dass sich die Wohlfahrtswirkungen von Tarifverträgen nicht allgemeingültig prognostizieren lassen, da es auf das Verhandlungsergebnis im Einzelfall ankommt. Dieses hängt etwa von den Marktverhältnissen, der Art des Tarifvertrages, der Machtverteilung, politischen Motiven, der öffentlichen Wahrnehmung und gesellschaftlichen Normen ab.[374] Es ist jedoch möglich, die Wohlfahrtswirkungen der tariflichen Verhandlungsergebnisse zu kategorisieren:[375] Liegt der Tariflohn unter dem wettbewerbsanalogen Lohnniveau, steigen die Löhne grundsätzlich auf dieses Niveau an.[376] Oberhalb des tariflichen Mindestlohns ist Lohnwettbewerb nämlich möglich. Trifft der Tariflohn zufälligerweise das Marktniveau, besteht kein Unterschied zum wettbewerbsanalogen Zustand. Liegt der Tariflohn über dem wettbewerbsanalogen Niveau, was der Regelfall zu sein scheint,[377] kommt es entsprechend dem Monopol-Modell zu einem (höheren) Wohlfahrtsverlust.

---

zumeist einen großen Teil des jeweiligen Arbeitsmarktes erfassen. Außerdem passen Unternehmen die Entlohnung von Tarifaußenseitern oft an den Tariflohn an, obwohl sie hierzu nicht verpflichtet sind; *Möschel*, BB 2005, 490 f.

369 *Kaufman*, 41 Ind. Rel. 2002, 110, 133; *Wey*, SF 2016, 247, 249; *Borjas*, Labor Economics, 9. Aufl. 2024, S. 370.

370 *Kaufman*, 41 Ind. Rel. 2002, 110, 133; *Sesselmeier/Funk/Waas*, Arbeitsmarkttheorien, 3. Aufl. 2010, S. 177; *Wey*, SF 2016, 247, 249; *Borjas*, Labor Economics, 9. Aufl. 2024, S. 370.

371 Siehe dazu *Schnabel*, Zur ökonomischen Analyse der Gewerkschaften in der Bundesrepublik Deutschland, 1989, S. 114 ff.; *Kaufman*, 41 Ind. Rel. 2002, 110, 118 ff.; *Sesselmeier/Funk/Waas*, Arbeitsmarkttheorien, 3. Aufl. 2010, S. 177 ff.; *Ehrenberg/Smith*, Modern Labor Economics, 13. Aufl. 2018, S. 531 f.

372 *Möschel*, BB 2005, 490.

373 *Möschel*, BB 2005, 490; *Dietz*, Der Arbeitsmarkt in institutionentheoretischer Perspektive, 2006, S. 199 f. Nach der *Hump-Shape*-Hypothese sind die Tarifvertragsparteien erst ab einem sehr hohen (sektor- oder landesweiten) Zentralisierungsgrad gezwungen, die externen Effekte ihrer Verhandlungsergebnisse, z.B. steigende Arbeitslosigkeit, auf gesamtwirtschaftliche Faktoren zu berücksichtigen; dazu *Lesch*, Ökonomik des Tarifrechts, 2006, S. 21 ff.; *Sesselmeier/Funk/Waas*, Arbeitsmarkttheorien, 3. Aufl. 2010, S. 196 f.

374 Vgl. *Dietz*, Der Arbeitsmarkt in institutionentheoretischer Perspektive, 2006, S. 201 f.

375 *Möschel*, BB 2005, 490; *Dietz*, Der Arbeitsmarkt in institutionentheoretischer Perspektive, 2006, S. 201 f.

376 Ob dies allerdings tatsächlich in jedem Einzelfall geschieht, ist fraglich. Schließlich könnten Unternehmen versuchen, den Ankereffekt des Tarifkartelllohns zu nutzen, um die Löhne auch ohne weitere Kollusion auf diesem Niveau zu belassen.

377 *Ehrenberg/Smith*, Modern Labor Economics, 13. Aufl. 2018, S. 171 kommen nach einer Auswertung zahlreicher Studien zu den Lohneffekten von Tarifverträgen auf US-Arbeitsmärkten zu dem Schluss, dass Tarifverträge dort durchschnittlich eine Lohnerhöhung von 10 bis 20 % gegenüber dem wettbewerbsanalogen Niveau bewirken (sog. *union wage premium*).

Ein Ausnahmefall könnte sein, wenn das wettbewerbsanaloge Lohnniveau aufgrund von Nachfragemacht eines Monopsonisten unterhalb des Gleichgewichtslohns liegt. Dann könnten Tarifverträge zu einer Verbesserung der allokativen Effizienz führen.[378]

Andere Wohlfahrtswirkungen sind möglich, wenn die Tarifvertragsparteien sowohl über die Lohnhöhe als auch über die Beschäftigungsmenge verhandeln (Modell effizienter Verhandlungen).[379] Dieses Modell gibt die Kopplung von Lohn und Beschäftigungsmenge im neoklassischen Sinne auf.[380] Das soll zur Folge haben, dass die ausgehandelten Tarifverträge bei ungleicher Verhandlungsmacht grundsätzlich nur zu einer Rentenverschiebung führen, ohne dass ein *deadweight loss* entsteht.[381] Nach diesem Modell soll die Beschäftigungsmenge trotz höherer Löhne sogar auf dem Niveau vollkommenen Wettbewerbs liegen können.[382] Aufgrund der speziellen Modellannahmen sei eine Steigerung der Beschäftigungsmenge in der Realität allerdings nicht zu beobachten.[383]

Es bleibt den Arbeitsmarktakteuren überlassen, ob auf Tarifebene nur Löhne oder auch Beschäftigungsmengen verhandelt werden. Verallgemeinerungsfähig ist allerdings grundsätzlich, dass in Verbandstarifverträgen, dem in Deutschland und der Europäischen Union vorherrschenden Tarifmodell,[384] überwiegend keine Beschäftigungsmengen geregelt werden.[385] Denn zur Festlegung einer Beschäftigungsmenge für seine Mitglieder ist ein Arbeitgeberverband in der Regel weder befugt noch in der Lage.[386] Außerdem wäre es für Gewerkschaften aufgrund der asymmetrischen Informationslage praktisch schwierig und kostenaufwendig, die Einhaltung der Vorgaben durch einzelne Arbeitgeber zu überprüfen.[387] Bei Firmentarifverträgen oder – soweit zulässig – Betriebsvereinbarungen sind Verhandlungen

378 Damit wird sich die Arbeit noch ausführlich auseinandersetzen; siehe unten D.II.

379 *McDonald/Solow*, 71 Am. Econ. Rev. 1981, 896, 900; *Oswald/Turnbull*, 1 Oxford Rev. Econ. Policy 1985, 80, 81; *Kaufman*, 41 Ind. Rel. 2002, 110, 129; *Borjas*, Labor Economics, 9. Aufl. 2024, S. 372 ff.

380 *Schnabel*, Zur ökonomischen Analyse der Gewerkschaften in der Bundesrepublik Deutschland, 1989, S. 131; *Kaufman*, 41 Ind. Rel. 2002, 110, 129 f.; *Sesselmeier/Funk/Waas*, Arbeitsmarkttheorien, 3. Aufl. 2010, S. 182, 184. Das Modell deckt sich hinsichtlich seiner Annahmen somit im Wesentlichen mit denen des Modells bilateraler Verhandlungen; siehe dazu Teil 1 D.II.2.

381 *Kaufman*, 41 Ind. Rel. 2002, 110, 130. Das Modell legt also – wie auch das *right to manage*-Modell – die Nash-Verhandlungslösung zugrunde; *McDonald/Solow*, 71 Am. Econ. Rev. 1981, 896, 905; *Schnabel*, Zur ökonomischen Analyse der Gewerkschaften in der Bundesrepublik Deutschland, 1989, S. 138: „Gewerkschaft und Arbeitgeber maximieren das Produkt ihrer Zugewinne durch Verhandlungen, das sich dann je nach Verhandlungsmacht auf beide Parteien verteilt". Dadurch, dass die Beschäftigungsmenge mitverhandelt wird, kommt es allerdings nicht zu einer ineffizient geringen Beschäftigung; dazu *Wey*, SF 2016, 247, 249.

382 *Sesselmeier/Funk/Waas*, Arbeitsmarkttheorien, 3. Aufl. 2010, S. 182, 184; *Borjas*, Labor Economics, 9. Aufl. 2024, S. 375 f.

383 So *Schnabel*, Zur ökonomischen Analyse der Gewerkschaften in der Bundesrepublik Deutschland, 1989, S. 139.

384 *Lesch*, Ökonomik des Tarifrechts, 2006, S. 21; *Nebe*, in: Däubler, Tarifvertragsgesetz, 5. Aufl. 2022, § 1 Rn. 69. Im Jahr 2024 galten in den westlichen Bundesländern Verbandstarifverträge für 43 % der Arbeitnehmer und Firmentarifverträge für 7 %. In den neuen Bundesländern wurden 31 % der Arbeitnehmer von Verbandstarifverträgen und 11 % von Firmentarifverträgen erfasst. Welcher Anteil von den Firmentarifverträgen auf Haustarifverträge entfällt, geht aus der Statistik nicht hervor, siehe Statistisches Bundesamt, Tarifbindung von Arbeitnehmern, 2025, abrufbar unter: https://www.destatis.de/DE/Themen/Arbeit/Arbeitsmarkt/Qualitaet-Arbeit/Dimension-5/tarifbindung-arbeitnehmer.html (zuletzt abgerufen am 6.7.2025).

385 *Oswald/Turnbull*, 1 Oxford Rev. Econ. Policy 1985, 80, 82, 87; *Schnabel*, Zur ökonomischen Analyse der Gewerkschaften in der Bundesrepublik Deutschland, 1989, S. 140; *Wey*, SF 2016, 247, 248; vgl. *Sesselmeier/Funk/Waas*, Arbeitsmarkttheorien, 3. Aufl. 2010, S. 184.

386 *Dietz*, Der Arbeitsmarkt in institutionentheoretischer Perspektive, 2006, S. 198, 201; *Wey*, SF 2016, 247, 248.

387 *Schnabel*, Zur ökonomischen Analyse der Gewerkschaften in der Bundesrepublik Deutschland, 1989, S. 138.

über Löhne und Beschäftigungsmengen dagegen grundsätzlich denkbar.[388] Sie sind in der Arbeitsmarktrealität allerdings nicht der Regelfall.[389]

Das *right to manage*-Modell und das Modell effizienter Verhandlungen lassen beide das Innenleben von Gewerkschaften außen vor. Eine mikroökonomische Fundierung, die die heterogenen Präferenzen der Gewerkschaftsmitglieder in den Mittelpunkt rückt, bieten insoweit das Medianwähler- und das Insider-Outsider-Modell.[390] Nach Ersterem richtet sich die von der Gewerkschaft verfolgte Lohnpolitik nach dem Medianwähler. Die Interessen des Medianwählers werden sich bei der Wahl der Gewerkschaftsführung durchsetzen. Die Führung wird diesen Interessen wiederum entsprechen, um erneut gewählt zu werden.[391] Es hängt daher vom Medianwähler ab, in welchem Umfang Gewerkschaften ihre Verhandlungsmacht nutzen werden. Ein Medianwähler lässt sich abstrakt jedoch nicht eindeutig bestimmen,[392] so dass auch die Wohlfahrtswirkungen unklar sind. Die Insider-Outsider-Theorie wurde bereits im Kontext freier Arbeitsmärkte erläutert.[393] Gewerkschaften tragen nach dieser Theorie dazu bei, dass sich die Machtverhältnisse zwischen den beschäftigten Insidern und den arbeitslosen Outsidern weiter verstärken. Sie handeln im Interesse ihrer Mitglieder, der Insider.[394] Bei entsprechender Verhandlungsmacht bewirken sie also im Regelfall zugunsten der Gewerkschaften ein Lohnniveau über dem wettbewerbsanalogen Zustand und sind dadurch mitverantwortlich für Arbeitslosigkeit.[395] Die horizontale Insider-Outsider-Machtstruktur behindert eine effizientere marktliche Allokation.

4.2 Transaktionskosten und Produktivität

Möglichen negativen Wohlfahrtseffekten, die aus der Vermachtung von Arbeitsmärkten durch die Tarifparteien resultieren können, werden transaktionskostensenkende und produktivitätssteigernde Aspekte entgegengehalten.

---

388 *Oswald/Turnbull*, 1 Oxford Rev. Econ. Policy 1985, 80, 87; *Schnabel*, Zur ökonomischen Analyse der Gewerkschaften in der Bundesrepublik Deutschland, 1989, S. 140; *Dietz*, Der Arbeitsmarkt in institutionentheoretischer Perspektive, 2006, S. 201; *Lesch*, Ökonomik des Tarifrechts, 2006, S. 27; *Wey*, SF 2016, 247, 248.

389 *Dietz*, Der Arbeitsmarkt in institutionentheoretischer Perspektive, 2006, S. 201; *Franz*, Arbeitsmarktökonomik, 8. Aufl. 2013, S. 299, 301.

390 Siehe zu den Modellen etwa *Sanfey*, 9 J. Econ. Surv. 1995, 255 ff.; *Kaufman*, 41 Ind. Rel. 2002, 110, 121 ff.; *Sesselmeier/Funk/Waas*, Arbeitsmarkttheorien, 3. Aufl. 2010, S. 185 ff., 231 ff.

391 *Dietz*, Der Arbeitsmarkt in institutionentheoretischer Perspektive, 2006, S. 188; *Sesselmeier/Funk/Waas*, Arbeitsmarkttheorien, 3. Aufl. 2010, S. 185.

392 Angenommen wird etwa, dass die Gewerkschaftsmitglieder nach ihrer Gewerkschaftszugehörigkeit entlassen werden. Der Medianwähler stehe auf mittlerer Senioritätsstufe. Gewerkschaften würden deswegen die Löhne so wählen, dass diese Arbeitnehmer einen möglichst hohen Lohn erhalten, ohne gleichzeitig entlassungsgefährdet zu sein; *Oswald*, 87 Scand. J. Econ. 1985, 160, 179 ff. Daran wird zu Recht kritisiert, dass sich eine solche Lohnpolitik praktisch kaum umsetzen lasse. Es fehlt schon an einer unter Arbeitgebern anerkannten Entlassungsregel, die sich an der Dauer der Gewerkschaftsmitgliedschaft orientiert. Außerdem würde das bedeuten, dass der Gewerkschaftsaustritt der entlassenen Mitglieder niedrigerer Seniorität zu einer Verschiebung der Medianwählereigenschaft führt, der bei den nächsten Tarifverhandlungen wiederum Entlassungen bewirkt. Eine solche Entwicklung sei allerdings empirisch nicht belegbar; dazu *Sesselmeier/Funk/Waas*, Arbeitsmarkttheorien, 3. Aufl. 2010, S. 187 f.

393 Siehe dazu Teil 1 C.III.3.2.3c).

394 *Sanfey*, 9 J. Econ. Surv. 1995, 255, 263; *Dietz*, Der Arbeitsmarkt in institutionentheoretischer Perspektive, 2006, S. 190.

395 *Blanchard/Summers*, 1 NBER Macroeconomics Annual 1986, 15, 71 ff.; *Dietz*, Der Arbeitsmarkt in institutionentheoretischer Perspektive, 2006, S. 190 ff.

Nach dem *Exit-Voice*-Ansatz[396] können Gewerkschaften oder Betriebsräte ein Sprachrohr für die Belegschaft sein. Der Ansatz geht davon aus, dass einzelne unzufriedene Arbeitnehmer regelmäßig nicht mit ihren Arbeitgebern über Probleme sprechen, sondern stattdessen die Arbeitsbeziehungen ab einem gewissen Punkt kündigen (*Exit*-Option).[397] Hintergrund soll sein, dass die Probleme in Arbeitsbeziehungen oft Kollektivgutcharakter haben. Der Anreiz eines Einzelnen, diese Probleme anzusprechen, sei gering, weil dies entweder einer kollektiven Organisation bedarf oder er nicht möchte, dass andere Arbeitnehmer als Trittbrettfahrer von seiner Initiative profitieren.[398] Außerdem könne ein Arbeitnehmer befürchten, dass die Problemansprache Vergeltungsmaßnahmen des Arbeitgebers nach sich ziehe.[399] Diese Hindernisse bestehen nicht, wenn Gewerkschaften oder Betriebsräte als Vertreter und Kommunikationskanal der Arbeitnehmer die Probleme ansprechen (*Voice*-Option).[400]

Der Vorteil der *Voice*- gegenüber der *Exit*-Option ist einerseits, dass weniger Arbeitnehmer ihren Arbeitsplatz kündigen, was zu geringeren Transaktionskosten führt.[401] Die Fluktuationskosten werden also gesenkt. Außerdem kann die Produktivität der gesamten Belegschaft steigen, wenn mit dem Arbeitgeber eine Lösung des Problems erzielt wird.[402] Das kann die intrinsische Motivation der Arbeitnehmer fördern oder sie zu einer positiv reziproken Reaktion bewegen, was sich in einer höheren Arbeitsintensität niederschlägt.[403] Dadurch kann die gesamtwirtschaftliche Wohlfahrt steigen. Dem *Exit-Voice*-Ansatz wird allerdings insbesondere entgegengehalten, dass Arbeitgeber einen entsprechenden Kommunikationskanal von sich aus bilden können.[404] Hierzu haben Sie einen Anreiz, wenn dies die Produktivität der Belegschaft steigert.

Dezentrale Lohnverhandlungen sind außerdem mit Transaktionskosten für die Anbahnung und den Abschluss verbunden; sowohl zu Beginn als auch während eines Arbeitsverhältnisses. Das gilt vor allem dann, wenn Arbeitgeber Löhne nicht durch *ex ante wage-posting* setzen. Arbeitsrechtliche Kollektivverhandlungen sind durch die Zentralisierung der Lohnverhandlungen dazu in der Lage, Transaktionskosten in Form der Verhandlungsvorbereitung und Verhandlungszeit zu senken, was aus wohlfahrtsökonomischer Sicht grundsätzlich sinnvoll ist.[405] [406] Verbands- und Flächentarifverträge führen außerdem zu einer Nivellierung des Lohnniveaus zwischen verschiedenen Arbeitgebern. Hierdurch können Transaktionskosten in Gestalt von Fluktuationskosten eingespart werden. Denn die Nivellierung von Löhnen und anderer Arbeitskonditionen senkt für Arbeitnehmer *ceteris paribus* zugleich den Anreiz, den Arbeitgeber zu wechseln.[407]

---

396 *Freeman/Medoff*, What Do Unions Do?, 1984, S. 7 ff. Auch bekannt als *Collective-Voice*-Ansatz.

397 *Sesselmeier/Funk/Waas*, Arbeitsmarkttheorien, 3. Aufl. 2010, S. 189.

398 *Kordel*, ZfA 2005, 459, 473; *Sesselmeier/Funk/Waas*, Arbeitsmarkttheorien, 3. Aufl. 2010, S. 189.

399 *Kordel*, ZfA 2005, 459, 473; *Borjas*, Labor Economics, 7. Aufl. 2016, S. 445.

400 *Borjas*, Labor Economics, 7. Aufl. 2016, S. 445.

401 *Borjas*, Labor Economics, 7. Aufl. 2016, S. 445.

402 *Sesselmeier/Funk/Waas*, Arbeitsmarkttheorien, 3. Aufl. 2010, S. 190.

403 *Lesch*, Ökonomik des Tarifrechts, 2006, S. 16; siehe dazu auch Teil 1 C.III.3.1.3 und C.III.3.2.4c).

404 Dazu und zu weiteren Kritikpunkten *Sesselmeier/Funk/Waas*, Arbeitsmarkttheorien, 3. Aufl. 2010, S. 191 f.

405 *Soltwedel* et al., Regulierung auf dem Arbeitsmarkt der Bundesrepublik, 1990, S. 150; Deregulierungskommission, Marktöffnung und Wettbewerb, 1991, Rn. 558; *Ochel*, ifo Schnelldienst 2005 Heft 5, 7, 13.

406 Unklar ist, ob eine Senkung von Transaktionskosten in nicht nur unerheblichem Umfang bewirkt wird; vgl. die empirische Untersuchung von *Fulda/Lesch*, Motive für Tarifbindung, 2023, S. 12: „Die ‚Ersparnis von Transaktionskosten im Vergleich zu einzelvertraglichen Regelungen‘ war nur in 17 Prozent der Unternehmen als Tarifbindungsmotiv bedeutsam.“

407 *Ochel*, ifo Schnelldienst 2005 Heft 5, 7, 13; *Fulda/Lesch*, Motive für Tarifbindung, 2023, S. 12.

Diese Nivellierung von Arbeitskonditionen hat allerdings ebenfalls zur Folge, dass Verbands- und Flächentarifverträge weder der wirtschaftlichen Lage des Unternehmens noch den verschiedenen Arbeitsbedingungen oder Produktivitätsunterschieden der Arbeitnehmer einzelner Betriebe, Gebiete oder Branchen Rechnung tragen können.[408] Das kann unter Umständen dazu führen, dass sich Unternehmen in wirtschaftlicher Schieflage die Tariflöhne nicht mehr leisten können und zu Entlassungen gezwungen werden. Außerdem können standardisierte Arbeitskonditionen die Arbeitsleistungen oder Präferenzen einzelner Arbeitnehmer oder Arbeitnehmergruppen nicht adäquat honorieren. Als Reaktion kann Mehrarbeit oder die Bildung von Humankapital unterbleiben.[409] Das würde wiederum regelmäßig einen Wohlfahrtsverlust bedeuten. Eine dezentrale Lohnfindung kann diese Umstände deutlich besser berücksichtigen.[410] Generell scheint das Transaktionskostenargument per se nicht zu genügen, um individualvertragliche durch kollektive Verhandlungen zu ersetzen. Denn Kollektivverhandlungen würden vermutlich auf vielen Handelsmärkten die Transaktionskosten ebenfalls senken. Dies wurde bisher jedoch nicht in relevantem Umfang zum Anlass genommen, die dezentrale Wettbewerbsordnung hierdurch zu ersetzen.

Zuletzt bieten arbeitsrechtliche Kollektivverträge den Vorteil, dass Konfliktpotenzial durch Auseinandersetzungen über Löhne und sonstige Arbeitskonditionen teilweise nach außen verlagert werden kann, sofern es sich nicht um einen Haustarifvertrag handelt.[411] Hierdurch entfällt ein möglicher Reibungspunkt zwischen Arbeitgeber und Arbeitnehmern, der zu Produktivitätseinbußen führen kann, insbesondere wenn er den Betriebsfrieden gefährdet.[412] Dies ist jedoch nicht zwingend. Gerade die Bedeutung sozialer Normen bei der Lohnsetzung zeigt, dass Arbeitgeber einen hohen Anreiz haben, Löhne auch bei Einzelverträgen so zu setzen, dass dies den Betriebsfrieden nicht gefährdet. Denn Arbeitsverträge sind unvollständige Verträge und begründen deswegen oft eine langfristig angelegte kooperative Beziehung und kein „Gegeneinander".[413] Außerdem können Kollektivverhandlungen auch auf überbetrieblicher Ebene eskalieren.[414]

4.3 Zusammenfassung

Arbeitsrechtliche Kollektivverträge werden auf verschiedenen Ebenen abgeschlossen und regeln unterschiedliche Arbeitsbedingungen.[415] Das erschwert eine sichere Schlussfolgerung zu den Wohlfahrtseffekten einer Kollektivautonomie. Die Machtbildung durch die – hier vor allem interessierenden – Verbands- und Flächentarifverträge lässt nach hiesiger Ansicht tendenziell eher negative Wohlfahrtswirkungen gegenüber dem wettbewerbsanalogen Niveau erwarten. Arbeitsrechtliche Kollektivverträge können zwar auch Effizienzvorteile in Gestalt niedrigerer Fluktuationskosten und einer höheren Produktivität der Belegschaft bewirken. Nach den hiesigen Erkenntnissen ist es allerdings zweifelhaft, ob diese Vorteile ein Ausmaß erreichen, das die möglichen Nachteile überwiegt. Insgesamt indiziert diese

---

408 *Freeman/Gibbons*, in: Freeman/Katz, Differences and Changes in Wage Structures, 1995, 345, 352 f.; *Ochel*, ifo Schnelldienst 2005 Heft 5, 7, 13.

409 *Freeman/Gibbons*, in: Freeman/Katz, Differences and Changes in Wage Structures, 1995, 345, 352; *Ochel*, ifo Schnelldienst 2005 Heft 5, 7, 13.

410 Deregulierungskommission, Marktöffnung und Wettbewerb, 1991, Rn. 563.

411 Monopolkommission, Mehr Wettbewerb auf allen Märkten, Hauptgutachten X, 1994, Rn. 920; *Fulda/Lesch*, Motive für Tarifbindung, 2023, S. 4, 12.

412 Deregulierungskommission, Marktöffnung und Wettbewerb, 1991, Rn. 558; *Ochel*, ifo Schnelldienst 2005 Heft 5, 7, 13 f.

413 Siehe dazu ausführlich Teil 1 C.III.3.

414 Monopolkommission, Mehr Wettbewerb auf allen Märkten, Hauptgutachten X, 1994, Rn. 905.

415 Siehe dazu oben B.II.2.

Ambivalenz, dass bei der Beantwortung der Frage, ob auf Arbeitsmärkten ein durch Kollektivverträge behebbares Markt- oder Wettbewerbsversagen vorliegt, Zurückhaltung geboten ist. Dies zugrunde gelegt, wird die Arbeit im Folgenden einzelne Thesen dazu genauer untersuchen.

C. ANOMALIE UND RUINÖSE KONKURRENZ DES ARBEITSANGEBOTS

I. Wettbewerbsversagen durch ruinöse Konkurrenz auf Arbeitsmärkten

Ein geläufiger Begründungsansatz für ein Wettbewerbsversagen auf Arbeitsmärkten behauptet eine Anomalie des Arbeitsangebots. Nach dieser These soll das Angebot invers auf Lohnsenkungen reagieren: Bei sinkendem Lohn steige das Arbeitsangebot.[416] Zur Begründung wird die Einkommensfunktion des Lohns angeführt, die es für den einzelnen Arbeitsanbieter notwendig mache, bei Lohnsenkungen und niedrigen Löhnen sein Arbeitsangebot zu erhöhen.[417] Dieses Verhalten wird auch als Konkurrenzparadoxon bezeichnet.[418] Reagieren alle Arbeitsanbieter eines Arbeitsmarktes auf diese Weise, entstehe bei unbeschränktem Wettbewerb eine Dynamik, die – anstatt zu einem Marktgleichgewicht – zu einer ruinösen Konkurrenz und einer Verelendung des Arbeitsangebots führe.[419]

Die These der inversen Reaktion des Arbeitsangebots ist Grundlage der Marx'schen Theorie zur Verelendung des Proletariats und geht auf die Arbeitsmarktverhältnisse zur Zeit der Industrialisierung im 19. Jahrhundert zurück.[420] Der technische Fortschritt führte damals dazu, dass der Produktionsfaktor Arbeit zunehmend homogenisiert und anonymisiert wurde.[421] Große Fabriken ersetzten zunehmend kleine Handwerksbetriebe und die Landwirtschaft fragte wegen der Einführung der chemischen Düngung weniger Arbeitskräfte nach.[422] Der Strukturwandel durch die Industrieproduktion sorgte für eine Landflucht der Arbeitsanbieter, die in den städtischen Fabriken Arbeitsplätze suchten.[423] Damit ging teilweise eine Entqualifizierung der Arbeiterschaft einher.[424] Die Arbeitsanbieter waren aufgrund der homogenen und einfachen Tätigkeiten leicht substituierbar. An den Fabrikstandorten übertraf das Arbeitsangebot die -nachfrage deutlich, was den Fabrikinhabern die Macht gab, die Löhne einseitig zu

416 *Stützel*, Marktpreis und Menschenwürde, 2. Aufl. 1982, S. 76 ff.; *Dorndorf*, in: FS Gnade, 1992, S. 39, 41; *Rieble*, Arbeitsmarkt und Wettbewerb, 1996, Rn. 91 f.; *Nagel*, in: Ott/Schäfer, Ökonomische Analyse des Arbeitsrechts, 2000, S. 30, 36 f.; *Lesch*, Ökonomik des Tarifrechts, 2006, S. 11 f.; *Ulber*, Tarifdispositives Gesetzesrecht im Spannungsfeld von Tarifautonomie und grundrechtlichen Schutzpflichten, 2010, S. 142; *Höpfner*, Die Tarifgeltung im Arbeitsverhältnis, 2015, S. 41 ff.; vgl. *Fehl/Oberender*, Grundlagen der Mikroökonomie, 9. Aufl. 2004, S. 376.

417 *Fehl/Oberender*, Grundlagen der Mikroökonomie, 9. Aufl. 2004, S. 376.

418 *Stützel*, Marktpreis und Menschenwürde, 2. Aufl. 1982, S. 75 ff.; *Dorndorf*, in: FS Gnade, 1992, S. 39, 41; *Rieble*, Arbeitsmarkt und Wettbewerb, 1996, Rn. 91.

419 *Stützel*, Marktpreis und Menschenwürde, 2. Aufl. 1982, S. 78; *Brandes/Buttler/Dorndorf*, in: Fischer, Währungsreform und soziale Marktwirtschaft, 1989, S. 489, 490 f.; *Dorndorf*, in: FS Gnade, 1992, S. 39, 41; *Schmidt-Eriksen*, Tarifvertragliche Betriebsnormen, 1992, S. 319; *Seifert*, Kollektivverträge für wirtschaftlich abhängige Selbstständige und unionsrechtliches Kartellverbot, 2022, S. 21.

420 Monopolkommission, Mehr Wettbewerb auf allen Märkten, Hauptgutachten X, 1994, Rn. 904; *Höpfner*, Die Tarifgeltung im Arbeitsverhältnis, 2015, S. 38.

421 *Dietz*, Der Arbeitsmarkt in institutionentheoretischer Perspektive, 2006, S. 83 f.

422 *Kempen*, NZA-Beil. 2000, 7, 8.

423 Deregulierungskommission, Marktöffnung und Wettbewerb, 1991, Rn. 565.

424 *Bayreuther*, Tarifautonomie als kollektiv ausgeübte Privatautonomie, 2005, S. 63; *Dietz*, Der Arbeitsmarkt in institutionentheoretischer Perspektive, 2006, S. 83 f.

diktieren.[425] Die überregionale Mobilität der Arbeitsanbieter war aufgrund der damaligen Transportmöglichkeiten erheblich eingeschränkt. Diese Gesamtsituation mündete zeitweise in Arbeitsbeziehungen, die den Arbeitnehmern trotz langer Arbeitszeiten einen kaum existenzsichernden Lohn einbrachte.[426] Ob die Industrialisierung die soziale Situation der Arbeitsanbieter gegenüber den vorherigen – ebenfalls prekären – Verhältnissen tatsächlich verschlechterte, ist allerdings zweifelhaft.[427] Das indizieren zumindest empirische Studien zu steigenden Reallöhnen in diesem Zeitraum.[428]

Unabhängig davon, ob die These die Arbeitsmarktverhältnisse während des 19. Jahrhunderts zutreffend beschreibt, bestehen Zweifel an ihrer Eignung, ein Wettbewerbsversagen auf heutigen Arbeitsmärkten zu begründen. Zunächst wird man von funktionsfähigem Wettbewerb gerade verlangen müssen, dass er bei den damaligen Verhältnissen für niedrige Löhne sorgt. Denn kommt es zu einem Angebotsüberhang, führt dies auch auf anderen wirtschaftlichen Märkten zu Preissenkungen, weil die Anbieter in scharfer Konkurrenz um Geschäftsbeziehungen mit einer nur geringen Zahl an Nachfragern stehen. Der Marktpreis, der durch den Angebots-Nachfrage-Mechanismus bestimmt wird, pendelt sich dann auf einem niedrigeren Niveau ein. Selbst das neoklassische Arbeitsmarktmodell kann eine steigende Beschäftigung bei sinkenden Löhnen erklären.[429] Außerdem wird angeführt, dass die Tätigkeiten der Fabrikarbeiter keine spezifischen Qualifikationen verlangten und eher unkomplizierter Natur waren.[430] Es ist insoweit daran zu erinnern, dass es eine Eigenschaft funktionsfähigen Wettbewerbs ist, das Einkommen entsprechend der Leistung der Marktteilnehmer zu verteilen.

Die eigentliche Besonderheit des Arbeitsangebots könnte nun darin zu sehen sein, dass ein einzelner Arbeitsanbieter seinen Reservationslohn fast beliebig weit senken kann, ohne den Arbeitsmarkt verlassen zu müssen.[431] Bei Unternehmen beschränken dagegen die Grenzkosten eine beliebige Senkung des Reservationspreises. Liegt der Reservationspreis dauerhaft unter den Grenzkosten, wird das Unternehmen früher oder später zum Marktaustritt gezwungen. Bei Arbeitsanbietern ist der Reservationslohn von der individuellen Präferenzstruktur geprägt, die sich vor allem aus der gegenseitigen Substitutionsmöglichkeit von Einkommen und Freizeit ergibt.[432] Erst wenn das Lohnniveau die Grenze zum Existenzminimum unterschreitet, ist ein Arbeitsanbieter gezwungen, sein Angebot zu erhöhen und seinen Reservationslohn zu senken.[433] Er kann in diesem Fall seine Arbeitsleistung weiterhin anbieten, während Unternehmen bei Umsätzen unterhalb der Grenzkosten unprofitabel und dadurch nach einer gewissen Zeit zum Marktaustritt gezwungen werden. Das individuelle inverse Angebotsverhalten wäre also rational,[434] da die Existenzsicherung bei den meisten Individuen den obersten Rang der Präferenzstruktur einnehmen wird. Erst wenn diese subjektive Grenze für einen Großteil der Arbeitsanbieter unterschritten wird

425 Vgl. *Webb/Webb*, Industrial Democracy, 1902, S. 658; *Kempen*, NZA-Beil. 2000, 7, 8.

426 *Zöllner*, AcP 1976, 221, 229; *Höpfner*, Die Tarifgeltung im Arbeitsverhältnis, 2015, S. 61 f.

427 *Zöllner*, AcP 1976, 221, 230 f.; *Keuchel*, Kann der Arbeitsmarkt dem Wettbewerb unterworfen werden?, 1989, S. 94; Monopolkommission, Mehr Wettbewerb auf allen Märkten, Hauptgutachten X, 1994, Rn. 950; *Möschel*, WuW 1995, 704, 709; *Dietz*, Der Arbeitsmarkt in institutionentheoretischer Perspektive, 2006, S. 85 Fn. 234.

428 Siehe etwa *Brown/Hopkins*, 2 Oxf. Econ. Pap. 1950, 226; *Desai*, Real Wages in Germany 1871-1913, 1968.

429 *Soltwedel* et al., Regulierung auf dem Arbeitsmarkt der Bundesrepublik, 1990, S. 161 f.; siehe dazu Teil 1 C.II.

431 Vgl. *Kordel*, Arbeitsmarkt und Europäisches Kartellrecht, 2004, S. 52 f.; *Kremer*, Arbeitgeber-Kollusionen und das Kartellverbot, 2022, S. 110.

432 Siehe dazu Teil 1 C.II.

433 *Fehl/Oberender*, Grundlagen der Mikroökonomie, 9. Aufl., S. 376; *Seifert*, Kollektivverträge für wirtschaftlich abhängige Selbstständige und unionsrechtliches Kartellverbot, 2022, S. 20 f.

434 *Nagel*, in: Ott/Schäfer, Ökonomische Analyse des Arbeitsrechts, 2000, S. 30, 37.

und keine Möglichkeit zum Wechsel auf einen anderen Arbeitsmarkt besteht, reagiert die Angebotsfunktion invers. Der Ausweitung des Arbeitsangebots sind dabei allerdings natürliche Grenzen gesetzt, beispielsweise die pro Tag nachgefragten oder leistbaren Arbeitsstunden. Arbeitnehmer können ihre Arbeitsmenge nicht derart flexibel an Preisbewegungen anpassen wie Anbieter auf industriellen Warenmärkten.

Fraglich ist allerdings, ob die beschriebene inverse Reaktion ein Wettbewerbsversagen begründen kann. Wie erläutert ist es gerade Bestandteil eines funktionsfähigen Wettbewerbsprozesses, dass er bei einem Angebotsüberhang zu Preissenkungen führt – auch wenn dies durch eine inverse Reaktion des Angebots beschleunigt wird.[435] Mit scharfem Wettbewerb und dadurch entstehenden niedrigen Preisen lässt sich also per se kein Wettbewerbsversagen begründen. Eine ruinöse Konkurrenz führt vielmehr nur dann zu einem Wettbewerbsversagen, wenn nicht unbedingt die effizientesten, sondern oft die finanzstärksten Unternehmen den Preiskampf überleben und an dessen Ende ein Monopol entstehen kann.[436]

Auf einem isoliert betrachteten Arbeitsmarkt kommt es allerdings, wie soeben gezeigt, nicht zwingend zu einer Auslese in Form von Marktaustritten, weil Arbeitnehmer ihren Reservationslohn senken können und auch bei einer Entlassung in der Regel als Anbieter am Markt verweilen;[437] nicht ersichtlich ist jedoch, inwiefern dies eine leistungsgerechte Einkommensverteilung verhindert. Werden daneben alternative Beschäftigungsmöglichkeiten auf anderen (benachbarten) Arbeitsmärkten in den Blick genommen, kommt es zu Marktaustritten, wenn Arbeitnehmer dort eine für sie lukrativere Beschäftigung finden. Das gilt indes für finanzstarke wie finanzschwache Arbeitnehmer gleichermaßen und ist gerade Ausdruck funktionierenden Wettbewerbs. Die Angebotsverknappung kann wiederum in gewissem Maße zu ansteigenden Löhnen führen, wenn weiterhin eine Nachfrage nach der jeweiligen Arbeitsleistung besteht. Die Arbeitnehmer, die den jeweiligen Arbeitsmarkt zuvor verlassen hatten, können bei einem deutlich angestiegenen Lohnniveau dann im Regelfall wieder wesentlich einfacher in diesen Markt eintreten, als dies industriellen Anbietern möglich ist. Es spricht folglich einiges dafür, dass die Wettbewerbsfunktion der leistungsgerechten Einkommensverteilung auf Arbeitsmärkten nicht durch eine ruinöse Konkurrenz beeinträchtigt wird.

Daneben kann eine ruinöse Konkurrenz auch Ergebnis einer Fehlfunktion der Angebotsumstellungsflexibilität des Wettbewerbs sein.[438] Das ist der Fall, wenn der Wettbewerbsprozess nicht gewährleistet, dass sich das Angebot an größere Änderungen der strukturellen Rahmenbedingungen anpasst. Hintergrund sind meist hohe Marktzutritts- und Marktaustrittsschranken, beispielsweise in der Stahlproduktion.[439] Kommt es auf dem jeweiligen Markt zu einem Nachfragerückgang, können die Anbieter den

---

435 Vgl. EuG, Urt. v. 21.2.1995, Rs. T-29/92, ECLI:EU:T:1995:34, Rn. 249 – *Vereniging van Samenwerkende Prijsregelende Organisaties in de Bouwnijverheid*: „Wie die Kommission dargelegt hat, ist nämlich eine Unterscheidung zwischen normalem Wettbewerb und ruinösem Wettbewerb nicht möglich. Jeder Wettbewerb ist für die weniger leistungsstarken Unternehmen potentiell ruinös. Deshalb schränken die Klägerinnen mit ihrem Kampf gegen das, was sie einen ruinösen Wettbewerb nennen, zwangsläufig den Wettbewerb ein und berauben damit den Verbraucher der Vorteile dieses Wettbewerbs."

436 *Schmidt/Haucap*, Wettbewerbspolitik und Kartellrecht, 10. Aufl. 2013, S. 48; *Müller*, Wettbewerb und Unionsverfassung, 2014, S. 93, 153.

437 Ein Arbeitnehmer, der auf seinen Lohn angewiesen ist, hat alternativ auch die Möglichkeit, seine Arbeitskraft für das selbstständige Anbieten von Waren oder Dienstleistungen einzusetzen. Dies wird aufgrund des fehlenden Startkapitals, des mangelnden Know-hows und der Risikoaversion allerdings nur in Ausnahmefällen eine echte Alternative sein; vgl. *Kordel*, Arbeitsmarkt und Europäisches Kartellrecht, 2004, S. 55.

438 Vgl. *Schmidt/Haucap*, Wettbewerbspolitik und Kartellrecht, 10. Aufl. 2013, S. 48; *Müller*, Wettbewerb und Unionsverfassung, 2014, S. 53.

439 *Olten*, Wettbewerbstheorie und Wettbewerbspolitik, 2. Aufl. 1998, S. 79; *Schmidt/Haucap*, Wettbewerbspolitik und Kartellrecht, 10. Aufl. 2013, S. 48.

Markt nicht einfach verlassen, was in einem ruinösen Preiskampf resultieren kann. Insoweit hat die Untersuchung bereits herausgearbeitet, dass aufseiten der Arbeitnehmer insbesondere das Humankapital sowie Mobilitätshindernisse die Anpassungsflexibilität zwar hemmen, allerdings nicht verhindern.[440] Im Übrigen scheint dies kein geeigneter Ansatzpunkt für eine Regulierung in Gestalt kollektiver Regelungen über Löhne und Arbeitsbedingungen zu sein. Solche Kollektivverträge helfen im Regelfall nicht, die Anpassungsflexibilität und damit die Funktionsfähigkeit des Wettbewerbs zu verbessern.[441]

II. Existenz ruinöser Konkurrenz auf Arbeitsmärkten

Im Folgenden soll untersucht werden, ob eine ruinöse Konkurrenz des Arbeitsangebots auf heutigen Arbeitsmärkten überhaupt existiert.

Die theoretische Analyse wettbewerblicher Arbeitsmärkte hat gezeigt, dass sich Arbeitsbeziehungen seit der Industrialisierung erheblich gewandelt haben und Arbeitgeber nicht nur daran interessiert sind, die Löhne so tief wie möglich zu drücken.[442] Der Faktor Arbeit wurde durch die wachsende Bedeutung von branchen- und betriebsspezifischem Humankapital zunehmend heterogener und wird meist nicht anonym am Markt gehandelt. Denn Fluktuationskosten, betriebsspezifisches Humankapital und soziale Normen haben Arbeitsverhältnisse oft in langfristige persönliche Beziehungen transformiert.[443] Das führt unter anderem dazu, dass Nominallöhne regelmäßig abwärts rigide sind. Wenn Arbeitgeber in Krisenzeiten dazu gezwungen sind, ihre Lohnkosten zu reduzieren, bevorzugen sie es, einzelne Arbeitnehmer zu entlassen, anstatt die Löhne der gesamten Belegschaft zu kürzen.[444] Das spricht gegen die Möglichkeit eines ruinösen Wettbewerbs des Arbeitsangebots.

Externe Arbeitsmärkte, die keine oder nur geringe Anforderungen an das Humankapital der Anbieter stellen, weisen vermutlich am ehesten das Risiko eines inversen Angebotsverhaltens auf. Soweit eine individuelle Output-Messung möglich ist und damit die Motivationsfunktion des Lohns zur Vermeidung von *shirking* abnimmt, haben Arbeitgeber möglicherweise einen höheren Anreiz, Löhne zu senken. Diese Möglichkeit wird allerdings durch Wettbewerb zwischen den Arbeitsnachfragern selbst eingeschränkt. Kennzeichnend für Jedermanns-Arbeitsmärkte ist, dass sie in sachlicher Hinsicht eine hohe Arbeitnehmerfluktuation innerhalb und zwischen den Märkten erlauben. Das liegt vor allem an den niedrigen Marktzutrittsschranken, da Jedermanns-Arbeitsleistungen oft eher wenig Humankapital voraussetzen oder das Humankapital in recht kurzer Zeit durch *Training on the Job* erworben werden kann. Durch die mittlerweile hohe geographische Mobilität der Arbeitsanbieter – gerade im städtischen Bereich – konkurrieren deswegen meist recht viele Unternehmen um diese Arbeitsanbieter. Das beschränkt die Möglichkeit zu erheblicher Lohndrückerei im Regelfall. Dass die Löhne in diesem Jedermanns-Segment – relativ betrachtet – trotzdem zu den Niedriglöhnen[445] zählen, liegt in manchen Fällen möglicherweise auch an einem aus Arbeitgebersicht eher geringen wirtschaftlichen Output der Tätigkeiten.

440 Siehe dazu Teil 1 C.IV.5.

441 Damit wird nicht in Abrede gestellt, dass auch kollektive Lösungen die Anpassungsflexibilität verbessern können. Beispielsweise bieten Gewerkschaften und Arbeitgeberverbände Programme zur Qualifizierung von Erwerbslosen an; *Dietz*, Der Arbeitsmarkt in institutionentheoretischer Perspektive, 2006, S. 199.

442 Siehe zu den Effizienzlohntheorien ausführlich Teil 1 C.III.3.2.

443 Siehe dazu Teil 1 C.III.3.1.3.

444 Siehe dazu Teil 1 C.III.3.1.1 und C.III.3.2.4c).

445 Die Einstufung eines Lohns als Niedriglohn ist relativ. Nach der gängigen Definition zählt dazu jeder Bruttostundenlohn, der geringer als zwei Drittel des Median-Bruttostundenlohns eines Landes ist; dazu OECD,

Nichtsdestoweniger schließen die heutigen Arbeitsmarktbedingungen das Risiko einer ruinösen Lohnkonkurrenz nicht gänzlich aus. Gerade bei einem Überangebot von Arbeitskräften auf Jedermanns-Arbeitsmärkten kann eine ruinöse Lohnkonkurrenz entstehen. Das zeigt beispielhaft der zeitweise erhebliche Lohnunterbietungswettbewerb in der deutschen Fleischbranche.[446]

Eine inverse Reaktion des Arbeitsangebots und eine dadurch ausgelöste ruinöse Konkurrenz sind – nach hiesiger Auffassung – heutzutage folglich am ehesten auf Jedermanns-Arbeitsmärkten denkbar, insbesondere in wirtschaftlichen Krisenzeiten bei einem Arbeitsangebotsüberhang.[447] Die zeitliche und sachliche Relevanz der inversen Angebotsreaktion ist auf modernen Arbeitsmärkten also recht begrenzt. Sie wiegt nach hiesiger – rein wettbewerbsökonomischer – Betrachtung nicht schwer genug, um eine dauerhafte Ersetzung des Wettbewerbsprinzips durch Kollektivverträge zu rechtfertigen. Jedenfalls kann das verbleibende Risiko durch mildere regulatorische Eingriffe beseitigt werden. Geeignet sind insbesondere soziale Sicherungssysteme wie Arbeitslosengeld, Sozialhilfe oder eine Rentenversicherung.[448] Sie sorgen nicht nur für eine Existenzsicherung von Arbeitslosen, sondern verhindern zugleich, dass das Lohnniveau unter die Leistungen der Sicherungssysteme sinkt. Denn bei einer ausreichenden sozialen Sicherung sind sie nicht darauf angewiesen, Arbeit unter allen Bedingungen anzunehmen.[449] Daneben können Mindestlöhne und Arbeitszeitgesetze geeignete Regulierungsmöglichkeiten sein.[450] Insoweit ist allerdings einschränkend zu konstatieren, dass diese Maßnahmen einen direkten regulatorischen Eingriff in den Markt verlangen, während Kollektivverträge ein privatautonomes Instrument sind, das durch Akteure mit zumeist größerer Sachnähe angewendet wird.[451] Zuletzt können staatlich geförderte Umschulungsmaßnahmen helfen, die Arbeitsanbieter auf Märkte mit einer höheren Nachfrage zu lenken.

Mithin ist das Risiko einer inversen Reaktion des Arbeitsangebots und einer dadurch ausgelösten ruinösen Konkurrenz auf heutigen deutschen und europäischen Arbeitsmärkten nach hiesiger Auffassung nicht mehr von so hoher Bedeutung, dass dies eine Arbeitsmarktordnung durch Kollektivverträge rechtfertigt.[452]

Wage Levels, abrufbar unter: https://data.oecd.org/earnwage/wage-levels.htm (zuletzt abgerufen am 6.7.2025).

446 Siehe hierzu *Picker*, RdA 2014, 25, 26 f., 30.

447 *Picker*, RdA 2014, 25, 26 f.; *Seifert*, Kollektivverträge für wirtschaftlich abhängige Selbstständige und unionsrechtliches Kartellverbot, 2022, S. 21.

448 *Keuchel*, Kann der Arbeitsmarkt dem Wettbewerb unterworfen werden?, 1989, S. 95; Monopolkommission, Mehr Wettbewerb auf allen Märkten, Hauptgutachten X, 1994, Rn. 905; *von Klitzing*, Ordnungsökonomische Analyse des arbeitsrechtlichen Bestandsschutzes, 2004, S. 154; *Bayreuther*, Tarifautonomie als kollektiv ausgeübte Privatautonomie, 2005, S. 62, vgl. *Picker*, RdA 2014, 25, 26; a.A. *Kromphardt*, in: Kruse/Mayer, Aktuelle Probleme der Wettbewerbs- und Wirtschaftspolitik, 1996, 323, 330 f.

449 *von Klitzing*, Ordnungsökonomische Analyse des arbeitsrechtlichen Bestandsschutzes, 2004, S. 154.

450 Vgl. Deregulierungskommission, Marktöffnung und Wettbewerb, 1991, Rn. 565.

451 Vgl. *Däubler*, in: Däubler, Tarifvertragsgesetz, 5. Aufl. 2022, Einl. Rn. 99; *Richardi/Bayreuther*, Kollektives Arbeitsrecht, 5. Aufl., § 2 Rn. 31.

452 So im Ergebnis auch Kronberger Kreis, Mehr Markt im Arbeitsrecht, 1986, S. 18 f.; *Keuchel*, Kann der Arbeitsmarkt dem Wettbewerb unterworfen werden?, 1989, S. 93 ff.; *Soltwedel* et al., Regulierung auf dem Arbeitsmarkt der Bundesrepublik, 1990, S. 160 ff.; Deregulierungskommission, Marktöffnung und Wettbewerb, 1991, Rn. 565; *Zöllner*, ZfA 1994, 423, 432 f.; *Reuter*, RdA 1994, 152, 160; Monopolkommission, Mehr Wettbewerb auf allen Märkten, Hauptgutachten X, 1994, Rn. 904 ff.; *von Klitzing*, Ordnungsökonomische Analyse des arbeitsrechtlichen Bestandsschutzes, 2004, S. 153 ff.; *Kordel*, Arbeitsmarkt und Europäisches Kartellrecht, 2004, S. 52 ff.; *Möschel*, BB 2005, 490, 491; *Bayreuther*, Tarifautonomie als kollektiv ausgeübte Privatautonomie, 2005, S. 61 ff.; *Lesch*, Ökonomik des Tarifrechts, 2006, S. 17; a.A. *Dorndorf*, in: FS Gnade, 1992, S. 39, 42; *Schwarze*, ZfA 2005, 81, 97 ff.; *Ulber*, Tarifdispositives Gesetzesrecht im Spannungsfeld von Tarifautonomie und grundrechtlichen Schutzpflichten, 2010, S. 142; *Seifert*, Kollektiv-

III. Ergebnis

Die Untersuchung der These zu einer Anomalie des Arbeitsangebots und einer dadurch ausgelösten ruinösen Konkurrenz hat ergeben, dass das Arbeitsangebot tatsächlich bei Unterschreitung eines gewissen Einkommensniveaus – spätestens bei Unterschreitung des individuellen Existenzminimums – invers reagieren kann. Allerdings begründet dies nach hiesiger Auffassung kein Wettbewerbsversagen, das arbeitsrechtliche Kollektivverhandlungen aus wettbewerbsökonomischer Sicht rechtfertigen könnte. Denn die These erläutert nicht, warum der Arbeitsmarktwettbewerb bei einer – unterstellten – ruinösen Konkurrenz die ökonomischen Zielfunktionen nicht mehr erfüllt und zu Wohlfahrtsverlusten führt. Das Risiko einer ruinösen Konkurrenz ist auf den heutigen europäischen und deutschen Arbeitsmärkten im Übrigen eher gering. Diesem kann zudem durch andere, weniger wettbewerbsbeschränkende Regulierungsformen wie Mindestlöhne, Arbeitszeitgesetze oder soziale Sicherungssysteme Rechnung getragen werden. Damit entfällt auch in den meisten Fällen die Möglichkeit, Kollektivverträge bei der kartellrechtlichen Prüfung einer Einzelfreistellung mit Effizienzsteigerungen für Verbraucher durch Abwendung einer ruinösen Konkurrenz zu rechtfertigen.

D. NEIGUNG VON ARBEITSMÄRKTEN ZU WOHLFAHRTSVERLUSTEN DURCH NACHFRAGEMACHT

I. Ausgangspunkt

Die Abhandlung wird sich nun der Arbeitsnachfrage zuwenden, die dem Arbeitsangebot angeblich überlegen sein soll.[453] Zu untersuchen ist, ob auf Arbeitsmärkten aus wettbewerbsökonomischer Sicht eine Nachfragemacht solchen Ausmaßes existiert, dass diese ein Markt- oder Wettbewerbsversagen begründen kann. Das könnte der Fall sein, wenn eine diagnostizierte Nachfragemacht zugleich Wohlfahrtsverluste bewirkt, und nicht nur eine Rentenverschiebung. Kollektivverträge müssten dann realistischerweise zu einer Wohlfahrtssteigerung führen, um diese Form der Regulierung zu rechtfertigen. Im Folgenden wird untersucht, ob eine solche Wohlfahrtssteigerung aufgrund einer bestehenden Neigung von Arbeitsmärkten zu Monopsonmacht (II.) oder einer sonstigen Abhängigkeit von Arbeitnehmern (III.)

---

verträge für wirtschaftlich abhängige Selbstständige und unionsrechtliches Kartellverbot, 2022, S. 21; *Rummel*, Kartellrechtliche Freistellung sozialpartnerschaftlicher Kollektivverträge, 2023, S. 121 ff.; wohl auch *Kromphardt*, in: Kruse/Mayer, Aktuelle Probleme der Wettbewerbs- und Wirtschaftspolitik, 1996, 323, 330 ff.; zurückhaltend *Höpfner*, Die Tarifgeltung im Arbeitsverhältnis, 2015, S. 43 f.

453 Stellvertretend BVerfG, Beschl. v. 26.6.1991, 1 BvR 779/85, BVerfGE 84, 212, 229; BVerfG, Urt. v. 4.7.1995, 1 BvF 2/86 u.a., BVerfGE 92, 365, 395; BAG, Urt. v. 19.6.2007, 1 AZR 396/06, NZA 2007, 1055, 1057; *Säcker*, Gruppenautonomie und Übermachtkontrolle im Arbeitsrecht, 1972, S. 88 ff., 92 ff.; *Rieble*, Arbeitsmarkt und Wettbewerb, 1996, Rn. 100 f.; *Fastrich*, RdA 1997, 65, 77; *Oppolzer*, AuR 1998, 45, 49 ff.; *Söllner*, NZA-Beil. 2000, 33, 34; *Schubert*, RdA 2001, 199, 206; *Bayreuther*, Tarifautonomie als kollektiv ausgeübte Privatautonomie, 2005, S. 58, 66; *Vaupel*, Die Kompensation von Ungleichgewichtslagen im Arbeits- und Verbraucherrecht, 2006, S. 52 ff.; *Arnold*, Betriebliche Tarifnormen und Außenseiter, 2007, S. 240 ff.; *Ulber*, Tarifdispositives Gesetzesrecht im Spannungsfeld von Tarifautonomie und grundrechtlichen Schutzpflichten, 2010, S. 137 ff.; *Mohr/Wolf*, JZ 2011, 1091; *Schubert*, ZfA 2013, 1, 2; *Höpfner*, Die Tarifgeltung im Arbeitsverhältnis, 2015, S. 44; *Löwisch/Rieble*, Tarifvertragsgesetz, 4. Aufl. 2017, Grundl. Rn. 26; *Jacobs*, in: Wiedemann, Tarifvertragsgesetz, 8. Aufl. 2019, Einl. Rn. 60.

prognostiziert werden kann. Hierfür ist eine typisierende Gesamtbetrachtung erforderlich, die nicht jeder einzelnen Arbeitsbeziehung Rechnung tragen kann.[454]

II. Zu einer Neigung von Arbeitsmärkten zu Monopsonmacht

1. Erweiterung des Monopson-Modells auf Arbeitsmärkten

Arbeitsmärkte entsprechen nur in den allerseltensten Fällen der Marktform eines Voll-Monopsons.[455] Monopsonmacht kann auf Arbeitsmärkten allerdings nicht nur aus der Marktstellung als alleiniger oder großer Nachfrager resultieren, sondern auch – in abgeschwächter Form – bei einer Vielzahl an Nachfragern auftreten (monopsonistischer Wettbewerb).[456] Eine strukturelle Konzentration der Arbeitsnachfrageseite kann ebenfalls Ursache für Monopsonmacht sein oder diese verstärken.[457] Wird diese Monopsonmacht dann marktweit genutzt, entsteht ein *deadweight loss*.[458]

Monopsonistischer Wettbewerb kann auf Arbeitsmärkten durch friktionelle Störungen entstehen.[459] Friktionen führen zu Unvollkommenheiten des Nachfragewettbewerbs – bei einem Vergleich mit dem Modell vollkommenen Wettbewerbs. Eine Folge von Friktionen ist der zeitaufwendige und kostenverursachende Suchprozess für ein Arbeitsmarkt-*Match*.[460] Dieser ist notwendig, da die Marktakteure nicht vollständig über die Marktverhältnisse informiert sind. Eine weitere Ursache von Friktionen sind Mobilitätshindernisse.[461] Friktionen bewirken, dass das Arbeitsangebot nicht vollständig elastisch auf Lohnänderungen reagiert.[462] Vielmehr weist die Angebotsfunktion für jeden Nachfrager einen steigenden Verlauf auf.[463] Dieser Verlauf ist zwar weniger steil als bei einem Voll-Monopsonisten. Der Nachfrager hat grundsätzlich dennoch die Möglichkeit, den Lohn durch eine Mengenreduktion zu senken.

---

454 Vgl. *Dieterich*, RdA 1995, 129, 135; *Vaupel*, Die Kompensation von Ungleichgewichtslagen im Arbeits- und Verbraucherrecht, 2006, S. 26 f.; *Ulber*, Tarifdispositives Gesetzesrecht im Spannungsfeld von Tarifautonomie und grundrechtlichen Schutzpflichten, 2010, S. 149 f.

455 *Lesch*, Ökonomik des Tarifrechts, 2006, S. 17; *Sell/Reinisch*, Anmerkung zum Monopson am Arbeitsmarkt, 2012, S. 1; Council of Economic Advisers, Labor Market Monopsony, 2016, S. 3; *Bien/Doganoglu*, NZKart 2019, 185.

456 *Bhaskar/Manning/To*, 16 J. Econ. Perspect. 2002, 155, 156; *Hirsch/Jahn/Schnabel*, 71 ILR Review 2018, 676, 677; *Borjas*, Labor Economics, 9. Aufl. 2024, S. 172 f.; *Naidu/Posner*, 57 J. Hum. Resour. 2022, 284, 287 ff.

457 Council of Economic Advisers, Labor Market Monopsony, 2016, S. 4; *Naidu/Posner/Weyl*, 132 Harv. L. Rev. 2018, 536, 554; OECD, Competition in Labour Markets, 2020, S. 21 f.

458 Auf mögliche dynamische Ineffizienzen durch Monopsonmacht wird an dieser Stelle nicht eingegangen, da diese mit erheblichen Prognoseunsicherheiten verbunden sind; siehe dazu ausführlicher unten Teil 5 C.III.2.3.4. Ebenfalls außer Acht gelassen werden mögliche kartellrechtswidrige Vereinbarungen, die Nachfragemacht fördern.

459 *Sell/Reinisch*, Anmerkung zum Monopson am Arbeitsmarkt, 2012, S. 3; *Langella/Manning*, 19 J. Eur. Econ. Assoc. 2021, 2929, 2931; *Naidu/Posner*, 57 J. Hum. Resour. 2022, 284, 289 f.; Überblick bei *Card*, 112 Am. Econ. Rev. 2022, 1075, 1077 f.

460 *Marinescu/Posner*, 105 Cornell L. Rev. 2020, 1343, 1349 f.; siehe dazu auch Teil 1 C.III.2.

461 Council of Economic Advisers, Labor Market Monopsony, 2016, S. 5 f.; OECD, Competition in Labour Markets, 2020, S. 22; *Borjas*, Labor Economics, 9. Aufl. 2024, S. 172 f.

462 Vgl. *Noll*, 72 Antitrust L. J. 2005, 589, 595.

463 *Hirsch/Jahn/Schnabel*, 71 ILR Review 2018, 676, 677; *Card*, 112 Am. Econ. Rev. 2022, 1075, 1085; *Borjas*, Labor Economics, 9. Aufl. 2024, S. 172.

Daneben kann die Heterogenität der Arbeitsplätze Monopsonmacht fördern.[464] Diese Heterogenität stört den Nachfragewettbewerb. Denn Arbeitnehmer haben unterschiedliche Ansprüche an ihren Arbeitsplatz, die über den monetären Aspekt hinausgehen.[465] Arbeitnehmer mit Familien werden beispielsweise eher Wert auf eine Unterstützung bei der Kinderbetreuung legen. Andere Aspekte sind die einzelnen Arbeitsaufgaben, Urlaubstage, flexible Arbeitszeiten oder die Atmosphäre im Betrieb.[466] Dies führt dazu, dass nur ein Teil der Arbeitsnachfrager eines Arbeitsmarktes als potenzieller Arbeitgeber in Betracht kommt. Diese heterogenen Präferenzen bewirken also eine Art künstlicher Konzentration der Nachfrageseite.

Neben monopsonistischem Wettbewerb wird der Konzentrationsgrad von Arbeitsmärkten als Grund für Monopsonmacht angeführt.[467] Gerade zu US-Arbeitsmärkten existieren empirische Studien, die eine Korrelation zwischen steigender Konzentration und fallendem Einkommen behaupten.[468] Das ist nur logisch. Schließlich wächst mit den Marktanteilen grundsätzlich auch die Marktmacht eines Unternehmens, was dieses wiederum zur Beeinflussung der Preise nutzen kann.[469] Plausibel ist auch, dass Löhne in städtischen Gebieten aufgrund intensiveren Wettbewerbs durchschnittlich höher sind als in ländlichen Gebieten mit einer konzentrierteren Arbeitsnachfrage.[470]

Zusammenfassend können Friktionen und heterogene Arbeitsplätze Arbeitsnachfragern Monopsonmacht verleihen, auch wenn sie keine Voll-Monopsonisten sind.[471] Eine hohe Konzentration der Nachfrageseite verstärkt diese Machtstellung. Als Folge der steigenden Arbeitsangebotskurve für jeden Nachfrager kann auch die Annahme eines einheitlichen Marktpreises bei Monopsonmacht aufgehoben werden.[472]

---

464 *Lewerth*, Nachfragemacht und internationaler Handel, 2014, S. 158, 226; *Langella/Manning*, The Measure of Monopsony, 2021, S. 3; *Naidu/Posner*, 57 J. Hum. Resour. 2022, 284, 290 ff.

465 Vgl. OECD, Competition in Labour Markets, 2020, S. 22.

466 *Marinescu/Posner*, 105 Cornell L. Rev. 2020, 1343, 1350.

467 Siehe etwa Council of Economic Advisers, Labor Market Monopsony, 2016, S. 4; *Naidu/Posner/Weyl*, 132 Harv. L. Rev. 2018, 536, 554; OECD, Competition in Labour Markets, 2020, S. 21 f.; Literaturüberblick bei *Card*, 112 Am. Econ. Rev. 2022, 1075, 1082 f.

468 Vgl. etwa *Autor/Dorn/Katz/Patterson/Van Reenen*, 135 Q. J. Econ 2020, 645; Prager/Schmitt, 111 Am. Econ. Rev. 2021, 397; *Arnold*, Mergers and Acquisitions, Local Labor Market Concentration, and Worker Outcomes, 2021, S. 32 f.; *Azar/Marinescu/Steinbaum*, 57 J. Hum. Resour. 2022, S167; *Rinz*, 57 J. Hum. Resour. 2022, S251; *Benmelech/Bergman/Kim*, 57 J. Hum. Resour. 2022, S200. Die Mehrheit der US-Arbeitsanbieter scheint allerdings nicht in hochkonzentrierten Arbeitsmärkten tätig zu sein, so die Studie von *Schubert/Stansbury/Taska*, Employer Concentration and Outside Options, 2022, S. 29. Für europäische Märkte gibt es weniger empirische Evidenz, siehe aber *Bassanini* et al., Labour Market Concentration, Wages and Job Security in Europe, 2022.

469 *Thomas*, in: Kokkoris/Lemus, Research Handbook on the Law and Economics of Competition Enforcement, 2022, S. 193, 199.

470 Zum sog. *urban wage premium* aufgrund intensiveren Wettbewerbs in Städten siehe *Hirsch/Jahn/Manning/Oberfichtner*, 57 J. Human Resour. 2022, S111.

471 Auch wenn die beiden Aspekte hauptsächlich im Rahmen des Monopson-Modells diskutiert werden, können sie in einem Verhandlungsszenario genauso für eine bilaterale Verhandlungsmacht der Arbeitsnachfrager angeführt werden; siehe U.S. Department of the Treasury, The State of Labor Market Competition, 2022, S. 9. Diese Arbeitsmarktcharakteristika reduzieren die *outside options* der Arbeitsanbieter bzw. die Möglichkeit, diese als solche zu erkennen. Bei bilateraler Verhandlungsmacht entsteht mangels Output-Reduktion keine allokative Ineffizienz. Auf Verhandlungsmacht wird in diesem Zusammenhang daher nicht eingegangen.

472 *Ehrenberg/Smith*, Modern Labor Economics, 13. Aufl. 2018, S. 171.

2. Einordnung im Lichte der theoretischen Analyse freier Arbeitsmärkte

Die Theorie zum monopsonistischen Wettbewerb scheint auf den ersten Blick eine plausible Erklärung für eine Neigung von Arbeitsmärkten zu Nachfragemacht zu sein. Teilweise wird sogar vertreten, das Monopson-Modell mit *ex ante wage-posting* sei geeignet, als arbeitsökonomisches Grundmodell zu fungieren.[473] Im Folgenden soll die Theorie im Lichte der theoretischen Analyse freier Arbeitsmärkte eingeordnet werden.

Zunächst betreffen die Friktionen und heterogenen Präferenzen auf Arbeitsmärkten nicht nur den Nachfragewettbewerb, sondern auch den Angebotswettbewerb. Nachfrager müssen ebenfalls einen Suchprozess durchführen, um einen Arbeitsplatz besetzen zu können.[474] Sie sind oft darauf angewiesen, dass sich passende Arbeitnehmer bei ihnen bewerben. Gleiches gilt hinsichtlich heterogener Präferenzen.[475] Arbeitgeber verlangen häufig spezielle Kenntnisse und charakterliche Eigenschaften, die nicht jeder Anbieter eines Arbeitsmarktes auf sich vereint.[476] Der *Matching*-Prozess behindert folglich sowohl den Nachfrage- als auch den Angebotswettbewerb. Die Beschränkung des Angebotswettbewerbs scheint dann ebenso eine Marktmacht der Arbeitnehmer – im Vergleich zu einem bilateralen Polypol – begründen zu können, wie dies für den Nachfragewettbewerb behauptet wird.

Wage-posting ist nicht per se mit überlegener Marktmacht gleichzusetzen. Die Gründe dafür können vielmehr Vorteile für den Betriebsfrieden, eine höhere Durchschnittsproduktivität sowie die Einsparung von Fluktuationskosten sein.[477] Es sagt noch nichts Konkretes über die tatsächliche Rentenverteilung einer Arbeitsbeziehung oder über einen Wohlfahrtsverlust aus.[478] Letztlich fußt die Theorie monopsonistischen Wettbewerbs auf der Erkenntnis, dass Wettbewerb auf Arbeitsmärkten nicht vollständig im Sinne des neoklassischen Modells ist und die Marktteilnehmer deshalb nicht reine Preisnehmer sind. Als Nachweis für Monopsonmacht wird regelmäßig die empirisch gut belegte Beobachtung angeführt, dass das Angebot auf vielen Arbeitsmärkten kurzfristig relativ unelastisch auf Lohnänderungen reagiert.[479] Das mag zwar eine monopsonistische Preissetzungsmöglichkeit indizieren. Ob Arbeitsnachfrager auch tatsächlich einen Anreiz zu Mengen- und Lohnsenkungen haben, ist damit allerdings nicht beantwortet.[480]

Die institutionentheoretische Analyse von Arbeitsbeziehungen hat insoweit gezeigt, dass in Arbeitsbeziehungen Anreize zu einer langfristigen Kooperation bestehen. Arbeitnehmer reagieren deswegen oft unelastisch auf Lohnänderungen, weil sie aufgrund ihrer Risikoaversion, sozialer Normen, der Bildung betriebsspezifischen Humankapitals und nichtmonetärer Arbeitsplatzmerkmale oft kein Interesse daran

---

473 *Manning*, Monopsony in Motion, 2003, S. 15; a.A. *Kuhn*, 11 Int. J. Econ. Bus. 2004, 369, 376; *Lewerth*, Nachfragemacht und internationaler Handel, 2014, S. 66.

474 Siehe dazu Teil 1 C.III.2.

475 *Naidu/Posner/Weyl*, 132 Harv. L. Rev. 2018, 536, 554 f., 584.

476 *Erickson/Mitchell*, 146 Int. Labour Rev. 2007, 163, 172; OECD, Competition in Labour Markets, 2020, S. 22.

477 Vgl. *Naidu/Posner*, 57 J. Hum. Resour. 2022, 284, 294 f. Dazu bereits oben C.III.3.2.4c).

478 *Manning*, Monopsony in Motion, 2003, S. 16 Fn. 11, 70.

479 Siehe etwa *Staiger/Spetz/Phibbs*, 28 J. Labor Econ. 2010, 211; *Hirsch/Schank/Schnabel*, 28 J. Labor Econ. 2010, 291; *Briggs/Todd*, 24 Labour Econ. 2013, 196; *Sokolova/Sorensen*, 74 ILR Review 2021, 28.

480 *Hirsch/Schumacher*, 24 J. Health Econ. 2005, 969, 987: „First, evidence of upward sloping labor supply is not sufficient to infer monopsonistic outcomes. We do not dispute that workers are often immobile over the short and medium runs and that employers face upward sloping labor supply. It does not follow that differences in supply elasticities necessarily generate differences in wages. Before concluding that monopsony is important, one should measure outcomes.“

haben, bei einem besser entlohnten Angebot sofort den Arbeitgeber zu wechseln. Hinzu treten Reputationserwägungen.[481] Dass das Arbeitsangebot jedenfalls kurzfristig relativ unelastisch auf Lohnänderungen reagiert, liegt folglich nicht nur an den Friktionen und heterogenen Akteuren, sondern auch an den Eigenschaften der Arbeitsbeziehungen selbst. Diese Besonderheiten müssen Arbeitgeber bei der Lohnsetzung beachten. So können gerade die Effizienzlohntheorien erklären, warum Arbeitgeber – trotz theoretisch bestehender Monopsonmacht – Anreize haben, Löhne nicht möglichst tief festzusetzen. Sie müssen einer adversen Selektion vorbeugen, Anreize zu produktiver Leistung setzen, Loyalität und Reziprozität erzeugen sowie Fairnessvorstellungen genügen.[482] Deswegen sind Nominallöhne auch in Rezessionszeiten regelmäßig abwärts recht rigide.[483]

Es besteht folglich kein direkter Widerspruch zwischen den Effizienzlohntheorien und der Theorie eines monopsonistischen Wettbewerbs.[484] Der monopsonistische Ansatz kann erklären, warum Arbeitsnachfrager nicht nur Preisnehmer sind und Arbeitsmärkte nicht polypolistischen Annahmen entsprechen. Ein allgemeingültiger, pauschaler Rückschluss auf die Verteilung der Gewinnrenten oder eine generelle allokative Ineffizienz, die durch Nachfragemacht entsteht und den meisten Arbeitsmärkten anhaftet, ist allerdings nicht möglich. Gerade die Effizienzlohntheorien zeigen, dass alle Arbeitnehmer – auch die letzte Arbeitseinheit – eine Rente erzielen können. Das führt dazu, dass ein *deadweight loss* nicht zwingend eintritt. Denn angesichts der Rente aller Arbeitnehmer kann eine (geringe) Lohnsenkung auch ohne Beschäftigungsverlust vonstattengehen.[485]

Im Übrigen sind Friktionen und heterogene Präferenzen keine exklusive Besonderheit von Arbeitsmärkten. Sie treten auch auf anderen wirtschaftlichen Märkten auf, beispielsweise Immobilienmärkten.[486] Entspricht Wettbewerb in der Realität nicht dem Modell vollkommener Konkurrenz, handelt es sich allerdings nicht um ein Wettbewerbsversagen, sondern um ein Modellversagen, das kein Anlass für eine Preisregulierung sein sollte.

3. Empirischer Befund

Die beiden zentralen Ansatzpunkte empirischer Studien zu Monopsonmacht oder Lohnsetzungsmacht auf Arbeitsmärkten sind regelmäßig die Arbeitsangebotselastizität sowie die beobachteten Auswirkungen der Einführung eines Mindestlohns.[487] Erstere belegt nur, wie soeben erläutert, dass Monopsonmacht grundsätzlich bestehen kann. Daraus lässt sich allerdings nicht unmittelbar ableiten, inwiefern

---

[481] Ein Arbeitsanbieter, der jede Beschäftigung sofort kündigt, wenn er an anderer Stelle einen höheren Lohn geboten bekommt, wird ab einem gewissen Punkt Schwierigkeiten haben, einen Arbeitsnachfrager zu finden, der sich auf eine langfristige Arbeitsbeziehung einlässt; *Webb*, 35 Labour Econ. 2015, 123, 124.

[482] *Naidu/Posner*, 57 J. Hum. Resour. 2022, 284, 294; siehe dazu Teil 1 C.III.3.2.

[483] Siehe dazu Teil 1 C.III.3.1.3 und C.III.3.2.

[484] *Schlicht*, Efficiency Wages: Variants and Implications, 2016, S. 8; vgl. *Sell/Reinisch*, Anmerkung zum Monopson am Arbeitsmarkt, 2012, S. 1; *Lewerth*, Nachfragemacht und internationaler Handel, 2014, S. 39; *Naidu/Posner*, 57 J. Hum. Resour. 2022, 284, 294.

[485] Siehe dazu D.III.1.

[486] *Naidu/Posner*, 57 J. Hum. Resour. 2022, 284, 285. Weitere Beispiele bei *Rogerson/Shimer/Wright*, 43 J. Econ. Lit. 2005, 959, 960; Royal Swedish Academy of Sciences, Markets with Frictions, 2010, S. 24.

[487] *Naidu/Posner*, 57 J. Hum. Resour. 2022, 284, 293 ff. Mit einem Überblick zu verschiedenen Studien zu Arbeitsmarktelastizitäten *Card*, 112 Am. Econ. Rev. 2022, 1075, 1080 ff.

Unternehmen tatsächlich von ihr Gebrauch machen. Insoweit kommen empirische Studien bisher zu keinem eindeutigen Ergebnis.[488]

Auch Untersuchungen zur Einführung von Mindestlöhnen in verschiedenen Ländern haben gezeigt, dass diese in einigen Fällen zu keinen nennenswerten Beschäftigungseffekten führten.[489] Diese empirische Anomalie lässt sich nicht mit dem Monopson-Modell erklären, das einen Anstieg der Beschäftigung durch Mindestlöhne vorhersagt.[490] Ein Begründungsansatz für diese Beobachtung ist, dass ineffiziente Unternehmen, die Arbeitnehmer zu Niedriglöhnen beschäftigen, den Markt infolge der Mindestlohneinführung verlassen mussten und diese Beschäftigten dann zu den größeren, produktiveren Unternehmen abwanderten.[491] Andere Begründungsansätze verweisen auf eine Reduzierung der Arbeitszeit oder eine Steigerung des Unternehmens-Outputs.[492] Damit in Einklang steht, dass einige Studien zu einem Konzentrationsanstieg auf Arbeitsmärkten durch Unternehmenszusammenschlüsse sinkende Löhne bei einer gleichbleibenden oder sogar steigenden Beschäftigung feststellen, was nicht konsistent mit den Annahmen einer monopsonistischen Marktstruktur ist.[493] Dieser Befund scheint jedoch nicht verallgemeinerungsfähig zu sein, da etwa die gewählten Märkte, Daten und Analysemethoden das Ergebnis beeinflussen.[494] Außerdem führen Zusammenschlüsse auf Unternehmensebene meist zu einer zunächst sinkenden Beschäftigungsmenge aufgrund von Rationalisierungs- und Restrukturierungsmaßnahmen,[495] was die Bewertung der marktweiten Beschäftigungsauswirkungen der gestiegenen Konzentration erschwert.[496]

---

488 *Sokolova/Sorensen*, 74 ILR Review 2021, 28, 51 resümieren in ihrer Metaanalyse, dass Zweifel bestehen, ob Unternehmen ihre theoretische Lohnsetzungsmacht tatsächlich ausüben. Jedenfalls gäbe es Anhaltspunkte, dass sie dies – wenn überhaupt – nur zu einem Teil tun. *Webb*, 35 Labour Econ. 2015, 123 kommt in seiner Studie zu US-Arbeitsmärkten zum Ergebnis, dass Unternehmen teilweise auf kompetitiven und teilweise auf monopsonistischen Arbeitsmärkten agieren und dabei wohl auch nur einen Teil ihrer Macht ausüben. *Bachmann/Frings*, 49 Appl. Econ. 2017, 5268 kommen in ihrer empirischen Studie zu deutschen Arbeitsmärkten im Niedriglohnbereich zum Ergebnis, dass die Angebotselastizität erheblich variiert und nur teilweise von monopsonistischer Konkurrenz ausgegangen werden kann. Anders etwa *Kölling*, 33 ELRR 2022, 377, 391, der einen hohen Anteil monopsonistischer Marktstrukturen im deutschen Niedriglohnbereich behauptet. *Berger/Herkenhoff/Mongey*, 112 Am. Econ. Rev 2022, 1147 behaupten in einer quasi-experimentellen Studie zu US-Arbeitsmärkten einen Wohlfahrtsverlust von 7,6 % gegenüber dem Pareto-Optimum bei einer Output-Reduzierung von 20,9 %. Die Arbeitgeberkonzentration habe zwischen 1977 und 2013 allerdings abgenommen, was zu einem Anstieg der Lohnquote von 4 % geführt habe.

489 *Card/Krueger*, 84 Am. Econ. Rev. 1994, 772; *Doucouliagos/Stanley*, 47 Br. J. Ind. Relat. 2009, 406; *Belman/Wolfson*, What Does the Minimum Wage Do?, 2014, S. 401 ff.; *Bruttel*, 53 J. Labour Mark. Res. 2019, Art. No. 10.

490 *Heise*, How did they get it so wrong?, 2021, S. 14 ff. Bei Mindestlöhnen über dem wettbewerblichen Gleichgewichtsniveau prognostiziert freilich auch das Monopson-Modell eine steigende Arbeitslosigkeit, allerdings in einem geringeren Ausmaß als das neoklassische Modell.

491 *Dustmann* et al., 137 Q. J. Econ. 2022, 267.

492 *Kölling*, 33 ELRR 2022, 377, 391.

493 *Brown/Medoff*, in: Auerbach, Corporate Takeovers, 1988, S. 9, 23; *He/le Mair*, Mergers and Managers, 2019, S. 19 f.; *Arnold*, Mergers and Acquisitions, Local Labor Market Concentration, and Worker Outcomes, 2021, S. 2, 24 ff.

494 Vgl. etwa *Marinescu/Ouss/Pape*, 184 J. Econ. Behav. Organ. 2021, 506, 507, 526, die marktweit sinkende Löhne und eine sinkende Beschäftigungsmenge ermitteln, wobei sie allerdings Zusammenschlüsse der zwei größten Unternehmen eines Industriezweigs zugrunde legen.

495 *Dobbelaere/McCormack/Prinz/Sóvágó*, Firm Consolidation and Labor Market Outcomes, 2022, S. 2, 18.

496 Vgl. etwa *Costa*, Local Labor Market Effects of Mergers and Acquisitions in Developing Countries, 2023, S. 2, 24, der in Bezug auf brasilianische Arbeitsmärkte feststellt, dass große Zusammenschlüsse anschließend zu einer marktweit sinkenden Beschäftigung führen, wobei dies fast ausschließlich auf – machtunabhängigen – Rationalisierungsmaßnahmen der fusionierten Unternehmenseinheit beruhen soll. Andere Unternehmen

Die Relevanz einer vermuteten Nachfragemacht auf Arbeitsmärkten wird aus wettbewerbsökonomischer Sicht ebenfalls durch den Anteil an Arbeitsbeziehungen eingeschränkt, die den Lohn mittels *wage-bargaining* bestimmen. Nachfragemacht führt bei bilateralen Verhandlungen regelmäßig nicht zu einem Wohlfahrtsverlust, sondern oft nur zu einer Rentenverschiebung zwischen den Parteien. Anhaltspunkte liefern empirische Untersuchungen zu deutschen und US-amerikanischen Arbeitsmärkten, die einen *wage-bargaining*-Anteil von rund einem Drittel ermittelten.[497] Insoweit ist ein *deadweight loss* nicht offensichtlich. Hinzu kommt, dass die Annahmen eines Wohlfahrtsverlustes im Monopson-Modell an recht starre Voraussetzungen geknüpft sind. Nur wenn eine Lohnsenkung zugleich einen Rückgang der Beschäftigungsmenge bewirkt, greift die monopsonistische Schadenstheorie. Auf Arbeitsmärkte trifft das jedoch nicht pauschal zu. Denn es gibt verschiedene Gründe, warum alle Arbeitnehmer des jeweiligen Unternehmens oder des gesamten Arbeitsmarktes – auch die letzte Arbeitseinheit – eine Rente erzielen können. Dann muss eine Lohnsenkung nicht von einer sinkenden Beschäftigung begleitet werden.[498]

4. Ergebnis

Zusammenfassend konnte die Untersuchung eine generelle Neigung von Arbeitsmärkten zu ausgeübter Monopsonmacht und einen damit einhergehenden Wohlfahrtsverlust nicht mit hinreichender Sicherheit feststellen. Dass dies auf einzelnen Märkten der Fall ist und die allokative Effizienz dadurch einen Verlust erleidet, wird dabei nicht in Abrede gestellt. Der hiesige Befund ist jedoch ambivalent. Es konnte nicht sicher nachgewiesen werden, dass es sich um eine grundlegende Eigenschaft von Arbeitsmärkten handelt. Die vorliegende Abhandlung verneint damit nicht, dass Arbeitgeber öfters zumindest eine gewisse Nachfragemacht haben können.[499] Die Untersuchung hat jedoch nicht ergeben, dass diese über alle oder die Mehrheit der Arbeitsmärkte hinweg ausgeübt wird und zugleich Wohlfahrtsverluste erzeugt – nur dies war Untersuchungsgegenstand. Es war daher nicht notwendig, im Rahmen dieses Abschnitts im Detail auf die wohlfahrtsökonomischen Schadenstheorien von Monopsonmacht auf Arbeitsmärkten einzugehen.[500]

Im Übrigen wären die möglichen Wohlfahrtsverluste durch – die in diesem Abschnitt diskutierte – monopsonistische Konkurrenz und hohe Nachfragekonzentration vermutlich geringer als bei einem Voll-Monopson.[501] Es wäre außerdem mit erheblichen Kosten und Schwierigkeiten verbunden, den Umfang der notwendigen Lohnanhebung zur Verbesserung der allokativen Effizienz im Einzelfall zu ermitteln. Generell variieren Angebotselastizität und Konzentration erheblich über verschiedene Arbeitsmärkte hinweg.

Vor diesem Hintergrund ist bei der Beurteilung eines Marktversagens und der Regulierungsfrage aus hiesiger Sicht Zurückhaltung geboten.[502] Bei der Korrektur eines Marktversagens durch korporatistische

auf denselben Märkten würden dagegen verstärkt Personal einstellen, wobei diese Einstellungen die sinkende Beschäftigungsmenge der fusionierten Einheit nicht vollständig auffangen.

497 *Krueger/Hall*, 4 Am. Econ. J. 2012, 56; *Brenzel/Gartner/Schnabel*, 29 Labour Econ. 2014, 41.

498 Siehe dazu Teil 1 D.III.1.

499 So *Card*, 112 Am. Econ. Rev. 2022, 1075, 1080 ff. m.w.N.

500 Siehe dazu Teil 5 C.III.2.3.

501 *Heise*, How did they get it so wrong?, 2021, S. 16.

502 *Manning*, Monopsony in Motion, 2003, S. 69 f.: „[T]he free market must not be presumed efficient. But, beyond this, theory has been shown to provide little guidance about the direction of the efficiency or policies that might be expected to improve matters. Employment may be too 'high', or too 'low'. A minimum wage may raise employment or reduce it. If a theoretical paper claims a strong conclusion about the direction of inefficiency in the free market equilibrium, then this is almost certainly because they have not considered a

Regulierungsformen wie Kollektivverträge müsste der Gesetzgeber die Anreizstrukturen außerdem so setzen, dass eine Allokationsverbesserung durch das Handeln der privaten Akteure prognostiziert werden kann.[503] Gewerkschaften und Arbeitgeberverbände sind jedoch primär nur den Interessen ihrer Mitglieder verpflichtet und keinem gesamtwirtschaftlichen Interesse an einer möglichst hohen allokativen Effizienz von Arbeitsmärkten.[504] Eine Wohlfahrtssteigerung gegenüber der wettbewerblichen Arbeitsmarktsteuerung kann nach hiesiger Ansicht auch deswegen nicht realistischerweise prognostiziert werden. Damit entfällt auch in den meisten Fällen die Möglichkeit, Kollektivverträge bei der kartellrechtlichen Prüfung einer Einzelfreistellung mit Effizienzsteigerungen für Verbraucher durch die Beseitigung oder Minderung eines durch Nachfragemacht verursachten Wohlfahrtsverlustes zu rechtfertigen.

III. Abhängigkeitsthesen

Weitere Begründungsansätze zur Rechtfertigung von Kollektivverträgen aufgrund eines Machtungleichgewichts auf Arbeitsmärkten lassen sich aus wettbewerbsökonomischer Sicht nur schwierig verarbeiten. Denn zumeist bleibt unklar, ob sie überhaupt die Funktionsfähigkeit des Wettbewerbs angreifen wollen. Inhaltlich eint diese Ansätze, dass sie letztlich unterstellen, Arbeitnehmer hätten weniger oder weniger werthaltige Ausweichmöglichkeiten als Arbeitgeber.[505] Da fehlende Ausweichmöglichkeiten der Angebotsseite Grundlage für Nachfragemacht und damit auch für einen *deadweight loss* sein können, ist eine wettbewerbsökonomische Relevanz dieser Thesen zumindest denkbar.

Behauptet wird, der Arbeitnehmer sei auf den Arbeitgeber stärker angewiesen als umgekehrt.[506] Das ist in dieser Pauschalität allerdings zweifelhaft. Der Arbeitnehmer benötigt das Arbeitsentgelt zur Sicherung seines persönlichen Lebensunterhalts und der Arbeitgeber benötigt die Arbeitsleistung zur Ertrags- und Fortbestandssicherung seines Unternehmens; beide Marktseiten sind grundsätzlich aufeinander angewiesen. Das pauschale Argument wird teilweise dahingehend ergänzt, dass Arbeitnehmer erheblich weniger Ausweichmöglichkeiten hätten, da regelmäßig mehrere Arbeitnehmer um einen Arbeitsplatz konkurrieren würden.[507] Dass dies nicht stets der Fall ist, zeigt bereits der scharfe Nachfragewettbewerb um Fachkräfte und hoch qualifizierte Arbeitnehmer (*war for talents*). Tatsächlich ist die Anzahl der *outside options* von Arbeitnehmer und -nachfrager stark von den jeweiligen Arbeitsmarktverhältnissen und der individuellen Suchintensität abhängig. Die Behauptung geringerer Ausweichmöglichkeiten der Arbeitnehmer unterstellt letztlich ein strukturelles Überangebot an Arbeitsleistung, was auf die heutigen

rich enough model in the sense that there are not enough 'marginal' decisions to be influenced by incentives. […] We have introduced only enough to make the point that theory alone is going to be an unreliable guide to policy-making."

503 *Fritsch*, Marktversagen und Wirtschaftspolitik, 10. Aufl. 2018, S. 77.

504 Ausführlich *Litwinski*, 22 BJELL 2001, 49, 87 f.; siehe dazu auch oben B.II.4.1.

505 Siehe etwa *Ulber*, Tarifdispositives Gesetzesrecht im Spannungsfeld von Tarifautonomie und grundrechtlichen Schutzpflichten, 2010, S. 141: „Das historisch bedeutsamste Argument für die Annahme einer strukturellen Unterlegenheit ist dabei, dass der Arbeitnehmer auf den Arbeitsplatz (stärker als der Arbeitgeber) angewiesen und er dem Arbeitgeber, der nicht gleichermaßen auf den Arbeitnehmer angewiesen ist, dadurch bei den Vertragsverhandlungen weitgehend unterworfen ist. Darüber hinaus fehlt es dem Arbeitnehmer in Ermangelung von Ausweichmöglichkeiten regelmäßig an der Möglichkeit, das Arbeitsangebot abzulehnen."

506 BVerfG, Beschl. v. 23.11.2006, 1 BvR 1909/06, NJW 2007, 286, 287 f.; *Markmann*, in: Deregulierungskommission, Marktöffnung und Wettbewerb, 1991, Rn. 629, 631; *Dieterich*, RdA 1995, 129, 135; *Rieble*, Arbeitsmarkt und Wettbewerb, 1996, Rn. 94; *Fastrich*, RdA 1997, 65, 77; *Vaupel*, Die Kompensation von Ungleichgewichtslagen im Arbeits- und Verbraucherrecht, 2006, S. 47 f.; *Ulber*, Tarifdispositives Gesetzesrecht im Spannungsfeld von Tarifautonomie und grundrechtlichen Schutzpflichten, 2010, S. 141.

507 *Fastrich*, Richterliche Inhaltskontrolle im Privatrecht, 1992, S. 187; *Dieterich*, RdA 1995, 129, 135; *Rieble*, Arbeitsmarkt und Wettbewerb, 1996, Rn. 94; *Ulber*, Tarifdispositives Gesetzesrecht im Spannungsfeld von Tarifautonomie und grundrechtlichen Schutzpflichten, 2010, S. 141 f.

Arbeitsmarktverhältnisse eher nicht zutrifft.[508] Dass freie Arbeitsmärkte trotzdem eine gewisse Arbeitslosenquote aufweisen, lässt sich unter anderem mit Marktunvollkommenheiten erklären. Zu deren Überwindung leisten kollektive Lohnverträge aber keinen relevanten Beitrag.[509]

Weiter wird vereinzelt mit der fehlenden Lagerfähigkeit von Arbeit argumentiert.[510] Arbeitnehmer sollen diese nur in sehr begrenztem Umfang zurückhalten können.[511] Der Kern des Arguments zielt folglich darauf ab, dass Arbeitnehmer nicht dazu in der Lage sein sollen, ihre Leistung zurückzuhalten, bis sich die Löhne wieder zu ihren Gunsten entwickeln. Dabei handelt es sich allerdings nicht um eine Besonderheit von Arbeitsmärkten. Vielmehr sind viele Dienstleister in einer vergleichbaren Situation.[512] Fehlen ihnen Kapitalreserven, sind sie meist dazu gezwungen, ihre Leistungen zum gängigen Marktpreis anzubieten. Dasselbe gilt für Unternehmen, die nicht lagerfähige Waren produzieren. Wenn ihre Kapitalreserven aufgebraucht sind, müssen auch sie ihre Waren grundsätzlich zu ungünstigen Marktpreisen anbieten, um ihre Kosten zu decken.[513] Abgesehen davon verschlechtert die fehlende Lagerfähigkeit von Arbeitsleistung auch nicht unbedingt die Verhandlungsposition des Arbeitnehmers. Dies wäre vor allem dann der Fall, wenn Arbeitgeber die Arbeitsplätze länger unbesetzt lassen könnten, als Arbeitnehmer ihre Leistungen zurückhalten können. Erstere hätten dann einen besseren Drohpunkt in Verhandlungen. Allerdings suchen Unternehmen insbesondere dann Arbeitskräfte, wenn auf ihren Absatzmärkten eine ausreichende Nachfrage besteht, um deren Arbeitsleistung auch auslasten zu können. Dann haben sie also einen aktuellen Bedarf an Arbeitsleistung. Auf diese Arbeitsleistung sind sie regelmäßig angewiesen, um Erträge aus ihrem Produktionskapital erwirtschaften zu können.[514] Daher ist keineswegs offensichtlich, warum sie einen besseren Drohpunkt aufgrund eines längeren Zeithorizonts haben sollten.

Eine weitere These besagt, eine Unterlegenheit des Arbeitnehmers ergebe sich aus seiner hierarchischen Integration in das Unternehmen des Arbeitgebers sowie dessen Weisungsrecht.[515] Durch das Weisungsrecht entstehe eine persönliche Abhängigkeit des Arbeitnehmers.[516] Mit der Unvollständigkeit von Arbeitsverträgen und dem daraus folgenden Weisungsrecht des Arbeitgebers hat sich die vorliegende Abhandlung bereits auseinandergesetzt. Die Einzelheiten der zu erbringenden Arbeitsleistung lassen sich insbesondere angesichts von Ungewissheiten über künftige Entwicklungen nicht vollständig *ex ante* bestimmen.[517] Da es der Arbeitgeber ist, der die Arbeitsleistung einkauft und über deren effizienteste innerbetriebliche Einsatzmöglichkeit zumeist am besten informiert ist, ist es sinnvoll, ihm ein Weisungs-

508 *Werding*, in: Busold, War for Talents, 2019, S. 3, 14: „Die bis 2040 zu erwartende Schrumpfung der Erwerbspersonenzahl, die auf den ausgeprägten demografischen Wandel in Deutschland zurückzuführen ist, lässt sich unter den hier getroffenen Annahmen in keinem Fall vermeiden. Gegenüber aktuellen Zahlen ist bis 2030 mit einem Rückgang um 3 bis 8 %, bis 2040 um 7 bis 15 % zu rechnen. Das führt unweigerlich zu einem intensiver werdenden Wettbewerb um Arbeitskräfte, speziell Fachkräfte."

509 Siehe dazu oben B.II.4.1.

510 *Höpfner*, Die Tarifgeltung im Arbeitsverhältnis, 2015, S. 42; vgl. *Voswinkel*, WSI-Mitteilungen 2007, 427, 428.

511 *Voswinkel*, WSI-Mitteilungen 2007, 427, 428.

512 *Kordel*, Arbeitsmarkt und Europäisches Kartellrecht, 2004, S. 53 Fn. 244.

513 *Kordel*, Arbeitsmarkt und Europäisches Kartellrecht, 2004, S. 53 Fn. 244.

514 *Keuchel*, Kann der Arbeitsmarkt dem Wettbewerb unterworfen werden?, 1989, S. 95.

515 *Markmann*, in: Deregulierungskommission, Marktöffnung und Wettbewerb, 1991, Rn. 629, 631; *Rieble*, Arbeitsmarkt und Wettbewerb, 1996, Rn. 95; *Bayreuther*, Tarifautonomie als kollektiv ausgeübte Privatautonomie, 2005, S. 68.

516 *Rieble*, Arbeitsmarkt und Wettbewerb, 1996, Rn. 95; *Bayreuther*, Tarifautonomie als kollektiv ausgeübte Privatautonomie, 2005, S. 68.

517 Dazu ausführlich Teil 1 C.III.3.1.3.

recht einzuräumen. Was das Argument einer Unterlegenheit aufgrund des Weisungsrechts letztlich unterstellt, ist, dass Arbeitgeber das Weisungsrecht auch regelmäßig zur Unterdrückung der Arbeitnehmer nutzen. Dazu besteht in relationalen Arbeitsbeziehungen allerdings wenig Anreiz.[518] Im Übrigen bezieht sich das Weisungsrecht nur auf den Einsatz der Arbeitsleistung während der Arbeitsbeziehung und nicht auf die Gegenleistungen des Arbeitgebers, die beim Vertragsschluss oder bei Nachverhandlungen vereinbart werden. Kollektivverhandlungen können dieses behauptete Machtungleichgewicht daher nicht korrigieren.

Zuletzt soll auf die Behauptung eines Machtungleichgewichts eingegangen werden, die sich auf den Gegensatz von Kapital und Arbeit stützt.[519] Kapital sei gegenüber Arbeit deutlich mobiler, liquider und anpassungsfähiger.[520] Das Kapital und der Zugang zu Finanzierungsmöglichkeiten können dann zu einem Machtungleichgewicht führen, wenn sie eine Substitution der Arbeitsleistung ermöglichen.[521] Das würde bedeuten, dass Arbeitgeber über wertigere *outside options* verfügen. Insoweit ist zunächst relevant, dass diese Substitutionsmöglichkeit im Regelfall nicht kurzfristig während einzelvertraglicher Lohnverhandlungen besteht. Sie ist meist eine mittel- bis langfristige Entscheidung, bei einem bestimmten Produktionsprozess Arbeitsleistung durch Kapitaleinsatz – zumindest teilweise – zu ersetzen. Die Substitutionsmöglichkeit führt daher nicht zu einem Ungleichgewicht bei Vertragsschluss. Im Übrigen ist Arbeitsleistung nicht gänzlich durch Kapital ersetzbar.[522] Zudem führt die Anpassungsfähigkeit des Arbeitsmarktes an Änderungen der Nachfragestruktur dazu, dass die substituierte Arbeitsleistung auf andere Arbeitsmärkte transferiert werden kann oder neue Arbeitsmärkte entstehen.[523]

Zusammenfassend rechtfertigt nach hiesiger Auffassung aus wettbewerbsökonomischer Sicht keine der diskutierten Abhängigkeitsthesen eine Regulierung von Arbeitsmärkten durch Kollektivverträge. Damit wird nicht in Abrede gestellt, dass Unternehmen oft eine gewisse Nachfragemacht gegenüber Arbeitnehmern haben können. Allerdings konnte die Arbeit bisher nicht mit hinreichender Sicherheit feststellen, dass hierdurch auch Ineffizienzen ausgelöst werden, die Kollektivverträge beheben.

E. INFORMATIONSDEFIZITE AUF ARBEITSMÄRKTEN

Die Notwendigkeit, den Wettbewerb als Lenkungsinstrument auf Arbeitsmärkten durch das Gegenmachtprinzip in Form von kollektiven Verhandlungen zu ersetzen, wird nicht nur mit Machtasymmetrien, sondern auch mit Informationsdefiziten und -asymmetrien begründet.[524] Gewerkschaften und

[518] Ähnlich *von Klitzing*, Ordnungsökonomische Analyse des arbeitsrechtlichen Bestandsschutzes, 2004, S. 161; siehe dazu bereits soeben D.II.2.

[519] *Markmann*, in: Deregulierungskommission, Marktöffnung und Wettbewerb, 1991, Rn. 629, 631; *Dorndorf*, in: FS Gnade, 1992, S. 39, 43 f.; *Oppolzer*, AuR 1998, 45, 50 f.; *Kittner*, in: FS Dieterich, 1999, S. 279, 288 f.; *Abraham/Hinz*, in: Abraham/Hinz, Arbeitsmarktsoziologie, 3. Aufl. 2018, S. 9, 35 ff.

[520] *Dorndorf*, in: FS Gnade, 1992, S. 39, 44; *Kittner*, in: FS Dieterich, 1999, S. 279, 288 f.; *Weingärtner*, Soziologische Arbeitsmarkttheorien, 2019, S. 109 f.

[521] So *Abraham/Hinz*, in: Abraham/Hinz, Arbeitsmarktsoziologie, 3. Aufl. 2018, S. 9, 36 f.

[522] Monopolkommission, Mehr Wettbewerb auf allen Märkten, Hauptgutachten X, 1994, Rn. 913; *von Klitzing*, Ordnungsökonomische Analyse des arbeitsrechtlichen Bestandsschutzes, 2004, S. 159.

[523] Zur Prognose, dass die Digitalisierung in der Arbeitswelt zu einem Beschäftigungsanstieg führen wird und Arbeitsmärkte flexibel auf die geänderten Tätigkeitsprofile reagieren werden, siehe *Kriechel/Düll/Vogler-Ludwig*, Arbeitsmarkt 2030 – Wirtschaft und Arbeitsmarkt im digitalen Zeitalter, 2016, S. 132 ff.

[524] *Bayreuther*, Tarifautonomie als kollektiv ausgeübte Privatautonomie, 2005, S. 67; *Ulber*, Tarifdispositives Gesetzesrecht im Spannungsfeld von Tarifautonomie und grundrechtlichen Schutzpflichten, 2010, S. 143 f.

Arbeitgeberverbände seien „Informationsagenturen", die effizientere Vertragsverhandlungen ermöglichen sollen.[525]

Dass Arbeitsmärkte durch eine unvollkommene Informationslage der Akteure gekennzeichnet sind, hat die theoretische Arbeitsmarktanalyse gezeigt. Durch die untrennbare Bindung zwischen Arbeitnehmer und -leistung entsteht im Verhältnis zum Arbeitgeber eine Prinzipal-Agenten-Konstellation, die sowohl das Risiko einer *adverse selection* als auch eines *moral hazard* begründet.[526] Umgekehrt kennt der Arbeitnehmer vor Tätigkeitsbeginn viele nichtmonetäre Eigenschaften des potenziellen Arbeitsplatzes oft nicht. Er kann daher den Wahrheitsgehalt eines „Karriereversprechens" des Arbeitgebers nicht belastbar beurteilen.[527] Neben diese wechselseitigen Informationsasymmetrien auf bilateraler Ebene treten Suchfriktionen, die vollständige Informationen über die Marktlage verhindern.[528]

Eine Einschränkung der allokativen Effizienz durch Suchfriktionen lässt sich zwar nicht gänzlich beheben, allerdings verbessern. Ein wichtiger Faktor dabei ist der Wettbewerb selbst. Durch die bestehende Nachfrage nach mehr Markttransparenz besteht für Unternehmen auch ein Anreiz zur Schaffung eines entsprechenden Angebots. Beispiele sind Marktforschungsinstitute, soziale Berufsnetzwerke, Headhunter oder digitale Stellenbörsen. Insoweit ist es zutreffend, dass auch Arbeitnehmer- und Arbeitgeberverbände die Informationstransparenz von Arbeitsmärkten für ihre Mitglieder verbessern können.[529] Beispielsweise können sie Marktberichte zu Löhnen oder sonstigen Arbeitsbedingungen bereitstellen.[530] Hierfür ist allerdings nicht zwingend erforderlich, dass die Verbände in kollektive Verhandlungen über Arbeitsbedingungen treten.[531] Der Suchprozess der Marktakteure wird hierdurch nicht wesentlich erleichtert.

Die genannten Möglichkeiten zur Steigerung der Informationstransparenz helfen allerdings nur in begrenztem Umfang bei der Beseitigung von Informationsasymmetrien vor und nach Abschluss einer bilateralen Arbeitsbeziehung. Hier sind es vor allem die marktlichen Mechanismen selbst, die ein *adverse selection*- und ein *moral hazard*-Problem schmälern können.[532] Für Ersteres sind *Signaling* und *Screening* effektive Möglichkeiten für Arbeitgeber, um sicherzustellen, dass sie die für ihre Zwecke leistungsfähigsten Arbeitnehmer einstellen.[533] Umgekehrt können sie im Bewerbungsverfahren oder durch Marketingmaßnahmen selbst Signale senden, die Arbeitnehmern eine Einschätzung ihrer Unternehmenskultur, der Karrierechancen und der Arbeitsatmosphäre erleichtert. Für das *moral hazard*-Problem stehen

525 *Höpfner*, Die Tarifgeltung im Arbeitsverhältnis, 2015, S. 535.

526 Siehe dazu Teil 1 C.III.3.1.2.

527 *Walwei*, in: Kleinhenz, IAB-Kompendium Arbeitsmarkt und Berufsforschung, 2002, S. 95, 100; siehe dazu auch D.II.2.

528 Siehe dazu Teil 1 C.III.2.

529 Dazu *Kordel*, ZfA 2005, 459, 471 f.; *Dietz*, Der Arbeitsmarkt in institutionentheoretischer Perspektive, 2006, S. 185.

530 Siehe etwa zur Zulässigkeit von Umfragen im Personalbereich nach US-Kartellrecht U.S. Department of Justice (DOJ) / Federal Trade Commission (FTC), Statements of Antitrust Enforcement Policy in Healthcare, 1996, S. 50 ff.

531 *Möschel*, WuW 1995, 704, 710: „Einem Verhältnismäßigkeitsprinzip folgend könnte solches Argument auch nur für Informationsansprüche, ggf. Mitbestimmungsregeln begründen. […] Kollektive überbetriebliche Verhandlungsmuster und Pilotabschlüsse, wie sie deutscher Tarifvertragstradition entsprechen, liefern im übrigen gerade nicht Informationen über die wirtschaftliche Lage des einzelnen Betriebes oder der spezifischen Branchen." Ähnlich Monopolkommission, Mehr Wettbewerb auf allen Märkten, Hauptgutachten X, 1994, Rn. 917.

532 *Schmidt/Haucap*, Wettbewerbspolitik und Kartellrecht, 10. Aufl. 2013, S. 49, 50.

533 Siehe dazu Teil 1 C.III.3.2.2.

ebenfalls marktliche Lösungen zur Verfügung. Dazu zählt vor allem der Aufbau eines internen Arbeitsmarktes mit Strukturen, die die extrinsische und intrinsische Arbeitsmotivation fördern und den sozialen Normen Reziprozität und Fairness Rechnung tragen.[534] Kollektivverhandlungen leisten allerdings keinen weitergehenden Beitrag zur Behebung dieser Vertragsprobleme.

Informationsdefizite können auch Ursache einer *hold-up*-Gefahr sein, die wiederum ein Marktversagen begründen kann. Bei transaktionsspezifischen Investitionen gerät der Investor in eine gewisse Abhängigkeit von seinem Transaktionspartner.[535] Das kann Letzterer zu opportunistischem Verhalten nutzen, indem er sich einen Teil der Gewinnrente des Investors in Nachverhandlungen aneignet.[536] Antizipiert der Investor das *hold-up*-Problem, kann dies an sich sinnvolle vertragsspezifische Investitionen einschränken oder ganz verhindern.[537] Auf Arbeitsmärkten ist der Aufbau von betriebsspezifischem Humankapital eine transaktionsspezifische Investition.[538] Dem Arbeitnehmer entsteht hierdurch eine Quasirente. Das betriebsspezifische Humankapital kann er nur im Betrieb des Arbeitgebers produktivitätserhöhend und damit – so die Annahme – lohnerhöhend einsetzen.[539] Umgekehrt erhält auch der Arbeitgeber eine Quasirente. Arbeitnehmer mit betriebsspezifischem Humankapital sind im Regelfall produktiver und können nicht am Arbeitsmarkt rekrutiert werden. Man kann daher von einer gegenseitigen Abhängigkeit sprechen.[540] Damit ist die *hold-up*-Gefahr überschaubar. Beide Vertragsparteien präferieren eine langfristige Arbeitsbeziehung bei möglichst geringer Chance zu opportunistischem Verhalten der anderen Partei.[541] Dies zeigt, dass Arbeitsbeziehungen Konflikt- und Kooperationsbeziehung sind.[542] Die Kooperation drückt sich häufig in langfristigen Beschäftigungsverhältnissen aus, die einen relationalen Vertrag bedingen.[543]

Insgesamt zeigen die obigen Erwägungen, dass auf Arbeitsmärkten zwar gewisse Informationsdefizite existieren, die Transaktionskosten verursachen und die allokative Effizienz gegenüber dem Modell vollkommenen Wettbewerbs verringern. Arbeitsrechtliche Kollektivverhandlungen sind allerdings nicht mit hinreichender Sicherheit ein geeignetes Gegenmittel, um die Marktfriktionen zu überwinden und dadurch eine Wohlfahrtsverbesserung herbeizuführen. Es stehen andere, weniger einschneidende Möglichkeiten zur Verfügung. Darüber hinaus indizieren die obigen Erwägungen, dass arbeitsrechtliche Kollektivverhandlungen eher selten von einer kartellrechtlichen Einzelfreistellung profitieren werden.

---

534 Siehe dazu insbesondere Teil 1 C.III.3.2.4.

535 *Göbel*, Neue Institutionenökonomik, 2021, S. 210.

536 *Jost*, in: Ott/Schäfer, Ökonomische Analyse des Arbeitsrechts, 2001, 174, 182; vgl. *Erlei/Leschke/Sauerland*, Institutionenökonomik, 3. Aufl. 2016, S. 83.

537 *Malcomson*, 35 J. Econ. Lit. 1997, 1 f.; vgl. *Erlei/Leschke/Sauerland*, Institutionenökonomik, 3. Aufl. 2016, S. 83.

538 *Williamson*, Die ökonomischen Institutionen des Kapitalismus, 1990, S. 62, 108 f. Zum Begriff des betriebsspezifischen Humankapitals siehe oben Teil 1 C.III.1.

539 Vgl. *Sesselmeier/Funk/Waas*, Arbeitsmarkttheorien, 3. Aufl. 2010, S. 268.

540 *Görgens/Pfahler*, in: Apolte/Vollmer, Arbeitsmärkte und soziale Sicherungssysteme unter Reformdruck, 2002, S. 85, 91. f.; vgl. *Behrens*, ZfA, 1989, 209, 225.

541 *Dietz*, Der Arbeitsmarkt in institutionentheoretischer Perspektive, 2006, S. 103, vgl. *Hardes*, MittAB 1989, 540, 545. Eine *hold-up*-Gefahr besteht allerdings bei einseitiger Investition des Arbeitgebers in das allgemeine Humankapital des Arbeitnehmers, denn bei Auflösung des Arbeitsverhältnisses handelt es sich für Ersteren um *sunk costs*, während Letzterer die erworbenen Kenntnisse und Fähigkeiten auch für andere Arbeitsnachfrager produktivitäts- und damit lohnerhöhend einsetzen kann.

542 *Hardes*, MittAB 1989, 540, 543; *Sesselmeier/Funk/Waas*, Arbeitsmarkttheorien, 3. Aufl. 2010, S. 261 f.

543 Vgl. *Williamson*, The Economic Institutions of Capitalism, 1985, S. 211; *Dietz*, Der Arbeitsmarkt in institutionentheoretischer Perspektive, 2006, S. 121.

F. ERGEBNIS

Die Untersuchung hat ergeben, dass bei der Feststellung eines durch arbeitsrechtliche Kollektivverträge zu korrigierenden Markt- oder Wettbewerbsversagens auf freien Arbeitsmärkten Zurückhaltung geboten ist. Dabei wurde ein rein effizienzorientierter Maßstab angelegt. Nach diesem müssen arbeitsrechtliche Kollektivverträge realistischerweise in Summe eine Wohlfahrtssteigerung gegenüber der wettbewerblichen Marktsteuerung erwarten lassen, um ein Markt- oder Wettbewerbsversagen auf Arbeitsmärkten begründen zu können. Eine in diesem Sinne generelle Wohlfahrtssteigerung über alle oder die meisten Arbeitsmärkte hinweg konnte die Untersuchung jedoch nicht mit hinreichender Wahrscheinlichkeit prognostizieren. Zwar weisen Arbeitsmärkte Ineffizienzen gegenüber dem Modell vollkommenen Wettbewerbs auf. Es konnte allerdings nicht festgestellt werden, dass arbeitsrechtliche Kollektivverträge realistischerweise in Summe effizienzsteigernd wirken werden. Die wohlfahrtsökonomischen Effekte von arbeitsrechtlichen Kollektivverhandlungen sind ambivalent. Es ließe sich zugespitzt behaupten, dass gewisse Ineffizienzen auf Arbeitsmärkten existieren, die nicht durch Regulierung beseitigt werden können.

Es besteht – nach hiesigen Erkenntnissen – aus einer rein wettbewerbsökonomischen Perspektive damit keine ausreichend gesicherte Grundlage, um Verhandlungen über Löhne pauschal dem Wettbewerb und dessen Schutz durch das Kartellrecht zu entziehen. Auch die Möglichkeit einer kartellrechtlichen Effizienzverteidigung ist damit im Allgemeinen eher vorsichtig zu beurteilen. Kollektivverhandlungen bewirken in der Regel eher keine Effizienzsteigerungen zum Wohle von Verbrauchern.

Das soeben Gesagte schließt keineswegs aus, dass es abseits der effizienzorientierten Wettbewerbsökonomie und Kartellrechtsanwendung gute Gründe geben kann, um auf Arbeitsmärkten Kollektivvereinbarungen zu etablieren – gerade angesichts der erheblichen gesellschaftlichen Bedeutung der Einkommensverteilung auf Arbeitsmärkten. Zu denken ist insbesondere an verteilungs- und sozialpolitische Aspekte sowie die friedensstiftende Funktion von Kollektivverträgen. Beispielsweise könnten utilitaristische Gründe dafürsprechen, eine Rentenverschiebung zugunsten von Arbeitnehmern zu ermöglichen, wenn dies nicht gleichermaßen durch Transferleistungen erreicht werden kann. Es soll auch keineswegs verneint werden, dass diese verteilungs- und sozialpolitischen Vorteile die etwaigen wettbewerbsökonomischen Nachteile überwiegen können. Erstere sind jedoch für wettbewerbspolitische Maßnahmen sowie die Kartellrechtsanwendung – im Gegensatz zu wettbewerbsökonomischen Erkenntnissen – meist ohne Belang. Angesichts der Zielsetzung dieser Arbeit waren sie daher nicht weiter zu untersuchen.

Die zentrale Erkenntnis für die im nächsten Teil folgende normative Untersuchung ist an dieser Stelle, dass arbeitsrechtliche Kollektivverträge im Grundsatz nicht mit einer effizienzorientierten Wettbewerbsordnung in Einklang stehen, sondern primär ein Instrument zur Verfolgung außerwettbewerblicher Ziele sind. Daher kann eine pauschale Ausnahme arbeitsrechtlicher Kollektivverträge vom Anwendungsbereich des Kartellrechts nicht mit einer Effizienzverteidigung begründet werden. Maßgeblich muss insoweit sein, inwiefern diese außerwettbewerblichen Ziele normativ verankert sind und das Wettbewerbsprinzip sowie das Kartellrecht einschränken.

TEIL 3: NORMATIVES SPANNUNGSVERHÄLTNIS ZWISCHEN WETTBEWERBSPRINZIP UND KOLLEKTIVAUTONOMIE

A. EINLEITUNG

Die Arbeit wendet sich im Folgenden der normativen Integration von Arbeitnehmerbelangen in die Kartellrechtsanwendung zu. Die bisherige Untersuchung hat gezeigt, dass Arbeitsmärkte – trotz gewisser Besonderheiten gegenüber industriellen Warenmärkten – keine wettbewerbsökonomische Sonderlage aufweisen. Es gibt keine wettbewerbsökonomischen Gründe, um Arbeitsmärkte oder Kollektivverträge von der Kartellkontrolle auszunehmen. Vielmehr konfligiert eine dezentrale Wettbewerbsordnung mit einer zentralisierten Arbeitsmarktordnung durch Kollektivverträge. Gleichwohl ist ein Arbeitnehmerschutz durch Kollektivverträge auf Grundlage außerwettbewerblicher Ziele anerkannt. Der Konflikt ist also auf normativer Ebene aufzulösen.

In diesem Kapitel wird sich die Arbeit dem beschriebenen Spannungsverhältnis zwischen Wettbewerbsprinzip und Kollektivverträgen auf normativer Ebene widmen. Eine Analyse, inwiefern diese beiden Marktstrukturprinzipien Eingang in gesetzliche Normen gefunden haben, ist notwendig, um den Konflikt aufzulösen. Erst anschließend kann untersucht werden, wie der mit arbeitsrechtlichen Kollektivverträgen verfolgte Schutzgedanke bei der Kartellrechtsanwendung *de lege lata* zu berücksichtigen ist und ob er eine rechtsimmanente Ausnahme vom Kartellrecht rechtfertigt. Dieser Teil wird sich dabei auf die europäische Rechtslage fokussieren. Die deutsche Rechtslage wird erst in den folgenden Teilen untersucht.[544]

Dies zugrunde gelegt, ist es zunächst geboten, die Anwendbarkeit des Wettbewerbsprinzips und des EU-Kartellrechts auf Arbeitsmärkte näher zu erläutern (B.). Anschließend schwenkt die Betrachtung auf die normative Verankerung einer Kollektivautonomie (C.). Die in beiden Abschnitten gewonnenen Erkenntnisse sollen abschließend genutzt werden, um die verschiedenen Ebenen des normativen Spannungsverhältnisses zu formulieren und mögliche Lösungsansätze aufzuzeigen (D.).

B. WETTBEWERB ALS ORDNUNGSPRINZIP WIRTSCHAFTLICHER MÄRKTE

I. Ausgangspunkt

Das EU-Primärrecht[545] bildet die Verfassung der Union.[546] Den Kern des Primärrechts bilden die in Art. 2, 3 EUV festgelegten Werte und Ziele.[547] Beiden kommt primärrechtlich die höchste Rangstellung zu,

---

544 Wie noch zu zeigen sein wird, unterscheidet sich die deutsche Rechtslage insoweit nicht signifikant von der europäischen. Siehe zum deutschen Kartellverbot Teil 4.B.IV. und zur deutschen Fusionskontrolle Teil 5.B.I.2., B.II.1.2.2 und B.II.2.3.

545 Im Folgenden wird zur sprachlichen Vereinfachung der Begriff „Primärrecht“ verwendet.

546 EuGH, Urt. v. 23.4.1986, Rs. 294/83, ECLI:EU:C:1986:166, Rn. 23 – *Les Verts*; EuGH, Urt. v. 23.3.1993, Rs. C-314/91, ECLI:EU:C:1993:109, Rn. 8 – *Weber/Parlament*. Die Bezeichnung des Primärrechts als Verfassungsrecht ist in der Literatur allerdings nicht unumstritten; zum Streitstand siehe *Calliess*, in: Calliess/Ruffert, EUV/AEUV, 6. Aufl. 2022, EUV Art. 1 Rn. 54 ff.

547 *Müller*, Wettbewerb und Unionsverfassung, 2014, S. 93, 153.

M. Meinzer, *Nachfragemacht auf Arbeitsmärkten*,
https://doi.org/10.1007/978-3-658-52576-7_4

weshalb sie nicht nur Legimitationsgrundlage des unionalen und mitgliedstaatlichen Handelns sind, sondern gleichzeitig auch Kontroll- und Auslegungsmaßstab für die rangniederen EU-Rechtsebenen.[548] Die Einordnung des Wettbewerbsprinzips in das Hierarchiesystem soll mit Fokus auf die Änderungen vorgenommen werden, die mit dem Lissabonner Vertrag[549] in das Primärrecht aufgenommen wurden (II.). Denn die Rechtsprechung des EuGH zum Konflikt zwischen Kartellverbot und Kollektivverträgen basiert auf der Rechtslage vor dessen Inkrafttreten.[550] Darauf aufbauend soll anschließend die Anwendbarkeit des EU-Kartellrechts auf Arbeitsmärkte untersucht werden (III.).

II. Einordnung des Wettbewerbsprinzips in das EU-Primärrecht

1. EG-Vertrag vor Lissabon

Ex-Art. 4 Abs. 1 S. 2 EGV[551] legte fest, dass die Wirtschaftspolitik der damaligen Europäischen Gemeinschaft dem Grundsatz einer offenen Marktwirtschaft mit freiem Wettbewerb verpflichtet ist. Diesen Grundsatz wiederholen die ex-Art. 98 S. 2 und 105 Abs. 1 S. 3 EGV.[552] Einigkeit bestand dahingehend, dass eine offene Marktwirtschaft mit freiem Wettbewerb die ordnungspolitische Grundsatzentscheidung für die Wirtschaftsordnung der Europäischen Gemeinschaft darstellt.[553] Das System eines unverfälschten Wettbewerbs war in ex-Art. 3 lit. g) EGV verankert und wurde nach der damaligen Systematik der ex-Art. 2-4 EGV überwiegend nicht nur als bloßes Instrument zur Verwirklichung höherrangiger Gemeinschaftsziele angesehen. Ihm wurde ein eigenständiger Zielcharakter zugesprochen.[554] Bestandteile dieses Systems waren die Wettbewerbsregeln in ex-Art. 81-89 EGV einschließlich des zu ihrer Verwirklichung erlassenen Sekundärrechts wie der Fusionskontrollverordnung[555].

548 *Müller*, Wettbewerb und Unionsverfassung, 2014, S. 153 f.

549 Konsolidierte Fassung des Vertrages über die Europäische Union und des Vertrages über die Arbeitsweise der Europäischen Union, ABl. 2010 C 83, 1.

550 Vgl. EuGH, Urt. v. 21.9.1999, Rs. C-67/96, ECLI:EU:C:1999:430, Rn. 46 ff. – *Albany*; EuGH, Urt. v. 21.9.1999, Rs. C-115 bis 117/97, ECLI:EU:C:1999:434, Rn. 45 ff. – *Brentjens'*; EuGH, Urt. v. 21.9.1999, Rs. C-219/97, ECLI:EU:C:1999:437, Rn. 35 ff. – *Drijvende Bokken*. In den Entscheidungen des EuGH zu einem kartellrechtlichen Ausnahmebereich für Kollektivverträge, die nach Inkrafttreten des Lissabonner Vertrages ergingen, beruft er sich lediglich auf seine frühere Rechtsprechung, ohne diese vor dem Hintergrund der primärrechtlichen Änderungen erneut zu prüfen; vgl. EuGH, Urt. v. 3.3.2011, Rs. C-437/09, ECLI:EU:C:2011:112, Rn. 28 ff. – *AG2R Prévoyance*; EuGH, Urt. v. 4.12.2014, Rs. C-413/13, ECLI:EU:C:2014:2411, Rn. 21 ff. – *FNV Kunsten*.

551 Gemeinschaftsvertrag in der Gestalt des Vertrages von Nizza zur Änderung des Vertrags über die Europäische Union, der Verträge zur Gründung der Europäischen Gemeinschaften sowie einiger damit zusammenhängender Rechtsakte, ABl. 2001 C 80, 1.

552 Ex-Art. 157 Abs. 1 S. 2 EGV geht ähnlich von „einem System offener und wettbewerbsorientierter Märkte" aus. Die Präambel des EGV spricht von der Gewährleistung eines „redlichen Wettbewerbs".

553 Siehe etwa *Rittner*, JZ 1990, 838, 842; *Windbichler*, RdA 1992, 74, 76; *Immenga*, EuZW 1994, 14, 15; *Dreher*, WuW 1998, 656, 657; *Storr*, Der Staat als Unternehmer, 2001, S. 258; *Rittner/Dreher*, Europäisches und deutsches Wirtschaftsrecht, 3. Aufl. 2008, § 2 Rn. 35 f.; *Nowak*, EuR 2009 Beiheft 1, 129, 148.

554 EuGH, Urt. v. 10.5.2007, Rs. C-328/05 P, ECLI:EU:C:2007:277, Rn. 27 – *SGL Carbon*; EuGH, Urt. v. 29.6.2006, Rs. C-289/04 P, ECLI:EU:C:2006:431, Rn. 55 – *Showa Denko*; *Nowak*, EuR 2009 Beiheft 1, 129, 155 f.; *Müller-Graff*, ZHR 2009, 443, 448 f.

555 Verordnung (EG) Nr. 139/2004 des Rates v. 20.1.2004 über die Kontrolle von Unternehmenszusammenschlüssen (FKVO), ABl. 2004 L 24, 1.

2. EU-Vertrag nach Lissabon

Der Lissabonner Vertrag enthält auf den ersten Blick einige wettbewerbsrelevante Änderungen gegenüber seinem Vorgänger. Zunächst wurde das Bekenntnis zu einem System unverfälschten Wettbewerbs von ex-Art. 3 lit. g) EGV in das Protokoll Nr. 27 zum AEUV verschoben. Ex-Art. 4 EGV wurde ebenfalls aus dem Grundsatzteil entfernt und fast identisch in Art. 119 AEUV verortet. Art. 3 Abs. 3 S. 2 EUV benennt außerdem erstmalig das Ziel einer „wettbewerbsfähigen sozialen Marktwirtschaft".

Die genannten Änderungen betreffen jedoch nur den systematischen Aufbau der primärrechtlichen Normen und haben keine unmittelbaren rechtlichen Folgen. Der Grundsatz des Systems eines unverfälschten Wettbewerbs hat keine Abwertung erfahren, wie Art. 51 EUV klarstellt. Das Protokoll ist Bestandteil der Verträge und hat primärrechtlichen Rang.[556] Ähnlich verhält es sich mit der Umsiedlung des Grundsatzes der offenen Marktwirtschaft mit freiem Wettbewerb nach Art. 119 AEUV und damit an den Kopf des Titels zur Wirtschafts- und Währungspolitik. Bereits laut ex-Art. 4 Abs. 1 EGV bezog sich der Grundsatz auf die Wirtschaftspolitik. Er bleibt weiterhin ein primärrechtlicher Ankerpunkt des Wettbewerbsprinzips, auch wenn der Verlust der exponierten Stellung in ex-Art. 4 Abs. 1 EGV einen symbolischen Bedeutungsverlust darstellt.[557] Die Einführung der wettbewerbsfähigen sozialen Marktwirtschaft als primärrechtliches Ziel bewirkt ebenfalls keine Schwächung des Wettbewerbsprinzips.[558] Sie drückt sich vielmehr in der Stärkung sozialer Ziele aus, ohne einen Paradigmenwechsel auszulösen.[559] In der Europäischen Union besteht weiterhin ein Regel-Ausnahme-Verhältnis zwischen der Steuerung der wettbewerblichen Marktwirtschaft und rechtfertigungsbedürftigen Eingriffen der Unionsorgane und Mitgliedstaaten in das Marktgeschehen.[560]

Das Wettbewerbsprinzip ist allerdings kein eigenständiges primärrechtliches Ziel, sondern nur ein Instrument zu dessen Erreichung.[561] Der – nie in Kraft getretene – VVE[562] enthielt in Art. I-3 Abs. 2 noch das Ziel eines Binnenmarktes mit „freiem und unverfälschtem Wettbewerb". Auf Drängen Frankreichs wurde dieser Zusatz im Lissabonner Vertrag entfernt und es blieb beim reinen Binnenmarktziel.[563] Auch die Formulierung in Art. 3 Abs. 3 S. 2 EUV, die „eine in hohem Maße wettbewerbsfähige soziale Marktwirtschaft" zum Vertragsziel erhebt, spricht durch den adjektivischen Wettbewerbsbezug gegen einen Zielcharakter des Wettbewerbs.[564] Der unverfälschte und freie Wettbewerb ist demnach ein wesentliches

556 EuGH, Urt. v. 17.11.2011, Rs. C-496/09, ECLI:EU:C:2011:740, Rn. 60 – *Kommission/Italien*; EuGH, Urt. v. 11.12.2012, Rs. C-610/10, ECLI:EU:C:2012:781, Rn. 126 – *Kommission/Spanien*.

557 Vgl. *Müller*, Wettbewerb und Unionsverfassung, 2014, S. 198; *Nowak*, Europarecht nach Lissabon, 2011, S. 236.

558 *Schmidt-Preuß*, in: FS Säcker, 2011, S. 969, 975 f.

559 *Ruffert*, in: Calliess/Ruffert, EUV/AEUV, 6. Aufl. 2022, EUV Art. 3, Rn. 25 f.; *Müller*, Wettbewerb und Unionsverfassung, 2014, S. 163, 198; *Nowak*, Europarecht nach Lissabon, 2011, S. 237 ff.

560 *Müller-Graff*, ZHR 2009, 443, 448 ff.; *Nowak.*, EuR 2009 Beiheft 1, 129, 162 ff.; *ders.*, Europarecht nach Lissabon, 2011, S. 207, 237; *Müller*, Wettbewerb und Unionsverfassung, 2014, S. 176; zum EG-Vertrag siehe etwa *Graf von Wallwitz*, Tarifverträge und Wettbewerbsordnung des EG-Vertrages, 1997, S. 91; *Scheuing*, EuR 2000, 1, 3 f.; *Makowski*, Kartellrechtliche Grenzen der Selbstregulierung, 2007, S. 84 f.

561 *Schmidt-Preuß*, in: FS Säcker, 2011, S. 969, 975 f.; *Müller*, Wettbewerb und Unionsverfassung, 2014, S. 176.

562 Vertrag über eine Verfassung für Europa, ABl. 2004 C 310, 1.

563 Dazu *Wernicke*, in: Pernice, Der Vertrag von Lissabon, 2008, 190 ff.

564 *Schmidt-Preuß*, in: FS Säcker, 2011, S. 969, 975.

Mittel zur Verwirklichung des Binnenmarkts- und der Effizienzziele des Vertrages, er ist jedoch kein Selbstzweck.[565]

III. Grundsätzliche Anwendbarkeit des EU-Kartellrechts auf Arbeitsmärkte

Ausgehend von den Erkenntnissen des vorigen Abschnitts soll nun geprüft werden, ob – und vor allem mit welcher rechtsdogmatischen Begründung – das EU-Kartellrecht im Grundsatz auf Arbeitsmärkte Anwendung findet oder ob ein genereller normativer Ausnahmebereich für Arbeitsmärkte vom EU-Kartellrecht besteht. Ein möglicherweise beschränkter Ausnahmebereich für Arbeitsmärkte vom Kartellverbot oder der Fusionskontrolle soll an dieser Stelle dagegen noch nicht untersucht werden.[566]

Der Wettbewerb ist Kernstrukturelement der europäischen Wirtschaftsordnung. Die Art. 101, 102 AEUV sowie die FKVO sind Instrumente des Systems, das den Wettbewerb vor Verfälschungen schützen soll.[567] Diese Wettbewerbsregeln sind Teil der durch die Verträge geschaffenen europäischen Wettbewerbsordnung,[568] die wiederum Teil der europäischen Wirtschaftsordnung ist.[569] Für die Anwendung des Kartellrechts auf Arbeitsmärkte ist somit erforderlich, dass das Primärrecht Arbeitsmärkte als Teil seiner Wirtschaftsordnung begreift und kein geschriebener Ausnahmebereich für die Anwendung der Wettbewerbsregeln existiert.[570]

Die Wirtschaftsordnung der Union hat drei Funktionsgarantien: die Grundfreiheiten, die Wirtschaftsgrundrechte und die Wettbewerbsregeln.[571] Davon sind die Grundfreiheiten – neben den Wettbewerbsregeln – der stärkste Ausdruck der marktwirtschaftlichen Ordnung der Union.[572] Es handelt sich um wirtschaftliche Freizügigkeitsregelungen für Produkte, Leistungen und Produktionsfaktoren.[573] Alle

---

565 *Müller*, Wettbewerb und Unionsverfassung, 2014, S. 175 f.; *Eilmansberger/Kruis*, in: Streinz, EUV/AEUV, 3. Aufl. 2018, Vorb. Art. 101-106 Rn. 7. Für einen Mittel- und gegen einen Zielcharakter des Wettbewerbsprinzips bereits vor dem Lissabonner Vertrag: *Kordel*, Arbeitsmarkt und Europäisches Kartellrecht, 2004, S. 10; *Viol*, Die Anwendbarkeit des europäischen Kartellrechts auf Tarifverträge, 2005, S. 279 f.; *Drexl*, in: von Bogdandy/Bast, Europäisches Verfassungsrecht, 2009, S. 905, 912 f.; *Müller*, Wettbewerb und Unionsverfassung, 2014, S. 161 ff.

566 Siehe dazu unten Teil 4.B. und Teil 5 B.II.

567 *Hatje*, in: von Bogdandy/Bast, Europäisches Verfassungsrecht, 2009, S. 801, 819; *Schröter*, in: von der Groben/Schwarze/Hatje, Europäisches Unionsrecht, 7. Aufl. 2015, Vorb. Art. 101-109 AEUV Rn. 4, 10; *Eilmansberger/Kruis*, in: Streinz, EUV/AEUV, 3. Aufl. 2018, Vorb. Art. 101-106 Rn. 1 ff.

568 EuGH, Urt. v. 13.7.1966, Rs. C-56 und 58/64, ECLI:EU:C:1966:41, Slg. 1966, 322, 394 – *Consten und Grundig*; EuGH, Urt. v. 18.10.1989, Rs. C-374/87, ECLI:EU:C:1989:387, Rn. 18 – *Orkem*.

569 *Immenga/Mestmäcker*, in: Immenga/Mestmäcker, Wettbewerbsrecht, 6. Aufl. 2019, Bd. 1, Einl. B. Rn. 10.

570 Vgl. EuGH, Urt. v. 19.2.2002, Rs. C-309/99, ECLI:EU:C:2002:98, Rn. 57 – *Wouters*; *Kling/Thomas*, Kartellrecht, 2. Aufl. 2016, § 4 Rn. 1: „Keine Branche, kein Wirtschaftssektor darf für sich also beanspruchen, dass – aus welchen Gründen auch immer – seine wirtschaftliche Tätigkeit eine Generalausnahme von der Anwendung des Unionskartellrechts begründet."

571 *Rittner/Dreher*, Europäisches und deutsches Wirtschaftsrecht, 3. Aufl. 2008, § 2 Rn. 37; *Nowak*, Europarecht nach Lissabon, 2011, S. 205 ff.; *Calliess*, in: MüKo, Wettbewerbsrecht, 4. Aufl. 2023, Bd. 1-1, Grundl. Rn. 746; vgl. *Müller-Graff*, in: Ludwigs, EU-Wirtschaftsrecht, 49. Lfg. 2019, § 1 Rn. 131; vgl. auch *Basedow*, Von der deutschen zur europäischen Wirtschaftsverfassung, 1992, S. 26 ff.; dazu bereits B.II.1.

572 *Mestmäcker/Schweitzer*, Europäisches Wettbewerbsrecht, 3. Aufl. 2014, § 2 Rn. 33; *Immenga/Mestmäcker*, in: Immenga/Mestmäcker, Wettbewerbsrecht, 6. Aufl. 2019, Bd. 1, Einl. A. Rn. 34; *Calliess*, in: MüKo, Wettbewerbsrecht, 4. Aufl. 2023, Bd. 1-1, Grundl. Rn. 747. Die Grundfreiheiten werden daher auch als „Marktrechte", „Marktzugangsrechte" oder „Markt-Freiheiten" bezeichnet; siehe *Nowak*, Europarecht nach Lissabon, 2011, S. 205, *Kainer/Persch*, EuZW 2018, 932, 933.

573 *Nowak*, EuR 2009 Beiheft 1, 129, 150; *Müller-Graff*, in: Ludwigs, EU-Wirtschaftsrecht, 49. Lfg. 2019, § 1 Rn. 131.

Grundfreiheiten dienen der Teilnahme am Wirtschaftsleben.[574] Sie gewähren den Marktteilnehmern subjektiven Rechtsschutz, der wiederum eine freiheitliche Wirtschaftsordnung absichern soll.[575] Sie sind darüber hinaus essentiell für die Verwirklichung des Binnenmarktziels nach Art. 3 Abs. 3 S. 1 EUV.[576] Dies ergibt sich bereits aus Art. 26 Abs. 2 AEUV, der sich auf die Grundfreiheiten als konstitutive Merkmale des Binnenmarktes bezieht. Erst durch sie wurde grenzüberschreitender Wettbewerb auf dem Binnenmarkt möglich.[577] Ihr Anwendungsbereich ist mittlerweile so groß, dass sie fast jede staatliche Behinderung wirtschaftlich relevanter Betätigung verbieten, wenn keine verhältnismäßigen, rechtfertigenden Gründe vorliegen.[578] Zu den Grundfreiheiten zählt auch die Arbeitnehmerfreizügigkeit nach Art. 45 ff. AEUV. Der grenzüberschreitende Handel mit Arbeitsleistung ist demnach von den wirtschaftsbezogenen Grundfreiheiten umfasst.[579] Dann ist auch das Anbieten und Nachfragen von Arbeitsleistung grundsätzlich eine wirtschaftliche Tätigkeit und damit Regelungsgegenstand der europäischen Wirtschaftsordnung. Dies bestätigt die Rechtsprechung des EuGH, nach der entgeltliche Arbeitsleistung einen Teil des Wirtschaftslebens im Sinne des ex-Art. 2 EGV darstellt.[580] Arbeitsmärkte sind also wirtschaftliche Märkte im Sinne des Primärrechts. Sie sind damit Teil des Binnenmarktes sowie der europäischen Wirtschaftsordnung und damit dem Wettbewerbsprinzip unterworfen.[581]

Die primärrechtlichen Wettbewerbsregeln gelten für alle Wirtschaftsbereiche und wirtschaftlichen Tätigkeiten, soweit die Verträge nicht das Gegenteil bestimmen (Universalitätsprinzip).[582] Eine solche Bestimmung existiert in Art. 42 AEUV für den Bereich der Landwirtschaft und in Art. 346 Abs. 1 lit. b AEUV – in begrenztem Umfang – für die Erzeugung und den Handel mit Waffen, Munition und Kriegsmaterial.[583] Für Arbeitsmärkte gibt es keine vergleichbare Regelung. Daher ist das EU-Kartellrecht grundsätzlich auf Wettbewerbsbeschränkungen auf Arbeitsmärkten anwendbar.[584]

---

574 *Tiedje*, in: von der Groeben/Schwarze/Hatje, Europäisches Unionsrecht, 7. Aufl. 2015, Art. 57 AEUV Rn. 6.

575 *Nowak*, EuR 2009 Beiheft 1, 129, 150; *Müller-Graff*, in: Ludwigs, EU-Wirtschaftsrecht, 49. Lfg. 2019, § 1 Rn. 130.

576 *Behrens*, EuZW 2008, 193; *Müller-Graff*, in: Ludwigs, EU-Wirtschaftsrecht, 49. Lfg. 2019, § 1 Rn. 129 ff.

577 *Calliess*, in: MüKo, Wettbewerbsrecht, 4. Aufl. 2023, Bd. 1-1, Grundl. Rn. 747; *Mestmäcker/Schweitzer*, Europäisches Wettbewerbsrecht, 3. Aufl. 2014, § 4 Rn. 58.

578 *Hatje*, in: von Bogdandy/Bast, Europäisches Verfassungsrecht, 2009, S. 801, 816 f.; *Calliess*, in: MüKo, Wettbewerbsrecht, 4. Aufl. 2023, Bd. 1-1, Grundl. Rn. 747.

579 Vgl. EuGH, Urt. v. 6.6.2000, Rs. C-281/98, ECLI:EU:C:2000:296, Rn. 39 – *Angonese*; EuGH, Urt. v. 17.7.2008, C-94/07, ECLI:EU:C:2008:425, Rn. 41 – *Raccanelli*: „Insoweit ist zum einen daran zu erinnern, dass nach Art. 39 EG die Freizügigkeit der Arbeitnehmer innerhalb der Europäischen Gemeinschaft die Abschaffung jeder auf der Staatsangehörigkeit beruhenden unterschiedlichen Behandlung der Arbeitnehmer der Mitgliedstaaten in Bezug auf Beschäftigung, Entlohnung und sonstige Arbeitsbedingungen umfasst".

580 EuGH, Urt. v. 12.12.1974, Rs. 36/74, ECLI:EU:C:1974:140, Rn. 4/10 – *Walrave/ Association Union Cycliste Internationale*; EuGH, Urt. v. 14.7.1976, Rs. 13/76, ECLI:EU:C:1976:115, Rn. 12/13 – *Donà/Mantero*; dazu mit weiteren Nachweisen *Kreuschitz*, in: von der Groeben/Schwarze/Hatje, Europäisches Unionsrecht, 7. Aufl. 2015, Vorb. Art. 45-48 AEUV Rn. 36.

581 So im Ergebnis auch *Windbichler*, RdA 1992, 74, 78 f., 80; *Graf von Wallwitz*, Tarifverträge und die Wettbewerbsordnung des EG-Vertrages, 1997, S. 117; *Kordel*, Arbeitsmarkt und Europäisches Kartellrecht, 2004, S. 18; a.A. *Rieble*, Arbeitsmarkt und Wettbewerb, 1996, Rn. 196 f., 426; *Mühlbach*, Tarifverträge in der europäischen Kartellkontrolle, 2007, S. 300.

582 EuGH, Urt. v. 30.4.1986, Rs. C-209 bis 213/84, ECLI:EU:C:1986:188, Rn. 40 – *Ministère Public/Asjes*; EuGH, Urt. v. 27.1.1987, Rs. C-45/85, ECLI:EU:C:1987:34, Rn. 12 f. – *Verband der Sachversicherer*; *Mestmäcker/Schweitzer*, Europäisches Wettbewerbsrecht, 3. Aufl. 2014, § 1 Rn. 51; *Kling/Thomas*, Kartellrecht, 2. Aufl. 2016, § 4 Rn. 1.

583 Dazu *Eilmansberger/Kruis*, in: Streinz, EUV/AEUV, 3. Aufl. 2018, Vorb. Art. 101-106 Rn. 14 ff.; *Säcker/Steffens*, in: MüKo, Wettbewerbsrecht, 4. Aufl. 2023, Bd. 1-1, AEUV Art. 101 Rn. 1.

584 So im Ergebnis auch GA *Lenz*, Schlussanträge v. 20.9.1995, Rs. C-415/93, ECLI:EU:C:1995:293, Rn. 273 – *Bosman*; *Graf von Wallwitz*, Tarifverträge und die Wettbewerbsordnung des EG-Vertrages, 1997, S. 117;

C. KOLLEKTIVAUTONOMIE UND EU-PRIMÄRRECHT

I. Ausgangspunkt

Der EU-Vertrag nennt in Art. 3 Abs. 3 EUV – neben wirtschafts- oder währungspolitischen – auch sozialpolitische Ziele.[585] Vor allem die Art. 151 ff. AEUV konkretisieren die sozialpolitischen Ziele und Kompetenzen der Union. Sie betreffen schwerpunktmäßig das Arbeitsrecht.[586] Welchen Rang eine Kollektivautonomie[587] in diesem Kontext einnimmt, soll im Folgenden erläutert werden (II.). Das Gleiche ist für die grundrechtliche Gewährleistung der Kollektivautonomie auf Unionsebene geboten (III.). Ein Verständnis der primärrechtlichen Legitimation der Kollektivautonomie ist erforderlich, um das Spannungsverhältnis mit dem Wettbewerbsprinzip und EU-Kartellrecht anschließend korrekt auflösen zu können.

II. Anerkennung und Regelungskompetenz der Kollektivautonomie im AEUV

1. Sozialer Dialog

Im AEUV-Abschnitt zur Sozialpolitik wird mehrfach der soziale Dialog genannt. Art. 151 Abs. 1 AEUV beschreibt diesen als ein Ziel der Europäischen Union und seiner Mitgliedstaaten. Daneben nehmen auch die Art. 152, 154, 155 AEUV explizit Bezug auf den sozialen Dialog. Der Begriff des sozialen Dialogs ist im AEUV nicht näher definiert. Er kann sich in sachlicher Hinsicht grundsätzlich auf jede Form des Kontaktes zwischen Arbeitnehmer und Arbeitgeber sowie deren Organisationen beziehen, die soziale Fragen zum Inhalt hat.[588] Davon zu unterscheiden ist, welche Rolle dem sozialen Dialog in den Vorschriften des AEUV zugewiesen wird.

Die Art. 154, 155 Abs. 1 AEUV regeln den zwei- bzw. dreiseitigen sozialen Dialog auf Unionsebene.[589] Dabei handelt es sich um eine Beteiligung der Sozialpartner an Gesetzgebungsvorhaben der Union, die gemäß Art. 154 Abs. 2 AEUV den Bereich der Sozialpolitik betreffen.[590] Der Begriff des Sozialpartners wird im Primärrecht nicht definiert. Die Art. 154, 155 AEUV beziehen sich auf die Sozialpartner auf

---

Kordel, Arbeitsmarkt und Europäisches Kartellrecht, 2004, S. 19; vgl. *Viol*, Die Anwendbarkeit des europäischen Kartellrechts auf Tarifverträge, 2005, S. 379 f.; *Preetz*, Wettbewerbsbeschränkendes Arbeitgeberverhalten, 2023, S. 144; *Baumgart*, Der Schutz des Wettbewerbs und der Arbeitnehmer durch Arbeits- und Kartellrecht, 2025, S. 108. *Mühlbach*, Tarifverträge in der europäischen Kartellkontrolle, 2007, S. 149 ff., 300 meint, dass das Wettbewerbsprinzip nicht für Arbeitsbedingungen gelte, will dann aber das Kartellverbot zumindest auf den Nachfragewettbewerb auf Arbeitsmärkten anwenden; a.A. *Rieble*, Arbeitsmarkt und Wettbewerb, 1996, Rn. 426, 461; für eine generelle Unanwendbarkeit von ex-Art. 81 EGV auf Arbeitsmärkten *Eggert*, Sperrabreden unter Arbeitgebern, 2001, S. 162 ff.

585 Vgl. bereits EuGH, Urt. v. 8.4.1976, Rs. 43/75, ECLI:EU:C:1976:56, Rn. 8/11 – *Defrenne II*; EuGH, Urt. v. 10.2.2000, verb. Rs. C-270 und 271/97, ECLI:EU:C:2000:76, Rn. 55 – *Deutsche Post AG*.

586 *Thüsing/Traut*, RdA 2012, 65, 66; *Krebber*, in: Calliess/Ruffert, EUV/AEUV, 6. Aufl. 2022, AEUV Art. 151 Rn. 1.

587 Der Begriff Kollektivautonomie meint hier das Recht auf Kollektivverhandlungen und den Abschluss von Kollektivverträgen; vgl. *Rebhahn*, EuZA 2010, 62.

588 So *Krebber*, in: Calliess/Ruffert, EUV/AEUV, 6. Aufl. 2022, AEUV Art. 154 Rn. 1; *Maul-Sartori*, in: Boecken et al., Gesamtes Arbeitsrecht, 2. Aufl. 2023, Art. 152 AEUV Rn. 4.

589 *Eichenhofer*, in: Streinz, EUV/AEUV, 3. Aufl. 2018, Art. 152 AEUV Rn. 2, Art. 155 Rn. 1.

590 *Arnold*, NZA 2002, 1261 f.; *Viol*, Die Anwendbarkeit des europäischen Kartellrechts auf Tarifverträge, 2005, S. 258; *Rust*, in: von der Groeben/Schwarze/Hatje, Europäisches Unionsrecht, 7. Aufl. 2015, Art. 154 AEUV Rn. 17 ff.

Unionsebene wie im Übrigen auch Art. 152 Abs. 1 S. 1 AEUV. Die Anerkennung als Sozialpartner obliegt der Kommission.[591] In der Praxis handelt es sich um supranationale Dachverbände nationaler Koalitionen oder um industriepolitische Interessenverbände.[592] Davon zu unterscheiden sind mitgliedstaatliche Sozialpartner wie Gewerkschaften und Arbeitgeberverbände, die von den Verträgen dann gemeint sind, wenn der Zusatz „auf Unionsebene“ fehlt.[593] Sie haben keine Möglichkeit, am förmlichen sozialen Dialog nach Art. 154, 155 Abs. 1 AEUV mitzuwirken.[594] Nach Art. 155 Abs. 2 AEUV können sie allerdings an der Umsetzung der zwischen den Sozialpartnern auf Unionsebene geschlossenen Vereinbarungen beteiligt werden. Auch Art. 153 Abs. 3 AEUV sieht eine Beteiligung der mitgliedstaatlichen Sozialpartner bei der Durchführung unionsrechtlicher Richtlinien und Beschlüsse vor. Dem kann entnommen werden, dass das Primärrecht das Handeln der nationalen Gewerkschaften und Arbeitgeberverbände als grundsätzlich rechtmäßig anerkennt.[595]

In Art. 155 Abs. 1 AEUV ist der bilaterale soziale Dialog zwischen den Sozialpartnern ohne Beteiligung der Kommission geregelt, der zur Herstellung einer vertraglichen Beziehung einschließlich des Abschlusses von Vereinbarungen führen kann. Ganz überwiegend verneint wird insoweit die Frage, ob Art. 155 Abs. 1 AEUV die Rechtsgrundlage für ein europäisches Tarifvertragsrecht darstellt.[596] Für dieses Ergebnis spricht die Kompetenzbeschränkung in Art. 153 Abs. 5 AEUV der Union für das Arbeitsentgelt, Koalitionsrecht, Streikrecht und Aussperrungsrecht. Dies gilt erst recht, wenn man Art. 153 Abs. 5 AEUV als generelles Kompetenzverbot für das Tarifvertragsrecht versteht.[597] Auch der Wortlaut der Verträge, der klar zwischen kollektiven bzw. tariflichen Maßnahmen und sozialem Dialog differenziert, spricht gegen eine Auslegung der Vorschriften zum sozialen Dialog als Rechtsgrundlage für einen europäischen Tarifvertrag.[598]

Im Vergleich zu den Art. 154, 155 AEUV hat Art. 151 Abs. 1 AEUV, der den sozialen Dialog als Unionsziel nennt, nur programmatischen Charakter.[599] Die Vorschrift ist daher nicht selbst justiziabel

---

591 *Benecke*, in: Grabitz/Hilf/Nettesheim, Das Recht der EU, 75. Lfg. 2022, AEUV Art. 154 Rn. 4; *Rust*, in: von der Groeben/Schwarze/Hatje, Europäisches Unionsrecht, 7. Aufl. 2015, Art. 154 AEUV Rn. 33 ff.; Kriterien nennt die Mitteilung der Kommission über die Anwendung des Protokolls über die Sozialpolitik an den Rat und an das Europäische Parlament v. 14.12.1993, KOM(93) 600 endg., S. 13.

592 *Krebber*, in: Calliess/Ruffert, EUV/AEUV, 6. Aufl. 2022, AEUV Art. 152 Rn. 7.

593 Dazu *Krebber*, in: Calliess/Ruffert, EUV/AEUV, 6. Aufl. 2022, AEUV Art. 154 Rn. 6 ff.

594 Zur Möglichkeit eines vertraglich nicht näher geregelten informellen sozialen Dialogs *Krebber*, in: Calliess/Ruffert, EUV/AEUV, 6. Aufl. 2022, AEUV Art. 154 Rn. 3; *Benecke*, in: Grabitz/Hilf/Nettesheim, Das Recht der EU, 75. Lfg. 2022, AEUV Art. 154 Rn. 1.

595 *Kordel*, Arbeitsmarkt und Europäisches Kartellrecht, 2004, S. 141 f.

596 Siehe etwa *Däubler*, EuZW 1992, 329, 333; *Konzen*, EuZW 1995, 39, 47; *Heinze*, ZfA 1997, 505, 510 f.; *Viol*, Die Anwendbarkeit des europäischen Kartellrechts auf Tarifverträge, 2005, S. 259 ff.; *Thüsing/Traut*, RdA 2012, 65, 66 f.; *Benecke*, in: Grabitz/Hilf/Nettesheim, Das Recht der EU, 75. Lfg. 2022, AEUV Art. 155 Rn. 3 ff.; *Krebber*, in: Calliess/Ruffert, EUV/AEUV, 6. Aufl. 2022, AEUV Art. 155 Rn. 3; *Eichenhofer*, in: Streinz, EUV/AEUV, 3. Aufl. 2018, Art. 155 AEUV Rn. 2; *Rieble*, in: Münchener Handbuch ArbR, 6. Aufl. 2025, Bd. 3, § 217 Rn. 18; a.A. *Zimmer*, EuZA 2013, 247, 254 ff., die eine Richtlinienkompetenz für europaweite Tarifverträge auf Art. 155 Abs. 2, 152 AEUV stützen will.

597 So *Krebber*, in: Calliess/Ruffert, EUV/AEUV, 6. Aufl. 2022, AEUV Art. 153 Rn. 12; *Löwisch/Rieble*, Tarifvertragsgesetz, 4. Aufl. 2017, Grundl. Rn. 290, 475; *Latzel/Serr*, EuZW 2014, 410, 411; *Junker*, ZfA 2015, 267, 279; ähnlich *Bourazeri*, NZA-Beil. 2019, 25, 28; a.A. *Rebhahn/Reiner*, in: Schwarze et al., EU-Kommentar, 4. Aufl. 2019, Art. 153 AEUV Rn. 53; *Franzen*, in: Franzen/Gallner/Oetker, Kommentar zum Europäischen Arbeitsrecht, 5. Aufl. 2024, Art. 153 Rn. 50.

598 *Krebber*, in: Calliess/Ruffert, EUV/AEUV, 6. Aufl. 2022, AEUV Art. 155 Rn. 3. Siehe etwa Art. 156 Abs. 1 SpStr. 7 AEUV oder Art. 28 GRC.

599 So zum Vorgänger der Norm, ex-Art. 117 EWG-Vertrag, in ständiger Rechtsprechung EuGH, Urt. v. 15.6.1978, Rs. C-149/77, ECLI:EU:C:1978:130, Rn. 19/23 – *Defrenne III*; EuGH, Urt. v. 29.9.1987, Rs. 126/86, ECLI:EU:C:1987:395, Rn. 13 – *Giménez Zaera*; EuGH, Urt. v. 17.3.1993, Rs. C-72 und 73/91,

im Sinne einer Kompetenzbegründung,[600] sondern dient vielmehr zur Auslegung von Primär- und Sekundärrecht.[601] Gleiches gilt für Art. 152 Abs. 1 S. 2 AEUV.[602] Diese Vorschrift wurde mit dem Lissabonner Vertrag in das Primärrecht eingefügt. Sie verpflichtet die Europäische Union, den sozialen Dialog auf Unionsebene[603] zu fördern und dabei die Autonomie der Sozialpartner zu achten. Auch sie ist nicht unmittelbar anwendbar, verleiht keine subjektiven Rechte und ist keine Kompetenzgrundlage.[604]

Folglich lässt sich den sozialpolitischen Vorschriften zum sozialen Dialog weder eine Rechtsgrundlage für ein unionales Tarifvertragsrecht entnehmen noch eine explizite, primärrechtliche Gewährleistung einer Kollektivautonomie auf mitgliedstaatlicher Ebene. Allerdings ergibt sich aus den Vorschriften zu den Sozialpartnern sowie dem sozialen Dialog ein primärrechtliches Bekenntnis zu einem System kollektiver Verhandlungen und damit einer Kollektivautonomie.[605] Denn diese Vorschriften beziehen ihre Legitimation aus den Kollektivvertragssystemen der Mitgliedstaaten.[606] Damit steht in Einklang, dass die Union die Rolle der Sozialpartner auf Unionsebene nach Art. 152 Abs. 1 S. 1 AEUV nur unter Berücksichtigung der unterschiedlichen nationalen Systeme anerkennen und fördern soll. Dieses primärrechtliche Bekenntnis lässt allerdings offen, ob oder wie das Kartellrecht konkret auf Kollektivverträge anzuwenden ist.

2. Kollektivverhandlungen und kollektive Interessenwahrnehmung

Abseits der Vorschriften zum sozialen Dialog kommt eine primärrechtliche Anerkennung von Kollektivverhandlungen auf mitgliedstaatlicher Ebene auch in Art. 156 Abs. 1 SpStr. 7 AEUV zum Ausdruck. Die Vorschrift erteilt der Europäischen Kommission den Auftrag, im Hinblick auf die Erreichung der Ziele des Art. 151 AEUV die Zusammenarbeit zwischen den Mitgliedstaaten zu fördern und die Abstimmung ihres Vorgehens zu erleichtern. Das gilt insbesondere auf dem Gebiet des Koalitionsrechts und der Kollektivverhandlungen zwischen Arbeitgebern und Arbeitnehmern. Die Vorschrift ermächtigt zwar unmittelbar nur die Europäische Kommission, Maßnahmen im Sinne von Art. 156 Abs. 2 AEUV durchzuführen. Allerdings soll mit diesen Maßnahmen unter anderem die Zusammenarbeit der Mitgliedstaaten auf dem Gebiet des Koalitionsrechts und der Kollektivverhandlungen gefördert werden, um die sozialpolitischen Ziele in Art. 151 AEUV zu erreichen. Damit gibt das Primärrecht zu erkennen, dass es eine kollektivvertragliche Ordnung als geeignetes Mittel zur Erreichung seiner sozialpolitischen Ziele anerkennt.

ECLI:EU:C:1993:97, Rn. 25 – *Sloman Neptun*; zu Art. 151 AEUV siehe *Benecke*, in: Grabitz/Hilf/Nettesheim, Das Recht der EU, 75. Lfg. 2022, AEUV Art. 151 Rn. 29.

600 *Krebber*, in: Calliess/Ruffert, EUV/AEUV, 6. Aufl. 2022, AEUV Art. 151 Rn. 30; *Benecke*, in: Grabitz/Hilf/Nettesheim, Das Recht der EU, 75. Lfg. 2022, AEUV Art. 151 Rn. 29.

601 *Benecke*, in: Grabitz/Hilf/Nettesheim, Das Recht der EU, 75. Lfg. 2022, AEUV Art. 151 Rn. 31.

602 *Maul-Sartori*, in: Boecken et al., Gesamtes Arbeitsrecht, 2. Aufl. 2023, Art. 152 AEUV Rn. 5; *Krebber*, in: Calliess/Ruffert, EUV/AEUV, 6. Aufl. 2022, AEUV Art. 152 Rn. 1; *Löwisch/Rieble*, Tarifvertragsgesetz, 4. Aufl. 2017, Grundl. Rn. 285.

603 Die unionale Ebene wird zwar nicht von Art. 152 Abs. 1 S. 2 AEUV erwähnt. Dass sich die Vorschrift allerdings auf diese Wirkungsebene bezieht, ergibt sich aus dem systematischen Zusammenhang. Art. 152 Abs. 1 S. 1 AEUV stellt auf die Sozialpartner auf Ebene der Union ab. Auch die – tatsächlich kompetenzbegründenden – Art. 154, 155 AEUV beziehen sich auf die Unionsebene; vgl. *Zimmer*, EuZA 2013, 247, 255 f.; *Krebber*, in: Calliess/Ruffert, EUV/AEUV, 6. Aufl. 2022, AEUV Art. 152 Rn. 3, 6.

604 *Maul-Sartori*, in: Boecken et al., Gesamtes Arbeitsrecht, 2. Aufl. 2023, Art. 152 AEUV Rn. 5.

605 *Deinert*, Der europäische Kollektivvertrag, 1999, S. 264; *Kordel*, Arbeitsmarkt und Europäisches Kartellrecht, 2004, S. 142 f.; *Mühlbach*, Tarifverträge in der europäischen Kartellkontrolle, 2007, S. 213; *Zimmer*, EuZA 2013, 247, 255; *Schiek*, in: Däubler, Tarifvertragsgesetz, 5. Aufl. 2022, Einl. Rn. 709.

606 *Eichenhofer*, in: Streinz, EUV/AEUV, 3. Aufl. 2018, Art. 155 AEUV Rn. 2.

Nach der Kompetenzzuweisung in Art. 153 Abs. 1 lit. f) AEUV unterstützt und ergänzt die Union die Tätigkeit der Mitgliedstaaten auf dem Gebiet der Vertretung und kollektiven Wahrnehmung der Arbeitnehmer- und Arbeitgeberinteressen einschließlich der Mitbestimmung. Auch hier bestätigt der Vertrag explizit, dass dies der Verwirklichung der sozialpolitischen Ziele in Art. 151 AEUV dienen soll. Die Ermächtigung wird allerdings unter den Vorbehalt der Kompetenzbeschränkung von Art. 153 Abs. 5 AEUV gestellt. Abhängig davon, ob man diese Beschränkung umfassend auf das Tarifrecht ausdehnt,[607] kann Art. 153 Abs. 1 lit. f) AEUV nach seinem Wortlaut als begrenzte Kompetenzgrundlage für ein europäisches Tarifrecht herangezogen werden.[608] Erforderlich dafür ist ein enges Verständnis des Kompetenzverbots. Es dürfte nur das Koalitionsrecht und den Arbeitskampf erfassen und nicht die Vertretung und Wahrnehmung der Mitgliederinteressen im Außenverhältnis. Für diesen beschränkten Bereich hätte die Union dann die Möglichkeit, Mindestvorgaben für das mitgliedstaatliche Tarifvertragsrecht zu machen.[609] Diese könnten nach Art. 153 Abs. 2 lit. b) AEUV allerdings nur in Form von Richtlinien erlassen werden, denen keine unmittelbare Rechtswirkung für Arbeitsverhältnisse zukommt. Ein europäisches Tarifvertragsrecht lässt sich damit also nicht umsetzen. Von dieser – umstrittenen – Möglichkeit wurde vom Unionsgesetzgeber bisher kein Gebrauch gemacht.[610]

Damit bleibt es bei dem Ergebnis des Abschnitts zum sozialen Dialog auf Unionsebene: Die Union hat nicht die Kompetenz für ein eigenes Tarifvertragssystem.[611] Insgesamt kann allerdings auch den Art. 153 Abs. 1 lit. f),[612] 156 Abs. 1 SpStr. 7 AEUV ein Bekenntnis des Primärrechts zu den mitgliedstaatlichen Kollektivvertragssystemen als Mittel zur Erreichung der sozialpolitischen Ziele entnommen werden. Aus diesem Bekenntnis lässt sich indes abermals nichts Konkretes zur Kartellrechtsanwendung auf Kollektivverträge herauslesen.

---

607 Dazu bereits soeben C.II.1.

608 *Thüsing/Traut*, RdA 2012, 65, 67; *Löwisch/Rieble*, Tarifvertragsgesetz, 4. Aufl. 2017, Grundl. Rn. 474.

609 So *Maul-Sartori*, in: Boecken et al., Gesamtes Arbeitsrecht, 2. Aufl. 2023, Art. 153 AEUV Rn. 34; *Langer*, in: von der Groeben/Schwarze/Hatje, Europäisches Unionsrecht, 7. Aufl. 2015, Art. 153 AEUV Rn. 47; *Rebhahn/Reiner*, in: Schwarze et al., EU-Kommentar, 4. Aufl. 2019, Art. 153 AEUV Rn. 53; *Thüsing/Traut*, RdA 2012, 65, 67; *Bourazeri*, NZA-Beil. 2019, 25, 28; gegen eine enge Auslegung der Kompetenzbeschränkung und unionsrechtliche Mindestvorgaben *Eichenhofer*, in: Streinz, EUV/AEUV, 3. Aufl. 2018, Art. 153 AEUV Rn. 21; *Krebber*, in: Calliess/Ruffert, EUV/AEUV, 6. Aufl. 2022, AEUV Art. 153 Rn. 20; *Rieble*, in: Münchener Handbuch ArbR, 6. Aufl. 2025, Bd. 3, § 217 Rn. 16; wohl auch *Benecke*, in: Grabitz/Hilf/Nettesheim, Das Recht der EU, 75. Lfg. 2022, AEUV Art. 153 Rn. 88.

609 *Thüsing/Traut*, RdA 2012, 65, 67; *Löwisch/Rieble*, Tarifvertragsgesetz, 4. Aufl. 2017, Grundl. Rn. 477.

610 *Bourazeri*, NZA-Beil. 2019, 25, 28.

611 Eine Ausnahme davon ist allerdings das Dienstrecht für die Beamten der Union. Insoweit hat die Union eine umfassende Rechtsetzungskompetenz nach Art. 336 AEUV, einschließlich eins Tarif- oder Arbeitskampfrechts; *Thüsing/Traut*, RdA 2012, 65, 67.

612 *Deinert*, Der europäische Kollektivvertrag, 1999, S. 264.

III. Unionsgrundrechte und Kollektivautonomie

1. Gewährleistung einer Kollektivautonomie durch die GRC

Zunächst garantiert Art. 12 Abs. 1 GRC die Vereinigungsfreiheit, die auch eine Koalitionsfreiheit enthält.[613] Danach hat jeder Unionsbürger das Recht, Gewerkschaften zu gründen und ihnen beizutreten. Auch Arbeitgebervereinigungen fallen unter den Schutzbereich der Norm.[614]

Art. 28 GRC garantiert als *Lex specialis* gegenüber Art. 12 GRC,[615] dass Arbeitnehmer und Arbeitgeber oder ihre jeweiligen Organisationen nach dem Unionsrecht und den einzelstaatlichen Rechtsvorschriften und Gepflogenheiten das Recht haben, Tarifverträge auf den geeigneten Ebenen auszuhandeln und zu schließen sowie bei Interessenkonflikten kollektive Maßnahmen zur Verteidigung ihrer Interessen, einschließlich Streiks, zu ergreifen. Damit wird ein Recht auf Kollektivverhandlungen, Kollektivvereinbarungen und Arbeitskampfmaßnahmen gewährleistet.[616] Der von Art. 28 GRC verwendete Tarifvertragsbegriff ist wegen der Normüberschrift und der Bezugnahme auf die „geeigneten Ebenen" der Verhandlung weit zu verstehen und umfasst sämtliche Kollektivverhandlungen, also auch Betriebsvereinbarungen.[617] [618]

Die GRC ist nach Art. 6 Abs. 1 UA 1 EUV den Verträgen gleichrangig und damit Teil des Primärrechts.[619] Nach Art. 6 Abs. 1 UA 2 EUV und Art. 51 Abs. 2 GRC dehnt die Charta den Geltungsbereich des Unionsrechts allerdings nicht über die in den Verträgen festgelegten Kompetenzen hinweg aus.[620] Das bedeutet, auch Art. 28 GRC kann nicht zur Ausgestaltung eines europäischen Tarifrechts genutzt werden.[621] Vielmehr wirkt das Grundrecht nur innerhalb der – bereits oben dargestellten – Unionskompetenzen. Demnach steht die Kollektivautonomie als solche zwar nicht zur Disposition der Mitgliedstaaten.[622] Aufgrund der Kompetenzbeschränkung in Art. 153 Abs. 5 AEUV ist das nationale Recht

---

613 *Augsberg*, in: von der Groeben/Schwarze/Hatje, Europäisches Unionsrecht, 7. Aufl. 2015, Art. 12 GRC Rn. 6; *Ruffert*, in: Calliess/Ruffert, EUV/AEUV, 6. Aufl. 2022, Art. 12 Rn. 14 ff.

614 *Ruffert*, in: Calliess/Ruffert, EUV/AEUV, 6. Aufl. 2022, Art. 12 Rn. 15; *Jarass*, Charta der EU-Grundrechte, 4. Aufl. 2021, Art. 12 Rn. 16.

615 *Bourazeri*, NZA-Beil. 2019, 25, 26.

616 *Schiek*, in: Däubler, Tarifvertragsgesetz, 5. Aufl. 2022, Einl. Rn. 710.

617 Vgl. EuGH, Urt. v. 6.12.2012, Rs. C-152/11, ECLI:EU:C:2012:772, Rn. 53 – *Odar*; *Lembke*, in: von der Groben/Schwarze/Hatje, Europäisches Unionsrecht, 7. Aufl. 2015, *Bourazeri*, NZA-Beil. 2019, 25, 28 Fn. 38; Art. 28 GRC Rn. 10; *Hüpers/Reese*, in: Meyer/Hölscheidt, Charta der Grundrechte der Europäischen Union, 5. Aufl. 2019, Art. 28 Rn. 31; *Jarass*, Charta der EU-Grundrechte, 4. Aufl. 2021, Art. 28 Rn. 6.

618 Dies wird auch in anderen Sprachfassungen der Charta deutlich, die nicht von einem Tarifvertrag, sondern nur von Kollektivvertrag sprechen, z.B. die englische („collective agreements"), französische („conventions collectives") oder spanische („convenios colectivos") Fassung; dazu *Schubert*, ZfA 2013, 1, 16 Fn. 86.

619 *Zimmer*, EuZA 2013, 247, 256; *Kingreen*, in: Calliess/Ruffert, EUV/AEUV, 6. Aufl. 2022, Art. 6 EUV Rn. 12.

620 Zur Kompetenzakzessorietät der sozialen Unionsgrundrechte *Krebber*, EuZA 2016, 3 ff.; *ders.*, in: Calliess/Ruffert, EUV/AEUV, 6. Aufl. 2022, Art. 27 GRC Rn. 2 ff.

621 *Herresthal*, EuZA 2011, 3, 14 f.; *Junker*, ZfA 2015, 267, 281; *Rieble*, in: Münchener Handbuch ArbR, 6. Aufl. 2025, Bd. 3, § 217 Rn. 16; *Krebber*, in: Calliess/Ruffert, EUV/AEUV, 6. Aufl. 2022, Art. 28 GRC Rn. 3 f., 7.

622 *Junker*, ZfA 2015, 267, 281.

allerdings konstitutiv und für die materiell-rechtliche Ausgestaltung des Unionsgrundrechts verantwortlich.[623] Das wird durch die allgemeine Vorschrift in Art. 52 Abs. 4 GRC bekräftigt. Danach sollen Unionsgrundrechte, die von der Charta so anerkannt werden, wie sie sich aus den Verfassungsüberlieferungen der Mitgliedstaaten ergeben, im Einklang mit diesen Überlieferungen ausgelegt werden.[624] Die daraus resultierende Pluralität der unionsrechtlichen Gewährleistung der Kollektivautonomie ist als vom Unionsgesetzgeber gewollt hinzunehmen.[625]

Der Garantie des Art. 28 GRC kommt primär die Rolle zu, nationale Grundrechte auf Kollektivautonomie und Arbeitskampf auf die Ebene des Unionsrechts zu heben.[626] Die Norm kann als Schranke für unionsrechtliche Freiheiten fungieren.[627] Ein nationales Grundrecht kann Primärrecht wie den Grundfreiheiten nicht entgegengehalten werden; ein europäisches Grundrecht dagegen schon.[628] Diese Eignung als Schranke muss konsequenterweise auch für das EU-Kartellrecht gelten, das den durch die Grundfreiheiten ermöglichten grenzüberschreitenden Wettbewerb schützt.[629]

2. Grundrechtsgleicher Rechtssatz des Unionsrechts

In den Entscheidungen *Viking* und *Laval* leitete der EuGH ein ungeschriebenes Grundrecht auf Durchführung kollektiver Maßnahmen, das fester Bestandteil der allgemeinen Grundsätze des Gemeinschaftsrechts sei, aus verschiedenen unionalen und internationalen Rechtsakten mit Beteiligung der Mitgliedstaaten her.[630] In einer späteren Entscheidung begründete der EuGH mit ähnlicher Argumentation ein Grundrecht auf kollektive Verhandlungen.[631] Diese Herleitung erläuterte er ähnlich umfassend wie zuvor das Recht auf kollektive Maßnahmen in *Viking* und *Laval*. Dass er diesen Weg wählte, anstatt sich lediglich auf Art. 28 GRC zu stützen, spricht dafür, dass das ungeschriebene Grundrecht neben das Grundrecht aus Art. 28 GRC tritt.[632] In jüngeren Entscheidungen bezieht sich der EuGH allerdings nur noch auf Art. 28 GRC.[633] Das indiziert, dass er in Art. 28 GRC den primärrechtlichen Fixpunkt des

---

623 *Herresthal*, EuZA 2011, 3, 14 f.; *Thüsing/Traut*, RdA 2012, 65, 70; *Junker*, ZfA 2015, 267, 281; *Krebber*, in: Calliess/Ruffert, EUV/AEUV, 6. Aufl. 2022, Art. 28 GRC Rn. 3 f.; *Schiek*, in: Däubler, Tarifvertragsgesetz, 5. Aufl. 2022, Einl. Rn. 714.

624 So auch bezüglich kollektiver Maßnahmen die Erläuterungen zur Charta der Grundrechte, ABl. 2007 C 303, S. 26: „Die Modalitäten und Grenzen für die Durchführung von Kollektivmaßnahmen, darunter auch Streiks, werden durch die einzelstaatlichen Rechtsvorschriften und Gepflogenheiten geregelt; dies gilt auch für die Frage, ob diese Maßnahmen in mehreren Mitgliedstaaten parallel durchgeführt werden können."

625 *Herresthal*, EuZA 2011, 3, 17.

626 *Thüsing/Traut*, RdA 2012, 65, 70; *Hüpers/Reese*, in: Meyer/Hölscheidt, Charta der Grundrechte der Europäischen Union, 5. Aufl. 2019, Art. 28 Rn. 21; *Rieble*, in: Münchener Handbuch ArbR, 6. Aufl. 2025, Bd. 3, § 217 Rn. 17.

627 *Schubert*, ZfA 2013, 1, 8.

628 EuGH, Urt. v. 12.6.2003, Rs. C-112/00, ECLI:EU:C:2003:333, Rn. 70 ff. – *Schmidberger*; EuGH, Urt. v. 14.10.2004, Rs. C-36/02, ECLI:EU:C:2004:614, Rn. 35 – *Omega*.

629 Vgl. *Löwisch/Rieble*, Tarifvertragsgesetz, 4. Aufl. 2017, Grundl. Rn. 294.

630 EuGH, Urt. v. 11.12.2007, Rs. C-438/05, ECLI:EU:C:2007:772, Rn. 43 f. – *Viking*; EuGH, Urt. v. 18.12.2007, Rs. C-341/05, ECLI:EU:C:2007:809, Rn. 90 f. – *Laval*.

631 EuGH, Urt. v. 15.7.2010, Rs. C-271/08, ECLI:EU:C:2010:426, Rn. 37 ff. – *Kommission/Deutschland*; siehe auch EuGH, Urt. v. 12.10.2010, Rs. C-45/09, ECLI:EU:C:2010:601, Rn. 67 – *Rosenbladt*.

632 Vgl. *Schiek*, in: Däubler, Tarifvertragsgesetz, 5. Aufl. 2022, Einl. Rn. 707. Allgemein für ein selbstständiges Nebeneinander von Charta- und Rechtsgrundsatz-Grundrecht aufgrund der getrennten Erwähnung in Art. 6 Abs. 1 und 3 EUV GAin *Trstenjak*, Schlussanträge v. 8.11.2011, Rs. C-282/10, ECLI:EU:C:2011:559, Rn. 127 – *Dominguez*.

633 EuGH, Urt. v. 19.9.2018, C-312/17, ECLI:EU:C:2018:734, Rn. 69 – *Bedi*; EuGH, Urt. v. 8.9.2011, Rs. C-297/10, ECLI:EU:C:2011:560, Rn. 67 – *Hennings und Mai*.

Rechts auf kollektive Verhandlungen sieht. Dieser muss daher maßgeblich für die Schutzbereichsbestimmung des Rechtsgrundsatzes sein.[634] Das folgt aus dem Gebot der harmonisierenden Auslegung beider Grundrechte.[635] Da die Charta im Überschneidungsbereich Anwendungsvorrang genießt,[636] bleibt einem Rechtsgrundsatz-Grundrecht auf Kollektivverhandlungen nur eine Auffangfunktion.[637]

IV. Zusammenfassung

Die Europäische Union hat keine Kompetenz zur Regelung eines europäischen Tarifrechts. Nach umstrittener Ansicht kann sie zumindest durch Richtlinien Mindestvorgaben aufstellen, soweit diese nicht das Arbeitsentgelt, das Koalitionsrecht oder das Streikrecht betreffen. Von dieser – sehr eingeschränkten – Kompetenz wurde jedenfalls noch kein Gebrauch gemacht. Den Art. 151 ff. AEUV kann dafür ein klares Bekenntnis zu den mitgliedstaatlichen Kollektivvertragssystemen als Mittel zur Erreichung der sozialpolitischen Ziele der Verträge entnommen werden. Zu diesem Zweck werden sie vom Primärrecht vorausgesetzt und instrumentalisiert.

Ein subjektives Recht auf Kollektivverhandlungen statuiert Art. 28 GRC. Nach Art. 6 Abs. 1 UA 1 EUV steht es auf primärrechtlichem Rang. Eine Kompetenzerweiterung der Union geht mit Art. 28 GRC allerdings nicht einher. Vielmehr ist das nationale Recht konstitutiv für die materiell-rechtliche Ausgestaltung des Grundrechts. Die Hauptfunktion von Art. 28 GRC besteht darin, das subjektive Recht auf Kollektivautonomie auf Unionsrechtsebene zu heben und damit einer Verhältnismäßigkeits- oder Schrankenprüfung mit unionsrechtlichen Regelungen zugänglich zu machen.

D. EBENEN DES SPANNUNGSVERHÄLTNISSES

I. Ausgangspunkt

Eine Arbeitsmarktordnung durch Wettbewerb und eine solche durch Kollektivverträge stehen sich diametral gegenüber. Dieses Spannungsverhältnis lässt sich innerhalb des Primärrechts auf verschiedenen Ebenen formulieren. Zunächst ist relevant, ob aus dem Verhältnis der wettbewerbs- und sozialpolitischen Ziele der Verträge ein Rückschluss auf die Anwendung des Kartellrechts auf die Koalitionsbildung und Kollektivverträge gezogen werden kann (II.). Mit derselben Zielsetzung wird anschließend das primärrechtliche Verhältnis einer kollektiven Arbeitsmarktordnung zum Wettbewerbsprinzip untersucht (III.). Erst im Anschluss kann die Auflösung der Kollision einzelner kollektiver Maßnahmen mit dem Kartellverbot und der Fusionskontrolle in den Blick genommen werden (IV.).

---

[634] Allgemein zur lückenfüllenden Funktion der Rechtsgrundsätze sowie zu ihrer unionsrechtlichen Kodifikation *von Arnauld*, EuR 2003, 191, 210.

[635] GAin *Trstenjak*, Schlussanträge v. 8.11.2011, Rs. C-282/10, ECLI:EU:C:2011:559, Rn. 129 – *Dominguez*; *Jarass*, Charta der EU-Grundrechte, 4. Aufl. 2021, Art. 53 Rn. 6.

[636] *Schorkopf*, in: Grabitz/Hilf/Nettesheim, Das Recht der EU, 68. Lfg. 2019, EUV Art. 6 Rn. 56; *Jarass*, Charta der EU-Grundrechte, 4. Aufl. 2021, Art. 53 Rn. 5; *Wollenschläger*, in: Hatje/Müller-Graff, Europäisches Organisations- und Verfassungsrecht, 2. Aufl. 2022, § 13 Rn. 110.

[637] *Bourazeri*, NZA-Beil. 2019, 25 f.

II. Wettbewerbspolitik und Sozialpolitik

Namentlich *Basedow* vertrat, dass das primäre Gemeinschaftsrecht einer abstrakten Hierarchie folge.[638] Es bestehe ein Primat marktintegrativer und marktwirtschaftlicher Ziele.[639] Der Nachteil dieser Hierarchisierung der Zielbestimmungen liegt auf der Hand. Die abstrakte Betrachtung und pauschale Gewichtung lassen keinen Raum für eine verhältnismäßige Ausbalancierung der Ziele im Einzelfall.[640] Geringfügigste Eingriffe in marktintegrative Mittel, wie die Grundfreiheiten, könnten bedeutende sozialpolitische Maßnahmen ausstechen.[641] Sogar die gänzliche Verfehlung eines Ziels ist denkbar. Hinzu kommt, dass die früher rein marktwirtschaftliche Ausrichtung der Gemeinschaft auch der Tatsache geschuldet war, dass eine Einigung über andere Politiken noch nicht erzielt werden konnte.[642] Insbesondere mit den Verträgen von Maastricht[643] und Lissabon wurden zusätzlich andere Politikfelder in den Fokus des Primärrechts gerückt.[644] Die Konfliktlösung auf Primärrechtsebene mittels Zielhierarchie wird heute daher abgelehnt.[645]

Anknüpfend an die Kritik an einer Zielhierarchie ist die Konfliktlösung zwischen verschiedenen Zielen und Politiken des Primärrechts im Einzelfall zu suchen. Der EuGH hat im Bereich der Agrarpolitik darauf hingewiesen, dass zwischen widersprüchlichen Zielen ein harmonischer Ausgleich zu erzielen sei.[646] Noch deutlicher wurde er zu den Zielbestimmungen in ex-Art. 3 EGKSV[647]. Er gab den Gemeinschaftsbehörden auf, einander widersprechende Ziele in Einklang zu bringen, ohne dass er eine Präferenz für bestimmte Ziele erkennen ließ.[648] Zielkonflikte sind grundsätzlich mittels einer echten Abwägungsentscheidung zu lösen, die auf die Herstellung praktischer Konkordanz abzielt.[649] Konsequenterweise geht der EuGH davon aus, dass die Rechte auf kollektive Maßnahmen und Kollektivverhandlun-

---

638 *Basedow*, in: FS Everling, 1995, Bd. 1, S. 49, 56 ff.

639 *Basedow*, in: FS Everling, 1995, Bd. 1, S. 49, 68; so auch *Dreher*, WuW 1998, 656, 657 ff., 663 ff.

640 *Makowski*, Kartellrechtliche Grenzen der Selbstregulierung, 2007, S. 83.

641 Vgl. *Birk*, Das Prinzip des unverfälschten Wettbewerbs und seine Bedeutung im europäischen Gemeinschaftsrecht, 2000, S. 61.

642 *Steindorff*, ZHR 2000, 223, 241; *Makowski*, Kartellrechtliche Grenzen der Selbstregulierung, 2007, S. 83; *Windbichler*, RdA 1992, 75, 76 f.

643 Vertrag über die Europäische Union v. 7.2.1992, ABl. C 191, 1.

644 *Terhechte*, in: Grabitz/Hilf/Nettesheim, Das Recht der EU, 82. Lfg. 2014, EUV Art. 3 Rn. 22; *Müller*, Wettbewerb und Unionsverfassung, 2014, S. 351 f., 165 ff.

645 *Makowski*, Kartellrechtliche Grenzen der Selbstregulierung, 2007, S. 83 ff.; *Mühlbach*, Tarifverträge in der europäischen Kartellkontrolle, 2007, S. 246 ff.; *Hatje*, in: von Bogdandy/Bast, Europäisches Verfassungsrecht, 2009, S. 801, 836; *Nowak*, EuR 2009 Beiheft 1, 129, 163; *Müller*, Wettbewerb und Unionsverfassung, 2014, S. 162 f.; *Terhechte*, in: Grabitz/Hilf/Nettesheim, Das Recht der EU, 82. Lfg. 2014, EUV Art. 3 Rn. 22.

646 EuGH, Urt. v. 24.10.1973, Rs. 5/73, ECLI:EU:C:1973:109, Rn.24 – *Balkan Import Export*; EuGH, Urt. v. 14.5. EuGH, Urt. v. 20.10.1977, Rs. 29/77, ECLI:EU:C:1977:164, Rn. 29/31 – *Roquette*; EuGH, Urt. v. 17.10.1995, Rs. C-44/94, ECLI:EU:C:1995:325, Rn. 37 – *Fishermen's Organisations*.

647 Vertrag über die Gründung der Europäischen Gemeinschaft für Kohle und Stahl v. 18.4.1951.

648 EuGH, Urt. v. 13.6.1958, Rs. C-9/56, ECLI:EU:C:1958:7, Slg. 1958, 17, 43 – *Meroni*; EuGH, Urt. v. 18.3.1980, verb. Rs. 154, 205, 226 bis 228, 263 und 267/78 sowie 39, 31, 83 und 85/79, ECLI:EU:C:1980:81, Rn. 54 – *Valsabbia*: „Der Gerichtshof hat daraus abgeleitet, daß die Kommission bei der Verfolgung der in Artikel 3 des Vertrages vorgesehenen Ziele dafür zu sorgen hat, daß diese einzelnen, einander möglicherweise widersprechenden Ziele ständig miteinander in Einklang gebracht werden, und daß sie, falls zwischen ihnen Widersprüche auftreten sollten, dem einen oder anderen Ziel denjenigen Vorrang einzuräumen hat, den sie aufgrund der wirtschaftlichen Gegebenheiten, die zu der Entscheidung Anlaß gegeben haben, für angebracht hält."

649 *Nowak*, EuR 2009 Beiheft 1, 129, 163 f.; *Makowski*, Kartellrechtliche Grenzen der Selbstregulierung, 2007, S. 84.

gen mit den marktintegrativen Grundfreiheiten anhand des Verhältnismäßigkeitsgrundsatzes in Einklang gebracht werden müssen.[650] Für das Verhältnis von Wettbewerbs- und Sozialpolitik ist die Pflicht zur Harmonisierung beider Politiken sogar speziell in der Kompromissformel des Art. 151 Abs. 2 AEUV niedergelegt. Ein generelles Übergewicht der Wettbewerbspolitik lässt sich der Vorschrift nicht entnehmen.[651]

III. Kollektive Arbeitsmarktordnung und das Wettbewerbsprinzip

Es wurde bereits gezeigt, dass das Wettbewerbsprinzip in mehreren Normen des Primärrechts verankert ist.[652] Auch das Prinzip selbst hat deswegen primärrechtlichen Rang.[653] Dasselbe gilt für Kollektivautonomie und Koalitionsfreiheit, die als Unionsgrundrechte und – die Kollektivautonomie – als Rechtsgrundsatz-Grundrecht nach Art. 6 Abs. 1, 3 EUV ebenfalls auf primärrechtlichem Rang stehen. Außerdem bringen die Art. 151 ff. AEUV zum Ausdruck, dass die Verträge Kollektivvertragssysteme auf mitgliedstaatlicher Ebene voraussetzen.[654] Sowohl das Wettbewerbsprinzip als auch die Kollektivvertragssysteme sind allerdings keine Ziele der Verträge, sondern Instrumente, um diese zu erreichen.[655]

Das Primärrecht verwehrt nicht nur einer bestimmten Politik einen absoluten Vorrang vor anderen, sondern kennt auch keine Normenhierarchie; alle Bestimmungen stehen auf gleicher Stufe.[656] Auch insoweit lässt sich also kein Vorrang des Wettbewerbsprinzips vor Kollektivvertragssystemen und in der Folge eine Anwendung des Kartellrechts auf Kollektivverträge ableiten. Vielmehr ist das Gegenteil der Fall: Die Garantie der Kollektivautonomie würde ihren Zweck fast vollständig verfehlen, wäre das Kartellrecht uneingeschränkt auf Kollektivverträge anwendbar. Wettbewerbliche und kollektive Ordnungssysteme sind so gegensätzlich, dass sie nicht im Wege einer praktischen Konkordanz in einen verhältnismäßigen Ausgleich gebracht werden können, ohne dass das Wesen eines der beiden Systeme stark beschnitten wird.[657] Funktionsfähiger Wettbewerb und ein funktionsfähiges Kollektivvertragssystem können nicht auf demselben Arbeitsmarkt koexistieren. Darin liegt der Unterschied zu den oben zitierten

650 EuGH, Urt. v. 11.12.2007, Rs. C-438/05, ECLI:EU:C:2007:772, Rn. 46 – *Viking*; EuGH, Urt. v. 18.12.2007, Rs. C-341/05, ECLI:EU:C:2007:809, Rn. 94 – *Laval*; EuGH, Urt. v. 15.7.2010, Rs. C-271/08, ECLI:EU:C:2010:426, Rn. 44 – *Kommission/Deutschland*; zustimmend *Skouris*, RdA-Beil. 2009, 25, 27 ff. Zur Gleichrangigkeit von Grundrechten und Grundfreiheiten bereits EuGH, Urt. v. 12.6.2003, Rs. C-112/00, ECLI:EU:C:2003:333, Rn. 74 ff. – *Schmidberger*; EuGH, Urt. v. 14.10.2004, Rs. C-36/02, ECLI:EU:C:2004:614, Rn. 35 – *Omega*.

651 *Müller*, Wettbewerb und Unionsverfassung, 2014, S. 354.

652 Siehe dazu oben B.II.

653 *Müller*, Wettbewerb und Unionsverfassung, 2014, S. 155.

654 Siehe dazu oben C.II.

655 Siehe dazu oben B.II.2 und C.II.2.

656 GA *Mengozzi*, Schlussanträge v. 26.10.2006, Rs. C-355/04, ECLI:EU:C:2006:667, Rn. 177 – *Gestoras Pro Amnistía*; *Nettesheim*, EuR 2006, 737, 740; *Gärditz*, in: Rengeling/Middeke/Gellermann, Handbuch des Rechtsschutzes in der EU, 3. Aufl. 2014, § 34 Rn. 7; differenzierend *von Arnauld*, EuR 2003, 191 ff.; für eine Überordnung der Ziele, Werte und Grundsätze der Union über die Mittel zur Zielverwirklichung im AEUV *Schröter*, in: von der Groeben/Schwarze/Hatje, Europäisches Unionsrecht, 7. Aufl. 2015, Vorb. Art. 101-109 AEUV Rn. 41 ff.

657 *Ackermann*, in: Rieble/Junker/Giesen, Kartellrecht und Arbeitsmarkt, 2010, S. 17, 33; zustimmend *Wessely*, in: Ausweitung der Tarifmacht, S. 85, 90; ähnlich: BKartA, Offene Märkte und nachhaltiges Wirtschaften, 2020, S. 10; *Krause*, Tarifverträge zur Begrenzung der Leiharbeit und zur Durchsetzung des Equal-Pay-Grundsatzes, 2. Aufl. 2012, S. 49, 109 f.; *Breuer*, Das EU-Kartellrecht im Kraftfeld der Unionsziele, 2013, S. 530 f., 538; a.A. wohl *Müller*, Wettbewerb und Unionsverfassung, 2014, S. 378 ff.; *Preetz*, Wettbewerbsbeschränkendes Arbeitgeberverhalten, 2023, S. 140 f., der dann aber doch zum Schluss kommt, dass eine praktische Konkordanz sich nur durch ein Zurücktreten des Kartellverbots erreichen lässt, wenn Art. 28 GRC dies erfordert.

Entscheidungen *Viking, Laval* und *Kommission/Deutschland*, bei denen der EuGH einen Ausgleich nach dem Verhältnismäßigkeitsgrundsatz für angemessen erachtete. In diesen Fällen war es gerade nicht so, dass aus der Wahrnehmung der Rechte auf Kollektivmaßnahmen und -verhandlungen zwangsläufig eine Beeinträchtigung der Grundfreiheiten folgte,[658] wie dies bei Art. 101 Abs. 1 AEUV der Fall ist.

Lässt sich eine Normenkollision im Primärrecht nicht durch die Herstellung praktischer Konkordanz lösen, sind die gängigen Kollisionsregeln anzuwenden: *Lex superior*, *Lex posterior* und *Lex specialis*.[659] Mangels Normenhierarchie ist der Konflikt zwischen Wettbewerbsprinzip und Kollektivautonomie nicht durch die *Lex-superior*-Regel lösbar.[660] Im Hinblick auf die zunehmende Stärkung der Sozialpolitik über mehrere Unionsvertragsreformen hinweg sowie die Einführung von Art. 28 GRC mit dem Lissabonner Vertrag wäre ein Vorrang der Kollektivvertragsordnung nach der *Lex-posterior*-Regel denkbar. Überzeugender ist es allerdings, diese als *Lex specialis* zum Wettbewerbsprinzip auf Arbeitsmärkten einzuordnen.[661] Wie aus Art. 28 GRC hervorgeht, gilt die Kollektivautonomie nur für Arbeitnehmer und Arbeitgeber. Auch die Art. 151 ff. AEUV beziehen sich ganz überwiegend auf das Arbeitsrecht. Akzeptiert das Primärrecht für diesen Bereich ein System kollektiver Verträge, obwohl es das Wettbewerbsprinzip gleichzeitig zum wirtschaftspolitischen Ordnungsgrundsatz bestimmt, kann daraus geschlossen werden, dass es in Ersterem das speziellere Ordnungssystem sieht.

Aufgrund des Kartellcharakters von Tarifverträgen wäre ein anderes Ergebnis mit der Garantie der Kollektivautonomie unvereinbar.[662] Denn Kollektivverträge würden ansonsten fast ausnahmslos gegen das Kartellverbot verstoßen und wären in der Folge unwirksam. Ähnlich verhält es sich mit einer fusionskontrollrechtlichen Kontrolle von Koalitionsgründungen oder -fusionen, sofern diese einen Zusammenschlusstatbestand erfüllen sollten.[663] Gewerkschaften und Arbeitgeberverbände erzielen regelmäßig eine recht hohe Abdeckung von Arbeitsmärkten. Könnte dieser Vermachtung mit einer fusionskontrollrechtlichen Prüfung und Untersagung begegnet werden, dann könnte das die Kollektivautonomie mittelbar aushöhlen. Denn funktionsfähige Kollektivverträge verlangen auf vorgelagerter Stufe die Bildung von Koalitionen.

IV. Kollektivverträge, Koalitionsbildung und kartellrechtliche Normen

Aus der soeben beschriebenen Konfliktlösung durch das Spezialitätsverhältnis lässt sich allerdings noch nicht ableiten, welche Grenzen der kartellrechtlichen Kontrolle von Arbeitsmärkten konkret zu setzen sind. Entscheidend ist, welche Bereiche der kartellrechtlichen Kontrolle entzogen werden müssen, damit Koalitionsbildungen und Kollektivverträge die vom Primärrecht vorgesehenen Ziele erreichen können. Denn nur soweit diese Maßnahmen zur Verwirklichung der Ziele des Art. 151 AEUV beitragen, werden

---

658 EuGH, Urt. v. 11.12.2007, Rs. C-438/05, ECLI:EU:C:2007:772, Rn. 52 – *Viking*; EuGH, Urt. v. 15.7.2010, Rs. C-271/08, ECLI:EU:C:2010:426, Rn. 47 – *Kommission/Deutschland*.

659 *Nettesheim*, EuR 2006, 737, 745 f.; *Gärditz*, in: Rengeling/Middeke/Gellermann, Handbuch des Rechtsschutzes in der EU, 3. Aufl. 2014, § 34 Rn. 7; allgemein zu diesen Konfliktlösungsregeln *Vranes*, ZaöRV 2005, 391 ff.

660 So auch *Rummel*, Kartellrechtliche Freistellung sozialpartnerschaftlicher Kollektivverträge, 2023, S. 209.

661 So auch *Rummel*, Kartellrechtliche Freistellung sozialpartnerschaftlicher Kollektivverträge, 2023, S. 221, der bei der Auflösung des Konflikts dann aber auf den Immanzgedanken im Rahmen der tatbestandlichen Prüfung des Kartellverbots abstellt, S. 361 f., 397.

662 *Graf von Wallwitz*, Tarifverträge und die Wettbewerbsordnung des EG-Vertrages, 1997, S. 106; *Lettl*, WRP 2015, 294, 297; *Preetz*, Wettbewerbsbeschränkendes Arbeitgeberverhalten, 2023, S. 141.

663 Siehe dazu unten Teil 5 B.II.1.

sie von den Verträgen anerkannt.[664] In diesem Umfang genießen Kollektivvertragssysteme als spezielleres Ordnungsprinzip ausnahmsweise Vorrang vor dem Regelfall des Wettbewerbsprinzips und damit auch vor dem EU-Kartellrecht.

Kollektivverträge lassen sich bei einer Anwendbarkeit des Kartellverbots so gut wie gar nicht umsetzen, weshalb es eines Ausnahmebereichs für Kollektivverträge vom Kartellverbot und keiner einzelfallbezogenen Abwägung bedarf. Freilich ist auch der Ausnahmebereich dem Verhältnismäßigkeitsgrundsatz entsprechend so auszugestalten, dass der Schutzzweck des Kartellverbots und die mit Kollektivverträgen verfolgten sozialpolitischen Ziele so weit wie möglich zur Entfaltung kommen.[665] Die Arbeit wird im folgenden Teil 4 untersuchen, wo die Grenzen eines Ausnahmebereichs vom Kartellverbot für Kollektivverträge zu ziehen sind.

Im Vergleich zum Kartellverbot steht die Fusionskontrolle nicht in einem unmittelbaren Spannungsverhältnis zu Kollektivverträgen. Vielmehr sind Kollektivverträge bei der fusionskontrollrechtlichen Prüfung von Arbeitsmärkten als Faktum hinzunehmen und sachgemäß zu berücksichtigen. Ein unmittelbares Spannungsverhältnis könnte allerdings zwischen Fusionskontrolle und Koalitionsfreiheit bestehen, sofern eine Gründung oder eine Fusion von Gewerkschaften oder Arbeitgeberverbänden einen fusionskontrollrechtlichen Zusammenschlusstatbestand erfüllen sollte. Das würde die Möglichkeit einer fusionskontrollrechtlichen Untersagung von Koalitionsgründungen oder -fusionen eröffnen, was direkt mit der primärrechtlich gewährleisteten Koalitionsfreiheit konfligiert und mittelbar auch mit der Kollektivautonomie.[666] Dann wäre möglicherweise die Schaffung eines beschränkten Ausnahmebereichs für die Koalitionsbildung von der Fusionskontrolle angezeigt. Daneben stellt sich die Frage, ob die Fusionskontrolle ein geeignetes Instrument ist, um Arbeitnehmerinteressen zu schützen, die durch nachfragemachtbegründende oder -verstärkende Zusammenschlüsse beeinträchtigt werden könnten. Diesen Fragen will die Arbeit in Teil 5 nachgehen.

---

664 Siehe dazu soeben C.II.

665 Vgl. *Schubert*, ZfA 2013, 1, 31; *Preetz*, Wettbewerbsbeschränkendes Arbeitgeberverhalten, 2023, S. 140 f.

666 Siehe dazu soeben D.III.

TEIL 4: KOLLEKTIVAUTONOMIE UND DAS KARTELLVERBOT

A. EINLEITUNG

Der vorherige Teil hat das normative Spannungsverhältnis zwischen Wettbewerbsprinzip und Kollektivautonomie sowie – konkret – dem Kartellverbot und Kollektivverträgen herausgearbeitet. Im Ergebnis ist die Kollektivautonomie für Arbeitsmärkte das primärrechtlich speziellere Ordnungsprinzip, weshalb für Kollektivverträge ein beschränkter Ausnahmebereich vom Kartellverbot zu schaffen ist. In diesem Teil soll schwerpunktmäßig untersucht werden, wo genau die Grenzen dieses rechtsimmanenten Ausnahmebereichs für Kollektivverträge vom europäischen und deutschen Kartellverbot liegen (B.). Anschließend wird die Arbeit der Frage nachgehen, ob die mit Kollektivverträgen verfolgten sozial- und verteilungspolitischen Ziele im Rahmen der Prüfung von Art. 101 AEUV und §§ 1, 2 GWB berücksichtigt werden können, wenn die Voraussetzungen des Ausnahmebereichs im Einzelfall nicht erfüllt sind (C.). Das verlangt zuvorderst eine nähere Auseinandersetzung mit der *Wouters*-Doktrin des EuGH[667].

B. AUSNAHMEBEREICH FÜR KOLLEKTIVVERTRÄGE VOM KARTELLVERBOT

I. Ausgangspunkt

Die Gewährleistung der Kollektivautonomie in Art. 28 GRC steht mangels primärrechtlicher Normenhierarchie auf derselben Stufe wie das Kartellverbot in Art. 101 AEUV.[668] Das im Primärrecht zum Ausdruck kommende Spezialitätsverhältnis zwischen Kollektiv- und Wettbewerbsordnung führt allerdings dazu, dass für die Kollektivautonomie ein Ausnahmebereich vom Kartellverbot zu schaffen ist. Diese Notwendigkeit ergibt sich auch aus der unterschiedlichen Betroffenheit der Normen von ihrer Kollision: Während das Wesen der Kollektivautonomie durch eine Anwendung des Kartellverbots vollständig ausgehöhlt werden würde,[669] verbleibt dem Kartellverbot trotz des Ausnahmebereichs für Kollektivverträge noch ein weiter Anwendungsbereich.[670] Die Schaffung des beschränkten Ausnahmebereichs ist zwar keine Abwägungsentscheidung im Einzelfall. Sie kann allerdings als generalisierende Abwägung bezeichnet werden, die unterschiedliche Betroffenheitsgrade der Normen im Sinne einer praktischen Konkordanz zu berücksichtigen hat.[671]

Im Folgenden wird zunächst untersucht, in welchem Umfang arbeitsrechtliche Kollektivverträge von der Kontrolle durch das Kartellverbot auszunehmen sind (II.). Darauf aufbauend wird die Grenze des Ausnahmebereichs bei Kollektivverträgen Solo-Selbstständiger näher betrachtet (III.). Anschließend

---

667 Nach EuGH, Urt. v. 19.2.2002, Rs. C-309/99, ECLI:EU:C:2002:98, Rn. 73 ff. – *Wouters*.

668 *Schubert*, ZfA 2013, 1, 32; zum Fehlen einer primärrechtlichen Normenhierarchie bereits Fn. 656.

669 Kollektivverträge erfüllen im Regelfall die Verbotsvoraussetzungen von Art. 101 AEUV und wären deswegen unwirksam; siehe die ausführliche Prüfung der einzelnen Tatbestandsvoraussetzungen bei *Graf von Wallwitz*, Tarifverträge und die Wettbewerbsordnung des EG-Vertrages, 1997, S. 143 ff.; *Kordel*, Arbeitsmarkt und Europäisches Kartellrecht, 2004, S. 21 ff., 87 ff., 98 ff.; *Viol*, Die Anwendbarkeit des europäischen Kartellrechts auf Tarifverträge, 2005, S. 299 ff.; *Mühlbach*, Tarifverträge in der europäischen Kartellkontrolle, 2007, S. 125 ff.; *Serr*, Private Tariftreue, 2013, S. 97 ff.

670 *Breuer*, Das EU-Kartellrecht im Kraftfeld der Unionsziele, 2013, S. 538; ähnlich *Müller*, Wettbewerb und Unionsverfassung, 2014, S. 380 ff., der allerdings von einer „immanenten Schranke des Art. 101 AEUV" ausgeht und die Reichweite dieser Schranke anhand einer generalisierenden Verhältnismäßigkeitsprüfung bestimmen will.

671 *Breuer*, Das EU-Kartellrecht im Kraftfeld der Unionsziele, 2013, S. 538, 616.

M. Meinzer, *Nachfragemacht auf Arbeitsmärkten*,
https://doi.org/10.1007/978-3-658-52576-7_5

wird die Reichweite des Ausnahmebereichs vom deutschen Kartellverbot untersucht (IV.). Die Erkenntnisse der vorherigen Abschnitte sollen abschließend genutzt werden, um die Leitlinien der Kommission zur Anwendung des EU-Kartellrechts auf Tarifverträge Solo-Selbstständiger zu bewerten (V.).

II. Grenzen des Ausnahmebereichs

1. Maßgebliche Rechtsordnung für die Grenzziehung: europäisches oder mitgliedstaatliches Recht

Zunächst ist zu klären, anhand welcher Rechtsordnung die Grenzen des Ausnahmebereichs zu bestimmen sind. Es wurde bereits erläutert, dass die Union keine Zuständigkeit für ein europäisches Tarifvertragsrecht besitzt. Außerdem ist für die inhaltliche Ausgestaltung von Art. 28 GRC hauptsächlich das nationale Recht maßgeblich. Daher wird überwiegend vertreten, dass sich die Reichweite des Ausnahmebereichs auch nach diesem richte.[672] In der Konsequenz würden die nationalen Kollektivvertragsrechtsordnungen nicht nur den Schutzbereich von Art. 28 GRC definieren, sondern auch den Ausnahmebereich für Kollektivvereinbarungen von Art. 101 AEUV. Dessen Reichweite wäre dann ebenso heterogen, wie es das Kollektivvertragsrecht der Mitgliedstaaten ist.

Eine Bestimmung des Ausnahmebereichs nach nationalem Recht ist allerdings in mehrerlei Hinsicht nicht überzeugend. Zwar hat die Union zunächst keine Kompetenz für ein europäisches Tarifvertragsrecht. Sie ist nach Art. 3 Abs. 1 lit. b) und Art. 103 AEUV allerdings ausschließlich für die Wettbewerbsregeln zuständig, und damit auch für das EU-Kartellrecht.[673] Bei der Bestimmung des Ausnahmebereichs geht es folglich auch darum, die Reichweite einer Rechtsmaterie zu bestimmen, für die die Union alleine zuständig ist. In diesen Fällen tritt das nationale Recht grundsätzlich hinter dem Unionsrecht zurück.[674] Würde man vorliegend davon abweichen, hätten es die Gesetzgeber der Mitgliedstaaten in der Hand, die Reichweite von Art. 101 AEUV unter dem Deckmantel ihres Tarifrechts zu beschneiden.[675] Ein Vorgehen, das nicht mit dem Grundsatz der Unionstreue vereinbar ist.[676] Der EuGH hat

---

672 So *Ackermann*, in: Rieble/Junker/Giesen, Kartellrecht und Arbeitsmarkt, 2010, S. 17, 33 f.; *Krause*, Tarifverträge zur Begrenzung der Leiharbeit und zur Durchsetzung des Equal-Pay-Grundsatzes, 2. Aufl. 2012, S. 110; *Wessely*, in: Rieble/Junker/Giesen, Ausweitung der Tarifmacht, S. 85, 88 f.; *Serr*, Private Tariftreue, 2013, S. 87 f. (anders aber sogleich); *Goldmann*, EuZA, 2015, 509, 516 f.; *Bourazeri*, Tarifautonomie und Wirtschaftskrise, 2019, S. 324 f.; *Roth/Ackermann*, in: Frankfurter Kommentar, Kartellrecht, 73. Lfg. 2011, § 1 GWB Rn. 107; vgl. *Ulber*, in: Däubler, Tarifvertragsgesetz, 5. Aufl. 2022, Einl. Rn. 766; wohl auch *Klapperich*, NZKart 2020, 125, 127; so zur persönlichen Reichweite des Ausnahmebereichs *Höpfner*, Die Tarifgeltung im Arbeitsverhältnis, 2015, S. 574 f.; *Fuchs*, ZESAR 2016, 297, 306 f.; *Bücker*, in: FS Klebe, 2018, S. 65, 69; *Bien*, in: FS Säcker, 2021, 125, 127; a.A. *Latzel/Serr*, EuZW 2014, 410, 411 ff.; *Löwisch/Rieble*, Tarifvertragsgesetz, 4. Aufl. 2017, Grundl. Rn. 44 ff., Grundl. Rn. 483, § 1 Rn. 1101; *Schubert*, in: FS Klebe, 2018, S. 351, 355; *Mohr*, in: MüKo, Wettbewerbsrecht, 4. Aufl. 2023, Bd. 1-1, Grundl. Rn. 1291.

673 Dieser Grundsatz kommt vor allem in Art. 4 Abs. 3 EUV zum Ausdruck; *Klamert*, EuZW 2017, 131, 132 f.; *Korte*, in: MüKo, Wettbewerbsrecht, 4. Aufl. 2023, Bd. 1-1, Art. 103 AEUV Rn. 1.

674 EuGH, Urt. v. 15.7.1964, Rs. C-6/64, ECLI:EU:C:1964:66, Slg. 1964, 1253, 1269 ff. – *Costa/E.N.E.L.*; EuGH, Urt. v. 17.12.1970, C-11/70, ECLI:EU:C:1970:114, Rn. 3 – *Internationale Handelsgesellschaft*; EuGH, Urt. v. 9.3.1978, Rs. C-106/77, ECLI:EU:C:1978:49, Rn. 17/18 – *Staatliche Finanzverwaltung/Simmenthal*; zu diesen Entscheidungen *Wölker*, EuR 2007, 32, 37 ff.; aus jüngerer Vergangenheit EuGH, Urt. v. 26.5.2016, C-273/15, ECLI:EU:C:2016:364, Rn. 53 – *Ezernieki*.

675 *Latzel/Serr*, EuZW 2014, 410, 412; *Löwisch/Rieble*, Tarifvertragsgesetz, 4. Aufl. 2017, Grundl. Rn. 44 ff., Grundl. Rn. 483.

676 *Kahl*, in: Calliess/Ruffert, EUV/AEUV, 6. Aufl. 2022, Art. 4 EUV Rn. 97 f.; *Calliess*, NVwZ 2020, 897, 900; *Klamert*, EuZW 2017, 131, 135; allgemein zum Grundsatz der Unionstreue *Unruh*, EuR 2002, 41 ff.

folglich zu Recht klargestellt, dass eine nationale Regelung, die einen bestimmten Inhalt von Tarifverträgen billigt, nichts daran ändere, dass der betreffende Tarifvertrag dem Recht der Union zu entsprechen hat.[677] Dies geht auch aus dem Wortlaut von Art. 28 GRC hervor, der das Recht auf kollektive Verhandlung nicht nur nach den „einzelstaatlichen Rechtsvorschriften und Gepflogenheiten" gewährleistet, sondern auch „nach dem Unionsrecht".[678]

Das Unionsrecht erkennt die mitgliedstaatlichen Kollektivvertragssysteme nicht bedingungslos an und schützt sie damit auch nicht bedingungslos vor dem Kartellverbot. Sie haben eben keinen Ziel-, sondern Mittelcharakter. Wie bereits gezeigt,[679] sind die in Art. 151 Abs. 1 AEUV niedergelegten sozialpolitischen Bereichsziele der Grund für die primärrechtliche Billigung nationaler Kollektivvertragsordnungen. Den Art. 151 ff. AEUV konnte die Wertung entnommen werden, dass das Primärrecht sie grundsätzlich für geeignet hält, die sozialpolitischen Bereichsziele zu fördern. Daraus lässt sich bereits ableiten, dass der Ausnahmebereich vom Kartellverbot keine kollektivvertragliche Regelung erfasst, die keinem Bereichsziel des Art. 151 Abs. 1 AEUV dient. Anders formuliert: Gewährt das Primärrecht eine Ausnahme vom ordnungspolitischen Grundsatz des Wettbewerbsprinzips zugunsten kollektiver Verträge, um bestimmte sozialpolitische Ziele zu verwirklichen, dann endet die Ausnahme dort, wo Kollektivverträge diese Ziele nicht mehr verfolgen. Denn insoweit endet auch das Spezialitätsverhältnis und damit entfällt das primärrechtliche Bedürfnis, die Anwendung des Kartellverbots weiter zu beschränken. Das nationale Recht selbst steht in der Normenhierarchie unter dem Primärrecht. Es ist daher nicht dazu in der Lage, diese primärrechtliche Wertung zu entkräften.

In der Folge können nicht nur die Grundfreiheiten Kollektivverträgen eine Grenze setzen,[680] sondern auch das Kartellverbot konkretisiert deren Zulässigkeit implizit, indem es die Grenzen des Ausnahmebereichs autonom bestimmt.[681] Wichtig ist, dass diese Grenzen den primärrechtlichen Normen entnommen werden, um die Einheit der europäischen Rechtsordnung zu wahren und Wertungswidersprüche zu vermeiden.[682] Maßgeblich ist folglich, unter welchen Voraussetzungen diese den nationalen Kollektivvertragssystemen einen Vorrang vor dem Wettbewerbsprinzip zusprechen.

2. Bestimmung der Grenzen des Ausnahmebereichs

2.1 Überblick zur Rechtsprechung des EuGH

Der EuGH hat bereits zu einer Ausnahme von kollektivvertraglichen Regelungen aus dem Anwendungsbereich von Art. 101 AEUV entschieden.[683] Beginnend mit den Entscheidungen in den parallelen

677 EuGH, Urt. v. 13.9.2011, C-447/09, ECLI:EU:C:2011:573, Rn. 46 – *Prigge*.

678 *Latzel/Serr*, EuZW 2014, 410, 412; *Löwisch/Rieble*, Tarifvertragsgesetz, 4. Aufl. 2017, Grundl. Rn. 483.

679 Siehe dazu Teil 3 C.II.

680 EuGH, Urt. v. 11.12.2007, Rs. C-438/05, ECLI:EU:C:2007:772, Rn. 90 – *Viking*; EuGH, Urt. v. 18.12.2007, Rs. C-341/05, ECLI:EU:C:2007:809, Rn. 120 – *Laval*.

681 Vgl. *Löwisch/Rieble*, Tarifvertragsgesetz, 4. Aufl. 2017, Grundl. Rn. 483 f.

682 *Lettl*, WRP 2015, 294, 297.

683 EuGH, Urt. v. 21.9.1999, Rs. C-67/96, ECLI:EU:C:1999:430, Rn. 46 ff. – *Albany*; EuGH, Urt. v. 21.9.1999, Rs. C-115 bis 117/97, ECLI:EU:C:1999:434, Rn. 45 ff. – *Brentjens'*; EuGH, Urt. v. 21.9.1999, Rs. C-219/97, ECLI:EU:C:1999:437, Rn. 35 ff. – *Drijvende Bokken*; EuGH, Urt. v. 12.9.2000, Rs. C-180/98, ECLI:EU:C:2000:428, Rn. 57 ff. – *Pavlov*; EuGH, Urt. v. 21.9.2000, Rs. C-222/98, ECLI:EU:C:2000:475, Rn. 18 ff. – *van der Woude*; EuGH, Urt. v. 3.3.2011, Rs. C-437/09, ECLI:EU:C:2011:112, Rn. 28 ff. – *AG2R Prévoyance*; EuGH, Urt. v. 4.12.2014, Rs. C-413/13, ECLI:EU:C:2014:2411, Rn. 21 ff. – *FNV Kunsten*; vgl. auch EuGH, Urt. v. 11.12.2007, Rs. C-438/05, ECLI:EU:C:2007:772, Rn. 49 – *Viking*; EuGH, Urt. v.

Rechtssachen *Albany*, *Brentjens'* und *Drijvende Bokken* formulierte er einen Ausnahmebereich für Kollektivverträge. Die Entscheidung behandelte die Frage, ob eine für allgemeinverbindlich erklärte tarifvertragliche Regelung, die eine Pflichtmitgliedschaft der vertretenen Arbeitgeber und Arbeitnehmer in einem Betriebsrentenfonds vorsieht, gegen ex-Art. 85 EGV[684] (Art. 101 AEUV) verstößt.[685] Diese Frage verneinte der EuGH im Ergebnis.[686] Er prüfte hierfür nicht die Tatbestandsvoraussetzungen des Kartellverbots, sondern stützte dessen Nichtanwendung auf außertatbestandliche Erwägungen.

Zur Begründung führte der EuGH aus, dass die Gemeinschaftstätigkeit nicht nur auf ein System beschränkt sei, das den Wettbewerb schütze, sondern auch eine Sozialpolitik betreibe.[687] Er nennt die sozialpolitischen Aufgaben in ex-Art. 2 EGV (Art. 3 EUV) und die Ziele des Abkommens über die Sozialpolitik[688].[689] Zu Kollektivverhandlungen stützt er sich konkret auf die Aufgaben der Gemeinschaft, diese nach ex-Art. 118 EGV (Art. 156 AEUV) zu fördern sowie nach ex-Art. 118b EGV (Art. 155 AEUV) einen sozialen Dialog auf Unionsebene zu entwickeln.[690] Daraus schließt der EuGH, dass Tarifverträge zwar zwangsläufig gewisse wettbewerbsbeschränkende Auswirkungen hätten, allerdings sei die Erreichung der durch sie angestrebten sozialpolitischen Ziele ernsthaft gefährdet, wenn sie dem Kartellverbot unterfallen würden.[691] Diese knappe Begründung deckt sich im Wesentlichen mit den bisher im Rahmen dieser Untersuchung herausgearbeiteten Erkenntnissen. Ein Unionsgrundrecht auf Kollektivautonomie gab es im damaligen Primärrecht allerdings noch nicht – weder als Charta- noch als Rechtsgrundsatz-Grundrecht.

Die Beschreibung des EuGH zur Reichweite des Ausnahmebereichs gerät ebenfalls knapp. Im Rahmen von Tarifverhandlungen zwischen den Sozialpartnern im Hinblick auf die sozialpolitischen Gemeinschaftsziele geschlossene Verträge seien aufgrund ihrer Art und ihres Gegenstands nicht von ex-Art. 85 Abs. 1 EGV (Art. 101 AEUV) erfasst.[692] Die Untersuchung wird die Reichweite des Ausnahmebereichs im Folgenden konkretisieren.

2.2 Privilegierte Marktakteure

Aus den primärrechtlichen Normen zur Kollektivautonomie geht hervor, dass nur Kollektivverhandlungen von Arbeitnehmern, Arbeitgebern und deren Organisationen als förderlich für die sozialpolitischen Bereichsziele in Art. 151 Abs. 1 AEUV eingestuft werden. Das ergibt sich vor allem aus dem Wortlaut von Art. 28 GRC und Art. 156 Abs. 1 SpStr. 7 AEUV. Ähnlich spricht Art. 153 Abs. 1 lit. f) AEUV von

9.7.2009, C-319/07 P, ECLI:EU:C:2009:435, Rn. 47 ff. – *3F*; EuG, Urt. v. 13.12.2006, verb. Rs. T-217/03 und T-245/03, ECLI:EU:T:2006:391, Rn. 97 ff. – *FNCBV*.

684 Vertrag von Amsterdam zur Änderung des Vertrags über die Europäische Union, der Verträge zur Gründung der Europäischen Gemeinschaften sowie einiger damit zusammenhängender Rechtsakte v. 10.11.1991, ABl. 1997 C 340, 1.

685 EuGH, Urt. v. 21.9.1999, Rs. C-67/96, ECLI:EU:C:1999:430, Rn. 46 ff. – *Albany*; EuGH, Urt. v. 21.9.1999, Rs. C-115 bis 117/97, ECLI:EU:C:1999:434, Rn. 45 ff. – *Brentjens'*; EuGH, Urt. v. 21.9.1999, Rs. C-219/97, ECLI:EU:C:1999:437, Rn. 35 ff. – *Drijvende Bokken*.

686 EuGH, Urt. v. 21.9.1999, Rs. C-67/96, ECLI:EU:C:1999:430, Rn. 70 – *Albany*.

687 EuGH, Urt. v. 21.9.1999, Rs. C-67/96, ECLI:EU:C:1999:430, Rn. 54 – *Albany*.

688 Abkommen zwischen den Mitgliedstaaten der Europäischen Gemeinschaft mit Ausnahme des Vereinigten Königreichs Großbritannien und Nordirland über die Sozialpolitik v. 7.2.1992, ABl. 1992 C 191, 91 ff.

689 EuGH, Urt. v. 21.9.1999, Rs. C-67/96, ECLI:EU:C:1999:430, Rn. 54, 58 – *Albany*.

690 EuGH, Urt. v. 21.9.1999, Rs. C-67/96, ECLI:EU:C:1999:430, Rn. 55 f., 58 – *Albany*.

691 EuGH, Urt. v. 21.9.1999, Rs. C-67/96, ECLI:EU:C:1999:430, Rn. 59 – *Albany*.

692 EuGH, Urt. v. 21.9.1999, Rs. C-67/96, ECLI:EU:C:1999:430, Rn. 60 – *Albany*.

Arbeitnehmer- und Arbeitgeberinteressen. Da Arbeitgeber als Berechtigte benannt werden – und nicht nur deren Organisationen –, fallen auch Firmentarifverträge unter den Ausnahmebereich.[693]

Auf Personenebene richtet sich die Grenze nach dem Arbeitnehmer- und Arbeitgeberbegriff des Unionsrechts.[694] Nach der Rechtsprechung des EuGH ist das wesentliche Merkmal eines Arbeitsverhältnisses, dass „jemand während einer bestimmten Zeit für einen anderen nach dessen Weisung Leistungen erbringt, für die er als Gegenleistung eine Vergütung erhält".[695] Der Leistende ist Arbeitnehmer.[696] Der Leistungsempfänger ist Arbeitgeber.[697]

Schwieriger zu beantworten ist die Frage, ob das Unionsrecht auch bestimmte Anforderungen an die Organisationen stellt, die Arbeitnehmer und Arbeitgeber vertreten dürfen. Erwogen wird, den Ausnahmebereich nur auf gegnerunabhängige Gewerkschaften zu beschränken.[698] Das indiziert der Wortlaut von Art. 28 GRC, der von Arbeitnehmern, Arbeitgebern und „ihren jeweiligen Organisationen" spricht.[699] Ähnlich verlangt Art. 2 des Übereinkommens Nr. 98 der ILO[700], dass die Organisationen ohne Einmischung der anderen Seite bleiben müssen. Verboten ist es, eine von Arbeitgebern abhängige oder finanziell unterstützte Arbeitnehmerorganisation ins Leben zu rufen. Das völkerrechtliche Abkommen ist über Art. 53 GRC auch für die Interpretation des europäischen Rechts auf Kollektivautonomie relevant.[701] Zusätzlich wurde der Gewerkschaftsbegriff in Art. 11 Abs. 1 EMRK vom EGMR so konkretisiert, dass Gewerkschaften die Interessen ihrer Mitglieder vertreten und schützen müssen.[702] Der EuGH, dessen Rechtsprechung die Chartagrundrechte konkretisiert,[703] geht ebenfalls davon aus, dass das

693 Die Herleitung dieser Reichweite problematisierend, aber im Ergebnis zustimmend *Höpfner*, Die Tarifgeltung im Arbeitsverhältnis, 2015, S. 575 ff.; so im Ergebnis auch *Ackermann*, in: Rieble/Junker/Giesen, Kartellrecht und Arbeitsmarkt, 2010, S. 17, 49; *Löwisch/Rieble*, Tarifvertragsgesetz, 4. Aufl. 2017, § 1 Rn. 1096.

694 *Latzel/Serr*, EuZW 2014, 410, 412; *Löwisch/Rieble*, Tarifvertragsgesetz, 4. Aufl. 2017, § 1 Rn. 1094; *Ulber*, in: Däubler, Tarifvertragsgesetz, 5. Aufl. 2022, Einl. Rn. 778.

695 EuGH, Urt. v. 3.7.1986, Rs. 66/85, ECLI:EU:C:1986:284, Rn. 17 – *Lawrie-Blum*; EuGH, Urt. v. 11.4.2019, Rs. C-603/17, ECLI:EU:C:2019:310, Rn. 25 – *Bosworth und Hurley*; EuGH, Urt. v. 20.7.2007, C-116/06, ECLI:EU:C:2007:536, Rn. 25 – *Kiiski*; EuGH, Urt. v. 26.4.2007, C-392/05, ECLI:EU:C:2007:251, Rn. 67 – *Alevizos*; EuGH, Urt. v. 23.4.2004, C-138/02, ECLI:EU:C:2004:172, Rn. 26 – *Collins*. Dieses für den Arbeitnehmerbegriff in Art. 45 AEUV entwickelte Kriterium wendet der EuGH auch für die Definition des Arbeitnehmerbegriffs im Kapitel zur Sozialpolitik an – jedenfalls für Art. 157 AEUV; EuGH, Urt. v. 13.1.2004, Rs. C-256/01, ECLI:EU:C:2004:18, Rn. 67 – *Allonby*.

696 Ausführlicher zum Arbeitnehmerbegriff und zur Abgrenzung zwischen Arbeitnehmern und Solo-Selbstständigen unten B.III.

697 *Hüpers/Reese*, in: Meyer/Hölscheidt, Charta der Grundrechte der Europäischen Union, 5. Aufl. 2019, Art. 28 Rn. 32; *Jarass*, Charta der EU-Grundrechte, 4. Aufl. 2021, Art. 28 Rn. 10.

698 *Latzel/Serr*, EuZW 2014, 410, 412 f.; *Löwisch/Rieble*, Tarifvertragsgesetz, 4. Aufl. 2017, § 1 Rn. 1095.

699 *Schubert*, in: Franzen/Gallner/Oetker, Kommentar zum europäischen Arbeitsrecht, 5. Aufl. 2024, Art. 28 GRC Rn. 21.

700 Übereinkommen über die Anwendung der Grundsätze des Vereinigungsrechtes und des Rechtes zu Kollektivverhandlungen v. 1949, in Kraft getreten am 18.7.1951, abrufbar unter: https://www.ilo.org/wcmsp5/groups/public/---ed_norm/---normes/documents /normativeinstrument/wcms_c098_de.htm (zuletzt abgerufen am 6.7.2025).

701 *Bourazeri*, NZA-Beil. 2019, 25, 26. Nach Art. 53 GRC sind internationale Übereinkommen unter anderem dann bei der Auslegung der Chartagrundrechte zu berücksichtigen, wenn alle Mitgliedstaaten Vertragsparteien sind. Der ILO sind alle Mitgliedstaaten der Europäischen Union beigetreten, weshalb die einschlägigen Übereinkünfte der ILO nicht durch die GRC beschränkt werden dürfen.

702 EGMR, Urt. v. 27.10.1975, Nr. 4464/70, Rn. 39 – *Syndicat national de la police belge*; EGMR, Entsch. v. 8.10.2013, Nr. 10684/04, Rn. 41 – *Familia Trade Unions General Federation*.

703 Erläuterungen des Präsidiums des Europäischen Konvents v. 16.12.2004, ABl. Nr. C 310, 456.

Grundrecht auf Kollektivverhandlungen einen Ausgleich zwischen den Interessen von Arbeitnehmern und Arbeitgebern ermöglichen soll.[704]

Es liegt daher nahe, dass die Kollektivautonomie primärrechtlich nur unter der Bedingung gewährleistet wird, dass eine interessengerechte Vertretung der Organisationsmitglieder sichergestellt ist. Diese Funktion wäre bei einer gemischten Organisation oder einer sonstigen Beteiligung der Gegenseite gefährdet. In der Folge ergibt sich aus Art. 28 GRC i.V.m. Art. 6 Abs. 1 EUV, dass der Ausnahmebereich vom Kartellverbot nur für gegnerunabhängige Gewerkschaften und Arbeitgeberverbände gilt. Dasselbe muss dann auch für eine staatliche Unabhängigkeit gelten. Mit dem freiheitlichen Charakter der Kollektivautonomie und der interessengerechten Mitgliedervertretung wäre es nicht vereinbar, wenn der Staat als Grundrechtsverpflichteter Organisationen gründet oder beherrscht und diese dennoch den Schutz des Art. 28 GRC genießen.[705] Kollektivverhandlungen solcher Organisationen sind mangels primärrechtlicher Legitimation ebenfalls nicht vom Ausnahmebereich erfasst. Weitere Anforderungen, die an Gewerkschaften und Arbeitgeberverbände in personeller Hinsicht zu stellen wären, sind dem Primärrecht nicht zu entnehmen.[706]

2.3 Privilegierte Verhandlungen und Vereinbarungen

Zunächst ist zu klären, welche Arten von Verhandlungen und Vereinbarungen von der Kartellkontrolle ausgenommen sind. Erst im Anschluss daran sind die inhaltlichen Anforderungen festzulegen.[707]

Die Kollektivautonomie ist auf Unionsebene nicht nur auf überbetriebliche Tarifverträge im Sinne des deutschen Rechts beschränkt. Art. 28 GRC gewährleistet vielmehr den Abschluss von Kollektivverträgen auf geeigneter Ebene, wozu auch die Betriebsebene zählt.[708] Art. 153 Abs. 1 lit. f) spricht von kollektiver Interessenwahrnehmung. Dies lässt den Schluss zu, dass das Unionsrecht keine formalen Anforderungen an die Art der kollektiven Verhandlung oder Vereinbarung stellt. Das ist auch nicht erforderlich. Die nationalen Systeme regeln autonom, welche Vereinbarungen geschlossen werden dürfen. Erfüllt eine Vereinbarung die nationalen Anforderungen nicht, können sich die Parteien auch nicht auf Art. 28 GRC berufen, da dieser durch das nationale Recht konstitutiv ausgestaltet wird. Das Primärrecht

---

704 EuGH, Urt. v. 19.9.2018, C-312/17, ECLI:EU:C:2018:734, Rn. 68 – *Bedi*; EuGH, Urt. v. 8.9.2011, Rs. C-297/10, ECLI:EU:C:2011:560, Rn. 66 – *Hennings und Mai*.

705 *Bourazeri*, NZA-Beil. 2019, 25, 26 f.; *Schubert*, in: Franzen/Gallner/Oetker, Kommentar zum europäischen Arbeitsrecht, 5. Aufl. 2024, Art. 28 GRC Rn. 21; *Jarass*, Charta der EU-Grundrechte, 4. Aufl. 2021, Art. 28 Rn. 11.

706 A.A. *Latzel/Serr*, EuZW 2014, 410, 412 f.; *Löwisch/Rieble*, Tarifvertragsgesetz, 4. Aufl. 2017, § 1 Rn. 1095, die sich für eine Mindestmächtigkeit von Gewerkschaften als weiteres Kriterium aussprechen. Sie stützen sich auf eine EGMR-Rechtsprechung, nach der eine Ablehnung der Tariffähigkeit von kleinen Gewerkschaften keinen Verstoß gegen das Diskriminierungsgebot von Art. 14 EMRK darstellt. Diese Rechtsprechung erging allerdings vor der Anerkennung des Rechts auf Kollektivverhandlungen durch den EGMR. Ob er dieses Recht nur auf bestimmte Gewerkschaftsgrößen beschränken will, ist unklar. Unabhängig davon hätte die Union nach Art. 52 Abs. 3 S. 2 GRC die Möglichkeit, einen höheren Schutzstandard für die Kollektivautonomie zu gewähren. Da das Primärrecht keine Aussage zu einem Mindestmächtigkeitserfordernis trifft, ist es überzeugender, ein solches auch nicht für den Ausnahmebereich heranzuziehen. Andernfalls bestünde die Gefahr, gegen Art. 153 Abs. 5 AEUV zu verstoßen, da – im Vergleich zum Erfordernis der Gegnerunabhängigkeit – ohne primärrechtliche Grundlage eine Anforderung an die Tariffähigkeit gestellt werden würde – getarnt als Kriterium des Ausnahmebereichs.

707 Vgl. EuGH, Urt. v. 21.9.1999, Rs. C-67/96, ECLI:EU:C:1999:430, Rn. 61 ff. – *Albany*; EuGH, Urt. v. 21.9.1999, Rs. C-115 bis 117/97, ECLI:EU:C:1999:434, Rn. 59 f. – *Brentjens'*; EuGH, Urt. v. 21.9.1999, Rs. C-219/97, ECLI:EU:C:1999:437, Rn. 49 f. – *Drijvende Bokken*.

708 Dazu bereits unter C.III.1.

hat folglich ein weites Verständnis der Begriffe.[709] Es überlässt es den Mitgliedstaaten, weitere Wirksamkeitsvoraussetzungen aufzustellen. Wenn das Primärrecht auf die nationalen Systeme vertraut, gilt dies auch für den kartellrechtlichen Ausnahmebereich. Denn fördern die Vereinbarungen die Ziele von Art. 151 Abs. 1 AEUV, erfüllen also den vom Primärrecht gewünschten Effekt, sind weitere formale Anforderungen überflüssig.

Der EuGH hatte bisher nur Fälle zu entscheiden, die die Vereinbarkeit von überbetrieblichen Vereinbarungen mit dem Kartellverbot betrafen. Wohl deshalb stellt der EuGH terminologisch auf Verträge ab, die im Rahmen von Tarifverhandlungen zwischen den Sozialpartnern geschlossen wurden.[710] Er hat es allerdings bisher vermieden, den Begriff Tarif zu definieren oder formelle Voraussetzungen an die aus den Verhandlungen hervorgegangenen Vereinbarungen zu stellen. Dies indiziert, dass der EuGH ebenfalls einen breiten Maßstab anlegt und grundsätzlich sämtliche Vereinbarungen privilegieren will, die zwischen nationalen Sozialpartnern ausgehandelt werden. Dafür spricht auch, dass nur die deutsche Übersetzung der *Albany*-Entscheidungen den Begriff Tarifverhandlungen verwendet, während andere Sprachfassungen auf Kollektivverhandlungen abstellen.[711] Der vom EuGH verwendete Begriff der Tarifverhandlung ist daher umfassend im Sinne sämtlicher Kollektivverhandlungen zwischen Sozialpartnern zu verstehen.[712] Ähnlich spricht auch Art. 28 GRC von Tarifverträgen, meint allerdings Kollektivverträge.[713]

Abgestimmte Verhaltensweisen oder Vereinbarungen auf nur einer Marktseite, die nicht das Ergebnis kollektiver Verhandlungen mit der Marktgegenseite sind, profitieren dagegen grundsätzlich nicht von dem Ausnahmebereich.[714] Jede Regelung eines Kollektivvertrages, die von dem Ausnahmebereich privilegiert werden soll, muss Ausfluss der Verhandlung zwischen Arbeitnehmer- und Arbeitgeberseite sein. Eine Ausnahme gilt nur für die einseitige Abstimmung zwischen dem verhandelnden Verband und seinen Mitgliedern im Hinblick auf den Verhandlungsstand, Verhandlungsinhalt und die weitere Verhandlungsstrategie. Der Verband agiert schließlich nicht autonom, sondern vertritt die Interessen seiner Mitglieder. Diese Abstimmungsprozesse sind Bestandteil funktionsfähiger Kollektivverhandlungen.[715] Soweit eine Absprache oder ein Informationsaustausch im Einzelfall allerdings nicht für eine funktionsfähige Kollektivverhandlung erforderlich ist, findet das Kartellverbot Anwendung.

2.4 Privilegierte Inhalte

2.4.1 Ausgangspunkt

Es wurde bereits herausgearbeitet, dass das Primärrecht die nationalen Kollektivvertragssysteme anerkennt und instrumentalisiert, da es sie für geeignet hält, die Bereichsziele in Art. 151 Abs. 1 AEUV zu

[709] Vgl. *Mohr*, in: MüKo, Wettbewerbsrecht, 4. Aufl. 2023, Bd. 1-1, Grundl. Rn. 1297.

[710] EuGH, Urt. v. 21.9.1999, Rs. C-67/96, ECLI:EU:C:1999:430, Rn. 60 – *Albany*; EuGH, Urt. v. 21.9.1999, Rs. C-115 bis 117/97, ECLI:EU:C:1999:434, Rn. 57 – *Brentjens'*; EuGH, Urt. v. 21.9.1999, Rs. C-219/97, ECLI:EU:C:1999:437, Rn. 47 – *Drijvende Bokken*.

[711] *Blanke*, AuR 2000, 28; vgl. etwa die englische („collective negotiations"), französische („négociations collectives") oder spanische („negociaciones colectivas") Fassung.

[712] *Blanke*, AuR 2000, 28; vgl. *Ackermann*, in: Rieble/Junker/Giesen, Kartellrecht und Arbeitsmarkt, 2010, S. 17, 30; *Latzel/Serr*, EuZW 2014, 410, 411 f.

[713] Siehe dazu Teil 3 C.III.1.

[714] *Ackermann*, in: Rieble/Junker/Giesen, Kartellrecht und Arbeitsmarkt, 2010, S. 17, 39 f.; *Löwisch/Rieble*, Tarifvertragsgesetz, 4. Aufl. 2017, § 1 Rn. 1105; vgl. *Mohr*, in: MüKo, Wettbewerbsrecht, 4. Aufl. 2023, Bd. 1-1, Grundl. Rn. 1297; *Heinemann*, WuW 2020, 371, 375.

[715] Vgl. Kommission, Leitlinien zu Tarifverträgen Solo-Selbstständiger, ABl. 2022 C 374, 2, Rn. 16; *Ott*, ZWeR 2022, 200, 211; *Steinle/Fuhrer*, CB 2023, 201, 202.

fördern. Nur soweit sie diesen Zweck erfüllen, ist ihr Vorrang vor dem Wettbewerbsprinzip und damit der Ausnahme vom Anwendungsbereich des Art. 101 AEUV primärrechtskonform. Die sachliche Reichweite des Ausnahmebereichs richtet sich folglich danach, welche sozialpolitischen Bereichsziele Kollektivverhandlungen und -verträge fördern können (2.4.2) und in welchem Umfang sie im Einzelfall auf diese Fähigkeit zu überprüfen sind (2.4.3).

2.4.2 Eignung zur Förderung der Bereichsziele in Art. 151 Abs. 1 AEUV

Von den sechs Bereichszielen, die Art. 151 Abs. 1 AEUV nennt, können Kollektivverhandlungen potenziell vier unterstützen: die Förderung der Beschäftigung (Ziel 1), die Verbesserung der Lebens- und Arbeitsbedingungen (Ziel 2), einen angemessenen sozialen Schutz (Ziel 3) und die Entwicklung des Arbeitskräftepotenzials im Hinblick auf ein dauerhaft hohes Beschäftigungsniveau (Ziel 5).[716]

Die Verbesserung der Lebens- und Arbeitsbedingungen (Ziel 2) der Arbeiter wurde bereits mit Beginn der Europäischen Gemeinschaft für Kohle und Stahl als Aufgabe der Gemeinschaftsorgane in ex-Art. 3 lit. e) EGKS festgeschrieben. Die Begriffsverknüpfung Lebens- und Arbeitsbedingungen wurde damals weit ausgelegt.[717] Da es sich mittlerweile um ein sozialpolitisches Bereichsziel handelt, gibt es keinen Anlass, heute ein engeres Verständnis anzulegen. Insbesondere weil die Beschränkung auf Arbeiter in der heutigen Fassung entfallen ist.[718] Die Begriffsverknüpfung ist folglich allgemein auf die Verbesserung der Lebenslagen der Arbeiterschaft bezogen.[719] Der Begriff der Arbeitsbedingung umfasst in diesem Kontext alle wirtschaftlichen und sozialen Bedingungen, die sich für Arbeitnehmer aus ihrer Beschäftigung ergeben.[720] Darunter fallen auch Bedingungen, die die Aufnahme, Durchführung und Beendigung von Arbeitsverhältnissen betreffen.[721] Die Verbesserung von Arbeitsbedingungen ist die primäre ordnungspolitische Rechtfertigung von Kollektivverträgen. Die Bündelung der Verhandlungsmacht auf Arbeitnehmerseite soll ihre vermutete strukturelle Unterlegenheit aufheben und bessere Arbeitsbedingungen ermöglichen, als unter Wettbewerbsbedingungen erreicht werden könnten. Führen Kollektivverträge zu einer Verbesserung der Arbeitsbedingungen ihrer Mitglieder, dann werden sie also durch den kartellrechtlichen Ausnahmebereich privilegiert. Eine Verbesserung ist freilich nur dann

---

716 Inwiefern der soziale Dialog (Ziel 4) selbst ein Ziel sein kann, ist bereits fraglich; er hat eher Mittelcharakter. Jedenfalls wird durch die Art. 152 ff. AEUV deutlich, dass nur der soziale Dialog auf Unionsebene gemeint ist und nicht auf nationaler Ebene. Die Bekämpfung von Ausgrenzung (Ziel 6) bezieht sich allgemein auf das gesellschaftliche Leben. Hier verstärken Kollektivverträge die Ausgrenzung von Arbeitslosen sogar tendenziell, indem sie Insider-Outsider-Strukturen verfestigen; zu dem soeben beschriebenen Inhalt der Bereichsziele *Krebber*, in: Calliess/Ruffert, EUV/AEUV, 6. Aufl. 2022, AEUV Art. 151 Rn. 32.

717 Hohe Behörde, Siebenter Gesamtbericht über die Tätigkeit der Gemeinschaft, 1959, S. 338: „Unter Lebens- und Arbeitsbedingungen sind sämtliche wirtschaftlichen und sozialen Faktoren zu verstehen, die zur Entwicklung und zur Vollendung der Persönlichkeit des Arbeitnehmers im Rahmen seiner Berufstätigkeit beitragen. Das heißt also, daß sich die Maßnahmen zur Verbesserung dieser Bedingungen sowohl auf die Direktlöhne und die Leistungen der sozialen Sicherheit als auch auf die Arbeitszeit, auf das Verhältnis zwischen Arbeitgebern und Arbeitnehmern im Unternehmen wie auch außerhalb des Unternehmens, auf das System der Berufsausbildung und der beruflichen Fortbildung, auf die Beförderungsmöglichkeiten der Arbeiter, auf die Wohnverhältnisse usw. erstrecken müssen."

718 *Langer*, in: von der Groeben/Schwarze/Hatje, Europäisches Unionsrecht, 7. Aufl. 2015, Art. 151 AEUV Rn. 67.

719 *Rebhahn/Reiner*, in: Schwarze et al., EU-Kommentar, 4. Aufl. 2019, Art. 151 AEUV Rn. 11; *Eichenhofer*, in: Streinz, EUV/AEUV, 3. Aufl. 2018, Art. 151 AEUV Rn. 18.

720 *Langer*, in: von der Groeben/Schwarze/Hatje, Europäisches Unionsrecht, 7. Aufl. 2015, Art. 153 AEUV Rn. 19.

721 Ähnlich *Eichenhofer*, in: Streinz, EUV/AEUV, 3. Aufl. 2018, Art. 151 AEUV Rn. 18, der Arbeitsbedingungen als „sämtliche die Erbringung von Arbeitsleistungen prägenden Umstände" definiert.

möglich, wenn sie keine Höchststandards, sondern Mindestanforderungen regeln, die eine Abweichung zugunsten von Arbeitnehmern zulassen.[722]

Das Ziel eines angemessenen sozialen Schutzes (Ziel 3) ist weit zu verstehen. Darunter können alle Sozialleistungen und Systeme sozialer Sicherheit subsumiert werden.[723] Ein Bestandteil dieser Systeme sind sozialrechtliche Ansprüche im Zusammenhang mit dem Berufsleben.[724] So spricht auch Art. 153 Abs. 1 lit c) AEUV explizit vom sozialen Schutz der Arbeitnehmer. Die Gemeinschaftscharta der sozialen Grundrechte der Arbeitnehmer[725] nennt ebenfalls den sozialen Schutz als eines ihrer Rechte. Das bedeutet, auch sozialrechtliche Ansprüche, die in einem Kollektivvertrag geregelt werden, beispielsweise Zusatzrenten oder -krankenversicherungen, fördern das Bereichsziel und sind von der Kartellkontrolle auszunehmen.[726] Letztlich handelt es sich bei solchen sozialrechtlichen Ansprüchen gleichzeitig um Arbeitsbedingungen. Im Folgenden soll daher unter der Verbesserung von Arbeitsbedingungen auch die Gewährung sozialrechtlicher Ansprüche durch Arbeitgeber verstanden werden.

Die Förderung der Beschäftigung meint ein hohes Beschäftigungsniveau durch die Förderung der Qualifizierung, Ausbildung und Anpassungsfähigkeit von Arbeitnehmern sowie die Fähigkeit der Arbeitsmärkte, auf den wirtschaftlichen Wandel zu reagieren (Ziel 1 und 5).[727] Die Nennung der beiden – sehr ähnlichen – Ziele in Art. 151 Abs. 1 AEUV zeigt, dass die Förderung der Beschäftigung im Sinne von Art. 145 AEUV auch mit arbeits- und sozialrechtlichen Mitteln verfolgt werden soll.[728] Das Beschäftigungsniveau durch Kollektivverträge fördern zu wollen, erscheint zunächst befremdlich. Sie führen aus ökonomischer Sicht schließlich im Regelfall zu einer höheren Arbeitslosenquote als wettbewerblich strukturierte Arbeitsmärkte.[729] Gewerkschaften sind allerdings dazu in der Lage, ihre Mitglieder so zu vertreten, dass unter diesen eine möglichst hohe Beschäftigtenquote erreicht wird.[730] Sie können beispielsweise in wirtschaftlichen Rezessionsphasen mit Arbeitgeberverbänden vereinbaren, Lohnerhöhungen aufzuschieben oder sogar Lohnkürzungen vorzunehmen, bis eine wirtschaftliche Erholung eintritt. Kollektivverträge können auch das Bildungs- und Qualifikationsniveau der Arbeitnehmer fördern.[731]

Die obigen Erwägungen haben gezeigt, dass Kollektivverträge sowohl die Beschäftigung fördern als auch Arbeitsbedingungen im Sinne von Art. 151 Abs. 1 AEUV verbessern können. Diese Fähigkeit ist im Einzelfall auf die von der verhandelnden Gewerkschaft vertretenen Arbeitnehmer beschränkt. Beide

---

722 Vgl. *Kordel*, Arbeitsmarkt und Europäisches Kartellrecht, 2004, S. 209; *Höpfner*, Die Tarifgeltung im Arbeitsverhältnis, 2015, S. 580 f.; *Löwisch/Rieble*, Tarifvertragsgesetz, 4. Aufl. 2017, § 1 Rn. 1099; zu beidseitig zwingenden Tarifvertragsklauseln, die keine Abweichung zugunsten von Arbeitnehmern ermöglichen, *Mühlbach*, Tarifverträge in der europäischen Kartellkontrolle, 2007, S. 309 f.

723 *Langer*, in: von der Groeben/Schwarze/Hatje, Europäisches Unionsrecht, 7. Aufl. 2015, Art. 151 AEUV Rn. 73.

724 *Krebber*, in: Calliess/Ruffert, EUV/AEUV, 6. Aufl. 2022, AEUV Art. 151 Rn. 32.

725 Gemeinschaftscharta der sozialen Grundrechte der Arbeitnehmer v. 9.12.1989, KOM(89) 248 endg.

726 *Kordel*, Arbeitsmarkt und Europäisches Kartellrecht, 2004, S. 146.

727 *Langer*, in: von der Groeben/Schwarze/Hatje, Europäisches Unionsrecht, 7. Aufl. 2015, Art. 151 AEUV Rn. 66; *Eichenhofer*, in: Streinz, EUV/AEUV, 3. Aufl. 2018, Art. 151 AEUV Rn. 17.

728 *Rebhahn/Reiner*, in: Schwarze et al., EU-Kommentar, 4. Aufl. 2019, Art. 151 AEUV Rn. 11.

729 Siehe dazu Teil 2 B.II.4.1.

730 *Kordel*, Arbeitsmarkt und Europäisches Kartellrecht, 2004, S. 144. Daher beschränkt eine hohe Nachfrageelastizität die Verhandlungsmacht einer Gewerkschaft; siehe dazu Teil 2 B.II.4.1.

731 Vgl. etwa den von der IG Metall ausgehandelten Tarifvertrag zur Qualifizierung für die Beschäftigten in der Metall- und Elektronikindustrie in Baden-Württemberg v. 11.11.2021, abrufbar unter: https://www.bw.igm.de/downloads/artikel/files//ARTID_13654_kBuq5U?name=2021_11_11_TV_Quali_2021.pdf (zuletzt abgerufen am 6.7.2025).

Ziele lassen sich regelmäßig nicht parallel in gleichem Umfang verfolgen. Vielmehr besteht zwischen einer Verbesserung der Arbeitsbedingungen, insbesondere durch höhere Löhne und geringere Arbeitszeit, und einem hohen Beschäftigungsniveau ein *trade-off*, da es sich um konfligierende Ziele handelt, die es auszubalancieren gilt.[732] Das bedeutet, eine kollektivvertragliche Regelung kann auch dann ein Ziel des Art. 151 Abs. 1 AEUV fördern, nämlich das Beschäftigungsniveau, wenn sie die Arbeitsbedingungen verschlechtert. Auch diese Regelungen sind von der Kartellkontrolle auszuschließen.[733]

Der EuGH verlangt für eine Ausnahme vom Kartellverbot, dass der kollektivvertragliche Verhandlungsgegenstand auf die Verbesserung der Arbeits- und Beschäftigungsbedingungen abzielt.[734] Er hat bisher entschieden, dass ein Zusatzrentensystem durch einen Pensionsfonds,[735] eine Zusatzkrankenversicherung[736] und eine für Arbeitnehmer kostensenkende Krankenversicherungsregelung[737] die Arbeitsbedingungen verbessert. Was der EuGH unter einer Verbesserung der Beschäftigungsbedingungen versteht, hat er bisher jedoch nicht explizit klargestellt. Die Entscheidung in der Rechtssache *FNV Kunsten* deutet allerdings darauf hin, dass er beide Begriffe als Synonyme verwendet.[738] Dies entspricht auch dem Verständnis der Verträge, die in Art. 153 Abs. 1 lit. b) und g) AEUV beide Begriffe abwechselnd verwenden, ohne ihnen einen unterschiedlichen Bedeutungsgehalt beizumessen.[739] Ob der EuGH auch – wie hier vertreten – eine Förderung der Beschäftigung als Gegenstand der Kollektivverhandlungen zulässt, bleibt damit offen.

Ungeachtet des konkreten Begriffsverständnisses des EuGH ist die „Verbesserung von Beschäftigungs- und Arbeitsbedingungen" eine geeignete Umschreibung der inhaltlichen Voraussetzung des Ausnahmebereichs, ein Ziel des Art. 151 Abs. 1 AEUV zu fördern.[740] Nach dem hier vertretenen Begriffsverständnis schließt dies sowohl eine Erhöhung der Beschäftigungsquote als auch die Verbesserung sämtlicher

732 Vgl. *Kordel*, Arbeitsmarkt und Europäisches Kartellrecht, 2004, S. 144. Der *trade-off* folgt daraus, dass sich Arbeitsangebot und -nachfrage nach dem Grenznutzen bzw. der Grenzproduktivität richten, was eine niedrigere Beschäftigungsmenge bei steigenden Löhnen bedeutet. Der *trade-off* gilt grundsätzlich auch für Kollektivverhandlungen, wenn diese neben Löhnen nicht noch zusätzlich die Beschäftigungsmenge einschließen, was praktisch selten der Fall ist; siehe dazu Teil 2 C.II und B.II.4.1.

733 *Löwisch/Rieble*, Tarifvertragsgesetz, 4. Aufl. 2017, § 1 Rn. 1099; a.A. wohl *Höpfner*, Die Tarifgeltung im Arbeitsverhältnis, 2015, S. 579 f.

734 EuGH, Urt. v. 21.9.1999, Rs. C-67/96, ECLI:EU:C:1999:430, Rn. 59 – *Albany*; EuGH, Urt. v. 21.9.1999, Rs. C-115 bis 117/97, ECLI:EU:C:1999:434, Rn. 56 – *Brentjens'*; EuGH, Urt. v. 21.9.1999, Rs. C-219/97, ECLI:EU:C:1999:437, Rn. 46 – *Drijvende Bokken*.

735 EuGH, Urt. v. 21.9.1999, Rs. C-67/96, ECLI:EU:C:1999:430, Rn. 63 – *Albany*; EuGH, Urt. v. 21.9.1999, Rs. C-115 bis 117/97, ECLI:EU:C:1999:434, Rn. 60 – *Brentjens'*; EuGH, Urt. v. 21.9.1999, Rs. C-219/97, ECLI:EU:C:1999:437, Rn. 50 – *Drijvende Bokken*; so auch in Bezug auf Freiberufler, die allerdings nicht von der persönlichen Reichweite des Ausnahmebereichs erfasst sind, EuGH, Urt. v. 12.9.2000, Rs. C-180/98, ECLI:EU:C:2000:428, Rn. 68 – *Pavlov*.

736 EuGH, Urt. v. 3.3.2011, Rs. C-437/09, ECLI:EU:C:2011:112, Rn. 32 – *AG2R Prévoyance*.

737 EuGH, Urt. v. 21.9.2000, Rs. C-222/98, ECLI:EU:C:2000:475, Rn. 25 – *van der Woude*.

738 Er stellte dort fest, dass die relevante Mindesttarifregelung die Arbeits- und Beschäftigungsbedingungen für Aushilfsmusiker verbessert. Diese Regelung erhöhte die Grundvergütung und verpflichtete die Auftraggeber zur Zahlung von Rentenversicherungsbeiträgen für Aushilfsmusiker; EuGH, Urt. v. 4.12.2014, Rs. C-413/13, ECLI:EU:C:2014:2411, Rn. 39 f. – *FNV Kunsten*. Die Grundvergütung ist allerdings ebenso wie ein verbessertes Rentenniveau – nach der soeben dargestellten Rechtsprechung des EuGH – eine Arbeitsbedingung. Der Erwähnung des Begriffs Beschäftigungsbedingungen ergibt folglich nur Sinn, wenn er als Synonym zum Begriff Arbeitsbedingungen verstanden wird.

739 *Langer*, in: von der Groeben/Schwarze/Hatje, Europäisches Unionsrecht, 7. Aufl. 2015, Art. 153 AEUV Rn. 32.

740 A.A. wohl *Latzel/Serr*, EuZW 2014, 410, 414 f., die den Katalog in Art. 153 Abs. 1 lit. a) – i) AEUV heranziehen, um zu bestimmen, welche Bedingungen von den Kollektivvertragsparteien kartellkontrollfrei geregelt werden dürfen.

Bedingungen ein, die die Aufnahme, Durchführung und Beendigung von Arbeitsverhältnissen betreffen. Da das Kartellverbot mit einzelnen Kollektivverhandlungen und -verträgen kollidiert, ist es für eine Verbesserung der genannten Bedingungen ausreichend, wenn sie die im Einzelfall gewerkschaftlich vertretenen Arbeitnehmer betrifft.

2.4.3 Prüfung der Eignung zur Erreichung der Bereichsziele

a) Überblick zu den Ansätzen

Zu klären ist nun, auf welche Art und Weise eine kollektivvertragliche Regelung im Einzelfall auf die Verbesserung von Arbeits- und Beschäftigungsbedingungen zu überprüfen ist, um unter den Ausnahmebereich zu fallen.

Vertreten wird, der Ausnahmebereich sei auf Vertragsregelungen anzuwenden, die zum Kernbereich der Tarifautonomie gehören.[741] Es sollen folglich solche Regelungen von der Kartellkontrolle ausgenommen werden, die zum Wesen kollektiver Verhandlungen zählen. Als Beispiele werden etwa der Lohn, die Arbeitszeit oder die Anzahl der Urlaubstage genannt.[742] Als Abgrenzungskriterium wird die Auswirkung der Regelungen auf die nachgelagerten Gütermärkte vorgeschlagen. Sofern den Unternehmen dort trotz der tariflichen Regelung ein wettbewerblicher Handlungsspielraum verbleibe, sei diese dem tariflichen Kernbereich zuzuordnen. Die Regelung strukturiere den Einsatz einzelner Wettbewerbsparameter im Verhältnis zur Marktgegenseite dort dann lediglich vor und nehme sie nicht vorweg.[743]

Ein weiterer Vorschlag setzt an einer subjektiven Missbrauchskontrolle der Kollektivautonomie an.[744] Als zusätzliche Anforderung des Ausnahmebereichs soll es auf den Willen der vertragsschließenden Parteien ankommen.[745] Tarifvertragliche Regelungen sollen dem Kartellverbot unterworfen werden,

---

741 GA *Jacobs*, Schlussanträge v. 28.1.1999, Rs. C-67/96, verb. Rs. C-115 bis 117/97, Rs. C-219/97, ECLI:EU:C:1999:28, Rn. 192 – *Albany*; EFTA, Urt. v. 22.3.2002, Fall E-8/00, Rn. 53 – *Norwegian Federation of Trade Unions*; EFTA, Urt. v. 19.4.2016, Fall E-14/15, Rn. 44 – *Holship*; *Graf von Wallwitz*, Tarifverträge und die Wettbewerbsordnung des EG-Vertrages, 1997, S. 128 ff.; *Mohr/Wolf*, JZ 2011, 1091, 1098 f.; *Bourazeri*, Tarifautonomie und Wirtschaftskrise, 2019, S. 328; so wohl auch GA *Fennelly*, Schlussanträge v. 11.5.2000, C-228/98, ECLI:EU:C:2000:226, Rn. 27 – *van der Woude*; *Preetz*, Wettbewerbsbeschränkendes Arbeitgeberverhalten, 2023, S. 143.

742 GA *Jacobs*, Schlussanträge v. 28.1.1999, Rs. C-67/96, verb. Rs. C-115 bis 117/97, Rs. C-219/97, ECLI:EU:C:1999:28, Rn. 193 – *Albany*; *Berg*, EuZW 2000, 170 f.; *Graf von Wallwitz*, Tarifverträge und die Wettbewerbsordnung des EG-Vertrages, 1997, S. 131; *Mohr*, in: MüKo, Wettbewerbsrecht, 4. Aufl. 2023, Bd. 1-1, Grundl. Rn. 1301.

743 *Mohr/Wolf*, JZ 2011, 1091, 1098; *Mohr*, in: MüKo, Wettbewerbsrecht, 4. Aufl. 2023, Bd. 1-1, Grundl. Rn. 1301; *Bourazeri*, Tarifautonomie und Wirtschaftskrise, 2019, S. 328; ähnlich GA *Jacobs*, Schlussanträge v. 28.1.1999, Rs. C-67/96, verb. Rs. C-115 bis 117/97, Rs. C-219/97, ECLI:EU:C:1999:28, Rn. 193 – *Albany*: „Entscheidend sollte sein, ob die Vereinbarung lediglich Rechte und Pflichten aus dem Arbeitsverhältnis zwischen Arbeitgebern und Arbeitnehmern verändert oder begründet, oder ob sie darüber hinausgeht und die Beziehungen zwischen Arbeitgebern und Dritten wie Kunden, Lieferanten, konkurrierenden Arbeitgebern oder Verbrauchern berührt."

744 *Krause*, Tarifverträge zur Begrenzung der Leiharbeit und zur Durchsetzung des Equal-Pay-Grundsatzes, 2. Aufl. 2012, S. 111; *Viol*, Die Anwendbarkeit des europäischen Kartellrechts auf Tarifverträge, 2005, S. 384; so auch EFTA, Urt. v. 22.3.2002, Fall E-8/00, Rn. 56 – *Norwegian Federation of Trade Unions*, allerdings wird das Erfordernis in einer späteren Entscheidung zum Ausnahmebereich nicht mehr erwähnt; vgl. EFTA, Urt. v. 19.4.2016, Fall E-14/15 – *Holship*.

745 *Schubert*, ZfA 2013, 1, 36.

wenn die Parteien versuchen, unter dem Deckmantel von Tarifverhandlungen Wettbewerbsbeschränkungen für die nachgelagerten Märkte zu vereinbaren.[746] Hierfür müssten die subjektiven Intentionen der Vertragsparteien kontrolliert werden.[747]

Der EuGH nimmt weder eine Kernbereichs- noch eine Motivkontrolle vor, sondern prüft lediglich, ob die Vereinbarung unmittelbar zur Verbesserung von Arbeits- und Beschäftigungsbedingungen beiträgt.[748] Das Unmittelbarkeitskriterium wird auch in der Literatur als geeignetes Abgrenzungskriterium angeführt,[749] wobei Einzelheiten strittig sind.[750] Die Prüfung des EuGH berücksichtigt die tatsächliche Wirkung der jeweiligen Klausel nicht umfassend. Eine ökonomische Analyse, die bestätigt, dass ein sozialpolitisches Ziel des Art. 151 Abs. 1 AEUV gefördert wird, hält er nicht für erforderlich. Er nimmt vielmehr eine Art Plausibilitätsprüfung vor. In der Rechtssache *Albany* stellte er hinsichtlich des verbindlichen Zusatzrentensystems fest, dass es in seiner Gesamtheit ein bestimmtes Rentenniveau für alle Arbeitnehmer des betroffenen Wirtschaftszweiges gewährleiste und daher unmittelbar zur Verbesserung ihrer Arbeitsbedingungen beitrage.[751] Folglich genügte ihm die allgemeine Eigenschaft eines jeden Zusatzrentensystems, ein bestimmtes – nicht näher definiertes – Rentenniveau für die anspruchsberechtigten Arbeitnehmer zu schaffen.

Der Ansatz des EuGH wurde im Hinblick auf die wichtige Stellung des Wettbewerbs im Unionsrecht als zu weitreichend kritisiert.[752] Als zusätzliche Voraussetzung des Ausnahmebereichs wird vorgeschlagen, dass die jeweilige Vertragsregelung dasjenige Mittel zur Erreichung des angestrebten sozialpolitischen Ziels darstellen muss, das unter gleich wirksamen Mitteln die geringste Wettbewerbsbeschränkung auf anderen Märkten bewirkt.[753] Demnach müsse die Regelung aus ökonomischer Sicht ein effizientes Mittel zur Erreichung des sozialpolitischen Ziels darstellen und gleichzeitig möglichst geringe

---

746 GA *Jacobs*, Schlussanträge v. 28.1.1999, Rs. C-67/96, verb. Rs. C-115 bis 117/97, Rs. C-219/97, ECLI:EU:C:1999:28, Rn. 192 – *Albany*; *Viol*, Die Anwendbarkeit des europäischen Kartellrechts auf Tarifverträge, 2005, S. 384.

747 GA *Jacobs* spricht vom Vertragsschluss in „gutem Glauben"; vgl. Schlussanträge v. 28.1.1999, Rs. C-67/96, verb. Rs. C-115 bis 117/97, Rs. C-219/97, ECLI:EU:C:1999:28, Rn. 192 – *Albany*; so auch *Schubert*, ZfA 2013, 1, 36; *Viol*, Die Anwendbarkeit des europäischen Kartellrechts auf Tarifverträge, 2005, S. 258 spricht von der „Beachtung des Grundsatzes von Treu und Glauben durch die Tarifvertragsparteien"; *Krause*, Tarifverträge zur Begrenzung der Leiharbeit und zur Durchsetzung des Equal-Pay-Grundsatzes, 2. Aufl. 2012, S. 111: „Kartellrecht ist zum anderen aber auch dann anwendbar, wenn Vereinbarungsgegenstand an sich noch eine Arbeits- und Wirtschaftsbedingung ist, es den Parteien aber nicht um den Arbeitnehmerschutz geht, sondern das eigentliche Ziel die Verhinderung von Wettbewerb zwischen Unternehmen ist, die Vereinbarung also mit anderen Worten nicht ‚at arm's length' abgeschlossen worden ist."

748 EuGH, Urt. v. 21.9.1999, Rs. C-67/96, ECLI:EU:C:1999:430, Rn. 63 – *Albany*; EuGH, Urt. v. 21.9.1999, Rs. C-115 bis 117/97, ECLI:EU:C:1999:434, Rn. 60 – *Brentjens'*; EuGH, Urt. v. 21.9.1999, Rs. C-219/97, ECLI:EU:C.1999:437, Rn. 50 – *Drijvende Bokken*; zustimmend *Fleischer*, DB 2000, 821, 825.

749 *Viol*, Die Anwendbarkeit des europäischen Kartellrechts auf Tarifverträge, 2005, S. 383 f.; *Mühlbach*, Tarifverträge in der europäischen Kartellkontrolle, 2007, S. 307 ff.; *Latzel/Serr*, EuZW 2014, 410, 415; a.A *Kamanabrou*, EuZA 2010, 157, 164.

750 Dazu sogleich B.II.2.4.3b)dd).

751 EuGH, Urt. v. 21.9.1999, Rs. C-67/96, ECLI:EU:C:1999:430, Rn. 63 – *Albany*.

752 *Kordel*, Arbeitsmarkt und Europäisches Kartellrecht, 2004, S. 159; *Klasse*, Gemeinschaftsrechtliche Grenzen für staatlich veranlasste Wettbewerbsbeschränkungen, 2006, S. 70 f.; *Makowski*, Kartellrechtliche Grenzen der Selbstregulierung, 2007, S. 93 f.

753 *Kordel*, Arbeitsmarkt und Europäisches Kartellrecht, 2004, S. 180; ähnlich auf das „für die Tarifparteien zur sachgemäßen Aufgabenerfüllung unbedingt notwendige" Maß abstellend *Graf von Wallwitz*, Tarifverträge und die Wettbewerbsordnung des EG-Vertrages, 1997, S. 131.

Wettbewerbsbeschränkungen auf Drittmärkten verursachen, was im Einzelfall zu prüfen sei.[754] Gefordert wird folglich eine Verhältnismäßigkeitsprüfung, die sich der ökonomischen Analyse der jeweiligen Regelung bedient.

b) Stellungnahme

aa) Vorüberlegungen

Bevor die vorgestellten Ansätze untersucht und bewertet werden, sind Kriterien zu formulieren, die bei der Lösung des Problems berücksichtigt werden müssen.

Zunächst ist die Kompetenzschranke in Art. 153 Abs. 5 AEUV zu respektieren. Danach hat die Union – selbst bei einer engen Auslegung der Norm – nur die Möglichkeit, Mindestanforderungen an Kollektivverhandlungen zu formulieren, die nicht das Arbeitsentgelt, das Koalitionsrecht, das Streikrecht oder das Aussperrungsrecht betreffen.[755] Diese Mindestanforderungen müssten allerdings über europäische Gesetzgebungsverfahren nach Art. 153 Abs. 2 AEUV auf den Weg gebracht werden. Unzulässig wäre es daher, solche Mindestanforderungen über die Hintertür des kartellrechtlichen Ausnahmebereichs zu schaffen. Nach GAin *Kokott* ist es gerade Sinn und Zweck von ex-Art. 137 Abs. 5 EGV (Art. 153 Abs. 5 AEUV), die Tarifautonomie der Sozialpartner vor Beeinträchtigungen zu schützen.[756] Daran anknüpfend bezwecken die sozialen Verweisungsgrundreche wie Art. 28 GRC ein Abwehrrecht gegen die Union zum Schutz einzelstaatlicher Sozialstandards.[757] Normativer Anker dieser Abwehrdimension ist Art. 51 Abs. 1 S. 2 GRC.[758] Der Ausnahmebereich ist nur deswegen autonom unionsrechtlich zu definieren, weil die Union allein zuständig für ihre Wettbewerbsregeln ist und die Reichweite des – primärrechtlich legitimierten – Eingriffs durch Kollektivverträge in deren Anwendungsbereich selbst abstecken muss. Dabei ist sie allerdings wiederum an das Primärrecht gebunden. Der Ausnahmebereich darf nur Anforderungen stellen, die primärrechtlich legitimiert sind. Andernfalls ist er nicht mit der Kompetenzbeschränkung von Art. 153 Abs. 5 AEUV und der daran gekoppelten Abwehrdimension von Art. 28 GRC vereinbar. Maßgeblich ist, welche Kriterien das Primärrecht an die Spezialität der mitgliedstaatlichen Kollektivvertragssysteme gegenüber dem Wettbewerbsprinzip stellt.

Zusätzlich müssen die Kriterien des Ausnahmebereichs den Arbeitsmarktakteuren Rechtssicherheit bieten. Der Grundsatz der Rechtssicherheit ist ein allgemeiner Grundsatz des Unionsrechts.[759] Danach müssen Regelungen, die den Einzelnen auferlegt werden, klar und deutlich sein, damit diese ihre Rechte und Pflichten unzweideutig erkennen und entsprechende Vorkehrungen treffen können.[760] Die Definition

---

754 *Kordel*, Arbeitsmarkt und Europäisches Kartellrecht, 2004, S. 180 f.

755 Siehe dazu Teil 3 C.II.1.

756 GAin *Kokott*, Schlussanträge v. 9.1.2008, Rs. C-268/06, ECLI:EU:C:2008:2, Rn. 172 – *Impact*.

757 *Kober*, Der Grundrechtsschutz in der Europäischen Union, 2009, S. 44; *Hüpers/Reese*, in: Meyer/Hölscheidt, Charta der Grundrechte der EU, 5. Aufl. 2019, Vorb. Titel IV Rn. 38 f.

758 *Hüpers/Reese*, in: Meyer/Hölscheidt, Charta der Grundrechte der EU, 5. Aufl. 2019, Vorb. Titel IV Rn. 38.

759 EuGH, Urt. v. 9.7.1981, Rs. 169/80, ECLI:EU:C:1981:171, Rn. 17 – *Gondrand und Garancini*; EuGH, Urt. v. 13.2.1996, Rs. C-143/93, ECLI:EU:C:1996:45, Rn. 27 – *Van Es Douane Agenten*; EuGH, Urt. v. 17.7.1997, Rs. C-354/95, ECLI:EU:C:1997:379, Rn. 57 – *National Farmers' Union*; EuGH, Urt. v. 11.6.2009, Rs. C-170/08, ECLI:EU:C:2009:369, Rn. 44 – *Nijemeisland*.

760 EuGH, Urt. v. 11.6.2009, Rs. C-170/08, ECLI:EU:C:2009:369, Rn. 44 – *Nijemeisland*.

des Grundsatzes lässt erkennen, dass der EuGH sie im Zusammenhang mit öffentlichen Abgaben aufstellte.[761] Das in dem Grundsatz enthaltene Gebot der Normklarheit[762] lässt sich allerdings auch auf das Kartellverbot übertragen. Schließlich handelt es sich um einen allgemeinen Rechtsgrundsatz des Unionsrechts. Vergleichbar zu Abgaben können auf Grundlage des Kartellverbots behördliche Maßnahmen ergehen, die einzelne Unternehmen belasten. Aufgrund seines breiten Anwendungsbereichs wurde das Kartellverbot notwendigerweise durch die Rechtsprechung des EuGH näher ausgestaltet, der nach Art. 19 Abs. 1 UA 1 EUV für die Auslegung des Unionsrechts zuständig ist. Diese Aufgabe schließt die Bestimmung der Grenzen des Ausnahmebereichs für Kollektivverhandlungen und -verträge mit ein.[763] Auch dabei ist der Grundsatz der Rechtssicherheit im Sinne der Normklarheit zu beachten. Erforderlich ist bei einer schwierigen Materie wie der vorliegenden, dass die Anwender bei einer sorgfältigen Prüfung dazu in der Lage sind, zu erkennen, welche Verhandlungsgegenstände kartellrechtlich erlaubt sind und welche nicht.[764]

Die Bedeutung von Rechtssicherheit für den Ausnahmebereich lässt sich auch aus den hypothetischen Folgen ihres Fehlens ableiten. Kollektivautonomie meint das Recht und damit auch die Freiheit, sich mit anderen Arbeitnehmern bzw. Arbeitgebern zusammenzuschließen und gemeinsam Arbeits- und Beschäftigungsbedingungen auszuhandeln. Diese Freiheit kann nur dann voll ausgeschöpft werden, wenn ihre Grenzen klar erkennbar sind.[765] Andernfalls besteht die Gefahr, dass die Verhandlungsparteien ihre Freiheit sehr restriktiv ausüben, um nicht in Konflikt mit dem Kartellrecht zu geraten.[766] Diese restriktive Handhabe würde die Funktionsfähigkeit nationaler Kollektivvertragssysteme gefährden und damit auch ihre primärrechtlich anerkannte Fähigkeit, die sozialpolitischen Bereichsziele in Art. 151 Abs. 1 AEUV zu fördern.

bb) Zu einem Kernbereich der Kollektivautonomie

Ein Problem dieses Ansatzes ist, dass die Kollektivvertragssysteme in der Europäischen Union durch nationales Recht und nationale Gepflogenheiten ausgestaltet sind. Das bedeutet einerseits, dass es mangels eines europäischen Kollektivvertragsrechts auch keinen autonomen unionsrechtlichen Kern der Kollektivautonomie gibt. Ein solcher wird in Art. 151 Abs. 1 ff. AEUV, Art. 28 GRC oder Art. 52 Abs. 3 AEUV i.V.m. Art. 11 EMRK jedenfalls nicht definiert. Der soziale Dialog auf Unionsebene kann aufgrund des Wesensunterschieds zu den nationalen Systemen ebenfalls nicht zur Konkretisierung herangezogen werden.[767] Im Übrigen ist eine autonome Definition des Kernbereichs einer unionsrechtlichen Kollektivautonomie wegen Art. 153 Abs. 5 AEUV unmöglich. Andererseits ist der Versuch, aus den nationalen Rechtsordnungen einen europäischen Kernbereich zu filtern, angesichts der Pluralität der

---

761 Vgl. EuGH, Urt. v. 9.7.1981, Rs. 169/80, ECLI:EU:C:1981:171, Rn. 17 – *Gondrand und Garancini*; EuGH, Urt. v. 13.2.1996, Rs. C-143/93, ECLI:EU:C:1996:45, Rn. 27 – *Van Es Douane Agenten*; EuGH, Urt. v. 17.7.1997, Rs. C-354/95, ECLI:EU:C:1997:379, Rn. 57 – *National Farmers' Union*.

762 *von Rintelen*, in: Grabitz/Hilf/Nettesheim, Das Recht der EU, 79. Lfg. 2015, AEUV Art. 43 Rn. 95 f.

763 *Latzel/Serr*, EuZW 2014, 410, 412.

764 Vgl. EuGH, Urt. v. 17.7.1997, Rs. C-354/95, ECLI:EU:C:1997:379, Rn. 58 – *National Farmers' Union*.

765 Vgl. *Sommermann*, in: von Mangoldt/Klein/Starck, Grundgesetz, 7. Aufl. 2018, Bd. 1, Art. 20 GG Rn. 288: „Unklare Rechtsnormen und eine im Wesentlichen unberechenbare Entwicklung der Rechtsordnung schaffen Unsicherheiten, die einer freien Entfaltung des Einzelnen entgegenwirken. Rechtssicherheit ist notwendige Bedingung der Freiheit."

766 *Mohr*, in: MüKo, Wettbewerbsrecht, 4. Aufl. 2023, Bd. 1-1, Grundl. Rn. 1304 spricht von einer präventiv-verhaltenssteuernden Wirkung des Wettbewerbsrechts.

767 Vgl. dazu Teil 3 C.II.1.

Systeme mit erheblichen Schwierigkeiten verbunden – jedenfalls abgesehen von Tarifklassikern wie dem Lohn oder der Arbeitszeit.[768]

Außerdem ist das Kriterium nicht geeignet, um die Fähigkeit einzelner Kollektivregelungen zu bewerten, ein sozialpolitisches Bereichsziel zu fördern. Maßgeblich soll sein, ob und in welchem Umfang das unternehmerische Verhalten auf den nachgelagerten Gütermärkten durch die Regelung determiniert wird.[769] Danach kommt es nicht nur darauf an, ob ein Wettbewerbsparameter des nachgelagerten Marktes explizit geregelt wird, sondern ob die arbeitsmarktbezogene Regelung dort eine Wettbewerbsbeschränkung bewirkt.[770] Dabei wird die Beschränkung des Wettbewerbs auf dem jeweiligen Arbeitsmarkt jedoch völlig außer Betracht gelassen, obwohl diese regelmäßig tiefgreifender sein wird als diejenige auf dem nachgelagerten Markt. Arbeitsmärkte werden vom Primärrecht als wirtschaftliche Märkte behandelt und sind grundsätzlich wie Gütermärkte vor Wettbewerbsverfälschungen zu schützen.[771] Wie erläutert, sind kollektivvertragliche Regelungen nur dann kartellrechtlich privilegiert, wenn sie Arbeits- und Beschäftigungsbedingungen verbessern. Alle anderen Vereinbarungen auf Arbeitsmärkten sind an Art. 101 AEUV zu messen. Das gilt unabhängig davon, ob sie zusätzlich den Wettbewerb auf den nachgelagerten Märkten beschränken oder nicht. Hinzu kommt, dass gerade die tarifliche Regelung von Löhnen, die nach dieser Ansicht unzweifelhaft dem Kernbereich der Kollektivautonomie zuzuordnen ist, erheblich wettbewerbsbeschränkende Auswirkungen auf die nachgelagerten Märkte haben kann. Das ist bei Gütern der Fall, deren Angebot sehr lohnkostenintensiv ist. Denn ist ein Großteil der Produktionskosten auf Löhne zurückzuführen und werden diese durch Tarifverträge marktweit einheitlich festgesetzt, wird der Preiswettbewerb auf dem nachgelagerten Markt beschränkt. Unternehmen haben dann geringere Spielräume, Wettbewerber zu unterbieten, ohne dabei die eigenen Grenzkosten zu unterschreiten.

Selbst wenn man die Pluralität der Rechtsordnungen und die grundlegenden Bedenken gegen das Abgrenzungskriterium des Kernbereichs ausblendet, ist der Ansatz dennoch mit weiteren Schwierigkeiten bei seiner praktischen Anwendung verbunden.[772] Dass der Lohn oder die Anzahl der Urlaubstage zu dem Kernbereich zählt, ist zwar ebenso offensichtlich wie der Ausschluss von Preis- oder Marktaufteilungsabsprachen hinsichtlich nachgelagerter Gütermärkte. Die Wirkungen dieser Klauseln lassen sich eindeutig entweder dem jeweiligen Arbeitsmarkt oder dem nachgelagerten Gütermarkt zuordnen. Problematisch sind allerdings Klauseln mit Doppelwirkung, die sowohl Arbeitsbedingungen als auch Wettbewerbsparameter auf den nachgelagerten Märkten betreffen. Beispiele sind Regelungen zu Betriebsöffnungszeiten oder Rationalisierungs- und Outsourcing-Entscheidungen.[773] Hier kommt diese Ansicht nicht um einen rechtsunsicheren Kompromiss herum. Vorgeschlagen wird eine umfassende Gesamtwürdigung des jeweiligen Tarifvertrags.[774] Nach *Mohr* muss auf den nachgelagerten Märkten noch so

---

768 *Fleischer*, DB 2000, 821, 825; *Mühlbach*, Tarifverträge in der europäischen Kartellkontrolle, 2007, S. 290 f.

769 *Graf von Wallwitz*, Tarifverträge und die Wettbewerbsordnung des EG-Vertrages, 1997, S. 131; *Mohr/Wolf*, JZ 2011, 1091, 1098; *Mohr*, in: MüKo, Wettbewerbsrecht, 4. Aufl. 2023, Bd. 1-1, Grundl. Rn. 1302, 1304; ähnlich GA *Jacobs*, Schlussanträge v. 28.1.1999, Rs. C-67/96, verb. Rs. C-115 bis 117/97, Rs. C-219/97, ECLI:EU:C:1999:28, Rn. 193 – *Albany*.

770 *Mohr*, in: MüKo, Wettbewerbsrecht, 4. Aufl. 2023, Bd. 1-1, Grundl. Rn. 1304.

771 Siehe dazu Teil 3 B.III.

772 Vgl. *Ackermann*, in: Rieble/Junker/Giesen, Kartellrecht und Arbeitsmarkt, 2010, S. 17, 32; *Latzel/Serr*, EuZW 2014, 410, 414.

773 *Ackermann*, in: Rieble/Junker/Giesen, Kartellrecht und Arbeitsmarkt, 2010, S. 17, 37.

774 So EFTA, Urt. v. 22.3.2002, Fall E-8/00, Rn. 53 ff. – *Norwegian Federation of Trade Unions*; EFTA, Urt. v. 19.4.2016, Fall E-14/15, Rn. 44 ff. – *Holship*; *Mohr*, in: MüKo, Wettbewerbsrecht, 4. Aufl. 2023, Bd. 1-1, Grundl. Rn. 1304; *Bourazeri*, Tarifautonomie und Wirtschaftskrise, 2019, S. 328.

viel Wettbewerb verbleiben, dass die grundlegenden Anliegen der EU-Verträge erreicht werden, insbesondere die Herstellung und Sicherung eines wettbewerblich organisierten Binnenmarktes.[775] Dies als Rechtsanwender in einzelnen Grenzfällen rechtssicher zu prognostizieren ist allerdings schlicht nicht möglich. Schon der vorgeschlagene Maßstab, ob einzelne Wettbewerbsparameter im Verhältnis zur Marktgegenseite vorstrukturiert oder vorweggenommen werden,[776] lässt einen erheblichen Wertungsspielraum zu. Hinzu tritt die Schwierigkeit der ökonomischen Analyse im Einzelfall. Das Ergebnis dieser Analyse wird zusätzlich regelmäßig mit Unsicherheiten und Einschränkung verbunden sein.[777] Der Ansatz kann daher, selbst bei einer sorgfältigen Rechtsanwendung durch die Arbeitsmarktakteure, nicht für die gebotene Rechtssicherheit sorgen.[778]

cc) Zu einer subjektiven Missbrauchskontrolle

Der Gedanke, kollektivvertragliche Regelungen einer Motivkontrolle zu unterziehen, bevor sie vom Anwendungsbereich des Kartellverbots ausgenommen werden, ist grundsätzlich nachvollziehbar. Schließlich sollen nur Regelungen zur Verbesserung der Arbeits- und Beschäftigungsbedingungen privilegiert werden.

Das Kriterium ist allerdings wenig praktikabel. Es lässt sich kaum bestimmen, wann die Parteien mit einer kollektivvertraglichen Regelung eine Verbesserung von Arbeits- und Beschäftigungsbedingungen intendieren und wann sie diese zur Beschränkung des Wettbewerbs missbrauchen.[779] Legen die Parteien die Missbrauchsabsicht nicht offen, bliebe in behördlichen und gerichtlichen Verfahren nur die Möglichkeit, diese Intention anhand objektiver Kriterien festzustellen. Dafür müsste entweder von dem Gegenstand oder der Wirkung der Regelung auf einen „bösen Glauben" der Parteien geschlossen werden.[780] Für erstere Variante wäre wiederum eine Bestimmung von Kernregelungen kollektiver Verträge erforderlich, außerhalb derer regelmäßig von einem Missbrauch auszugehen ist. Wie im vorigen Abschnitt erläutert wurde, kann dieser Ansatz allerdings nicht überzeugen. Die zweite Variante ist ebenfalls ungeeignet. Denn von dem Ausmaß der wettbewerbsbeschränkenden Wirkung einer Regelung kann nicht auf ihre Eignung zur Verbesserung der Arbeits- und Beschäftigungsbedingungen geschlossen werden; es fehlt an einem Konnex.

---

775 *Mohr*, in: MüKo, Wettbewerbsrecht, 4. Aufl. 2023, Bd. 1-1, Grundl. Rn. 1304. Damit wird letztlich eine Prüfung der Verhältnismäßigkeit des Eingriffs in den Wettbewerb durch die jeweilige – im Graubereich liegende – Vertragsklausel vertreten.

776 *Mohr/Wolf*, JZ 2011, 1091, 1099; *Mohr*, in: MüKo, Wettbewerbsrecht, 4. Aufl. 2023, Bd. 1-1, Grundl. Rn. 1304.

777 Es verwundert daher nicht, dass von Vertretern dieser Ansicht gefordert wird, die Rechtsprechung solle Fallgruppen bilden, um Rechtssicherheit für Anwender zu schaffen; *Mohr*, in: MüKo, Wettbewerbsrecht, 4. Aufl. 2023, Bd. 1-1, Grundl. Rn. 1307; *Bourazeri*, Tarifautonomie und Wirtschaftskrise, 2019, S. 328 f. Angesichts der Vielzahl an Ausgestaltungsmöglichkeiten tariflicher Regelungen, der Unschärfe des vorgeschlagenen Abgrenzungskriteriums und der – nach dieser Ansicht – unumgänglichen Analyse ihrer Auswirkungen auf den Wettbewerb, die zwangsläufig von den Rahmenbedingungen der im Einzelfall betroffenen Märkten abhängt, ist dies allerdings nicht zu bewerkstelligen, ohne erhebliche Kompromisse bei der Genauigkeit der Fallgruppen einzugehen.

778 So im Ergebnis auch *Latzel/Serr*, EuZW 2014, 410, 414; *Rieble*, ZWeR 2016, 165, 173. Den Kernbereichsansatz ebenfalls ablehnend *Mühlbach*, Tarifverträge in der europäischen Kartellkontrolle, 2007, S. 290 ff.; gegen eine Gesamtabwägung *Krause*, Tarifverträge zur Begrenzung der Leiharbeit und zur Durchsetzung des Equal-Pay-Grundsatzes, 2. Aufl. 2012, S. 49, 109 f.; *Gärtner*, Koalitionsfreiheit und Crowdwork, 2020, S. 314 f.

779 *Kamanabrou*, EuZA 2010, 157, 163 f.

780 Vgl. *Latzel/Serr*, EuZW 2014, 410, 414 f.

Im Übrigen spielt es für die Verbesserung der Arbeits- und Beschäftigungsbedingungen keine Rolle, ob diese subjektiv bezweckt wurden oder nicht. Entscheidend ist, dass die Verbesserung eintritt und überprüft werden kann. Einer Missbrauchsgefahr ist mittels der objektiven Anforderungen an den Ausnahmebereich zu begegnen.

dd) Zu einer unmittelbaren Verbesserung der Arbeits- und Beschäftigungsbedingungen

Der EuGH erwähnt recht beiläufig, dass sich kollektivvertragliche Regelungen nach seiner Ansicht unmittelbar auf die Verbesserung von Arbeits- und Beschäftigungsbedingungen beziehen müssen.[781] Im Folgenden wird untersucht, ob die Unmittelbarkeit ein geeignetes Prüfungskriterium ist, um die kartellrechtlich privilegierten Inhalte von Kollektivverträgen zu bestimmen.

Die Art. 151 ff. AEUV erkennen die nationalen Kollektivvertragssysteme an, weil sie die Arbeits- und Beschäftigungsbedingungen verbessern und dadurch sozialpolitische Bereichsziele fördern können. Dass die Verhandlungen der Kollektivvertragsparteien hierfür unmittelbar auf Arbeits- und Beschäftigungsbedingungen gerichtet sein müssen, erscheint plausibel. Diese Bedingungen können allerdings auch mittelbar verbessert werden, beispielsweise wenn die Parteien eines Firmentarifvertrages unmittelbar über die Schließung eines bestimmten Produktionsstandortes verhandeln. Wird in diesem Vertrag festgelegt, dass der Standort erhalten bleiben soll, werden Arbeitsplätze gesichert. Zieht man das Unmittelbarkeitskriterium heran, sind derartige Vereinbarungen allerdings nicht von dem Ausnahmebereich erfasst.

Diese Abgrenzung überzeugt.[782] Würde auch ein nur mittelbarer Bezug zu Arbeits- und Beschäftigungsbedingungen genügen, wäre die Reichweite des Ausnahmebereichs überschießend. Denn kollektivvertragliche Klauseln könnten andernfalls unmittelbar andere Materien regeln, ohne sich für Wettbewerbsbeschränkungen vor Art. 101 AEUV rechtfertigen zu müssen. Die originäre Zielsetzung solcher Wettbewerbsbeschränkungen läge also außerhalb des sozialpolitischen Bereichs, der ihren Abschluss überhaupt erst primärrechtlich legitimiert. So kann beispielsweise eine tarifliche Regelung, die Ladenöffnungszeiten im Einzelhandel beschränkt, die Arbeitsbedingungen mittelbar verbessern, wenn dadurch Arbeit am späten Abend vermieden wird. Der unmittelbare Regelungsgegenstand liegt allerdings außerhalb des sozialpolitischen Bereichs. Er beschränkt den Wettbewerb auf den betroffenen Einzelhandelsmärkten. Den Ladeninhabern wird die Möglichkeit genommen, durch besonders lange und damit verbraucherfreundliche Öffnungszeiten mehr Geschäftsabschlüsse zu erzielen als ihre Wettbewerber.[783] Bei einer entsprechenden Ausdehnung des Ausnahmebereichs würde eine nur mittelbare Verbesserung der Arbeitsbedingungen eine unmittelbar bezweckte Wettbewerbsbeschränkung auf dem nachgelagerten Markt vor der Kartellkontrolle schützen. Ein derart weitreichendes Spezialitätsverhältnis zwischen Kollektivvertragssystemen und Wettbewerbsprinzip lässt sich dem Primärrecht nicht entnehmen. Vielmehr besteht ein Regel-Ausnahme-Verhältnis zugunsten des Wettbewerbsprinzips.[784]

---

781 EuGH, Urt. v. 21.9.1999, Rs. C-67/96, ECLI:EU:C:1999:430, Rn. 63 – *Albany*; EuGH, Urt. v. 21.9.1999, Rs. C-115 bis 117/97, ECLI:EU:C:1999:434, Rn. 60 – *Brentjens'*; EuGH, Urt. v. 21.9.1999, Rs. C-219/97, ECLI:EU:C:1999:437, Rn. 50 – *Drijvende Bokken*.

782 So auch *Mühlbach*, Tarifverträge in der europäischen Kartellkontrolle, 2007, S. 307 ff.; *Latzel/Serr*, EuZW 2014, 410, 415; *Löwisch/Rieble*, Tarifvertragsgesetz, 4. Aufl. 2017, § 1 Rn. 1097 f.; wohl auch *Bien*, in: FS Säcker, 2021, 124, 135, 139, der allerdings zugleich auch auf einen Kernbereich der Tarifautonomie abstellt; wohl eher ablehnend *Rummel*, Kartellrechtliche Freistellung sozialpartnerschaftlicher Kollektivverträge, 2023, S. 362 f., 408, der aber im Ergebnis doch zu einer recht ähnlichen materiellen Schwerpunktsbetrachtung tendiert; a.A. *Kamanabrou*, EuZA 2010, 157, 164.

783 *Bien*, in: FS Säcker, 2021, 124, 134.

784 Siehe dazu Teil 3 B.II.

Bei der Gestaltung des Ausnahmebereichs sind die unterschiedlichen Betroffenheitsgrade der Normenkomplexe im Sinne einer praktischen Konkordanz zu berücksichtigen.[785] Vor diesem Hintergrund ist es angemessen, den unmittelbaren Verhandlungsgegenstand als inhaltliches Abgrenzungskriterium für den Ausnahmebereich heranzuziehen. Betrifft dieser Arbeits- und Beschäftigungsbedingungen, ist eine Ausnahme vom Anwendungsbereich des Kartellverbots möglich. Dies gilt allerdings nur, wenn die Arbeits- und Beschäftigungsbedingungen der im Einzelfall vertretenen Arbeitnehmer verhandelt werden, und nicht von Dritten.[786] Wie gezeigt, verlangt das Primärrecht eine interessengerechte Vertretung der Gewerkschaftsmitglieder.[787] Einzelne Gewerkschaften sind nur für ihre eigenen Mitglieder dazu befugt und in der Lage, die Arbeits- und Beschäftigungsbedingungen unmittelbar zu fördern.[788] Eine Regelung von Arbeitsbedingungen für Nichtmitglieder ist von einer interessengerechten Vertretung der Gewerkschaftsmitglieder nicht umfasst. Es fehlt außerdem an einem unmittelbaren Bezug zu den Arbeitskonditionen der Mitglieder beider Sozialpartner, die den Kollektivvertrag aushandeln. Ein nur mittelbarer Bezug kann das Wettbewerbsprinzip und die kartellrechtliche Kontrolle nicht verdrängen.

Nach der hier vertretenen Auffassung sind kollektivvertragliche Regelungen daher unter den Ausnahmebereich zu subsumieren, wenn sie beispielsweise den Lohn, andere Aspekte der Arbeitnehmervergütung, die Arbeitszeit, den Urlaub, die soziale Vorsorge, Weiterbildungsmöglichkeiten oder die Folgen eines Stellenabbaus unmittelbar betreffen. Für die zuvor aufgegriffenen Grenzfälle, Betriebsöffnungszeiten und Standortschließungen, bedeutet dies: Die Arbeitszeiten können in Kollektivverträgen für die vertretenen Arbeitnehmer geregelt werden, ohne dass eine Überprüfung der Klausel durch das Kartellverbot statthaft wäre. Öffnungszeiten von Einzelhandelsläden dürfen dagegen nicht geregelt werden.[789] Ebenfalls nicht vom Ausnahmebereich gedeckt sind kollektive Regelungen über die Erhaltung, Verlagerung oder Schließung eines Produktionsstandortes. Möglich ist es dagegen, die sozialen Folgen der Standortentscheidung kollektiv zu regeln, beispielsweise in Form von Umschulungsverpflichtungen oder Abfindungszahlungen.[790]

Zu klären bleibt, wann kollektivvertragliche Regelungen eine Verbesserung von Arbeits- und Beschäftigungsbedingungen anstreben. Ausgangspunkt für die Untersuchung dieser Frage ist auch hier, ob das Primärrecht insofern Anforderungen an Kollektivverträge stellt.

Der Wortlaut ist insoweit zunächst wenig aufschlussreich. Die Art. 153 Abs. 1 lit. f) und 156 AEUV sprechen nur davon, dass eine kollektive Interessenwahrnehmung und kollektive Verhandlungen zur „Verwirklichung der Ziele“ bzw. „im Hinblick auf die Erreichung der Ziele“ von Art. 151 Abs. 1 AEUV gefördert werden sollen. Wann dies der Fall ist, bleibt offen. Dies könnte als Argument dafür angeführt werden, dass Verbesserungen nach der Wertung des Primärrechts durch Kollektivverhandlungen per se erreicht werden. Andererseits könnte die Formulierung auch nur Ausdruck der notwendigen Abstraktionshöhe der primärrechtlichen Regelung sein. Diese Unsicherheit gebietet es, auf die oben angestellte Vorüberlegung zurückzugreifen, dass ein Verstoß gegen die Kompetenzbeschränkung in Art. 153 Abs.

---

785 *Breuer*, Das EU-Kartellrecht im Kraftfeld der Unionsziele, 2013, S. 538, 616.

786 *Viol*, Die Anwendbarkeit des europäischen Kartellrechts auf Tarifverträge, 2005, S. 383; *Löwisch/Rieble*, Tarifvertragsgesetz, 4. Aufl. 2017, § 1 Rn. 1097; vgl. *Ackermann*, in: Rieble/Junker/Giesen, Kartellrecht und Arbeitsmarkt, 2010, S. 17, 37; *Bien*, in: FS Säcker, 2021, 124, 138 f.

787 Siehe dazu oben B.II.2.2.

788 Siehe dazu oben B.II.2.4.2.

789 Praktische Folge dieser Abgrenzung ist, dass es den Ladeninhabern freisteht, ihre Geschäfte länger zu öffnen. Sie können dafür Arbeitsanbieter einstellen, die nicht von der kollektivvertraglichen Regelung erfasst sind, oder ihre eigene Arbeitskraft nutzen; vgl. *Mühlbach*, Tarifverträge in der europäischen Kartellkontrolle, 2007, S. 310; *Schubert*, ZfA 2013, 1, 36; *Bien*, in: FS Säcker, 2021, 124, 135.

790 Vgl. *Schubert*, ZfA 2013, 1, 36 f.

5 AEUV über die Hintertür des kartellrechtlichen Ausnahmebereichs vermieden werden muss. Der Ausnahmebereich darf nicht die Möglichkeit einer unionsrechtlichen Inhaltskontrolle von Tarifverträgen eröffnen. Vor diesem Hintergrund ist die Prüfung einer tatsächlichen Verbesserung der Arbeits- und Beschäftigungsbedingungen im Einzelfall abzulehnen.[791]

Gegen eine solche Ergebniskontrolle spricht außerdem die damit verbundene Rechtsunsicherheit. Wenn beispielsweise während Rezessionsphasen Lohnkürzungen zum Erhalt von Arbeitsplätzen kollektivvertraglich vereinbart werden, wäre nach dieser Ansicht eine Abwägung zwischen den Vor- und Nachteilen durchzuführen. Dabei ist unklar, wie die Lohnkürzung für alle vertretenen Arbeitnehmer gegen die Sicherung eines gewissen Anteils der Arbeitsplätze abgewogen werden soll. Diese notwendigerweise subjektive Beurteilung schafft Rechtsunsicherheit, deren präventiv-verhaltenssteuernde Wirkung es für eine volle Freiheitsausschöpfung durch die Kollektivvertragsparteien gerade zu vermeiden gilt.[792] Dieses Problem wird durch die Relativität des Verbesserungsmaßstabs verstärkt, der eine Bildung abstrakter Fallgruppen erheblich erschwert. Denn eine identische Regelung kann abhängig vom vorherigen Status quo völlig unterschiedlich zu beurteilen sein. Während sie auf einem Arbeitsmarkt, der bisher keine Kollektivverhandlungen kannte, eine Verbesserung bewirkt, kann sie auf Arbeitsmärkten mit starken Gewerkschaften eine Verschlechterung bedeuten. Daher ist jede Art einer Gesamtabwägung zur Beurteilung einer Verbesserung von Arbeits- und Beschäftigungsbedingungen abzulehnen.[793]

Angesichts der eben geäußerten Kritikpunkte erscheint die vom EuGH vorgenommene Plausibilitätskontrolle vertretbar. Allerdings nimmt sie nur einzelne Regelungen in den Blick, ohne den Verhandlungsprozess an sich berücksichtigen zu können. Denkbar ist, dass nach dieser Prüfung einzelne kollektivvertragliche Regelungen auf die Verbesserung von Arbeits- und Beschäftigungsbedingungen gerichtet sind, während dies bei anderen nicht der Fall ist. Das würde im Ergebnis dazu führen, dass letztere Kategorie an Klauseln nicht unter den Ausnahmebereich fällt. Diese Betrachtung vernachlässigt, dass ein für beide Seiten interessengerechtes Verhandlungsergebnis oft auf einen Kompromiss hinausläuft, der sich in beidseitig günstigen und ungünstigen Klauseln niederschlägt. Nur jene Klauseln einer Kartellkontrolle zu unterziehen, die vermeintlich zuungunsten von Arbeitnehmern vereinbart wurden, senkt für Arbeitgeber ganz erheblich den Anreiz, Regelungen zugunsten von Arbeitnehmern zu akzeptieren. Bei einer Vergrößerung des Prüfungsradius der Plausibilitätskontrolle von einzelnen Klauseln auf den gesamten Vertrag würde sich erneut das Abwägungsproblem der beiden Kategorien an Klauseln stellen. Das durch die sachnahen Kollektivvertragsparteien gefundene Verhandlungsergebnis sollte nicht durch eine kartellbehördliche oder gerichtliche Kontrolle ausgehebelt werden können.

Nach all dem Gesagten ist es überzeugend, die Voraussetzung der unmittelbaren Verbesserung der Arbeits- und Beschäftigungsbedingungen bereits dann zu bejahen, wenn sich eine kollektivvertragliche Regelung unmittelbar auf diese Bedingungen bezieht.[794] Dann droht weder ein Verstoß gegen Art. 153

---

[791] A.A. *Höpfner*, Die Tarifgeltung im Arbeitsverhältnis, 2015, S. 579 f.

[792] Siehe dazu oben B.II.2.4.3b)aa).

[793] A.A. *Schubert*, ZfA 2013, 1, 36; generell für eine Gesamtabwägung bei kollektivvertraglichen Regelungen mit Doppelcharakter *Viol*, Die Anwendbarkeit des europäischen Kartellrechts auf Tarifverträge, 2005, S. 383 f.

[794] So im Ergebnis auch *Mühlbach*, Tarifverträge in der europäischen Kartellkontrolle, 2007, S. 310; dabei den hier als Plausibilitätskontrolle bezeichneten Ansatz des EuGH mit einer ganz ausbleibenden Effektivitätskontrolle gleichsetzend *Latzel/Serr*, EuZW 2014, 410, 415; *Löwisch/Rieble*, Tarifvertragsgesetz, 4. Aufl. 2017, § 1 Rn. 1097 f.

Abs. 5 AEUV noch entsteht für die Arbeitsmarktakteure Rechtsunsicherheit. Außerdem trägt dieser Ansatz der Sachnähe der Kollektivvertragsparteien und der Dynamik individueller Verhandlungsprozesse ausreichend Rechnung.

ee) Zu einer Verhältnismäßigkeitsprüfung

Eine zusätzliche Verhältnismäßigkeitsprüfung einzelner kollektivvertraglicher Regelungen würde zu einer Stärkung des Wettbewerbsprinzips führen. Die Kollektivvertragsparteien müssten unter gleich wirksamen Regelungen jene wählen, die mit den geringsten Wettbewerbsbeschränkungen verbunden ist.[795] Der Verhältnismäßigkeitsgrundsatz ist an sich auch ein unionsrechtlich anerkanntes Instrument, um widerstreitende Rechtsmaterien in Ausgleich zu bringen.[796]

Eine solche Verhältnismäßigkeitsprüfung bedeutet gleichzeitig eine Beschneidung der Kollektivautonomie. Entgegen dem im vorigen Abschnitt vertretenen Ansatz würde zusätzlich zur Gegenstands- eine Ergebniskontrolle von kollektivvertraglichen Regelungen eingeführt werden. Diese würde sich hier allerdings nicht auf eine tatsächliche Verbesserung der Arbeits- und Beschäftigungsbedingungen beschränken, sondern auch das Ausmaß der Wettbewerbsbeschränkung einbeziehen. Konkret müsste im Einzelfall geprüft werden, ob Kollektivverträge ihr Potenzial an wohlfahrtsfördernden Effekten im Sinne einer möglichst geringen Einschränkung des Wettbewerbs ausschöpfen.[797] Von einer Autonomie der Kollektivvertragsparteien kann dann nicht mehr gesprochen werden. Dies gilt gerade im Hinblick auf die Pluralität der mitgliedstaatlichen Kollektivvertragssysteme, deren Gepflogenheiten sich an weniger wettbewerbsbeschränkende Alternativen anpassen müssten, obwohl das Primärrecht diese Gepflogenheiten eigentlich nach Art. 28 GRC i.V.m. Art. 6 Abs. 1 EUV akzeptiert. Es räumt diesen Kollektivvertragssystemen sogar einen Vorrang vor dem Wettbewerbsprinzip ein, wenn die daraus hervorgehenden Kollektivverträge unmittelbar Arbeits- und Beschäftigungsbedingungen regeln. Daraus resultierende Wettbewerbsbeschränkungen sind als systemimmanent hinzunehmen, anstatt sie zulasten der – vorrangigen – Kollektivautonomie und zugunsten des Wettbewerbsprinzips über eine Verhältnismäßigkeitsprüfung zu reduzieren.[798]

Daneben kann die beschriebene Verhältnismäßigkeitsprüfung auch zu Rechtsunsicherheit führen. Schließlich würde es den Parteien im Einzelfall obliegen, während der Verhandlungen und jedenfalls vor Abschluss des Kollektivvertrages eine wettbewerbsökonomische Analyse des möglichen Inhalts und denkbarer Alternativen anzustellen. Sofern diese keine eindeutigen Ergebnisse liefert oder sich die Parteien nicht auf solche einigen können, kann diese Unsicherheit zu einer Einschränkung der durch die Kollektivautonomie gewährten Freiheit führen.

Insgesamt ist es daher überzeugender, diese Art der Verhältnismäßigkeitsprüfung nicht in den Voraussetzungskatalog des Ausnahmebereichs aufzunehmen.[799]

---

795 *Kordel*, Arbeitsmarkt und Europäisches Kartellrecht, 2004, S. 180 f.

796 EuGH, Urt. v. 19.6.1980, Rs. C-41/79, ECLI:EU:C:1980:163, Rn. 21 – *Testa*; EuGH, Urt. v. 7.12.2010, Rs. C-285/09, ECLI:EU:C:2010:742, Rn. 45 – *R*; *Mayer*, in: Grabitz/Hilf/Nettesheim, Das Recht der EU, 41. Lfg. 2010, EUV Art. 6 Nach. Rn. 403.

797 *Mühlbach*, Tarifverträge in der europäischen Kartellkontrolle, 2007, S. 295.

798 Vgl. *Mühlbach*, Tarifverträge in der europäischen Kartellkontrolle, 2007, S. 310; *Schubert*, ZfA 2013, 1, 36; *Gärtner*, Koalitionsfreiheit und Crowdwork, 2020, S. 315.

799 So im Ergebnis auch *Mühlbach*, Tarifverträge in der europäischen Kartellkontrolle, 2007, S. 293 ff.

c) Zwischenergebnis

In diesem Abschnitt wurden verschiedene Ansätze zur Prüfung der Verbesserung von Arbeits- und Beschäftigungsbedingungen durch kollektivvertragliche Regelungen untersucht. Die Analyse kam zu dem Ergebnis, dass es für die Anwendung des Ausnahmebereichs genügt, wenn kollektivvertragliche Klauseln unmittelbar Arbeits- und Beschäftigungsbedingungen regeln. Eine Ergebniskontrolle ist dagegen in keiner Form angezeigt. Weitere inhaltliche Anforderungen sind an kollektivvertragliche Klauseln nicht zu stellen. Nur auf diese Weise ist diese Grenze des Ausnahmebereichs so bestimmt, dass sie den Kollektivvertragsparteien Rechtssicherheit bietet und nicht gegen das Kompetenzverbot in Art. 153 Abs. 5 AEUV verstößt.

3. Ergebnis

Die Untersuchung der Reichweite des Ausnahmebereichs von Art. 101 AEUV für Kollektivverhandlungen und -verträge hat folgende Grenzen ermittelt:

1. In personeller Hinsicht privilegiert sind Arbeitnehmer und Arbeitgeber sowie deren Organisationen. Für den Arbeitnehmer- und Arbeitgeberbegriff ist die unionsrechtliche Definition maßgeblich. An Organisationen von Arbeitnehmern und Arbeitgebern stellt das Primärrecht ansonsten fast keine weiteren Anforderungen. Ermittelt wurde allerdings, dass die Kollektivautonomie primärrechtlich nur unter der Bedingung einer interessengerechten Vertretung der Organisationsmitglieder gewährleistet wird. Dies ist nur dann der Fall, wenn sie unabhängig von gegnerischem und staatlichem Einfluss organisiert sind. Daher werden Gewerkschaften, die staatlich beherrscht oder durch die Arbeitgeberseite finanziert werden, nicht vom Ausnahmebereich erfasst.

2. In formeller Hinsicht privilegiert sind sämtliche Arten an Kollektivverträgen. Eine Beschränkung auf die rein tarifliche oder betriebliche Ebene lässt sich dem Primärrecht nicht entnehmen. Auch Firmentarifverträge fallen unter den Ausnahmebereich. Erst wenn eine vermeintlich kollektivvertragliche Regelung nicht mehr Ausfluss einer beidseitigen Verhandlung ist, also einseitig ohne Beteiligung der Gegenseite festgesetzt wurde, ist Art. 101 AEUV anzuwenden.

3. Inhaltlich privilegiert sind kollektivvertragliche Regelungen, die die sozialpolitischen Bereichsziele in Art. 151 Abs. 1 AEUV fördern. Dazu sind Kollektivverträge grundsätzlich in der Lage. Im Einzelfall ist diese Fähigkeit auf die von der jeweiligen Gewerkschaft vertretenen Arbeitnehmer beschränkt. Für den Bereich des Binnenmarktes ergibt sich diese Fähigkeit aus den kumulierten Effekten der mitgliedstaatlichen Kollektivvertragssysteme. Für eine Ausnahme vom Kartellverbot bleibt es allerdings bei der Einzelfallbetrachtung. Eine kollektivvertragliche Regelung muss die Beschäftigungs- oder Arbeitsbedingungen der vertretenen Arbeitnehmer verbessern. Welche Kriterien an die Prüfung dieser Fähigkeit zu stellen sind, wird unterschiedlich beantwortet. Die Untersuchung ergab, dass es für den kartellrechtlichen Ausnahmebereich ausreichend ist, wenn kollektivvertragliche Klauseln unmittelbar Arbeits- und Beschäftigungsbedingungen regeln. Die dadurch entstehenden Wettbewerbsbeschränkungen sind aufgrund des primärrechtlichen Vorrangs der mitgliedstaatlichen Kollektivvertragssysteme vor dem Wettbewerbsprinzip hinzunehmen. Die Vereinbarung von reinen Höchststandards ist allerdings an Art. 101 AEUV zu messen. Eine Ergebniskontrolle einzelner kollektivvertraglicher Regelungen oder eines Kollektivvertrages an sich ist weder mit dem Grundsatz der Rechtssicherheit noch der Kompetenzbeschränkung in Art. 153 Abs. 5 AEUV vereinbar. Das Primärrecht vertraut auf die Richtigkeit der unter mitgliedstaatlichem Recht geschlossenen Kollektivverträge.

III. Grenzen des Ausnahmebereichs bei Tarifverträgen von Solo-Selbstständigen

1. Ausgangspunkt

Ein aktueller Grenzfall des kartellrechtlichen Ausnahmebereichs sind Tarifverträge von Solo-Selbstständigen. Mit diesem will sich die Arbeit im Folgenden genauer auseinandersetzen. Dafür soll zunächst ein Überblick über den Begriff des Solo-Selbstständigen und die digitale Plattformökonomie gegeben werden (2.). Im Anschluss wird untersucht, ob auch Tarifverhandlungen Solo-Selbstständiger kartellrechtsfest sind. Untersuchungsgegenstand ist also die personelle Grenze des kartellrechtlichen Ausnahmebereichs. Zunächst wird die EuGH-Entscheidung in der Sache *FNV Kunsten* dargestellt, die einen Tarifvertrag Solo-Selbstständiger behandelt (3.). Daran anknüpfend werden der Arbeitnehmerbegriff des Primärrechts und der Unternehmensbegriff des EU-Kartellrechts auf ihre Eignung als personelle Grenze des Ausnahmebereichs und eine mögliche Einbeziehung Solo-Selbstständiger untersucht (4.).

2. Überblick zu Solo-Selbstständigen und zur digitalen Plattformökonomie

Mit der zunehmenden Standardisierung und Digitalisierung von Arbeits- und Dienstleistungen in der jüngeren Vergangenheit hat sich die Arbeitswelt und mit ihr der Einsatz von Arbeitskraft weiterentwickelt.[800] Trotz der weiterhin bestehenden Dominanz des Normalarbeitsverhältnisses[801] greifen Anbieter und Nachfrager zunehmend auf flexiblere Vertragsformen zurück. Eine Ausprägung dieser flexiblen Organisation von Arbeit ist die Leistungserbringung durch Solo-Selbstständige. Darunter sind selbstständig erwerbstätige Personen zu verstehen, die keine eigenen Arbeitnehmer beschäftigen und Dienst- oder Werkleistungen für ihre Auftraggeber unter Einsatz ihrer eigenen Arbeitskraft erbringen.[802] Solo-Selbstständige können ihre Leistungen online oder offline anbieten.[803] Es kann sich dabei sowohl um einfache als auch um humankapitalintensive Tätigkeiten handeln.

Bei dieser Form der Arbeit wird betont, dass ihr die Gefahr innewohne, schlecht entlohnt zu werden, keinen arbeitsrechtlichen Schutz zu genießen und durch das Raster etablierter sozialer Sicherungssysteme zu fallen.[804] Besonders Solo-Selbstständige, die ihre Arbeitskraft gegenüber oder auf digitalen Plattformen anbieten, stehen im Fokus des arbeitsrechtlichen Schrifttums.[805] Auch die Europäische

---

[800] Siehe dazu bereits Fn. 117.

[801] Für Deutschland belegen dies die Zahlen zu den erwerbstätigen Personen im Alter zwischen 15 und 64 Jahren. Von insgesamt ca. 34,3 Mio. abhängig Beschäftigten waren im Jahr 2024 ca. 27,9 Mio. Personen in einem Normalarbeitsverhältnis angestellt. Der restliche Anteil abhängig Beschäftigter schloss atypische Beschäftigungsverhältnisse (befristete Beschäftigung, Teilzeitbeschäftigung, geringfügige Beschäftigung, Zeitarbeitsvertrag). Dagegen waren im Jahr 2024 nur 3,6 % aller Erwerbstätigen in diesem Alter, also gemessen an der Summe von Selbstständigen und abhängig Beschäftigten, solo-selbstständig; siehe Statistisches Bundesamt, Kernerwerbstätige in unterschiedlichen Erwerbsformen (atypisch Beschäftigte) nach soziodemografischen Merkmalen und Wirtschaftsabschnitten, abrufbar unter: https://www.destatis.de/DE/Themen/Arbeit/Arbeitsmarkt/Erwerbstaetigkeit/Tabellen/atypische-beschaeftigung.html (zuletzt abgerufen am 6.7.2025); Statistisches Bundesamt, Solo-Selbstständige, abrufbar unter: https://www.destatis.de/DE/Themen/Arbeit/Arbeitsmarkt/Qualitaet-Arbeit/Dimension-4/solo-selbstaendige.html (zuletzt abgerufen am 6.7.2025).

[802] Vgl. *Fischels*, RdA 2019, 208 f.; *Asshoff/Walser*, NZA 2021, 1526, 1527.

[803] Ein Beispiel für eine typischerweise offline vereinbarte und ortsgebundene Solo-Tätigkeit ist der als Subunternehmer eingesetzte Paketzusteller; *Fischels*, RdA 2019, 208.

[804] *Däubler/Klebe*, NZA 2015, 1032 f.; *Kocher/Hensel*, NZA 2016, 984, 986, 988 f.; *Krause*, NZA-Beil. 2017, 53, 59; *Gärtner*, Koalitionsfreiheit und Crowdwork, 2020, S. 16; *Wisskirchen/Haupt*, RdA 2021, 355, 359.

[805] Siehe etwa *Kocher/Hensel*, NZA 2016, 984; *Klebe*, AuR 2016, 277; *Schmidt*, Arbeitsmärkte in der Plattformökonomie, 2017; *Bourazeri*, NZA 2019, 741; *Schubert*, RdA 2018, 200; *Kirchner*, KZfSS 2019, 3; *Gärtner*,

Union hat jüngst eine Richtlinie zur Verbesserung der Arbeitsbedingungen von Plattformarbeitern verabschiedet.[806] Allen Arten von Plattformarbeit ist gemein, dass die Plattform als Organisator eines digitalen Marktplatzes bezahlte Arbeitsaufträge für Solo-Selbstständige als externe Anbieter koordiniert.[807] Wie für digitale Plattformen üblich, treten sie als Mittler zwischen zwei Nutzergruppen auf zwei- oder mehrseitigen Märkten auf.[808] Es wird grundsätzlich zwischen der Vermittlung von ortsabhängigen Arbeiten (sog. *gigwork*) und ortsunabhängigen Arbeiten (sog. *cloudwork*) unterschieden.[809] *Gigwork* ist meist nicht nur orts-, sondern auch personengebunden.[810] Auftraggeber wählen den Leistungserbringer bzw. das an seine Person gebundene Angebot aus.[811] Unter dem Begriff *cloudwork* wird eine Form von Aufgabenauslagerung (Outsourcing) verstanden, bei der Aufträge über Plattformen zur digitalen, externen Bearbeitung an Individuen vergeben werden, die prinzipiell weltweit verteilt sein können.[812]

Ein Spezialfall von *cloudwork* ist *crowdworking*.[813] Dabei sind die Arbeiten nicht nur ortsunabhängig, sondern dem Auftraggeber (*crowdsourcer*) ist es auch egal, wer die Aufgabe erledigt. Er schreibt sie deshalb über eine Plattform an eine offene, unspezifische Masse (*crowd*) von Leistungserbringern (*crowdworker*) aus.[814] Die so übertragenen Aufgaben können durchaus komplex sein, sie erschöpfen sich allerdings auch oft in einfachen Tätigkeiten, die kein spezielles Humankapital verlangen.[815] Ob die individuelle vertragliche Leistungsbeziehung direkt zwischen *crowdsourcer* und *crowdworker* zustande kommt (direktes *crowdworking*) oder beide jeweils nur mit der Plattform selbst kontrahieren (indirektes *crowdworking*), ist einzelfallabhängig.[816] Bei Letzterem bestimmt der Plattformbetreiber die zur Auftragserfüllung geeigneten *crowdworker* selbst. Der Auftraggeber erhält das fertige Arbeitsprodukt von

Koalitionsfreiheit und Crowdwork, 2020; *Asshoff/Walser*, NZA 2021, 1526; *Martina*, NZA 2021, 616; *Waltermann*, NZA 2021, 297; *Wisskirchen/Haupt*, RdA 2021, 355; *Waas*, ZRP 2022, 105; *Krause*, NZA 2022, 521; *Heckelmann*, NZA 2022, 73; *Hümmerich/Lücke/Mauer*, in: Hümmerich/Lücke/Mauer, Arbeitsrecht, 10. Aufl. 2022, § 1 Rn. 394 ff.

806 Richtlinie (EU) 2024/2831 des Europäischen Parlaments und des Rates v. 23.10.2024 zur Verbesserung der Arbeitsbedingungen in der Plattformarbeit (RL-Plattformarbeit), ABl. 2024 L 2831; dazu *Krause*, NZA 2022, 521; *Stöhr*, EuZA 2022, 413.

807 *Kirchner*, KZfSS 2019, 3, 4 f.

808 BKartA, Marktmacht von Plattformen und Netzwerken, 2016, S. 8; *Mohr*, EuZW 2019, 265, 267 f.; *Bourazeri*, NZA 2019, 741.

809 *Schmidt*, Arbeitsmärkte in der Plattformökonomie, 2017, S. 6; *Mangold*, RDi 2022, 478.

810 *Schmidt*, Arbeitsmärkte in der Plattformökonomie, 2017, S. 19; *Kirchner*, KZfSS 2019, 3, 4.

811 Beispiele sind Plattformen im Bereich des Gastgewerbes (z.B. *Airbnb*), der Personenbeförderung (z.B. *Uber*), Handwerkerleistungen (z.B. *MyHammer*) oder Lieferdienste (z.B. *Deliveroo*), wobei die Plattform bei Letzterem selbst den Auftrag an die Fahrer erteilt.

812 *Schmidt*, Arbeitsmärkte in der Plattformökonomie, 2017, S. 13 f.; *Kirchner*, KZfSS 2019, 3, 4. Beispiele für solche Plattformen sind *Upwork* oder *Freelancer.com*.

813 *Schmidt*, Arbeitsmärkte in der Plattformökonomie, 2017, S. 6.

814 *Bourazeri*, NZA 2019, 741, 742; *Fuhlrott/Oltmanns*, NJW 2020, 958; *Gärtner*, Koalitionsfreiheit und Crowdwork, 2020, S. 16.

815 *Schmidt*, Arbeitsmärkte in der Plattformökonomie, 2017, S. 15; *Krause*, NZA-Beil. 2017, 53, 59; *Bourazeri*, NZA 2019, 741, 743; *Fuhlrott/Oltmanns*, NJW 2020, 958.

816 *Brenner*, in: Hensel et al., Selbstständige Unselbstständigkeit, 2019, S. 143; *Bourazeri*, NZA 2019, 741, 742; *Fuhlrott/Oltmanns*, NJW 2020, 958 f. In beiden Fällen schließen die *crowdworker* zusätzlich einen nicht leistungsbezogenen Rahmenvertrag mit der Plattform über deren Nutzungsbedingungen; dazu *Gärtner*, Koalitionsfreiheit und Crowdwork, 2020, S. 44 f.

der Plattform, ohne selbst mit *crowdworkern* zu kontrahieren.[817] [818] Die direkte und indirekte Vermittlung von Arbeitsaufträgen ist zwar im Rahmen von *crowdworking* besonders aktuell. Die Unterscheidung ist allerdings nicht auf diese Form beschränkt, sondern kann generell bei Plattformarbeit beobachtet werden.[819] Im Folgenden wird daher auf die aussagekräftigeren Begriffe des „Agenturmodells", bei der die Plattform reiner Auftragsvermittler ist, und der „Leistungskette", bei der eine Pflicht zur Leistungserbringung gegenüber der Plattform selbst besteht, zurückgegriffen.[820]

3. EuGH-Entscheidung in der Rechtssache *FNV Kunsten*

3.1 Sachverhalt und Entscheidungsgründe

Der EuGH hatte bereits bei der Rechtssache *FNV Kunsten* darüber zu entscheiden, ob Tarifverhandlungen Solo-Selbstständiger an Art. 101 AEUV zu messen sind.[821] Streitgegenständlich waren tarifvertragliche Bestimmungen, die unter anderem einen Mindeststandard für die Grundvergütung und Rentenversicherungsbeiträge von Aushilfsmusikern setzten.[822] Die beteiligte Gewerkschaft trat dabei nicht nur für festangestellte Aushilfsmusiker auf, sondern auch für selbstständige, die im Rahmen eines Dienstleistungsvertrages tätig wurden.[823]

Der EuGH stellte zunächst klar, dass selbstständige Aushilfsmusiker grundsätzlich als Unternehmen im Sinne von Art. 101 AEUV zu qualifizieren sind, auch wenn sie die gleiche Tätigkeit wie festangestellte Aushilfsmusiker ausüben.[824] Daraus folgerte er, dass eine Organisation, die bei Tarifverhandlungen auch für selbstständige Dienstleistungserbringer auftritt, insoweit nicht als Gewerkschaft und damit Sozialpartner agiert, sondern als Unternehmensvereinigung.[825] Mangels primärrechtlicher Bestimmungen, die selbstständige Leistungserbringer zu Kollektivvereinbarungen ermutigen, sei Art. 101 AEUV anwendbar.[826]

Der EuGH ergänzte, dass allerdings auch selbstständige Dienstleistungserbringer und deren Organisationen als Sozialpartner auftreten können, wenn es sich in Wirklichkeit um „Scheinselbstständige"

---

817 *Schubert*, RdA 2018, 200, 202; *Rinck*, RdA 2019, 127, 128; *Bourazeri*, NZA 2019, 741, 742 f.; vgl. Deutscher Bundestag, Wissenschaftliche Dienste, Sachstand – Rechtsfragen zum Crowdsourcing v. 16.9.2014, WD 6 – 3000 – 156/14, S. 4. Beispiele für solche Plattformen sind *Clickworker* und *Crowd Guru*.

818 Diese Darstellung sowie die folgende Untersuchung beziehen sich auf sog. externes *crowdworking*. Hier nicht behandelt wird sog. internes *crowdworking*. Dabei werden die Arbeiten nicht an externe *crowdworker* im Sinn von Solo-Selbstständigen ausgeschrieben, sondern an die interne, festangestellte Belegschaft. Die verwendete Plattform ist zumeist das Intranet; dazu *Däubler/Klebe*, NZA 2015, 1033; *Bourazeri*, NZA 2019, 741, 742 f.; *Gärtner*, Koalitionsfreiheit und Crowdwork, 2020, S. 40 f.; *Fuhlrott/Oltmanns*, NJW 2020, 958, 959, 961. Bei der Belegschaft handelt es sich in aller Regel um Arbeitnehmer, die von der personellen Reichweite des kartellrechtlichen Ausnahmebereichs erfasst sind. Diese Form des *crowdworking* muss daher nicht weiter untersucht werden.

819 Vgl. *Seifert*, Kollektivverträge für wirtschaftlich abhängige Selbstständige und unionsrechtliches Kartellverbot, 2022, S. 26 ff.

820 Begriffliche Unterscheidung nach *Kocher*, JZ 2018, 862, 863; *dies.*, ZeuP 2021, 606, 611.

821 EuGH, Urt. v. 4.12.2014, Rs. C-413/13, ECLI:EU:C:2014:2411, Rn. 21 ff. – *FNV Kunsten*.

822 EuGH, Urt. v. 4.12.2014, Rs. C-413/13, ECLI:EU:C:2014:2411, Rn. 8 f., 40 – *FNV Kunsten*.

823 EuGH, Urt. v. 4.12.2014, Rs. C-413/13, ECLI:EU:C:2014:2411, Rn. 8 – *FNV Kunsten*.

824 EuGH, Urt. v. 4.12.2014, Rs. C-413/13, ECLI:EU:C:2014:2411, Rn. 27 – *FNV Kunsten*.

825 EuGH, Urt. v. 4.12.2014, Rs. C-413/13, ECLI:EU:C:2014:2411, Rn. 28 – *FNV Kunsten*; so auch GA *Wahl*, Schlussanträge v. 11.9.2014, Rs. C-413, ECLI:EU:C:2014:2215, Rn. 32 – *FNV Kunsten*.

826 EuGH, Urt. v. 4.12.2014, Rs. C-413/13, ECLI:EU:C:2014:2411, Rn. 29 f. – *FNV Kunsten*.

handle.[827] Darunter seien Leistungserbringer zu verstehen, „die sich in einer vergleichbaren Situation wie Arbeitnehmer befinden".[828] Der Arbeitnehmerbegriff des Unionsrechts sei anhand objektiver Kriterien zu definieren. Ein Arbeitsverhältnis kennzeichne eine weisungsabhängige Leistungserbringung für eine bestimmte Zeit gegen Vergütung.[829] Unerheblich sei, ob eine Person nach innerstaatlichem Recht als selbstständiger Dienstleistungserbringer behandelt wird, wenn diese Selbstständigkeit nur fiktiv ist und ein tatsächliches Arbeitsverhältnis verschleiert.[830] Ist dies der Fall, seien entsprechende tarifvertragliche Regelungen dem Anwendungsbereich von Art. 101 AEUV entzogen.[831]

3.2 Einordnung der Entscheidung

Das entscheidende Kriterium für die Anwendung des Ausnahmebereichs auf die selbstständigen Aushilfsmusiker ist für den EuGH deren Arbeitnehmereigenschaft. Dass der EuGH die personelle Reichweite des Ausnahmebereichs auf Arbeitnehmer beschränken will, wird allerdings in Zweifel gezogen. Hintergrund ist die Formulierung, dass Scheinselbstständige Leistungserbringer seien, „die sich in einer vergleichbaren Situation wie die Arbeitnehmer befinden".[832] Vertreten wird, der EuGH spreche nicht nur Arbeitnehmern das Recht, kartellkontrollfrei Tarifverträge auszuhandeln und abzuschließen, zu, sondern vielmehr sämtlichen Selbstständigen, die sich in einer ähnlichen Situation wie Arbeitnehmer befinden – entweder als Scheinselbstständige oder in anderer Form.[833] Dann wäre die *FNV Kunsten*-Entscheidung so zu interpretieren, dass der EuGH den mit der *Albany*-Entscheidung geschaffenen Ausnahmebereich in personeller Hinsicht erweitert hat.

Aus rechtsdogmatischer Sicht spricht dagegen, dass – auf der Seite der Leistungserbringer – nur Arbeitnehmern primärrechtlich eine Kollektivautonomie zugestanden wird.[834] Eine Erweiterung dieses Rechts auf andere Personengruppen kann dem Primärrecht nicht entnommen werden. Folglich würde eine entsprechende Ausdehnung gegen geltendes Unionsrecht verstoßen. Die Frage, welche Personen unter den Ausnahmebereich fallen, kann nur durch eine Auslegung des unionsrechtlichen Arbeitnehmerbegriffs beantwortet werden.[835] In diesem Sinne sind auch die Ausführungen des EuGH in der Rechtssache *FNV*

827 EuGH, Urt. v. 4.12.2014, Rs. C-413/13, ECLI:EU:C:2014:2411, Rn. 31 – *FNV Kunsten*.

828 EuGH, Urt. v. 4.12.2014, Rs. C-413/13, ECLI:EU:C:2014:2411, Rn. 31 – *FNV Kunsten*.

829 EuGH, Urt. v. 4.12.2014, Rs. C-413/13, ECLI:EU:C:2014:2411, Rn. 34 – *FNV Kunsten*; zu dieser Definition bereits B.II.2.2.

830 EuGH, Urt. v. 4.12.2014, Rs. C-413/13, ECLI:EU:C:2014:2411, Rn. 35 f. – *FNV Kunsten*; so bereits zuvor EuGH, Urt. v. 13.1.2004, C-256/01, ECLI:EU:C:2004:18, Rn. 71 – *Allonby*; bestätigt durch EuGH, Beschl. v. 22.4.2020, Rs. C-692/19, ECLI:EU:C:2020:288, Rn. 30 – *Yodel*.

831 EuGH, Urt. v. 4.12.2014, Rs. C-413/13, ECLI:EU:C:2014:2411, Rn. 42 – *FNV Kunsten*.

832 EuGH, Urt. v. 4.12.2014, Rs. C-413/13, ECLI:EU:C:2014:2411, Rn. 31 – *FNV Kunsten*.

833 *Heuschmid/Hlava*, AuR 2015, 193, 194; *Klebe*, AuR 2016, 277, 280 f.; *Heuschmid/Klebe*, in: FS Kohte, 2016, S. 73, 81; *Hütter*, ZfA 2018, 552, 574 f.; *Bayreuther*, SR-Sonderausg. 2019, 4, 8; *Gärtner*, Koalitionsfreiheit und Crowdwork, 2020, S. 311 ff.; *Kocher*, ZEuP 2021, 606, 632; *Said*, Die personelle Reichweite der Tarifmacht, 2021, S. 277 ff.; *Heuschmid/Klug*, in: Däubler, Tarifvertragsgesetz, 5. Aufl. 2022, § 1 Rn. 832; so wohl auch *Deinert/Maksimek/Sutterer-Kipping*, Die Rechtspolitik des Sozial- und Arbeitsrechts, 2020, S. 375 f.

834 Siehe dazu oben B.II.2.2; so auch EuGH, Urt. v. 4.12.2014, Rs. C-413/13, ECLI:EU:C:2014:2411, Rn. 29 – *FNV Kunsten*.

835 Es ist daher unzutreffend, dass arbeitnehmerähnliche Personen im Sinne von § 12a TVG pauschal von dem Ausnahmebereich für Scheinselbstständige erfasst sein sollen. Denn der unionsrechtliche Arbeitnehmerbegriff ist völlig unabhängig von dieser nationalen Vorschrift zu bestimmen; so aber *Eufinger*, DB 2015, 192, 193; *Junker*, ZfA 2015, 267, 284; *Heuschmid/Hlava*, AuR 2015, 193, 194 f.; *Klebe*, AuR 2016, 277, 280 f.; *Bayreuther*, SR-Sonderausg. 2019, 4, 8; *Riesenhuber*, ZfA 2021, 5, 27; *Franzen*, in: Franzen/Gallner/Oetker, Kommentar zum Europäischen Arbeitsrecht, 5. Aufl. 2024, Art. 153 Rn. 10; wohl auch *Waltermann*, RdA 2019, 94, 100; wie hier *Latzel/Serr*, EuZW 2014, 410, 411, 413; *Goldmann*, EuZA, 2015, 509, 517 f.;

Kunsten zu verstehen. Dies geht deutlich aus seinem Fazit hervor, nach dem das vorlegende Gericht zu prüfen habe, ob die selbstständigen Aushilfsmusiker als Arbeitnehmer im Sinne des Unionsrechts zu qualifizieren seien.[836] Kriterien für eine Abgrenzung zwischen Arbeitnehmern und Scheinselbstständigen werden dagegen nicht genannt, was bei einer unterschiedlichen Bedeutung der Begriffe allerdings zu erwarten gewesen wäre.[837] Der EuGH wollte mit seinen Ausführungen lediglich klarstellen, dass die Klassifikation der Leistungsbeziehung nach mitgliedstaatlichem Recht für die unionsrechtliche Bewertung unerheblich ist. Nach nationalem Recht sind Scheinselbstständige als Arbeitnehmer im unionsrechtlichen Sinne zu behandeln.[838] Das eingangs wiedergegebene Zitat des EuGH ist in diesem Sinne zu verstehen, auch wenn es ungeschickt formuliert sein mag. Dafür spricht außerdem der zwischenzeitlich ergangene Beschluss in der Rechtssache *Yodel*.[839] Dort wiederholt der EuGH, dass – nach nationalem Recht – selbstständige Leistungserbringer als Arbeitnehmer im unionsrechtlichen Sinne einzuordnen sind, wenn ein tatsächliches Arbeitsverhältnis nur verschleiert wird.[840] Auf die Bezeichnung als Scheinselbstständige greift er nicht zurück, obwohl dies notwendig gewesen wäre, wenn er in Scheinselbstständigen nicht zugleich Arbeitnehmer sieht.

Abgesehen vom Arbeitnehmerbegriff knüpft der EuGH die Reichweite des Ausnahmebereichs auch an den Unternehmensbegriff von Art. 101 Abs. 1 AEUV. Nach seiner Ansicht stehen sich der Arbeitnehmer- und der Unternehmensbegriff diametral gegenüber. Dies geht zum einen aus der Urteilspassage hervor, nach der Organisationen, die selbstständige Dienstleistungserbringer vertreten, nicht als Sozialpartner, sondern als Unternehmensvereinigungen einzustufen seien.[841] Noch deutlicher ist sein Fazit. Dieses gibt dem vorlegenden Gericht auf zu prüfen, ob die Aushilfsmusiker als Arbeitnehmer oder echte Unternehmen im unionsrechtlichen Sinne einzustufen seien.[842]

Zusammenfassend lassen sich der Entscheidung zwei wesentliche Aspekte entnehmen: Der EuGH ordnet Scheinselbstständige als Arbeitnehmer im Sinne des Unionsrechts ein und er sieht im Unternehmensbegriff des Art. 101 AEUV das Gegenstück zum unionsrechtlichen Arbeitnehmerbegriff. Die Entscheidung wirft allerdings gleichzeitig Fragen auf: Wo genau liegt die Grenze zwischen Scheinselbstständigkeit und echter Selbstständigkeit? Umfasst der Arbeitnehmerbegriff darüber hinaus (weitere) Solo-Selbstständige wie Plattformarbeiter, die ebenfalls unter den kartellrechtlichen Ausnahmebereich fallen? Warum stellt der EuGH bei der Abgrenzung des Ausnahmebereichs auf den Unternehmensbegriff ab, obwohl es sich um einen außertatbestandlichen Ausnahmebereich handelt? Selbst wenn man eine tatbestandliche und begriffsjuristische Abgrenzung befürwortet, ist der Unternehmensbegriff geeignet, die personellen Grenzen des Ausnahmebereichs zu konkretisieren?

Thomas, in: Ory/Cole, Reform des Urhebervertragsrechts, 2016, S. 47, 56; *Rieble*, ZWeR 2016, 165, 169 ff.; *Mohr*, EuZA 2018, 436, 445, 456 f.; *Mohr/Mey*, NZKart 2022, 665, 671. Ob arbeitnehmerähnliche Personen von dem unionskartellrechtlichen Ausnahmebereich begünstigt werden, ist im Einzelfall anhand der Kriterien des unionsrechtlichen Arbeitnehmerbegriffs zu prüfen; vgl. *Steinle/Haußmann*, EuZW 2015, 313, 317.

836 EuGH, Urt. v. 4.12.2014, Rs. C-413/13, ECLI:EU:C:2014:2411, Rn. 37 – *FNV Kunsten*.

837 *Goldmann*, EuZA, 2015, 509, 514.

838 So auch *Goldmann*, EuZA, 2015, 509, 514; *Lettl*, WRP 2015, 294, 297 f.; *Fuchs*, ZESAR 2016, 297, 303; *Rieble*, ZWeR 2016, 165, 170 ff.; *Seifert*, Kollektivverträge für wirtschaftlich abhängige Selbstständige und unionsrechtliches Kartellverbot, 2022, S. 82 f.; *Mohr/Mey*, NZKart 2022, 665, 670; in diese Richtung tendierend *Schubert*, RdA 2018, 200, 205.

839 EuGH, Beschl. v. 22.4.2020, Rs. C-692/19, ECLI:EU:C:2020:288 – *Yodel*.

840 EuGH, Beschl. v. 22.4.2020, Rs. C-692/19, ECLI:EU:C:2020:288, Rn. 30 – *Yodel*.

841 EuGH, Urt. v. 4.12.2014, Rs. C-413/13, ECLI:EU:C:2014:2411, Rn. 28 – *FNV Kunsten*.

842 EuGH, Urt. v. 4.12.2014, Rs. C-413/13, ECLI:EU:C:2014:2411, Rn. 37 – *FNV Kunsten*.

4. Auslegung und Bewertung der Abgrenzungskriterien des Ausnahmebereichs im Hinblick auf eine Einbeziehung Solo-Selbstständiger

4.1 Ausgangspunkt

Die beiden wesentlichen Aspekte der *FNV Kunsten*-Entscheidung sowie die damit verbundenen Fragen, die soeben dargestellt wurden, sollen Gegenstand der weiteren Untersuchung sein. Die Arbeit will zunächst versuchen, die Definition der personellen Grenze des kartellrechtlichen Ausnahmebereichs für Kollektivverträge hinsichtlich Solo-Selbstständiger anhand einer Auslegung des primärrechtlichen Arbeitnehmerbegriffs zu schärfen (4.2). Nach den Erkenntnissen der bisherigen Untersuchung ist nur der primärrechtliche Arbeitnehmerbegriff geeignet, die personelle Grenze des Ausnahmebereichs zu definieren.[843] Der Unternehmensbegriff erscheint dafür hingegen ungeeignet, weil der Ausnahmebereich auf außertatbestandliche Erwägungen zurückgeht, während die Unternehmenseigenschaft ein Tatbestandsmerkmal von Art. 101 AEUV ist. Insoweit soll vor allem untersucht werden, ob eine begriffsjuristische Abgrenzung anhand des Unternehmensbegriffs – selbst wenn man diese mit dem EuGH für maßgeblich erachtet – tatsächlich geeignet wäre, die personelle Grenze des kartellrechtlichen Ausnahmebereichs zu ziehen (4.3).

4.2 Primärrechtlicher Arbeitnehmerbegriff als entscheidendes Kriterium

4.2.1 Vorüberlegungen

Bevor der Arbeitnehmerbegriff hinsichtlich einer Einbeziehung Solo-Selbstständiger ausgelegt werden kann, ist seine Stellung im Primärrecht zu betrachten.

Der Arbeitnehmerbegriff wird im Unionsrecht nicht durchweg autonom bestimmt. Unionsrechtliches Sekundärrecht in Form von Richtlinien enthält häufig eine Rückverweisung auf die mitgliedstaatlichen Definitionen des Arbeitnehmerbegriffs.[844] Diese sind dann für die Umsetzung der Richtlinie maßgeblich.[845] Das gilt allerdings nicht für primärrechtliche Normen.[846] Andernfalls hätten es die Mitgliedstaaten beispielsweise in der Hand, den Anwendungsbereich der Grundfreiheit in Art. 45 AEUV[847] oder die personelle Reichweite des kartellrechtlichen Ausnahmebereichs für Kollektivverhandlungen zu bestimmen. Dass dies unionsrechtswidrig wäre, wurde für Letzteres bereits erläutert.[848] Vorliegend kommt es daher ausschließlich auf die autonome Auslegung des Arbeitnehmerbegriffs nach Unionsrecht an.[849]

---

843 Siehe dazu oben B.II, insbesondere B.II.2.2.

844 Siehe die umfassende Auflistung bei *Junker*, EuZA 2016, 184, 205 f.; *Sagan*, in: Preis/Sagan, Europäisches Arbeitsrecht, 2. Aufl. 2019, § 1 Rn. 109.

845 Der Ermessensspielraum der Mitgliedstaaten wird insoweit nur durch die Systematik der Richtlinie, ihren Schutzzweck sowie das Harmonisierungsziel beschränkt; vgl. EuGH, Urt. v. 5.11.2014, Rs. C-311/13, ECLI:EU:C:2014:2337, Rn. 35 – *Tümer*; *Franzen*, EuZA 2015, 445, 486; *Junker*, EuZA 2016, 184, 196.

846 Vgl. etwa die autonome Definition des Begriffs in Art. 45 und 157 AEUV; EuGH, Urt. v. 3.7.1986, Rs. 66/85, ECLI:EU:C:1986:284, Rn. 17 – *Lawrie-Blum*; EuGH, Urt. v. 13.1.2004, Rs. C-256/01, ECLI:EU:C:2004:18, Rn. 67 – *Allonby*; vgl. auch die Auflistung zu einer autonomen Begriffsdefinition, die auch das soziale Grundrecht in Art. 28 GRC einschließt, *Sagan*, in: Preis/Sagan, Europäisches Arbeitsrecht, 2. Aufl. 2019, § 1 Rn. 109.

847 EuGH, Urt. v. 19.3.1964, Rs. 75/63, ECLI:EU:C:1964:19, Slg. 1964, 385, 396 – *Unger*; *Kreuschitz*, in: von der Groeben/Schwarze/Hatje, Europäisches Unionsrecht, 7. Aufl. 2015, Vorb. Art. 45-48 AEUV Rn. 20; *Sagan*, in: Preis/Sagan, Europäisches Arbeitsrecht, 2. Aufl. 2019, § 1 Rn. 77.

848 Siehe dazu oben B.II.1.

849 *Rieble*, ZWeR 2016, 165, 169 f.; *Bourazeri*, NZA 2019, 741, 744; *Baumgart*, Der Schutz des Wettbewerbs und der Arbeitnehmer durch Arbeits- und Kartellrecht, 2025, S. 157.

Soweit es auf eine autonome Auslegung ankommt, führt die Rechtsprechung des EuGH allerdings nicht zu einem einheitlichen Arbeitnehmerbegriff für das gesamte Unionsrecht.[850] Dies liegt zum einen daran, dass der EuGH zur Begriffsdefinition in verschieden gelagerten Fällen entscheiden musste, bei denen unterschiedliche Sachverhaltsaspekte im Fokus standen, die bei der Urteilsformulierung aufgegriffen wurden. Daraus haben sich unterschiedliche Traditionslinien der Entscheidungspraxis entwickelt.[851] Zum anderen muss der Arbeitnehmerbegriff im Primärrecht verschiedene Funktionen erfüllen.[852] So eröffnet er im Kontext von Art. 45 AEUV den Anwendungsbereich einer Grundfreiheit und regelt nicht den Geltungsbereich von Maßnahmen zum Arbeitnehmerschutz.[853] Dort steht dann nicht die Abgrenzung zwischen Arbeitnehmer und Selbstständigen im Vordergrund, da für Letztere über Art. 49 ff., 56 ff. AEUV ohnehin komplementäre Grundfreiheiten eröffnet sind, sondern zwischen Arbeitnehmer und Nichterwerbstätigem.[854] Der EuGH verwendet zwar normübergreifend einen einheitlichen Begriffskern, die sog. *Lawrie-Blum*-Formel.[855] Das Kernelement der Weisungsabhängigkeit meint ein Über-/Unterordnungsverhältnis zwischen Leistendem und Leistungsempfänger.[856] Darüber hinaus betont er allerdings norm- und kontextbezogene Kriterien, die sich nicht zu einem einheitlichen Arbeitnehmerbegriff zusammenfassen lassen.[857]

Die folgende Untersuchung will den – im obigen Sinne – funktional-relativen Arbeitnehmerbegriff des Unionsrechts[858] im Kontext der primärrechtlichen Normen auslegen, die eine Kollektivautonomie anerkennen und schützen.[859] Das sind die zusammenhängenden Art. 151 ff. AEUV sowie Art. 28 GRC i.V.m. Art. 6 Abs. 1 EUV. Mit der Definition in diesem Kontext wird die personelle Grenze für das primär-

---

850 EuGH, Urt. v. 13.1.2004, Rs. C-256/01, ECLI:EU:C:2004:18, Rn. 63 – *Allonby*; EuGH, Urt. v. 7.6.2005, Rs. C-543/03, ECLI:EU:C:2005:364, Rn. 27 – *Dodl*; EuGH, Urt. v. 16.7.2009, Rs. C-208/07, ECLI:EU:C:2009:455, Rn. 68 – *von Chamier-Glisczinski*; *Rebhahn*, EuZA 2012, 3, 9; *Sagan*, in: Preis/Sagan, Europäisches Arbeitsrecht, 2. Aufl. 2019, § 1 Rn. 112; *Temming*, in: Münchener Handbuch ArbR, 6. Aufl. 2024, Bd. 1, § 18 Rn. 52.

851 *Junker*, EuZA 2016, 184, 190 f.; zur Kontextbezogenheit des Arbeitnehmerbegriffs EuGH, Urt. v. 13.1.2004, Rs. C-256/01, ECLI:EU:C:2004:18, Rn. 64 – *Allonby*: „Der Begriff ‚Arbeitnehmer' im Sinne von Artikel 141 Absatz 1 EG wird im EG-Vertrag nicht ausdrücklich definiert. Seine Bedeutung muss deshalb unter Rückgriff auf die allgemein anerkannten Auslegungsgrundsätze ermittelt werden, wobei insbesondere der Zusammenhang, in dem er steht, und die Ziele des Vertrages zu berücksichtigen sind"; *Hüpers/Reese*, in: Meyer/Hölscheidt, Charta der Grundrechte der Europäischen Union, 5. Aufl. 2019, Art. 28 Rn. 26.

852 *Junker*, EuZA 2016, 184, 192 ff.; *Wank*, EuZW 2018, 21, 29.

853 *Junker*, EuZA 2016, 184, 191; *Wank*, EuZW 2018, 21, 29; *Risak/Dullinger*, DRdA 2018, 205, 208.

854 *Rebhahn*, EuZA 2012, 3, 9; *Junker*, EuZA 2016, 184, 192.

855 EuGH, Urt. v. 3.7.1986, Rs. 66/85, ECLI:EU:C:1986:284, Rn. 17 – *Lawrie-Blum*: „Dieser Begriff ist anhand objektiver Kriterien zu definieren, die das Arbeitsverhältnis im Hinblick auf die Rechte und Pflichten der betroffenen Personen kennzeichnen. Das wesentliche Merkmal des Arbeitsverhältnisses besteht aber darin, daß jemand während einer bestimmten Zeit für einen anderen nach dessen Weisung Leistungen erbringt, für die er als Gegenleistung eine Vergütung erhält"; der EuGH hat diese Formel mittlerweile so häufig wiederholt, dass sich die Bezeichnung „*Lawrie-Blum*-Formel" etabliert hat; *Junker*, EuZA 2016, 184, 189.

856 EuGH, Urt. v. 20.11.2001, Rs. C-268/99, ECLI:EU:C:2001:616, Rn. 34 – *Jany*; EuGH, Urt. v. 13.1.2004, Rs. C-256/01, ECLI:EU:C:2004:18, Rn. 68 – *Allonby*; EuGH, Urt. v. 15.12.2005, verb. Rs. C-151 und 152/04, ECLI:EU:C:2005:775, Rn. 31 – *Nadin und Nadin-Lux*; EuGH, Urt. v. 9.7.2015, Rs. C-229/14, ECLI:EU:C:2015:455, Rn. 37 – *Balkaya*; dazu *Rebhahn*, EuZA 2012, 3, 18 ff.; *Junker*, EuZA 2016, 184, 195, 198 ff.; *Preis*, in: ErfK ArbR, 25. Aufl. 2025, § 611a Rn. 19.

857 *Wank*, EuZW 2018, 21, 29; *Sagan*, in: Preis/Sagan, Europäisches Arbeitsrecht, 2. Aufl. 2019, § 1 Rn. 1.112.

858 *Rieble*, ZweR 2016, 165, 171; zu den Arbeitnehmerbegriffen des Unionsrechts *Wank*, EuZW 2018, 21, 29: „Das Erfordernis der teleologischen Begriffsbildung führt zur Relativität der Rechtsbegriffe"; *Risak/Dullinger*, DRdA 2018, 205, 208.

859 Insoweit ebenfalls für eine kontextbezogene kartellrechtliche Auslegung des Arbeitnehmerbegriffs *Baumgart*, Der Schutz des Wettbewerbs und der Arbeitnehmer durch Arbeits- und Kartellrecht, 2025, S. 156 ff.

rechtliche Vorrangverhältnis von Kollektivvertragssystemen gegenüber dem Wettbewerbsprinzip gesetzt, und damit auch gegenüber Art. 101 AEUV. Diese Rechtsgebietskonkurrenz ist bei der Auslegung zu berücksichtigen. Ebenfalls darf sich die Auslegung nicht den tatsächlichen Entwicklungen der Arbeitswelt verschließen. Das wäre mit einem funktionalen Verständnis des Arbeitnehmerbegriffs nicht vereinbar. Ziel der Auslegung ist es zu ermitteln, ob Solo-Selbstständige primärrechtlich zu Kollektivverhandlungen berechtigt sind. Zu klären ist dafür insbesondere, ob die bloße wirtschaftliche Abhängigkeit einer Person bereits ihre Arbeitnehmereigenschaft begründen kann.

4.2.2 Grammatikalische Auslegung

Art. 153 Abs. 1 lit. f) AEUV, Art. 156 Abs. 1 SpStr. 7 AEUV und Art. 28 GRC sprechen nur Arbeitnehmern das Recht auf Kollektivverhandlungen zu und nennen keine weiteren berechtigten Leistungsanbieter.[860] Erläutert wurde, dass die Auslegung des Arbeitnehmerbegriffs im deutschen Recht nicht in die unionsrechtliche Definition hineingetragen werden darf. Andere Sprachfassungen der Vorschriften verwenden teilweise eine offenere Formulierung. Beispielsweise lässt die englische („*workers*“), französische („*travailleurs*“) und spanische („*trabajadores*“) Fassung eine Auslegung zu, die sämtliche Arbeiter einschließt, auch Solo-Selbstständige.[861] Nach Art. 55 Abs. 1 EUV ist der Wortlaut der Verträge in jeder der 22 genannten Amtssprachen verbindlich. Er steht einer Erstreckung des Arbeitnehmerbegriffs auf Solo-Selbstständige daher zumindest nicht entgegen.[862]

4.2.3 Historisch-genetische Auslegung

Die historisch-genetische Auslegung des unionsrechtlichen Arbeitnehmerbegriffs ist ebenfalls nicht fruchtbar im Hinblick auf eine etwaige Einbeziehung Solo-Selbstständiger. Die Entstehung von Art. 28 GRC lässt keinen Rückschluss darauf zu, welche Personen unter den Arbeitnehmerbegriff der Norm fallen. In den Sitzungsprotokollen des Konvents, das die GRC ausgearbeitet hat, wird nur von Arbeitnehmern gesprochen, ohne dass deren Merkmale beschrieben werden.[863] Gleiches gilt für die Erläuterungen zur GRC durch das Präsidium des Europäischen Konvents.[864] Auch andere Quellen wie das Weißbuch der Kommission von 1994, das sich mit Gewerkschaften und Arbeitgeberorganisationen im europäischen Wandlungsprozess beschäftigt, sind nicht ergiebig für die hiesige Auslegung.[865] Alle Vorläufer des EUV und AEUV sprachen bereits von Arbeitnehmern, ohne diesen Begriff zu definieren. Dies verwundert angesichts der beschränkten Kompetenz der Union im sozialpolitischen Bereich und des grundsätzlich maßgeblichen nationalen Verständnisses auch nicht.

4.2.4 Systematische Auslegung

a) Ausgangspunkt

Im Rahmen der Vorüberlegungen wurde gezeigt, dass im Primärrecht zwar ein einheitlicher Kern des Arbeitnehmerbegriffs existiert, ansonsten allerdings die Funktion und der Kontext des Begriffs dessen

---

[860] Siehe dazu oben B.II.2.2.

[861] So *Seifert*, Kollektivverträge für wirtschaftlich abhängige Selbstständige und unionsrechtliches Kartellverbot, 2022, S. 85, 95.

[862] *Seifert*, Kollektivverträge für wirtschaftlich abhängige Selbstständige und unionsrechtliches Kartellverbot, 2022, S. 85 f., 95 f.

[863] Siehe die Protokolle zur Siebten und Vierzehnten Sitzung des Konvents, abgedruckt bei *Bernsdorff/Borowsky*, Die Charta der Grundrechte der Europäischen Union, 2002, S. 213 f., 324.

[864] Präsidium des Europäischen Konvents, Erläuterungen zur Charta der Grundrechte, ABl. 2007 C 303, 17, 26.

[865] Kommission, Europäische Sozialpolitik, KOM(94) 333 endg., S. 60 ff.

genaue Reichweite bestimmen. Für die systematische Auslegung relevanter sind Verweise des Primärrechts auf weitere Unionsrechtsakte, internationale Abkommen oder völkerrechtliche Verträge zur Kollektivautonomie, die wiederum bei der Auslegung des Primärrechts zu berücksichtigen sind. Einfallstor sind die Art. 52 Abs. 3, 53 GRC. Danach müssen diese Rechtsakte bei der Auslegung und der Bestimmung des Schutzniveaus der Chartagrundrechte berücksichtigt werden. Im Folgenden sollen daher die Chartas, Verträge und Übereinkommen, die von den Verweisungsnormen erfasst sind und ein Recht auf Kollektivautonomie gewährleisten, auf ihren Aussagegehalt zur Einbeziehung Solo-Selbstständiger untersucht werden.

b) ILO-Übereinkommen Nr. 87 und 98

Das ILO-Übereinkommen Nr. 98[866] regelt die Grundsätze des Vereinigungsrechts und des Rechts auf Kollektivverhandlungen für die beigetretenen Mitgliedstaaten. Letzteres ist in Art. 4 ILO-Übereinkommen Nr. 98 verankert. Daneben soll das Recht auf Kollektivverhandlungen auch in Art. 3 Nr. 1 ILO-Übereinkommen Nr. 87[867] zum Ausdruck kommen, das Organisationen von Arbeitnehmern und Arbeitgebern unter anderem das Recht zugesteht, ihre Tätigkeiten zu regeln und ihr Programm aufzustellen.[868]

Ebenso wie das Primärrecht verwenden beide Übereinkommen die national geläufigen Begriffe für den geschützten Personenkreis („*Arbeitnehmer*", „*workers*", „*travailleurs*", „*trabajadores*"). Der Wortlaut lässt daher keine Rückschlüsse auf eine Berücksichtigung Solo-Selbstständiger zu. Indizien für deren Einbeziehung könnten sich jedoch aus der Auslegung des persönlichen Schutzbereichs des Rechts durch den Ausschuss für Vereinigungsfreiheit der ILO ergeben. Der Ausschuss ist unter anderem dafür zuständig, die Einhaltung der Vorschriften der ILO-Übereinkommen Nr. 87 und 98 zu überwachen. Er soll insbesondere Beschwerden über Rechtsverletzungen durch die Mitgliedstaaten bearbeiten.[869]

Zu ILO-Übereinkommen Nr. 87 hat der Ausschuss im Kontext der Vereinigungsfreiheit und des panamaischen *worker*-Begriffs betont, dass es mit dem Übereinkommen nicht vereinbar ist, einer gewerkschaftlichen Organisation für „*self-employed workers*", die nicht von einer Person abhängig oder ihr unterstellt sind, die Rechtspersönlichkeit abzusprechen.[870] Die Formulierung des Ausschusses deutet darauf hin, dass er das Unabhängigkeitselement nicht als Bestandteil der Definition eines *self-employed workers* selbst sieht. Denn er beschreibt zusätzlich zum Begriff des *self-employed workers* dessen fehlende Unterordnung („self-employed workers who are not subordinate to, or dependent on, a person")[871]. Er legt damit einen deutlich weiteren Maßstab als der EuGH an, der eine Weisungsgebundenheit und ein Über-/Unterordnungsverhältnis als Kern des Arbeitnehmerbegriffs sieht.

---

[866] Übereinkommen über die Anwendung der Grundsätze des Vereinigungsrechtes und des Rechtes zu Kollektivverhandlungen v. 1949, in Kraft getreten am 18.7.1951, abrufbar unter: https://www.ilo.org/wcmsp5/groups/public/---ed_norm/---normes/documents/normativeinstrument/wcms_c098_de.htm (zuletzt abgerufen am 6.7.2025).

[867] Übereinkommen über die Vereinigungsfreiheit und den Schutz des Vereinigungsrechtes v. 1948, in Kraft getreten am 4.7.1950, abrufbar unter: https://www.ilo.org/wcmsp5/groups/public/---ed_norm/---normes/documents/normativeinstrument/wcms_c087_de.htm (zuletzt abgerufen am 6.7.2025).

[868] So Committee on Freedom of Association (CFA), Freedom of Association, 6th ed. 2018, Rn. 1234.

[869] CFA, Freedom of Association, 6th ed. 2018, Rn. 17 ff.

[870] CFA, Fall Nr. 2868, Report Nr. 363 2012, Rn. 1005; dazu auch CFA, Freedom of Association, 6th ed. 2018, Rn. 389.

[871] CFA, Fall Nr. 2868, Report Nr. 363 2012, Rn. 1005.

Im Zusammenhang mit dem persönlichen Anwendungsbereich des Rechts auf Kollektivverhandlungen geht der Ausschuss für Vereinigungsfreiheit ebenfalls davon aus, dass es *self-employed workers* einschließt.[872] Was genau einen *self-employed worker* in diesem Zusammenhang kennzeichnet, definiert er nicht. Er scheint in jedem Fall ein recht weites Verständnis vom personellen Schutzbereich des Rechts zu haben. Im Zuge einer Beschwerde gegen die koreanische Regierung forderte der Ausschuss, Lkw-Fahrern das Recht auf kollektive Verhandlungen einzuräumen, obwohl diese Eigentümer der für die Transportdienstleistungen eingesetzten Fahrzeuge waren, unabhängig und ohne Überwachungen agierten sowie alle Kosten trugen, die im Zuge eines Auftrages anfielen.[873] Das legt den Schluss nahe, dass der Ausschuss den Begriff *self-employed worker* ähnlich der hier aufgestellten Definition eines Solo-Selbstständigen versteht.[874] Eine Begründung für eine solche Ausdehnung des persönlichen Schutzbereichs lässt der Ausschuss allerdings vermissen.

c) Europäische Sozialcharta

Das Recht auf Kollektivverhandlungen ist ebenfalls in Art. 6 der Europäischen Sozialcharta[875] (ESC) verankert. Die Einführung von Art. 28 GRC wurde unter anderem auf diese Vorschrift gestützt.[876] Das Recht für Arbeitnehmer- und Arbeitgeberorganisationen, miteinander Arbeits- und Beschäftigungsbedingungen auszuhandeln und vertraglich zu regeln, ist in Art. 6 Nr. 2 ESC niedergelegt.

Die ESC wurde unter der Obhut des Europarates erstellt und von dessen Mitgliedern beschlossen. Nach Art. 12 S. 1 der Satzung des Europarates sind seine Amtssprachen Englisch und Französisch. In diesen Sprachfassungen verwendet Art. 6 Nr. 2 ESC die bekannten Begriffe „*workers*“ und „*travailleurs*“, die keinen Schluss auf die Einbeziehung Solo-Selbstständiger in den Kreis der Berechtigten zulassen.[877]

Anhaltspunkte für eine etwaige Einbeziehung Solo-Selbstständiger könnten sich aus der Auslegung der Vorschrift durch den Europäischen Ausschuss für soziale Rechte (ECSR) ergeben. Das ist ein Sachverständigenausschuss, der die Einhaltung der ESC-Grundrechte durch die Mitgliedstaaten kontrolliert. Der Ausschuss hat sich in der Rechtssache *ICTU/Ireland*[878] mit der personellen Reichweite von Art. 6 Nr. 2 ESC auseinandergesetzt. Gegenstand dieser Entscheidung war eine Verfügung der irischen Wettbewerbsbehörde, die bestimmten *self-employed workers* wie Synchronsprechern, Journalisten oder Musikern das Recht auf Kollektivverhandlungen wegen eines Kartellrechtsverstoßes untersagte.[879] Die Verfügung erging auf Grundlage des Kartellverbots in Art. 4 des irischen Wettbewerbsgesetzes[880].

---

[872] CFA, Fall Nr. 2602, Report Nr. 363 2012, Rn. 461; CFA, Fall Nr. 2786, Report Nr. 376 2015, Rn. 349; CFA, Freedom of Association, 6th ed. 2018, Rn. 1285; so auch der Sachverständigenausschuss der Organisation, siehe ILO, International Labour Conference 101st Session, General Survey, 2012, Rn. 209.

[873] CFA, Fall Nr. 2602, Report Nr. 363 2012, Rn. 460 f.

[874] Siehe dazu oben B.III.2.

[875] Gesetz zur Europäischen Sozialcharta v. 18.10.1961, BGBl. 1964 II, 1261.

[876] Erläuterungen zur Charta der Grundrechte, ABl. 2007 C 303, S. 26.

[877] *Seifert*, Kollektivverträge für wirtschaftlich abhängige Selbstständige und unionsrechtliches Kartellverbot, 2022, S. 103 f.

[878] ECSR, Entsch. v. 12.9.2018, Beschwerde Nr. 123/2016 – *ICTU/Ireland.*

[879] ECSR, Entsch. v. 12.9.2018, Beschwerde Nr. 123/2016, Rn. 2 – *ICTU/Ireland.*

[880] Competition Act 2002, No. 14 of 2002, abrufbar unter: https://enterprise.gov.ie/en/Legislation/Legislation-Files/Competition-Act-2002-No-14-of-2002-.pdf (zuletzt abgerufen am 6.7.2025). Dessen Voraussetzungen in Art. 4 Abs. 1 und 5 entsprechen im Wesentlichen denen in Art. 101 Abs. 1 und 3 AEUV; ECSR, Entsch. v. 12.9.2018, Beschwerde Nr. 123/2016, Rn. 17 – *ICTU/Ireland.*

Der ECSR geht davon aus, dass Art. 6 Nr. 2 ESC auch auf bestimmte *self-employed workers* anzuwenden sei.[881] Er grenzt den verhandlungsberechtigten Personenkreis von echten, unabhängigen Selbstständigen ab, die mehrere Kunden haben und dazu berechtigt sind, eigenes Personal einzustellen und wichtige strategische Geschäftsentscheidungen zu treffen.[882] Maßgeblich sei insbesondere, ob *self-employed workers* eine Möglichkeit haben, selbstständig Einfluss auf den Inhalt der Vertragsbedingungen zu nehmen.[883] Im konkreten Fall entschied der ECSR, dass die streitgegenständlichen *self-employed workers* nicht als echte, unabhängige Selbstständige im obigen Sinne zu behandeln seien. Deswegen verstoße ein gegen sie gerichtetes Verbot kollektiver Verhandlungen gegen Art. 6 Nr. 2 ESC.[884] Dabei stellte der ECSR noch klar, dass er die Personen auch nicht als *„dependent workers (employees)"* einstuft.[885]

Das irische Wettbewerbsgesetz wurde 2017 dahingehend novelliert, dass Kollektivverhandlungen und -verträge mit Beteiligung bestimmter *self-employed workers* nicht unter dessen Kartellverbot in Art. 4 fallen.[886] Auch die Vereinbarkeit dieser Regelungen mit Art. 6 Nr. 2 ESC war Gegenstand der ECSR-Entscheidung. Das Änderungsgesetz erlaubt, neben einzeln ausgewiesenen Arbeiterkategorien,[887] einem *„false self-employed worker"* und einem *„fully dependent self-employed worker"* Kollektivverträge abzuschließen. Die Definition des ersten Begriffs entspricht den Ausführungen des EuGH zu Scheinselbstständigen.[888] Der zweite Begriff verlangt, dass der Arbeiter Leistungen für eine andere Person aufgrund einer vertraglichen Verpflichtung erbringt und sein Haupteinkommen bezüglich dieser Leistungen aus Vertragsbeziehungen mit höchstens zwei Personen stammt.[889] Der ECSR entschied, dass diese Gesetzesanpassung mit Art. 6 Nr. 2 ESC vereinbar sei. Der Wortlaut der neuen Vorschriften sei nicht zu restriktiv, sondern es hänge vielmehr von ihrer Auslegung im Einzelfall ab, ob nicht doch ein Verstoß gegen Art. 6 Nr. 2 ESC vorliege.[890]

Die Entscheidung des ECSR lässt einige Fragen offen. Unklar ist vor allem, ob sie nur zwischen Arbeitnehmern und Selbstständigen unterscheidet und *self-employed workers* – abhängig vom Selbstständigkeitsgrad – lediglich als Unterfall einer der beiden Kategorien behandelt. Dann wären die Ausführungen zu einem Kollektivverhandlungsrecht für *self-employed workers* so zu verstehen wie die Ausführungen des EuGH zu Scheinselbstständigen. Andererseits könnte der ECSR auch eine dritte Kategorie – neben

---

881 ECSR, Entsch. v. 12.9.2018, Beschwerde Nr. 123/2016, Rn. 40 – *ICTU/Ireland.*

882 ECSR, Entsch. v. 12.9.2018, Beschwerde Nr. 123/2016, Rn. 99 – *ICTU/Ireland.*

883 ECSR, Entsch. v. 12.9.2018, Beschwerde Nr. 123/2016, Rn. 99, 111 – *ICTU/Ireland.*

884 ECSR, Entsch. v. 12.9.2018, Beschwerde Nr. 123/2016, Rn. 96 ff. – *ICTU/Ireland.*

885 ECSR, Entsch. v. 12.9.2018, Beschwerde Nr. 123/2016, Rn. 100 – *ICTU/Ireland.*

886 Competition (Amendment) Act 2017, No. 12 of 2017, abrufbar unter: https://enterprise.gov.ie/en/Legislation/Legislation-Files/Competition-Amendment-Act-2017.pdf (zuletzt abgerufen am 6.7.2025).

887 Art. 15D UA 4 lit. a) i.V.m. Verzeichnis 4 Competition (Amendment) Act 2017: "1. Actors engaged as voice-over actors", "2. Musicians engaged as session musicians", "3. Journalists engaged as freelance journalists".

888 Vgl. Art. 15D UA 2 Competition (Amendment) Act 2017: "'false self-employed worker' means an individual who (a) performs for a person ('other person'), under a contract (whether express or implied and if express, whether orally or in writing), the same activity or service as an employee of the other person, (b) has a relationship of subordination in relation to the other person for the duration of the contractual relationship, (c) is required to follow the instructions of the other person regarding the time, place and content of his or her work, (d) does not share in the other person's commercial risk, (e) has no independence as regards the determination of the time schedule, place and manner of performing the tasks assigned to him or her, and (f) for the duration of the contractual relationship, forms an integral part of the other person's undertaking".

889 Art. 15D UA 3 Competition (Amendment) Act 2017: "'fully dependent self-employed worker' means an individual (a) who performs services for another person (whether or not the person for whom the service is being performed is also an employer of employees) under a contract (whether express or implied, and if express, whether orally or in writing), and (b) whose main income in respect of the performance of such services under contract is derived from not more than 2 persons".

890 ECSR, Entsch. v. 12.9.2018, Beschwerde Nr. 123/2016, Rn. 102 ff. – *ICTU/Ireland.*

Selbstständigen und Arbeitnehmern – beschrieben haben, die wie Arbeitnehmer ein Recht auf Kollektivverhandlungen hat. In diese Richtung geht die Kategorie des *fully dependent self-employed worker* im Sinne des irischen Wettbewerbsrechts. Diese entspricht dem – hier interessierenden – wirtschaftlich abhängigen Solo-Selbstständigen. Dazu nimmt der ECSR nicht explizit Stellung.[891] Deutlich wurde allerdings, dass der ECSR den Anwendungsbereich des Rechts auf Kollektivverhandlungen eher weit auslegt.[892]

d) Sonstige völkerrechtliche Verträge

Im Übrigen wurde die Einbeziehung Solo-Selbstständiger in den personellen Anwendungsbereich der Kollektivautonomie bisher in keinem weiteren völkerrechtlichen Vertrag oder Übereinkommen thematisiert, das von den Verweisungsnormen Art. 52 Abs. 3 oder Art. 53 GRC erfasst wird. Art. 11 EMRK enthält nach der Rechtsprechung des EGMR zwar ein Recht auf Kollektivverhandlungen.[893] Dieses wurde allerdings hinsichtlich seines personellen Anwendungsbereichs noch nicht konkretisiert.[894] Die Gemeinschaftscharta der sozialen Grundrechte der Arbeitnehmer nennt Tarifverhandlungen als einen der wesentlichen Bestandteile des europäischen Arbeitsmodells. Sie enthält allerdings keine Hinweise darauf, dass ihr Arbeitnehmerbegriff auf Solo-Selbstständige auszudehnen ist.[895]

e) Relevanz der Fallpraxis zu den ILO-Übereinkommen und der Europäischen Sozialcharta

An dieser Stelle soll geprüft werden, inwiefern die Fallpraxis zum Recht auf Kollektivautonomie nach den ILO-Übereinkommen Nr. 87 und 98 sowie nach Art. 6 Nr. 2 ESC die Auslegung des unionsrechtlichen Arbeitnehmerbegriffs im Kontext der Kollektivautonomie beeinflusst. Denn vor allem Ersteres wird vom Ausschuss für Vereinigungsfreiheit der ILO wohl so interpretiert, dass auch Solo-Selbstständige unter den Schutzbereich fallen.

Zunächst sind die ILO-Übereinkommen und die ESC von der EMRK abzugrenzen. Letztere ist innerhalb des Völkerrechts ein Sonderfall, was ihre Bedeutung für das Unionsrechts angeht.[896] Für die EMRK existiert mit Art. 52 Abs. 3 GRC eine Norm, die einen Gleichlauf des Mindestschutzniveaus der

---

891 Dafür dass er zur Einbeziehung dieser Solo-Selbstständigen in den Schutzbereich tendiert, spricht aber seine einleitende Erwägung; ECSR, Entsch. v. 12.9.2018, Beschwerde Nr. 123/2016, Rn. 36 – *ICTU/Ireland*: „The Committee further observes that the world of work is changing rapidly and fundamentally with a proliferation of contractual arrangements, often with the express aim of avoiding contracts of employment under labour law, of shifting risk from the labour engager to the labour provider. This has resulted in an increasing number of workers falling outside the definition of a dependent employee, including low-paid workers or service providers who are de facto 'dependent' on one or more labour engagers. These developments must be taken into account when determining the scope of Article 6§2 in respect of self-employed workers."

892 *Seifert*, Kollektivverträge für wirtschaftlich abhängige Selbstständige und unionsrechtliches Kartellverbot, 2022, S. 105.

893 EGMR, Urt. v. 18.5.2014, Nr. 38927/10 u.a., Rn. 27 – *Tüm Bel-Sen*; EGMR, Urt. v. 12.11.2008, Nr. 34503/97, Rn. 153 ff. – *Demir*; dazu auch *Seifert*, EuZA 2013, 205, 208.

894 *Seifert* meint dennoch wenig überzeugend, das Recht auf Kollektivverhandlungen nach Art. 11 EMRK schließe auch wirtschaftlich abhängige Selbstständige ein; *Seifert*, Kollektivverträge für wirtschaftlich abhängige Selbstständige und unionsrechtliches Kartellverbot, 2022, S. 109.

895 Auch die englische („*workers*"), französische („*travailleurs*") und spanische („*trabajadores*") Sprachfassung verwenden die bekannten Begriffe, die keinen Rückschluss auf eine Einbeziehung Solo-Selbstständiger in den personellen Schutzbereich zulassen.

896 *Schwerdtfeger*, in: Meyer/Hölscheidt, Charta der Grundrechte der Europäischen Union, 5. Aufl. 2019, Art. 52 Rn. 52; *Streinz/Michl*, in: Streinz, EUV/AEUV, 3. Aufl. 2018, GR-Charta Art. 52 Rn. 8.

Chartagrundrechte mit denen der EMRK anordnet.[897] Dabei kommt es auf den Schutzumfang an, den die EMRK-Grundrechte in ihrer Auslegung durch den EGMR erhalten.[898] Die ILO-Übereinkommen und die ESC sind dagegen nur von der Schutzniveauvorschrift in Art. 53 GRC erfasst. Diese soll im Hinblick auf grundrechtlichen Schutz durch die einbezogenen völkerrechtlichen Abkommen sicherstellen, dass der grundsätzlich geltende Anwendungsvorrang des Unionsrechts nicht dazu führt,[899] dass höhere völkerrechtliche Schutzstandards übergangen werden (Günstigkeitsprinzip).[900] Art. 53 GRC betrifft also im Gegensatz zu Art. 52 Abs. 3 GRC nicht die Auslegung der Chartagrundrechte selbst.[901]

Dies zugrunde gelegt, spricht ein gewichtiger Punkt gegen eine Berücksichtigung der Fallpraxis zu den ILO-Übereinkommen sowie nach Art. 6 Nr. 2 ESC: Die Ansichten des Ausschusses für Vereinigungsfreiheit der ILO und des ECSR sind für die Auslegung des Unionsrechts nicht verbindlich, wie es bei der Rechtsprechung des EGMR der Fall ist. Denn bei beiden handelt es sich nicht um gerichtliche Instanzen.[902] Vielmehr muss der EuGH die Normen eigenständig auslegen und entscheiden, ob sie einen weitergehenden Schutz gewähren.[903] Da ihr Wortlaut hinsichtlich des personellen Schutzbereichs, wie gezeigt, identisch mit den unionsrechtlichen Normen ist, erscheint dies äußerst unwahrscheinlich. Hinweise für eine zwingende Einbeziehung Solo-Selbstständiger konnten vorliegend nicht gefunden werden.

Zusammenfassend ist die systematische Auslegung des unionrechtlichen Arbeitnehmerbegriffs im Kontext internationaler völkerrechtlicher Verträge und Abkommen damit für die hiesige Untersuchungsfrage nicht ergiebig. Es kommt also entscheidend auf die teleologische Auslegung des Arbeitnehmerbegriffs an.

---

897 EuGH, Urt. v. 28.7.2016, Rs. C-294/16 PPU, ECLI:EU:C:2016:610, Rn. 50 – *JZ*; EuGH, Urt. v. 14.9.2017, Rs. C-18/16, ECLI:EU:C:2017:680, Rn. 50 – *K.*; EuGH, Urt. v. 20.3.2018, Rs. C-524/15, ECLI:EU:C:2018:197, Rn. 23 – *Menci*; *Weiß*, EuZW 2013, 287, 289, 290 f.

898 EuGH, Urt. v. 22.12.2010, Rs. C-279/09, ECLI:EU:C:2010:811, Rn. 35 ff. – *DEB*; EuGH, Urt. v. 30.6.2016, Rs. C-205/15, ECLI:EU:C:2016:499, Rn. 41 ff. – *Toma*; EuGH, Urt. v. 28.4. 2018, Rs. C-353/16, ECLI:EU:C:2018:276, Rn. 38 ff. – *MP*; *Schwerdtfeger*, in: Meyer/Hölscheidt, Charta der Grundrechte der Europäischen Union, 5. Aufl. 2019, Art. 52 Rn. 52, 59 ff.

899 Zur höheren Stellung der unionalen Verfassungsgrundsätze und des Primärrechts in der Normenhierarchie gegenüber völkerrechtlichen Abkommen der EU siehe EuGH, Urt. v. 3.9.2008, verb. Rs. C-402/05 P und C-415/05 P, ECLI:EU:C:2008:461, Rn. 285 – *Kadi*; *Mögele*, in: Streinz, EUV/AEUV, 3. Aufl. 2018, AEUV Art. 216 Rn. 59 ff.

900 *Schwerdtfeger*, in: Meyer/Hölscheidt, Charta der Grundrechte der Europäischen Union, 5. Aufl. 2019, Art. 52 Rn. 15 ff.; *Jarass*, Charta der EU-Grundrechte, 4. Aufl. 2021, Art. 53 Rn. 1 f.; *Kingreen*, in: Calliess/Ruffert, EUV/AEUV, 6. Aufl. 2022, GRC Art. 53 Rn. 1, 7.

901 *Kingreen*, in: Calliess/Ruffert, EUV/AEUV, 6. Aufl. 2022, GRC Art. 53 Rn. 1.

902 Vgl. zum Menschenrechtsausschuss der Vereinten Nationen EuGH, Urt. v. 17.2.1998, Rs. C-249/96, ECLI:EU:C:1998:63, Rn. 46 – *Grant/South-West Trains*.

903 *Schwerdtfeger*, in: Meyer/Hölscheidt, Charta der Grundrechte der Europäischen Union, 5. Aufl. 2019, Art. 53 Rn. 27.

4.2.5 Teleologische Auslegung

a) Telos des Arbeitnehmerbegriffs im Kontext der Kollektivautonomie

Die autonome Auslegung des Arbeitnehmerbegriffs im Unionsrecht ist norm- und kontextbezogen vorzunehmen.[904] Um den Arbeitnehmerbegriff im Kontext der primärrechtlichen Kollektivautonomie auszulegen, ist daher zunächst der Sinn und Zweck der Gewährleistung dieses Rechts zu ermitteln.[905] Kollektivverträge können die sozialpolitischen Ziele in Art. 151 Abs. 1 AEUV fördern.[906] Relevant ist hier, warum das Primärrecht dies gegenüber einer wettbewerblichen Lenkung von Arbeitsmärkten für notwendig erachtet. Ist diese Frage geklärt, soll darauf aufbauend der Sinn und Zweck des Arbeitnehmerbegriffs im Kontext der Kollektivautonomie untersucht werden.

Der Grund für die Anerkennung und Gewährleistung der Kollektivautonomie lässt sich den Art. 151 ff. AEUV oder Art. 28 GRC nicht entnehmen. Diese Normen setzen die Existenz der nationalen Kollektivvertragssysteme voraus und vertrauen auf deren Fähigkeit, die sozialpolitischen Bereichsziele zu fördern.[907] Dem entspricht die Normierung der Kollektivautonomie als subjektives Grundrecht in Art. 28 GRC, für dessen inhaltliche Ausgestaltung die mitgliedstaatlichen Rechtsordnungen konstitutiv sind. Das lässt den Schluss zu, dass die primärrechtlichen Vorschriften zur Kollektivautonomie sich die ordnungspolitischen Rechtfertigungen der Mitgliedstaaten zu eigen machen. In Deutschland ist das insbesondere die vermutete strukturelle Unterlegenheit einzelner Arbeitnehmer beim Abschluss von Arbeitsverträgen.[908]

Dass die vermeintliche Schaffung von Verhandlungsparität der Grund für die Anerkennung der Kollektivautonomie auf primärrechtlicher Ebene ist, lässt sich zudem aus dem Gesamtzusammenhang folgern: Das Primärrecht räumt den nationalen Kollektivvertragssystemen ausnahmsweise Vorrang vor dem Wettbewerbsprinzip und damit der – den Wettbewerb prägenden[909] – Privatautonomie ein.[910] Die primärrechtlichen Vorschriften zu Kollektivverhandlungen wurden im Abschnitt zur Sozialpolitik verortet, der schwerpunktmäßig den Arbeitnehmerschutz regelt.[911] Die Möglichkeit zum Abschluss kollektiver anstelle individueller Verträge dient folglich dem Schutz der Arbeitnehmer. Dies lässt nur den Schluss zu, dass das Primärrecht eine Verbesserung der Verhandlungsposition von Arbeitnehmern als notwendig erachtet, was die Unterstellung einer generellen Unterlegenheit nahelegt.[912]

Den primärrechtlichen Vorschriften zur Kollektivautonomie lässt sich allerdings nicht entnehmen, wann ein korrekturbedürftiges Machtungleichgewicht vorliegen soll. Zwar ist ein Rückgriff auf ökonomische

---

904 Siehe dazu oben B.III.4.2.1.

905 Vgl. *Hüpers/Reese*, in: Meyer/Hölscheidt, Charta der Grundrechte der Europäischen Union, 5. Aufl. 2019, Art. 28 Rn. 26.

906 Siehe dazu oben B.II.2.4.2.

907 Siehe dazu Teil 3 C.II und C.III.

908 Siehe dazu oben B.II.2.

909 *Böhm*, Freiheit und Ordnung in der Marktwirtschaft, 1980, S. 202; *Olten*, Wettbewerbstheorie und Wettbewerbspolitik, 2. Aufl. 1998, S. 15; *Köhler*, in: Köhler/Bornkamm/Feddersen, UWG, 43. Aufl. 2025, Einl. Rn. 1.17, 1.26.

910 Siehe dazu oben Teil 3 D.III.

911 *Thüsing/Traut*, RdA 2012, 65, 66; *Krebber*, in: Calliess/Ruffert, EUV/AEUV, 6. Aufl. 2022, AEUV Art. 151 Rn. 1.

912 Allgemeingültig *Schwarze*, ZfA 2005, 81, 82: „Mit dem Arbeitnehmerbegriff verbunden ist ein negatives Urteil über die Funktionsfähigkeit der Vertragsautonomie".

Erkenntnisse im Rahmen der teleologisch-funktionalen Auslegung des Rechts nicht ausgeschlossen, allerdings müssen diese Erkenntnisse auch belastbar sein.[913] Die wettbewerbsökonomische Analyse von Arbeitsbeziehungen hat gezeigt, dass erhebliche Zweifel an den gängigen Thesen zu einem strukturellen Ungleichgewicht auf Arbeitsmärkten bestehen. Darüber hinaus lässt sich den primärrechtlichen Normen nicht entnehmen, dass es Zweck des Arbeitnehmerbegriffs ist, im Einzelfall verhandlungsschwache Personen zu erfassen.[914] Das ließe sich weder mit dem Wortlaut der Norm noch dem Grundsatz der Rechtssicherheit vereinbaren. Vielmehr haben die Normen mit Arbeitnehmern eine Personengruppe benannt, deren strukturelle Unterlegenheit sie pauschal und einzelfallunabhängig unterstellen.

Wer zu dieser Personengruppe zählt, lässt sich durch das Gegenstück zum Arbeitnehmerbegriff bestimmen. Denn eine Definition des Arbeitnehmerbegriffs ist nur sinnvoll, wenn sie die Abgrenzung zu ähnlichen Personengruppen ermöglicht, die nicht vom Telos erfasst sind.[915] Im Kontext der Kollektivautonomie ist dies der selbstständige Leistungserbringer.[916] Die Kollektivautonomie ist Teil des primärrechtlichen Arbeitsrechts. Die Vermutung einer korrekturbedürftigen strukturellen Unterlegenheit von selbstständigen Leistungserbringern und ihre Ermutigung zu Kollektivverhandlungen lässt sich dem Unionsrecht dagegen nicht entnehmen.[917] Das würde der im Rahmen der Grundfreiheiten getroffenen Entscheidung, zwischen Arbeitnehmerleistung nach Art. 45 EUV und selbstständig erbrachter Dienstleistung nach Art. 57 AEUV zu differenzieren, diametral gegenüberstehen und einen Bruch mit dem Grundsatz der Einheit der Rechtsordnung bedeuten.[918]

Damit ist gezeigt, dass die primärrechtliche Vermutung eines korrekturbedürftigen strukturellen Machtungleichgewichts ihre personelle Grenze bei selbstständigen Leistungserbringern findet. Dass sich diese im Einzelfall in einer unterlegenen Verhandlungsposition befinden können, wie auch Arbeitnehmer eine starke Verhandlungsposition innehaben können, ist *de lege lata* nicht von Bedeutung. Vielmehr erstreckt sich der primärrechtliche Schutz pauschal auf alle unselbstständigen Leistungserbringer, während selbstständige nicht erfasst sind.

b) Bestimmung der Merkmale eines Arbeitsverhältnisses

Im Folgenden soll versucht werden, die Merkmale eines Arbeitsverhältnisses zu ermitteln, um auf dieser Grundlage den Arbeitnehmerbegriff im Kontext der Kollektivautonomie zu definieren. Genauer soll die Kombination an Merkmalen identifiziert werden, die ein unselbstständiges Beschäftigungsverhältnis

913 So zur funktionalen Auslegung des GWB *Kling/Thomas*, Kartellrecht, 2. Aufl. 2016, § 15 Rn. 4 ff.

914 Deswegen für eine Neuerung des persönlichen Anwendungsbereichs des Kollektivvertragsrechts, um einem Machtungleichgewicht im Einzelfall stärker Rechnung tragen zu können, *Klapperich*, NZKart 2020, 125, 126 f.

915 *Wank*, EuZA 2016, 143, 148.

916 *Löwisch/Rieble*, Tarifvertragsgesetz, 4. Aufl. 2017, § 12a Rn. 25; *Wank*, EuZW 2018, 21, 28 f.; vgl. *Franzen*, in: Franzen/Gallner/Oetker, Kommentar zum Europäischen Arbeitsrecht, 5. Aufl. 2024, Art. 153 Rn. 8; zu ex-Art. 141 Abs. 2 UA 1 EGV (Art. 157 Abs. 2 AEUV) EuGH, Urt. v. 13.1.2004, Rs. C-256/01, ECLI:EU:C:2004:18, Rn. 68 – *Allonby*: „Aus dieser Definition geht hervor, dass die Verfasser des Vertrages selbständige Erbringer von Dienstleistungen, die gegenüber dem Empfänger der Dienstleistungen nicht in einem Unterordnungsverhältnis stehen, nicht in den Begriff ‚Arbeitnehmer' im Sinne von Artikel 141 Absatz 1 EG einbeziehen wollten"; zu RL 2003/88/EG, die bestimmte Aspekte der Arbeitszeitgestaltung regelt und damit einen Arbeitnehmerschutz bezweckt, EuGH, Beschl. v. 22.4.2020, Rs. C-692/19, ECLI:EU:C:2020:288, Rn. 32 f. – *Yodel*; zu Art. 45 AEUV EuGH, Urt. v. 10.9.2014, C-270/13, ECLI:EU:C:2014:2185, Rn. 33 – *Haralambidis*.

917 EuGH, Urt. v. 4.12.2014, Rs. C-413/13, ECLI:EU:C:2014:2411, Rn. 29 – *FNV Kunsten*; so zu Freiberuflern EuGH, Urt. v. 12.9.2000, Rs. C-180/98, ECLI:EU:C:2000:428, Rn. 69 – *Pavlov*.

918 Dazu, dass der Grundsatz der Einheit der Rechtsordnung auch bei Auslegung des Unionsrechts fruchtbar gemacht werden kann, *Sagan*, in: Preis/Sagan, Europäisches Arbeitsrecht, 2. Aufl. 2019, § 1 Rn. 88.

und damit auch einen Arbeitnehmer – in Abgrenzung zu einem Selbstständigen – charakterisieren. Dabei wird die Untersuchung nicht die rein typologische Methode anwenden, die Merkmale heranzieht, die typischerweise im Zusammenhang mit unselbstständiger Arbeit beobachtet werden. Diese Methode setzt stillschweigend die Kenntnis des zu ermittelnden Typs voraus und versucht durch eine Gesamtabwägung von Indikatoren zu ermitteln, ob die Tatsachen des Einzelfalls dem bekannten Typ entsprechen.[919] Sie ist mangels klar handhabbarer Kriterien allerdings nicht nur mit Rechtsunsicherheit verbunden, sondern birgt vor allem die Gefahr, Merkmale und Indikatoren zu verwenden, die nicht aus dem Telos des Arbeitnehmerschutzes abgeleitet wurden.[920]

Die Arbeit will im Folgenden Merkmale, die in der Rechtswirklichkeit vermeintlich „arbeitnehmertypisch" sind, auf ihre teleologische Verwertbarkeit untersuchen. Als Grundlage soll der Katalog nach Ziff. II.13. der ILO-Empfehlung Nr. 198[921] herangezogen werden, der zahlreiche Vorschläge für Indikatoren zur Feststellung eines Arbeitsverhältnisses enthält. Diesen Katalog hat *Kocher* in folgende Merkmalskategorien systematisiert: unternehmerische Chancen, Unterordnung, organisatorische Integration, wirtschaftliche Abhängigkeit und persönliche Leistungserbringung.[922] Die Kategorisierung soll Ausgangspunkt der Untersuchung sein. Nachdem die – teleologisch bestätigten – Unterscheidungsmerkmale zwischen unselbstständigem und selbstständigem Leistungserbringer herausgearbeitet wurden, kann der Arbeitnehmerbegriff im Kontext der unionsrechtlichen Kollektivautonomie definiert werden, und damit die personelle Grenze des Ausnahmebereichs von Art. 101 AEUV.

Die Kategorie der unternehmerischen Chancen bezieht sich auf Gewinnchancen sowie geschäftliche und finanziellen Risiken, die die Leistungserbringung begleiten.[923] Fehlen diese Chancen und Risiken, soll dies für ein Arbeitsverhältnis sprechen. Der selbstständige Dienstleister entscheidet autonom und auf eigene Rechnung, welche Geschäftsstrategie er verfolgt und gegenüber wem er seine Leistung erbringt, wobei er die Leistungsempfänger akquirieren muss. Im Gegensatz zum Arbeitnehmer erzielt er ohne Aufträge auch kein Einkommen.[924] Ein Arbeitnehmer trifft dagegen für die Dauer des Arbeitsverhältnisses keine unternehmerischen Entscheidungen. Dies übernimmt sein Arbeitgeber, der dafür die Gewinnchancen und finanziellen Risiken der Leistungssteuerung und -auslastung trägt. *Wank* weist daher überzeugend darauf hin, dass die fehlende Möglichkeit zur unternehmerischen Entscheidung auf eigene Rechnung das Kernmerkmal der teleologischen Auslegung des Arbeitnehmerbegriffs ist.[925]

---

919 Dazu *Thüsing*, in: Henssler/Willemsen/Kalb, Arbeitsrecht Kommentar, 14. Aufl. 2024, § 611a Rn. 46.

920 Insoweit zu Recht kritisch *Richardi*, NZA 2017, 36, 38; *Preis*, in: ErfK ArbR, 25. Aufl. 2025, § 611a Rn. 55; *Kocher*, in: Hensel et al., Selbstständige Unselbstständigkeit, 2019, S. 173, 179: „Dieses Vorgehen verlässt sich letztlich darauf, dass ein Bild vorhanden ist, mit dem das durch die vorliegenden Indizien entstehende Bild abgeglichen werden kann. Dieses Vorgehen setzt also Bilder und Vorstellungen von ‚typischer' Arbeitnehmer- und Selbstständigentätigkeit voraus, deren Herkunft nicht erläutert oder auch nur erklärt wird, die also intuitiv vermittelt ist"; a.A. *Deinert*, RdA 2017, 65, 69.

921 ILO-Empfehlung 198, Empfehlung betreffend das Arbeitsverhältnis v. 15.6.2006, abrufbar unter: https://www.ilo.org/de/media/268481/download (zuletzt abgerufen am 6.7.2025).

922 *Kocher*, ZEuP 2021, 606, 615 f.

923 *Kocher*, ZEuP 2021, 606, 616; vgl. Ziff. II.13. lit. b) der ILO-Empfehlung Nr. 198.

924 *Preis*, in: ErfK ArbR, 25. Aufl. 2025, § 611a Rn. 56; *Hanau*, ZfA 2014, 131, 135.

925 *Wank*, Arbeitnehmer und Selbstständige, 1988, S. 122 ff.; *ders.*, EuZA 2016, 143, 150 f., 155; *ders.*, EuZA 2023, 22, 41; zustimmend *Preis*, in: ErfK ArbR, 25. Aufl. 2025, § 611a Rn. 55; ebenfalls auf EU-Ebene an dieses Kriterium anknüpfend *Rummel*, Kartellrechtliche Freistellung sozialpartnerschaftlicher Kollektivverträge, 2023, S. 298 ff.

Die Kategorie Unterordnung meint, dass die Arbeit nach Weisung oder unter der Kontrolle einer anderen Person verrichtet wird.[926] Insoweit ist zunächst festzustellen, dass auch ein Selbstständiger, der Dienstleistungen erbringt, grundsätzlich in gewissem Umfang den Weisungen seines Auftraggebers unterliegt. Letzterer bestimmt, welche Leistung er in Anspruch nehmen möchte sowie wann und regelmäßig auch wo diese erbracht werden soll.[927] Warum das Merkmal der Weisungsbindung dennoch zur Bestimmung der Arbeitnehmereigenschaft geeignet ist, wird im Lichte der soeben erörterten fehlenden unternehmerischen Entscheidungsfreiheit deutlich.[928] Entscheidet der Leistungsempfänger über den unternehmerischen Einsatz der Arbeitsleistung einer Person, resultiert daraus auch ihre Weisungsabhängigkeit. Anders formuliert, folgt aus der Aufgabe der unternehmerischen Entscheidungsbefugnis die Weisungsabhängigkeit gegenüber demjenigen, an den sie abgegeben wurde; das ist der Arbeitgeber. Dieser ist auf ein Weisungsrecht angewiesen, um die Arbeitsleistung zur Verwirklichung des erstrebten unternehmerischen Erfolgs koordinieren zu können.[929] Es wird daher auch als „Essentiale des Arbeitsvertrages" bezeichnet.[930]

Für die Abgrenzung zwischen Arbeitnehmer und selbstständigem Dienstleister wird insoweit vertreten, es komme maßgeblich auf die Qualität des eingeräumten Weisungsrechts an.[931] Das arbeitsvertragliche Weisungsrecht sei personenbezogen, ablauf- und verfahrensorientiert; der Arbeitsvertrag regele keine im Wesentlichen vorab bestimmte Dienstleistung anhand einer Leistungsbeschreibung.[932] Die Hauptleistungspflicht des Arbeitnehmers wird in Arbeitsverträgen regelmäßig nur grob beschrieben. Die Änderungskompetenz ermöglicht es dem Arbeitgeber, im Rahmen des Dauerschuldverhältnisses flexibel und angemessen auf betriebliche und sonstige Veränderungen zu reagieren.[933] Das umfassende Weisungsrecht ist folglich der wesentliche Grund, warum ein Arbeitgeber das Verwendungs- und Auslastungsrisiko der Arbeitsleistung trägt und die (erheblichen) Belastungen des Arbeits- und Sozialversicherungsrechts in Kauf nimmt.[934]

Mit organisatorischer Integration ist gemeint, dass der Arbeitnehmer in die Organisation des Unternehmens des Arbeitgebers integriert wird.[935] Aufgrund seines rein beschreibenden Charakters ist nicht unmittelbar ersichtlich, warum eine organisatorische Eingliederung ein Kriterium für den Arbeitnehmerstatus sein soll. Das Merkmal ist auch hier im Kontext der Aufgabe unternehmerischer Entscheidungsfreiheit zu betrachten.[936] Aus dieser Perspektive unterliegt die unternehmerische Verwertung der Arbeitsleistung dem Leistungsempfänger. Will er mit ihr Gewinne erzielen, muss er sie in die Organisation

926 *Kocher*, ZEuP 2021, 606, 615; vgl. Ziff. II.13. lit. a) der ILO-Empfehlung Nr. 198.

927 Es wird daher darauf hingewiesen, dass das Merkmal der Weisungsbindung isoliert betrachtet in Grenzfällen nur schwierig operationalisierbar sei; *Kocher*, in: Hensel et al., Selbstständige Unselbstständigkeit, 2019, S. 173, 179.

928 *Wank*, EuZA 2016, 143, 150 f.

929 *Boemke*, ZfA 1998, 285, 325; *Kocher*, in: Hensel et al., Selbstständige Unselbstständigkeit, 2019, S. 173, 179.

930 *Picker*, Die betriebliche Übung, 2011, S. 283.

931 *Maschmann*, Arbeitsverträge und Verträge mit Selbstständigen, 2001, S. 187 f.; *Reichold*, RdA 2002, 321, 329.

932 *Maschmann*, Arbeitsverträge und Verträge mit Selbstständigen, 2001, S. 187.

933 *Picker*, ZfA 2019, 269, 286.

934 *Picker*, ZfA 2019, 269, 286; vgl. *Reichold*, RdA 2002, 321, 329.

935 *Kocher*, ZEuP 2021, 606, 615; vgl. Ziff. II.13. lit. a) der ILO-Empfehlung Nr. 198.

936 *Wank*, EuZA 2016, 143, 150, 156 ff.

der Leistungsprozesse seines Unternehmens integrieren.[937] Daraus lässt sich der Zusammenhang zwischen organisatorischer Integration und Weisungsbefugnis ableiten: Die organisatorische Eingliederung von Arbeitsleistung auf die Weise, dass sie den erstrebten Unternehmenserfolg fördert, verlangt ein Weisungsrecht des Arbeitgebers.[938]

Das Merkmal der persönlichen Leistungserbringung verlangt, dass die Arbeit von dem unselbstständigen Leistungserbringer persönlich verrichtet wird.[939] Auch dieses Merkmal ergibt sich aus dem Verzicht auf unternehmerische Freiheit. Dieser Verzicht bedeutet gleichzeitig den Verlust der Möglichkeit, autonom zu entscheiden, die jeweilige Leistung selbst zu erbringen, über einen Dienstleister einzukaufen oder hierfür einen Arbeitnehmer einzustellen. Das Merkmal ist aber bereits von der organisatorischen Integration und der Weisungsbefugnis über die – notwendigerweise persönliche – Leistung abgedeckt.

Mit dem Merkmal der wirtschaftlichen Abhängigkeit ist gemeint, dass das Leistungsentgelt die Haupteinnahmequelle des Leistenden ist.[940] Bei diesem Merkmal fehlt allerdings der Bezug zur Aufgabe der unternehmerischen Entscheidungsfreiheit, dem Kernelement der teleologischen Auslegung.[941] Eine fehlende unternehmerische Entscheidungsfreiheit ist nicht notwendigerweise mit wirtschaftlicher Abhängigkeit verbunden. Auch der hoch qualifizierte Unselbstständige, der problemlos eine alternative Anstellung findet, oder der wohlhabende Unselbstständige, der nicht auf ein Einkommen durch Arbeit angewiesen ist, soll nach dem pauschalisierenden Telos des Arbeitnehmerbegriffs vom Schutzbereich der Kollektivautonomie erfasst werden.[942] Im Übrigen kann eine wirtschaftliche Abhängigkeit trotz bestehender unternehmerischer Entscheidungsfreiheit auch bei Selbstständigen entstehen. Das wirtschaftliche Merkmal des Arbeitnehmerbegriffs ist in Abgrenzung zum Selbstständigen also nicht, dass er wirtschaftlich abhängig ist, sondern dass er nicht auf eigene Rechnung handelt und weisungsabhängig ist.[943]

Zusammenfassend konnte gezeigt werden, dass die Aufgabe der unternehmerischen Entscheidungsfreiheit auf eigene Rechnung das Kernmerkmal des Arbeitnehmerbegriffs ist. Die Merkmale der organisatorischen Integration und Weisungsabhängigkeit sind die Kehrseite der Aufgabe der unternehmerischen Entscheidungsfreiheit und Erwerbschancen, weshalb sie auch in diesem Sinne verstanden werden sollten.[944] Insgesamt folgt die (normativ unterstellte) Schutzbedürftigkeit des Arbeitnehmers gegenüber einem Selbstständigen demnach aus der Fremdnützigkeit seiner Tätigkeit, also der Arbeit im Hinblick auf fremdes Risiko und auf fremde Rechnung.[945] Damit ist auch erklärt, warum die Weisungsabhängigkeit

---

937 Vgl. BAG, Urt. v. 1.12.2020, 9 AZR 102/20, NZA 2021, 552, Rn. 31; *Preis*, in: ErfK ArbR, 25. Aufl. 2025, § 611a Rn. 42: „Die Fremdbestimmung zeigt sich tats. etwa in der ‚Eingliederung' in eine fremde Arbeitsorganisation."

938 *Rebhahn*, RdA 2009, 154, 166: „Konkretisiert wird die organisatorische Fremdbestimmung überwiegend durch die Befugnis des anderen, dem Arbeitenden Weisungen zu geben"; vor diesem Hintergrund ist es zutreffend, dass der EuGH in jüngeren Entscheidungen die organisatorische Eingliederung als Merkmal eines Arbeitsverhältnisses betont; EuGH, Urt. v. 10.9.2015, Rs. C-47/14, ECLI:EU:C:2015:574, Rn. 45 – *Holterman*; EuGH, Urt. v. 9.7.2015, Rs. C-229/14, ECLI:EU:C:2015:455, Rn. 39 – *Balkaya*; EuGH, Urt. v. 11.11.2010, Rs. C-232/09, ECLI:EU:C:2010:674, Rn. 51, 56 – *Danosa*; dazu *Risak/Dullinger*, DRdA 2018, 205, 211.

939 *Kocher*, ZEuP 2021, 606, 616; vgl. Ziff. II.13. lit. a) der ILO-Empfehlung Nr. 198.

940 *Kocher*, ZEuP 2021, 606, 616; vgl. Ziff. II.13. lit. b) der ILO-Empfehlung Nr. 198.

941 *Kocher*, in: Hensel et al., Selbstständige Unselbstständigkeit, 2019, S. 173, 183.

942 Vgl. *Deinert*, RdA 2017, 65, 69; Siehe dazu soeben B.III.4.2.5a).

943 *Wank*, EuZA 2016, 143, 156 f.; *Picker*, ZEuP 2020, 305, 314.

944 *Wank*, EuZA 2016, 143, 157: „Es kann bei Weisungsbindung und Eingliederung bleiben, sofern man sie nur zur unternehmerischen Entscheidungsfreiheit auf eigene Rechnung in Beziehung setzt."; vgl. *Rummel*, Kartellrechtliche Freistellung sozialpartnerschaftlicher Kollektivverträge, 2023, S. 300.

945 *Wank*, EuZA 2016, 143, 150; *ders.*, in: Wiedemann, Tarifvertragsgesetz, 8. Aufl. 2019, § 12a Rn. 7 f.

im Rahmen der Kollektivautonomie als Merkmal des Arbeitnehmerbegriffs heranzuziehen ist, obwohl kollektive Verhandlungen eine Schutzrichtung haben, die sich nicht auf die Weisungsbefugnis während des Leistungsverhältnisses bezieht:[946] Sie ist notwendige Konsequenz der organisatorischen Integration, die sich wiederum aus der Fremdnützigkeit der Tätigkeit ergibt. Die *Lawrie-Blum*-Formel ist folglich zwar ein Merkmal des Arbeitnehmerbegriffs in diesem Kontext. Sie ist aber nicht das Kernmerkmal, das sie in der Rechtsprechung des EuGH zu anderen Normen war. Das hier gefundene Ergebnis entspricht letztlich dem Dreiklang, den der EuGH ebenfalls in der Sache *FNV Kunsten* betont hat.[947]

Die drei ermittelten Merkmale könnten wie folgt zu einer Definition zusammengefügt werden: Arbeitnehmer ist, wer seine Freiheit aufgibt, unternehmerische Entscheidungen über den Einsatz seiner persönlichen Arbeitsleistung auf eigene Rechnung zu treffen, und deswegen in die Organisation des Leistungsempfängers eingegliedert ist und daher dessen Weisungen unterliegt.

c) Indikatoren zur Bestimmung der Merkmale eines Arbeitsverhältnisses

Ausgangspunkt für die Beantwortung der Frage, ob die Merkmale des Typs „Arbeitsverhältnis" erfüllt sind, ist die Analyse der Tatsachen des Einzelfalls. Diese muss Vorrang vor der Bezeichnung des Vertrages und dem Willen der kontrahierenden Parteien haben.[948] Andernfalls ließe sich ein tatsächliches Arbeitsverhältnis verschleiern und der vom Gesetzgeber intendierte Schutz aushebeln.[949] Folglich sind die oben benannten Merkmale eines Arbeitnehmers im Einzelfall anhand tatsächlicher Indikatoren zu ermitteln.[950] Wie bereits erläutert, ist es essentiell, dass zwischen Indikator und Merkmal, und damit dem Telos des Arbeitnehmerbegriffs, ein begründeter Konnex besteht.

Die aus dem Vorrang der Tatsachen notwendigerweise folgende Einzelfallprüfung lässt es nicht zu, die Indikatoren abschließend zu benennen.[951] Gerade im Bereich der Plattformarbeit bestehen erhebliche und zahlreiche Unterschiede bei der Ausgestaltung der einzelnen Beziehungselemente,[952] die sich stetig

---

946 Dazu, dass das Weisungsrecht deswegen nicht als Begründung einer überlegenen Verhandlungsmacht vor Tätigkeitsaufnahme herangezogen werden kann, siehe Teil 2 D.III.

947 EuGH, Urt. v. 4.12.2014, Rs. C-413/13, ECLI:EU:C:2014:2411, Rn. 36 – *FNV Kunsten*: „Daraus folgt, dass die Eigenschaft als ‚Arbeitnehmer' im Sinne des Unionsrechts nicht dadurch berührt wird, dass eine Person aus steuerlichen, administrativen oder verwaltungstechnischen Gründen nach innerstaatlichem Recht als selbständiger Dienstleistungserbringer beschäftigt wird, sofern sie *nach Weisung ihres Arbeitgebers handelt*, insbesondere was ihre Freiheit bei der Wahl von Zeit, Ort und Inhalt ihrer Arbeit angeht, *nicht an den geschäftlichen Risiken dieses Arbeitgebers beteiligt ist* und während der Dauer des Arbeitsverhältnisses *in dessen Unternehmen eingegliedert ist* und daher mit ihm eine wirtschaftliche Einheit bildet." Hervorhebungen hinzugefügt; bestätigt in EuGH, Beschl. v. 22.4.2020, Rs. C-692/19, ECLI:EU:C:2020:288, Rn. 31 – *Yodel*.

948 *Kocher*, ZEuP 2021, 606, 613 f.; siehe auch Richtlinie (EU) 2019/1152 des Europäischen Parlaments und des Rates v. 20.6.2019, ABl. 2019 L 186, 105, Erwägungsgrund 8: „Wenn eine Person die typischen Kriterien für das Vorliegen eines Arbeitsverhältnisses erfüllt, aber als selbstständig erwerbstätig bezeichnet wird, um bestimmte rechtliche und steuerliche Verpflichtungen zu umgehen, liegt Scheinselbstständigkeit vor. Diese Personen sollten in den Anwendungsbereich dieser Richtlinie fallen. Die Ermittlung des Vorliegens eines Arbeitsverhältnisses sollte sich an den Fakten orientieren, die sich auf die tatsächliche Arbeitsleistung beziehen, und nicht an der Beschreibung des Verhältnisses seitens der Parteien"; Ziff. II.9. der ILO-Empfehlung Nr. 198; Art. 4 Abs. 2 RL-Plattformarbeit, ABl. 2024 L 2831.

949 In diesem Sinne EuGH, Urt. v. 13.1.2004, Rs. C-256/01, ECLI:EU:C:2004:18, Rn. 71 – *Allonby*; EuGH, Urt. v. 4.12.2014, Rs. C-413/13, ECLI:EU:C:2014:2411, Rn. 35 – *FNV Kunsten*; EuGH, Beschl. v. 22.4.2020, Rs. C-692/19, ECLI:EU:C:2020:288, Rn. 30 – *Yodel*; *Schwarze*, ZfA 2005, 81, 82 Fn. 5.

950 *Kocher*, ZEuP 2021, 606, 615; vgl. *Wank*, EuZA 2016, 143, 160.

951 Eine nicht abschließende Auflistung möglicher Indikatoren mit weiteren Nachweisen bei *Kocher*, in: Hensel et al., Selbstständige Unselbstständigkeit, 2019, S. 173, 176 f.

952 *Kocher/Hensel*, NZA 2016, 984, 988; *Gärtner*, Koalitionsfreiheit und Crowdwork, 2020, S. 22; siehe auch *Schmidt*, Arbeitsmärkte in der Plattformökonomie, 2017, S. 6 f., 15 Fn. 7.

entwickeln und vorliegend nicht abschließend untersucht werden können. Die hohe Einzelfallabhängigkeit der Arbeitnehmereigenschaft darf allerdings nicht mit Rechtsunsicherheit verwechselt werden.[953] Sie folgt vielmehr aus der tatsächlichen Heterogenität und Komplexität der Leistungsbeziehungen selbst, der bei der Rechtsanwendung Rechnung getragen werden muss. Der unionsrechtliche Grundsatz der Rechtssicherheit schützt den Rechtsanwender nicht vor einer sorgfältigen Prüfung, wenn es sich um eine komplexe Materie handelt.[954] Im Folgenden sollen daher die grundlegenden Indikatoren der drei Merkmale des Arbeitnehmerbegriffs behandelt werden.

Das Kernelement des Arbeitnehmerstatus ist die Aufgabe der unternehmerischen Entscheidungsfreiheit auf eigene Rechnung. Ein Selbstständiger hat die Möglichkeit, einzelne Aufträge abzulehnen, den Auftraggeber zu wechseln oder hinsichtlich der gleichen Leistung für mehrere Auftraggeber parallel tätig zu werden. Er trägt auch das finanzielle Erfolgsrisiko dieser Entscheidungen. Sind diese Freiheiten und die damit zusammenhängende Risikoübernahme nicht durch die tatsächliche Ausgestaltung des Vertragsverhältnisses eingeschränkt,[955] indiziert dies eine unternehmerische Entscheidungsfreiheit. Ein weiterer möglicher Indikator ist, dass jeder Einzelauftrag separat vergütet wird. Bezogen auf Plattformarbeit fehlt es daher jedenfalls bei dem Agenturmodell an einer Aufgabe der unternehmerischen Entscheidungsfreiheit. Hier vermittelt die Plattform lediglich die Leistung. Das Vorliegen eines Arbeitsverhältnisses zwischen Arbeiter und Plattform kommt nur bei einer Leistungskette in Betracht. Als möglicher weiterer Indikator für die Aufgabe der unternehmerischen Entscheidungsfreiheit wird teilweise die Preissetzung durch eine Plattform genannt.[956] Hier ist Vorsicht geboten. Denn es fehlt ein klarer Konnex zu diesem Merkmal.[957]

Die Indikatoren für eine organisatorische Integration und Weisungsbindung können oft nicht nur dem einen oder dem anderen Merkmal zugeordnet werden.[958] Das überrascht nicht, folgt doch die Notwendigkeit der Weisungsbindung aus der organisatorischen Integration des Arbeitnehmers. Die Integration kann durch Hierarchie oder Kooperation umgesetzt werden.[959] Naheliegender Indikator ist eine räumlich-betriebliche Integration des Leistenden.[960] Zwingend ist dies allerdings nicht. Erstens kann die Leistungserbringung im räumlich-betrieblichen Zusammenhang mit dem Standort des Auftraggebers in der Natur einer Dienst- oder Werkleistung liegen.[961] Zweitens kann die Aufgabe der unternehmerischen

953 Vgl. *Kocher/Hensel*, NZA 2016, 984, 988.

954 Vgl. EuGH, Urt. v. 17.7.1997, Rs. C-354/95, ECLI:EU:C:1997:379, Rn. 58 – *National Farmers' Union*.

955 Zu einer indirekten Steuerung mittels Anreizsystemen auf Arbeitsplattformen *Kocher/Hensel*, NZA 2016, 984, 990; *Thüsing/Hütter-Brungs*, NZA-RR 2021, 231, 234 ff.; *Waltermann*, NZA 2021, 297, 299. Ein Beispiel für ein solches Anreizsystem ist ein plattforminternes Punktesystem, bei dem Punkte für die Teilnahme an Ausschreibungen vergeben werden und mehr Punkte eine bessere Chance bei zukünftigen Ausschreibungen bedeuten; dazu *Schmidt*, NZA 2021, 1232, 1235. Zur organisatorischen Eingliederung mittels Ratingsystem siehe sogleich Fn. 966.

956 *Harris/Krueger*, A Proposal for Modernizing Labor Laws for Twenty-First-Century Work: The "Independent Worker", 2015, S. 10; *Kocher*, ZEuP 2021, 606, 620.

957 Vgl. *Bourazeri*, NZA 2019, 741, 744; *Mohr/Mey*, NZKart 2022, 665, 669. Gerade im Agenturmodell wird es sich bei der Preissetzung durch die Plattform regelmäßig nicht um ein Arbeitsverhältnis handeln, sondern um eine an Art. 101 AEUV zu messende vertikale Preisbindung.

958 Vgl. *Kocher*, ZEuP 2021, 606, 619.

959 *Kocher*, in: Hensel et al., Selbstständige Unselbstständigkeit, 2019, S. 173, 186.

960 Basierend auf dem Gedanken der organisatorischen Trennung zwischen Markt und Unternehmen im Sinne von *Coase*; dazu *Tomassetti*, 34 Hofstra Lab. & Emp. L. J. 2016, 1, 17 ff.

961 *Wank*, EuZA 2016, 143, 155; vgl. *Thüsing*, NZA 2015, 1478, 1479.

Entscheidungsfreiheit über die eigene Arbeitsleistung ohne jeglichen räumlichen Bezug zu einem lokalen Betrieb erfolgen.[962] Deswegen ist es vor allem im Bereich hybrider Arbeitsformen schwierig, das Merkmal einer organisatorischen Integration nachzuweisen. Eine hierarchische Organisation ist ebenfalls nicht mehr zwingend notwendig, um den Wertschöpfungsprozess zu organisieren.[963] Geeignetere Indikatoren sind in diesem Zusammenhang eine langfristige Leistungsbeziehung, eine regelmäßige kommunikative Verbindung, die Nutzung von Arbeitsmitteln des Leistungsempfängers und die gemeinsame oder parallele Tätigkeit mit anderen Leistungserbringern des koordinierenden Leistungsempfängers, insbesondere wenn die Tätigkeit zu dessen Kerngeschäft gehört.[964] Dabei ist zu berücksichtigen, dass die Koordinationstätigkeit rein digital gesteuert werden kann, beispielsweise per App.[965] So kann im Einzelfall auch das interne oder externe Rating- und Feedbacksystem einer Plattform – allgemeiner formuliert ein Algorithmus – zur Koordinierung und Organisation der Leistenden dienen.[966] Damit diese Indikatoren dem Kernmerkmal der unternehmerischen Fremdbestimmung nicht widersprechen, darf der Leistende nicht über eine eigene unternehmerische Organisation verfügen, was eigene Arbeitsmittel und mehrere Leistungsempfänger indizieren können.[967]

Mögliche Indikatoren für eine Weisungsabhängigkeit sind erneut im Lichte des Kernmerkmals des Arbeitnehmerbegriffs zu betrachten. Der EuGH stellt darauf ab, ob der Leistungsempfänger während der Dauer des Vertragsverhältnisses Zeit, Ort und Durchführungsmodalitäten der übertragenen Aufgaben vorgibt.[968] Dies ist nicht nur aus der Perspektive der digitalen Arbeitswelt betrachtet zu ungenau.[969] Gerade hoch qualifizierte Arbeitskräfte oder Arbeitskräfte in Führungspositionen werden oft keine genauen Weisungen hinsichtlich Zeit, Ort oder Inhalt ihrer Arbeitsleistung erhalten. Dennoch verwerten sie ihre Arbeitsleistung nicht auf eigene Rechnung, sondern für ihren Arbeitgeber.[970] Der Arbeitgeber kann es

---

962 In diesem Zusammenhang wird auch der Betriebsbegriff des deutschen Betriebsverfassungsgesetzes angesichts des Anstiegs mobiler Arbeitsformen funktional interpretiert und verlangt keine Organisation in Gestalt einer räumlichen Verbundenheit; dazu *Maschmann*, in: Richardi, Betriebsverfassungsgesetz, 17. Aufl. 2022, § 1 Rn. 112a ff.; *Urban*, ArbRAktuell 2022, 221, 222.

963 *Rebhahn*, RdA 2009, 154, 164 f.; *Heuschmid/Hlava*, AuR 2015, 193, 195; *Koch*, in: Hensel et al., Selbstständige Unselbstständigkeit, 2019, S. 153; *Kocher*, in: Hensel et al., Selbstständige Unselbstständigkeit, 2019, S. 173, 186 f.

964 *Wank*, NZA 1999, 225, 231; *ders.*, EuZA 2016, 143, 161 f.; *Liebman/Lyubarsky*, in: Waas/Liebman/Lyubarsky/Kezuka, Crowdwork – A Comparative Law Perspective, 2017, S. 24, 85; *Kocher*, ZEuP 2021, 606, 620 f.

965 *Kocher*, in: Hensel et al., Selbstständige Unselbstständigkeit, 2019, S. 173, 186 f.

966 *De Stefano*, 37 Comp. Lab. L. & Pol'y J. 2016, 471, 473; *Kocher/Hensel*, NZA 2016, 984, 988, 990; *Wisskirchen/Schwindling*, ZESAR 2017, 318, 321; *Kocher*, in: Hensel et al., Selbstständige Unselbstständigkeit, 2019, S. 173, 189; *Gerber*, WSI-Mitteilungen 2020, 182, 186 f.; allgemein zur Algorithmus basierten Organisation in der Plattformökonomie *Schubert/Hütt*, 10 Eur. Labour L. J. 2019, 3; siehe als Beispielsfall für eine algorithmusbasierte Verhaltenssteuerung BAG, Urt. v. 1.12.2020, 9 AZR 102/20, NZA 2021, 552 Rn. 45 ff.

967 *Wank*, EuZA 2016, 143, 162 f.

968 EuGH, Urt. v. 4.12.2014, Rs. C-413/13, ECLI:EU:C:2014:2411, Rn. 37 – *FNV Kunsten*; EuGH, Beschl. v. 22.4.2020, Rs. C-692/19, ECLI:EU:C:2020:288, Rn. 31 – *Yodel*.

969 Generell zur abnehmenden Bedeutung des Merkmals der Weisungsabhängigkeit für die Feststellung der Arbeitnehmereigenschaft, insbesondere bei digitalen Arbeitsverhältnissen siehe *Rebhahn*, RdA 2009, 154, 166 f.; *Fuhlrott/Oltmanns*, NJW 2020, 958, 961; *Preis*, in: ErfK ArbR, 25. Aufl. 2025, § 611a Rn. 13.

970 Daher ist der EuGH-Rechtsprechung, die – wenn auch mit anderer Begründung – eine Einordnung von Geschäftsführern als Arbeitnehmern zulässt, zumindest im Ergebnis zuzustimmen; siehe EuGH, Urt. v. 10.9.2015, Rs. C-47/14, ECLI:EU:C:2015:574, Rn. 34 ff. – *Holterman*; EuGH, Urt. v. 9.7.2015, Rs. C-229/14, ECLI:EU:C:2015:455, Rn. 34 ff. – *Balkaya*; EuGH, Urt. v. 11.11.2010, Rs. C-232/09, ECLI:EU:C:2010:674, Rn. 39 ff. – *Danosa*.

auch ganz unterlassen, eine Weisung zu erteilen, trotz – und das ist entscheidend – bestehender Möglichkeit hierzu. Relevant ist, ob die Weisungsmöglichkeit für die gesamte Dauer des Leistungsverhältnisses tätigkeitsübergreifend besteht und nicht auf Einzelaufträge beschränkt ist. Denn bei vielen Dienstleistungen liegt eine Weisungsbindung hinsichtlich des jeweiligen Auftrags in der Natur der Sache.[971] Ein Indikator für eine Weisungsabhängigkeit ist daher, wenn der Leistende einzelne Aufträge über die gesamte Vertragsdauer hinweg nicht ablehnen kann. Ist er dagegen frei darin, Aufträge anzunehmen, hat er einen nicht unerheblichen unternehmerischen Spielraum. In welchem Umfang diese Möglichkeit nicht nur vertraglich vereinbart wurde, sondern auch tatsächlich besteht, muss im Einzelfall geprüft werden. Dabei sind dann auch – für die gesamte Vertragsdauer geltende – Weisungsmöglichkeiten in zeitlicher, örtlicher und inhaltlicher Hinsicht zu berücksichtigen. Ihr Fehlen spricht allerdings nicht zwingend gegen ein Arbeitsverhältnis.

Im Lichte der genannten Indikatoren betrachtet, ist der Entscheidung des EuGH in der Rechtssache *Yodel*[972] zuzustimmen. In seinem Beschluss lehnte der EuGH die Arbeitnehmereigenschaft eines soloselbstständigen Paketzustellers ab, der Kurierdienstleistungen für das Plattformunternehmen *Yodel Delivery Network Ltd* (*Yodel*) erbrachte.[973] Dafür nutzte er sein eigenes Fahrzeug und Mobiltelefon. Der Kurierdienstvertrag gestattete es ihm die Zustellung durch einen geeigneten Dritten vornehmen zu lassen, für direkte Konkurrenten von *Yodel* tätig zu werden und ein maximales Auslieferungskontingent an Paketen festzulegen, wobei er nicht verpflichtet ist, überhaupt Auslieferungen zu übernehmen. Die Reihenfolge und Route durfte der Paketzusteller selbst wählen, solange die Zustellung zwischen 7:30 und 21 Uhr erfolgt ist. Die Vergütung richtete sich nach einem festen Satz pro Paket. Aus einer Gesamtschau dieser Umstände folgerte der EuGH, dass der Paketzusteller über einen so großen Spielraum verfüge, dass er als selbstständiger Leistungserbringer einzustufen sei.[974] Dem ist insbesondere deswegen zuzustimmen, weil der Paketzusteller selbst festlegen konnte, ob und wie viele Pakete er von der nächsten Großlieferung übernehmen möchte. Er hatte auch die unternehmerische Freiheit zu entscheiden, ob und in welchem Umfang er parallel für andere Auftraggeber tätig werden will. Dass zusätzlich jedes Paket einzeln vergütet wurde, indiziert in einer Gesamtschau mit den anderen Indikatoren deutlich, dass der Paketzusteller unternehmerische Freiheit über den Einsatz seiner Arbeitsleistung genoss und auf eigene Rechnung tätig wurde.[975]

4.2.6 Ergebnis und Schlussfolgerung zur Einbeziehung Solo-Selbstständiger in den Ausnahmebereich

Weder die grammatikalische, die historisch-genetische noch die systematische Auslegung des unionsrechtlichen Arbeitnehmerbegriffs im Kontext der Kollektivautonomie waren für die Frage ergiebig, ob

---

[971] *Thüsing*, NZA 2015, 1478, 1479; *Wank*, EuZA 2016, 143, 160 f.

[972] EuGH, Beschl. v. 22.4.2020, Rs. C-692/19, ECLI:EU:C:2020:288 – *Yodel.*

[973] Dazu und zum Folgenden EuGH, Beschl. v. 22.4.2020, Rs. C-692/19, ECLI:EU:C:2020:288, Rn. 5 ff. – *Yodel*; *Schmidt*, NZA 2021, 1232 f.

[974] EuGH, Beschl. v. 22.4.2020, Rs. C-692/19, ECLI:EU:C:2020:288 Rn. 45 – *Yodel.*

[975] Zwar bezog sich der EuGH nur auf die vertraglich eingeräumten Möglichkeiten des Paketzustellers und nahm nicht die – nach hier vertretener Ansicht entscheidenden – Tatsachen in den Blick. Dies war allerdings dem Umstand geschuldet, dass das vorlegende Gericht noch keine tatsächlichen Feststellungen dazu getroffen hatte, ob die vertraglichen Regelungen den realökonomischen Gegebenheiten entsprachen. Der EuGH ist keine Tatsacheninstanz; vgl. EuGH, Urt. v. 22.6.1999, Rs. C-342/97, ECLI:EU:C:1999:323, Rn. 11 – *Lloyd.* Der Beschluss bezieht sich daher nur auf die bisherigen Feststellungen des Vorabentscheidungsverfahrens, wie den Kurierdienstvertrag, und weist das vorlegende Gericht abschließend an, eine eigene Abwägung aller relevanten Umstände vorzunehmen; EuGH, Beschl. v. 22.4.2020, Rs. C-692/19, ECLI:EU:C:2020:288, Rn. 35, 40, 45 – *Yodel*; dazu *Schmidt*, NZA 2021, 1232, 1234.

Solo-Selbstständige von diesem erfasst und daher vom kartellrechtlichen Ausnahmebereich für Kollektivverträge privilegiert werden. Gezeigt werden konnte nur, dass Wortlaut und Systematik einer solchen Einordnung jedenfalls nicht entgegenstehen.

Die teleologische Auslegung des Arbeitnehmerbegriffs hat ergeben, dass die primärrechtliche Vermutung eines korrekturbedürftigen strukturellen Machtungleichgewichts der Grund für einen Arbeitnehmerschutz in Form von Kollektivverhandlungen ist. Die Grenze der personellen Reichweite dieser Vermutung ist bei selbstständigen Leistungserbringern erreicht. In Abgrenzung zum Selbstständigen konnten drei Merkmale unselbstständiger Arbeit identifiziert werden, die eine Definition des Arbeitnehmerbegriffs erlauben: Arbeitnehmer ist, wer seine Freiheit aufgibt, unternehmerische Entscheidungen über den Einsatz seiner persönlichen Arbeitsleistung auf eigene Rechnung zu treffen, und deswegen in die Organisation des Leistungsempfängers eingegliedert ist und dessen Weisungen unterliegt. Ob diese Merkmale im Einzelfall erfüllt sind, ist anhand von Indikatoren zu prüfen, die insbesondere im Lichte des zentralen Merkmals des Arbeitnehmerbegriffs zu betrachten sind: der fehlenden Möglichkeit zu unternehmerischen Entscheidungen über die persönliche Arbeitsleistung auf eigene Rechnung.

Das bedeutet für eine etwaige Arbeitnehmereigenschaft von Solo-Selbstständigen: Die wirtschaftliche Abhängigkeit eines Solo-Selbstständigen von seinem Auftraggeber genügt nicht, um einen Arbeitnehmerstatus zu begründen.[976] Eine Zwischenkategorie, neben Arbeitnehmern und Selbstständigen, die ebenfalls zu Kollektivverhandlungen berechtigt wäre, kennt das Unionsrecht nicht.[977] Zuzustimmen ist daher der Rechtsprechung des EuGH, nach der nur Scheinselbstständige, die die Arbeitnehmermerkmale erfüllen, aber im nationalen Recht als selbstständig qualifiziert werden, unter die unionsrechtliche Arbeitnehmerdefinition fallen. Der Scheinselbstständige kann als Unterkategorie des Arbeitnehmers verstanden werden. Er hat allerdings nur eine klarstellende Funktion, ohne die Reichweite des Arbeitnehmerbegriffs zu erweitern. Echte Solo-Selbstständige,[978] die nur wirtschaftlich von ihrem Auftraggeber abhängig sind, sind also nicht vom persönlichen Schutzbereich der unionsrechtlichen Kollektivautonomie erfasst.[979] Ihre Kollektivverhandlungen sind an Art. 101 AEUV zu messen.[980] Wenn der Unionsgesetzgeber in Zukunft auch wirtschaftlich abhängigen, echten Solo-Selbstständigen ein Recht auf Kollektivverhandlungen zusprechen will, muss er bei dem binären System ansetzen und eine neue Kategorie[981] für schutzbedürftige Solo-Selbstständige normieren sowie ihnen ein Recht auf Kollektivautonomie gewähren.[982]

---

976 *Picker*, ZEuP 2020, 305, 314; zurückhaltend a.A. *Rummel*, Kartellrechtliche Freistellung sozialpartnerschaftlicher Kollektivverträge, 2023, S. 356.

977 *Löwisch/Rieble*, Tarifvertragsgesetz, 4. Aufl. 2017, § 12a Rn. 25; *Wank*, EuZW 2018, 21, 28; *Mohr*, EuZA 2018, 436, 445, 456; vgl. *Bourazeri*, NZA 2019, 741, 744 f.; *Krebber*, in: Calliess/Ruffert, EUV/AEUV, 6. Aufl. 2022, AEUV Art. 153 Rn. 2.

978 Begriff nach *Mohr*, EuZA 2018, 436, 445, 461.

979 *Picker*, ZEuP 2020, 305, 314. Eingängig zu den beiden scharf zu trennenden Konzepten *Junker*, EuZA 2016, 184, 196: „Leistungserbringer, die wegen wirtschaftlicher Abhängigkeit in einer vergleichbaren Situation wie Arbeitnehmer stehen, und Personen, deren wahre Eigenschaft – die Arbeitnehmereigenschaft – das nationale Recht ‚verschleiert'."

980 A.A. *Fuchs*, ZESAR 2016, 297, 305 f.; *Bayreuther*, SR-Sonderausg. 2019, 4, 9 f.; *Kocher*, ZEuP 2021, 606, 632; *Seifert*, Kollektivverträge für wirtschaftlich abhängige Selbstständige und unionsrechtliches Kartellverbot, 2022, S. 114 f.

981 Für die Schaffung einer „mittleren Kategorie von wirtschaftlich abhängigen Selbständigen" im europäischen Arbeitsrecht *Stöhr*, EuZA 2022, 413, 430. So auch *Countouris/De Stefano/Lianos*, The EU, Competition Law and Workers' Rights, 2021, S. 16 ff., die außerdem das Konzept einer „*predominantly personal work*" vorschlagen, um die kollektivvertragsfähigen Parteien zu bestimmen.

982 So auch *Maggiolino*, 10 J. Antitrust Enforc. 2022, 365, 388, 401.

Neben den soeben genannten allgemeingültigen Aspekten für Solo-Selbstständige hat die Untersuchung speziell für den Bereich der Plattformarbeit Folgendes ergeben: Plattformarbeiter im Agenturmodell sind keine Arbeitnehmer der Plattform, da sie ihre unternehmerische Entscheidungsfreiheit auf eigene Rechnung nicht aufgeben. Das bedeutet auch, dass ein Arbeitnehmerstatus bei direktem *crowdworking* ausscheidet.[983] Bei Plattformarbeit in Gestalt einer Leistungskette, wozu auch indirektes *crowdworking* zählt, ist im Einzelfall zu prüfen, ob die Arbeitnehmermerkmale erfüllt sind. Das wird regelmäßig dann nicht der Fall sein, wenn der Plattformarbeiter tatsächlich die Möglichkeit hat zu entscheiden, welche Aufträge er annimmt und ob er parallel für andere Auftraggeber tätig werden möchte. Insgesamt werden deswegen auch indirekte *crowdworker* vermutlich überwiegend nicht als Arbeitnehmer im unionsrechtlichen Sinne zu qualifizieren sein. Denn sie schulden meist nur einen bestimmten Erfolg im Sinne eines Einzelauftrags, tragen das wirtschaftliche Risiko des Nichterfolgs und haben die Möglichkeit, auf und für mehrere Plattformen tätig zu werden.[984]

Zusammenfassend ist für die personelle Reichweite des kartellrechtlichen Ausnahmebereichs maßgeblich, ob es sich um Scheinselbstständige oder echte Solo-Selbstständige handelt, was anhand der drei Merkmale des unionsrechtlichen Arbeitnehmerbegriffs und einer Gesamtschau der geeigneten Indikatoren zu prüfen ist. Die Scheinselbstständigkeit, als Unterkategorie des Arbeitnehmerstatus, ist eine rein begriffliche Schöpfung, die Verschleierungsversuche eines tatsächlichen Arbeitsverhältnisses meint. Solo-Selbstständige werden im Einzelfall auch nach Unionsrecht ganz überwiegend als echte Solo-Selbstständige zu qualifizieren sein, die *de lege lata* nicht unter den kartellrechtlichen Ausnahmebereich fallen.

4.3 Unternehmensbegriff als mögliche Grenze des Ausnahmebereichs

4.3.1 Vorüberlegungen

Der EuGH knüpft die Anwendungsgrenze der personellen Reichweite des Ausnahmebereichs von Art. 101 AEUV, wie gezeigt, nicht nur an den Arbeitnehmer-, sondern auch an den Unternehmensbegriff. Das ist schon deswegen kritisch zu beurteilen, weil der Ausnahmebereich für Kollektivverträge auf außertatbestandliche Erwägungen zurückgeht, während die Unternehmenseigenschaft ein Tatbestandsmerkmal von Art. 101 AEUV ist. Der grundsätzliche Vorrang von Kollektivvertragssystemen gegenüber dem Wettbewerbsprinzip ist der Grund dafür, dass der Anwendungsbereich des Kartellverbots zu beschränken ist. Deswegen ist es die Kollektivautonomie, die als vorrangige Rechtsmaterie die Reichweite der Spezialität bestimmen muss. Auf personeller Ebene ist es also der Arbeitnehmer- und nicht der Unternehmensbegriff, der die Grenze zum Anwendungsbereich von Art. 101 AEUV zieht.[985]

Selbst wenn man – mit dem EuGH und entgegen der hier vertretenen Ansicht – den Unternehmensbegriff als maßgeblich für die personelle Abgrenzung des Ausnahmebereichs erachtet, ist zweifelhaft, ob er hierfür tatsächlich geeignet wäre. Denn Arbeitnehmer und Gewerkschaften könnten im Kontext kollektiver Verhandlungen selbst als Unternehmen zu qualifizieren sein,[986] was dem Unternehmensbegriff

[983] Vgl. *Picker*, ZEuP 2020, 305, 313.

[984] Ausführlich dazu *Daskalova*, 19 Ger. Law J. 2018, 461, 474 ff.; *Bourazeri*, NZA 2019, 741, 744 f.; vgl. *Wank*, EuZA 2016, 143, 168.

[985] A.A. *Countouris/De Stefano/Lianos*, The EU, Competition Law and Workers' Rights, 2021, S. 19 ff., die vom Vertragspartner abhängige Solo-Selbstständige vom Unternehmensbegriff ausnehmen und deswegen den Ausnahmebereich auf sie erstrecken wollen.

[986] Für die Unternehmenseigenschaft von Arbeitnehmern bei arbeitsmarktbezogenen Tätigkeiten *Kordel*, Arbeitsmarkt und Europäisches Kartellrecht, 2004, S. 23 ff.; *Ackermann*, in: Rieble/Junker/Giesen, Kartellrecht und Arbeitsmarkt, 2010, S. 17, 26 f.; *Serr*, Private Tariftreue, 2013, S. 118; *Thomas*, in: Ory/Cole, Reform

jegliche Eignung zur Grenzziehung des Ausnahmebereichs absprechen würde. Die bisher deutlich überwiegende Ansicht geht allerdings recht undifferenziert davon aus, dass Arbeitnehmer grundsätzlich nicht unter den Unternehmensbegriff fallen.[987] Dieser Problematik soll im Folgenden nachgegangen werden.

4.3.2 Unternehmensbegriff der EU-Wettbewerbsregeln

Der Unternehmensbegriff in Art. 101 AEUV bestimmt die Adressaten der Verbotsnorm. Er ist autonom auszulegen. Damit ist nicht nur gemeint, dass die Auslegung unabhängig von dem Rechtsverständnis der Mitgliedstaaten vorzunehmen ist.[988] Vielmehr ist das Tatbestandsmerkmal Unternehmen auch unabhängig von der unionsrechtlichen Definition des Unternehmensbegriffs außerhalb der Wettbewerbsregeln zu bestimmen.[989] Der EuGH definiert Unternehmen im Kontext der Wettbewerbsregeln als jede eine wirtschaftliche Tätigkeit ausübende Einrichtung unabhängig von ihrer Rechtsform und der Art ihrer

des Urhebervertragsrechts, 2016, S. 47, 55; *Roth/Ackermann*, in: Frankfurter Kommentar, Kartellrecht, 101. Lfg. 2022, Grundfragen des Art. 101 Abs. 1 AEUV Rn. 53 ff.; *Lichtenberg*, NZKart 2023, 296, 297 ff.; ähnlich *Lettl*, WRP 2015, 294, 300, der zwischen dem „Ob" und „Wie" der Leistungserbringung differenziert; wohl ebenso *Rummel*, Kartellrechtliche Freistellung sozialpartnerschaftlicher Kollektivverträge, 2023, S. 217 ff.

987 Siehe etwa EuGH, Urt. v. 16.9.1999, Rs. C-22/98, ECLI:EU:C:1999:419, Rn. 26 – *Becu*; GA Jacobs, Schlussanträge v. 28.1.1999, Rs. C-67/96, ECLI:EU:C:1999:28, Rn. 209 ff. – *Albany*; wohl auch GA Lenz, Schlussanträge v. 20.9.1995, Rs. C-415/93, ECLI:EU:C:1995:293, Rn. 263 – *Bosman*; *Rieble*, Arbeitsmarkt und Wettbewerb, 1996, Rn. 429; *Graf von Wallwitz*, Tarifverträge und die Wettbewerbsordnung des EG-Vertrages, 1997, S. 146; *Lange*, WuW 2002, 953, 954; *Viol*, Die Anwendbarkeit des europäischen Kartellrechts auf Tarifverträge, 2005, S. 303 ff.; *Mühlbach*, Tarifverträge in der europäischen Kartellkontrolle, 2007, S. 126 ff.; differenzierend zwischen Vorstandsmitgliedern, Geschäftsführern, Profisportlern und sonstigen Arbeitnehmern *Denzel/Klöppner*, in: Rieble/Junker/Giesen, Kartellrecht und Arbeitsmarkt, 2010, S. 131, 141 ff.; *Maeßen*, Auswirkungen der EuGH-Rechtsprechung auf das deutsche Arbeitskampfrecht, 2010, S. 245; *Mestmäcker/Schweitzer*, Europäisches Wettbewerbsrecht, 3. Aufl. 2014, § 9 Rn. 50; *Füller*, in: Kölner Kommentar zum Kartellrecht, 1. Aufl. 2016, Bd. 3, Art. 101 AEUV Rn. 57; *Kainer*, EuZA 2017, 90, 92; *Stockenhuber*, in: Grabitz/Hilf/Nettesheim, Das Recht der Europäischen Union, 64. Lfg. 2018, Art. 101 AEUV Rn. 60; *Bechtold/Bosch/Brinker*, EU-Kartellrecht, 4. Aufl. 2023, AEUV Art. 101 Rn. 17; *Zimmer*, in: Immenga/Mestmäcker, Wettbewerbsrecht, 7. Aufl. 2024, Bd. 1, Art. 101 Abs. 1 AEUV Rn. 11, 20, 175; *Bourazeri*, NZA 2019, 741, 743; *Heinemann*, WuW 2020, 371, 373; *Säcker/Steffens*, in: MüKo, Wettbewerbsrecht, 4. Aufl. 2023, Bd. 1-1, AEUV Art. 101 Rn. 53; *Grave/Nyberg*, in: Loewenheim et al., Kartellrecht, 4. Aufl. 2020, AEUV Art. 101 Abs. 1 Rn. 104; *Säcker*, in: FS Windbichler, 2020, S. 1435, 1436; *Hoffmann*, in: Ludwigs, EU-Wirtschaftsrecht, 48. Lfg. 2019, § 26 Rn. 64; *Hengst*, in: Bunte, Kartellrecht, 14. Aufl. 2022, Bd. 2, Art. 101 AEUV Rn. 14; *Mohr/Mey*, NZKart 2022, 665, 668; *Harsdorf-Borsch*, in: BeckOK Kartellrecht, 8. Ed. Stand 1.4.2023, AEUV Art. 101 Rn. 29; *Heinemann*, WuW 2023, 257, 258, 262; *Baumgart*, Der Schutz des Wettbewerbs und der Arbeitnehmer durch Arbeits- und Kartellrecht, 2025, S. 151 f.

988 EuGH, Urt. v. 30.1.1985, Rs. 123/83, ECLI:EU:C:1985:33, Rn. 17 – *BNIC*; *Werner*, Der Begriff der wirtschaftlichen Tätigkeit im europäischen Kartellrecht, 2012, S. 19; *Mestmäcker/Schweitzer*, Europäisches Wettbewerbsrecht, 3. Aufl. 2014, § 9 Rn. 8; *Säcker/Steffens*, in: MüKo, Wettbewerbsrecht, 4. Aufl. 2023, Bd. 1-1, AEUV Art. 101 Rn. 2.

989 *Kordel*, Arbeitsmarkt und Europäisches Kartellrecht, 2004, S. 22; *Werner*, Der Begriff der wirtschaftlichen Tätigkeit im europäischen Kartellrecht, 2012, S. 20. Der EuGH spricht teilweise selbst vom „Unternehmen im Sinne des Wettbewerbsrechts"; siehe etwa EuGH, Urt. v. 23.4.1991, Rs. C-41/90, ECLI:EU:C:1991:161, Rn. 21 – *Höfner und Elser*; EuGH, Urt. v. 19.2.2002, Rs. C-309/99, ECLI:EU:C:2002:98, Rn. 46 – *Wouters*.

Finanzierung.[990] Eine wirtschaftliche Tätigkeit in diesem Sinne ist das Anbieten von Gütern oder Dienstleistungen auf einem bestimmten Markt.[991] Damit ist der Bezug zur Wirtschaftsordnung des Primärrechts hergestellt, die in ihrem geographischen Anwendungsbereich entstehende Marktbeziehungen durch das Wettbewerbsprinzip dezentral ordnen und durch die Wettbewerbsregeln schützen will. Anerkannt ist deshalb, dass der Unternehmensbegriff in diesem Kontext funktional-relativer und nicht institutioneller Natur ist.[992] Er ist tätigkeitsbezogen auszulegen, weshalb das Definitionsmerkmal der Einheit auch keine eigene Rechtspersönlichkeit verlangt.[993] Die Auslegung muss dem Ziel Rechnung tragen, die Einheit des Binnenmarktes und die Funktionsfähigkeit des Wettbewerbs zu gewährleisten.[994]

4.3.3 Unternehmenseigenschaft von Arbeitnehmern und Gewerkschaften

Ausgehend von der Definition des Unternehmensbegriffs durch den EuGH will die Arbeit im Folgenden zeigen, dass Arbeitnehmer und in der Folge auch Gewerkschaften bei einer funktionalen und tätigkeitsbezogenen Betrachtung als Unternehmen im Sinne von Art. 101 ff. AEUV qualifiziert werden können.

Arbeitnehmer sind auf zwei unterschiedlichen Marktkategorien tätig:[995] Zum einen agieren sie auf Waren- und Dienstleistungsmärkten, wo sie für das Unternehmen ihres Arbeitgebers tätig werden.[996] Zum anderen bieten sie ihre Leistung auf Arbeitsmärkten an. Dort stehen ihnen potenzielle Arbeitgeber als Nachfrager gegenüber. Arbeitnehmer weisen insoweit eine deutliche Parallele zu Handelsvertretern auf. Diese werden für ihre Geschäftsherren als Vermittler auf Gütermärkten tätig, während sie ihre Vermittlungsleistung auf davon zu trennenden Vermittlungsmärkten anbieten.[997]

Werden Arbeitnehmer auf der erstgenannten Kategorie tätig, den Waren- und Dienstleistungsmärkten, auf denen ihr Arbeitgeber agiert, sind sie nicht als Unternehmen im Sinne der Art. 101 ff. AEUV zu

---

990 EuGH, Urt. v. 23.4.1991, Rs. C-41/90, ECLI:EU:C:1991:161, Rn. 21 – *Höfner und Elser*; EuGH, Urt. v. 17.2.1993, Rs. 159 und 160/91, ECLI:EU:C:1993:63, Rn. 17 – *Poucet und Pistre*; EuGH, Urt. v. 21.9.1999, Rs. C-67/96, ECLI:EU:C:1999:430, Rn. 77 – *Albany*; EuGH, Urt. v. 18.6.1998, Rs. C-35/96, ECLI:EU:C:1998:303, Rn. 36 – *Kommission/Italien*; EuGH, Urt. v. 19.2.2002, Rs. C-309/99, ECLI:EU:C:2002:98, Rn. 46 – *Wouters*; EuGH, Urt. v. 12.07.2012, Rs. C-138/11, ECLI:EU:C:2012:449, Rn. 35 – *Compass-Datenbank*; EuGH, Urt. v. 17.9.2015, Rs. C-597/13 P, ECLI:EU:C:2015:613, Rn. 33 – *Total*.

991 EuGH, Urt. v. 18.6.1998, Rs. C-35/96, ECLI:EU:C:1998:303, Rn. 36 – *Kommission/Italien*; EuGH, Urt. v. 12.9.2000, Rs. C-180/98, ECLI:EU:C:2000:428, Rn. 75 – *Pavlov*; EuGH, Urt. v. 19.2.2002, Rs. C-309/99, ECLI:EU:C:2002:98, Rn. 47 – *Wouters*.

992 Siehe etwa: *Odudu*, The Boundaries of EC Competition Law, 2006, S. 24 ff.; *Mestmäcker/Schweitzer*, Europäisches Wettbewerbsrecht, 3. Aufl. 2014, § 9 Rn. 6; *Brinker*, in: Schwarze et al., EU-Kommentar, 4. Aufl. 2019, Art. 101 AEUV Rn. 29; *Säcker/Steffens*, in: MüKo, Wettbewerbsrecht, 4. Aufl. 2023, Bd. 1-1, AEUV Art. 101 Rn. 4 ff.; zur funktionalen Auslegung des GWB *Kling/Thomas*, Kartellrecht, 2. Aufl. 2016, § 15 Rn. 4 ff.

993 EuGH, Urt. v. 28.6.2005, verb. Rs. C-189/02 P, C-202/02 P, C-205/02 P bis C-208/02 P und C-213/02 P, ECLI:EU:C:2005:408, Rn. 113 - *Dansk Rørindustri*.

994 *Mestmäcker/Schweitzer*, Europäisches Wettbewerbsrecht, 3. Aufl. 2014, § 9 Rn. 6.

995 *Kordel*, Arbeitsmarkt und Europäisches Kartellrecht, 2004, S. 32; *Lichtenberg*, NZKart 2023, 296, 298; vgl. *Roth/Ackermann*, in: Frankfurter Kommentar, Kartellrecht, 101. Lfg. 2022, Grundfr. Art. 101 Abs. 1 AEUV Rn. 53 f.

996 Manche Arbeitnehmer werden für ihre Arbeitgeber auch überhaupt nicht auf wirtschaftlichen Märkten tätig, sondern übernehmen rein verwaltende, interne Tätigkeiten, die keinen Marktbezug aufweisen.

997 Dass eine solche Parallele besteht, geht auch aus der *FNV Kunsten*-Entscheidung hervor. Dort erläutert der EuGH, dass es für die Einordnung als Unternehmen und damit als unabhängiger Wirtschaftsteilnehmer auf die Verteilung der finanziellen und wirtschaftlichen Risiken ankomme. Dazu verweist er auf seine *CEPSA*-Entscheidung, bei der die Unternehmenseigenschaft eines Handelsvertreters bzw. Absatzmittlers fraglich war; EuGH, Urt. v. 14.12.2006, Rs. C-217/05, ECLI:EU:C:2006:784, Rn. 43 f. – *CEPSA*; EuGH, Urt. v. 4.12.2014, Rs. C-413/13, ECLI:EU:C:2014:2411, Rn. 33 – *FNV Kunsten*.

qualifizieren.[998] Auf diesen Märkten bieten Arbeitnehmer ihre Leistung nicht selbstständig an, sondern sind in das Unternehmen ihres Arbeitgebers eingegliedert und dessen Weisungsbefugnis unterworfen. Vor allem tragen sie nicht die finanziellen Risiken der unternehmerischen Entscheidungen auf diesen Märkten. Dies ist nach der Rechtsprechung des EuGH für eine Einstufung als Unternehmen allerdings erforderlich,[999] weshalb die Definition der wirtschaftlichen Tätigkeit um das Merkmal der Selbstständigkeit des Anbietens von Gütern oder Dienstleistungen ergänzt wird.[1000] Selbstständig handelt nämlich nur, wer das finanzielle Risiko seines eigenen Verhaltens trägt. Denn Wettbewerb ist mit dem Eingehen von Risiken durch die autonomen Marktteilnehmer verbunden.[1001] Soweit sie für ihren Arbeitgeber am Markt tätig werden, sind sie daher als Hilfsorgan in dessen wirtschaftliche Einheit eingegliedert; ihre Handlungen sind dieser Einheit zuzurechnen.[1002]

Auf Arbeitsmärkten bieten Arbeitnehmer ihre Leistungen dagegen selbstständig an.[1003] Sie tragen das finanzielle Risiko dieser Tätigkeit. Denn finden sie keinen Abnehmer für ihre Leistung, wird ein bestehendes Arbeitsverhältnis beendet oder ist der Arbeitgeber zahlungsunfähig, können sie durch ihre Arbeitsleistungen kein Einkommen generieren.[1004] Umgekehrt haben sie die Chance, Löhne und Arbeitsbedingungen auszuhandeln, die ihren Vorstellungen entsprechen. Ihre Handlungen auf Arbeitsmärkten, die sich auf diese Chancen und Risiken beziehen, sind daher wirtschaftliche Tätigkeiten.[1005] Das gilt

---

998 Das ist in Rechtsprechung und Literatur auch unbestritten; siehe etwa EuGH, Urt. v. 16.9.1999, Rs. C-22/98, ECLI:EU:C:1999:419, Rn. 26 – *Becu*; *Kordel*, Arbeitsmarkt und Europäisches Kartellrecht, 2004, S. 32; *Serr*, Private Tariftreue, 2013, S. 117 f.; *Roth/Ackermann*, in: Frankfurter Kommentar, Kartellrecht, 101. Lfg. 2022, Grundfr. Art. 101 Abs. 1 AEUV Rn. 53.

999 EuGH, Urt. v. 16.12.1975, verb. Rs. 40 bis 48/73, 50/73, 54 bis 56/73, 111/73, 113 und 114/73, ECLI:EU:C:1975:174, Rn. 482/483 – *Suiker Unie*; EuGH, Urt. v. 18.6.1998, Rs. C-35/96, ECLI:EU:C:1998:303, Rn. 37 – *Kommission/Italien*; EuGH, Urt. v. 19.2.2002, Rs. C-309/99, ECLI:EU:C:2002:98, Rn. 48 – *Wouters*

1000 *Zimmer*, in: Immenga/Mestmäcker, Wettbewerbsrecht, 7. Aufl. 2025, Bd. 1, Art. 101 Abs. 1 AEUV Rn. 19; *Säcker/Steffens*, in: MüKo, Wettbewerbsrecht, 4. Aufl. 2023, Bd. 1-1, AEUV Art. 101 Rn. 49. Auch der BGH integriert das Merkmal der selbstständigen Tätigkeit in seine Definition des Unternehmensbegriffs des GWB; siehe etwa BGH, Urt. v. 6.11.2013, KZR 58/11, BGHZ 199, 1, Rn. 43 – *VBL Gegenwert I*.

1001 Vgl. EuGH, Urt. v. 16.12.1975, verb. Rs. 40 bis 48/73, 50/73, 54 bis 56/73, 111/73, 113 und 114/73, ECLI:EU:C:1975:174, Rn. 26/28 – *Suiker Unie*; *Zimmer*, in: Immenga/Mestmäcker, Wettbewerbsrecht, 7. Aufl. 2025, Bd. 1, Art. 101 Abs. 1 AEUV Rn. 19; *Säcker/Steffens*, in: MüKo, Wettbewerbsrecht, 4. Aufl. 2023, Bd. 1-1, AEUV Art. 101 Rn. 49.

1002 Vgl. EuGH, Urt. v. 16.9.1999, Rs. C-22/98, ECLI:EU:C:1999:419, Rn. 26 – *Becu*; EuGH, Urt. v. 4.12.2014, Rs. C-413/13, ECLI:EU:C:2014:2411, Rn. 36 – *FNV Kunsten*.

1003 *Thomas*, in: Ory/Cole, Reform des Urhebervertragsrechts, 2016, S. 47, 55; *Lichtenberg*, NZKart 2023, 296, 299.

1004 *Kordel*, Arbeitsmarkt und Europäisches Kartellrecht, 2004, S. 33; *Roth/Ackermann*, in: Frankfurter Kommentar, Kartellrecht, 101. Lfg. 2022, Grundfr. Art. 101 Abs. 1 AEUV Rn. 53a; *Lichtenberg*, NZKart 2023, 296, 299; ähnlich *Lettl*, WRP 2015, 294, 300, der allerdings zwischen dem „Ob" und „Wie" der Leistungserbringung differenziert, aber nicht konkret auf die Unterscheidung zwischen Tätigkeiten auf Arbeitsmärkten und auf nachgelagerten Märkten eingeht.

1005 Dass Arbeitnehmer zumeist nicht mehrere Arbeitsverhältnisse parallel eingehen und ein Arbeitsverhältnis auf längere Dauer angelegt ist, lässt die damit verbundenen finanziellen Risiken und daher auch die Selbstständigkeit nicht entfallen. Werden Arbeitnehmer während der Dauer eines Arbeitsverhältnisses nicht auf Arbeitsmärkten aktiv, sondern nur auf den nachgelagerten Waren- und Dienstleistungsmärkten, sind sie dennoch als potenzielle Unternehmen auf den relevanten Arbeitsmärkten zu qualifizieren. Schließlich können sie sich trotz bestehenden Arbeitsverhältnisses problemlos anderweitig bewerben oder angeworben werden und damit in Wettbewerb zu aktuell arbeitssuchenden Arbeitnehmern treten; dazu *Kordel*, Arbeitsmarkt und Europäisches Kartellrecht, 2004, S. 33 f.; *Roth/Ackermann*, in: Frankfurter Kommentar, Kartellrecht, 101. Lfg. 2022, Grundfr. Art. 101 Abs. 1 AEUV Rn. 54; *Lichtenberg*, NZKart 2023, 296, 299; a.A. *Baumgart*, Der Schutz des Wettbewerbs und der Arbeitnehmer durch Arbeits- und Kartellrecht, 2025, S. 147 ff.

sowohl für das erstmalige Aushandeln und Abschließen eines Arbeitsvertrages als auch für Nachverhandlungen während eines bereits bestehenden Arbeitsverhältnisses.[1006] Arbeitnehmer sind insoweit nicht als unselbstständiges Hilfsorgan in das Unternehmen des aktuellen oder potenziellen Arbeitgebers eingegliedert. Vielmehr steht ihnen dieser auf der Nachfrageseite des jeweiligen Arbeitsmarktes gegenüber.[1007] Arbeitnehmer und Arbeitgeber tragen jeweils eigene finanzielle Risiken, die mit dem (Nicht-)Abschluss eines Arbeitsverhältnisses verbunden sind.

Dass die Definition des Unternehmensbegriffs durch den EuGH auf das Anbieten von Gütern oder Dienstleistungen abstellt und der AEUV im Rahmen der Grundfreiheiten zwischen Dienst- und Arbeitsleistungen differenziert, spricht nicht gegen die soeben beschriebene Kategorisierung. Wie bereits gezeigt,[1008] ist der Unternehmensbegriff von Art. 101 ff. AEUV unabhängig von dem Verständnis anderer unionsrechtlicher Normen auszulegen. Bei einer funktionalen Betrachtung kommt es nur auf das selbstständige Anbieten einer Leistung auf einem wirtschaftlichen Markt an.[1009] Arbeitsleistung kann daher als Dienstleistung im Sinne der Definition qualifiziert werden.[1010]

Arbeitnehmer sind folglich als Unternehmen im Sinne von Art. 101 ff. AEUV zu qualifizieren, wenn sie ihre Leistung auf Arbeitsmärkten anbieten und in diesem Zusammenhang mit ihrem aktuellen oder einem potenziellen Arbeitgeber über Arbeitsbedingungen verhandeln. In der Folge könnten Gewerkschaften Unternehmensvereinigungen im Sinne von Art. 101 AEUV darstellen. Dies wäre allerdings nur dann der Fall, wenn Gewerkschaften nicht bereits selbst als Unternehmen einzustufen sind. Dafür ist allgemein erforderlich, dass die Vereinigung gleichzeitig eine eigene wirtschaftliche Tätigkeit ausübt.[1011] Unternehmensvereinigungen nehmen dagegen nur die Interessen ihrer Mitglieder wahr.[1012] Es handelt sich auch dann um eine Unternehmensvereinigung, wenn deren Beschlüsse für die Mitglieder verbindlich sind oder diese erklärt haben, den Empfehlungen der Vereinigung folgen zu wollen.[1013] Soweit Gewerkschaften mit Arbeitgeberverbänden oder einzelnen Arbeitgebern über die Arbeitsbedingungen ihrer Mitglieder verhandeln, nehmen sie lediglich deren Interessen wahr, ohne eine eigene wirtschaftliche Tätigkeit auszuüben. Sie sind daher hinsichtlich ihrer Tätigkeit auf Arbeitsmärkten eher als

---

[1006] *Kordel*, Arbeitsmarkt und Europäisches Kartellrecht, 2004, S. 33 f.; *Lichtenberg*, NZKart 2023, 296, 299.

[1007] *Kordel*, Arbeitsmarkt und Europäisches Kartellrecht, 2004, S. 33; *Lichtenberg*, NZKart 2023, 296, 299.

[1008] Dazu soeben B.III.4.3.2.

[1009] Dazu, dass es sich bei Arbeitsmärkten um wirtschaftliche Märkte handelt, siehe Teil 3 B.III.

[1010] Vgl. *Kordel*, Arbeitsmarkt und Europäisches Kartellrecht, 2004, S. 33.

[1011] GA *Lenz*, Schlussanträge v. 20.9.1995, Rs. C-415/93, ECLI:EU:C:1995:293, Rn. 256 – *Bosman*; *Zimmer*, in: Immenga/Mestmäcker, Wettbewerbsrecht, 7. Aufl. 2025, Bd. 1, AEUV Art. 101 Rn. 65; *Säcker/Steffens*, in: MüKo, Wettbewerbsrecht, 4. Aufl. 2023, Bd. 1-1, AEUV Art. 101 Rn. 61.

[1012] *Kling/Thomas*, Kartellrecht, 2. Aufl. 2016, § 5 Rn. 43; *Roth/Ackermann*, in: Frankfurter Kommentar, Kartellrecht, 101. Lfg. 2022, Grundfr. Art. 101 Abs. 1 AEUV Rn. 130.

[1013] EuGH, Urt. v. 29.10.1980, verb. Rs. 209 bis 215 und 218/78, ECLI:EU:C:1980:248, Rn. 88 – *Van Landewyck*.

Unternehmensvereinigungen zu qualifizieren.[1014] [1015] Dies gilt entsprechend für Arbeitgeberverbände.[1016]

4.4 Ergebnis

Die Untersuchung dieses Abschnitts konnte zeigen, dass die unionsrechtliche Definition des Arbeitnehmerbegriffs im Kontext von Kollektivverhandlungen das maßgebliche Kriterium für eine Geltung des Ausnahmebereichs von Art. 101 AEUV für Solo-Selbstständige wie Plattformarbeiter ist. Beide sind im Einzelfall entweder als Scheinselbstständige, und damit als Arbeitnehmer, oder als echte Solo-Selbstständige einzustufen. Nur Erstere fallen unter den Ausnahmebereich. Das Primärrecht unterscheidet im Kontext der Kollektivautonomie nur zwischen Arbeitnehmern und Selbstständigen. Es kennt keine dritte Kategorie an Personen, die auf Anbieterseite wie Arbeitnehmer zu Kollektivverhandlungen berechtigt sind. Solo-Selbstständige werden die Voraussetzungen der Arbeitnehmerdefinition allerdings regelmäßig nicht erfüllen. Insbesondere sind Personen, die von einem Auftraggeber wirtschaftlich abhängig oder nur arbeitnehmerähnlich sind, dennoch als Selbstständige zu qualifizieren. Beteiligen sie sich an Kollektivverhandlungen, sind die dadurch entstehenden Vereinbarungen an Art. 101 AEUV zu messen.

Der Unternehmensbegriff von Art. 101 AEUV ist nicht geeignet, die personelle Grenze des Ausnahmebereichs zu bestimmen. Neben schwerwiegenden rechtsdogmatischen Bedenken spricht auch die funktional-relative Auslegung des Unternehmensbegriffs gegen eine solche Handhabe. Denn Arbeitnehmer und Gewerkschaften sind im Kontext kollektiver Verhandlungen als Unternehmen und Unternehmensvereinigungen zu qualifizieren. Der Arbeitnehmerbegriff ist nicht das Gegenstück zum kartellrechtlichen Unternehmensbegriff.[1017] Vielmehr sind Arbeitnehmer im Kontext des EU-Arbeits- und Sozialrechts von Selbstständigen abzugrenzen und Unternehmen im Kontext des EU-Kartellrechts von Nichtunternehmen.

IV. Ausnahmebereich für Kollektivverträge vom deutschem Kartellverbot

1. Ausgangspunkt

Die bisherige normative Untersuchung zum Ausnahmebereich für Kollektivverträge hat sich ausschließlich mit dem europäischen Kartellverbot beschäftigt. Nun soll untersucht werden, ob und in welchem Umfang ein Ausnahmebereich für Kollektivverträge von den §§ 1, 2 GWB besteht. Die Arbeit geht

---

[1014] *Kordel*, Arbeitsmarkt und Europäisches Kartellrecht, 2004, S. 37 ff.; *Roth/Ackermann*, in: Frankfurter Kommentar, Kartellrecht, 101. Lfg. 2022, Grundfr. Art. 101 Abs. 1 AEUV Rn. 59; a.A. *Desai*, 20 E. C. L. R. 1999, 175, 176; wohl a.A. *Rummel*, Kartellrechtliche Freistellung sozialpartnerschaftlicher Kollektivverträge, 2023, S. 220 f.

[1015] Soweit Gewerkschaften Produkte oder Dienstleistungen anbieten oder nachfragen, können sie dagegen grundsätzlich selbst ein Unternehmen im Sinne der Wettbewerbsregeln darstellen; *Kling/Thomas*, Kartellrecht, 2. Aufl. 2016, § 5 Rn. 14. Außerdem wird die Unternehmenseigenschaft von Gewerkschaften auch dann bejaht, wenn sie kollektivvertragliche Vorgaben machen, die unmittelbar oder mittelbar das Verhalten der Arbeitgeber auf deren Absatzmärkten für Waren oder Dienstleistungen steuern; *Kordel*, Arbeitsmarkt und Europäisches Kartellrecht, 2004, S. 39 f.; *Ackermann*, in: Rieble/Junker/Giesen, Kartellrecht und Arbeitsmarkt, 2010, S. 17, 27 f.; *Roth/Ackermann*, in: Frankfurter Kommentar, Kartellrecht, 101. Lfg. 2022, Grundfr. Art. 101 Abs. 1 AEUV Rn. 56.

[1016] *Kordel*, Arbeitsmarkt und Europäisches Kartellrecht, 2004, S. 41; *Ackermann*, in: Rieble/Junker/Giesen, Kartellrecht und Arbeitsmarkt, 2010, S. 17, 26.

[1017] A.A. *Lianos/Countouris/De Stefano*, 10 Eur. Labour L. J. 2019, 291, 298 ff.; *Säcker*, in: FS Windbichler, 2020, S. 1435, 1438 ff.; *Riesenhuber*, ZfA 2021, 5, 27.

dabei von der Prämisse aus, dass die für das EU-Kartellverbot gefundene Lösung maßgeblichen Einfluss auf den möglichen Ausnahmebereich vom deutschen Kartellverbot haben wird. Daher wird sie zunächst die Vorgaben des Unionsrechts zu einer abweichenden Lösungsmöglichkeit für das deutsche Recht in den Blick nehmen (2.) und Letzteres erst im Anschluss eigenständig auslegen (3.).

2. Vorgaben des Unionsrechts

2.1 Das Verhältnis zwischen Art. 101 AEUV und mitgliedstaatlichen Kartellverbotsregelungen

Die unionsrechtlichen Vorgaben zum Verhältnis zwischen Art. 101 AEUV und den entsprechenden mitgliedstaatlichen Regelungen sind in Art. 3 VO (EG) Nr. 1/2003[1018] normiert.[1019] Nach Art. 3 Abs. 1 S. 1 VO (EG) Nr. 1/2003 sind das unionsrechtliche und die mitgliedstaatlichen Kartellverbote parallel anzuwenden, wenn die relevante Verhaltensweise den Handel zwischen den Mitgliedstaaten beeinträchtigt (Zwischenstaatlichkeitsklausel).[1020] Außerdem darf eine entsprechende mitgliedstaatliche Regelung nach Art. 3 Abs. 2 S. 1 VO (EG) Nr. 1/2003 nicht zum Verbot von Verhaltensweisen führen, die den Wettbewerb im Sinne von Art. 101 Abs. 1 AEUV nicht beschränken oder die Freistellungsvoraussetzungen erfüllen.[1021] Das bedeutet, Art. 101 AEUV setzt sich auch gegen strengere mitgliedstaatliche Regelungen durch und bewirkt eine Vollharmonisierung, wenn die Zwischenstaatlichkeitsklausel erfüllt ist. Das Ergebnis der materiell-rechtlichen Prüfung der mitgliedstaatlichen Vorschrift darf aufgrund des Vorrangs des Unionsrechts dann nicht vom Ergebnis der Prüfung von Art. 101 AEUV abweichen.[1022] Für Sachverhalte unterhalb der Zwischenstaatlichkeitsschwelle stellt das Unionsrecht keine Vorgaben auf.[1023]

2.2 Schlussfolgerungen zum Ausnahmebereich nach mitgliedstaatlichem Kartellrecht

Entscheidend für die Grenzen der kartellrechtlichen Ausnahmebereiche der mitgliedstaatlichen Rechtsordnungen ist zunächst, ob der jeweilige Sachverhalt den zwischenstaatlichen Handel beeinträchtigt. Ist dies der Fall, ist Art. 101 AEUV parallel anzuwenden. Aufgrund des Vorrangs des Unionsrechts besteht dann keine Möglichkeit über eine nationale Regelung zu einem anderen Ergebnis zu gelangen. Eine Abweichung vom Unionsrecht könnte jedoch dann möglich sein, wenn ein mitgliedstaatlicher Ausnahmebereich im Einzelfall engere Grenzen als derjenige von Art. 101 AEUV vorsieht. Denn Art. 3 Abs. 2 S. 1 VO (EG) Nr. 1/2003, der einen maximalen Schutzstandard festlegt, greift nach dem Wortlaut der

---

1018 Verordnung (EG) Nr. 1/2003 des Rates v. 16.12.2002 zur Durchführung der in den Artikeln 81 und 82 des Vertrags niedergelegten Wettbewerbsregeln, ABl. 2003 L 1, 1.

1019 Zuvor war die Rechtsprechung in der Sache *Walt Wilhelm* grundlegend für die Beurteilung des Verhältnisses zwischen europäischem und nationalem Kartellrecht. Danach gilt der Vorrang des Gemeinschaftsrechts auch für kartellrechtliche Regelungen; EuGH, Urt. v. 13.2.1969, Rs. 14/68, ECLI:EU:C:1969:4, Ls. 1, Rn. 6 – *Walt Wilhelm*. Die Rechtslage war bei Kollisionsfällen bezüglich Einzelheiten dennoch umstritten; dazu *Bunte*, in: Langen/Bunte, Kartellrecht, 9. Aufl. 2001, Bd. 1, Einf. EG-Kartellrecht Rn. 72 ff.; *Rehbinder*, in: FS Immenga, 2004, S. 303 ff.

1020 Die Zwischenstaatlichkeitsklausel hat eine doppelte Funktion: Sie ist materielles Tatbestandsmerkmal von Art. 101 Abs. 1 AEUV und hat zugleich den Gehalt einer Kollisionsnorm, da sie den Anwendungsbereich des EU-Kartellrechts bestimmt; *Kling/Thomas*, Kartellrecht, 2. Aufl. 2016, § 5 Rn. 247; *Zimmer*, in: Immenga/Mestmäcker, Wettbewerbsrecht, 7. Aufl. 2024, Bd. 1, AEUV Art. 101 Rn. 193.

1021 Siehe auch die deklaratorischen Parallelregelungen in § 22 Abs. 1 und Abs. 2 S. 1 GWB.

1022 Regierungsentwurf zur 7. GWB-Novelle, BT-Drs. 15/3640, 22; *Kirchhoff*, in: MüKo, Wettbewerbsrecht, 4. Aufl. 2023, Bd. 1-1, Grundl. Rn. 1614 f.; *Käseberg*, in: Bunte, Kartellrecht, 14. Aufl. 2022, Bd. 2, Einl. EU-Kartellrecht Rn. 83; *Roth/Ackermann*, in: Frankfurter Kommentar, Kartellrecht, 73. Lfg. 2011, § 1 GWB Rn. 19 ff.

1023 *Kirchhoff*, in: MüKo, Wettbewerbsrecht, 4. Aufl. 2023, Bd. 1-1, Grundl. Rn. 1615.

Norm nur ein, wenn keine Wettbewerbsbeschränkung nach Art. 101 Abs. 1 AEUV vorliegt oder die Freistellungsvoraussetzungen erfüllt sind. Ein außertatbestandlich veranlasster Ausnahmebereich wird dagegen nicht ausdrücklich vom Wortlaut der Norm umfasst.

Aus Erwägungsgrund Nr. 8 von VO (EG) Nr. 1/2003 geht allerdings hervor, dass die Verordnung das Ziel verfolgt, für die von Art. 101 Abs. 1 AEUV erfasste Verhaltensweisen gleiche Bedingungen im Binnenmarkt zu schaffen. Dafür müsse gewährleistet werden, dass die mitgliedstaatlichen Kartellverbotsregelungen diese Verhaltensweisen nur dann verbieten, wenn sie auch nach dem Wettbewerbsrecht der Union verboten sind. Hintergrund des Ausnahmebereichs für Kollektivverträge von Art. 101 AEUV ist es gerade, den Anwendungsbereich des Wettbewerbsrechts der Union festzulegen. Die Grenzen des Ausnahmebereichs richten sich nicht nach den mitgliedstaatlichen Rechtsordnungen, weil die Union alleine für ihr Wettbewerbsrecht zuständig ist und daher dessen Anwendungsgrenzen autonom bestimmen muss.[1024] Das genannte Ziel der Verordnung wäre gefährdet, wenn die mitgliedstaatlichen Rechtsordnungen an den Ausnahmebereich für Kollektivverträge strengere Anforderungen stellen dürften. Folglich ist Art. 3 Abs. 2 S. 1 VO (EG) Nr. 1/2003 teleologisch so auszulegen, dass er auch für den außertatbestandlichen Ausnahmebereich einen Maximalstandard festsetzt, soweit der zwischenstaatliche Handel beeinträchtigt wird.

Die Zwischenstaatlichkeitsklausel wird vom EuGH weit interpretiert. Nach seiner Rechtsprechung ist das Merkmal erfüllt, wenn sich anhand der Gesamtheit der Umstände mit hinreichender Wahrscheinlichkeit voraussehen lässt, dass die relevante Vereinbarung den Handel zwischen den Mitgliedstaaten in einer Weise beeinflussen kann, welche die Verwirklichung eines einheitlichen Marktes zwischen den Mitgliedstaaten hemmen könnte.[1025] Der letzte Halbsatz betont nur das integrationspolitische Ziel des Wettbewerbsprinzips, ohne dass ihm eine eigenständige Bedeutung für die Prüfung zukommt.[1026] Vielmehr genügt die – positive oder negative – Beeinflussung der Handelsströme im Binnenmarkt.[1027] Auch der Begriff des Handels ist weit zu verstehen.[1028] Er ist nicht auf Waren oder Dienstleistungen beschränkt. Aus dem Binnenmarktziel und den dafür geschaffenen Grundfreiheiten folgt, dass jeder vom AEUV geschützte Freiverkehr unter den Handelsbegriff fällt, einschließlich des Personenverkehrs.[1029]

1024 Siehe dazu oben B.II.1.

1025 Grundlegend EuGH, Urt. v. 30.6.1966, Rs. C-56/65, ECLI:EU:C:1966:38, Slg. 1966, 284, 303 – *Société Technique Minière*; EuGH, Urt. v. 10.12.1985, verb. Rs. 240 bis 242/82, 261 und 262/82, 268 und 269/82, ECLI:EU:C:1985:488, Rn. 48 – *Stichting Sigarettenindustrie*; EuGH, Urt. v. 11.7.1985, Rs. 42/84, ECLI:EU:C:1985:327, Rn. 22 – *Remia*; EuGH, Urt. v. 13.7.2006, Rs. C-295 bis 298/04, ECLI:EU:C:2006:461, Rn. 42 – *Manfredi*; EuGH, Urt. v. 18.7.2013, Rs. C-136/12, ECLI:EU:C:2013:489, Rn. 53 – *CNG*; siehe auch die Bekanntmachung der Kommission, Leitlinien über den Begriff der Beeinträchtigung des zwischenstaatlichen Handels in den Artikeln 81 und 82 des Vertrags (Leitlinien zwischenstaatlicher Handel), ABl. 2004 C 101, 81, Rn. 13: „Das Kriterium der Beeinträchtigung des zwischenstaatlichen Handels beschränkt den Anwendungsbereich der Artikel 81 und 82 auf Vereinbarungen und Verhaltensweisen, die geeignet sind, ein Mindestmaß an grenzüberschreitenden Auswirkungen innerhalb der Gemeinschaft zu entfalten."

1026 *Kirchhoff*, in: MüKo, Wettbewerbsrecht, 4. Aufl. 2023, Bd. 1-1, AEUV Art. 101 Rn. 798.

1027 EuGH, Urt. v. 15.5.1975, Rs. 71/74, ECLI:EU:C:1975:61, Rn. 37 f. – *Frubo*; EuGH, Urt. v. 29.10.1980, verb. Rs. 209 bis 215 und 218/78, ECLI:EU:C:1980:248, Rn. 172 – *Van Landewyck*; Kommission, Leitlinien zwischenstaatlicher Handel, ABl. 2004 C 101, 81, Rn. 34; *Kling/Thomas*, Kartellrecht, 2. Aufl. 2016, § 5 Rn. 248; *Kirchhoff*, in: MüKo, Wettbewerbsrecht, 4. Aufl. 2023, Bd. 1-1, AEUV Art. 101 Rn. 798.

1028 EuGH, Urt. v. 14.7.1981, Rs. 172/80, ECLI:EU:C:1981:178, Rn. 18 – *Züchner/Bayerische Vereinsbank.*

1029 GA *Lenz*, Schlussanträge v. 20.9.1995, Rs. C-415/93, ECLI:EU:C:1995:293, Rn. 261 – *Bosman*; Kommission, Leitlinien zwischenstaatlicher Handel, ABl. 2004 C 101, 81, Rn. 19; *Kirchhoff*, in: MüKo, Wettbewerbsrecht, 4. Aufl. 2023, Bd. 1-1, AEUV Art. 101 Rn. 790 f.; *Hengst*, in: Bunte, Kartellrecht, 14. Aufl. 2022, Bd. 2, AEUV Art. 101 Rn. 325.

Der grenzüberschreitende Freiverkehr von Arbeitsleistung ist nach Art. 45 AEUV von den Grundfreiheiten umfasst,[1030] weshalb seine Beeinflussung den Handel im Sinne der Zwischenstaatlichkeitsklausel beeinträchtigen kann.[1031]

Wann Kollektivverträge den Handel zwischen Mitgliedstaaten spürbar beeinträchtigen,[1032] ist im Einzelfall zu ermitteln.[1033] Bei grenzüberschreitender Geltung, also wenn Arbeitnehmer oder Solo-Selbstständige aus mindestens zwei Mitgliedstaaten unter eine tarifliche Regelung fallen, was gerade bei Plattformarbeit denkbar ist, wird dies stets zu bejahen sein.[1034] Eine Beeinträchtigung grenzüberschreitenden Handels ist aber nicht bereits deswegen ausgeschlossen, weil kollektivvertragliche Regelungen formal nur innerhalb eines Mitgliedstaates wirken.[1035] Insbesondere eine Lohn- bzw. Preisregelung kann den Handel auf den nachgelagerten Gütermärkten mittelbar beeinflussen, wenn diese Güter auch in das EU-Ausland exportiert werden. Dadurch steigen die Produktionskosten und deswegen regelmäßig auch der Preis, was wiederum zu einem Rückgang der Nachfrage und damit einem sinkenden Exportvolumen führt.[1036] Arbeitsleistungen und regelmäßig auch Dienstleistungen Solo-Selbstständiger können insoweit mit den vom EuGH und der Kommission als Zwischenerzeugnis bezeichneten Produkten verglichen werden. Das hat zur Folge, dass die Zwischenstaatlichkeitsklausel bei Lohn- bzw. Preisregelungen stets erfüllt ist, wenn die Güter auf den nachgelagerten Märkten grenzüberschreitend angeboten werden.[1037] Ist Letzteres nicht der Fall, kommt es vor allem auf die geographische Reichweite der jeweiligen tariflichen Regelung an. Denn eine wettbewerbsbeschränkende Vereinbarung, die das gesamte oder einen erheblichen Teil eines mitgliedstaatlichen Gebiets abdeckt, schottet nationale Märkte ab und erfüllt schon ihrem Wesen nach die Zwischenstaatlichkeitsklausel.[1038] Dies wird im Einzelfall vor allem bei

---

[1030] Dazu bereits B.III.

[1031] So auch *Kordel*, Arbeitsmarkt und Europäisches Kartellrecht, 2004, S. 246; *Eufinger*, RIW 2017, 481, 485; *Glöckner*, JuS 2018, 1130, 1135 f.; *Kremer*, Arbeitgeber-Kollusionen und das Kartellverbot, 2022, S. 158 f.; a.A. *Kirchhoff*, in: MüKo, Wettbewerbsrecht, 4. Aufl. 2023, Bd. 1-1, AEUV Art. 101 Rn. 791.

[1032] Zum Erfordernis der Spürbarkeit der zwischenstaatlichen Handelsbeeinträchtigung siehe etwa EuGH, Urt. v. 25.11.1971, Rs. 22/71, ECLI:EU:C:1971:113, Rn. 16 ff. – *Béguelin Import*; EuGH, Urt. v. 16.12.1975, verb. Rs. 40 bis 48/73, 50/73, 54 bis 56/73, 111/73, 113 und 114/73, ECLI:EU:C:1975:174, Rn. 196 ff. – *Suiker Unie*; Kommission, Leitlinien zwischenstaatlicher Handel, ABl. 2004 C 101, 81, Rn. 44 ff.

[1033] Der EuGH hat hierzu in seinen Entscheidungen zur Anwendung von Art. 101 AEUV auf Kollektivverträge nicht Stellung genommen. Lediglich in der Rechtssache *FNV Kunsten* stellte er im Rahmen der Begründung seiner Zuständigkeit – ohne weitere Erläuterung – fest, dass die fragliche Regelung einen rein innerstaatlichen Sachverhalt betreffe und keine Auswirkungen auf den innergemeinschaftlichen Handel habe; EuGH, Urt. v. 4.12.2014, Rs. C-413/13, ECLI:EU:C:2014:2411, Rn. 17 – *FNV Kunsten.*

[1034] Vgl. *Gärtner*, Koalitionsfreiheit und Crowdwork, 2020, S. 297.

[1035] *Kordel*, Arbeitsmarkt und Europäisches Kartellrecht, 2004, S. 245; *Mühlbach*, Tarifverträge in der europäischen Kartellkontrolle, 2007, S. 179; *Ackermann*, in: Rieble/Junker/Giesen, Kartellrecht und Arbeitsmarkt, 2010, S. 17, 24; dazu allgemein *Kirchhoff*, in: MüKo, Wettbewerbsrecht, 4. Aufl. 2023, Bd. 1-1, AEUV Art. 101 Rn. 839 ff.

[1036] *Kordel*, Arbeitsmarkt und Europäisches Kartellrecht, 2004, S. 245; *Mühlbach*, Tarifverträge in der europäischen Kartellkontrolle, 2007, S. 178.

[1037] Siehe EuGH, Urt. v. 30.1.1985, Rs. 123/83, ECLI:EU:C:1985:33, Rn. 17 – *BNIC*: „Jede Vereinbarung, die eine Wettbewerbsbeschränkung durch Festsetzung eines Mindestankaufspreises für ein Zwischenerzeugnis bezweckt oder bewirkt, ist geeignet, den innergemeinschaftlichen Handel zu beeinträchtigen, auch wenn das Zwischenerzeugnis selbst nicht Gegenstand des Handels zwischen Mitgliedstaaten ist, sondern nur den Ausgangsstoff für ein anderes Erzeugnis darstellt, das anderswo in der Gemeinschaft vertrieben wird"; ähnlich Kommission, Leitlinien zwischenstaatlicher Handel, ABl. 2004 C 101, 81, Rn. 38.

[1038] EuGH, Urt. v. 17.10.1972, Rs. 8/72, ECLI:EU:C:1972:84, Rn. 28 ff. – *Cementhandelaren*; EuGH, Urt. v. 11.7.1985, Rs. 42/84, ECLI:EU:C:1985:327, Rn. 22 – *Remia*; EuGH, Urt. v. 18.6.1998, Rs. C-35/96, ECLI:EU:C:1998:303, Rn. 48 – *Kommission/Italien*; zur Abschottung des Marktes, wenn die relevante Vereinbarung nur einen Teil des Mitgliedstaatlichen Hoheitsgebiets betrifft, siehe *Kirchhoff*, in: MüKo, Wettbewerbsrecht, 4. Aufl. 2023, Bd. 1-1, AEUV Art. 101 Rn. 854 ff.

Flächen- oder Branchentarifverträgen zu prüfen sein.[1039] Eine vergleichbare Abschottungswirkung kann auch durch ein Bündel gleichartiger und parallel bestehender kollektivvertraglicher Regelungen bewirkt werden.[1040] Praktisch relevant wäre dies allerdings nur bei Pilottarifverträgen, wenn diese in weitere Gebiete übertragen werden.[1041]

3. Vorgaben des deutschen Rechts

3.1 Historische Entwicklung und Status quo

Seit der Einführung des deutschen Kartellrechts und bis zur 6. GWB-Novelle 1999 enthielt § 1 GWB den Zusatz, dass die Norm Wettbewerbsbeschränkungen im „Verkehr mit Waren oder gewerblichen Leistungen" erfasse.[1042] Nach der Gesetzesbegründung sollte mit der Bezugnahme auf gewerbliche Leistungen klargestellt werden, „dass Abreden über den Abschluß oder Inhalt von Arbeits- oder Dienstverhältnissen" nicht unter die Norm fallen.[1043] Dass traditionelle Tarifvertragsinhalte nicht von § 1 GWB 1957 erfasst werden, war unbestritten.[1044] Ein expliziter Ausnahmebereich für Tarifverträge konnte aus dem Wortlaut allerdings nicht abgeleitet werden. Umstritten war daher, wo genau die Grenzen der Anwendung des Kartellverbots auf Tarifverträge und Arbeitsmärkte liegen.[1045] Das BAG befürwortete eine umfassende Nichtanwendung des GWB auf sämtliche zulässigen Tarifregelungen.[1046] Das BKartA hielt dagegen eine Abwägung der Beteiligteninteressen im Einzelfall für möglich.[1047]

Mit der 6. GWB-Novelle wurde § 1 GWB durch den deutschen Gesetzgeber an ex-Art. 85 Abs. 1 EGV angeglichen, wodurch die Bezugnahme auf gewerbliche Leistungen entfiel.[1048] Damit entfiel gleichzeitig der Anknüpfungspunkt im Wortlaut für einen Ausnahmebereich auf Arbeitsmärkten. Mit der 7. GWB-Novelle 2005 hat der deutsche Gesetzgeber die Auslegung von §§ 1, 2 GWB dann fast vollständig an die Auslegung von Art. 101 Abs. 1 AEUV gekoppelt.[1049] Als Antwort auf den Erlass der VO (EG)

1039 *Kordel*, Arbeitsmarkt und Europäisches Kartellrecht, 2004, S. 245; *Ackermann*, in: Rieble/Junker/Giesen, Kartellrecht und Arbeitsmarkt, 2010, S. 17, 24; *Mohr*, EuZA 2018, 436, 445, 461; *Seifert*, Kollektivverträge für wirtschaftlich abhängige Selbstständige und unionsrechtliches Kartellverbot, 2022, S. 69.

1040 Vgl. zur Bündelwirkung EuGH, Urt. v. 28.2.1991, Rs. C-235/89, ECLI:EU:C:1991:91, Rn. 14 – *Delimitis/Henninger Bräu*; EuGH, Urt. v. 27.4.1994, Rs. C-393/92, ECLI:EU:C:1994:171, Rn. 37 – *Gemeente Almelo/NV Energiebedrijf Ijsselmij*.

1041 Dazu ausführlich *Viol*, Die Anwendbarkeit des europäischen Kartellrechts auf Tarifverträge, 2005, S. 320 f.; siehe auch *Ackermann*, in: Rieble/Junker/Giesen, Kartellrecht und Arbeitsmarkt, 2010, S. 17, 24.

1042 Gesetz gegen Wettbewerbsbeschränkungen v. 27.7.1957, BGBl. 1957 I, 1081.

1043 Regierungsentwurf zum GWB 1957, BT-Drs. II/1158, 30.

1044 Vgl. Regierungsentwurf zum GWB 1957, BT-Drs. II/1158, 30: „Kooperative Bindungen der Arbeitgeber oder der Arbeitnehmer über die Gestaltung der Lohn- oder Arbeitsbedingungen fallen also nicht unter das Gesetz"; *Graf von Wallwitz*, Tarifverträge und Wettbewerbsordnung des EG-Vertrages, 1997, S. 55.

1045 Zum damaligen Streitstand in der Literatur siehe etwa *Bechtold*, RdA 1983, 99 ff.; *Kulka*, WuW 1987, 5, 7 ff.; *Nacken*, WuW 1988, 475, 477 ff.; *Immenga*, Grenzen des kartellrechtlichen Ausnahmebereichs Arbeitsmarkt, 1989, S. 3 ff.; *Poth*, NZA 1989, 626 ff.; *Roth*, in: FIW, Tarifautonomie und Kartellrecht, 1990, S. 7 ff., 22 ff.; *Windbichler*, ZfA 1991, 35, 38 ff.; *Salje*, ZfA 1991, 653, 654 ff.; *Säcker/Oetker*, Grundlagen und Grenzen der Tarifautonomie, 1992, S. 206 ff.; *Rieble*, Arbeitsmarkt und Wettbewerb, 1996, Rn. 459.

1046 BAG, Urt. v. 27.6.1989, 1 AZR 404/88, BAGE 62, 171, Rn. 48 ff.

1047 BKartA, WuW 1989, 563 f.; damals ebenfalls gegen einen uneingeschränkten Ausnahmebereich für Tarifverträge KG, Urt. v. 21.2.1990, Kart U 4357/89, NZA 1991, 24 f.

1048 Regierungsentwurf zur 6. GWB-Novelle, BT-Drs. 13/9720, 4, 31.

1049 Regierungsentwurf zur 7. GWB-Novelle, BT-Drs. 15/3640, 22 ff.; vgl. zu einer unionsrechtlichen Verpflichtung, die Tatbestandsmerkmale von §§ 1, 2 GWB identisch wie bei Art. 101 AEUV auszulegen, *Roth/Ackermann*, in: Frankfurter Kommentar, Kartellrecht, 73. Lfg. 2011, § 1 GWB Rn. 26 ff.

Nr. 1/2003 und der schwer handhabbaren Kollisionsnorm „Zwischenstaatlichkeitsklausel“ entschied er zur Vermeidung von Rechtsunsicherheit, das Kartellverbot auch bei rein innerstaatlichen Sachverhalten an das europäische Recht anzugleichen.[1050] Das GWB soll im Bereich der wettbewerbsbeschränkenden Vereinbarungen dazu beitragen, im Verbund mit der europäischen und den anderen mitgliedstaatlichen Regelungen ein „*level playing field*“ für Unternehmen im Binnenmarkt zu schaffen.[1051]

Bei einer isolierten Betrachtung des deutschen Rechts sind es Art. 9 Abs. 3 GG und insbesondere das TVG, die das deutsche Kollektivvertragssystem ausgestalten und daher Grundlage für die rechtsdogmatische Begründung eines Ausnahmebereichs von §§ 1, 2 GWB sind.[1052] Das TVG hat als formelles Gesetz den gleichen Rang wie das GWB, geht diesem als spezielleres allerdings vor.[1053] [1054] Soweit der Abschluss und die Inhalte von Tarifverträgen auch von dem höherrangigen Art. 9 Abs. 3 GG gedeckt sind, ergibt sich die Nichtanwendbarkeit von §§ 1, 2 GWB außerdem aus der *lex superior*-Regel.[1055] Zwar nennt Art. 9 Abs. 3 GG nicht ausdrücklich Tarifverträge. Es gehört allerdings zur geschützten Betätigungsfreiheit der Koalitionen, dass diese Tarifverträge über Arbeitsbedingungen schließen dürfen.[1056] Daher muss der Staat ein gesetzlich geregeltes und geschütztes Tarifvertragssystem garantieren.[1057] Dieses System wurde durch das TVG geschaffen.[1058] Ob das TVG abschließend ist oder ob bei der Bestimmung des Umfangs der Tarifautonomie auch auf die Generalklausel in Art. 9 Abs. 3 GG zurückgegriffen werden darf, ist umstritten.[1059] Die Frage bedarf vorliegend allerdings keiner Klärung, da sowohl das TVG als auch Art. 9 Abs. 3 GG den §§ 1, 2 GWB vorgehen und daher den Ausnahmebereich für Kollektivverträge ausgestalten können. Auch auf der Ebene des deutschen Rechts ergibt sich der Ausnahmebereich also aus der außertatbestandlichen Auflösung einer Normenkollision.

Aufgrund des gesetzgeberisch beschlossenen Gleichlaufs von §§ 1, 2 GWB und Art. 101 AEUV richtet sich die Ausgestaltung des nationalen Ausnahmebereichs auch bei rein innerstaatlichen Sachverhalten

---

[1050] Regierungsentwurf zur 7. GWB-Novelle, BT-Drs. 15/3640, 22 f.

[1051] Regierungsentwurf zur 7. GWB-Novelle, BT-Drs. 15/3640, 23.

[1052] Vgl. zu Art. 9 Abs. 3 GG als Grundlage des Ausnahmebereichs im deutschen Recht etwa *Poth*, Die Grenzen des Arbeitsrechts aus kartellrechtlicher Sicht, S. 58; *Fleischer*, DB 2000, 821, 823; *Viol*, Die Anwendbarkeit des europäischen Kartellrechts auf Tarifverträge, 2005, S. 220 f.; *Reichold*, ZESAR 2010, 195, 199.

[1053] So im Ergebnis auch BAG, Urt. v. 27.6.1989, 1 AZR 404/88, BAGE 62, 171, Ls. 1: „Das Gesetz gegen Wettbewerbsbeschränkungen gilt nicht für Tarifverträge mit einem nach § 1 Abs. 1 TVG zulässigen Inhalt“; *Säcker/Oetker*, Grundlagen und Grenzen der Tarifautonomie, 1992, S. 217; *Jacobs*, in: Wiedemann, Tarifvertragsgesetz, 8. Aufl. 2019, Einl. Rn. 95, 99; *Bechtold*, in: FS Bauer, 2010, S. 109, 115 f.

[1054] Insoweit gilt das zum europäischen Recht Gesagte: §§ 1, 2 GWB und das TVG stehen in einem fundamentalen Konflikt, da Tarifverträge ganz überwiegend die kartellrechtlichen Verbotsvoraussetzungen erfüllen. Bei uneingeschränkter Anwendung des Kartellverbots könnten Tarifverträge kaum wirksam vereinbart werden. Der Konflikt ist durch die gängigen Normkollisionsregeln aufzulösen. Das TVG, das nur eine Kartellierung auf Arbeitsmärkten regelt, ist als *Lex specialis* vorrangig vor §§ 1, 2 GWB. Der deutsche Gesetzgeber wird mit der Angleichung des deutschen an das europäische Kartellrecht auch nicht die Einschränkung des TVG bezweckt haben, sondern diesen konkreten Konflikt vielmehr nicht vor Augen gehabt haben. Siehe zum europäischen Recht Teil 3 D.III.

[1055] Vgl. *Reichold*, in: Rieble/Junker/Giesen, Kartellrecht und Arbeitsmarkt, 2010, S. 55, 69 f.; *Rieble*, in: Münchener Handbuch ArbR, 6. Aufl. 2025, Bd. 3, § 221 Rn. 6.

[1056] BVerfG, Urt. v. 1.3.1979, 1 BvR 532/77, 1 BvR 533/77, 1 BvR 419/78, 1 BvL 21/78, BVerfGE 50, 290, 368 f.; BVerfG, Beschl. v. 26.6.1991, 1 BvR 779/85, BVerfGE 84, 212, 224; BVerfG, Beschl. v. 24.4.1996, 1 BvR 712/86, BVerfGE 94, 268, 283.

[1057] BVerfG, 18.11.1954, 1 BvR 629/52, BVerfGE 4, 96, 106; BVerfG, Urt. v. 1.3.1979, 1 BvR 532/77, 1 BvR 533/77, 1 BvR 419/78, 1 BvL 21/78, BVerfGE 50, 290, 368 f.

[1058] BAG, Urt. v. 26.4.1988, 1 AZR 399/86, BAGE 58, 138, 155; BAG, Urt. v. 27.6.1989, 1 AZR 404/88, BAGE 62, 171, 184.

[1059] Zum Streitstand *Löwisch/Rieble*, Tarifvertragsgesetz, 4. Aufl. 2017, Einl. Rn. 162 ff.

dennoch grundsätzlich nach dem Ausnahmebereich von Art. 101 AEUV.[1060] Dies entspricht der gesetzgeberischen Wertung auch unterhalb der Zwischenstaatlichkeitsschwelle aus Gründen der Rechtssicherheit und der einheitlichen Rechtsanwendung im Binnenmarkt, einen Gleichlauf zu gewährleisten.

3.2 Abweichungen des deutschen Ausnahmebereichs vom europäischen Standard

Eine abweichende Anwendung von §§ 1, 2 GWB gegenüber dem europäischen Standard ist bei rein innerstaatlichen Sachverhalten nur dann geboten, wenn der deutsche Gesetzgeber den selbst gesetzten Gleichlauf mit Art. 101 AEUV durch Sondervorschriften eigenständig durchbricht.[1061] Dies kann einerseits durch kartellrechtliche Sondervorschriften wie § 3 GWB geschehen.[1062] Im Falle einer Normkollision kann der Gleichlauf auch durch eine außerkartellrechtliche Vorschrift durchbrochen werden, wenn diese §§ 1, 2 GWB vorgeht. Diese Möglichkeit besteht grundsätzlich bei dem Ausnahmebereich für Kollektivverträge, der auch im deutschen Recht Ausfluss der Kollision zwischen Kartellverbot und Kollektivvertragsrecht ist. Insbesondere die Regelungen des TVG können daher eine abweichende Reichweite des Ausnahmebereichs von §§ 1, 2 GWB vom europäischen Standard rechtfertigen.

Bei der Untersuchung von Abweichungsmöglichkeiten zwischen deutschem und europäischem Ausnahmebereich bei rein innerstaatlichen Sachverhalten ist der gesetzgeberischen Wertung Rechnung zu tragen, dass der Gleichlauf zwischen §§ 1, 2 GWB und Art. 101 AEUV Rechtsunsicherheit vermeiden soll, die aufgrund der Unschärfe der Zwischenstaatlichkeitsklausel entstehen könnte.[1063] Für Kollektivvertragsparteien ist Rechtssicherheit durch einen Gleichlauf der Ausnahmebereiche besonders wichtig, da Kollektivverträge ansonsten regelmäßig ein Hardcore-Kartell begründen. Daher ist jedenfalls eine strengere Handhabe des Ausnahmebereichs von §§ 1, 2 GWB im Vergleich zu Art. 101 AEUV nach dem Willen des deutschen Gesetzgebers ausgeschlossen. Die Rechtsfolgen für Kollektivregelungen, die unter den kartellrechtlichen Ausnahmebereich fallen, aber Bestimmungen des TVG zuwiderlaufen, sind dann nur nach den Vorschriften des TVG zu bestimmen. Das gilt nach Art. 3 Abs. 3 VO (EG) Nr. 1/2003 auch bei einer Beeinträchtigung des zwischenstaatlichen Handels.

Eine Erweiterung des deutschen gegenüber dem europäischen Ausnahmebereich ist allerdings bei innerstaatlichen Sachverhalten denkbar. Dabei handelt es sich indes nur um Ausnahmefälle. Denn der europäische Ausnahmebereich hat bereits einen weiten Geltungsbereich, insbesondere um nicht gegen die Kompetenzbeschränkung in Art. 153 Abs. 5 AEUV zu verstoßen. Der relevanteste Ausnahmefall ist die Erweiterung der Tariffähigkeit nach § 12a TVG auf arbeitnehmerähnliche Personen.[1064] Nach dieser Norm dürfen Personen, die wirtschaftlich abhängig und vergleichbar einem Arbeitnehmer sozial schutzbedürftig sind, in den Geltungsbereich von Tarifverträgen einbezogen werden. Aufgrund des beschriebenen Spezialitätsverhältnisses zwischen TVG und Kartellverbot folgt daraus, dass auch arbeitnehmerähnliche Personen unter den kartellrechtlichen Ausnahmebereich im deutschen Recht fallen. Das schließt echte Solo-Selbstständige ein, welche die Voraussetzungen des § 12a TVG erfüllen. Dann kommt es allerdings doch auf die Prüfung der Zwischenstaatlichkeitsklausel im Einzelfall an. Darüber

---

1060 *Höpfner*, Die Tarifgeltung im Arbeitsverhältnis, 2015, S. 562; *Löwisch/Rieble*, Tarifvertragsgesetz, 4. Aufl. 2017, § 1 Rn. 1092; *Rieble*, in: Münchener Handbuch ArbR, 6. Aufl. 2025, Bd. 3, § 221 Rn. 13.

1061 *Säcker*, in: FS Windbichler, 2020, S. 1435, 1439.

1062 Vgl. Regierungsentwurf zur 7. GWB-Novelle, BT-Drs. 15/3640, 23: „Nur in Ausnahmefällen kann es gerechtfertigt sein, spezifische Regelungen des deutschen Wettbewerbsrechts aufrechtzuerhalten."

1063 Regierungsentwurf zur 7. GWB-Novelle, BT-Drs. 15/3640, 23: „Ein wesentlicher Grund hierfür ist die fehlende begriffliche Schärfe der Zwischenstaatlichkeitsklausel nach Artikel 81 EG. Ihre Definition insbesondere durch die Rechtsprechung des Europäischen Gerichtshofes folgt weiten, letztlich wertenden Gesichtspunkten."

1064 Vgl. *Säcker*, in: FS Windbichler, 2020, S. 1435, 1439.

hinaus könnte auch eine unterschiedliche Auslegung des unionsrechtlichen und des deutschen Arbeitnehmerbegriffs nach § 611a Abs. 1 BGB zu einer Erweiterung des Ausnahmebereichs führen.[1065]

Gegen diese Erweiterung des Ausnahmebereichs könnte der Grundsatz der Unionstreue sprechen. Das ist jedoch abzulehnen. Denn der Grundsatz verpflichtet den deutschen Gesetzgeber nicht, den Ausnahmebereich bei rein innerstaatlichen Sachverhalten identisch wie den unionsrechtlichen auszugestalten. Hintergrund ist, dass der Ausnahmebereich sich inhaltlich nach den spezielleren kollektivvertraglichen Regelungen richtet. Für diese sind die Mitgliedstaaten zuständig, während einem Tätigwerden der Union die Kompetenzbeschränkung in Art. 153 Abs. 5 AEUV entgegensteht. Auf unionsrechtlicher Ebene war der Ausnahmebereich trotz dieser Kompetenzbeschränkung autonom zu bestimmen, weil die Union die alleinige Zuständigkeit für ihr Wettbewerbsrecht besitzt. Auf nationaler Ebene haben dagegen die Mitgliedstaaten die Kompetenz zur Schaffung eines eigenen Kollektivvertragsrechts, das dann die speziellere und deswegen vorrangige Rechtsmaterie gegenüber dem nationalen Kartellverbot darstellt. Leitet man aus dem Grundsatz der Unionstreue nun ein Verbot eines erweiterten nationalen Ausnahmebereichs ab, stellt dies eine faktische Beschränkung der mitgliedstaatlichen Gesetzgebungskompetenz trotz gegebener Zuständigkeit dar, was gegen Art. 153 Abs. 5 AEUV verstoßen würde.[1066] Anders formuliert, kann der Grundsatz der Unionstreue die nationalen Gesetzgeber nicht hinsichtlich einer Rechtsmaterie binden, die überhaupt nicht im Zuständigkeitsbereich der Union liegt.

4. Ergebnis

Die Untersuchung konnte zeigen, dass der Ausnahmebereich für Kollektivverträge von §§ 1, 2 GWB ganz überwiegend identisch mit jenem von Art. 101 AEUV ist. Dies ergibt sich für Kollektivverträge, die den zwischenstaatlichen Handel beeinträchtigen, bereits aus dem Vorrang des Unionsrechts. Bei rein innerstaatlichen Sachverhalten ergibt sich dies aus der Entscheidung des Gesetzgebers, das deutsche an das europäische Kartellverbot anzugleichen. Abweichungen des Ausnahmebereichs für Kollektivverträge im deutschen Recht sind nur zulässig, soweit sie unterhalb der Zwischenstaatlichkeitsschwelle erfolgen und seinen Geltungsbereich erweitern. Relevant ist insoweit vor allem § 12a TVG, der arbeitnehmerähnlichen Personen die Tariffähigkeit zuspricht und damit gleichzeitig den Ausnahmebereich entsprechend erweitert. Demnach können sich auch echte Solo-Selbstständige, die die Voraussetzungen von § 12a TVG erfüllen, ohne Verstoß gegen § 1 GWB an Tarifverträgen beteiligen. Insoweit bleibt allerdings die Rechtsunsicherheit bestehen, die mit der Prüfung der Zwischenstaatlichkeitsklausel verbunden ist.

[1065] Beide Begriffe werden aber zumeist zum identischen Ergebnis führen. Beispielsweise hat das BAG jüngst *crowdworker*, die Kleinstaufträge über eine Online-Plattform per App erledigten, deren Betreiber selbst *crowdsourcer* war, als Arbeitnehmer im Sinne von § 611a Abs. 1 BGB eingestuft; BAG, Urt. v. 1.12.2020, 9 AZR 102/20, NZA 2021, 552 Rn. 44 ff. Eine solche Einordnung wäre aber auch nach dem unionsrechtlichen Arbeitnehmerbegriff wahrscheinlich: Der dortige Kläger wurde nur für den *crowdsourcer* im Wege der Leistungskette tätig und musste über einen längeren Zeitraum regelmäßig Aufträge annehmen, um die Tätigkeiten wirtschaftlich sinnvoll ausüben zu können. Außerdem setzte das Bewertungssystem der App Anreize, regelmäßig Tätigkeiten zu übernehmen. Für deren Ausübung wurden strenge Vorgaben aufgestellt und es wurde eine persönliche Leistungserbringung gefordert. Damit sind Indikatoren für die drei Merkmale des Arbeitnehmerbegriffs erfüllt; siehe dazu oben B.III.4.2.5b) und B.III.4.2.5c).

[1066] Am Beispiel von § 12a TVG würde dies bedeuten, dass Tarifverträge arbeitnehmerähnlicher Personen stets an §§ 1, 2 GWB zu messen wären, da sie nicht von der personellen Reichweite des unionsrechtlichen Ausnahmebereichs für Kollektivverträge erfasst sind; siehe dazu oben B.III.4.2.6. Jedenfalls bei Lohn- bzw. Preisregelungen würde das Verbot in § 1 GWB regelmäßig ohne Freistellungsmöglichkeit greifen. § 12 a TVG würde dadurch ganz erheblich in seinem Anwendungsbereich beschnitten werden.

V. Zu den Leitlinien der Kommission für Tarifverträge Solo-Selbstständiger

1. Ausgangspunkt

Die Arbeit wird sich nun den Leitlinien der Kommission für Tarifverträge Solo-Selbstständiger zuwenden. Ziel dieses Abschnitts ist es, die Leitlinien vor dem Hintergrund der zuvor gewonnenen Ergebnisse zu bewerten. Hierfür wird zunächst ein Überblick über den Zweck und Inhalt der Leitlinien gegeben (2.). Anschließend werden die von den Leitlinien erfassten Solo-Selbstständigen dargestellt und deren Privilegierung durch die Kommission analysiert (3.). Zuletzt geht der Abschnitt auf die in den Leitlinien angekündigten Durchsetzungsprioritäten der Kommission ein und würdigt diese kritisch (4.).

2. Überblick über die Leitlinien für Tarifverträge Solo-Selbstständiger

Mit den Leitlinien stellt die Kommission ihre Grundsätze zur Beurteilung von Vereinbarungen und abgestimmten Verhaltensweisen nach Art. 101 AEUV im Zusammenhang mit Tarifverhandlungen dar, an denen Solo-Selbstständige beteiligt sind und die deren Arbeitsbedingungen regeln.[1067] Sie bewirken grundsätzlich eine Selbstbindung der Kommission,[1068] wodurch für die betroffenen Personenkreise eine gewisse Rechtssicherheit bei grenzüberschreitenden Sachverhalten entsteht. Die in den Leitlinien aufgestellten Grundsätze haben dagegen keinerlei Bindungswirkungen für die europäischen Gerichte.[1069] Das gilt auch für nationale Gerichte und Kartellbehörden.[1070] Sie können von diesen allerdings als Leitfaden herangezogen werden,[1071] was in der Praxis aufgrund ihres hohen Stellenwerts als Erkenntnisquelle auch der Regelfall ist.[1072]

Die Kommission verfolgt mit den Leitlinien zwei Ziele. Zum einen stellt sie klar, welche Solo-Selbstständige sich in einer vergleichbaren Situation wie Arbeitnehmer befinden und deswegen von dem kartellrechtlichen Ausnahmebereich profitieren (3.).[1073] Darüber hinaus stellt die Kommission Durchsetzungsprioritäten für Tarifverträge von Solo-Selbstständigen auf, die sich in einer schwachen Verhandlungsposition befinden und gegen die sie nicht vorgehen will (4.).[1074]

Der sachliche Anwendungsbereich der Leitlinien erstreckt sich auf Tarifverträge. Den Begriff Tarifvertrag definiert die Kommission als „eine Vereinbarung, die zwischen Solo-Selbstständigen oder ihren Vertretern und ihren Gegenparteien ausgehandelt und geschlossen wird, soweit diese aufgrund ihrer Art und ihres Gegenstands die Arbeitsbedingungen dieser Solo-Selbstständigen betrifft".[1075] Darunter fallen

---

1067 Kommission, Leitlinien zu Tarifverträgen Solo-Selbstständiger, ABl. 2022 C 374, 2, Rn. 1.

1068 Vgl. EuGH, Urt. v. 28.6.2005, verb. Rs. C-189/02 P, C-202/02 P, C-205/02 P bis C-208/02 P und C-213/02 P, ECLI:EU:C:2005:408, Rn. 210 f. – *Dansk Rørindustri*; EuGH, Urt. v. 13.12.2012, Rs. C-226/11, ECLI:EU:C:2012:795, Rn. 28 – *Expedia*; *Thomas*, EuR 2009, 423, 426.

1069 Kommission, Leitlinien zu Tarifverträgen Solo-Selbstständiger, ABl. 2022 C 374, 2, Rn. 10 f.

1070 So auch *Bretzigheimer/Maturana*, NZKart 2022, 246, 249; vgl. zur De-minimis-Bekanntmachung EuGH, Urt. v. 13.12.2012, Rs. C-226/11, ECLI:EU:C:2012:795, Rn. 29 – *Expedia*; allgemein *Thomas*, EuR 2009, 423, 434 ff.; *von Graevenitz*, EuZW 2013, 169, 172; *Klawitter*, in: Wiedemann, Kartellrecht, 4. Aufl. 2020, § 14 Rn. 34.

1071 EuGH, Urt. v. 13.12.2012, Rs. C-226/11, ECLI:EU:C:2012:795, Rn. 28 – *Expedia.*

1072 *Bornkamm/Becker*, ZWeR 2005, 213, 230; *Thomas*, EuR 2009, 423, 438 f., 440; *Bechtold*, GRUR 2012, 107, 108; *Ellger*, in: Immenga/Mestmäcker, Wettbewerbsrecht, 7. Aufl. 2025, Bd. 1, AEUV Art. 101 Abs. 3 Rn. 77.

1073 Kommission, Leitlinien zu Tarifverträgen Solo-Selbstständiger, ABl. 2022 C 374, 2, Rn. 9, 20 ff.

1074 Kommission, Leitlinien zu Tarifverträgen Solo-Selbstständiger, ABl. 2022 C 374, 2, Rn. 9, 32 ff.

1075 Kommission, Leitlinien zu Tarifverträgen Solo-Selbstständiger, ABl. 2022 C 374, 2, Rn. 2 lit. (c).

laut Kommission alle Tarifverhandlungen, die im Einklang mit den nationalen Rechtsvorschriften und Gepflogenheiten geführt werden.[1076] Inhaltlich müssen sich die Tarifverträge auf Arbeitsbedingungen beziehen.[1077] Ausgenommen vom Anwendungsbereich der Leitlinien sind einseitige Vereinbarungen und abgestimmte Verhaltensweisen, die nicht für eine interne Koordinierung einer Verhandlungsseite erforderlich sind.[1078] Diese Grundsätze decken sich mit dem formellen und inhaltlichen Anwendungsbereich des kartellrechtlichen Ausnahmebereichs für Kollektivverträge, der bereits oben herausgearbeitet wurde.[1079] Der Fokus der folgenden Untersuchung liegt daher auf der personellen Grenze des Ausnahmebereichs.

3. Privilegierte Marktakteure

3.1 Darstellung

Der personelle Anwendungsbereich der Leitlinien erstreckt sich auf Solo-Selbstständige. Der Begriff des Solo-Selbstständigen wird definiert als „eine Person, die über keinen Arbeitsvertrag verfügt oder die in keinem Arbeitsverhältnis steht und die zur Erbringung der betreffenden Dienstleistungen in erster Linie auf die eigene Arbeitskraft angewiesen ist".[1080] Explizit betont wird, dass es entscheidend auf die Bereitstellung der eigenen Arbeitskraft ankommt.[1081]

Die Kommission geht davon aus, dass alle Solo-Selbstständigen, die sich in mit Arbeitnehmern vergleichbaren Situation befinden, nicht unter den Anwendungsbereich von Art. 101 AEUV fallen. Dies soll unabhängig davon gelten, ob die jeweiligen Solo-Selbstständigen als Scheinselbstständige zu qualifizieren sind.[1082] Dabei stützt sich die Kommission auf die Rechtsprechung des EuGH in der Sache *FNV-Kunsten*, nach der das kartellrechtliche Tarifprivileg auch für Dienstleistungserbringer gelte, die sich in einer vergleichbaren Position wie Arbeitnehmer befinden.[1083]

Dies zugrunde gelegt, nennt die Kommission drei Gruppen von Solo-Selbstständigen, die ihrer Ansicht nach unter den kartellrechtlichen Ausnahmebereich für Tarifverträge von Art. 101 AEUV fallen. Die erste Gruppe sind wirtschaftlich abhängige Solo-Selbstständige, die ihre Dienstleistungen ausschließlich oder vorwiegend für eine Gegenpartei erbringen.[1084] Eine wirtschaftliche Abhängigkeit sei anzunehmen, wenn ein Solo-Selbstständiger über ein bis zwei Jahre mindestens die Hälfte seines Arbeitseinkommens von einer Gegenpartei bezieht.[1085]

Die Kommission bejaht eine Vergleichbarkeit mit Arbeitnehmern außerdem bei Solo-Selbstständigen, die „Seite and Seite" mit Arbeitnehmern arbeiten. Diese würden ihre Dienstleistungen nach Weisung

---

[1076] Kommission, Leitlinien zu Tarifverträgen Solo-Selbstständiger, ABl. 2022 C 374, 2, Rn. 14.
[1077] Kommission, Leitlinien zu Tarifverträgen Solo-Selbstständiger, ABl. 2022 C 374, 2, Rn. 15.
[1078] Kommission, Leitlinien zu Tarifverträgen Solo-Selbstständiger, ABl. 2022 C 374, 2, Rn. 16 f.
[1079] Siehe dazu oben B.II.2.3 sowie B.II.2.4.
[1080] Kommission, Leitlinien zu Tarifverträgen Solo-Selbstständiger, ABl. 2022 C 374, 2, Rn. 2 lit. (a).
[1081] Kommission, Leitlinien zu Tarifverträgen Solo-Selbstständiger, ABl. 2022 C 374, 2, Rn. 18.
[1082] Kommission, Leitlinien zu Tarifverträgen Solo-Selbstständiger, ABl. 2022 C 374, 2, Rn. 20.
[1083] Kommission, Leitlinien zu Tarifverträgen Solo-Selbstständiger, ABl. 2022 C 374, 2, Rn. 21.
[1084] Kommission, Leitlinien zu Tarifverträgen Solo-Selbstständiger, ABl. 2022 C 374, 2, Rn. 23.
[1085] Kommission, Leitlinien zu Tarifverträgen Solo-Selbstständiger, ABl. 2022 C 374, 2, Rn. 24.

ausüben, keine geschäftlichen Risiken tragen und nicht über eine ausreichende Unabhängigkeit bei der Tätigkeitsausübung verfügen.[1086]

Zur dritten Gruppe gehören Solo-Selbstständige, die über digitale Arbeitsplattformen arbeiten. Die Bezeichnung „digitale Arbeitsplattform“ wird in der Leitlinie definiert und soll die Abgrenzung zu anderen Online-Plattformen ermöglichen.[1087] Kernunterscheidungsmerkmal ist, dass digitale Arbeitsplattformen die vom Leistungsempfänger nachgefragte Arbeit organisieren. Die Solo-Selbstständigen haben wiederum ein Vertragsverhältnis mit der Plattform und stehen für die Ausführung bestimmter Aufgaben zur Verfügung.[1088] Ihre Vergleichbarkeit mit Arbeitnehmern liege darin begründet, dass sie von der Plattform abhängig sein können und oft kaum Einfluss auf ihre Arbeitsbedingungen haben. Diese würden die Plattformen meist vorgeben.[1089]

3.2 Bewertung

Die Auslegung des Arbeitnehmerbegriffs hat gezeigt, dass eine Abgrenzung zwischen echten Solo-Selbstständigen und Arbeitnehmern in Grenzfällen schwierig ist.[1090] Vor diesem Hintergrund ist es zu begrüßen, dass die Kommission versucht, durch die Präzisierung von privilegierten Solo-Selbstständigen eine gewisse Rechtssicherheit für die betroffenen Personenkreise zu schaffen. Denn wer Tarifverträge abschließt, ohne Arbeitnehmer zu sein, ist regelmäßig an einem Hardcore-Kartell beteiligt.

Die konkrete Umsetzung des Vorhabens ist allerdings kritisch zu betrachten. Die rechtsdogmatische Begründung der von der Kommission vertretenen Privilegierung überzeugt nicht. Wie dargestellt, führt die Kommission das Vergleichbarkeitskriterium nach der Rechtsprechung des EuGH in *FNV Kunsten* als dogmatische Grundlage für die Privilegierung der beschriebenen Solo-Selbstständigen an. Diese Entscheidung interpretiert sie allerdings exzessiv.[1091] Die Kommission geht davon aus, dass das Primärrecht neben Selbstständigen und Arbeitnehmern noch eine dritte Personengruppe kennt, die wie Arbeitnehmer zu Tarifverhandlungen berechtigt ist; nämlich Dienstleister, die sich in einer vergleichbaren Situation wie Arbeitnehmer befinden.[1092] Scheinselbstständige seien nur als eine Unterkategorie dieser Personengruppe zu verstehen.[1093] Wie bereits dargelegt, kennt das Primärrecht eine solche dritte Personengruppe allerdings nicht.[1094] Die Rechtsprechung des EuGH in Sachen *FNV Kunsten* ist vielmehr so zu verstehen, dass auch Scheinselbstständige Arbeitnehmer im Sinne des Unionsrechts sind. Der Begriff

[1086] Kommission, Leitlinien zu Tarifverträgen Solo-Selbstständiger, ABl. 2022 C 374, 2, Rn. 26.

[1087] Kommission, Leitlinien zu Tarifverträgen Solo-Selbstständiger, ABl. 2022 C 374, 2, Rn. 2 lit. (d), 30.

[1088] Kommission, Leitlinien zu Tarifverträgen Solo-Selbstständiger, ABl. 2022 C 374, 2, Rn. 30.

[1089] Kommission, Leitlinien zu Tarifverträgen Solo-Selbstständiger, ABl. 2022 C 374, 2, Rn. 28.

[1090] Siehe dazu oben B.III.4.2.

[1091] So auch *Bretzigheimer/Maturana*, NZKart 2022, 246, 249; *Mohr/Mey*, NZKart 2022, 665, 671; *Mohr*, in: MüKo, Wettbewerbsrecht, 4. Aufl. 2023, Bd. 1-1, Grundl. Rn. 1324; vgl. *Thomas*, in: FS Reichold, 2025, 459, 463; a.A. *Heinemann*, WuW 2023, 257, 258, 261, der von einer Fortentwicklung der Rechtsprechung des EuGH durch die Kommission spricht.

[1092] Vgl. Kommission, Leitlinien zu Tarifverträgen Solo-Selbstständiger, ABl. 2022 C 374, 2, Rn. 20, 26: „Solo-Selbstständige sollten jedoch in den Fällen, in denen sie nicht als Arbeitnehmer eingestuft worden sind, weiterhin die Möglichkeit haben, Tarifverträge zur Verbesserung ihrer Arbeitsbedingungen abzuschließen.“

[1093] Vgl. Kommission, Leitlinien zu Tarifverträgen Solo-Selbstständiger, ABl. 2022 C 374, 2, Rn. 7, 20.

[1094] Siehe dazu oben B.III.4.4.

der Scheinselbstständigkeit wurde nur zur Beschreibung eines verschleierten Arbeitnehmerstatus geschaffen, insbesondere in Fällen, bei denen nationales Recht eine Selbstständigkeit annimmt.[1095] Die Auslegung der Kommission widerspricht daher geltendem Primärrecht.[1096]

Mangels eines tragfähigen rechtsdogmatischen Fundaments kann auch die von der Kommission vertretene Gruppierung nicht überzeugen. Um vom kartellrechtlichen Ausnahmebereich für Tarifverträge zu profitieren, müssen (Schein-)Solo-Selbstständige tatsächlich die Merkmale des unionsrechtlichen Arbeitnehmerbegriffs erfüllen, was anhand einer Gesamtschau geeigneter Indikatoren zu überprüfen ist.[1097] Die Kommission nennt für jede Gruppe von Solo-Selbstständigen jedoch nur einen einzelnen Indikator, der bereits für eine Privilegierung genügen soll. Die notwendige Gesamtschau mit weiteren – möglicherweise widersprechenden – Indikatoren unterbleibt. Dies zeigt, dass die Leitlinien zu einem *underenforcement* des Kartellverbots führen könnten, da sie echten Solo-Selbstständigen *contra legem* eine Privilegierung zusprechen.

Dieser Eindruck bekräftigt sich mit Blick auf die drei genannten Gruppen. Die zuerst genannte wirtschaftliche Abhängigkeit ist schon kein Merkmal eines Arbeitsverhältnisses.[1098] Als Indikator wird der mindestens hälftige Bezug des gesamten Arbeitseinkommens von einer Gegenpartei über ein oder zwei Jahre genannt. Dass eine Person einen Großteil ihres Einkommens über einen längeren Zeitraum von einem Unternehmen erhält, kann zwar das Arbeitnehmermerkmal der Aufgabe der unternehmerischen Entscheidungsfreiheit auf eigene Rechnung indizieren. Zwingend ist das allerdings nicht. Auch Selbstständige können langfristig nur für einen Auftragnehmer tätig werden. Darüber hinaus ist die Schwelle des erforderlichen Einkommensbezugs von einer Partei mit 50 % zu niedrig angesetzt, um eine Vergleichbarkeit mit Arbeitnehmern zu begründen.[1099] Die Kommission bezieht sich hier auf die Definition von arbeitnehmerähnlichen Personen nach § 12a TVG.[1100] Diese profitieren aber gerade nicht vom kartellrechtlichen Ausnahmebereich für Tarifverträge, wenn nicht weitere Indikatoren hinzutreten, welche die eigentlichen Arbeitnehmermerkmale begründen.[1101]

Die Arbeit eines Solo-Selbstständigen „Seite an Seite" mit einem – zweifelsfrei als solchen qualifizierten – Arbeitnehmer kann einen Indikator für das Arbeitnehmermerkmal der organisatorischen Integration darstellen und in der Folge auch für eine Weisungsgebundenheit. Auch hier bedarf es allerdings einer Gesamtschau, ob nicht andere Indikatoren gegen eine Arbeitnehmereigenschaft sprechen – oder eben eine Vergleichbarkeit mit diesen. Die Kommission verwendet den Sachverhalt der Rechtssache *FNV Kunsten* als Beispiel. Nach ihrer Ansicht muss der kartellrechtliche Ausnahmebereich auch für vermeintlich selbstständige Aushilfsmusiker gelten, die zusammen mit Arbeitnehmern für einen Konzertveranstalter spielen und dessen Weisungen unterliegen, was den Zeitpunkt und Ort der Proben sowie die Art und Anzahl der zu spielenden Stücke angeht.[1102] Eine Klassifizierung der Aushilfsmusiker

[1095] Siehe dazu ausführlich oben B.III.3.2.

[1096] So auch *Mohr/Mey*, NZKart 2022, 665, 671; vgl. *Thomas*, in: FS Reichold, 2025, 459, 462 f.; *Legner*, ZWeR 2025, 215, 227 f., 238. Dagegen begründen *Bretzigheimer* und *Maturana* die Unzulässigkeit des Ausnahmebereichs mit einer widersprüchlichen Auslegung des Unternehmensbegriffs im Sinne von Art. 101 AEUV durch die Kommission; *Bretzigheimer/Maturana*, NZKart 2022, 246, 249. Nach hier vertretener Ansicht hat die Auslegung des Unternehmensbegriffs allerdings keinen Einfluss auf die Reichweite des außertatbestandlichen Ausnahmebereichs für Tarifverträge; dazu ausführlich B.III.4.3.

[1097] Siehe dazu oben B.III.4.2.5b) und B.III.4.2.5c).

[1098] Siehe dazu oben B.III.4.2.5b).

[1099] *Mohr/Mey*, NZKart 2022, 665, 671.

[1100] Kommission, Leitlinien zu Tarifverträgen Solo-Selbstständiger, ABl. 2022 C 374, 2, Rn. 23 Fn. 23.

[1101] Siehe dazu oben Fn. 835.

[1102] Kommission, Leitlinien zu Tarifverträgen Solo-Selbstständiger, ABl. 2022 C 374, 2, Rn. 27.

als Arbeitnehmer ist hier in der Tat denkbar. Das liegt allerdings daran, dass die Arbeit nicht nur „Seite an Seite“ mit Arbeitnehmern ausgeführt wird, sondern auch in einem vergleichbaren Umfang. Denn würden die Aushilfsmusiker nur für einzelne Konzerte gebucht und vergütet werden, läge eine Arbeitnehmerstellung fern. Wer dagegen die gleiche Tätigkeit für den gleichen Zeitraum und die gleiche – durch Tarifvertrag geregelte – Vergütung wie ein Arbeitnehmer ausführt, der ist nur scheinselbstständig, also tatsächlich ein Arbeitnehmer. Bei einem solch umfassenden Verständnis der Arbeit „Seite an Seite“ mit einem Arbeitnehmer entspricht die Privilegierung demnach der geltenden Rechtslage.

Solo-Selbstständige, die für und über digitale Arbeitsplattformen tätig sind, werden ebenfalls durch die Leitlinien pauschal privilegiert. Zu begrüßen ist, dass die Kommission zwischen digitalen Arbeitsplattformen und sonstigen Online-Plattformen anhand des Organisationsgrades der Arbeit durch die Plattform abgrenzt. Dies entspricht im Ergebnis der im Rahmen dieser Abhandlung vorgenommenen Unterscheidung zwischen Plattformarbeit im Agenturmodell und in einer Leistungskette.[1103] Bei Ersterer scheidet ein Arbeitnehmerstatus der Solo-Selbstständigen generell aus.[1104] Dieser Ansicht ist auch die Kommission.[1105] Darüber hinaus überzeugt die pauschale Privilegierung allerdings nicht. Denn auch Solo-Selbstständige, die für digitale Arbeitsplattformen tätig sind, werden oft nicht als Arbeitnehmer zu qualifizieren sein.[1106] Das hat nicht zuletzt die *Yodel*-Entscheidung des EuGH gezeigt. Die Kommission argumentiert, dass Solo-Selbstständige von digitalen Arbeitsplattformen abhängig sein können und regelmäßig nicht dazu in der Lage sind, ihre Arbeitsbedingungen zu verhandeln.[1107] Sie hat bei diesen Ausführungen beispielsweise Märkte für Arbeiter von Fahrdienstplattformen vor Augen.[1108] Ihrer Argumentation ist zunächst zu entgegnen, dass ein *ex ante wage-posting* noch nichts über eine Entlohnung unter dem wettbewerbsanalogen Niveau aussagt.[1109] Dies spielt allerdings ohnehin keine Rolle. Denn eine vermeintliche Schutzbedürftigkeit im Einzelfall ist *de lege lata* nicht relevant für die Bejahung der Arbeitnehmereigenschaft und damit der Berechtigung zu Tarifverhandlungen.[1110] Sie kann deswegen auch keine eingeschränkte Anwendung des Kartellverbots begründen.

[1103] Siehe dazu oben B.III.2.

[1104] Siehe dazu oben B.III.4.2.5c).

[1105] Vgl. Kommission, Leitlinien zu Tarifverträgen Solo-Selbstständiger, ABl. 2022 C 374, 2, Rn. 30: „Online-Plattformen, die die Arbeit von Einzelpersonen nicht organisieren, sondern lediglich die Mittel bereitstellen, mit denen Dienstleistungsanbieter den Endnutzer erreichen können, indem sie beispielsweise Angebot oder Nachfrage nach Dienstleistungen auflisten oder verfügbare Dienstleistungsanbieter in einem bestimmten Bereich aggregieren und anzeigen, sollten nicht als digitale Arbeitsplattform betrachtet werden, ohne dass eine weitere Beteiligung erfolgt. Eine Plattform, die zum Beispiel nur die Kontaktdaten der in einem bestimmten Gebiet verfügbaren Klempner zusammenstellt und anzeigt und es den Kunden dadurch ermöglicht, die Klempner zu kontaktieren, um deren Dienste in Anspruch zu nehmen, wird nicht als digitale Arbeitsplattform betrachtet, da die Plattform nicht die Organisation der Arbeit der Klempner übernimmt.“

[1106] Siehe dazu oben B.III.4.2.6.

[1107] Kommission, Leitlinien zu Tarifverträgen Solo-Selbstständiger, ABl. 2022 C 374, 2, Rn. 27.

[1108] Kommission, Leitlinien zu Tarifverträgen Solo-Selbstständiger, ABl. 2022 C 374, 2, Rn. 31.

[1109] Die Arbeitsleistungen für Fahrdienstplattformen werden auf Jedermanns-Arbeitsmärkten erbracht, die kein spezifisches Humankapital verlangen und regelmäßig keine langfristigen Leistungsbeziehungen hervorbringen, sondern flexibler sind als die meisten Arbeitsmärkte. Die Produktivität dieser Solo-Selbstständigen ist recht gering, was zwangsläufig mit einer niedrigen Entlohnung einhergeht. Die einseitige Vorgabe der Arbeitsbedingungen auf diesen Märkten kann sinnvoll sein, da sie Ressourcen spart und außerdem für eine einheitliche Entlohnung sorgt, was Produktivitätsverlusten aufgrund negativ reziproker Reaktionen von – nach subjektiver Wahrnehmung – unfair behandelten Arbeitern vorbeugt. Dass die einseitige Vorgabe deswegen zugleich eine Ausübung von Monopsonmacht bedeutet, ist nicht zutreffend; siehe dazu Teil 2 D.II.2 und D.II.3.

[1110] Siehe dazu oben B.III.4.2.5a).

Es bedarf einer gesetzgeberischen Initiative, wenn alle Solo-Selbstständigen, die für oder über digitale Arbeitsplattformen arbeiten, ein Recht auf Tarifverhandlungen zugestanden werden soll, ohne dass diese am Kartellverbot zu messen sind.[1111] Ein solches Vorhaben ist noch nicht in der RL-Plattformarbeit der Europäischen Union zu sehen. Die Richtlinie zielt nur darauf ab, dass Plattformarbeit im mitgliedstaatlichen Recht – „unter Berücksichtigung der Rechtsprechung des Gerichtshofs" – korrekt als Arbeitsverhältnis identifiziert wird.[1112] Es soll also Scheinselbstständigkeit bekämpft werden.[1113] Mit ihm wird demnach keine Ausweitung des unionsrechtlichen Arbeitnehmerbegriffs und damit des Rechts auf Kollektivverhandlungen bezweckt. Den Mitgliedstaaten wird primär die Schaffung einer widerleglichen gesetzlichen Vermutung für das Vorliegen eines Arbeitsverhältnisses anhand geeigneter Kriterien auferlegt.[1114]

4. Durchsetzungsprioritäten

4.1 Darstellung

Im letzten Teil der Leitlinien stellt die Kommission ihre Durchsetzungsprioritäten für Tarifverhandlungen von Solo-Selbstständigen vor, die sich nicht in einer mit Arbeitnehmern vergleichbaren Situation befinden, aber aufgrund einer schwachen Verhandlungsposition dennoch schutzbedürftig seien.[1115] Die Kommission bezieht sich demnach ausdrücklich auf Solo-Selbstständige, bei denen auch sie *de lege lata* nicht von einer kartellrechtlichen Privilegierung ausgeht. Sie nennt zwei Gruppen von Solo-Selbstständigen, gegen deren Tarifverträge sie nicht vorgehen wird.

Die erste Gruppe sind Solo-Selbstständige, die Tarifverträge mit einer Gegenpartei schließen, die über eine gewisse Wirtschaftskraft verfügt.[1116] Das könne zu einem Ungleichgewicht bei der Verhandlungsmacht führen. Tarifverträge seien ein legitimes Mittel, um dies zu korrigieren. Die Kommission nennt beispielhaft zwei überlegene Verhandlungspartner: Gegenparteien, die eine ganze Branche oder einen ganzen Sektor vertreten, und Gegenparteien, die einen Gesamtjahresumsatz von über 2 Mio. EUR erzielen oder mindestens zehn Mitarbeiter beschäftigen. In beiden Fällen genüge es, wenn mehrere beteiligte Gegenparteien die Voraussetzungen gemeinsam erfüllen.

Die zweite Gruppe bezieht sich auf Solo-Selbstständige, die Tarifverträge auf der Grundlage von mitgliedstaatlichen oder EU-Gesetzen schließen.[1117] Die Kommission nennt einerseits mitgliedstaatliche Rechtsvorschriften, die Solo-Selbstständige zu Tarifverhandlungen ermächtigen oder einen kartellrechtlichen Ausnahmebereich vorsehen. Außerdem will sie nicht gegen Tarifverträge vorgehen, deren Abschluss Solo-Selbstständigen durch das Unionsrecht zugestanden wird. Dabei bezieht sie sich auf die Urheberrichtlinie[1118]. Danach dürfen Mitgliedstaaten Urhebern und ausübenden Künstlern ein Recht auf

1111 Vgl. *Picker*, ZEuP 2020, 305, 314.

1112 Erwägungsgründe 25, 36, Art. 1 Abs. 1 lit. al), 4 Abs. 1 und Art. 5 Abs. 1 RL-Plattformarbeit, ABl. 2024 L 2831.

1113 Erwägungsgrund 25 RL-Plattformarbeit, ABl. 2024 L 2831.

1114 Vgl. Art. 5 RL-Plattformarbeit, ABl. 2024 L 2831.

1115 Kommission, Leitlinien zu Tarifverträgen Solo-Selbstständiger, ABl. 2022 C 374, 2, Rn. 32.

1116 Kommission, Leitlinien zu Tarifverträgen Solo-Selbstständiger, ABl. 2022 C 374, 2, Rn. 33 ff.

1117 Kommission, Leitlinien zu Tarifverträgen Solo-Selbstständiger, ABl. 2022 C 374, 2, Rn. 36 ff.

1118 Richtlinie (EU) 2019/790 des Europäischen Parlaments und des Rates vom 17. April 2019 über das Urheberrecht und die verwandten Schutzrechte im digitalen Binnenmarkt und zur Änderung der Richtlinien 96/9/EG und 2001/29/EG („Urheberrichtlinie"), ABl. 2019 L 130, 92.

Tarifverhandlungen gewähren, um ihre Verhandlungsposition zu stärken und eine faire Vergütung sicherzustellen.[1119]

4.2 Bewertung

Die Durchsetzungsprioritäten der Kommission sind kritisch zu hinterfragen. Denn sie kündigen eine weitreichende Nichtverfolgung von Verhaltensweisen an, die regelmäßig gegen Art. 101 AEUV verstoßen.[1120] Im Unterschied zum vorigen Abschnitt ist dies der Kommission auch bewusst.

Die Anforderungen an Gegenparteien mit gewisser Wirtschaftskraft sind gering. Ein gemeinsamer Jahresumsatz von 2 Mio. EUR oder eine gemeinsame Mitarbeiterzahl von zehn Personen wird die verhandelnde Auftraggeberseite in den meisten Fällen erreichen. Bezeichnend ist, dass sich diese Kriterien an der von der Kommission vorgeschlagenen Definition für Kleinstunternehmen orientieren.[1121] Nur wenn also alle verhandelnden Auftraggeber nicht einmal gemeinsam ein Kleinstunternehmen bilden würden, sind die Voraussetzungen nicht erfüllt. In diesen Fällen wird der zwischenstaatliche Handel aber regelmäßig nicht beeinträchtigt, so dass Art. 101 AEUV ohnehin nicht anwendbar ist. Letztlich werden durch diese Fallgruppe faktisch so gut wie alle Tarifverhandlungen von Solo-Selbstständigen vom Anwendungsbereich von Art. 101 AEUV ausgenommen.[1122] Daneben wird der zweiten Fallgruppe, einer Branchen- oder Sektorvertretung durch die Gegenpartei, vermutlich kaum eine eigenständige Bedeutung zukommen.

Zu kritisieren ist auch, dass die Kommission ab einer gewissen Unternehmensgröße pauschal von einem Verhandlungsungleichgewicht ausgeht. Denn wenn die Nachfrage das Angebot übersteigt, werden auch Solo-Selbstständige sich in einer guten Verhandlungsposition befinden. Eine geringe Verhandlungsmacht ist daher kein zwingendes Charakteristikum von Solo-Selbstständigen.[1123] Dass Auftraggeber die Preise für die Leistungen von Solo-Selbstständigen einseitig festsetzen, ist im Übrigen kein zwingender Indikator für die Ausübung von Monopsonmacht.[1124] Die Angebotssituation kann sie dazu zwingen, Preise auf ein hohes Niveau zu setzen.[1125] Außerdem könnte Tarifverträgen echter Solo-Selbstständiger eine Einzelfreistellungsmöglichkeit offenstehen, sofern sie einer Monopsonmacht der Auftraggeber entgegenwirken und dadurch einen *deadweight loss* verringern. Diese muss allerdings – wie bei allen anderen wettbewerbsbeschränkenden Vereinbarungen auch – im Einzelfall von den Beteiligten geprüft werden. Eine pauschale Nichtverfolgung erscheint dagegen zunächst nicht angezeigt. Die Kommission verfolgt mit dieser Durchsetzungspriorität offenbar nicht nur wettbewerbspolitische Interessen, sondern vor allem sozialpolitische.[1126]

1119 Siehe Erwägungsgrund 73 und Art. 18 Abs. 2 der Urheberrichtlinie.

1120 Ob der Kommission überhaupt eine derart weitreichende Priorisierungsmöglichkeit bei der Nichtverfolgung von kartellrechtswidrigen Verhaltensweisen zusteht, ist bereits sehr fraglich. Dies überzeugend verneinend *Bretzigheimer/Maturana*, NZKart 2022, 246, 249 f., ähnlich *Mohr/Mey*, NZKart 2022, 665, 672; *Mohr*, in: MüKo, Wettbewerbsrecht, 4. Aufl. 2023, Bd. 1-1, Grundl. Rn. 1324; *Legner*, ZWeR 2025, 215, 237 f.

1121 Vgl. Art. 2 Abs. 3 der Empfehlung der Kommission v. 6.5.2005 betreffend die Definition der Kleinstunternehmen sowie der kleinen und mittleren Unternehmen, ABl. L 2003 124, 36.

1122 *Mohr/Mey*, NZKart 2022, 665, 672; *Legner*, ZWeR 2025, 215, 224.

1123 *Thomas*, ZHR 2024, 762, 785.

1124 Siehe dazu Teil 2 D.II.2 und D.II.3.

1125 Ein passendes Arbeitsmarktbeispiel sind Großkanzleien. Diese setzen in der Regel die Löhne *ex ante* fest, ohne dass ein Verhandlungsspielraum besteht. Sie haben diese Löhne in den letzten Jahren allerdings regelmäßig erhöht, da die Nachfrage nach Talenten mit vollbefriedigenden Examensnoten das Angebot übertraf.

1126 *Thomas*, ZHR 2024, 762, 785.

Zu begrüßen ist, dass die Kommission eine Aussage zu mitgliedstaatlichen und unionsrechtlichen Regelungen trifft, die Tarifverhandlungen gestatten. Denn hier kann in Einzelfällen Rechtsunsicherheit dahingehend bestehen, ob Tarifverhandlungen den zwischenstaatlichen Handel beeinträchtigen.[1127] Ist dies der Fall, sind sie am Maßstab von Art. 101 AEUV zu beurteilen. Das gilt auch dann, wenn das mitgliedstaatliche Recht eine geschriebene Ausnahme vom Kartellverbot enthält oder eine ungeschriebene Ausnahme schafft, indem es ein Recht auf Tarifverhandlungen als *Lex specialis* normiert.[1128] Das mitgliedstaatliche Recht kann den Anwendungsbereich des europäischen Wettbewerbsrechts nicht einschränken. Diese Durchsetzungspriorität führt folglich abermals zu einem *under-enforcement* des EU-Kartellrechts. Sie misst den mitgliedstaatlichen Regelungen einen größeren Anwendungsbereich zu, als ihnen normenhierarchisch zusteht. Dadurch fördert die Kommission eine – durch unterschiedlich mitgliedstaatliche Regelungen entstehende – Fragmentierung im Binnenmarkt noch zusätzlich.[1129] Es wäre sinnvoller gewesen, hätte die Kommission klare Grundsätze zur Anwendung der Zwischenstaatlichkeitsklausel auf Tarifverhandlungen aufgestellt. Damit hätte sie ebenfalls Rechtssicherheit für den Geltungsbereich der mitgliedstaatlichen Regelung schaffen können, ohne faktisch einen überschießenden Ausnahmebereich im Vergleich zur geltenden Primärrechtslage zu schaffen.

Weniger kritisch zu beurteilen ist die angekündigte Nichtverfolgung von unionsrechtlich legitimierten Tarifverträgen Solo-Selbstständiger, namentlich auf Grundlage der Urheberrichtlinie. Es ist nicht Aufgabe der Kommission, die Primärrechtskonformität dieser Richtlinie zu hinterfragen. Sie darf vielmehr davon ausgehen, dass diese den Anwendungsbereich von Art. 101 AEUV zulässigerweise einschränkt.[1130] Dann verstoßen auch mitgliedstaatliche Regelungen, die solo-selbstständigen Urhebern und Künstlern ein Recht auf Tarifverhandlungen einräumen, nicht gegen geltendes Primärrecht, sofern sie richtlinienkonform umgesetzt wurden. Etwas ungeschickt ist deswegen die Kategorisierung derartiger Tarifverhandlungen durch die Kommission. Denn einen Hinweis auf die Nichtverfolgung braucht es überhaupt nicht, wenn der Unionsgesetzgeber für die Tarifverhandlungen bereits einen kartellrechtlichen Ausnahmebereich geschaffen hat. Wenn die Urheberrichtlinie in diesem Punkt primärrechtskonform ist, wovon die Kommission ausgehen muss, dann besteht ein Ausnahmebereich für diese Solo-Selbstständigen vom europäischen Kartellverbot. Eine Verfolgung entsprechender Tarifverträge wäre also ohnehin nicht angezeigt.

5. Ergebnis

Die Bewertung der Leitlinien anhand der im Rahmen dieser Arbeit gefundenen Erkenntnisse hat ein gemischtes Bild offenbart. Das Vorhaben an sich ist zu begrüßen, da es für die betroffenen Personenkreise Rechtssicherheit schaffen kann. Dieser bedarf es auch angesichts der schwierigen Abgrenzung zwischen Arbeitnehmern und Selbstständigen sowie der ungenauen Zwischenstaatlichkeitsklausel des europäischen Kartellverbots. Die Umsetzung ist allerdings an mehreren Stellen nicht gelungen. Allen voran führt eine Fehlinterpretation der *FNV Kunsten*-Entscheidung durch die Kommission dazu, dass sie die personelle Grenze des kartellrechtlichen Ausnahmebereichs für Kollektivverträge *contra legem* ausdehnt. Sie geht davon aus, dass nicht nur Arbeitnehmer, sondern auch mit diesen vergleichbare Personen zu Kollektivverhandlungen berechtigt sind. Das entspricht allerdings nicht dem geltenden Primärrecht. In der Folge können auch die drei genannten Gruppen nicht überzeugen, die nach der Ansicht

---

1127 Siehe dazu oben B.IV.2.2.

1128 So ist im deutschen Recht ein ungeschriebener Ausnahmebereich für arbeitnehmerähnliche Personen im Sinne von § 12a TVG normiert; siehe dazu oben B.IV.3.2.

1129 *Bretzigheimer/Maturana*, NZKart 2022, 246, 249; *Mohr/Mey*, NZKart 2022, 665, 673.

1130 Die Primärrechtskonformität der Urheberrichtlinie soll im Rahmen dieser Arbeit nicht untersucht werden.

der Kommission von dem kartellrechtlichen Ausnahmebereich profitieren sollen. Sie sind überschießend und bewirken ein *under-enforcement* des EU-Kartellrechts. Auch die Durchsetzungsprioritäten der Kommission sind zu kritisieren. Insbesondere führen sie aufgrund der niedrigen Anforderungen faktisch zu einer Nichtverfolgung aller Kollektivverhandlungen von Solo-Selbstständigen, die in den Anwendungsbereich von Art. 101 AEUV fallen.

C. SUBSIDIÄR: BERÜCKSICHTIGUNG SOZIALPOLITISCHER ZIELE BEI DER ANWENDUNG DES KARTELLVERBOTS

I. Ausgangspunkt

Bei Kollektivverträgen, die nicht die Anforderungen des Ausnahmebereichs von Art. 101 AEUV[1131] erfüllen, stellt sich die Frage, ob damit die verfolgten sozial- und verteilungspolitischen Ziele[1132] bei der Prüfung des Tatbestands der Norm berücksichtigt werden können. Das wäre vor allem für Tarifverhandlungen echter Solo-Selbstständiger von praktischer Relevanz. Im Folgenden sollen einzelne Tatbestandsmerkmale des Kartellverbots untersucht werden, bei denen eine Berücksichtigung außerwettbewerblicher Interessen zugunsten echter Solo-Selbstständiger erwogen oder behauptet wird. Das ist zum einen die *Wouters*-Doktrin.[1133] Nach dieser Doktrin sind außerwettbewerbliche Allgemeininteressen bei der Anwendung von Art. 101 AEUV in bestimmten Fällen berücksichtigungsfähig. Ob die *Wouters*-Doktrin auch auf mit Kollektivverträgen verfolgte sozialpolitische Ziele angewendet werden kann,[1134] ist im Folgenden zu untersuchen (II.). Zum anderen soll der Frage nachgegangen werden, ob sozialpolitische Ziele bei der Prüfung einer Einzelfreistellung nach Art. 101 Abs. 3 AEUV berücksichtigt werden können (III.).

II. *Wouters*-Doktrin

1. Überblick zur Rechtssache *Wouters* und nachfolgenden Entscheidungen

In der Rechtssache *Wouters* hatte der EuGH unter anderem über die Anwendung des Kartellverbots auf eine Regelung aus der Satzung der niederländischen Rechtsanwaltskammer zu entscheiden.[1135] Diese Regelung untersagte es Rechtsanwälten grundsätzlich, eine Sozietät mit Angehörigen anderer Berufsgruppen zu bilden.[1136] Eine Ausnahme galt nur für Berufsgruppen, die von der niederländischen Rechtsanwaltskammer insoweit anerkannt wurden. Die Berufsgruppe der Wirtschaftsprüfer zählte nicht dazu.

1131 Aufgrund der beschriebenen identischen Auslegung des europäischen und deutschen Kartellverbots gelten die Ausführungen dieses Abschnitts gleichfalls für §§ 1, 2 GWB. Die Normen werden im Folgenden deswegen nicht explizit im Text erwähnt.

1132 Im Folgenden wird vereinfachend nur von „sozialpolitischen Zielen“ gesprochen.

1133 Nach EuGH, Urt. v. 19.2.2002, Rs. C-309/99, ECLI:EU:C:2002:98, Rn. 73 ff. – *Wouters*.

1134 Dies erwägend *Schiek/Gideon*, 32 Int. Rev. Law Comput. Technol. 2018, 275, 288; *Lianos/Countouris/De Stefano*, 10 Eur. Labour L. J. 2019, 291, 323 f.; *Monti*, 17 Eur. Comp. J. 2021, 714, 729 f.; *Maggiolino*, 10 J. Antitrust Enforc. 2022, 365, 392.

1135 EuGH, Urt. v. 19.2.2002, Rs. C-309/99, ECLI:EU:C:2002:98, Rn. 73 ff. – *Wouters*.

1136 Dazu und zum Folgenden EuGH, Urt. v. 19.2.2002, Rs. C-309/99, ECLI:EU:C:2002:98, Rn. 13 ff., 24 ff. – *Wouters*.

Dagegen wandten sich die Kläger, zwei Rechtsanwälte und eine Wirtschaftsprüfergesellschaft, die eine gemeinsame Sozietät gründen wollten.

Der EuGH qualifizierte die Satzung der niederländischen Rechtsanwaltskammer als Beschluss einer Unternehmensvereinigung und stellte den wettbewerbsbeschränkenden Charakter der genannten Regelung fest.[1137] Sodann führte er allerdings aus, dass bei der Anwendung der Norm im Einzelfall der Gesamtzusammenhang des Beschlusses zu berücksichtigen sei.[1138] Dabei sei „[i]nsbesondere dessen Zielsetzung zu würdigen, die hier mit der Notwendigkeit der Schaffung von Vorschriften über Organisation, Befähigung, Standespflichten, Kontrolle und Verantwortlichkeit zusammenhängt, die den Empfängern juristischer Dienstleistungen und der Rechtspflege die erforderliche Gewähr für Integrität und Erfahrung bieten". Weiter sei zu prüfen, ob die wettbewerbsbeschränkende Wirkung notwendigerweise mit der Verfolgung der genannten Ziele zusammenhänge. Der EuGH kam zu dem Ergebnis, dass die niederländische Rechtsanwaltskammer annehmen durfte, dass Rechtsanwälte möglicherweise nicht mehr dazu in der Lage sind, ihre Mandanten unabhängig und unter Wahrung des Berufsgeheimnisses zu vertreten, wenn sie eine gemeinsame Sozietät mit Wirtschaftsprüfern bilden.[1139] Weniger einschneidende Mittel als das Verbot hätten nicht zur Verfügung gestanden, weshalb die Regelung der Satzung nicht gegen das Kartellverbot verstoße.[1140] In der Sache hat der EuGH mit der *Wouters*-Entscheidung einer außerwettbewerblichen Zielsetzung Vorrang vor der Anwendung des Kartellverbots eingeräumt.

Die *Wouters*-Doktrin wurde vom EuGH anschließend in weiteren Entscheidungen mit unterschiedlichen Sachverhalten bestätigt:[1141] zu Anti-Doping-Regelungen eines Sportverbandes,[1142] zur Satzungsregelung einer berufsständischen Vertretung, die Buchhalter zur Absolvierung nur von der Körperschaft angebotener Fortbildungen verpflichtet,[1143] zu Standesregeln eines Geologenverbandes, die Kriterien für die Honorarfestsetzung enthalten,[1144] zur Regelung einer staatlich legitimierten Beobachtungsstelle für den Straßenverkehr, nach der die Entgelte für die Beförderung im gewerblichen Güterkraftverkehr nicht unter den Mindestbetriebskosten liegen dürfen,[1145] zu einer gesetzlichen Regelung der Anwaltsvergütung, nach der die vom Berufsverband für Rechtsanwälte in einer Verordnung festgelegte Mindesthöhe nicht unterschritten werden darf,[1146] zu einer Satzungsregelung von Fußballverbänden, die eine Verpflichtung von Nachwuchsspielern durch Profivereine erschwert,[1147] zu Satzungsregelungen eines Eis-

---

[1137] EuGH, Urt. v. 19.2.2002, Rs. C-309/99, ECLI:EU:C:2002:98, Rn. 44 ff., 86 ff. – *Wouters*.

[1138] Dazu und zum Folgenden EuGH, Urt. v. 19.2.2002, Rs. C-309/99, ECLI:EU:C:2002:98, Rn. 97 – *Wouters*.

[1139] EuGH, Urt. v. 19.2.2002, Rs. C-309/99, ECLI:EU:C:2002:98, Rn. 105 – *Wouters*.

[1140] EuGH, Urt. v. 19.2.2002, Rs. C-309/99, ECLI:EU:C:2002:98, Rn. 109 f. – *Wouters*.

[1141] Rein klarstellend ist darauf hinzuweisen, dass die folgende Auflistung nur wiedergibt, in welchen Fällen der EuGH die generelle Geltung der *Wouters*-Doktrin bestätigt. Damit ist nicht gesagt, dass die jeweiligen Sachverhalte auch im Einzelfall die Voraussetzungen der Doktrin erfüllten. Insoweit kam der EuGH zu unterschiedlichen Ergebnissen oder gab dem verweisenden Gericht auf, dies zu prüfen.

[1142] EuGH, Urt. v. 18.7.2006, Rs. C-519/04 P, ECLI:EU:C:2006:492, Rn. 42 – *Meca-Medina*.

[1143] EuGH, Urt. v. 28.2.2013, Rs. C-1/12, ECLI:EU:C:2013:127, Rn. 93, 96 – *OTOC*.

[1144] EuGH, Urt. v. 18.7.2013, Rs. C-136/12, ECLI:EU:C:2013:489, Rn. 53 – *CNG*.

[1145] EuGH, Urt. v. 4.9.2014, verb. Rs. C-184 bis 187/13, C-194/13, C-195 und C-208/13, ECLI:EU:C:2014:2147, Rn. 47 – *API*.

[1146] EuGH, Urt. v. 23.11.2017, verb. Rs. C-427 und 428/16, ECLI:EU:C:2017:890, Rn. 53 ff. – *CHEZ*; EuGH, Urt. v. 25.1.2024, Rs. C-438/22, ECLI:EU:C:2024:71, Rn. 24 ff. – *Em akaunt BG*.

[1147] EuGH, Urt. v. 21.12.2023, Rs. C-680/21, ECLI:EU:C:2023:1010, Rn. 113 – *Royal Antwerp Football Club*.

kunst- und Eisschnelllauf-Dachverbandes für die Genehmigung nebst Anforderungen an neue Wettkampfformate[1148] und zu Satzungsregelungen von Fußballverbänden für die Genehmigung und Sanktionierung internationaler Profifußballwettbewerbe in Europa.[1149] Die Prüfung der *Wouters*-Doktrin – in Gestalt der Ergänzungen aus der *Meca-Medina*-Entscheidung – wird in der Literatur auch als Drei-Stufen-Test bezeichnet.[1150] Zu prüfen ist, ob mit der Wettbewerbsbeschränkung ein legitimer Zweck verfolgt wird und die wettbewerbsbeschränkende Maßnahme notwendigerweise mit diesem Ziel verbunden und verhältnismäßig ist.[1151]

2. Rechtsdogmatische Einordnung der *Wouters*-Doktrin

2.1 Ausgangspunkt

Probleme bereitet die rechtsdogmatische Einordnung der *Wouters*-Doktrin. Handelt es sich etwa um eine teleologische Einschränkung des Tatbestandsmerkmals Wettbewerbsbeschränkung, um eine außertatbestandliche Verhältnismäßigkeitsprüfung oder eine Art *rule of reason*, die außerwettbewerbliche Aspekte in die Abwägung einbezieht?[1152] Dies ist anhand einer Exegese der *Wouters*-Entscheidung und deren Nachfolger zu klären, bevor die Anwendung der Doktrin auf Kollektivverträge geprüft werden kann. Dafür ist zunächst der genaue Prüfungsort der Doktrin zu ermitteln (2.2). Anschließend ist zu erläutern, warum der EuGH die Doktrin schuf (2.3). Beides soll abschließend genutzt werden, um die Doktrin rechtsdogmatisch einzuordnen (2.4).

2.2 Prüfungsort der Doktrin

Zunächst soll die Prüfungsstruktur des EuGH näher in den Blick genommen werden, um zu ermitteln, ob der EuGH die *Wouters*-Doktrin als inner- oder außertatbestandliche Einschränkung von Art. 101 AEUV behandelt.

In *Wouters* prüft der EuGH zuerst, ob die niederländische Rechtsanwaltskammer eine Unternehmensvereinigung im Sinne des Kartellverbots darstellt. Im Anschluss beantwortet er die Frage, ob das Verbot der gemeinsamen Sozietätsgründung den Wettbewerb im Binnenmarkt beschränkt.[1153] In der Rechtssache *Albany* hatte er die Prüfungsreihenfolge dagegen umgedreht. Er beantwortete die zweite Frage des vorlegenden Gerichts, ob die Zwangsmitgliedschaft in einem Betriebsrentenfonds gegen Art. 101 AEUV verstoße, vor dessen erster Frage, ob der mit Rentenverwaltung betraute Fonds ein Unternehmen

---

1148 EuGH, Urt. v. 21.12.2023, Rs. C-124/21 P, ECLI:EU:C:2023:1012, Rn. 111 – *International Skating Union.*

1149 EuGH, Urt. v. 21.12.2023, Rs. C-333/21, ECLI:EU:C:2023:1011, Rn. 183 – *European Superleague Company.*

1150 Vgl. etwa *Heermann*, WRP 2015, 1172, 1173; *Podszun*, NZKart 2021, 138, 141; *Bien/Becker*, ZweR 2021, 565, 568; *Wimmer*, ZWeR 2022, 156, 172.

1151 Die Bezeichnung des außerwettbewerblichen Ziels als „legitimer Zweck" wurde mit der Entscheidung *Meca-Medina* eingeführt; vgl. EuGH, Urt. v. 18.7.2006, Rs. C-519/04 P, ECLI:EU:C:2006:492, Rn. 45 – *Meca-Medina.* Als Synonym wird teilweise auch der Begriff „legitimes Ziel" verwendet; vgl. etwa EuGH, Urt. v. 4.9.2014, verb. Rs. C-184 bis 187/13, C-194/13, C-195 und C-208/13, ECLI:EU:C:2014:2147, Rn. 48 f. – *API.* Auch das Kriterium der Verhältnismäßigkeit wird nur in der Rechtssache *Meca-Medina* genannt; vgl. EuGH, Urt. v. 18.7.2006, Rs. C-519/04 P, ECLI:EU:C:2006:492, Rn. 42 – *Meca-Medina.* Aus diesem Grund wird die Prüfung teilweise auch als *Meca-Medina*-Test bezeichnet; so *Heermann*, WuW 2022, 308, 309.

1152 Ausführlich zu den zahlreichen vertretenen Ansichten *Breuer*, Das EU-Kartellrecht im Kraftfeld der Unionsziele, 2013, S. 548 ff.

1153 EuGH, Urt. v. 19.2.2002, Rs. C-309/99, ECLI:EU:C:2002:98, Rn. 44 ff., 73 ff. – *Wouters.*

im Sinne von Art. 101 ff. AEUV sei.[1154] Der Grund ist, dass mit *Albany* ein außertatbestandlicher Ausnahmebereich geschaffen wurde.[1155] Die Pflichtmitgliedschaft im Zusatzrentensystem subsumierte der EuGH unter den Ausnahmebereich, weshalb eine vorgelagerte Prüfung der Unternehmensvereinigungseigenschaft und damit des Tatbestands keinen Sinn ergeben hätte. Im Anschluss prüfte er nur eine Verletzung von Art. 102 und 105 AEUV.[1156] Würde der EuGH auch in der *Wouters*-Doktrin eine außertatbestandliche Einschränkung des Kartellverbots sehen, hätte er vermutlich den identischen Prüfungsweg wie in *Albany* gewählt.

Dass die *Wouters*-Doktrin Teil der Tatbestandsprüfung ist, geht noch deutlicher aus der *OTOC*-Entscheidung hervor. Dort prüfte der EuGH zunächst, ob die Verpflichtung zur Teilnahme an Fortbildungsveranstaltungen der berufsständischen Vertretung für Buchhalter den zwischenstaatlichen Handel beeinträchtigt und den Wettbewerb im Binnenmarkt beschränkt.[1157] Anschließend erwog er die Anwendung der *Wouters*-Doktrin, verneinte allerdings die Erforderlichkeit der Regelung zur Sicherung der Dienstleistungsqualität geprüfter Buchhalter. Danach prüfte er eine Einzelfreistellung.[1158] Dieselbe Prüfungsreihenfolge wählte der EuGH in den jüngst ergangenen Entscheidungen zu Wettbewerbsbeschränkungen durch Sportverbände.[1159] Das bedeutet, der EuGH bettete die Doktrin in die Prüfungsstruktur von Art. 101 AEUV beim Tatbestandsmerkmal der Wettbewerbsbeschränkung ein. Das ist ein klarer Kontrast zur *Albany*-Entscheidung. Dafür spricht auch die Einleitung zur *Wouters*-Doktrin, nach der „jeder Beschluss einer Unternehmensvereinigung, durch die die Handlungsfreiheit der Parteien oder einer der Parteien beschränkt wird, automatisch vom Verbot des Artikels 85 Absatz 1 EG-Vertrag erfasst“ werde.[1160] Damit nimmt er auf das Selbstständigkeitspostulat Bezug, das im Zentrum des Wettbewerbsbegriffs von Art. 101 AEUV steht.[1161] Die *Wouters*-Doktrin ist also bei der Prüfung des Tatbestandsmerkmals der Wettbewerbsbeschränkung zu verorten.

2.3 Anlass zur Schaffung der Doktrin

Fraglich ist weiter, was genau der Anlass für die Einschränkung des Tatbestandsmerkmals der Wettbewerbsbeschränkung ist. Erst nachdem diese Frage beantwortet wurde, kann die *Wouters*-Doktrin rechtsdogmatisch präzise eingeordnet werden.

1154 EuGH, Urt. v. 21.9.1999, Rs. C-67/96, ECLI:EU:C:1999:430, Rn. 46 ff., 71 ff. – *Albany*.

1155 Siehe dazu oben B.II.2.1.

1156 EuGH, Urt. v. 21.9.1999, Rs. C-67/96, ECLI:EU:C:1999:430, Rn. 88 ff. – *Albany*.

1157 EuGH, Urt. v. 28.2.2013, Rs. C-1/12, ECLI:EU:C:2013:127, Rn. 65 ff., 69 ff. – *OTOC*.

1158 EuGH, Urt. v. 28.2.2013, Rs. C-1/12, ECLI:EU:C:2013:127, Rn. 93 ff., 101 ff. – *OTOC*.

1159 Siehe die Gliederung zu Beginn der Entscheidungen EuGH, Urt. v. 21.12.2023, Rs. C-680/21, ECLI:EU:C:2023:1010 – *Royal Antwerp Football Club*; EuGH, Urt. v. 21.12.2023, Rs. C-124/21 P, ECLI:EU:C:2023:1012 – *International Skating Union*; EuGH, Urt. v. 21.12.2023, Rs. C-333/21, ECLI:EU:C:2023:1011 – *European Superleague Company*.

1160 EuGH, Urt. v. 19.2.2002, Rs. C-309/99, ECLI:EU:C:2002:98, Rn. 44 ff., 97 – *Wouters*.

1161 *Wolf*, in: MüKo, Wettbewerbsrecht, 4. Aufl. 2023, Bd. 1-1, AEUV Art. 101 Rn. 991, 993; *Krauss*, in: Bunte, Kartellrecht, 14. Aufl. 2022, Bd. 1, Einl. GWB § 1 Rn. 134. Zur zentralen Bedeutung des Selbstständigkeitspostulats für die Wettbewerbsregeln der Union EuGH, Urt. v. 16.12.1975, verb. Rs. 40 bis 48/73, 50/73, 54 bis 56/73, 111/73, 113 und 114/73, ECLI:EU:C:1975:174, Rn. 173 f. – *Suiker Unie*; EuGH, Urt. v. 14.7.1981, Rs. 172/80, ECLI:EU:C:1981:178, Rn. 13 – *Züchner/Bayerische Vereinsbank*; EuGH, Urt. v. 31.3.1993, verb. Rs. C-89/85, C-104/85, C-114/85, C-116/85, C-117/85 und C-125 bis 129/85, ECLI:EU:C:1993:120, Rn. 63 – *Ahlström Osakeyhtiö*; EuGH, Urt. v. 28.5.1998, Rs. C-7/95 P, ECLI:EU:C:1998:256, Rn. 86 – *Deere*.

Die zentrale Gemeinsamkeit aller Entscheidungen, bei denen der EuGH die Anwendung der *Wouters*-Doktrin erwog ist, dass es sich in der Sache um Beschlüsse oder Entscheidungen von Unternehmensvereinigungen handelt, die im Verhältnis zu deren Mitglieder gelten.[1162] Anders formuliert, ist die Selbstverwaltung oder -regulierung einer Körperschaft oder eines Verbandes in privater Hand der Nenner all dieser Entscheidungen.[1163] Aber wie kommt der EuGH von Bestimmungen, die Ausdruck der Selbstregulierung einer Unternehmensvereinigung sind, zu einer Einschränkung des Tatbestandsmerkmals der Wettbewerbsbeschränkung durch eine Abwägung mit außerwettbewerblichen Zielen in Gestalt des Drei-Stufen-Tests?

Ausgangspunkt zur Beantwortung dieser Frage ist die vom EuGH in *Wouters* angesprochene Unterscheidung zwischen staatlichen Regeln und Verbandsregeln. Wenn ein Mitgliedstaat einem Verband eine Rechtssetzungsbefugnis übertrage und dabei zu beachtende Allgemeininteressen und Grundsätze festlege, handle es sich bei den Regeln des Verbandes dennoch um staatliche Regeln, wenn der Staat die Letztentscheidungsbefugnis behält. Ist dies nicht der Fall, sind die Regeln allein dem Verband zuzurechnen.[1164] Die Mitgliedstaaten hätten im Rahmen ihrer Zuständigkeit die Freiheit, sich für das eine oder andere System zu entscheiden.[1165] Unterstützt ein Verband nicht nur bei der Schaffung staatlicher Regeln, sondern erlässt – in diesem Sinne – echte Verbandsregeln, qualifiziert ihn der EuGH als Unternehmensvereinigung.[1166] Dann finde auch das Kartellverbot auf seine Beschlüsse Anwendung.[1167]

Die vorstehenden Ausführungen sind in folgendem Kontext zu betrachten: Der von Art. 101 AEUV geschützte Wettbewerbsprozess vollzieht sich nicht auf allen Märkten und in allen Branchen gleich.[1168] Das nicht nur, weil sich die rein wirtschaftlichen Faktoren unterscheiden, sondern auch, weil seine Funktionsbedingungen auf unterschiedliche sozioökonomische Zusammenhänge treffen.[1169] Während Wettbewerb auf einem Markt nahe an das neoklassische Modell herankommt, führt er auf anderen Märkten zu einem Marktversagen. Letztere muss der Gesetzgeber regulieren. Darüber hinaus kann auch auf funktionsfähigen Märkten ein politisches Regulierungsinteresse bestehen, das sich auf außerwettbewerbliche Ziele wie nichtwirtschaftliche Allgemeininteressen gründet.[1170] Übergibt ein Mitgliedstaat seine Gesetz-

1162 *Bien/Becker*, ZweR 2021, 565, 575; *Ackermann*, WuW 2022, 122, 125 f.

1163 Vgl. BKartA, Offene Märkte und nachhaltiges Wirtschaften, 2020, S. 18; *Podszun*, NZKart 2022, 181, 182; *Wimmer*, ZWeR 2022, 156, 170. Hier zeigt sich auch, warum der EuGH eine Einzelfallprüfung betont und keinen Ausnahmebereich wie in *Albany* formuliert: Der Selbstregulierung einer Unternehmensvereinigung durch eine Satzung ist keine Wettbewerbsbeschränkung immanent, wie dies bei Kollektivverträgen der Fall ist.

1164 EuGH, Urt. v. 19.2.2002, Rs. C-309/99, ECLI:EU:C:2002:98, Rn. 68 f. – *Wouters*.

1165 EuGH, Urt. v. 19.2.2002, Rs. C-309/99, ECLI:EU:C:2002:98, Rn. 50 ff. – *Wouters*.

1166 EuGH, Urt. v. 19.2.2002, Rs. C-309/99, ECLI:EU:C:2002:98, Rn. 68 f. – *Wouters*.

1167 EuGH, Urt. v. 19.2.2002, Rs. C-309/99, ECLI:EU:C:2002:98, Rn. 66 – *Wouters*.

1168 Art. 101 Abs. 1 AEUV schützt den Wettbewerbsprozess als Institution; Kommission, Leitlinien Art. 81 Abs. 3 EGV, Abl. 2004 C 101, 97, Rn. 105; *Eilmansberger*, ZweR 2009, 437, 440 f.; *Schuhmacher*, Effizienz und Wettbewerb, 2011, S. 205 ff.; *Raeder*, Der Schutz des Lieferanten als Marktgegenseite im Kartellrecht, 2017, S. 228; *Legner*, Schadenstheorien bei Nachfragemacht im europäischen und deutschen Kartellrecht, 2019, S. 39; *Wolf*, in: MüKo, Wettbewerbsrecht, 4. Aufl. 2023, Bd. 1-1, AEUV Art. 101 Rn. 991. Ein Wohlfahrtsschaden muss für die Feststellung einer Wettbewerbsbeschränkung deswegen nicht bezweckt oder bewirkt werden; EuGH, Urt. v. 6.10.2009, Rs. C-501/06 P, C-513/06 P, C-515/06 P und C-519/06 P, ECLI:EU:C:2009:610, Rn. 63 f. – *GlaxoSmithKline*; EuGH, Urt. v. 4.6.2009, Rs. C-8/08, ECLI:EU:C:2009:343, Rn. 38 f. – *T-Mobile Netherlands*; GAin *Kokott*, Schlussanträge v. 19.2.2009, Rs. C-8/08, ECLI:EU:C:2009:110, Rn. 58 – *T-Mobile Netherlands*.

1169 *Polanyi*, Ökonomie und Gesellschaft, 1979, S. 186 ff.; *Wimmer*, ZWeR 2022, 156, 176.

1170 Siehe dazu Teil 2 A.

gebungsbefugnis und damit seine Regulierungsinteressen an einen sachnäheren und autonom agierenden Verband, sind dessen Satzung und sonstigen Regelungen als Beschlüsse einer Unternehmensvereinigung am Kartellverbot zu messen. Bei staatlichen Regelungen ist dies dagegen grundsätzlich nicht der Fall.[1171] Sie können nur am Maßstab der Grundfreiheiten überprüft werden. Es besteht allerdings in beiden Fällen dasselbe Regulierungsinteresse, weshalb auch eine Regulierung durch staatlich autorisierte, aber autonom agierende Verbände Allgemeininteressen berücksichtigen darf. Sie leiten ihre Regelungsbefugnis schließlich direkt vom Gesetzgeber ab. Ist die Wirkung der Regulierung nicht eindimensional auf das Allgemeininteresse begrenzt, sondern beschränkt zugleich den Wettbewerb, ist ein Ausgleich zwischen beiden Dimensionen zu finden. Hierfür hat der EuGH den Drei-Stufen-Test entwickelt. Danach ist sinngemäß zu prüfen, ob die Wettbewerbsbeschränkung durch Selbstregulierung ein legitimes Allgemeininteresse verfolgt und hierfür auch notwendig sowie verhältnismäßig ist.[1172]

Mit der *Wouters*-Doktrin trägt der EuGH folglich der Entscheidungsprärogative der Mitgliedstaaten im Rahmen ihrer Gesetzgebungszuständigkeiten Rechnung. Diese können nicht nur entscheiden, ob sie einen bestimmten Sachverhalt wegen Allgemeininteressen regulieren, sondern können diese Entscheidung auch an autonome Verbände oder sonstige Körperschaften übertragen.[1173] Dem widerspricht nicht, dass der EuGH die *Wouters*-Doktrin auch in der *Meca-Medina*-Entscheidung anwandte und einen Verstoß gegen Art. 101 AEUV ablehnte, obwohl die dort relevante Sanktionsvorschrift bei einem Anti-Doping-Verstoß von einem privatrechtlichen Sportverband ohne hoheitliche Befugnisse erlassen wurde. Auch hier diente das Regelwerk des Sportverbandes der Selbstregulierung, nämlich der internen Organisation von Sportwettkämpfen.[1174] Privatautonome Regelungen von großen Sportverbänden können funktional der staatlichen Normsetzung gleichgesetzt werden, weshalb sie nach der Rechtsprechung des EuGH ebenfalls an den Grundfreiheiten der Arbeitnehmerfreizügigkeit, Niederlassungsfreiheit und Dienstleistungsfreiheit zu messen sind.[1175]

Der Gesamtzusammenhang, in dem der EuGH das relevante (Sport-)Regelwerk in *Meca-Medina* betrachtete, war seine außerwirtschaftliche Dimension. Ein Sportverband darf Regeln für einen fairen

---

1171 Auf staatlichen Regelungen ist Art. 101 AEUV nur i.V.m. Art. 4 Abs. 3 EUV anwendbar, wenn ein Mitgliedstaat gegen Art. 101 AEUV verstoßende Absprachen vorschreibt, erleichtert, verstärkt oder ihnen den staatlichen Charakter nimmt, indem er die Entscheidung und Verantwortung für den Eingriff privaten Wirtschaftsteilnehmern überträgt; EuGH, Urt. v. 19.2.2002, Rs. C-35/99, ECLI:EU:C:2002:97, Rn. 35 – *Arduino*; EuGH, Urt. v. 4.9.2014, verb. Rs. C-184 bis 187/13, C-194/13, C-195 und C-208/13, ECLI:EU:C:2014:2147, Rn. 51 – *API*. In der Rechtssache *Wouters* wären diese Voraussetzungen nicht erfüllt gewesen, hätte der niederländische Staat den Anwaltsberuf selbst durch Gesetz oder Verordnung reguliert; *Whish/Bailey*, Competition Law, 9. Aufl. 2018, S. 139; vgl. zu Gebührenordnungen, die als staatliche Regelung qualifiziert wurden, mit der Folge, dass das Kartellverbot nicht anwendbar war, EuGH, Urt. v. 19.2.2002, Rs. C-35/99, ECLI:EU:C:2002:97, Rn. 36 ff. – *Arduino*; EuGH, Urt. v. 5.12.2006, verb. Rs. C-94/04 und C-202/04, ECLI:EU:C:2006:758, Rn. 44 ff. – *Cipolla*.

1172 Vgl. *Wimmer*, ZWeR 2022, 156, 179.

1173 Vgl. EuGH, Urt. v. 19.2.2002, Rs. C-309/99, ECLI:EU:C:2002:98, Rn. 67 ff. – *Wouters*.

1174 Vgl. EuGH, Urt. v. 18.7.2006, Rs. C-519/04 P, ECLI:EU:C:2006:492, Rn. 45 – *Meca-Medina*.

1175 EuGH, Urt. v. 12.12.1974, Rs. 36/74, ECLI:EU:C:1974:140, Rn. 16/19 – *Walrave und Koch*: „Das Verbot der unterschiedlichen Behandlung gilt nicht nur für Akte der staatlichen Behörden, sondern erstreckt sich auch auf sonstige Maßnahmen, die eine kollektive Regelung im Arbeits- und Dienstleistungsbereich enthalten. Denn die Beseitigung der Hindernisse für den freien Personen- und Dienstleistungsverkehr – eines der in Artikel 3 Buchstabe c des Vertrages aufgeführten wesentlichen Ziele der Gemeinschaft – wäre gefährdet, wenn die Beseitigung der staatlichen Schranken dadurch in ihren Wirkungen wieder aufgehoben würde, daß privatrechtliche Vereinigungen oder Einrichtungen kraft ihrer rechtlichen Autonomie derartige Hindernisse aufrichten“; EuGH, Urt. v. 15.12.1995, Rs. C-415/93, ECLI:EU:C:1995:463, Rn. 82 ff. – *Bosman*; EuGH, Urt. v. 11.4.2000, Rs. C-51/96 und C-191/97, ECLI:EU:C:2000:199, Rn. 47 f. – *Deliège*; *Kingreen*, in: Calliess/Ruffert, EUV/AEUV, 6. Aufl. 2022, Art. 36 AEUV Rn. 114 m.w.N.

Sportwettkampf aufstellen.[1176] Für diese privatautonome Regelsetzung bedarf es keiner staatlichen Autorisierung.[1177] Die Fairness von Sportwettkämpfen ist mittlerweile nach Art. 165 Abs. 2 SpStr. 7 AEUV sogar ein Unionsziel, was aber schon vor dessen Einführung der Rechtsprechung des EuGH zu entnehmen war.[1178] Außerdem half das Regelwerk, die Chancengleichheit der Athleten zu sichern, deren Gesundheit zu schützen sowie die ethischen Werte des Sports zu wahren,[1179] was ebenfalls von Art. 165 Abs. 2 SpStr. 7 AEUV gedeckt sein dürfte. Darin liegt das legitime Allgemeininteresse der wettbewerbsbeschränkenden Sanktionsregelung.[1180] Große Sportverbände werden oft hohe Umsätze auf unterschiedlichen Märkten generieren, weshalb ihre Mitglieder regelmäßig Unternehmen im kartellrechtlichen Sinne sein werden.[1181] Wie im Fall *Meca-Medina* können dann sportliche Sanktionsregelungen auch eine wirtschaftliche Dimension erhalten, die den Anwendungsbereich des Kartellrechts aktivieren.[1182] Das belegen auch die jüngst ergangenen Entscheidungen zu Profifußballverbänden sowie einem Eiskunst- und -schnelllaufverband, bei denen der EuGH die Voraussetzungen der *Wouters*-Doktrin jedoch als nicht erfüllt ansah oder die Prüfung dem vorlegenden Gericht überließ.[1183] Diese wirtschaftliche Dimension ändert zwar nichts an der Befugnis der Verbände, die eigenen sportlichen Wettkämpfe regeln zu dürfen. Es kann aber ein verhältnismäßiger Ausgleich zwischen Allgemeininteresse und Wettbewerbsschutz erforderlich werden.[1184]

2.4 Einordnung der Doktrin

Die bisherigen Erwägungen könnten zu dem Schluss verleiten, dass es sich bei der *Wouters*-Doktrin um eine teleologische Reduktion des Tatbestandsmerkmals der Wettbewerbsbeschränkung handelt.[1185] Dagegen spricht, dass das Telos von Art. 101 Abs. 1 AEUV keine außerwettbewerblichen Ziele schützt.[1186] Die Allgemeininteressen, die zu einer Einschränkung des Tatbestandsmerkmals der Wettbewerbsbeschränkung geeignet sind, beruhen also auf einer Grundlage außerhalb des Kartellverbots. Normfremde Erwägungen können allerdings keine einschränkende Tatbestandsauslegung anhand des Normzwecks begründen.[1187]

1176 Vgl. EuGH, Urt. v. 11.4.2000, Rs. C-51/96 und C-191/97, ECLI:EU:C:2000:199, Rn. 67 f. – *Deliège*: „Es ist daher die natürliche Aufgabe der betroffenen Stellen, der Veranstalter von Turnieren, der Sportverbände oder auch der Vereinigungen von Berufssportlern, geeignete Regeln aufzustellen und in Anwendung dieser Regeln eine Auswahl zu treffen."

1178 Dazu *Mürtz*, Meca-Medina-Test des EuGH, 2023, S. 263 ff.

1179 EuGH, Urt. v. 21.12.2023, Rs. C-680/21, ECLI:EU:C:2023:1010, Rn. 114 – *Royal Antwerp Football Club*; EuGH, Urt. v. 21.12.2023, Rs. C-124/21 P, ECLI:EU:C:2023:1012, Rn. 112 – *International Skating Union*; EuGH, Urt. v. 21.12.2023, Rs. C-333/21, ECLI:EU:C:2023:1011, Rn. 184 – *European Superleague Company*.

1180 *Mürtz*, Meca-Medina-Test des EuGH, 2023, S. 258 ff.; siehe auch EuG, Urt. v. 16.12.2020, Rs. T-93/18, ECLI:EU:T:2020:610, Rn. 77 ff. – *ISU*.

1181 EuGH, Urt. v. 1.7.2008, Rs. C-49/07, ECLI:EU:C:2008:376, Rn. 21 f. – *MOTOE*; *Podszun*, NZKart 2021, 138, 140 f.

1182 *Bien/Becker*, ZweR 2021, 565, 575; *Ackermann*, WuW 2022, 122, 126.

1183 Vgl. EuGH, Urt. v. 21.12.2023, Rs. C-680/21, ECLI:EU:C:2023:1010, Rn. 117 – *Royal Antwerp Football Club*; EuGH, Urt. v. 21.12.2023, Rs. C-124/21 P, ECLI:EU:C:2023:1012, Rn. 148 f. – *International Skating Union*; EuGH, Urt. v. 21.12.2023, Rs. C-333/21, ECLI:EU:C:2023:1011, Rn. 188 – *European Superleague Company*.

1184 Der Drei-Stufen-Test ist letztlich eine Art der Verhältnismäßigkeitsprüfung; *Breuer*, Das EU-Kartellrecht im Kraftfeld der Unionsziele, 2013, S. 701 ff.; *Bien/Becker*, ZweR 2021, 565, 579.

1185 So *Schürnbrand*, ZWeR 2005, 396, 405 f.; *Schuhmacher*, Effizienz und Wettbewerb, 2011, S. 246; *Wimmer*, ZWeR 2022, 156, 171 f., 176 f.

1186 Art. 101 Abs. 1 AEUV schützt den Wettbewerbsprozess als Institution; siehe dazu soeben Fn. 1168.

1187 *Mürtz*, Meca-Medina-Test des EuGH, 2023, S. 195.

Die vom EuGH bisher im Rahmen der Doktrin als legitim anerkannten Ziele sind: die ordnungsgemäße Ausübung des Rechtsanwaltsberufs,[1188] die Dopingbekämpfung mit dem Ziel eines fairen Ablaufs von Sportwettkämpfen,[1189] die Garantien für die Verbraucher, die Dienstleistungen von Geologen in Anspruch nehmen,[1190] die Qualität der Dienstleistungen geprüfter Buchhalter[1191] und die Sicherheit des Straßenverkehrs.[1192] Dabei handelt es sich um Interessen der Allgemeinheit, die durch die Leistungen und das Verhalten der Verbandsmitglieder berührt werden. Wirtschaftliche Ziele sind dagegen nicht berücksichtigungsfähig.[1193] Ob ein berücksichtigungsfähiges Allgemeininteresse auch im Unionsrecht und nicht nur auf mitgliedstaatlicher Ebene anerkannt sein muss, gibt der EuGH nicht ausdrücklich zu erkennen. Da mit Art. 101 Abs. 1 AEUV der Anwendungsbereich einer primärrechtlichen Norm eingeschränkt werden soll, liegt es aber nahe, dass das außerwettbewerbliche Ziel ebenfalls im Primärrecht anerkannt sein muss.[1194] Hier bieten insbesondere die Querschnittsklauseln Anknüpfungspunkte, ohne dass der Katalog legitimer Ziele auf sie begrenzt wäre.[1195]

Zur *Meca-Medina*-Entscheidung wird vertreten, dass die Verbandsautonomie nach Art. 12 GRC und Art. 11 EMRK der Grund für die Beschränkung des Kartellverbots sei.[1196] Das überzeugt allerdings nicht. Es wäre dann den Verbänden überlassen zu bestimmen, was ein legitimer Zweck ist. Das kann für die Einschränkung einer primärrechtlichen Norm nicht genügen, gerade weil die Verbände unionsrechtlich nicht anerkannte Ziele verfolgen könnten.[1197] Außerdem erwähnte der EuGH weder die Verbandsautonomie oder Vereinigungsfreiheit noch Art. 12 GRC und Art. 11 EMRK im Zusammenhang mit der Ziellegitimität.[1198] Vielmehr hat er den legitimen Zweck der Regelung, den fairen Ablauf von Sportwettkämpfen am Drei-Stufen-Test gemessen, betont und nicht die Vereinigungsfreiheit an sich. Darüber hinaus würde diese Interpretation des Drei-Stufen-Tests einen Bruch mit der Systematik der *Wouters*-Doktrin in den übrigen Entscheidungen bedeuten, obwohl der EuGH ausdrücklich auf die entscheidende Passage in *Wouters* Bezug nimmt und seine Prüfung daran orientiert.[1199] In den übrigen Entscheidungen ging es um Verbände, die vom Staat mit einer Rechtssetzungsbefugnis ausgestattet wurden.[1200] Hoheitsträger und juristische Personen des öffentlichen Rechts wie Berufskammern sind allerdings keine Grundrechtsträger der Vereinigungsfreiheit nach Art. 12 GRC.[1201] Ein verhältnismäßiger

---

1188 EuGH, Urt. v. 19.2.2002, Rs. C-309/99, ECLI:EU:C:2002:98, Rn. 105, 110 – *Wouters*.

1189 EuGH, Urt. v. 18.7.2006, Rs. C-519/04 P, ECLI:EU:C:2006:492, Rn. 43 – *Meca-Medina*.

1190 EuGH, Urt. v. 18.7.2013, Rs. C-136/12, ECLI:EU:C:2013:489, Rn. 55 ff. – *CNG*.

1191 EuGH, Urt. v. 28.2.2013, Rs. C-1/12, ECLI:EU:C:2013:127, Rn. 94 ff. – *OTOC*.

1192 EuGH, Urt. v. 4.9.2014, verb. Rs. C-184 bis 187/13, C-194/13, C-195 und C-208/13, ECLI:EU:C:2014:2147, Rn. 51 – *API*, wobei der EuGH sich hier nicht festlegt, sondern nur nicht ausschloss, dass es sich bei der Sicherheit des Straßenverkehrs um einen legitimen Zweck handelt.

1193 Dazu *Breuer*, Das EU-Kartellrecht im Kraftfeld der Unionsziele, 2013, S. 703 f.

1194 *Breuer*, Das EU-Kartellrecht im Kraftfeld der Unionsziele, 2013, S. 703; *Inderst/Thomas*, Legal Design in Sustainable Antitrust, 2022, S. 10; *Wimmer*, ZWeR 2022, 156, 178.

1195 *Breuer*, Das EU-Kartellrecht im Kraftfeld der Unionsziele, 2013, S. 703 ff.; *Mürtz*, Meca-Medina-Test des EuGH, 2023, S. 250, 258.

1196 So *Bien/Becker*, ZweR 2021, 565, 574, 577.

1197 *Mürtz*, Meca-Medina-Test des EuGH, 2023, S. 251 f.

1198 *Heermann*, WuW 2022, 308, 312; *Mürtz*, Meca-Medina-Test des EuGH, 2023, S. 253 f.

1199 Zu *Meca-Medina* als Teil der *Wouters*-Doktrin *Cukurov*, Kartellrechtliche Zulässigkeit von Superligen im Fußball, 2021, S. 114; *Podszun*, NZKart 2022, 181, 182.

1200 Dazu *Ackermann*, WuW 2022, 122, 125 Fn. 38.

1201 *Augsberg*, in: von der Groeben/Schwarze/Hatje, Europäisches Unionsrecht, 7. Aufl. 2015, GRC Art. 12 Rn. 8; *Jarass*, Charta der EU-Grundrechte, 4. Aufl. 2021, Art. 12 Rn. 15, 19. Schon der Wortlaut der Norm („insbesondere im politischen, gewerkschaftlichen und zivilgesellschaftlichen Bereich“) legt nahe, dass Vereinigungen, denen die Wahrnehmung öffentlich-rechtlicher Aufgaben vom Gesetzgeber übertragen wurde, nicht unter den persönlichen Schutzbereich des Grundrechts fallen.

Ausgleich zwischen einem Freiheitsgrundrecht und dem Kartellverbot konnte folglich nicht Hintergrund dieser Entscheidungen sein.

Deutlich wurde bisher, dass eine Selbstregulierung im Allgemeininteresse ein legitimes Ziel sein kann, um die jeweilige Regelung vom Tatbestandsmerkmal der Wettbewerbsbeschränkung nach Art. 101 Abs. 1 AEUV auszunehmen. Das legt den Schluss nahe, dass der EuGH mit dem Drei-Stufen-Test einen Gleichlauf zwischen der Anwendung des Kartellverbots und der Grundfreiheiten anstrebt.[1202] Denn staatliche Regeln mit wirtschaftlichem Einschlag sind grundsätzlich an den Grundfreiheiten zu messen. Dasselbe gilt für privatautonome, wirtschaftliche Regelungen von großen Sportverbänden hinsichtlich der Grundfreiheiten der Arbeitnehmerfreizügigkeit, Niederlassungsfreiheit und Dienstleistungsfreiheit, da diese Regelungen funktional der staatlichen Normsetzung gleichgesetzt werden können.[1203]

Bei einer Kollision mit einer staatlichen oder privatautonomen Regelung haben die Grundfreiheiten allerdings nicht notwendigerweise Vorrang. Vielmehr hat der EuGH ungeschriebene Schranken für deren Anwendung anerkannt.[1204] Nach der *Gebhard*-Formel können zwingende Gründe des Allgemeininteresses eine Einschränkung der Grundfreiheiten rechtfertigen.[1205] Wird nun die Rechtssetzung von Unternehmensvereinigungen ausgeübt und ist deswegen das Kartellverbot auf deren Beschlüsse anwendbar, könnte eine Regelung, die den Schutzbereich von Grundfreiheiten zulässigerweise einschränkt, trotzdem nach Art. 101 AEUV verboten werden.[1206] Es hinge also von der Art der Rechtssetzung ab, welcher Maßstab an ihre unionsrechtliche Zulässigkeit gestellt wird. Das wäre willkürlich.[1207] Die Grundfreiheiten und das Kartellverbot, als Teil der Wettbewerbsregeln der Union, dienen außerdem beide der Verwirklichung einer freien marktwirtschaftlichen Ordnung und damit dem Binnenmarktziel des Primärrechts.[1208] Es liegt daher nahe, für beide Funktionsgarantien der EU-Wirtschaftsordnung eine einheitliche Rechtfertigungsmöglichkeit für kollidierende Maßnahmen im Allgemeininteresse zu schaffen.

Für dieses Verständnis der *Wouters*-Doktrin spricht auch, dass der EuGH in der entscheidenden Rn. 97 des Urteils auf seine Entscheidung in der Rechtssache *Reisebüro Broede* verwies. Dort prüfte er die Vereinbarkeit einer Berufsregelung für Anwälte mit der Dienstleistungsfreiheit nach Art. 56 AEUV.[1209] Außerdem antwortete er in der Rechtssache *Wouters* auf die Frage des vorlegenden Gerichts, ob die Sozietätsverbotsregelung der niederländischen Rechtsanwaltskammer die Dienstleistungs- oder Niederlassungsfreiheit beschränke, dass eine solche Beschränkung jedenfalls aus den zu Art. 101 AEUV genannten Gründen gerechtfertigt sei.[1210]

1202 Dazu und zu den folgenden Erwägungen *Makowski*, Kartellrechtliche Grenzen der Selbstregulierung, 2007, S. 157 f., 174 ff.; *Breuer*, Das EU-Kartellrecht im Kraftfeld der Unionsziele, 2013, S. 633 ff.; *Leopold*, EuZW 2013, 782, 786; *Whish/Bailey*, Competition Law, 9. Aufl. 2018, S. 139; *Ackermann*, WuW 2022, 122, 125; *Mürtz*, Meca-Medina-Test des EuGH, 2023, S. 182 ff.

1203 Siehe dazu soeben C.II.2.3.

1204 Grundlegend EuGH, Urt. v. 20.2.1979, Rs. 120/78, ECLI:EU:C:1979:42, Rn. 8 – *Cassis de Dijon*.

1205 EuGH, Urt. v. 30.11.1995, Rs. C-55/94, ECLI:EU:C:1995:411, Rn. 37 – *Gebhard*.

1206 Dazu auch C.II.2.3.

1207 Vergleichbar argumentierte der EuGH zu einer unmittelbaren Anwendung einzelner Grundfreiheiten auf privatautonome Sportverbände, EuGH, Urt. v. 12.12.1974, Rs. 36/74, ECLI:EU:C:1974:140, Rn. 16/19 – *Walrave und Koch*: „Da im übrigen die Arbeitsbedingungen je nach Mitgliedstaat einer Regelung durch Gesetze und Verordnungen oder durch Verträge und sonstige Rechtsgeschäfte, die von Privatpersonen geschlossen oder vorgenommen werden, unterliegen, bestünde bei einer Beschränkung auf staatliche Maßnahmen die Gefahr, daß das fragliche Verbot nicht einheitlich angewandt würde."

1208 Siehe dazu Teil 3 B.II und B.III.

1209 EuGH, Urt. v. 12.12.1996, Rs. C-3/95, ECLI:EU:C:1996:487, Rn. 17 ff. – *Reisebüro Broede*.

1210 EuGH, Urt. v. 19.2.2002, Rs. C-309/99, ECLI:EU:C:2002:98, Rn. 122 – *Wouters*.

2.5 Ergebnis

Aus den Erwägungen dieses Abschnitts ergibt sich, dass die *Wouters*-Doktrin als tatbestandliche Rechtfertigungsmöglichkeit für Wettbewerbsbeschränkungen im Rahmen von Art. 101 Abs. 1 AEUV zu verstehen ist, die die Selbstregulierung eines Verbandes zugunsten zwingender Allgemeininteressen begleiten. Diese ungeschriebene Rechtfertigungsmöglichkeit tritt neben Art. 101 Abs. 3 AEUV und verfolgt eine völlig andere Zielsetzung als dieser. Mit der *Wouters*-Doktrin wird das Schrankensystem der Grundfreiheiten auf das Kartellverbot übertragen, um einen Gleichlauf beider Regelungskomplexe zu gewährleisten, wenn sie mit Regulierung durch staatliche Regeln und Verbandsregeln zugunsten zwingender Allgemeininteressen kollidieren. Für einen verhältnismäßigen Ausgleich zwischen dem Schutzzweck von Art. 101 Abs. 1 AEUV und den Allgemeininteressen hat der EuGH dieses Schrankensystem in Gestalt des Drei-Stufen-Tests auf das Kartellverbot übertragen und verfeinert.[1211]

3. Keine Anwendung auf kollektive Preisabsprachen echter Solo-Selbstständiger

Der vorige Abschnitt hat gezeigt, dass die *Wouters*-Doktrin keine Rechtsfigur ist, die außerwettbewerbliche Ziele ungefiltert in Prüfung des Kartellverbots übernimmt und mit dem Wettbewerbsschutz abwägt.[1212] Vielmehr hat der EuGH eine Rechtfertigungsmöglichkeit für außerwettbewerbliche Interessen geschaffen, die bestimmten Regeln folgt. Ob im Rahmen dieser Rechtfertigungsmöglichkeit auch die sozialpolitischen Ziele berücksichtigt werden können, die mit Kollektivverträgen verfolgt werden, ist im Folgenden zu prüfen. Dabei soll insbesondere auf Preisabsprachen echter Solo-Selbstständiger eingegangen werden.

Die *Wouters*-Doktrin ermöglicht es mit hoheitlichen Befugnissen ausgestatteten oder privatrechtlichen Körperschaften, ihre Angelegenheiten oder den ihnen staatlicherseits übertragenen Zuständigkeitsbereich selbst zu regulieren und dabei Allgemeininteressen zu berücksichtigen. Kollektivverhandlungen sind dagegen nicht auf eine Selbstregulierung beschränkt, sondern werden mit der Marktgegenseite geführt. Verbände von Arbeitnehmern, Arbeitgebern oder Solo-Selbstständigen stellen insoweit nicht nur Regeln für ihre Mitglieder auf. Vielmehr legen sie die Arbeits- oder Dienstleistungsbedingungen im Außenverhältnis aktiv fest. Sie treffen als Unternehmensvereinigung also nicht nur einen Beschluss, sondern verhandeln über den Inhalt dieses Beschlusses mit einer anderen Unternehmensvereinigung auf der Marktgegenseite.

Außerdem haben die bisherigen Entscheidungen zur *Wouters*-Doktrin gezeigt, dass die Wahrnehmung von Regulierungsinteressen durch einen dafür legitimierten Verband erfolgen muss.[1213] Nach der *Meca-Medina*-Entscheidung setzt diese Legitimation nicht notwendigerweise eine gesonderte staatliche Autorisierung voraus. Die privatrechtliche Autonomie ohne gesetzliche Beschränkung kann genügen.[1214]

1211 *Breuer*, Das EU-Kartellrecht im Kraftfeld der Unionsziele, 2013, S. 660; *Mürtz*, Meca-Medina-Test des EuGH, 2023, S. 186 ff.

1212 Dazu, dass eine derartige Abwägung – von den hierfür nicht zuständigen Behörden und Gerichten – praktisch kaum handhabbar wäre und neben der entstehenden Rechtsunsicherheit auch zu einer erheblichen Beschränkung des kartellrechtlichen Anwendungsbereichs führen würde, BKartA, Offene Märkte und nachhaltiges Wirtschaften, 2020, S. 13 ff.; *Bien/Becker*, ZweR 2021, 565, 578; *Thomas*, in: Kokkoris/Lemus, Research Handbook on the Law and Economics of Competition Enforcement, 2022, S. 193, 208 ff.; *Bretzigheimer/Maturana*, NZKart 2022, 246, 250 f.; *Inderst/Thomas*, Why (European) Antitrust Law Should Not Treat Labor Markets Differently, 2023, S. 6 f.

1213 *Ackermann*, WuW 2022, 122, 125 f.

1214 Dazu bereits soeben C.II.2.

Die Kollektivautonomie ist im europäischen Recht allerdings ausdrücklich nur Arbeitnehmern und Arbeitgebern vorbehalten. Das legt im Umkehrschluss nahe, dass echten Solo-Selbstständigen diese Legitimation fehlt.[1215] Das gilt auch für alle Arbeitnehmer, die sich an Kollektivverträgen beteiligen, die nicht unter die unionsrechtliche Kollektivautonomie und damit die Bereichsausnahme fallen. Nach hier vertretener Ansicht passt die Rechtfertigungsmöglichkeit nach der *Wouters*-Doktrin also schon dogmatisch nicht zu Kollektivverhandlungen, an denen Solo-Selbstständige beteiligt sind.

Im Übrigen ist es sehr fraglich, ob die Sicherung eines angemessenen, sozialen Vergütungsniveaus – welche Höhe dieses auch immer haben mag – in Einzelfällen die Anforderungen des Drei-Stufen-Tests erfüllen kann. Bei allen EuGH-Entscheidungen, die Mindestvergütungen oder Vergütungskriterien betrafen, wurde der diskutierte legitime Zweck nicht in der Sicherung eines gewissen Vergütungsniveaus gesehen. Vielmehr waren Interessen der Allgemeinheit maßgeblich, die die Leistungen der Verbandsmitglieder in Anspruch nimmt.[1216] In der Rechtssache *CHEZ*, bei der ein Berufsverband die Mindestvergütung für Anwälte festlegte, sah sich der EuGH nicht dazu in der Lage festzustellen, ob es sich um einen legitimen Zweck handelt, und wies das vorlegende Gericht an, dies zu ermitteln.[1217] Das zeigt einerseits, dass die mitgliedstaatlichen Körperschaften einen gewissen Spielraum bei der Bestimmung des legitimen Zwecks haben.[1218] Andererseits ist die Sicherung eines bestimmten Mindestvergütungsniveaus selbst kein legitimer Zweck.

Die Schlussfolgerungen aus dem eben Gesagten sollen am Beispiel von kollektiven Preisabsprachen Solo-Selbstständiger erläutert werden. Wenn diese einen Gewerkschaftsverband bilden und dieser Mindestpreise für die Dienstleistungen seiner Mitglieder beschließt, könnte man das als Selbstregulierung werten. Denn es kommt nicht zu Verhandlungen mit einem anderen Verband. Da die Sicherung der Mindestvergütung aber kein legitimer Zweck ist, müsste der soziale Schutz der Mitglieder einen solchen begründen.[1219] Das könnte der Fall sein, wenn sie zuvor nur „unangemessen" tiefe Entgelte erwirtschafteten und am Existenzminimum lebten. Der soziale Schutz ist dann allerdings nur auf die Mitglieder der Gewerkschaft begrenzt und verfolgt keinen sozialen Zweck, der über die Verbandsgrenze hinausgeht. Das bedeutet, die außerwettbewerbliche Zielsetzung ist nicht im Allgemeininteresse, sondern im Mitgliederinteresse. Die Wirkung der Maßnahme ist dagegen auf die Anhebung des Preisniveaus für Nachfrager gerichtet und entfaltet dadurch – im Vergleich zu ihrem Zweck – eine unmittelbar externe Wirkung, die den Bereich der Selbstregulierung verlässt.[1220] Nach hier vertretener Ansicht lässt sich einer

---

1215 Während die Ausübung von Privatautonomie eine Voraussetzung von Wettbewerb ist, kollidiert die Kollektivautonomie fundamental mit dem Wettbewerbsprinzip. Sie bedarf nach dem Regel-Ausnahme-Verhältnis der EU-Wirtschaftsordnung zugunsten des Wettbewerbsprinzips einer gesonderten Legitimierung; siehe dazu Teil 3 B.II.2 und D.III. Echte Solo-Selbstständige sind nicht vom Schutzbereich der unionsrechtlichen Kollektivautonomie erfasst; siehe dazu oben B.III.4.

1216 EuGH, Urt. v. 18.7.2013, Rs. C-136/12, ECLI:EU:C:2013:489, Rn. 53 ff. – *CNG*; EuGH, Urt. v. 4.9.2014, verb. Rs. C-184 bis 187/13, C-194/13, C-195 und C-208/13, ECLI:EU:C:2014:2147, Rn. 50 ff. – *API*; EuGH, Urt. v. 23.11.2017, verb. Rs. C-427 und 428/16, ECLI:EU:C:2017:890, Rn. 56 ff. – *CHEZ*.

1217 EuGH, Urt. v. 23.11.2017, verb. Rs. C-427 und 428/16, ECLI:EU:C:2017:890, Rn. 56 ff. – *CHEZ*.

1218 Das geht auch aus der *Wouters*-Entscheidung selbst hervor; dazu *Breuer*, Das EU-Kartellrecht im Kraftfeld der Unionsziele, 2013, S. 712 ff.; *Inderst/Thomas*, Legal Design in Sustainable Antitrust, 2022, S. 12 f.

1219 Als primärrechtlicher Anknüpfungspunkt könnte insoweit die Querschnittsklausel in Art. 9 AEUV dienen, die die Gewährleistung eines angemessenen sozialen Schutzes umfasst.

1220 Vgl. *Podszun*, NZKart 2022, 181, 182 zum Urteil des OLG Frankfurt a.M., das sich mit einer Preisdeckelung für die Dienstleistungen von Spielervermittlern durch den DFB beschäftigte: „Ein Verband ist kein Marktregulierer für die Verbandsmitglieder, geschweige denn für Dritte. Will das OLG dies ermöglichen, überschreitet es die Grenzen der Wouters-Doktrin. Es käme zur kaum aufzuhaltenden Erosion der Kartellrechtsgeltung."

Preisregelung durch einen Verband von Solo-Selbstständigen also schon kein legitimer Zweck entnehmen.

Selbst wenn man mit dem sozialen Schutz einen legitimen Zweck herausfiltern könnte, ist dieser nicht untrennbar mit einer externen Preisregulierung verbunden.[1221] Es ist gerade nicht notwendigerweise Ausfluss einer dem sozialen Schutz dienenden Regelung, dass diese das Preisniveau eines Marktes vereinheitlicht. Vielmehr dominiert ihr wirtschaftlicher Aspekt. In *Meca-Medina* betonte der EuGH, dass es sich um eine Regelung rein sportlichen Charakters handle.[1222] Einer Preisabsprache auf wirtschaftlichen Märkten kann allerdings kein rein sozialer Charakter – mit einer wettbewerbsbeschränkenden „Nebenwirkung" – zugesprochen werden.[1223] Ihr Charakter wird von den wirtschaftlichen Interessen vielmehr überdeckt.[1224]

Das zuvor Gesagte wird durch die jüngst erfolgte Klarstellung des EuGH bekräftigt, dass die *Wouters*-Doktrin nicht auf bezweckte Wettbewerbsbeschränkungen anwendbar sei.[1225] Das ist konsequent. Andernfalls bestünde die Gefahr, dass der Wettbewerbsschutz unter dem Deckmantel außerwettbewerblicher Ziele ausgehöhlt wird; die *Wouters*-Doktrin soll jedoch nur einen verhältnismäßigen Ausgleich wettbewerblicher und konfligierender außerwettbewerblicher Allgemeininteressen ermöglichen. Eine Absprache mit wettbewerbsbeschränkendem Zweck verfolgt jedoch primär keine außerwettbewerblichen Ziele, sondern strebt diese höchstens als mittelbare Folge der gezielten Wettbewerbsbeschränkung an.

So verhält es sich auch bei kollektiven Preisabsprachen Solo-Selbstständiger: Der Preiswettbewerb soll gezielt ausgeschaltet werden, um eine Preissteigerung herbeizuführen und dadurch – wie bei anderen Preiskartellen auch – den Profit der Solo-Selbstständigen zu steigern. Dass dies im Unterschied zu anderen Preiskartellen aus sozialpolitischer Sicht wünschenswert sein kann, lässt den wettbewerbsbeschränkenden Zweck nicht entfallen und kann die Preisabsprache daher nicht im Sinne der *Wouters*-Doktrin rechtfertigen.[1226] Vergleichbar dazu stufte der EuGH eine Mindestvergütung, die ein Berufsverband von Rechtsanwälten zur Sicherung der Qualität anwaltlicher Beratungsleistungen festlegte, als bezweckte Wettbewerbsbeschränkung ein.[1227] Eine Rechtfertigung der Mindestvergütung durch die *Wouters*-Doktrin kam deswegen nicht in Betracht.[1228]

[1221] Auf die untrennbare Verbundenheit als Voraussetzungen der Notwendigkeit stellte der EuGH in *Meca-Medina* ab; EuGH, Urt. v. 18.7.2006, Rs. C-519/04 P, ECLI:EU:C:2006:492, Rn. 45 – *Meca-Medina*.

[1222] EuGH, Urt. v. 18.7.2006, Rs. C-519/04 P, ECLI:EU:C:2006:492, Rn. 27, 32 – *Meca-Medina*.

[1223] Für eine per se Unzulässigkeit von horizontalen Preisabsprachen nach der *Wouters*-Doktrin *Breuer*, Das EU-Kartellrecht im Kraftfeld der Unionsziele, 2013, S. 678 f.: „Bei einem ‚Frontalangriff' auf das Schutzgut des Wettbewerbs verbleibt nämlich kein Raum mehr für die geforderte ‚praktische Konkordanz' im Sinne einer wechselseitigen Maximierung des Verwirklichungsgrades der konfligierenden Ziele."

[1224] Vgl. *Podszun*, NZKart 2021, 138, 144. Allgemein dazu, dass die Prüfungsanforderungen der *Wouters*-Doktrin umso strenger sind, je stärker die Wettbewerbsbeschränkung ausfällt, *Soldner/Gastell*, SpoPrax 2022, 74, 79; *Wimmer*, ZWeR 2022, 156, 178 f.; *Podszun*, NZKart 2022, 181, 182 f.

[1225] EuGH, Urt. v. 21.12.2023, Rs. C-680/21, ECLI:EU:C:2023:1010, Rn. 115 – *Royal Antwerp Football Club*; EuGH, Urt. v. 21.12.2023, Rs. C-124/21 P, ECLI:EU:C:2023:1012, Rn. 113 – *International Skating Union*; EuGH, Urt. v. 21.12.2023, Rs. C-333/21, ECLI:EU:C:2023:1011, Rn. 186 – *European Superleague Company*; EuGH, Urt. v. 25.1.2024, Rs. C-438/22, ECLI:EU:C:2024:71, Rn. 32 – *Em akaunt BG*.

[1226] So auch *Legner*, ZWeR 2025, 215, 229 f.

[1227] EuGH, Urt. v. 25.1.2024, Rs. C-438/22, ECLI:EU:C:2024:71, Rn. 46 ff. – *Em akaunt BG*.

[1228] EuGH, Urt. v. 25.1.2024, Rs. C-438/22, ECLI:EU:C:2024:71, Rn. 54 – *Em akaunt BG*.

4. Ergebnis

Die Untersuchung hat ergeben, dass die *Wouters*-Doktrin eine Anknüpfungsmöglichkeit für die Berücksichtigung außerwettbewerblicher, sozialpolitischer Ziele bei der Tatbestandsprüfung des Kartellverbots bietet. Die Doktrin passt aber schon konzeptionell nicht auf Kollektivverträge. Einseitige Preisbeschlüsse einer Gewerkschaft echter Solo-Selbstständiger werden jedenfalls die Voraussetzungen des Drei-Stufen-Tests nicht erfüllen.

III. Einzelfreistellung

Es ist anerkannt, dass Art. 101 Abs. 3 AEUV eine Wohlfahrtsmaximierung schützt.[1229] Mit diesem Schutzzweck ist es vereinbar, dass auch primär außerwettbewerbliche Belange bei der Prüfung von Art. 101 Abs. 3 AEUV berücksichtigt werden, wenn diese zu Effizienzsteigerungen beitragen.[1230]

Speziell zu Arbeitsmärkten berücksichtigte der EuGH in den Rechtssachen *Metro* und *Remia*, dass eine lange Geltungsdauer von Abnahmeverpflichtungen und Wettbewerbsverboten in Lieferverträgen ein stabilisierendes Element für die Erhaltung von Arbeitsplätzen darstellen könne, das – gerade bei einer ungünstigen Wirtschaftskonjunktur – zur Verbesserung der allgemeinen Bedingungen der Warenerzeugung beitrage.[1231] Das bedeutet nicht, dass die Sicherung von Arbeitsplätzen per se für eine Einzelfreistellung herangezogen werden kann. Vielmehr waren etwa in der Rechtssache *Metro* die Bestimmungen der streitgegenständlichen Lieferverträge dazu geeignet, bei dem Arbeitskräftebedarf der Hersteller für Planungssicherheit zu sorgen und dadurch eine stetige Produktion zu gewährleisten.[1232] Die Bestimmungen erzeugten also eine produktive Effizienz. Eine angemessene Verbraucherbeteiligung prognostizierte der EuGH mit der Begründung, der Effizienzgewinn ermögliche eine kontinuierlichere Versorgung und ein größeres Warenangebot für Endverbraucher.[1233]

Außerwettbewerbliche sozialpolitische Aspekte sind folglich nur dann im Rahmen der Freistellungsprüfung zu berücksichtigen, wenn sie zu einem Effizienzgewinn beitragen.[1234] Dagegen meinte zuletzt *Säcker* zu Preisabsprachen Solo-Selbstständiger, dass bei Dienstleistungen auch soziale Verbesserungen

---

1229 Für die Konsumentenwohlfahrt (*consumer welfare*) als Schutzzweck von Art. 101 Abs. 3 AEUV *Pohlmann*, in: Frankfurter Kommentar, Kartellrecht, 65. Lfg. 2008, Art. 81 Abs. 3 EG Rn. 219 ff.; *Bishop/Walker*, The Economics of EC Competition Law, 3. Aufl. 2010, Rn. 2.17; *Hertfelder*, Die consumer welfare im europäischen Wettbewerbsrecht, 2010, S. 65 f.; *Schuhmacher*, in: Grabitz/Hilf/Nettesheim, Das Recht der EU, 64. Lfg. 2018, AEUV Art. 101 Rn. 16; wohl auch *Legner*, Schadenstheorien bei Nachfragemacht im europäischen und deutschen Kartellrecht, 2019, S. 41; für einen Schutz der *consumer welfare* und der Gesamtwohlfahrt (*total welfare*) *Becker*, Wettbewerbsbeschränkungen im System der Legalausnahme, 2006, Rn. 599; wohl auch *Ellger*, in: Immenga/Mestmäcker, Wettbewerbsrecht, 7. Aufl. 2025, Bd. 1, AEUV Art. 101 Abs. 3 Rn. 8, 12.

1230 Bekanntmachung der Kommission, Leitlinien zur Anwendung von Artikel 81 Absatz 3 EG-Vertrag v. 27.4.2004 (Leitlinien Art. 81 Abs. 3 EGV), ABl. 2004 C 101, 97, Rn. 42: „Den mit anderen Bestimmungen des EG-Vertrags angestrebten Zielen kann Rechnung getragen werden, sofern sie den vier Voraussetzungen von Artikel 81 Absatz 3 zugeordnet werden können"; *Ellger*, in: Immenga/Mestmäcker, Wettbewerbsrecht, 7. Aufl. 2025, Bd. 1, AEUV Art. 101 Abs. 3 Rn. 337 ff.

1231 EuGH, Urt. v. 25.10.1977, Rs. 26/76, ECLI:EU:C:1977:167, Rn. 43 – *Metro*; EuGH, Urt. v. 11.7.1985, Rs. 42/84, ECLI:EU:C:1985:327, Rn. 42 – *Remia*.

1232 *Breuer*, Das EU-Kartellrecht im Kraftfeld der Unionsziele, 2013, S. 513.

1233 EuGH, Urt. v. 25.10.1977, Rs. 26/76, ECLI:EU:C:1977:167, Rn. 46 f. – *Metro*.

1234 Generell zur fehlenden Möglichkeit, außerwirtschaftlicher Ziele bei der Prüfung der vier Freistellungsvoraussetzungen von Art. 101 Abs. 3 AEUV unmittelbar zu berücksichtigen, etwa: *Makowski*, Kartellrechtliche Grenzen der Selbstregulierung, 2007, S. 120 ff.; *Schuhmacher*, Effizienz und Wettbewerb, 2011, S. 238 ff.;

zu berücksichtigen seien, soweit diese einen wirtschaftlichen Bezug hätten. Dies sei bei der Sicherung eines angemessenen, wettbewerbsanalogen, in diesem Sinne sozialen Lohns zu bejahen.[1235] Diese Ansicht widerspricht zum einen dem Schutzzweck von Art. 101 Abs. 3 AEUV. Zum anderen sichert die Preisabsprache gerade kein wettbewerbsanaloges Niveau, sondern verhindert genau dieses. Soweit mit wettbewerbsanalog gemeint ist, dass das Entgelt der Solo-Selbstständigen durch Nachfragemacht unter das Niveau der Modellannahme perfekten Wettbewerbs gedrückt wurde, wäre zu prüfen, ob es sich um eine monopsonistische Marktstruktur handelt. Die kollektive Preisabsprache müsste dazu geeignet sein, das Preisniveau so anzuheben, dass mehr Solo-Selbstständige in den Markt gezogen werden und dadurch eine Output-Steigerung prognostiziert werden kann. Dann wird allerdings diese produktive Effizienz in die Freistellungsprüfung einbezogen und nicht das – wie auch immer zu bestimmende – angemessene Lohnniveau.

Die zweite Freistellungsvoraussetzung verlangt eine angemessene Verbraucherbeteiligung. Der Begriff des Verbrauchers ist im Kontext von Art. 101 Abs. 3 AEUV weit auszulegen und umfasst alle Abnehmer eines Produkts oder einer Leistung bis hin zum Endverbraucher.[1236] Bei der Prüfung einer angemessenen Verbraucherbeteiligung ist dagegen nicht zu berücksichtigen, ob die an der Wettbewerbsbeschränkung beteiligten Unternehmen Vorteile erzielen. Denn sie sind keine Verbraucher.[1237] Daher können Kollektivverhandlungen nicht mit der Begründung gerechtfertigt werden, die beteiligten Arbeitnehmer oder echte Solo-Selbstständigen würden damit eine höhere Gewinnrente gegenüber dem wettbewerbsanalogen Niveau erzielen. Ebenfalls abzulehnen ist eine analoge Anwendung der zweiten Freistellungsvoraussetzung auf kollektive Preisabsprachen Solo-Selbstständiger.[1238] Dies schon deshalb, weil die Solo-Selbstständigen selbst Beteiligte der Absprache sind. Die zweite Freistellungsvoraussetzung will sicherstellen, dass die nachgelagerten Marktstufen an den entstehenden Effizienzen so beteiligt werden, dass die negativen Auswirkungen der Wettbewerbsbeschränkung zumindest ausgeglichen werden. Eine Gewinnsteigerung der Beteiligten selbst kann daher im Rahmen von Art. 101 Abs. 3 AEUV keine Berücksichtigung finden.[1239] Auch das EuG hat bereits in anderem Zusammenhang klargestellt, dass eine Kartellierung zum Ausgleich eines vermeintlichen Verhandlungsungleichgewichts zwischen beiden Marktseiten keine Freistellung nach Art. 101 Abs. 3 AEUV rechtfertigen kann.[1240] Insbesondere fließe der

---

im Kontext der primärrechtlichen Querschnittsziele *Breuer*, Das EU-Kartellrecht im Kraftfeld der Unionsziele, 2013, S. 593 ff., 612 ff.; *Ellger*, in: Immenga/Mestmäcker, Wettbewerbsrecht, 7. Aufl. 2025, Bd. 1, AEUV Art. 101 Abs. 3 Rn. 334 ff.; *Wimmer*, ZWeR 2022, 156, 177; *Pohlmann*, in: Frankfurter Kommentar, Kartellrecht, 65. Lfg. 2008, Art. 81 Abs. 3 EG Rn. 67 ff.; insgesamt zu Art. 101 AEUV *Odudu*, The Boundaries of EC Competition Law, 2006, S. 164 ff.

1235 *Säcker*, in: FS Windbichler, 2020, S. 1435, 1443; wohl zustimmend *Mohr*, in: MüKo, Wettbewerbsrecht, 4. Aufl. 2023, Bd. 1-1, Grundl. Rn. 1310 Fn. 3153, Rn. 1324.

1236 Vgl. etwa Kommission, Entsch. v. 9.7.1980, Fall IV/27.958, ABl. 1980 L 260, 24, Rn. 47 – *National Sulphuric Acid Association*; Kommission, Leitlinien Art. 81 Abs. 3 EGV, ABl. 2004 C 101, 97, Rn. 84; *Hertfelder*, Die consumer welfare im europäischen Wettbewerbsrecht, 2010, S. 59; *Mestmäcker/Schweitzer*, Europäisches Wettbewerbsrecht, 3. Aufl. 2014, § 14 Rn. 64; *Bechtold/Bosch/Brinker*, EU-Kartellrecht, 4. Aufl. 2023, AEUV Art. 101 Rn. 159; *Kling/Thomas*, Kartellrecht, 2. Aufl. 2016, § 5 Rn. 285 f.; *Schuhmacher*, in: Grabitz/Hilf/Nettesheim, Das Recht der EU, 64. Lfg. 2018, AEUV Art. 101 Rn. 315; *Ellger*, in: Immenga/Mestmäcker, Wettbewerbsrecht, 7. Aufl. 2025, Bd. 1, AEUV Art. 101 Abs. 3 Rn. 241 ff.

1237 *Schröter/Voet van Vormizeele*, in: von der Groeben/Schwarze/Hatje, Europäisches Unionsrecht, 7. Aufl. 2015, AEUV Art. 101 Rn. 313; *Kling/Thomas*, Kartellrecht, 2. Aufl. 2016, § 5 Rn. 285; *Ellger*, in: Immenga/Mestmäcker, Wettbewerbsrecht, 7. Aufl. 2025, Bd. 1, AEUV Art. 101 Abs. 3 Rn. 242; *Wolf*, in: MüKo, Wettbewerbsrecht, 4. Aufl. 2023, Bd. 1-1, AEUV Art. 101 Rn. 1130; *Legner*, ZWeR 2025, 215, 235.

1238 So aber *Säcker*, in: FS Windbichler, 2020, S. 1435, 1444.

1239 Kommission, Leitlinien Art. 81 Abs. 3 EGV, ABl. 2004 C 101, 97, Rn. 46, 49, 85.

1240 EuG, Urt. v. 21.2.1995, Rs. T-29/92, ECLI:EU:T:1995:34, Rn. 256 – *SPO*; dazu *Thomas*, in: Ory/Cole, Reform des Urhebervertragsrechts, 2016, S. 47, 99 f.

Gewinn einer Preisabsprache, die darauf abzielt, ein höheres – vermeintlich angemessenes – Preisniveau zu schaffen, nicht den Verbrauchern zu, sondern den Kartellbeteiligten auf Kosten der Verbraucher.[1241] Vergleichbar dazu kommt eine Einkommenssteigerung durch kollektive Preisverhandlungen in aller Regel nur den Solo-Selbstständigen selbst zugute, ohne dass Verbraucher an diesem Gewinn beteiligt werden.

Zusammenfassend können sozialpolitische Aspekte unmittelbar nicht zu einer Freistellung nach Art. 101 Abs. 3 AEUV führen. Das bedeutet, kollektivvertragliche Regelungen, die nicht unter den Ausnahmebereich fallen, müssen Effizienzvorteile für Verbraucher erzeugen und den restlichen Anforderungen der Legalausnahme genügen, um freigestellt zu werden.[1242] [1243]

1241 EuG, Urt. v. 21.2.1995, Rs. T-29/92, ECLI:EU:T:1995:34, Rn. 293 – *SPO*.

1242 Die Prüfung der einzelnen Freistellungsvoraussetzungen soll an dieser Stelle nicht vorgenommen werden. Die Untersuchungsfrage des Abschnitts war, ob sozialpolitische Aspekte bei der Prüfung der Tatbestandsvoraussetzungen von Art. 101 AEUV zu berücksichtigen sind. Die Untersuchung hat ergeben, dass dies nicht der Fall ist. Treffend in diesem Sinne *Schuhmacher*, Effizienz und Wettbewerb, 2011, S. 253: „Das entscheidende Argument dafür liegt darin, dass die Wettbewerbsbeschränkung zwischen Unternehmen allein aufgrund außerwettbewerblicher Ziele nicht mit der Grundentscheidung des Vertrages für ein dem Wettbewerb verpflichtetes dezentrales Koordinierungssystem übereinstimmt."

1243 Zu einer Prüfung der Einzelfreistellungsmöglichkeit von Tarifverträgen nach Art. 101 Abs. 3 AEUV: *Graf von Wallwitz*, Tarifverträge und Wettbewerbsordnung des EG-Vertrages, 1997, S. 176 ff.; *Kordel*, Arbeitsmarkt und Europäisches Kartellrecht, 2004, S. 102 ff.; *Viol*, Die Anwendbarkeit des europäischen Kartellrechts auf Tarifverträge, 2005, S. 339 ff.; *Mühlbach*, Tarifverträge in der europäischen Kartellkontrolle, 2007, S. 182 ff.; zu kollektiven Preisabsprachen (Solo-)Selbstständiger: *Thomas*, in: Ory/Cole, Reform des Urhebervertragsrechts, 2016, S. 47, 86 ff.; *Seifert*, Kollektivverträge für wirtschaftlich abhängige Selbstständige und unionsrechtliches Kartellverbot, 2022, S. 72 ff.; *Legner*, ZWeR 2025, 215, 231 ff. Alle Autoren kommen zu dem Ergebnis, dass eine Einzelfreistellung – wenn überhaupt – nur in Ausnahmefällen möglich ist. Dieses Ergebnis deckt sich mit der im Rahmen dieser Arbeit vorgenommenen Untersuchung der Wohlfahrtswirkungen von Kollektivverträgen. Diese kam zu dem Ergebnis, dass Kollektivverträge regelmäßig nicht zu Effizienzvorteilen für Verbraucher gegenüber dezentralen Verhandlungen führen; siehe Teil 2 B.II.4. Damit fehlt es regelmäßig schon an der ersten oder zweiten Freistellungsvoraussetzung von Art. 101 Abs. 3 AEUV.

TEIL 5: FUSIONSKONTROLLE AUF ARBEITSMÄRKTEN

A. EINLEITUNG

In diesem Abschnitt will die Abhandlung die Anwendung der europäischen und deutschen Fusionskontrolle auf Arbeitsmärkte untersuchen. Hierfür wird sie zunächst der Frage nachgehen, ob die Fusionskontrolle grundsätzlich auf Arbeitsmärkte Anwendung findet oder ob ein genereller oder beschränkter, rechtsimmanenter Ausnahmebereich für Arbeitsmärkte oder bestimmte Zusammenschlusskonstellationen angezeigt ist (B.). Für das Kartellverbot wurde insoweit ermittelt, dass es zwar grundsätzlich auf Arbeitsmärkte anzuwenden ist, jedoch einen beschränkten, rechtsimmanenten Ausnahmebereich für Kollektivverträge kennt. Im zweiten Abschnitt wird die vorliegende Arbeit der Hauptfrage dieses Kapitels nachgehen – wie Nachfragemacht auf Arbeitsmärkten im Rahmen der materiellen Fusionskontrolle, also anhand des SIEC-Tests („*significant impediment to effective competition*"), zu prüfen ist (C.). Bisher spielte diese Frage in der europäischen und deutschen Fusionskontrollpraxis keine Rolle.

B. ANWENDBARKEIT DER FUSIONSKONTROLLE AUF ARBEITSMÄRKTE

I. Grundsätzliche Anwendbarkeit der Fusionskontrolle auf Arbeitsmärkte oder genereller Ausnahmebereich

1. Europäische Fusionskontrolle

Der Erlass der FKVO beruht auf der Erkenntnis, dass eine effektive Fusionskontrolle nicht allein mit den Instrumenten von Art. 101, 102 AEUV[1244] zu bewerkstelligen ist.[1245] Die FKVO ist Teil des Systems nach Protokoll Nr. 27 zum AEUV, das den Wettbewerb vor Verfälschungen im Binnenmarkt schützen soll, um dadurch zur Verwirklichung der Unionsziele beizutragen.[1246] Zu diesem Zweck untersagt sie Zusammenschlüsse, die geeignet sind, den Wettbewerb erheblich zu beeinträchtigen.[1247]

Als Teil des primärrechtlichen Systems, das den Wettbewerb schützen soll, orientiert sich der Anwendungsbereich der FKVO am Geltungsbereich des Wettbewerbsprinzips. Es gilt das Universalitätsprinzip.[1248] Danach sind die Wettbewerbsregeln auf alle wirtschaftlichen Märkte anzuwenden, soweit nichts anderes bestimmt ist.[1249] Dass auch Arbeitsmärkte wirtschaftliche Märkte im Sinne der EU-

---

1244 Siehe dazu EuGH, Urt. v. 21.1.1973, Rs. 6/72, ECLI:EU:C:1973:22, Rn. 18 ff. – *Continental Can*; EuGH, Urt. v. 17.11.1987, verb. Rs. 142 und 156/84, ECLI:EU:C:1987:490, Rn. 32 ff. – *Philip Morris*.

1245 Erwägungsgrund Nr. 7 der FKVO: „Die Artikel 81 und 82 des Vertrags sind zwar nach der Rechtsprechung des Gerichtshofs auf bestimmte Zusammenschlüsse anwendbar, reichen jedoch nicht aus, um alle Zusammenschlüsse zu erfassen, die sich als unvereinbar mit dem vom Vertrag geforderten System des unverfälschten Wettbewerbs erweisen könnten"; *Kling/Thomas*, Kartellrecht, 2. Aufl. 2016, § 8 Rn. 4; *Körber*, in: Immenga/Mestmäcker, Wettbewerbsrecht, 6. Aufl. 2020, Bd. 3, Einl. Rn. 9 ff.

1246 Erwägungsgründe Nr. 2, 6 und 7 der FKVO.

1247 Erwägungsgründe Nr. 5 f. und 24 der FKVO.

1248 Siehe dazu oben Teil 3 B.III.

1249 *Körber*, in: Immenga/Mestmäcker, Wettbewerbsrecht, 6. Aufl. 2020, Bd. 3, FKVO Art. 1 Rn. 51; vgl. *Koch*, in: MüKo, Wettbewerbsrecht, 4. Aufl. 2023, Bd. 1-2, FKVO Art. 1 Rn. 48 ff.

M. Meinzer, *Nachfragemacht auf Arbeitsmärkten*,
https://doi.org/10.1007/978-3-658-52576-7_6

Wirtschaftsordnung sind, wurde bereits gezeigt.[1250] Die FKVO ist folglich auch auf sie anwendbar. Dagegen lässt sich nicht anführen, dass die FKVO an mehreren Stellen und insbesondere im Zusammenhang mit dem räumlichen Referenzmarkt nach Art. 9 Abs. 7 FKVO von dem Angebot und der Nachfrage nach Waren und Dienstleistungen spricht.[1251] Die Arbeitsleistung kann bei der gebotenen funktionalen Auslegung unter den Dienstleistungsbegriff subsumiert werden.[1252] Hätte der Unionsgesetzgeber Arbeitsmärkte tatsächlich vom Anwendungsbereich der FKVO ausschließen wollen, wäre zu erwarten gewesen, dass er dies im Rahmen der Vorschriften oder Erwägungsgründe zum Ausdruck bringt. Dies ist allerdings nicht geschehen.[1253]

Es bleibt daher im Grundsatz bei der universellen Anwendung der FKVO auf alle wirtschaftlichen Märkte, zu denen auch Arbeitsmärkte zählen.

2. Deutsche Fusionskontrolle

2.1 Verhältnis zur europäischen Fusionskontrolle

Die FKVO und die §§ 35 ff. GWB sind, im Vergleich zum europäischen und deutschen Kartellverbot, vom Bundeskartellamt und den Gerichten nach Art. 21 Abs. 2, 3 FKVO nicht parallel anzuwenden. Es gilt das sog. „*one-stop shop*“-System.[1254] Sind die Anwendungsvoraussetzungen der FKVO erfüllt, führt dies gleichzeitig zu einer Sperrung der mitgliedstaatlichen Fusionskontrollvorschriften.[1255] Im deutschen Recht ist dies in § 35 Abs. 3 GWB deklaratorisch geregelt. Unterhalb des Anwendungsbereichs der FKVO besteht keine unionsrechtliche Verpflichtung der Mitgliedstaaten, ihre Fusionskontrollregime entsprechend dem europäischen auszugestalten.[1256]

Das deutsche Fusionskontrollrecht wurde mit der 8. GWB-Novelle 2013[1257] allerdings deutlich an das europäische angeglichen.[1258] Dazu hat vor allem die Übernahme des SIEC-Tests aus der FKVO beigetragen. Gleichwohl hat der deutsche Gesetzgeber einen Gleichlauf zwischen den §§ 35 ff. GWB und der FKVO nicht ausdrücklich befohlen, wie er es bei §§ 1, 2 GWB getan hat. Die Angleichung an das europäische Recht spricht allerdings für die Übernahme der FKVO-Grundsätze.[1259]

Eine abweichende Auslegung des deutschen Rechts ist jedenfalls dann geboten, wenn der deutsche Gesetzgeber sich im Rahmen seiner Zuständigkeit ausdrücklich vom europäischen Recht distanziert.[1260]

1250 Siehe dazu oben Teil 3 B.III.

1251 Dies problematisierend *Bien/Doganoglu*, NZKart 2019, 185, 186; *Heinemann*, WuW 2020, 371, 381.

1252 *Bien/Doganoglu*, NZKart 2019, 185, 186; siehe dazu bereits im Zusammenhang mit dem Unternehmensbegriff von Art. 101 ff. AEUV Teil 4 B.III.4.3.3. Einer analogen Anwendung von Art. 9 Abs. Abs. 7 FKVO auf Arbeitsmärkte bedarf es daher nicht; so aber *Heinemann*, WuW 2020, 371, 381.

1253 Klargestellt wird in Erwägungsgrund Nr. 7 der FKVO nur, dass der landwirtschaftliche Ausnahmebereich nach Art. 42 AEUV nicht auf Zusammenschlüsse ausgedehnt wird.

1254 Vgl. zu diesem Begriff Erwägungsgrund Nr. 8 der englischen Fassung der FKVO.

1255 Eine Ausnahme davon bildet die Verweisungsmöglichkeit der Kommission nach Art. 9 FKVO.

1256 *Thomas*, in: Immenga/Mestmäcker, Wettbewerbsrecht, 6. Aufl. 2020, Bd. 3, GWB § 36 Rn. 42; *Säcker*, in: MüKo, Wettbewerbsrecht, 4. Aufl. 2022, Bd. 2, Einl. Rn. 32. Eine vergleichbare Regelung wie Art. 3 Abs. 1, 2 VO (EG) Nr. 1/2003 besteht im Bereich des Fusionskontrollrechts nicht. Außerdem stellt Art. 3 Abs. 3 VO (EG) Nr. 1/2003 klar, dass die Norm nicht für die Fusionskontrolle gilt.

1257 BGBl. I 2013, 1738.

1258 Regierungsentwurf zur 8. GWB-Novelle, BT-Drs. 17/9852, S. 19.

1259 Dazu *Thomas*, in: Immenga/Mestmäcker, Wettbewerbsrecht, 6. Aufl. 2020, Bd. 3, GWB § 36 Rn. 42.

1260 Siehe dazu Teil 4 B.IV.3.2.

Für Arbeitsmärkte könnte ein solcher Fall in der Verwendung des Begriffs der gewerblichen Leistungen zu sehen sein.

2.2 Der Begriff der gewerblichen Leistung

2.2.1 Vorüberlegung

Der Begriff der gewerblichen Leistung wurde vom Gesetzgeber in § 1 GWB 1957 eingefügt, um „Abreden über den Abschluß oder Inhalt von Arbeits- oder Dienstverhältnissen" von dessen Anwendungsbereich auszunehmen.[1261] Er wird auch in der heutigen Fassung des GWB noch in zahlreichen Normen verwendet.[1262] Daher soll im Folgenden anhand der vier gängigen Auslegungsgrundsätze untersucht werden, ob deswegen die Anwendung der §§ 35 ff. GWB auf Arbeitsmärkte *de lege lata* begrenzt oder ausgeschlossen ist.

2.2.2 Grammatikalische Auslegung

In der heutigen Fassung des GWB werden gewerbliche Leistungen im Rahmen der Fusionskontrollvorschriften noch explizit in §§ 36 Abs. 1 S. 2 Nr. 2 und 39 Abs. 5 GWB erwähnt. Außerdem bezieht sich das zentrale materielle Prüfungskriterium für Zusammenschlüsse, eine marktbeherrschende Stellung, nach § 18 Abs. 1, Abs. 5 Nr. 1 GWB ebenfalls nur auf Waren und gewerbliche Leistungen.[1263]

Der Begriff der gewerblichen Leistung lässt vermuten, dass er nur von einem Gewerbe erbrachte Leistungen meint und Arbeitsleistungen nicht erfasst. Eine generelle Begrenzung der §§ 35 ff. GWB auf gewerbliche Leistungen lässt sich dem Wortlaut der Vorschriften jedoch nicht explizit entnehmen. Dass die Marktbeherrschungsdefinition den Begriff der gewerblichen Leistungen verwendet, könnte zwar eine entsprechende Begrenzung des Anwendungsbereichs von §§ 35 ff. GWB auf solche Leistungen indizieren. Dagegen ist jedoch einzuwenden, dass fusionskontrollrechtliche Vorschriften wie §§ 35 Abs. 2 S. 2 Nr. 2, 39a Abs. 1 Nr. 3 GWB, die erst mit späteren GWB-Novellen eingefügt wurden, von Dienstleistungen und nicht von gewerblichen Leistungen sprechen. Unter den Dienstleistungsbegriff können, wie gezeigt, bei der gebotenen funktionalen Begriffsauslegung auch Arbeitsleistungen subsumiert werden.[1264] Der Arbeitsvertrag ist im deutschen Recht außerdem ein Unterfall eines Dienstleistungsvertrages.[1265] Die grammatikalische Auslegung lässt folglich keine eindeutige Schlussfolgerung zu.

2.2.3 Historisch-genetische Auslegung

Aufschlussreicher ist die historisch-genetische Auslegung des GWB. Wie bereits erläutert, hat der Begriff der gewerblichen Leistung seinen Ursprung im Kartellverbot. Dass weitere Normen des GWB von

---

[1261] Siehe dazu Teil 4 B.IV.3.1.

[1262] Siehe § 18 Abs. 1, Abs. 3 Nr. 8, Abs. 5 Nr. 1 GWB, § 19 Abs. 2 GWB, § 20 Abs. 1 S. 1, 3, Abs. 3 S. 2 Nr. 2, 3 GWB, § 36 Abs. 1 S. 2 Nr. 2 GWB, § 39 Abs. 5 GWB.

[1263] § 18 GWB darf bei Sachverhalten, die den zwischenstaatlichen Handel betreffen, nach Art. 3 Abs. 1 S. 2, Abs. 2 S. 2 VO (EG) Nr. 1/2003 zwar nicht milder als Art. 102 AEUV ausgelegt werden, sondern nur strenger. Bei innerstaatlichen Sachverhalten gilt diese Pflicht allerdings nicht. Wie erläutert, besteht für den Bereich der Fusionskontrolle überhaupt keine unionsrechtliche Vorgabe zur einheitlichen Rechtsanwendung. Denkbar ist daher, dass der Begriff der gewerblichen Leistung einer Fusionskontrolle auf Arbeitsmärkten entgegensteht.

[1264] Siehe dazu Teil 4 B.III.4.3.3 und oben B.I.1.

[1265] *Preis*, in: ErfK ArbR, 25. Aufl. 2025, § 611a Rn. 1.

gewerblichen Leistungen sprechen, geht auf die Stellungnahme der Bundesregierung zu den Änderungsvorschlägen des Bundesrates zum GWB 1957[1266] zurück. Die Bundesregierung verlangte, dass in allen Fällen, in denen das Gesetz von Leistungen spricht, das Adjektiv „gewerblich" vorangestellt werden müsse, wie dies bei § 1 GWB 1957 der Fall sei.[1267] Zu den betroffenen Normen zählten unter anderem die Definition der marktbeherrschenden Stellung sowie die Anzeigepflicht für Zusammenschlüsse von Unternehmen mit hohen Marktanteilen nach §§ 22 Abs. 1, 23 S. 1 GWB 1957. Diese Formulierung ist noch heute in § 18 Abs. 1 GWB verankert und auch die Ausnahmeregelung zur materiellen Fusionskontrolle in § 36 Abs. 1 S. 2 Nr. 2 GWB spricht von gewerblichen Leistungen.

Aus der Stellungnahme der Bundesregierung geht nicht hervor, ob die Begriffsangleichung lediglich aus formalen Gründen erfolgte, also um einen einheitlichen Wortlaut des Gesetzes zu gewährleisten, oder um Arbeitsleistung tatsächlich vom Anwendungsbereich der anderen betroffenen GWB-Normen auszuschließen. Sollte Letzteres der Fall sein, wäre zu erwarten gewesen, dass die Bundesregierung diesen Willen zumindest kurz begründet. Das ist jedoch nicht geschehen. Eine Angleichung aus formalen Gründen zur Vereinheitlichung der Vorschriften bedarf dagegen keiner Begründung. Außerdem wurde mit dem Begriff der gewerblichen Leistung in § 1 GWB 1957 nur der Zweck verfolgt, den Abschluss und den Inhalt von Arbeitsverhältnissen dem Anwendungsbereich der Norm zu entziehen. Die fusionskontrollrechtliche Prüfung berührt aber weder den Abschluss noch den Inhalt von Arbeitsverhältnissen. Bei einer Anwendung der damaligen Fusionskontrollvorschriften in §§ 23 f. GWB 1957 auf Arbeitsmärkte wäre nur zu prüfen gewesen, ob ein Zusammenschluss zweier Nachfrager nach Arbeitsleistungen zu einer marktbeherrschenden Stellung der fusionierten Einheit auf einem Arbeitsmarkt führt oder eine solche Stellung verstärkt.[1268] Das bedeutet, die Übertragung des mit dem Begriff der gewerblichen Leistung in § 1 GWB 1957 verfolgten Zwecks auf die fusionskontrollrechtlichen Vorschriften würde ins Leere laufen.

Das spricht für eine Angleichung des Wortlauts an § 1 GWB 1957 aus rein formalen Gründen, ohne dass der Gesetzgeber damit zugleich einen fusionskontrollrechtlichen Ausnahmebereich für Arbeitsmärkte schaffen wollte.

2.2.4 Systematische Auslegung

Im Rahmen der kartellrechtlichen Missbrauchsaufsicht in §§ 18 ff. GWB könnte dem Zweck, den Abschluss und den Inhalt von Arbeitsverhältnissen vom Anwendungsbereich der Norm auszunehmen, Rechnung getragen werden. Sie ermöglicht die kartellrechtliche Prüfung von Vertragsinhalten, also grundsätzlich auch von Arbeitsverträgen. Die Definition der Marktbeherrschung in § 18 Abs. 1 GWB, die den Begriff der gewerblichen Leistung verwendet, war damals wie heute sowohl für die Missbrauchsaufsicht als auch für die Fusionskontrolle maßgeblich.[1269] Wenn nun der genannte Begriffszweck auf die Missbrauchsaufsicht übertragen werden kann, aber im Rahmen der Fusionskontrolle überhaupt nicht greift, wäre zu erwarten gewesen, dass der Gesetzgeber die Einschränkung des Anwendungsbereichs für Arbeitsmärkte auch nur für die Missbrauchsaufsicht formuliert – und nicht zugleich für die Fusionskontrolle. Das ist allerdings nicht geschehen.

1266 Regierungsentwurf zum GWB 1957, BT-Drs. II/1158, 80 ff.

1267 Regierungsentwurf zum GWB 1957, BT-Drs. II/1158, 80 f.

1268 Vgl. § 24 GWB 1957. Den SIEC-Test, der die Marktbeherrschung nur als Regelbeispiel anführt, gab es damals nicht.

1269 Zur Geltung desselben Marktbeherrschungsbegriffs für die Missbrauchsaufsicht und Fusionskontrolle BGH, Beschl. v. 21.2.1978, KVR 4/77, BGHZ 71, 102, 108 – *Kfz-Kupplungen*; BGH, Beschl. v. 19.12.1995, KVR 6/95, WuW/E BGH 3037, 3039 – *Raiffeisen*.

Hinzu kommt, dass die deutsche Missbrauchsaufsicht mittlerweile stark an das europäische Recht angeglichen wurde.[1270] Art. 3 Abs. 1 S. 1, Abs. 2 S. 2 VO (EG) Nr. 1/2003 erlauben nur eine strengere mitgliedstaatliche Regelung. Einen Ausschluss von Arbeitsverhältnissen aus ihrem Anwendungsbereich würde allerdings eine unzulässige mildere Anwendung darstellen. Denn Art. 102 AEUV lässt keine derartige Beschränkung erkennen.[1271] Eine generelle Nichtanwendung der Missbrauchsaufsicht auf Arbeitsmärkte und Arbeitsverhältnisse wäre demnach unionsrechtswidrig.

Eine unterschiedliche Auslegung des Marktbeherrschungsbegriffs für Fusionskontrolle und Missbrauchsaufsicht in dem Sinne, dass er nur für Erstere eine Anwendung auf Arbeitsmärkte ausschließt, wird dagegen vom Gesetzgeber wohl kaum gewollt sein.[1272] Das ließe sich nicht mit dem Grundsatz der Einheit der Rechtsordnung vereinbaren. Zwar sind bei der Auslegung des Begriffs und bei der Bestimmung einer marktbeherrschenden Stellung die unterschiedlichen Schutzzwecke von Missbrauchsaufsicht und Fusionskontrolle zu berücksichtigen, so dass eine abweichende Anwendung möglich ist.[1273] Das betrifft allerdings nur das Kriterium der Marktbeherrschung an sich und nicht eine Ausnahme bestimmter Märkte von der kartellrechtlichen Kontrolle. Der deutsche Gesetzgeber hat außerdem zu erkennen gegeben, dass er eine stärkere Kongruenz der Ausnahmebereiche des GWB mit dem europäischen Kartellrecht anstrebt.[1274]

Aus systematischer Sicht ist ferner zu berücksichtigen, dass § 1 GWB mittlerweile nicht mehr nur für Märkte gilt, auf denen Waren und gewerbliche Leistungen gehandelt werden. Der Begriff der gewerblichen Leistung wurde gestrichen und die Auslegung der Norm an Art. 101 AEUV angeglichen. Sie ist – mittlerweile zweifelsfrei – auf Arbeitsmärkte anzuwenden. Die historisch-genetische Auslegung hat wiederum gezeigt, dass die Entscheidung für diese Formulierung in § 1 GWB 1957 der Grund war, sie auch in den übrigen Vorschriften des GWB 1957 einzusetzen. Mit der Änderung von § 1 GWB ist damit der dogmatische Anker des Begriffs der gewerblichen Leistung im GWB entfallen. Das spricht dafür, dass die Beibehaltung dieser Formulierung in manchen GWB-Vorschriften heute ohne Bedeutung ist und der Gesetzgeber es lediglich unterlassen hat, den Gesetzeswortlaut zu vereinheitlichen.

2.2.5 Teleologische Auslegung

Der Zweck der fusionskontrollrechtlichen Vorschriften in §§ 35 ff. GWB ist es, das externe Wachstum von Unternehmen dann zu kontrollieren und zu begrenzen, wenn es wirksamen Wettbewerb erheblich

---

1270 Siehe etwa die Erläuterungen der Angleichungen an ex-Art. 85 EGV (Art. 102 AEUV) im Regierungsentwurf zur 6. GWB-Novelle, BT-Drs. 13/9720, 4, 35 ff.

1271 Zur unionsrechtlichen Missbrauchsaufsicht gilt insoweit: Art. 102 AEUV ist Teil des Systems des Unionsrechts, das den Wettbewerb gemäß Protokoll Nr. 27 zum AEUV gegen Verfälschungen schützen soll. Der Anwendungsbereich der Norm orientiert sich daher am Anwendungsbereich des Wettbewerbsprinzips, das auf allen wirtschaftlichen Märkten gilt. Da auch Arbeitsmärkte wirtschaftliche Märkte sind, ist Art. 102 auch auf sie anzuwenden. Ein genereller Ausschluss der Anwendung auf den Inhalt von Arbeitsverhältnissen lässt sich weder der Norm noch dem übrigen Primärrecht entnehmen. Dagegen spricht nicht, dass in Art. 102 S. 2 lit. a) AEUV von Einkaufs-, Verkaufspreisen und sonstigen Geschäftsbedingungen die Rede ist. Unter die Begriffe lassen sich bei einer funktionalen Auslegung auch Löhne oder Arbeitsbedingungen subsumieren. Im Übrigen handelt es sich dabei nur um ein Regelbeispiel, das den Anwendungsbereich der Norm schon seinem Wesen nach nicht abschließend bestimmen kann.

1272 Vgl. Begründung des Regierungsentwurfs der 2. GWB-Novelle, BT-Drs. IV/2520, 29.

1273 *Christiansen/Knebel*, in: MüKo, Wettbewerbsrecht, 4. Aufl. 2022, Bd. 2, GWB § 36 Rn. 98.

1274 Regierungsbegründung zur 6. GWB-Novelle, BT-Drs. 13/9720, 30: „Die Ausnahmebereiche im deutschen Recht, für die es im europäischen Recht keine Entsprechung gibt, werden eingeschränkt."

behindern würde.[1275] Der praktische Regelfall für eine solch erhebliche Behinderung wirksamen Wettbewerbs ist die Entstehung oder Verstärkung einer marktbeherrschenden Stellung.[1276] Das Regelbeispiel zielt primär auf den Schutz der Marktstruktur ab.[1277] Damit ist die grundlegende Erkenntnis verbunden, dass es zur Wahrung der gesamtwirtschaftlichen Vorteile der wettbewerblichen Marktwirtschaft eines Systems zur Begrenzung wirtschaftlicher Machtpositionen bedarf.[1278] Mit der Übernahme des SIEC-Tests aus der europäischen Fusionskontrolle können nun auch Zusammenschlüsse unterhalb der Marktbeherrschungsschwelle untersagt werden, wenn eine Analyse der wettbewerblichen Auswirkung des Zusammenschlusses einen erheblichen Wettbewerbsschaden prognostiziert.[1279]

Auch auf Arbeitsmärkten können Unternehmenszusammenschlüsse den Wettbewerb erheblich beeinträchtigen.[1280] Als Beispiel sei nur der Zusammenschluss zweier großer Nachfrager nach Arbeitsleistung genannt, der ein Monopson erzeugt. Dieses schadet der Marktstruktur im Sinne des Regelbeispiels der Marktbeherrschung und kann zu einem *deadweight loss* führen.[1281] Die wettbewerbsökonomische Analyse dieser Arbeit hat gezeigt, dass Wettbewerb auf Arbeitsmärkten grundsätzlich funktionsfähig ist und daher Wohlfahrtswirkungen erzeugt, die mit einer Marktwirtschaft verbunden und von ihr erwartet werden.[1282] Es gibt also keinen Anlass, Arbeitsmärkte nicht vor exzessivem externem Unternehmenswachstum zu schützen. Vielmehr entspricht es dem Zweck der §§ 35 ff. GWB, wirksamen Arbeitsmarktwettbewerb zu bewahren. Dass viele Arbeitsmärkte aus sozial- und verteilungspolitischen Gründen durch Kollektivverträge geordnet werden, ist erst bei der Anwendung der Fusionskontrollvorschriften zu berücksichtigen. Der Anwendbarkeit von §§ 35 ff. GWB steht dies jedoch nicht entgegen.

2.2.6 Ergebnis

Die Auslegung hat ergeben, dass die §§ 35 ff. GWB auf Arbeitsmärkte anwendbar sind.[1283] Zwar war die grammatikalische Auslegung nicht ergiebig. Die historisch-genetische Auslegung hat allerdings gezeigt, dass der Zweck, den der Gesetzgeber mit dem Begriff der gewerblichen Leistung in § 1 GWB 1957 verfolgte, sich nicht auf die fusionskontrollrechtlichen Vorschriften übertragen lässt. In den übrigen Vorschriften des GWB 1957 wurde das Adjektiv „gewerblich" zur Wahrung eines einheitlichen Gesetzeswortlauts eingefügt. Soweit es heute noch verwendet wird, ist dies nicht Ausdruck eines Ausnahmebereichs für Arbeitsmärkte, sondern vielmehr der unterlassenen gesetzgeberischen Mühen, den Dienstleistungsbegriff einheitlich zu etablieren. Aus systematischer Sicht spricht insbesondere die Uni-

---

1275 Vgl. die Gesetzesbegründung zum GWB 1957: „Damit soll verhindert werden, daß mehrere Unternehmen unter Aufgabe oder Einschränkung ihrer Selbständigkeit sich zusammenschließen und auf diese Weise – zwar ohne Kartellbildung, aber doch mit demselben Erfolg – eine monopolartige Stellung im Markte begründen, die die Verwirklichung des vom Gesetz angestrebten Zustandes einer möglichst vollständigen Wettbewerbswirtschaft erschwert." Zum externen und internen Unternehmenswachstum und seiner Kontrolle durch die Normen des GWB *Fuchs*, in: Immenga/Mestmäcker, Wettbewerbsrecht, 7. Aufl. 2024, Bd. 2, GWB § 18 Rn. 1; zu den Schutzzwecken der deutschen Fusionskontrolle noch ausführlicher unten C.II.

1276 Regierungsbegründung zur 8. GWB-Novelle, BT-Drs. 17/9852, 28.

1277 BGH, Beschl. v. 21.2.1978, KVR 4/77, BGHZ 71, 102, 115 f. – *Kfz-Kupplungen*; BGH, Beschl. v. 2.12.1980, KVR 1/80, BGHZ 79, 62, 66 f. – *Klöckner/Becorit*; *Thomas*, in: Immenga/Mestmäcker, Wettbewerbsrecht, 6. Aufl. 2020, Bd. 3, GWB Vorb. § 35 Rn. 3, § 36 Rn. 11.

1278 Vgl. Regierungsentwurf zum GWB 1957, BT-Drs. II/1158, 21 ff.

1279 Regierungsbegründung zur 8. GWB-Novelle, BT-Drs. 17/9852, 28.

1280 Dazu ausführlicher unten C.III.2.3.

1281 Siehe dazu ausführlicher unten C.III.2.3.5.

1282 Siehe dazu Teil 1 C.IV und Teil 2.

1283 So auch *Baumgart*, Der Schutz des Wettbewerbs und der Arbeitnehmer durch Arbeits- und Kartellrecht, 2025, S. 114 f.

onsrechtswidrigkeit eines Ausnahmebereichs für Arbeitsmärkte von den §§ 19 ff. gegen einen Ausnahmebereich von §§ 35 ff. GWB. Denn beide Säulen des GWB teilen sich eine Marktbeherrschungsdefinition, die eben nur von gewerblichen Leistungen spricht. Dass der Gesetzgeber mit diesem Begriff eine uneinheitliche Anwendbarkeit von Missbrauchsaufsicht und Fusionskontrolle auf Arbeitsmärkte bezweckt hat, würde gegen den Grundsatz einer einheitlichen Rechtsordnung verstoßen und ist daher abwegig. Auch der Zweck der Fusionskontrolle des GWB, wirksamen Wettbewerb vor erheblichen Behinderungen durch externes Unternehmenswachstum zu schützen, lässt sich auf Arbeitsmärkte übertragen: Wettbewerb erfüllt dort grundsätzlich seine wohlfahrtssteigernden Funktionen und kann durch Unternehmenszusammenschlüsse erheblich beeinträchtigt werden.

II. Zu einem beschränkten Ausnahmebereich für Arbeitsmärkte von der Fusionskontrolle

1. Zusammenschlusstatbestände und Koalitionsfreiheit

1.1 Ausgangspunkt

Die nächste Frage zur Anwendbarkeit der Fusionskontrolle auf Arbeitsmärkte ist, ob es eines beschränkten Ausnahmebereichs für bestimmte Zusammenschlusskonstellationen bedarf. Für die Anwendung des Kartellverbots auf Arbeitsmärkte war ein beschränkter Ausnahmebereich für Kollektivverträge angezeigt.[1284] Für die Fusionskontrolle könnte die in Art. 12 Abs. 1 GRC und Art. 9 Abs. 3 GG garantierte Koalitionsfreiheit ein entsprechender Anlass sein. Das ist die Freiheit, Gewerkschaften und Arbeitgeberverbände zu gründen, und die Freiheit dieser Verbände, zu fusionieren. Sollte dies zugleich die Voraussetzungen eines fusionskontrollrechtlichen Zusammenschlusstatbestandes erfüllen, würde dies ein Spannungsverhältnis zur Koalitionsfreiheit und Kollektivautonomie begründen (1.2). Denn dadurch wäre der Anwendungsbereich der materiellen Fusionskontrolle grundsätzlich eröffnet, was die Untersagung einer Koalitionsgründung oder -fusion[1285] aufgrund wettbewerblicher Bedenken ermöglichen würde.[1286] Dieses Spannungsverhältnis könnte normativ mittels eines beschränkten Ausnahmebereichs für Koalitionen von der Fusionskontrolle aufzulösen sein (1.3).

1.2 Koalitionsbildung als fusionskontrollrechtlicher Zusammenschluss

1.2.1 Europäische Fusionskontrolle

Entscheidend für die Notwendigkeit eines beschränkten Ausnahmebereichs ist zunächst die Frage, ob die Gründung oder der Zusammenschluss von Gewerkschaften oder Arbeitgeberverbänden überhaupt einen fusionskontrollrechtlichen Zusammenschlusstatbestand erfüllen können.

Die europäische Fusionskontrolle kennt zwei Zusammenschlusstatbestände. Nach Art. 3 Abs. 1 lit. a) und b) FKVO wird ein Zusammenschluss durch eine dauerhafte Veränderung der Kontrolle bewirkt; entweder in Gestalt einer Fusion von Unternehmen oder Unternehmensteilen oder durch einen Kontrollerwerb über ein Unternehmen oder einen Unternehmensteil. Der Begriff des Unternehmens entspricht

---

[1284] Siehe dazu Teil 4 B.

[1285] Denkbar wäre zwar auch, dass der Beitritt eines einzelnen Arbeitnehmers oder Arbeitgebers in eine Gewerkschaft oder einen Arbeitgeberverband einen Zusammenschlusstatbestand erfüllt. Zumindest auf Arbeitnehmerseite wären die formellen Umsatzschwellen allerdings wohl nie erfüllt. Vorliegend wird daher stellvertretend nur auf die Gründung und die Fusion von Koalitionen Bezug genommen.

[1286] Siehe dazu bereits Teil 3 D.III. und D.IV.

dem in Art. 101 AEUV.[1287] Daher ist mit der Unternehmensdefinition an sich keine Einschränkung des Anwendungsbereichs der Fusionskontrollvorschriften auf Arbeitsmärkte verbunden. Denn sowohl Arbeitnehmer als auch Arbeitgeber sind funktional zunächst Unternehmen im kartellrechtlichen Sinne, wie oben herausgearbeitet.[1288] Fraglich ist dagegen, ob die Gründung von Gewerkschaften und Arbeitgeberverbänden oder Fusionen dieser Verbände untereinander einen Zusammenschlusstatbestand erfüllen können.

Ein Zusammenschluss nach Art. 3 Abs. 1 lit. a) FKVO kann durch eine rechtliche Fusion oder eine faktische Fusion (*de facto merger*)[1289] herbeigeführt werden.[1290] Erstere verlangt, dass zwei oder mehr bisher voneinander unabhängige Unternehmen so miteinander verschmelzen, dass sie ihre Rechtspersönlichkeit verlieren, oder ein Unternehmen in einem anderen aufgeht.[1291] Eine faktische Fusion meint dagegen Fälle, bei denen zuvor unabhängige Unternehmen ihre Aktivitäten so zusammenlegen, dass eine wirtschaftliche Einheit entsteht, ohne dass sie ihre Rechtspersönlichkeit aufgeben.[1292]

Der Zusammenschluss von Arbeitnehmern oder Arbeitgebern zu einer Gewerkschaft oder einem Arbeitgeberverband führt nicht zu einer Verschmelzung in dem Sinne, dass die beteiligten Arbeitgeber oder Arbeitnehmer ihre Rechtspersönlichkeit aufgeben. Es handelt sich daher nicht um eine rechtliche Fusion.

Eine faktische Fusion würde verlangen, dass mit der Gründung einer Gewerkschaft oder eines Arbeitgeberverbandes eine wirtschaftliche Einheit entsteht. Koalitionen könnten insoweit ähnlich wie Gleichordnungskonzerne zu behandeln sein, die die Voraussetzungen einer faktischen Fusion erfüllen können.[1293] Generell kann eine wirtschaftliche Einheit auch bei horizontal strukturierten Unternehmensverbünden im Sinne eines faktischen Gleichordnungskonzerns anzunehmen sein.[1294] Grundvoraussetzung dafür ist die Existenz einer dauerhaften gemeinsamen wirtschaftlichen Leitung.[1295] Früher hatte die Kommission zu Gleichordnungskonzernen für das Kartellverbot festgestellt, dass diese dann in einen

1287 *Mestmäcker/Schweitzer*, Europäisches Wettbewerbsrecht, 3. Aufl. 2014, § 25 Rn. 2; *Wessely/Wegner*, in: MüKo, Wettbewerbsrecht, 4. Aufl. 2023, Bd. 1-2, FKVO Art. 3 Rn. 7.

1288 Zu Arbeitnehmern siehe oben Teil 4 B.III.4.3. Für Arbeitgeber ist dies im Grundsatz unbestritten; siehe etwa *Kordel*, Arbeitsmarkt und Europäisches Kartellrecht, 2004, S. 41; *Mühlbach*, Tarifverträge in der europäischen Kartellkontrolle, 2007, S. 137 ff.; *Roth/Ackermann*, in: Frankfurter Kommentar, Kartellrecht, 101. Lfg. 2022, Grundfr. Art. 101 Abs. 1 AEUV Rn. 61; *Kremer*, Arbeitgeber-Kollusionen und das Kartellverbot, 2022, S. 139 ff. Eine wirtschaftliche Tätigkeit und damit die Unternehmenseigenschaft ist nach umstrittener Rechtsprechung der europäischen Gerichte bei Nachfragetätigkeiten allerdings zu verneinen, wenn die spätere Verwendung der eingekauften Waren oder Dienstleistungen keinen wirtschaftlichen Charakter hat; EuGH, Urt. v. 11.6.2006, Rs. C-205/03 P, ECLI:EU:C:2006:453, Rn. 26 – *FENIN*; EuGH, Urt. v. 11.6.2020, verb. Rs. C-262/18 P und C-271/18 P, ECLI:EU:C:2020:450, Rn. 48 – *Dôvera*; EuG, Urt. v. 4.3.2003, Rs. T-319/99, ECLI:EU:T:2003:50, Rn. 36 f. – *FENIN/Kommission*. Dass diese Rechtsprechung für Arbeitsleistung gelten soll, wird teilweise bezweifelt; so *Heinemann*, WuW 2020, 371, 374; *Ott*, ZWeR 2022, 200, 204 f. Eine Differenzierung zwischen Arbeitsleistung und anderen Produktionsfaktoren ist allerdings nicht überzeugend. Der Grund für die Einschränkung ist, dass die europäischen Gerichte die nachgelagerte Verwendung als maßgeblich für die Wirtschaftlichkeit der vorgelagerten Einkaufstätigkeit erachten. Dieser Gedanke gilt für Waren, Dienstleistungen und Arbeitsleistungen unterschiedslos; mit weiteren Argumenten *Kremer*, Arbeitgeber-Kollusionen und das Kartellverbot, 2022, S. 142 ff.

1289 Teilweise wird auch die Bezeichnung „wirtschaftliche Fusion" verwendet; siehe etwa *Körber*, in: Immenga/Mestmäcker, Wettbewerbsrecht, 6. Aufl. 2020, Bd. 3, FKVO Art. 3 Rn. 20.

1290 Kommission, Mitteilung zu Zuständigkeitsfragen, ABl. 2008 C 95, 1, Rn. 9 f.

1291 Kommission, Mitteilung zu Zuständigkeitsfragen, ABl. 2008 C 95, 1, Rn. 9.

1292 Kommission, Mitteilung zu Zuständigkeitsfragen, ABl. 2008 C 95, 1, Rn. 10.

1293 Kommission, Mitteilung zu Zuständigkeitsfragen, ABl. 2008 C 95, 1, Rn. 10 Fn. 10.

1294 *Thomas*, in: Immenga/Mestmäcker, Wettbewerbsrecht, 6. Aufl. 2020, Bd. 3, GWB § 36 Rn. 764.

1295 Kommission, Mitteilung zu Zuständigkeitsfragen, ABl. 2008 C 95, 1, Rn. 10.

echten wirtschaftlichen Zusammenschluss münden, wenn eine einheitliche Leitung in Bezug auf Finanzplanung, Investitionen sowie die wesentlichen Bereiche der wirtschaftlichen Tätigkeiten der Beteiligten ausgeübt wird, das Geschäftsvermögen sämtlicher Beteiligter dauerhaft unter einheitlicher Leitung zusammengefasst wird und ein System des Ausgleichs wirtschaftlicher und finanzieller Risiken besteht, aus denen sich die Interessengleichheit der Beteiligten ergibt.[1296] Diese drei Voraussetzungen mussten kumulativ erfüllt sein. Das scheint heute allerdings nicht mehr der Fall zu sein. Denn in ihrer Mitteilung zu Zuständigkeitsfragen stellt die Kommission nur noch auf eine gemeinschaftliche wirtschaftliche Leitung ab.[1297] Anhand der früheren Voraussetzungen lässt sich jedoch der Beurteilungsmaßstab weiter konkretisieren: Die Leitungsbefugnis muss sich auf die wesentlichen Bereiche der wirtschaftlichen Tätigkeit der Beteiligten erstrecken.

Die Rolle von Gewerkschaften und Arbeitgeberverbänden besteht im Wesentlichen darin, Mindestarbeitsbedingungen auszuhandeln, die jedenfalls für ihre Mitglieder eine normative Wirkung erzeugen. Dabei übernehmen Gewerkschaften mit Blick auf die unternehmerischen Tätigkeiten ihrer Mitglieder eine deutlich umfassendere Rolle als Arbeitgeberverbände. Gewerkschaften können durch Tarifverträge die wesentlichen Konditionen des unternehmerischen Leistungsangebots von Arbeitnehmern aushandeln. Dagegen sind die von Arbeitgeberverbänden vertretenen Unternehmen meist auf zahlreichen weiteren Märkten aktiv. Arbeitgeberverbände sind allerdings nicht dazu legitimiert, das wirtschaftliche Verhalten ihrer Mitglieder auf Waren- und Dienstleistungsmärkten zu steuern. Das bedeutet, obwohl Gewerkschaften und Arbeitgeberverbände gemeinsam Arbeitskonditionen für ihre Mitglieder aushandeln, haben Gewerkschaften – relativ betrachtet – die deutlich umfassendere Leitungsbefugnis über das wirtschaftliche Verhalten ihrer Mitglieder. Die Gründung eines Arbeitgeberverbandes bewirkt daher keine dauerhafte Strukturveränderung im Sinne einer faktischen Verschmelzung.[1298]

Bei Gewerkschaften erscheint die Annahme einer einheitlichen wirtschaftlichen Leitung über die wesentlichen Bereiche der wirtschaftlichen Tätigkeit ihrer Mitglieder dagegen durchaus denkbar. Wie gezeigt, haben Gewerkschaften – relativ betrachtet – eine deutlich umfassendere Leitungsbefugnis verglichen mit Arbeitgeberverbänden. Gleichwohl bleiben einige unternehmerische Entscheidungen und Pflichten den Arbeitnehmern selbst überlassen. Oberhalb und abseits von den Mindestarbeitskonditionen haben Gewerkschaften keine Leitungsbefugnis dahingehend, das wirtschaftliche Verhalten ihrer Mitglieder zu steuern. Diese agieren auf Arbeitsmärkten insoweit selbstständig, ohne weisungsgebunden zu sein. Insbesondere obliegt es ihnen, den Arbeitsmarkt für ihre Tätigkeit zu wählen und einen Abnehmer ihrer Arbeitsleistung, also einen Arbeitgeber, zu finden. Der Abschluss eines Arbeitsverhältnisses erfolgt auf bilateraler Ebene. Auch Mitglieder derselben Gewerkschaft bleiben Wettbewerber auf Arbeitsmärkten. Zwar ist der Wettbewerb um Löhne und Arbeitskonditionen erheblich eingeschränkt. Dennoch konkurrieren Arbeitnehmer anhand anderer Wettbewerbsparameter wie ihres Humankapitals um Arbeitsplätze, ohne dass Gewerkschaften insoweit eine Leitungsbefugnis haben. Darüber hinaus ist fraglich, ob eine etwaige wirtschaftliche Leitung der Gewerkschaft von dauerhafter Natur ist. Arbeitnehmer und Arbeitgeber können sich der Leitungsbefugnis der Verbände durch einen Austritt entziehen.[1299] Eine Gewerkschaft besteht nicht über Monate oder Jahre hinweg aus identischen Arbeitnehmern, vielmehr herrscht eine gewisse Mitgliederfluktuation. Jedoch wird man in den meisten Fällen

[1296] Kommission, Siebenter Bericht über die Wettbewerbspolitik, 1978, Rn. 30.

[1297] Kommission, Mitteilung zu Zuständigkeitsfragen, ABl. 2008 C 95, 1, Rn. 10.

[1298] So der Maßstab für die Anwendung von Art. 3 Abs. 1 lit. a) FKVO auf Gleichordnungskonzerne; siehe dazu *Körber*, in: Immenga/Mestmäcker, Wettbewerbsrecht, 6. Aufl. 2020, Bd. 3, FKVO Art. 3 Rn. 21; *Riesenkampff/Steinbarth*, in: Kersting/Meyer-Lindemann/Podszun, Kartellrecht, 5. Aufl. 2025, FKVO Art. 3 Rn. 15; *Wessely/Wegner*, in: MüKo, Wettbewerbsrecht, 4. Aufl. 2023, Bd. 1-2, FKVO Art. 3 Rn. 21.

[1299] *Kordel*, Arbeitsmarkt und Europäisches Kartellrecht, 2004, S. 255.

davon ausgehen können, dass ein Arbeitnehmer durchschnittlich mehrere Jahre Mitglied in einer Gewerkschaft bleibt. Das dürfte die Voraussetzung der Dauerhaftigkeit mit Blick auf den einzelnen Arbeitnehmer erfüllen.[1300]

Angesichts der obigen Erwägungen sowie der bisher wenig konkretisierten Kriterien für eine faktische Fusion lässt sich an dieser Stelle nicht eindeutig klären, ob eine Gewerkschaftsgründung zugleich die Bildung einer wirtschaftlichen Einheit durch eine dauerhafte gemeinsame wirtschaftliche Leitung und damit auch eine faktische Fusion bewirken kann. Nach hiesiger Ansicht ist dies allerdings durchaus denkbar.[1301] Für die weitere Untersuchung wird daher unterstellt, dass Gewerkschaftsgründungen zumindest in Einzelfällen eine faktische Fusion bewirken können.

Ein Zusammenschluss von mehreren Gewerkschaften oder Arbeitgeberverbänden ist nicht anders zu behandeln als die Gründung von Gewerkschaften und Arbeitgeberverbänden. Durch den Zusammenschluss mehrerer Verbände wird regelmäßig keine stärkere Konzentrationswirkung erzeugt, als dies bei der Gründung eines einzelnen Verbandes – bei unterstellter identischer Mitgliederzahl – der Fall ist. Die beschriebene Beschränkung der Selbstständigkeit der Mitglieder bleibt grundsätzlich unverändert.[1302] Daher geht die Arbeit auch an dieser Stelle davon aus, dass der Zusammenschluss mehrerer Gewerkschaften zumindest in Einzelfällen eine (erneute) faktische Fusion bewirken kann.

Der zweite Zusammenschlusstatbestand auf europäischer Ebene ist ein Kontrollerwerb nach Art. 3 Abs. 1 lit. b) FKVO. Dieser bezieht sich allerdings nicht auf Zusammenschlüsse von Unternehmen auf gleicher Ebene, sondern setzt ein Über- und Unterordnungsverhältnis voraus.[1303] An einem solchen fehlt es bei der Gründung von Gewerkschaften oder Arbeitgeberverbänden, da die beteiligten Unternehmen, Arbeitnehmer und Arbeitgeber, auf derselben Ebene stehen.[1304] Ein Über- und Unterordnungsverhältnis im Sinne eines übernehmenden Unternehmens und eines Zielunternehmen existiert nicht. Ein Zusammenschluss in Form eines Kontrollerwerbs scheidet insoweit aus.

Ein Kontrollerwerb könnte jedoch vorliegen, wenn sich zwei oder mehr Gewerkschaften zusammenschließen.[1305] Dies könnte zur Folge haben, dass eine Gewerkschaft einen bestimmenden Einfluss auf die andere im Sinne von Art. 3 Abs. 2 FKVO ausüben kann, beispielsweise wenn eine Spartengewerkschaft in eine Branchengewerkschaft integriert wird oder eine Branchengewerkschaft in eine branchenübergreifend verhandelnde Gewerkschaft.[1306] Die Zusammenlegung von Gewerkschaften kann rechtlich auf ganz unterschiedliche Arten vollzogen werden.[1307] Aus fusionskontrollrechtlicher Sicht ist insoweit

1300 Vgl. Kommission, Mitteilung zu Zuständigkeitsfragen, ABl. 2008 C 95, 1, Rn. 3, wonach die Grenze zwischen einem nur vorübergehenden Kontrollerwerb und einem fusionskontrollrechtlich relevanten dauerhaften Kontrollerwerb bei höchstens einem Jahr liege.

1301 A.A. *Kordel*, Arbeitsmarkt und Europäisches Kartellrecht, 2004, S. 255.

1302 *Kordel*, Arbeitsmarkt und Europäisches Kartellrecht, 2004, S. 255.

1303 *Körber*, in: Immenga/Mestmäcker, Wettbewerbsrecht, 6. Aufl. 2020, Bd. 3, FKVO Art. 3 Rn. 25; *Wessely/Wegner*, in: MüKo, Wettbewerbsrecht, 4. Aufl. 2023, Bd. 1-2, FKVO Art. 3 Rn. 14.

1304 *Kordel*, Arbeitsmarkt und Europäisches Kartellrecht, 2004, S. 254.

1305 Auf Arbeitgeberverbände wird hier nicht eingegangen. Diese stellen nach der soeben erläuterten, hiesigen Ansicht keine wirtschaftliche Einheit und damit kein Unternehmen im kartellrechtlichen Sinne dar. Sie sind zwar Unternehmensvereinigungen, allerdings unterliegen sie insoweit nicht der Fusionskontrolle. Die Zusammenschlusstatbestände gelten nur für Unternehmen und nicht für Unternehmensvereinigungen.

1306 Siehe zu praktischen Beispielen *Koopmann*, Gewerkschaftsfusion und Tarifautonomie, 2000, S. 40 ff., 54 ff.; *Lorenz*, in: Däubler, Tarifvertragsgesetz, 5. Aufl. 2022, § 3 Rn. 101.

1307 Siehe im Einzelnen zur rechtlichen Umsetzung von Gewerkschaftsfusionen *Koopmann*, Gewerkschaftsfusion und Tarifautonomie, 2000, S. 40 ff., 54 ff.

maßgeblich, ob beide Gewerkschaften bestehen bleiben und ihre Mitglieder behalten. Wenn die zu integrierende Gewerkschaft aufgelöst wird und ihre Mitglieder zur anderen Gewerkschaft übergehen oder beide Gewerkschaften samt Mitgliedern in einem neuen Verband aufgehen, dann gleicht dies der eben untersuchten Konstellation einer faktischen Fusion. Der Zusammenschluss führt dann nicht zu einem Über- und Unterordnungsverhältnis, sondern die Mitglieder stehen auf gleicher Stufe. Wenn dagegen die zu integrierende Gewerkschaft, etwa als Verein, bestehen bleibt und ihre Mitglieder behält, ist ein Kontrollerwerb möglich. Erforderlich ist dann, dass ein bestimmender Einfluss besteht. Dies wäre beispielsweise denkbar, wenn die übergeordnete Gewerkschaft zukünftig die Tarifkonditionen für die zu integrierende Gewerkschaft verbindlich aushandeln wird.

Zusammenfassend kann – nach hier vertretener Ansicht – die Gründung oder der Zusammenschluss von Gewerkschaften möglicherweise den Zusammenschlusstatbestand in Art. 3 Abs. 1 lit. a) FKVO durch eine faktische Fusion erfüllen. Außerdem ist ein Kontrollerwerb nach Art. 3 Abs. 1 lit. a) FKVO denkbar, wenn Gewerkschaften dergestalt zusammengelegt werden, dass sie etwa als separate Vereine bestehen bleiben und ihre Mitglieder behalten.

1.2.2 Deutsche Fusionskontrolle

Die Zusammenschlusstatbestände der FKVO sind enger gefasst als diejenigen des GWB.[1308] Die deutsche Fusionskontrolle kennt nach § 37 Abs. 1 GWB vier verschiedene Zusammenschlussformen. Die Gründung oder Zusammenlegung einer Gewerkschaft oder gar eines Arbeitgeberverbandes könnten möglicherweise – wie im Rahmen der FKVO – einen Zusammenschlusstatbestand im Sinne von § 37 Abs. 1 GWB durch eine faktische Fusion oder einen Kontrollerwerb erfüllen.[1309] Dem soll im Folgenden nachgegangen werden.

Für einen Gleichordnungskonzern ist anerkannt, dass dieser einen Zusammenschlusstatbestand im Sinne von § 37 GWB erfüllen kann. Umstritten ist allerdings, welcher Zusammenschlusstatbestand einschlägig sein soll. Teilweise wird der Kontrollerwerb nach § 37 Nr. 2 GWB herangezogen.[1310] Das ist jedoch mangels – den Kontrollerwerb kennzeichnenden – Über- und Unterordnungsverhältnisses zweier Unternehmen abzulehnen.[1311] Maßgeblich ist daher der Zusammenschlusstatbestand in § 37 Abs. 1 Nr. 1 GWB oder subsidiär in § 37 Abs. 1 Nr. 4 GWB.[1312]

Der Zusammenschlusstatbestand in § 37 Abs. 1 Nr. 1 GWB verlangt den Erwerb des Vermögens eines anderen Unternehmens ganz oder zu einem wesentlichen Teil. Ein solcher Vermögenserwerb findet bei der Gründung einer Gewerkschaft oder dem Beitritt in eine solche jedoch nicht statt. Die Mitglieder müssen zumeist nur einen Mitgliedsbeitrag zahlen, allerdings erlangt die Gewerkschaft keine einheitliche Leitungsbefugnis über einen ganzen oder einen wesentlichen Teil ihrer geldwerten Güter. Dasselbe gilt auch für Arbeitgeberverbände. Die beteiligten Arbeitgeber zahlen ebenfalls nur Mitgliedsbeiträge, ohne dass den Verbänden geldwerte Güter übertragen werden.

1308 *Körber*, in: Immenga/Mestmäcker, Wettbewerbsrecht, 6. Aufl. 2020, Bd. 3, FKVO Art. 3 Rn. 6.

1309 Siehe dazu soeben B.II.1.2.1.

1310 BKartA, Tätigkeitsbericht 1999/2000, BT-Drs. 14/6300, S. 19; *Steinvorth*, in: Wiedemann, Kartellrecht, 4. Aufl. 2020, § 19 Rn. 73; ähnlich *Kallfaß*, in: Bunte, Kartellrecht, 14. Aufl. 2022, Bd. 1, § 37 Rn. 24.

1311 *Thomas*, in: Immenga/Mestmäcker, Wettbewerbsrecht, 6. Aufl. 2020, Bd. 3, GWB § 37 Rn. 146; *Bach*, in: MüKo, Wettbewerbsrecht, 4. Aufl. 2022, Bd. 2, GWB § 37 Rn. 47.

1312 *Thomas*, in: Immenga/Mestmäcker, Wettbewerbsrecht, 6. Aufl. 2020, Bd. 3, GWB § 37 Rn. 146; *Bach*, in: MüKo, Wettbewerbsrecht, 4. Aufl. 2022, Bd. 2, GWB § 37 Rn. 47.

Möglicherweise kann der Zusammenschlusstatbestand in § 37 Abs. 1 Nr. 4 GWB eine Koalitionsgründung als faktische Fusion erfassen. Nach dieser Norm ist ein Zusammenschluss jede sonstige Verbindung von Unternehmen, aufgrund derer ein oder mehrere Unternehmen unmittelbar oder mittelbar einen wettbewerblich erheblichen Einfluss auf ein anderes Unternehmen ausüben können. § 37 Abs. 1 Nr. 4 GWB wurde vom Gesetzgeber als Auffangregelung für Unternehmensverbindungen unterhalb der anderen Zusammenschlusstatbestände eingeführt.[1313] Es genügt nicht jeder wettbewerblich erhebliche Einfluss, sondern es muss sich um einen gesellschaftsrechtlich auf Dauer vermittelten Einfluss handeln.[1314] Gewerkschaften und Arbeitgeberverbände nehmen vorwiegend durch die normative Wirkung der durch sie ausgehandelten tarifvertraglichen Regelung Einfluss auf ihre Mitglieder. Diese regeln Arbeitskonditionen und damit auch Wettbewerbsparameter auf Arbeitsmärkten. Die Ermächtigung hierzu leiten Koalitionen üblicherweise aus ihren Satzungen ab.[1315] Dies kann bei einer funktionalen Auslegung durchaus als gesellschaftsrechtlich vermittelte Einflussnahme verstanden werden,[1316] weshalb die Gründung und der Zusammenschluss von Gewerkschaften – ähnlich einem Gleichordnungskonzern – von § 37 Abs. 1 Nr. 4 GWB erfasst werden könnten.

Der Gleichordnungskonzern wird in § 18 Abs. 2 AktG legaldefiniert. Zu ihm zählen rechtlich selbstständige Unternehmen, die unter einheitlicher Leitung zusammengefasst sind, ohne voneinander abhängig zu sein. Zum Umfang der einheitlichen Leitung entschied der BGH für die Fusionskontrolle, dass für das Vorliegen eines Gleichordnungskonzerns allein von Bedeutung sei, ob die wettbewerbsbezogenen Unternehmensentscheidungen auf Dauer unter einheitlicher Leitung zusammengefasst werden.[1317] Entscheidend ist also, ob die marktbezogenen Aktivitäten vergemeinschaftet werden.[1318]

Die an Arbeitgeberverbänden beteiligten Unternehmen handeln auf Waren- und Dienstleistungsmärkten nicht unter einer einheitlichen Leitung des Verbandes. Die Gründung oder der Zusammenschluss von Arbeitgeberverbänden vergemeinschaftet nur einen geringen Teil ihrer markt- und wettbewerbsbezogenen Tätigkeiten, weshalb sie nicht mit einem Gleichordnungskonzern verglichen werden können und daher auch keinen Zusammenschluss nach § 37 Abs. 1 Nr. 4 GWB begründen.

Gewerkschaften übernehmen für ihre Mitglieder mit der Festlegung von Mindestarbeitskonditionen durch Tarifverträge dagegen – relativ betrachtet im Verhältnis zu Arbeitgeberverbänden – wesentlich mehr wettbewerbsbezogene Unternehmensentscheidungen.[1319] Dennoch verbleibt regelmäßig ein unternehmerischer Entscheidungs- und Verhandlungsspielraum oberhalb des tariflichen Mindeststandards.

1313 Regierungsentwurf zur 5. GWB-Novelle, BT-Drs. 11/4610, S. 20; Regierungsentwurf zur 6. GWB-Novelle, BT-Drs. 13/9720, S. 57.

1314 Regierungsentwurf zur 6. GWB-Novelle, BT-Drs. 13/9720, S. 57; BGH, Beschl. v. 21.12.2004, KVR 26/03, WuW/E DE-R 1419, 1420 – *trans-o-flex*; *Thomas*, in: Immenga/Mestmäcker, Wettbewerbsrecht, 6. Aufl. 2020, Bd. 3, GWB § 37 Rn. 230, 232.

1315 Siehe beispielhaft § 69 der ver.di-Satzung, Oktober 2023, abrufbar unter https://www.verdi.de/++file++5e18559bc5d86dc42e06ebef/download/2019_Satzung_Stand%20September.pdf (zuletzt abgerufen am 6.7.2025): „Die Tarifarbeit der ver.di wird von den durch die Fachbereiche gebildeten Tarifkommissionen wahrgenommen. Die Tarifkommissionen führen die Tarifverhandlungen und entscheiden über die Tarifforderungen, die Annahme und Ablehnung von Verhandlungsergebnissen und über das Scheitern der Verhandlungen sowie den Abschluss und die Kündigung von Tarifverträgen. Sie sind in ihren Entscheidungen eigenständig, dabei jedoch an die aufgrund von § 70 festgelegten tarifpolitischen Grundsätze gebunden."

1316 Zur funktionalen Auslegung des GWB *Kling/Thomas*, Kartellrecht, 2. Aufl. 2016, § 15 Rn. 4 ff.

1317 BGH, Beschl. v. 19.1.1993, KVR 32/91, NJW 1993, 2114, 2116 – *Zurechnungsklausel*; BGH, Urt. v. 8.12.1998, KVR 31/97, NJW-RR 1999, 1047, 1050 – *Pirmasenser Zeitung*.

1318 *Thomas*, in: Immenga/Mestmäcker, Wettbewerbsrecht, 6. Aufl. 2020, Bd. 3, GWB § 36 Rn. 742.

1319 Siehe zu diesem Unterschied zwischen Gewerkschaften und Arbeitgeberverbänden bereits soeben B.II.1.2.1.

Insoweit kann auf die im Rahmen der Untersuchung zur europäischen Fusionskontrolle angeführten Erwägungen verwiesen werden.[1320] Insgesamt nimmt die Gewerkschaftsleitung allerdings regelmäßig maßgeblichen Einfluss auf die „Vertriebsparameter“ der Arbeitsleistung ihrer Mitglieder. Daher erscheint ein Zusammenschluss nach § 37 Abs. 1 Nr. 4 GWB durch eine Gewerkschaftsgründung oder -fusion durchaus denkbar.

Der Zusammenschlusstatbestand des Kontrollerwerbs in § 37 Abs. 1 Nr. 2 GWB wurde in Anlehnung an Art. 3 Abs. 1 lit. b) FKVO konzipiert und übernimmt auch den Kontrollbegriff von Art. 3 Abs. 2 FKVO.[1321] Daher geht die Arbeit auch für die deutsche Fusionskontrolle davon aus,[1322] dass ein Kontrollerwerb denkbar ist, wenn zwei Gewerkschaften zusammengelegt werden, jedoch etwa als separate Vereine bestehen bleiben und ihre Mitglieder behalten. Dann ist ein Über-/Unterordnungsverhältnis durch einen Kontrollerwerb möglich. Das erfordert einen bestimmenden Einfluss auf die zu integrierende Gesellschaft. Dies wäre beispielsweise denkbar, wenn die übergeordnete Gewerkschaft zukünftig die Tarifkonditionen auch für die zu integrierende Gewerkschaft verbindlich aushandeln wird.

1.3 Schlussfolgerung

Die Untersuchung kam in den vorherigen Abschnitten zu dem Ergebnis, dass die Gründung oder Zusammenlegung von Gewerkschaften möglicherweise einen Zusammenschlusstatbestand der europäischen und deutschen Fusionskontrolle erfüllen kann. Sofern die fusionskontrollrechtlichen Umsatzgrenzen ebenfalls überschritten sind,[1323] würde das Kartellbehörden die Möglichkeit eröffnen, gewerkschaftliche Zusammenschlüsse zu untersagen. Zu untersuchen ist daher, ob die Koalitionsfreiheit einer fusionskontrollrechtlichen Prüfung von Koalitionen entgegensteht.

Die Koalitionsfreiheit ist auf europäischer Ebene im Primärrecht verankert. Dies folgt zum einen aus der Anerkennung der nationalen Kollektivvertragssysteme in den Art. 151 ff. AEUV.[1324] Denn die Freiheit, Gewerkschaften und Arbeitgeberverbände zu gründen, ist notwendige Voraussetzung für den Abschluss von Kollektivverträgen. Zum anderen wird die Tätigkeit der Sozialpartner auf Ebene der Mitgliedstaaten ausdrücklich von Art. 153 Abs. 3 AEUV und Art. 155 Abs. 2 AEUV anerkannt.[1325] Hinzu kommt, dass die Koalitionsfreiheit seit dem Lissabonner Vertrag auch als subjektives Recht durch Art. 12 Abs. 1 GRC gewährleistet wird. Der persönliche Schutzbereich der Vorschrift umfasst nicht nur die Gründung von Gewerkschaften, sondern auch von Arbeitgeberverbänden.[1326] Das Grundrecht steht nach Art. 6 Abs. 1 UA 1 EUV auf primärrechtlichem Rang. Im deutschen Recht ist die Koalitionsfreiheit in Art. 9 Abs. 3 GG verankert und steht damit auf höchster Stufe der nationalen Normenhierarchie.

Die Koalitionsfreiheit befindet sich in einem direkten Spannungsverhältnis zur Fusionskontrolle, da Letztere die Gründung oder den Zusammenschluss von Gewerkschaften möglicherweise untersagen

---

[1320] Siehe dazu soeben B.II.1.2.1.

[1321] *Thomas*, in: Immenga/Mestmäcker, Wettbewerbsrecht, 6. Aufl. 2020, Bd. 3, GWB § 37 Rn. 65; *Bechtold/Bosch*, GWB, 11. Aufl. 2025, § 37 Rn. 10.

[1322] Zu einem Kontrollerwerb gemäß der FKVO soeben B.II.1.2.1.

[1323] Ob eine Gewerkschaftsgründung oder -fusion die Umsatzschwellen in Art. 1 FKVO oder § 35 GWB erfüllen kann, ist nicht eindeutig. Das wäre wohl nur dann der Fall, wenn die Löhne der Gewerkschaftsmitglieder bei einer funktionalen Auslegung als Umsatz der Gewerkschaft zu verstehen sind. Dem muss hier allerdings nicht weiter nachgegangen werden, da dies für die hiesige Untersuchungsfrage im Ergebnis keine Rolle spielen wird.

[1324] Siehe dazu oben Teil 3 C.II.

[1325] Siehe dazu oben Teil 3 C.II.1.

[1326] Siehe dazu oben Teil 3 C.III.1.

könnte.[1327] Außerdem besteht in diesem Szenario zumindest ein mittelbares Spannungsverhältnis zwischen Kollektivautonomie und Fusionskontrolle. Denn funktionsfähige Kollektivverträge setzen voraus, dass Arbeitnehmer Gewerkschaften gründen können. Gewerkschaften erzielen regelmäßig eine recht hohe Abdeckung von Arbeitsmärkten. Kann dieser Vermachtung mit einer fusionskontrollrechtlichen Prüfung und Untersagung begegnet werden, könnte das die Koalitionsfreiheit und Kollektivautonomie erheblich aushöhlen. Insoweit wurde bereits gezeigt, dass Kollektivverträge im Primärrecht für Arbeitsmärkte das speziellere Ordnungssystem gegenüber dem Wettbewerbsprinzip sind, weshalb kollektivvertragliche Regelungen bei einem Normenkonflikt grundsätzlich Vorrang vor dem EU-Kartellrecht haben.[1328] Mit derselben Begründung gehen auch die in Art. 9 Abs. 3 GG verbürgte Kollektivautonomie und Koalitionsfreiheit dem GWB als speziellere Rechtsmaterie vor.[1329] Das normative Spannungsverhältnis zur Fusionskontrolle ist daher zugunsten von Koalitionsfreiheit und Kollektivautonomie aufzulösen.

Aus der soeben beschriebenen Konfliktlösung durch das Spezialitätsverhältnis lässt sich allerdings noch nicht ableiten, welche Grenzen der fusionsrechtlichen Kontrolle von Koalitionen konkret zu setzen sind. Entscheidend ist – analog zum Konflikt zwischen Kollektivverträgen und dem Kartellverbot[1330] – die Reichweite der primärrechtlich und grundrechtlich garantierten Koalitionsfreiheit und Kollektivautonomie. Nur in diesem Umfang genießen Kollektivvertragssysteme als spezielleres Ordnungsprinzip ausnahmsweise Vorrang vor dem Regelfall Wettbewerbsprinzip. Für die EU-Fusionskontrolle kommt es insoweit auf die europarechtlichen Grenzen an, da nationales Recht nicht den Ausnahmebereich von Unionsrecht definieren kann.[1331] Insoweit wurde bereits gezeigt, dass das Primärrecht nur Vereinigungen von Arbeitnehmern und Arbeitgebern zum Abschluss kollektiver Verträge ermächtigt.[1332] Erforderlich ist außerdem, dass Gewerkschaften und Arbeitgeberverbände ihre Mitglieder interessengerecht vertreten, was nur dann der Fall ist, wenn sie unabhängig von gegnerischem und staatlichem Einfluss organisiert sind.[1333] Für die deutsche Fusionskontrolle richtet sich die Reichweite des Ausnahmebereichs nach den Voraussetzungen an tariffähige Gewerkschaften nach Art. 9 Abs. 3 GG und vor allem § 2 TVG.[1334]

Zusammenfassend besteht für Koalitionen ein normativer Ausnahmebereich von den europäischen und deutschen Fusionskontrollvorschriften. Koalitionsgründungen, -fusionen und -beitritte sind nicht fusionskontrollrechtlich zu überprüfen, soweit sie sich innerhalb der geltenden arbeits- und tarifrechtlichen Grenzen bewegen.

2. Vermachtung als Bestandteil der Arbeitsmarktordnung durch Kollektivverträge

2.1 Ausgangspunkt

Ausgangspunkt eines weiteren zu diskutierenden Ansatzes für einen Ausnahmebereich ist folgender Gedanke: Unternehmen haben auf Arbeitsmärkten die Möglichkeit, ihre Verhandlungsmacht zu bündeln

1327 Siehe dazu und zum Folgenden bereits Teil 3 D.III. und D.IV.

1328 Siehe dazu oben Teil 3 D.III.

1329 Siehe dazu oben Teil 4 B.IV.3.1.

1330 Siehe dazu oben Teil 4 B.

1331 Siehe dazu oben Teil 4 B.II.1.

1332 Siehe dazu oben Teil 4 B.II.2.2. Siehe außerdem zum primärrechtlichen Arbeitnehmerbegriff Teil 4 B.III.4.2.

1333 Siehe dazu Teil 4 B.II.2.2.

1334 Auf die Anforderungen an die Tariffähigkeit von Gewerkschaften im deutschen Recht soll an dieser Stelle nicht weiter eingegangen werden.

und gemeinsam über Arbeitsbedingungen mit der Marktgegenseite zu verhandeln. Warum also sollte die durch einen Zusammenschluss auf Arbeitsmärkten entstehende Marktmacht fusionskontrollrechtlich untersagt werden können, wenn den Parteien auch ohne Zusammenschluss eine vergleichbare Machtbündelung durch Koalitionsfreiheit und Kollektivautonomie gestattet wird? Diese Frage soll im Folgenden getrennt für die europäische (2.2) und deutsche Fusionskontrolle (2.3) untersucht werden.

2.2 Europäische Fusionskontrolle

Im Ausgangspunkt wurde bereits gezeigt, dass das Wettbewerbsprinzip die Grundsatzentscheidung der EU-Wirtschaftsordnung ist, weshalb es alle wirtschaftlichen Märkte steuert, für die nichts anderes bestimmt wurde.[1335] Daraus leitet sich für die Wettbewerbsregeln das Universalitätsprinzip ab.[1336] Sie sind auf allen wirtschaftlichen Märkten anzuwenden, soweit kein Ausnahmebereich existiert. Für Arbeitsmärkte gibt es einen beschränkten Ausnahmebereich für Kollektivverträge von Art. 101 AEUV sowie für Koalitionsgründungen und Koalitionszusammenschlüsse von der Fusionskontrolle.[1337] Insoweit wurde allerdings erläutert, dass diese Ausnahmebereiche die Kartellrechtsanwendung auf Arbeitsmärkten nicht gänzlich verdrängen, sondern nur dort, wo Marktakteure die entsprechenden subjektiven Rechte zulässigerweise gebrauchen. Außerhalb dieser Ausnahmebereiche gelten das Wettbewerbsprinzip sowie dessen Schutz durch das Kartellrecht, wozu auch die FKVO zählt.[1338] Das bedeutet im Umkehrschluss, soweit Arbeitsmarktakteure ihre Koalitionsfreiheit und Kollektivautonomie nicht gebrauchen, finden das Kartellrecht und damit auch die Fusionskontrolle Anwendung.

Für Arbeitsmärkte, bei denen die Arbeitsangebotsseite nicht gewerkschaftlich organisiert ist, fehlt Arbeitgebern bereits die Möglichkeit, ihre Verhandlungsmacht zu bündeln. Denn Kollektivverhandlungen sind nur dann von der europäischen Kollektivautonomie gedeckt und deswegen vom Kartellverbot ausgenommen, wenn die kollektivierte Marktseite auch mit einem Partner auf der Marktgegenseite über Arbeitsbedingungen verhandeln kann.[1339] Auf Arbeitsmärkten ohne Gewerkschaften ist das allerdings nicht der Fall. Arbeitgeberverbände verhandeln nicht mit einzelnen Arbeitnehmern. Es kommt folglich schon nicht zur Vermachtung einer oder beider Marktseiten. Die Akteure haben sich dann – zumindest bisher – gegen eine Marktordnung durch Kollektivverträge entschieden, weshalb es bei der vollumfänglichen Geltung des Wettbewerbsprinzips und der Anwendung des Kartellrechts bleibt. Koordinieren Unternehmen dennoch Löhne, ist dieses Verhalten am Kartellverbot zu messen. Ebenso ist die Fusionskontrolle anzuwenden, wenn sie sich zusammenschließen.

Auf Arbeitsmärkten mit gewerkschaftlicher Beteiligung an Kollektivverhandlungen greift das soeben genannte Argument nicht. Hier stehen beidseitig Kollektivverhandlungspartner zur Verfügung. Die Koalitionsfreiheit gibt den Zusammenschlussbeteiligten die Möglichkeit, Tarifverhandlungen mit der Gewerkschaft gemeinsam als Arbeitgeberverbund zu führen. Sie umfasst dagegen nicht das Recht, ihre Unternehmen so zu verbinden, dass dies einen Zusammenschlusstatbestand der FKVO verwirklicht. Ihre gemeinsame Verhandlungsmacht bündeln Arbeitgeber vielmehr in einem übergeordneten Arbeitgeberverband, der die Tarifverhandlungen für sie führt. Das bedeutet, da ein fusionskontrollrechtlich relevanter Zusammenschluss nicht vom Schutzbereich des Rechts auf Koalitionsfreiheit gedeckt ist, ist die FKVO zunächst uneingeschränkt anwendbar.

1335 Siehe dazu Teil 3 B.II.2.

1336 Siehe dazu Teil 3 B.III.

1337 Siehe dazu Teil 3 D.III, Teil 4 B und soeben B.II.1.3.

1338 Siehe dazu oben B.I.1.

1339 Siehe dazu Teil 4 B.II.2.3.

Dennoch ist dem Umstand Rechnung zu tragen, dass die Zusammenschlussbeteiligten ihre Verhandlungsmacht zulässigerweise in einem Arbeitgeberverband bündeln dürften. Wie bereits ausgeführt, gilt bei der Kartellrechtsanwendung das Universalitätsprinzip. Das Kartellrecht ist deswegen auch auf Märkte anzuwenden, die von Regulierungseingriffen betroffen sind. Der Wettbewerb wird dann grundsätzlich in der Form geschützt, die er durch den jeweiligen Regulierungsrahmen erhält. Gleiches gilt für Arbeitsmärkte und die Regulierungsform Kollektivvertrag. Bilden sich auf bestimmten Arbeitsmärkten keine Gewerkschaften oder Arbeitgeberverbände heraus, die Tarifverträge aushandeln, ist der Angebots- und Nachfragewettbewerb der individuellen Arbeitsmarktakteure geschützt. Werden auf einem anderen Arbeitsmarkt dagegen Haustarifvertragsverhandlungen geführt, sind der bestehende Nachfragewettbewerb sowie der mögliche Gewerkschaftswettbewerb geschützt.[1340] Kollektivverträge sind keine vom Gesetzgeber zwingend vorgegebene Arbeitsmarktordnung. Es obliegt der autonomen Entscheidung der Marktteilnehmer, die Voraussetzungen und den Abschluss kollektiver Verträge herbeizuführen sowie deren Umfang festzulegen. Nicht umsonst ist auch das Recht geschützt, einer Koalition fernzubleiben (negative Koalitionsfreiheit).[1341] Soweit diese korporatistische Regulierungsform also nicht von den dazu befähigten Arbeitsmarktakteuren umgesetzt wird, gelten das Universalitätsprinzip und damit auch die FKVO.[1342]

Das soeben Gesagte ist bei der fusionskontrollrechtlichen Prüfung im Rahmen der maßgeblichen kontrafaktischen Wettbewerbsanalyse (*counterfactual analysis*) zu berücksichtigen. Dabei ist eine doppelt hypothetische Prüfung dergestalt vorzunehmen, dass die künftigen Wettbewerbsverhältnisse ohne und mit dem Zusammenschluss verglichen werden.[1343] Kann für das Szenario mit Zusammenschluss eine erhebliche Behinderung wirksamen Wettbewerbs gegenüber dem Szenario ohne Zusammenschluss prognostiziert werden, ist der Zusammenschluss zu untersagen. Verschlechtert sich der Wettbewerb dagegen in beiden Szenarien, so fehlt es an einem kausalen Beitrag des Zusammenschlusses, der dann nicht untersagt werden darf.[1344] Für Arbeitsmärkte ist also maßgeblich, ob für die Zusammenschlussbeteiligten auch ohne Zusammenschluss eine kollektive Verhandlung von Arbeitsbedingungen prognostiziert werden kann. Ist dies der Fall, kann der Zusammenschluss nicht wegen der Begründung oder Verstärkung von Marktmacht auf dem jeweiligen Arbeitsmarkt untersagt werden. Er würde nur zu einem Wettbewerbszustand führen, der – durch den Gebrauch von Koalitionsfreiheit und Kollektivautonomie

---

[1340] Zwar können sich auch Gewerkschaften zulässigerweise zusammenschließen; siehe soeben B.II.1. Soweit sie dies allerdings nicht tun – denn von der kollektiven Koalitionsfreiheit ist eben Gebrauch zu machen –, wird ihr Wettbewerbsprozess durch das Kartellrecht geschützt.

[1341] Siehe dazu etwa *Augsberg*, in: von der Groeben/Schwarze/Hatje, Europäisches Unionsrecht, 7. Aufl. 2015, GRC Art. 12 Rn. 6; *Ruffert*, in: Calliess/Ruffert, EUV/AEUV, 6. Aufl. 2022, GRC Art. 12 Rn. 15; *Rieble*, in: Münchener Handbuch ArbR, 6. Aufl. 2025, Bd. 3, § 219 Rn. 25 ff.; *Linsenmaier*, in: ErfK ArbR, 25. Aufl. 2025, GG Art. 9 Rn. 32 ff. Siehe auch zu einer daraus abgeleiteten negativen Tarifvertragsfreiheit *Löwisch/Rieble*, Tarifvertragsgesetz, 4. Aufl. 2017, TVG Rn. 16 ff.

[1342] Mögliche Effizienzen von Wettbewerbsbeschränkungen auf bereits regulierten Märkten sind deswegen erst bei der Anwendung der einschlägigen kartellrechtlichen Normen zu berücksichtigen.

[1343] Kommission, Leitlinien zur Bewertung horizontaler Zusammenschlüsse gemäß der Ratsverordnung über die Kontrolle von Unternehmenszusammenschlüssen (Leitlinien für horizontale Zusammenschlüsse), ABl. 2004 C 31, 5, Rn. 9; Kommission, Entsch. v. 5.4.2017, Fall M.7962, Rn. 16 – *ChemChina/Syngena*; *Mestmäcker/Schweitzer*, Europäisches Wettbewerbsrecht, 3. Aufl. 2014, § 26 Rn. 25; *von Dietze/Janssen*, Kartellrecht, 6. Aufl. 2023, 6. Teil Rn. 895; zur deutschen Fusionskontrolle: BKartA, Leitfaden zur Marktbeherrschung in der Fusionskontrolle, 2012, Rn. 12; *Thomas*, in: Immenga/Mestmäcker, Wettbewerbsrecht, 6. Aufl. 2020, Bd. 3, GWB § 36 Rn. 6.

[1344] *Thomas*, in: Immenga/Mestmäcker, Wettbewerbsrecht, 6. Aufl. 2020, Bd. 3, GWB § 36 Rn. 6.

– auch bei seiner Abwesenheit bestünde. Für diese Prognose wird meist entscheidend sein, ob die Zusammenschlussbeteiligten bereits zuvor gemeinsam verhandelten.[1345] Ist dies nicht der Fall, wird man zumeist annehmen können, dass sie dies künftig ohne Zusammenschluss nicht ändern werden.

2.3 Deutsche Fusionskontrolle

Die vorigen Ausführungen zur europäischen Fusionskontrolle lassen sich im Wesentlichen auch auf die deutsche Fusionskontrolle übertragen.

Im Unterschied zur europäischen Wirtschaftsordnung kann dem deutschen Grundgesetz allerdings keine explizite Entscheidung zugunsten des Wettbewerbsprinzips und einer daraus folgenden universalen Anwendung des Kartellrechts entnommen werden. Das Bundesverfassungsgericht betonte in der Vergangenheit die wirtschaftspolitische Neutralität des Grundgesetzes.[1346] Zumindest die Kernelemente einer wettbewerblich geordneten sozialen Marktwirtschaft sind allerdings im Grundgesetz verbürgt.[1347] Dieser Unterschied könnte nur dann eine abweichende Schlussfolgerung als zur europäischen Fusionskontrolle rechtfertigen, wenn das deutsche Recht davon ausgeht, dass der verbleibende Wettbewerb auf Arbeitsmärkten bei einer kollektiven Interessenvertretung nicht mehr durch die Fusionskontrolle geschützt werden soll.[1348]

Das könnte sich möglicherweise aus dem Schutzzweck des deutschen Tarifrechts ableiten lassen. Dieses schützt vor allem die Arbeitnehmer vor einer vermuteten Übermacht der Arbeitgeberseite.[1349] Insoweit besteht allerdings kein Konflikt mit einer Anwendung der Fusionskontrolle auf Arbeitsmärkte. Diese kann nur eine Vermachtung der Arbeitgeberseite verhindern. Dadurch stärkt sie sogar die Position von Arbeitnehmern und Gewerkschaften. Außerdem lässt sich nicht argumentieren, dass die Fusionskontrolle in das Machtgleichgewicht zwischen Gewerkschaft und Arbeitgeber eingreift. Denn die Untersagung eines Zusammenschlussvorhabens ist nur denkbar, wenn für die fusionierte Einheit (erhebliche) Marktmacht prognostiziert werden kann. Das setzt voraus, dass sie der Marktgegenseite, also Gewerkschaft und Arbeitnehmern, überlegen ist. Ein Machtgleichgewicht, das durch eine Untersagungsentscheidung beeinträchtigt werden könnte, besteht also ohnehin nicht mehr.

Eine Nichtanwendung der deutschen Fusionskontrolle auf Unternehmenszusammenschlüsse auf Arbeitsmärkten mit gewerkschaftlicher Beteiligung müsste folglich ihren Ursprung in den §§ 35 ff. GWB

[1345] Vgl. Kommission, Leitlinien für horizontale Zusammenschlüsse, ABl. 2004 C 31, 5, Rn. 9: „In den meisten Fällen sind die zum Zeitpunkt des Zusammenschlusses vorherrschenden Wettbewerbsbedingungen der Vergleichsmaßstab zur Bewertung der Auswirkungen einer Fusion"; Kommission, Entsch. v. 5.4.2017, Fall M.7962, Rn. 16 – *ChemChina/Syngena*; BKartA, Leitfaden zur Marktbeherrschung in der Fusionskontrolle, 2012, Rn. 12.

[1346] BVerfG, Urt. v. 20.7.1954, 1 BvR 459/52 u.a., BVerfGE 4, 7, 17 f. – *Investitionshilfe*.

[1347] Dazu *Schmidt-Preuß*, in: FS Säcker, 2011, S. 969, 981; vgl. auch die Begründung des Regierungsentwurfs zur 2. GWB-Novelle, BT-Drs. IV/2520, 15: „Für die Erhaltung und Weiterentwicklung einer freiheitlichen sozialen Wirtschafts- und Gesellschaftsordnung hat die Wettbewerbspolitik zentrale Bedeutung."

[1348] Für Arbeitsmärkte mit individuellen Verhandlungen ist eine unterschiedliche Bewertung dagegen nicht denkbar. Denn wie gezeigt, ist die deutsche Fusionskontrolle auf Arbeitsmärkte anwendbar; siehe dazu oben B.I.2. Soweit keine gewerkschaftliche Interessenkollektivierung auf Arbeitnehmerseite stattfindet, kommt es dann schon nicht zu einer Machtbildung, die den Arbeitsmarkt von anderen wirtschaftlichen Märkten unterscheiden und eine Anwendung der Fusionskontrolle blockieren könnte; siehe dazu oben die insoweit übertragbaren Ausführungen zur europäischen Fusionskontrolle unter B.II.2.2.

[1349] Siehe dazu Einführung A.

haben. Bereits gezeigt wurde, dass keine generelle Anwendungsbeschränkung besteht, nur weil auf diesen Märkten Arbeitsleistungen und keine gewerblichen Leistungen gehandelt werden.[1350] Anhaltspunkte für einen Ausnahmebereich sind im Übrigen nicht ersichtlich. Der Gesetzgeber verfolgte mit der Einführung der präventiven Fusionskontrolle durch die 2. GWB-Novelle vielmehr den Zweck, Wettbewerb in allen Wirtschaftsbereichen durchzusetzen und insbesondere zum Wohle der Verbraucher vor Vermachtung zu schützen.[1351] Diesem Zweck entspricht es grundsätzlich, auch den verbleibenden Wettbewerb auf Arbeitsmärkten mit gewerkschaftlicher Beteiligung zu schützen. Er könnte höchstens für einen stärkeren Fokus der materiellen Fusionskontrollprüfung auf den Maßstab der *consumer welfare* angeführt werden.[1352] Damit wäre sichergestellt, dass der Schutz des – durch Gewerkschaftsbeteiligung bereits verzerrten – Wettbewerbs auch tatsächlich den Verbrauchern zugutekommt.

2.4 Ergebnis

Zusammenfassend hat die Untersuchung ergeben, dass der einleitende Gedanke, eine Machtbündelung könnte auch abseits von Koalitionen eine hinzunehmende Eigenschaft einer Arbeitsmarktordnung durch Kollektivverträge sein, nicht zu einem begrenzten Ausnahmebereich der Fusionskontrolle auf Arbeitsmärkten führt. Soweit Arbeitsmarktakteure nicht von ihren Rechten auf Kollektivautonomie und Koalitionsfreiheit Gebrauch machen, bleibt es bei der Anwendbarkeit der fusionskontrollrechtlichen Regelungen. Es konnte allerdings gezeigt werden, dass der Gebrauch dieser Rechte durch Zusammenschlussbeteiligte bei der kontrafaktischen Analyse im Rahmen der materiellen Fusionskontrollprüfung zu berücksichtigen ist.

C. NACHFRAGEMACHT AUF ARBEITSMÄRKTEN IN DER MATERIELLEN FUSIONSKONTROLLE

I. Ausgangspunkt

Die FKVO und die §§ 35 ff. GWB sind nach dem bisherigen Stand der Untersuchung grundsätzlich auf Arbeitsmärkte anwendbar. Es existiert jedoch ein begrenzter Ausnahmebereich für Koalitionen, ähnlich wie dies bei Art. 101 AEUV und §§ 1, 2 GWB der Fall ist. Im Folgenden soll die Anwendung der materiellen Fusionskontrolle auf Arbeitsmärkte untersucht werden. Da Koalitionsgründungen oder -fusionen, wie gezeigt, von der Fusionskontrolle ausgenommen sind, bleibt für die materielle Fusionskontrolle nur die Prüfung der Nachfrageseite von Arbeitsmärkten. Untersuchungsgegenstand ist daher die Frage, unter welchen Umständen Nachfragemacht auf Arbeitsmärkten zur Untersagung von Zusammenschlussvorhaben führen kann. Im Fokus stehen die unilateralen Effekte horizontaler Zusammenschlüsse auf Arbeitsmärkten. Dafür sind zunächst die Schutzzwecke der europäischen und deutschen Fusions-

[1350] Siehe dazu oben B.I.2.2.

[1351] Regierungsentwurf zur 2. GWB-Novelle, BT-Drs. IV/2520, 15 f.: „Die marktwirtschaftliche Ordnung verspricht nicht nur eine preisgünstige Versorgung der Verbraucher, sie verschafft darüber hinaus allen Bürgern ein Höchstmaß an wirtschaftlicher Bewegungsfreiheit. In beiden Beziehungen hat der Wettbewerb wichtige Kontrollfunktionen. Aufgabe der Wettbewerbspolitik ist es daher, den Wettbewerb in möglichst allen Wirtschaftsbereichen durchzusetzen und vor Vermachtung zu schützen. […] Wettbewerbspolitisches Problem Nummer eins ist heute nicht mehr die Kartellierung, sondern die Unternehmenskonzentration."

[1352] Zu diesem Schutzzweck der Fusionskontrolle siehe unten C.II.3.

kontrolle herauszuarbeiten (II.). Denn es hängt vom wettbewerbspolitischen Leitbild einer Kartellrechtsordnung ab, inwiefern Nachfragewettbewerb geschützt wird.[1353] Erst im Anschluss kann die Anwendung der materiellen Fusionskontrolle genauer untersucht werden (III.).

II. Schutzzwecke der europäischen und deutschen Fusionskontrolle

1. Vorüberlegung

Als Schutzzwecke einer Kartellrechtsordnung kommen grundsätzlich der Wettbewerbsprozess als Institution (*form based approach*) (2.) oder eine effizienzbezogene Maximierung der ökonomischen Wohlfahrt (*effects based approach*) (3.) in Betracht.[1354] Wohlfahrtsökonomisches Schutzgut können wiederum vor allem die Konzepte der Gesamtwohlfahrt (*total welfare*)[1355] und der Konsumentenwohlfahrt (*consumer welfare*)[1356] sein.[1357] Arbeitnehmern und echten Solo-Selbstständigen im Speziellen käme auch ein Schutz der Lieferantenwohlfahrt (*supplier welfare*)[1358] zugute. Daneben ist fraglich, ob die Fusionskontrollvorschriften auch außerwettbewerbliche, sozialpolitische Ziele schützen, von denen Arbeitnehmer profitieren können (4.).

2. Wettbewerbsprozess

Die FKVO ist Teil des Systems, das den Wettbewerb vor Verfälschungen im Binnenmarkt schützen soll.[1359] Zu diesem Zweck stellt sie Mittel zur Begrenzung des externen Unternehmenswachstums bereit. Nach den Erwägungsgründen der FKVO sind Marktstrukturveränderungen durch Unternehmenszusammenschlüsse zwar grundsätzlich zu begrüßen, allerdings müsse gewährleistet werden, dass es dabei zu keiner dauerhaften Schädigung des Wettbewerbs komme.[1360] Das lässt schon erahnen, dass die FKVO solche Marktstrukturveränderungen verhindern will, die dem innerhalb dieser Strukturen stattfindenden Wettbewerbsprozess schaden.[1361]

1353 BKartA, Beschl. v. 28.10.2010, B2-52/10, S. 99 – *EDEKA/trinkgut.*

1354 BKartA, Die Zukunft der Missbrauchsaufsicht in einem ökonomisierten Wettbewerbsrecht, 2007, S. 2 ff.; *Künzler*, Effizienz oder Wettbewerbsfreiheit, 2008, S. 35; *Legner*, Schadenstheorien bei Nachfragemacht im europäischen und deutschen Kartellrecht, 2019, S. 10 ff.

1355 Gemeint ist die Wohlfahrt der gesamten Wirtschaft. Sie erfasst also Effizienzvorteile, die die Summe aus Produzenten- und Konsumentenrente maximieren; BKartA, Die Zukunft der Missbrauchsaufsicht in einem ökonomisierten Wettbewerbsrecht, 2007, S. 4; *Kerber/Schwalbe*, in: MüKo, Wettbewerbsrecht, 4. Aufl. 2023, Bd. 1-1, Grundl. Rn. 160; *Legner*, Schadenstheorien bei Nachfragemacht im europäischen und deutschen Kartellrecht, 2019, S. 13.

1356 Die *consumer welfare* umfasst nur diejenigen Effizienzvorteile, die die Konsumentenrente maximieren; BKartA, Die Zukunft der Missbrauchsaufsicht in einem ökonomisierten Wettbewerbsrecht, 2007, S. 4; *Schwalbe/Zimmer*, Kartellrecht und Ökonomie, 3. Aufl. 2021, S. 11.

1357 BKartA, Die Zukunft der Missbrauchsaufsicht in einem ökonomisierten Wettbewerbsrecht, 2007, S. 3; *Schwalbe/Zimmer*, Kartellrecht und Ökonomie, 3. Aufl. 2021, S. 11 ff.

1358 Eine *supplier welfare* erfasst im Wesentlichen eine Steigerung oder einen Schutz der Produzentenrente; dazu *Thomas*, in: Immenga/Mestmäcker, Wettbewerbsrecht, 6. Aufl. 2020, Bd. 3, GWB § 36 Rn. 277; *Legner*, Schadenstheorien bei Nachfragemacht im europäischen und deutschen Kartellrecht, 2019, S. 16 ff.

1359 Siehe dazu oben B.I.1.

1360 Erwägungsgründe Nr. 3 ff. der FKVO.

1361 Zur Definition des Begriffs Wettbewerbsprozess siehe Teil 1 B.I.

Dieser strukturelle Ansatz kommt auch in dem in Art. 2 Abs. 3 FKVO formulierten SIEC-Test zum Ausdruck. Als einziges Regelbeispiel des Tests wird die Begründung oder Verstärkung einer marktbeherrschenden Stellung genannt. Für die Prognose einer marktbeherrschenden Stellung ist vor allem eine strukturelle Betrachtung des betroffenen Marktes erforderlich.[1362] Kennzeichnend für eine marktbeherrschende Stellung ist die aus wirtschaftlicher Macht entstehende Möglichkeit, sich seinen Wettbewerbern sowie anderen Marktakteuren gegenüber in nennenswertem Umfang unabhängig zu verhalten und dadurch wirksamen Wettbewerb zu verhindern.[1363] Es geht also um die Erweiterung der wirtschaftlichen Verhaltensspielräume des werdenden Marktbeherrschers zulasten der schrumpfenden wirtschaftlichen Verhaltensspielräume der Wettbewerber und der Marktgegenseite in der Weise, dass sich Ersterer durch seine Machtfülle dem Wettbewerbsdruck zumindest teilweise entziehen kann.[1364] Der EuGH betont, dass nicht nur Art. 101 Abs. 1 AEUV, sondern alle Wettbewerbsregeln der Verträge dazu bestimmt sind, die Struktur des Marktes und damit den Wettbewerb als solchen zu schützen.[1365] Dies muss dann auch für die FKVO als sekundärrechtliche Wettbewerbsregel gelten. Der Wettbewerbsprozess ist demnach ein Schutzzweck der europäischen Fusionskontrolle.[1366]

Vor der Übernahme des SIEC-Tests in das deutsche Fusionskontrollrecht war die Begründung oder Verstärkung einer marktbeherrschenden Stellung das einzige materielle Prüfungskriterium.[1367] Das Marktbeherrschungsmerkmal ist auch dort auf den Schutz der Marktstruktur gerichtet.[1368] Daraus lässt sich mit derselben Argumentation wie zur FKVO der Schutz des Wettbewerbsprozesses ableiten: Das externe Unternehmenswachstum soll ab einer Schwelle kontrolliert werden, ab der sich Unternehmen durch ihre wirtschaftliche Machtstellung dem Wettbewerbsdruck zumindest teilweise entziehen können. Außerdem orientiert sich die Wettbewerbskonzeption des GWB 1957 an den strukturellen Voraussetzungen der Marktform vollständigen Wettbewerbs und will den daraus entstehenden Prozess vor einer

---

1362 EuGH, Urt. v. 14.2.1978, Rs. 27/76, ECLI:EU:C:1978:22, Rn. 67 f. – *United Brands*; *Thomas*, in: Immenga/Mestmäcker, Wettbewerbsrecht, 6. Aufl. 2020, Bd. 3, GWB § 36 Rn. 11. Das geht bereits aus Art. 2 Abs. 1 UA 2 lit. a) FKVO hervor. Danach hat die Kommission bei ihrer Prüfung die Notwendigkeit zu berücksichtigen, wirksamen Wettbewerb im Gemeinsamen Markt aufrechtzuerhalten und zu entwickeln, insbesondere im Hinblick auf die Struktur aller betroffenen Märkte.

1363 EuGH, Urt. v. 14.2.1978, Rs. 27/76, ECLI:EU:C:1978:22, Rn. 63 ff. – *United Brands*; EuGH, Urt. v. 13.2.1979, Rs. 85/76, ECLI:EU:C:1979:36, Rn. 38 – *Hoffmann-La Roche*; EuGH, Urt. v. 9.11.1983, Rs. 322/81, ECLI:EU:C:1983:313, Rn. 30 – *Michelin*; EuG, Urt. v. 7.6.2013, Rs. T-405/08, ECLI:EU:T:2013:306, Rn. 50 – *SPAR Österreichische Warenhandels AG.*

1364 Vgl. Mitteilung der Kommission – Erläuterung zu den Prioritäten der Kommission bei der Anwendung von Artikel 82 des EG-Vertrags auf Fälle von Behinderungsmissbrauch durch marktbeherrschende Unternehmen (Prioritätenmitteilung), ABl. 2009 C 45, 7, Rn. 10.

1365 EuGH, Urt. v. 4.6.2009, Rs. C-8/08, ECLI:EU:C:2009:343, Rn. 38 – *T-Mobile Netherlands*.

1366 Siehe etwa *Schuhmacher*, Effizienz und Wettbewerb, 2011, S. 204 f.; *Raeder*, Der Schutz des Lieferanten als Marktgegenseite im Kartellrecht, 2017, S. 235 f.; *Legner*, Schadenstheorien bei Nachfragemacht im europäischen und deutschen Kartellrecht, 2019, S. 25 ff. mit weiteren Argumenten.

1367 In der ersten Fassung des GWB von 1957, die nur eine Anzeigepflicht für Zusammenschlüsse vorsah, war eine marktbeherrschende Stellung die einzige Möglichkeit der Kartellbehörde nach § 24 GWB 1957 eine mündliche Verhandlung oder eine schriftliche Äußerung über den Zusammenschluss zu erwirken. Eine Untersagungsmöglichkeit von Zusammenschlüssen bei der Entstehung oder Verstärkung einer marktbeherrschenden Stellung wurde erst mit Einführung der präventiven Fusionskontrolle mit der 2. GWB-Novelle in § 24 GWB 1973 eingefügt; siehe Gesetz gegen Wettbewerbsbeschränkungen v. 3.8.1973, BGBl. 1973 I, 917, 919 ff.

1368 BGH, Beschl. v. 16.1.2008, KVR 26/07, BGHZ 175, 333, Rn. 33 – *Kreiskrankenhaus Bad Neustadt*.

Machtkonzentration schützen.[1369] Mit dem Marktbeherrschungstest wird daher der Schutz der Marktstruktur und dadurch des Wettbewerbsprozesses als Institution bezweckt.[1370] Dies hat sich mit der Übernahme des SIEC-Tests aus dem europäischen Recht nicht geändert. Denn auch § 36 Abs. 1 S. 1 GWB führt den Marktbeherrschungstest als Regelbeispiel an.[1371]

3. Wohlfahrtsschutz

Der Schutz des Wettbewerbsprozesses als Institution schließt nicht aus, dass die europäische und deutsche Fusionskontrolle außerdem die Maximierung eines Wohlfahrtsstandards bezwecken. Der Wortlaut der europäischen Fusionskontrollvorschriften bietet in Art. 2 Abs. 1 UA 2 lit. b) FKVO einen expliziten Anknüpfungspunkt für die Berücksichtigung von dynamischen Effizienzen.[1372] Danach ist „die Entwicklung des technischen und wirtschaftlichen Fortschritts, sofern diese dem Verbraucher dient und den Wettbewerb nicht behindert"[1373] durch die Kommission bei der Beurteilung von Zusammenschlüssen zu berücksichtigen.[1374] Die Effizienz muss also das Verbraucherwohl fördern, was für einen Maßstab der *consumer welfare* spricht.[1375]

Bei der Anwendung des SIEC-Tests ist nach Erwägungsgrund Nr. 29 ein „Ausgleich der Auswirkungen des Zusammenschlusses auf den Wettbewerb, insbesondere den möglichen Schaden für die Verbraucher" durch Effizienzvorteile möglich, so dass dieser nicht erheblich behindert wird (*efficiency defence*).[1376] Dass die ausgleichenden Effizienzvorteile den Verbrauchern zugutekommen müssen,[1377] spricht für einen Schutz der *consumer welfare* und gegen den Schutz einer *total welfare*.[1378] Die Formulierung lässt gleichzeitig darauf schließen, dass nicht nur Effizienzvorteile, sondern auch Schäden für

---

1369 Vgl. Regierungsentwurf zum GWB 1957, BT-Drs. II/1158, 21 f.; dazu ausführlicher *Legner*, Schadenstheorien bei Nachfragemacht im europäischen und deutschen Kartellrecht, 2019, S. 27 f.

1370 BKartA, Beschl. v. 28.10.2010, B2-52/10, S. 98 f. – *EDEKA/trinkgut*; *Legner*, Schadenstheorien bei Nachfragemacht im europäischen und deutschen Kartellrecht, 2019, S. 27 f.; *Thomas*, in: Immenga/Mestmäcker, Wettbewerbsrecht, 6. Aufl. 2020, Bd. 3, GWB Vorb. § 35 Rn. 3; vgl. *Raeder*, Der Schutz des Lieferanten als Marktgegenseite im Kartellrecht, 2017, S. 241 f.

1371 Zur Fortgeltung des Marktbeherrschungstests als Prüfungskriterium, einschließlich der dazu ergangenen Entscheidungspraxis siehe den Regierungsentwurf zur 8. GWB-Novelle, BT-Drs. 17/9852, 28.

1372 Vgl. *Hertfelder*, Die consumer welfare im europäischen Wettbewerbsrecht, 2010, S. 130.

1373 So schon die frühere Fassung der FVKO, Verordnung (EWG) Nr. 4064/89 des Rates v. 21.12.1989 über die Kontrolle von Unternehmenszusammenschlüssen, ABl. 1989 L 395, 1, 3.

1374 Art. 2 Abs. 1 lit. b) FKVO nennt außerdem „die Wahlmöglichkeiten der Lieferanten und Abnehmer" und „die Interessen der Zwischen- und Endverbraucher". Die gewählte Formulierung lässt aber keinen unmittelbaren Rückschluss auf die Berücksichtigung von Effizienzvorteilen oder -nachteilen bei der Prüfung durch die Kommission zu.

1375 *Legner*, Schadenstheorien bei Nachfragemacht im europäischen und deutschen Kartellrecht, 2019, S. 29.

1376 Siehe dazu Kommission, Leitlinien für horizontale Zusammenschlüsse, ABl. 2004 C 31, 5, Rn. 76 ff.; Kommission, Leitlinien zur Bewertung nichthorizontaler Zusammenschlüsse gemäß der Ratsverordnung über die Kontrolle von Unternehmenszusammenschlüssen (Leitlinien für nichthorizontale Zusammenschlüsse), ABl. 2008 C 265, 6, Rn. 53 ff., 115 ff.

1377 Kommission, Leitlinien für horizontale Zusammenschlüsse, ABl. 2004 C 31, 5, Rn. 78 ff.; Kommission, Leitlinien für nichthorizontale Zusammenschlüsse, ABl. 2008 C 265, 6, Rn. 53. Die Kommission wird in Erwägungsgrund Nr. 29 der FKVO ausdrücklich dazu ermächtigt, in Leitlinien die Bedingungen darzulegen, „unter denen sie Effizienzvorteile bei der Prüfung eines Zusammenschlusses berücksichtigen kann".

1378 *Schuhmacher*, Effizienz und Wettbewerb, 2011, S. 232; *Legner*, Schadenstheorien bei Nachfragemacht im europäischen und deutschen Kartellrecht, 2019, S. 30 f.; *Thomas*, in: Immenga/Mestmäcker, Wettbewerbsrecht, 6. Aufl. 2020, Bd. 3, GWB § 36 Rn. 38.

die Verbraucherwohlfahrt (*consumer harm*) bei der Prüfung des SIEC-Tests berücksichtigt werden können.[1379]

Das spiegelt sich in der auswirkungsbezogenen Prüfung des SIEC-Tests im Vergleich zum früheren Marktbeherrschungstest wider.[1380] Die Kommission prüft regelmäßig, ob Zusammenschlüsse zu höheren Preisen auf Angebotsmärkten führen,[1381] was letztlich einen *consumer harm* begründen würde. Der dafür in der ökonomischen Literatur entwickelte *upward pricing pressure*-Test ist mittlerweile fester Bestandteil des Instrumentariums des SIEC-Tests.[1382] Die Kommission führt einen *consumer harm* in einigen Entscheidungen auch explizit als möglichen Grund für eine erhebliche Behinderung wirksamen Wettbewerbs an.[1383] Der Diagnose eines solchen Wohlfahrtsschadens bedarf es bei Zusammenschlüssen unterhalb der Schwelle des Regelbeispiels der Marktbeherrschung, da es ansonsten an einem geeigneten materiellen Prüfungsmaßstab für einen erheblich wettbewerbsbehindernden Vermachtungsgrad fehlen würde. Oberhalb dieser Schwelle ist der Nachweis eines *consumer harms* aufgrund des beschriebenen Schutzes des Wettbewerbsprozesses dagegen nicht erforderlich.[1384] Nach hier vertretener Ansicht ist es daher überzeugend, die Maximierung der *consumer welfare* als Schutzzweck der europäischen Fusionskontrolle anzusehen.[1385]

Der Verbraucherbegriff umfasst im Rahmen der Fusionskontrolle nicht nur den Endverbraucher, sondern alle Zwischen- und Endabnehmer. Das ergibt sich bereits aus dem Wortlaut von Art. 2 Abs. 1 UA 1 lit. b) FKVO („Zwischen- und Endverbraucher").[1386] Das schließt gleichzeitig aus, dass ein Lieferant

---

1379 *Schuhmacher*, Effizienz und Wettbewerb, 2011, S. 232; vgl. *Zimmer*, in: Zimmer, The Goals of Competition Law, 2012, S. 486, 493.

1380 *Kühnen*, WuW 2012, 458 f.; *Zimmer*, WuW 2013, 928, 932 f.; *Esser/Höft*, NZKart 2013, 447, 448; *Körber*, WuW 2014, 250, 253; *Legner*, Schadenstheorien bei Nachfragemacht im europäischen und deutschen Kartellrecht, 2019, S. 30; *Thomas*, in: Immenga/Mestmäcker, Wettbewerbsrecht, 6. Aufl. 2020, Bd. 3, GWB Vorb. § 35 Rn. 4.

1381 Kommission, Entsch. v. 26.4.2006, Fall COMP/M.3916, Rn. 125 – *T-Mobile Austria/Tele.ring*; Kommission, Entsch. v. 27.6.2007, Fall COMP/M.4439, Rn. 491 – *Ryanair/Aer Lingus*; Kommission, Entsch. v. 14.5.2008, Fall COMP/M.4854, Rn. 191, 210, 227 f., 230 – *TomTom/Tele Atlas*; Kommission, Entsch. v. 30.1.2013, Fall COMP/M.6570, Rn. 740 – *UPS/TNT EXPRESS*.

1382 *Esser/Höft*, NZKart 2013, 447, 449; *Zimmer*, WuW 2013, 928, 934 ff.

1383 Kommission, Entsch. v. 19.9.2006, Fall COMP/M.4253, Rn. 97 – *Toshiba/Westinghouse*: „Even if customers in Europe would be effectively harmed by Toshiba's ability to block GE's expansion only in three to five years from now, such an elimination of potential competition would still be seriously harmful for customers and can therefore be regarded as sufficiently timely to constitute a significant impediment of competition"; Kommission, Entsch. v. 14.5.2008, Fall COMP/M.4854, Rn. 251 – *TomTom/Tele Atlas*: „Die Kommission bewertete, ob das Vorhaben zu einer wettbewerbsschädigenden Abschottung des Zugangs zu Vorleistungen führen würde. Sie kam zu dem Schluss, dass es unwahrscheinlich wäre, dass das Vorhaben den Wettbewerb zum Nachteil der Endverbraucher erheblich behindern würde"; Kommission, Entsch. v. 23.11.2011, Fall COMP/M.6203 – *Western Digital Irland/Viviti Technologies*: „The Commission does not consider this argument valid since in a case of unilateral concerns the harm is to be assessed not only on the final consumer but in particular on the direct customer of the relevant product"; siehe auch EuG, Urt. v. 6.7.2010, Rs. T-342/07, ECLI:EU:T:2010:280, Rn. 219 ff. – *Ryanair*.

1384 Dazu *Thomas*, in: Immenga/Mestmäcker, Wettbewerbsrecht, 6. Aufl. 2020, Bd. 3, GWB § 36 Rn. 36 ff.

1385 So auch *Schuhmacher*, Effizienz und Wettbewerb, 2011, S. 232; *Hacker*, in: von der Groeben/Schwarze/Hatje, Europäisches Unionsrecht, 7. Aufl. 2015, FKVO Art. 2 Rn. 24; *Thomas*, ZWeR 2018, 246, 253; *Legner*, Schadenstheorien bei Nachfragemacht im europäischen und deutschen Kartellrecht, 2019, S. 29 ff.; *Riesenkampff/Steinbarth*, in: Kersting/Meyer-Lindemann/Podszun, Kartellrecht, 5. Aufl. 2025, FKVO Art. 2 Rn. 55 ff.

1386 Kommission, Leitlinien für horizontale Zusammenschlüsse, ABl. 2004 C 31, 5, Rn. 79 Fn. 105; Kommission, Leitlinien für nichthorizontale Zusammenschlüsse, ABl. 2008 C 265, 6, Rn. 16; *Möller*, Verbraucherbegriff und Verbraucherwohlfahrt im europäischen und amerikanischen Kartellrecht, 2008, S. 190; *Hertfelder*, Die

selbst Verbraucher sein kann. Nichts anderes gilt für Arbeitnehmer. Soweit vorgeschlagen wird, Arbeitnehmer als Verbraucher im Sinne der FKVO zu behandeln,[1387] geht es daher vermutlich um eine politische Erwägung, der es *de lege lata* an einem rechtsdogmatischen Fundament fehlt.[1388]

Im deutschen Fusionskontrollrecht sind die Anknüpfungspunkte für den Schutz einer *consumer welfare* weniger deutlich. Der Wortlaut der §§ 35 ff. GWB nimmt eine solche nicht in Bezug. Gleiches gilt für die Gesetzgebungsmaterialien. Entscheidend ist allerdings, dass der deutsche Gesetzgeber sich mit der 8. GWB-Novelle dazu entschieden hat, den SIEC-Test in das GWB zu übernehmen.[1389] Damit sollte ein weitgehender Gleichlauf zwischen deutscher und europäischer Fusionskontrolle erreicht werden.[1390] Dieser Zielsetzung würde es widersprechen, das SIEC-Kriterium in § 36 Abs. 1 S. 1 GWB anders auszulegen als in Art. 2 Abs. 3 FKVO.[1391] Wie soeben erläutert, ist die Analyse von Wohlfahrtseffekten Bestandteil des SIEC-Tests und der europäische Gesetzgeber hat sich insoweit für den Maßstab der *consumer welfare* entschieden. Diesen hat auch die Kommission in ihrer Praxis ab Einführung des SIEC-Tests betont. Dennoch führt die Gesetzesbegründung zum SIEC-Kriterium aus, dass diese Kommissionspraxis aus wettbewerbsrechtlicher und -politischer Sicht überzeugend sei und einer Übernahme des Kriteriums nicht entgegenstehe.[1392] Daher ist auch für das deutsche Fusionskontrollrecht die Annahme gerechtfertigt, dass es ebenfalls die Maximierung der *consumer welfare* zum Ziel hat.[1393] [1394]

Die europäischen und deutschen Fusionskontrollvorschriften enthalten demgegenüber keine stichhaltigen Anhaltspunkte für den Schutz einer *supplier welfare*.[1395] Insbesondere stehen sich der Schutz des Wettbewerbsprozesses und der Schutz der Gewinnrenten von Lieferanten diametral gegenüber. Denn ein funktionsfähiger Wettbewerbsprozess sorgt für die Auslese ineffizienter Marktteilnehmer,[1396] während eine *supplier welfare* die Gewinnrenten aller Anbieter schützt und eine wettbewerbliche Auslese

---

consumer welfare im europäischen Wettbewerbsrecht, 2010, S. 105; *Körber*, in: Immenga/Mestmäcker, Wettbewerbsrecht, 6. Aufl. 2020, Bd. 3, FKVO Art. 2 Rn. 332.

1387 So *Heinemann*, WuW 2020, 371, 381.

1388 Siehe dazu sogleich C.II.4.

1389 Regierungsentwurf zur 8. GWB-Novelle, BT-Drs. 17/9852, S. 19.

1390 Regierungsentwurf zur 8. GWB-Novelle, BT-Drs. 17/9852, S. 17, 19.

1391 *Säcker*, WuW 2010, 370, 377; *Esser/Höft*, NZKart 2013, 447, 449, 456; vgl. BKartA, Marktbeherrschungs- und SIEC-Test, 2009, S. 14 f.; a.A. BGH, Beschl. v. 12.01.2021, KVR 34/20, BGHZ 228, 207, Rn. 40 f. – *CTS Eventim/Four Artists*, der eine autonome Auslegung des SIEC-Kriteriums im deutschen Recht mit dem Willen des Gesetzgebers zu einem weitgehenden, aber nicht vollständigen Gleichlauf mit der europäischen Fusionskontrolle begründet.

1392 Regierungsentwurf zur 8. GWB-Novelle, BT-Drs. 17/9852, S. 28: „Die Praxis der Europäischen Kommission nach Änderung des europäischen Untersagungskriteriums hat zudem keinen Anlass gegeben, von einer Übernahme abzusehen. Die Ergebnisse der europäischen Fusionskontrollpraxis seit 2004 sind aus wettbewerbsrechtlicher und -politischer Sicht überzeugend."

1393 *Thomas*, ZWeR 2018, 246, 253 ff.; *Legner*, Schadenstheorien bei Nachfragemacht im europäischen und deutschen Kartellrecht, 2019, S. 33 ff.; wohl auch BKartA, Entsch. v. 31.5.2015, B2-96/14, Rn. 388, 604 f. – *EDEKA/Tengelmann*; a.A. wohl *Kallfaß*, in: Bunte, Kartellrecht, 14. Aufl. 2022, Bd. 1, § 36 Rn. 42.

1394 Siehe speziell zum *consumer welfare*-Standard bei Zusammenschlüssen auf Arbeitsmärkten die Sektoruntersuchung Krankenhäuser des Bundeskartellamts: Soweit Krankenhäuser eine einfachere Personalbeschaffung infolge eines Zusammenschlusses behaupten, sieht das Bundeskartellamt darin nur dann einen berücksichtigungsfähigen Effizienzvorteil, wenn dies zu einer Verbesserung der Behandlung von Patienten führt, also der Abnehmer der Krankenhausleistungen. Aspekte des Arbeitnehmerwohls (z.B. die Vergütung oder Arbeitszeit) hält das Bundeskartellamt nur für relevant, soweit diese die Personalsituation zum Wohle der Patienten verbessert; BKartA, Sektoruntersuchung Krankenhäuser, 2021, Rn. 789 ff.

1395 Dazu *Thomas*, ZweR 2015, 210, 231 ff.; *Legner*, Schadenstheorien bei Nachfragemacht im europäischen und deutschen Kartellrecht, 2019, S. 35 ff.

1396 Siehe dazu Teil 1 B.II und C.IV.

dadurch verhindert. Hinzu kommt die Schwierigkeit, eine vermeintlich schützenswerte Gewinnspanne im Rahmen des dynamischen Wettbewerbsprozesses im Einzelfall zu bestimmen.[1397]

4. Außerwettbewerbliche Ziele

Speziell für die Zielsetzung dieser Arbeit stellt sich die Frage, ob die europäische und deutsche Fusionskontrolle auch außerwettbewerbliche Ziele schützen. Arbeitsmärkte und der Austausch von Arbeitsleistung werden zum Schutz der Arbeitnehmer umfassend reguliert. Daher ließe sich überlegen, im Rahmen der Fusionskontrolle sozialpolitische Aspekte mit dem Ziel zu berücksichtigen, die von einem Zusammenschluss betroffenen Arbeitnehmer zu schützen.[1398] Der Zielsetzung des normativen Teils dieser Arbeit entsprechend wird im Folgenden die geltende Rechtslage untersucht.[1399]

In den Entwürfen zu einer europäischen Zusammenschlusskontrolle vor Einführung der FKVO 1989 wurde erwogen, außerwettbewerbliche Ziele zu berücksichtigen, einschließlich solcher sozialpolitischer Art.[1400] Zu einer Einigung über eine Ausnahmeregelung für außerwettbewerbliche Ziele kam es allerdings nicht.[1401] Als Kompromissregelung wird teilweise – allerdings sehr zurückhaltend – die Formulierung in Art. 2 Abs. 1 UA 2 lit. b) FKVO bezeichnet, nach der die Kommission „die Entwicklung des technischen und wirtschaftlichen Fortschritts" oder „die Interessen der Verbraucher" bei ihrer Prüfung berücksichtigen soll.[1402] Diese Formulierungen sind jedoch effizienzbezogen zu verstehen.[1403] Die Entwicklung des technischen und wirtschaftlichen Fortschritts meint fusionsbedingte dynamische Effizienzen.[1404] Die Berücksichtigung der Interessen der Verbraucher ist zum einen ein Indiz für den *consumer*

1397 *Thomas*, ZweR 2015, 210, 236 f.; *Legner*, Schadenstheorien bei Nachfragemacht im europäischen und deutschen Kartellrecht, 2019, S. 43 ff.

1398 Denkbar ist etwa, dass die Nachfragemacht eines fusionierten Unternehmens zum Absinken oder zur Stagnation des Lohnniveaus der betroffenen Arbeitnehmer führt. Ein Zusammenschluss kann aber auch dazu führen, dass von den betroffenen Arbeitnehmern eine höhere Arbeitsintensität gefordert wird. Beispielsweise wurde zu Fusionen von Krankenhäusern in den U.S.A. ermittelt, dass die Anzahl der Patienten pro Krankenpfleger anstieg, die typischerweise auf monopsonistischen Arbeitsmärkten tätig sind; *Currie/Farsi/Macleod*, 58 ILR Review 2005, 471 ff.

1399 Auf die Grundsatzdebatte, was die Ziele einer Kartell- und Fusionskontrollrechtsordnung sein sollten und ob dazu auch ein Arbeitnehmerschutz gehört, wird dagegen nicht eingegangen; siehe dazu etwa *Masterman*, 69 Vanderbilt Law Rev. 2016, 1387, 1416 ff.; *Kim*, 130 Yale L. J. 2020, 428 ff.; *Cengiz*, 41 Leg. Stud. 2021, 73 ff.; *Hafiz*, 87 Univ. Chic. Law Rev. 2020, 381, 392 ff.; *D'Estaintot*, in: Šmejkal, EU Antitrust, 2022, 383 ff.; *Hovenkamp*, 90 U. Chi. L. Rev. 2023, 511 ff.

1400 Siehe etwa Art. 1 Abs. 3 sowie die Erwägungsgründe des Vorschlags der Kommission zu einer Verordnung (EWG) des Rates über die Kontrolle von Unternehmenszusammenschlüssen v. 20.7.1973, ABl. 1973 C 92, 1: „Die Bestimmungen des Absatzes 1 können auf Zusammenschlüsse für nicht anwendbar erklärt werden, die für die Verwirklichung eines im allgemeinen Interesse der Gemeinschaft liegenden vorrangigen Zieles unerläßlich sind"; Kommission, Dritter Bericht über die Wettbewerbspolitik, 1974, Rn. 29; Kommission, Zehnter Bericht über die Wettbewerbspolitik, 1981, Rn. 21.

1401 Dazu *Sauter*, in: FS Quack, 1991, S. 657, 665 f.; *Fries*, Die Berücksichtigung außerwettbewerblicher Interessen in der Fusionskontrolle, 2020, S. 73 f.; *Koch*, in: MüKo, Wettbewerbsrecht, 4. Aufl. 2023, Bd. 1-2, Grundl. EU-Fusionskontrolle Rn. 80; *Körber*, in: Immenga/Mestmäcker, Wettbewerbsrecht, 6. Aufl. 2020, Bd. 3, FKVO Einl. Rn. 30 f.

1402 *Fries*, Die Berücksichtigung außerwettbewerblicher Interessen in der Fusionskontrolle, 2020, S. 74; *Koch*, in: MüKo, Wettbewerbsrecht, 4. Aufl. 2023, Bd. 1-2, Grundl. EU-Fusionskontrolle Rn. 81; *Körber*, in: Immenga/Mestmäcker, Wettbewerbsrecht, 6. Aufl. 2020, Bd. 3, FKVO Einl. Rn. 31. Die Autoren vertreten dabei nicht, dass diese Formulierung eine Untersagung aufgrund außerwettbewerblicher Interessen rechtfertigen könnte.

1403 *Fries*, Die Berücksichtigung außerwettbewerblicher Interessen in der Fusionskontrolle, 2020, S. 75.

1404 *Thomas*, in: Immenga/Mestmäcker, Wettbewerbsrecht, 6. Aufl. 2020, Bd. 3, GWB § 42 Rn. 6.

welfare-Standard der FKVO.[1405] Zum anderen erzeugen neue Produkte, die sich stärker an den Verbraucherinteressen orientieren als vergleichbare etablierte Produkte, ebenfalls eine dynamische Effizienz.

Die Frage, ob außerwettbewerbliche Ziele bei der europäischen Fusionskontrolle zu berücksichtigen sind, erlangte jüngst bei dem Zusammenschlussvorhaben *Bayer/Monsanto*[1406] viel Aufmerksamkeit. In dem Verfahren wurde von Dritten vorgetragen, die Kommission habe bei ihrer Prüfung auch außerwettbewerbliche Aspekte zu berücksichtigen.[1407] Genannt wurden etwa der Umweltschutz, die Lebensmittelsicherheit, die öffentliche Gesundheit oder Ziele des landwirtschaftlichen Sektors.[1408] Hintergrund war, dass Monsanto Glyphosat vertreibt, dem schädliche Wirkungen für Umwelt und Mensch zugeschrieben werden. Aufgrund der zahlreichen Bedenken prüfte die Kommission, ob sie diese außerwettbewerblichen Aspekte bei ihrer Prüfung zu berücksichtigen hat.[1409] Als normativen Ausgangspunkt ihrer Prüfung nennt sie Erwägungsgrund Nr. 23 HS. 2 der FKVO sowie die Querschnittsklauseln der Verträge.[1410] Der Erwägungsgrund verlangt, dass sich die Kommission bei ihrer Prüfung an „dem allgemeinen Rahmen der Verwirklichung der grundlegenden Ziele der Gemeinschaft" gemäß ex-Art. 2 EGV (Art. 3 EUV) orientiert. Die Kommission argumentiert im Folgenden überzeugend, dass der Grundsatz der begrenzten Einzelermächtigung nach Art. 7 AEUV auch für Querschnittsziele gelte.[1411] Die FKVO sei ein spezielles Instrument zur Gewährleistung eines unverfälschten Wettbewerbs im Binnenmarkt, was sich aus ihren Ermächtigungsgrundlagen und Erwägungsgrund Nr. 2, 6, 7 und 24 ergebe.[1412] Die FKVO habe also eine rein wettbewerbliche Zielsetzung, die sie nach Art. 2 Abs. 1 UA 1 FKVO bei ihrer Prüfung nicht verlassen dürfe.[1413] An der Zuständigkeitsbegrenzung und Zielsetzung ändere auch Erwägungsgrund Nr. 23 HS. 2 der FKVO nichts. Dies zeige auch die systematische Stellung zwischen den Erwägungsgründen Nr. 23 HS. 1 und 24 FKVO, die beide auf das Ziel des unverfälschten Wettbewerbs abstellen.[1414] Konsequent interpretiert die Kommission den Erwägungsgrund so, dass sie außerwettbewerbliche Aspekte nur dann zu prüfen habe, wenn diese wettbewerbliche Auswirkungen entfalten.[1415] Auch der Kriterienkatalog in Art. 2 Abs. 1 UA 2 FKVO und die Formulierung des SIEC-Tests seien rein wettbewerbsbezogen.[1416] Daraus folgert die Kommission schließlich, dass sie die ihr von der FKVO übertragenen Kompetenzen überschreiten würde, wenn sie außerwettbewerbliche Ziele bei der materiellen Zusammenschlussprüfung berücksichtigt.[1417]

1405 Siehe dazu oben C.II.3.

1406 Kommission, Entsch. v. 21.3.2018, Fall M.8084 – *Bayer/Monsanto*.

1407 Kommission, Entsch. v. 21.3.2018, Fall M.8084, Rn. 3005 ff. – *Bayer/Monsanto*.

1408 Kommission, Entsch. v. 21.3.2018, Fall M.8084, Rn. 3006 ff. – *Bayer/Monsanto*.

1409 Kommission, Entsch. v. 21.3.2018, Fall M.8084, Rn. 3010 ff. – *Bayer/Monsanto*.

1410 Konkret: Art. 7 AEUV i.V.m. Art. 9, 11, 12 AEUV. Eine Beschränkung auf diese – in dem Fall relevanten – Querschnittsklauseln ist der Entscheidung aber nicht zu entnehmen; vgl. Kommission, Entsch. v. 21.3.2018, Fall M.8084, Rn. 3010 f. – *Bayer/Monsanto*.

1411 Kommission, Entsch. v. 21.3.2018, Fall M.8084, Rn. 3014 – *Bayer/Monsanto*.

1412 Kommission, Entsch. v. 21.3.2018, Fall M.8084, Rn. 3016, 3018 – *Bayer/Monsanto*; siehe dazu bereits oben B.I.1.

1413 Kommission, Entsch. v. 21.3.2018, Fall M.8084, Rn. 3017, 3020 – *Bayer/Monsanto*.

1414 Kommission, Entsch. v. 21.3.2018, Fall M.8084, Rn. 3019 – *Bayer/Monsanto*.

1415 In der Entscheidung prüft sie konkret die Auswirkungen auf den Innovationswettbewerb in der Agrarindustrie; Kommission, Entsch. v. 21.3.2018, Fall M.8084, Rn. 3011 ff. – *Bayer/Monsanto*.

1416 Kommission, Entsch. v. 21.3.2018, Fall M.8084, Rn. 3020 – *Bayer/Monsanto*.

1417 Kommission, Entsch. v. 21.3.2018, Fall M.8084, Rn. 3022 – *Bayer/Monsanto*. Siehe auch den öffentlichen Brief der Wettbewerbskommissarin *Vestager* v. 22.8.2017 als Antwort auf die Petition gegen das Zusammenschlussvorhaben, abrufbar unter: https://ec.europa.eu/competition/mergers/cases/additional_data/m8084_4718_7.pdf (zuletzt abgerufen am 6.7.2025).

Dies zeigt überzeugend, dass die FKVO keine außerwettbewerblichen Ziele schützt, die bei der materiellen Prüfung von Zusammenschlüssen Berücksichtigung finden könnten.[1418] Deren Relevanz ist in der europäischen Fusionskontrolle auf die Möglichkeit der Mitgliedstaaten nach Art. 21 Abs. 4 FKVO begrenzt.[1419]

Der Fall *Bayer/Monsanto* war in Deutschland Gegenstand einer Kleinen Anfrage von Abgeordneten an die Bundesregierung.[1420] Die Fragen zielten auf die Berücksichtigung außerwettbewerblicher Aspekte in der Fusionskontrolle ab.[1421] Die abschließende Frage Nr. 26 zu diesem Themenkomplex wollte wissen, ob die Bundesregierung klarstellen werde, dass auch außerökonomische Effekte wie Umweltschutzziele im Rahmen der europäischen und deutschen Fusionskontrolle zu berücksichtigen seien. Dem erteilte die Bundesregierung mit Blick auf die rein wettbewerbliche Ausrichtung der beiden Fusionskontrollordnungen eine klare Absage.[1422] Parallel wurde ein Antrag im Bundestag gestellt, die Bundesregierung solle sich für die Berücksichtigung von Umweltschutzaspekten im Rahmen von Fusionskontrollverfahren einsetzen.[1423] Dieser Antrag wurde im Bundestag mehrheitlich abgelehnt.[1424]

Neben der Antwort der Bundesregierung und dem Ablehnungsbeschluss des Bundestags spricht für eine Nichtberücksichtigung außerwettbewerblicher Ziele bei der materiellen Fusionskontrolle, dass der deutsche Gesetzgeber den SIEC-Test aus dem europäischen Recht übernommen hat und das deutsche Recht an dieses angleichen will.[1425] Die Berücksichtigung außerwettbewerblicher Aspekte ist im deutschen Fusionskontrollrecht demnach abschließend in der Möglichkeit einer Ministererlaubnis nach § 42 GWB

1418 So *von Wallenberg*, in: FS Windbichler, 2020, 1461, 1469 f., 1472 f.; *Fries*, Die Berücksichtigung außerwettbewerblicher Interessen in der Fusionskontrolle, 2020, S. 73 ff.; *Thomas*, in: Immenga/Mestmäcker, Wettbewerbsrecht, 6. Aufl. 2020, Bd. 3, GWB § 42 Rn. 6; *Körber*, in: Immenga/Mestmäcker, Wettbewerbsrecht, 6. Aufl. 2020, Bd. 3, FKVO Einl. Rn. 30 ff.; so bereits zur FKVO 1989 etwa *Immenga*, Die Europäische Fusionskontrolle im wettbewerbspolitischen Kräftefeld, 1993, S. 23 ff.; *Kögel*, Die Angleichung der deutschen an die europäische Fusionskontrolle, 1996, S. 37, 127 ff., 134; *Mische*, Nicht-wettbewerbliche Faktoren in der europäischen Fusionskontrolle, 2002, S. 326; *Strohm*, in: Bußmann, Unternehmensfusionen und Beschäftigung, 2002, S. 61, 63.

1419 Dazu Kommission, Entsch. v. 21.3.2018, Fall M.8084, Rn. 3021 – *Bayer/Monsanto*; *von Wallenberg*, in: FS Windbichler, 2020, 1461, 1470 f.; *Fries*, Die Berücksichtigung außerwettbewerblicher Interessen in der Fusionskontrolle, 2020, S. 75.

1420 Kleine Anfrage zur Anpassung des Gesetzes gegen Wettbewerbsbeschränkungen v. 31.5.2018, BT-Drs. 19/2399.

1421 Kleine Anfrage zur Anpassung des Gesetzes gegen Wettbewerbsbeschränkungen v. 31.5.2018, BT-Drs. 19/2399, 3 f.

1422 Antwort der Bundesregierung v. 18.6.2018, BT-Drs. 19/2891, S. 6: „Die Kontrolle von Zusammenschlussvorhaben durch die Europäische Kommission richtet sich nach der Verordnung (EG) Nr. 139/2004 des Rates vom 20. Januar 2004 über die Kontrolle von Unternehmenszusammenschlüssen (Fusionskontrollverordnung). Danach kann weder die negative noch eine positive Bewertung eines Zusammenschlusses durch eine Wettbewerbsbehörde auf außerwettbewerbliche Ziele gestützt werden. Dies ist nach der Auffassung der Bundesregierung auch sachgerecht. Zweck der Fusionskontrolle ist die Verhinderung erheblicher Behinderungen wirksamen Wettbewerbs. Die Begrenzung der Zuständigkeit der Wettbewerbsbehörden auf wettbewerbliche Beurteilungskriterien dient der sachgerechten und objektiven Entscheidungsfindung zur Erreichung dieses Ziels, ohne Vermengung mit anderen Zielen. […] Nach Auffassung der Bundesregierung müssen schützenswerte nicht-wettbewerbliche Ziele mit anderen Instrumenten als denen der Wettbewerbsbehörden verfolgt werden."

1423 Antrag Marktkonzentration im Agrarmarkt stoppen – Artenvielfalt und Ernährungssouveränität erhalten, BT-Drs. 19/1654, 3, 5.

1424 BT-Plenarprotokoll 19/115, 14031 B; dazu *von Wallenberg*, in: FS Windbichler, 2020, 1461, 1465 f.

1425 Siehe dazu bereits oben C.II.3.

geregelt. Die materielle Fusionskontrollprüfung ist dagegen an wettbewerblichen Kriterien auszurichten.[1426]

5. Zusammenfassung

Nach hier vertretener Ansicht haben die europäische und deutsche Fusionskontrolle identische Schutzzwecke. Beide schützen den Wettbewerbsprozess und die *consumer welfare*. Dagegen sind weder eine *supplier welfare* noch außerwettbewerbliche Ziele vom Schutzzweck der Fusionskontrollregime umfasst.

III. Anwendung der materiellen Fusionskontrolle auf Arbeitsmärkte

1. Abgrenzung von Arbeitsmärkten

1.1 Ausgangspunkt

Die Marktabgrenzung ist der erste Prüfungspunkt der materiellen Fusionskontrolle.[1427] Sie soll es ermöglichen, den Wettbewerbsdruck zu erfassen, dem die fusionierte Einheit ausgesetzt ist.[1428] Wie die Marktabgrenzung bei der Prüfung von Zusammenschlüssen auf Arbeitsmärkten auszusehen hat, soll im Folgenden untersucht werden.[1429] Zunächst wird die Arbeit auf das Bedarfsmarktkonzept als qualitative Methode (1.2) und anschließend auf den sog. SSNDW-Test als quantitative Methode (1.3) eingehen.

1.2 Bedarfsmarktkonzept

1.2.1 Sachliche Abgrenzung von Arbeitsmärkten

a) Anwendung des Bedarfsmarktkonzepts auf Arbeitsmärkte

Die zentrale qualitative Methode zur Abgrenzung des sachlich relevanten Marktes ist das Bedarfsmarktkonzept. Danach gehören alle Waren oder Dienstleistungen zu einem einheitlichen sachlichen Markt, die Kunden angesichts ihrer Eigenschaften, Preise und ihres Verwendungszwecks unter Berücksichtigung der Wettbewerbsbedingungen und der Marktstruktur als mit den Waren oder Dienstleistungen anderer Unternehmen austauschbar oder substituierbar ansehen.[1430] Diese Definition gilt allerdings für An-

---

[1426] So auch BKartA, Offene Märkte und nachhaltiges Wirtschaften, 2020, S. 42; BKartA, Sektoruntersuchung Krankenhäuser, 2021, Rn. 756; *Thomas*, in: Immenga/Mestmäcker, Wettbewerbsrecht, 6. Aufl. 2020, Bd. 3, GWB § 36 Rn. 18.

[1427] EuGH, Urt. v. 31.3.1998, verb. Rs. C-68/94 und C-30/95, ECLI:EU:C:1998:148, Rn. 143 – *SCPA und EMC*; *Kling/Thomas*, Kartellrecht, 2. Aufl. 2016, § 8 Rn. 114; OECD, Competition in Labour Markets, 2020, S. 32; *Montag/von Bonin*, in: MüKo, Wettbewerbsrecht, 4. Aufl. 2023, Bd. 1-2, FKVO Art. 2 Rn. 36.

[1428] Kommission, Leitlinien für horizontale Zusammenschlüsse, ABl. 2004 C 31, 5, Rn. 10.

[1429] Die Untersuchung wird das europäische und deutsche Recht nicht getrennt voneinander betrachten, da insoweit keine relevanten Unterschiede bestehen. Die Frage, ob eine Marktabgrenzung im Kartellrecht oder der materiellen Fusionskontrolle überhaupt noch erforderlich ist, wird im Rahmen dieser Untersuchung nicht behandelt; siehe dazu etwa *Zimmer*, WuW 2013, 928, 932 ff.; *Podszun*, 61 Antitrust Bull. 2016, 121, 125 ff.; *Vocke*, Der kartellrechtliche Marktbegriff und unentgeltliche Leistungen, 2021, S. 45 ff.

[1430] Bekanntmachung der Kommission über die Abgrenzung des relevanten Marktes im Sinne des Wettbewerbsrechts der Union (Bekanntmachung Marktabgrenzung), ABl. 2024 C 1645, 1, Rn. 12 lit. a); siehe auch EuGH, Urt. v. 21.1.1973, Rs. 6/72, ECLI:EU:C:1973:22, Rn. 32 – *Continental Can*; EuGH, Urt. v. 11.12.1980, Rs.

gebotsmärkte, wohingegen Arbeitsmärkte im hier zu untersuchenden Kontext Nachfrage- bzw. Beschaffungsmärkte sind. Für diese gilt das Bedarfsmarktkonzept spiegelbildlich.[1431] Das bedeutet, die Austauschbarkeit verschiedener Arbeitsplätze ist grundsätzlich aus der Sicht der Arbeitnehmer zu beurteilen.[1432]

Die Austauschbarkeit wird beim Bedarfsmarktkonzept aus Verbrauchersicht beurteilt. Maßgeblich ist die Sichtweise eines vernünftigen und durchschnittlichen Abnehmers der angesprochenen Verkehrskreise.[1433] Das schließt allerdings nicht aus, dass bestimmte subjektive Verbraucherpräferenzen berücksichtigt werden.[1434] Übertragen auf Arbeitsmärkte ist danach zu fragen, welche Arbeitsplätze aus Sicht eines durchschnittlichen und vernünftigen Arbeitnehmers substituierbar sind.

In einigen Fällen werden Kartellbehörden und Gerichte dies anhand der eigenen Sachkunde beurteilen können.[1435] Als Orientierungs- oder Ausgangspunkt kann die von der ILO entwickelte internationale

31/80, ECLI:EU:C:1980:289, Rn. 25 – *L'Oréal*; BGH, Beschl. v. 3.7.1976, KVR 4/75, WuW/E BGH 1435, 1440 – *Vitamin B 12*; KG, Urt. v. 18.2.1969, Kart V 34/67, WuW/E OLG 995 f. – *Handpreisauszeichner*.

1431 Vgl. Kommission, Leitlinien zur Anwendbarkeit von Artikel 101 des Vertrags über die Arbeitsweise der Europäischen Union auf Vereinbarungen über horizontale Zusammenarbeit (Leitlinien horizontale Zusammenarbeit), ABl. 2011 C 11, 1, Rn. 198; KG, Urt. v. 5.11.1986, Kart. 15/84, WuW/E OLG 3917, 3927 – *Coop/Wandmaker*; BKartA, Nachfragemacht im Kartellrecht, 2008, S. 5; *Blair/Harrison*, Monopsony in Law and Economics, 2010, S. 62; *Schmidt/Haucap*, Wettbewerbspolitik und Kartellrecht, 10. Aufl. 2013, S. 70; *Thomas*, in: Immenga/Mestmäcker, Wettbewerbsrecht, 6. Aufl. 2020, Bd. 3, GWB § 36 Rn. 110.

1432 *Todd v. Exxon Corp*, 275 F.3d 191, 202, 211 (2nd Cir. 2001); DOJ/FTC, Merger Guidelines, 2023, S. 48; *Linsmeier/Mächtle*, NZKart 2015, 258, 262; *Bien/Doganoglu*, NZKart 2019, 185, 186; *Déchamps* et al., 18 Comp. Law J. 2019, 190, 196 f.; *Heinemann*, WuW 2020, 371, 379; *Preetz*, Wettbewerbsbeschränkendes Arbeitgeberverhalten, 2023, S. 206; *Legner*, ZWeR 2025, 215, 232; dagegen nur auf die Sicht der Arbeitgeber abstellend: *Kordel*, Arbeitsmarkt und Europäisches Kartellrecht, 2004, S. 5; *Eufinger*, RIW 2017, 481, 482; so im Ergebnis auch OLG Düsseldorf, 21.8.2023, 6 U 1/23, WuW 2023, 620, 622, das in dem entscheidungsrelevanten Arbeitsmarkt allerdings einen Angebotsmarkt sah und Arbeitnehmer als Abnehmer der angebotenen Arbeitsstellen einstufte.

1433 OLG Düsseldorf, Beschl. v. 13.8.2003, Kart 52/01 (V), WuW/E DE-R 1149, 1152 – *trans-o-flex*; *Körber*, in: Immenga/Mestmäcker, Wettbewerbsrecht, 6. Aufl. 2020, Bd. 3, FKVO Art. 2 Rn. 41; *Riesenkampff/Steinbarth*, in: Kersting/Meyer-Lindemann/Podszun, Kartellrecht, 5. Aufl. 2025, FKVO Art. 2 Rn. 16.

1434 Vgl. Kommission, Bekanntmachung Marktabgrenzung, ABl. 2024 C 1645, 1, Rn. 50.

1435 Allgemein zu dieser Möglichkeit BGH, Urt. v. 22.9.1987, KVR 5/86, WuW/E BGH 2433, 2437 – *Gruner + Jahr/Zeit II*; *Thomas*, in: Immenga/Mestmäcker, Wettbewerbsrecht, 6. Aufl. 2020, Bd. 3, GWB § 36 Rn. 69.

Beschäftigungsklassifikation[1436] verwendet werden.[1437] Eine weitergehende Analyse der Angebotssubstituierbarkeit kann diese allerdings nicht ersetzen.[1438] Darüber hinaus können einschlägige Arbeitsmarktberichte herangezogen werden.[1439] Zusätzlich kann die Befragung von Arbeitnehmern der betroffenen Verkehrskreise erfolgversprechend sein.[1440] Die Auswertung solcher Befragungen kann allerdings mit Schwierigkeiten verbunden sein, da Arbeitnehmer oft heterogene Präferenzen haben.[1441] Diese können zu Rechtsunsicherheit bei der Bestimmung des relevanten Arbeitsmarktes führen. Dem ist einerseits Rechnung zu tragen, indem idiosynkratische Präferenzen, die sich deutlich vom Regelfall der befragten Arbeitnehmer unterscheiden, unberücksichtigt bleiben müssen.[1442] Wenn die heterogenen Präferenzen sich allerdings in hinreichend homogene Gruppen systematisieren lassen, ist es zielführend, für jedes Segment einen durchschnittlichen Arbeitnehmer zu charakterisieren.[1443] Haben diese Arbeitnehmergruppen eine hinreichende Größe, kann die Unterscheidung selbstständiger Teilmärkte angezeigt sein.[1444]

Daneben besteht auf Nachfragemärkten die Möglichkeit, das Konzept der Angebotssubstitution ergänzend anzuwenden, um den relevanten Markt zu bestimmen.[1445] Dies setzt voraus, dass Anbieter als Reaktion auf kleine, dauerhafte Änderungen bei den relativen Preisen dazu in der Lage sind, ihr Angebot kurzfristig ohne spürbare Zusatzkosten oder Risiken auf andere Güter umzustellen oder zu erweitern und dies tatsächlich tun würden.[1446] Dann können auch die Nachfrager der Leistungen, auf die das Angebot umgestellt oder erweitert wurde, zu dem gleichen sachlichen Markt gehören. Bei Arbeitsmärkten ist dabei zu beachten, dass Arbeitsleistung grundsätzlich kein Kapital in Form von Produktionsmaschinen oder sonstiger Ausrüstung benötigt. Prägend ist vielmehr das Humankapital der Arbeitnehmer.[1447]

1436 ILO, International Standard Classification of Occupations (ISCO-08), abrufbar unter: https://ilostat.ilo.org/methods/concepts-and-definitions/classification-occupation/ (zuletzt abgerufen am 6.7.2025). Darauf aufbauend hat die Bundesagentur für Arbeit eine „Klassifikation der Berufe 2010" entwickelt, abrufbar unter: https://statistik.arbeitsagentur.de/DE/Navigation/Grundlagen/Klassifikationen/Klassifikation-der-Berufe/KldB2010-Fassung2020/Onlineausgabe-KldB-2010-Fassung2020/Onlineausgabe-KldB-2010-Fassung2020-Nav.html (zuletzt abgerufen am 6.7.2025).

1437 *Heinemann*, WuW 2020, 371, 379; *Kremer*, Arbeitgeber-Kollusionen und das Kartellverbot, 2022, S. 281 f. Einen ähnlichen Ansatz verfolgen *Azar/Marinescu/Steinbaum/Taska*, Concentration in US Labor Markets, 2018, S. 10 f., die einen Berufsklassifikationskatalog für US-Arbeitsmärkte verwenden, den SOC („*Standard Occupational Classification*") 6-Digit Index; siehe dazu auch *Marinescu/Hovenkamp*, 91 Ind. Law J. 2019, 1031, 1048 ff.; *Mellman*, 53 Colum. J. L. & Soc. Probs. 2019, 1, 29.

1438 Vgl. *Heinemann*, WuW 2020, 371, 379; *Kremer*, Arbeitgeber-Kollusionen und das Kartellverbot, 2022, S. 282. Die Fehleranfälligkeit eines ausschließlichen Abstellens auf solche Standardklassifikationen betonend OECD, Competition in Labour Markets, 2020, S. 33; *Sillman*, 30 Kan. J. L. & Pub. Pol. 2020, 37, 60 ff.; *Preetz*, Wettbewerbsbeschränkendes Arbeitgeberverhalten, 2023, S. 205.

1439 Dazu und zu weiteren möglichen Informationsquellen, beispielsweise den Suchdaten von Arbeitnehmern auf Online-Job-Plattformen, siehe *Kucko* et al., A Comment on Labor Market Definition, 2022, S. 9.

1440 Vgl. *Jans*, Merger control in labour markets, 2022, Rn. 15.

1441 Siehe dazu Teil 1 C.III.2.

1442 Vgl. BKartA, Beschl. v. 21.03.2018, B9-124/17, Rn. 124 – *VTG/CIT*; *Thomas*, in: Immenga/Mestmäcker, Wettbewerbsrecht, 6. Aufl. 2020, Bd. 3, GWB § 36 Rn. 70; *Steinvorth*, in: Wiedemann, Kartellrecht, 4. Aufl. 2020, § 20 Rn. 23.

1443 Vgl. *Körber*, in: Immenga/Mestmäcker, Wettbewerbsrecht, 6. Aufl. 2020, Bd. 3, FKVO Art. 2 Rn. 41, 46.

1444 Vgl. Kommission, Bekanntmachung Marktabgrenzung, ABl. 2024 C 1645, 1, Rn. 86 f.; *Körber*, in: Immenga/Mestmäcker, Wettbewerbsrecht, 6. Aufl. 2020, Bd. 3, FKVO Art. 2 Rn. 46; *Riesenkampff/Steinbarth*, in: Kersting/Meyer-Lindemann/Podszun, Kartellrecht, 5. Aufl. 2025, FKVO Art. 2 Rn. 17.

1445 KG, Urt. v. 5.11.1986, Kart. 15/84, WuW/E OLG 3917, 3927 – *Coop/Wandmaker*; Monopolkommission, Ökonomische Kriterien für die Rechtsanwendung, Hauptgutachten V, 1984, Rn. 667; *Schmidt/Haucap*, Wettbewerbspolitik und Kartellrecht, 10. Aufl. 2013, S. 70 f.; *Dreher/Thomas*, ZWeR 2014, 366, 367.

1446 Kommission, Bekanntmachung Marktabgrenzung, ABl. 2024 C 1645, 1, Rn. 33.

1447 Siehe dazu sogleich C.III.1.2.1b).

Eine „Erweiterung des Humankapitals“ auf eine zusätzliche Gattung an Arbeitsleistung kommt in Betracht, wenn fachliche Qualifikationen einfach und kurzfristig erworben werden können und dazu auch ein Anreiz besteht.[1448]

b) Grundsätze für die Beurteilung der Substituierbarkeit von Arbeitsplätzen

Die sachliche Abgrenzung von Arbeitsmärkten anhand des Bedarfsmarktkonzepts ist im Einzelfall vorzunehmen. An dieser Stelle soll dennoch versucht werden, Grundsätze für diese Beurteilung aufzustellen.

Eine Besonderheit des Produktionsfaktors Arbeit ist die Möglichkeit, Humankapital zu bilden.[1449] Das Humankapital eines Arbeitnehmers hat maßgeblichen Einfluss darauf, welche Arbeitsplätze für ihn in Frage kommen. Zwar könnte ein studierter Mediziner seine Arbeitsleistung auch auf Jedermanns-Arbeitsmärkten anbieten. Davon wird er jedoch im Regelfall absehen, um das erworbene Humankapital ausschöpfen zu können.[1450] Ein Mediziner, der nach dem Abschluss des Studiums der Humanmedizin noch eine Weiterbildung zum Facharzt für Anästhesiologie absolviert, wird im Regelfall auch bestrebt sein, eine Anstellung als Anästhesist zu erhalten. Mit diesen plastischen Beispielen soll verdeutlicht werden, dass Arbeitnehmer im Regelfall versuchen werden, ihr erworbenes Humankapital bei der Arbeitsplatzwahl auszuschöpfen. Für diese Annahme sprechen insbesondere zwei Argumente: Erstens ist der Lohn eines Arbeitnehmers im Regelfall umso höher, je umfangreicher und spezialisierter sein Humankapital ist.[1451] Der Lohn ist trotz der nichtmonetären Besonderheiten von Arbeitsmärkten weiterhin deren zentrales Allokationsinstrument.[1452] Für Arbeitnehmer ist es daher meistens rational, im Rahmen ihrer individuellen Möglichkeiten einen Arbeitsplatz mit einer möglichst hohen Entlohnung zu suchen.[1453] Zweitens entscheiden sich Arbeitnehmer oft nicht nur aus monetären Gründen für den Erwerb eines bestimmten Humankapitals. Maßgeblich sind unter anderem auch die eigenen Talente, Interessen oder Werte. Wenn ein Arbeitnehmer Humankapital aufgrund seiner individuellen – und unterstellt noch aktuellen – Präferenzstruktur erwirbt, wäre es irrational, es im Rahmen des Arbeitsverhältnisses nicht nutzen zu wollen.

Umgekehrt unterstellt die Arbeit, dass Arbeitnehmer regelmäßig nur solche Arbeitsplätze als substituierbar erachten, für die sie auch das notwendige Humankapital besitzen. Das bedeutet, marktgemachte oder regulatorische Marktzutrittsschranken wie Berufszulassungsvoraussetzungen sind bei der Beurtei-

[1448] Zur zentralen Bedeutung des Humankapitals für die sachliche Abgrenzung von Arbeitsmärkten sogleich C.III.1.2.1b).

[1449] Siehe dazu Teil 1 C.III.1.

[1450] Andernfalls würde es sich bei diesem Beispiel um eine solche Abweichung vom maßgeblichen durchschnittlichen angestellten Mediziner handeln, dass diese Präferenz nicht bei der Marktabgrenzung zu berücksichtigen wäre; dazu soeben C.III.1.2.1a).

[1451] Siehe dazu Teil 1 C.III.1.

[1452] Dass der Lohn der wichtigste Allokationsfaktor auf Arbeitsmärkten ist, wird dadurch belegt, dass er im Fokus der meisten arbeitsökonomischen Theorien steht; siehe dazu Teil 1 C. Für die Maßgeblichkeit des Lohns bzw. finanziellen Aspekts bei der Beurteilung der Substituierbarkeit von Arbeitsplätzen auch *Linsmeier/Mächtle*, NZKart 2015, 258, 262; *Marinescu/Hovenkamp*, 91 Ind. Law J. 2019, 1031, 104; *Bien/Doganoglu*, NZKart 2019, 185, 186; *Kremer*, Arbeitgeber-Kollusionen und das Kartellverbot, 2022, S. 280 f.

[1453] Zwar haben verhaltensökonomische Erkenntnisse gezeigt, dass die Annahme, Individuen würden entsprechend den Modellannahmen des *Homo oeconomicus* mit unbegrenzter Rationalität handeln, überholt ist; siehe dazu Teil 1 C.III.3.1.3. Die einfache Erwägung, dass der höhere Humankapitaleinsatz zu einem höheren Lohn und damit einem höheren Nutzen bezüglich der monetären Aspekte der eigenen Präferenzordnung führt, ist allerdings auch bei nur begrenzter Rationalität gerechtfertigt.

lung der Substituierbarkeit zu beachten. Denn erfüllen Arbeitnehmer diese Voraussetzungen nicht, haben sie schon keine Möglichkeit, eine entsprechende Anstellung zu erreichen.[1454] Generell sind aus Arbeitnehmersicht deswegen meist nur solche Arbeitgeber substituierbar, die ihr jeweiliges Berufsprofil zumindest potenziell nachfragen.[1455] Gerade im Hinblick auf marktgemachte Zutrittsschranken kann es daher sinnvoll sein, zusätzlich auf die Austauschbarkeit aus der Perspektive von Arbeitgebern abzustellen.[1456] Schließlich stellen diese nicht grundlos spezifische Anforderungen für die jeweiligen Arbeitsplatzprofile auf.

Das Humankapital eines Arbeitnehmers sind seine zur Einkommenserzielung verwertbaren Begabungen, Fähigkeiten und sein Wissen.[1457] Aus institutionentheoretischer Perspektive wird zwischen allgemeinem, berufs- und branchenspezifischem sowie betriebsspezifischem Humankapital unterschieden.[1458] Allgemeines und betriebsspezifisches Humankapital ist für die Marktabgrenzung grundsätzlich nicht geeignet; ihnen kann höchstens eine ergänzende Funktion zukommen. Ersteres ermöglicht keine sachliche Differenzierung zwischen Arbeitsplätzen. Letzteres würde zu einer Abgrenzung von Arbeitsmärkten führen, die nur aus einem Arbeitsnachfrager bestehen. Es spricht daher viel dafür, auf das berufs- oder branchenspezifische Humankapital abzustellen.

Das berufsspezifische Humankapital wird von Arbeitnehmern zur Ausübung eines bestimmten Berufsbildes erworben, beispielsweise ein Ausbildungs- oder Hochschulabschluss.[1459] Maßgeblich sind neben dem berufsspezifischen Humankapital auch die Tätigkeitsprofile unterschiedlicher Arbeitsplätze. Denn unterschiedliche Tätigkeitsprofile können oft mit dem gleichen berufsspezifischen Humankapital ausgeübt werden. So können Juristen mit zwei abgeschlossenen Staatsexamina beispielsweise als Rechtsanwälte oder Richter arbeiten. Ob beide Berufsbilder substituierbar sind, ist jedoch aufgrund des unterschiedlichen Tätigkeitsprofils eher unwahrscheinlich.

Bei branchenspezifischem Humankapital ist zu beachten, dass es für die Abgrenzung von Arbeitsmärkten grundsätzlich nicht maßgeblich ist, auf welchen nachgelagerten Gütermärkten Arbeitgeber aktiv sind.[1460] Ein Buchhalter kann beispielsweise für Arbeitgeber aus völlig unterschiedlichen Branchen arbeiten.[1461] Das ist freilich nicht bei allen Berufen der Fall. Verlangt die Tätigkeit von Arbeitnehmern auf den Absatzmärkten ihres Arbeitgebers spezifisches Humankapital, kann dies für die Abgrenzung von branchenspezifischen Teilmärkten für ein bestimmtes Berufsbild sprechen.[1462] Insoweit zeigt sich der wirtschaftliche Wert von Arbeitsleistung, der sich von den Absatzmärkten des Arbeitgebers ableitet.

Zum Humankapital von Arbeitnehmern sind nicht nur Qualifikationen zu zählen, die sich in Form von Zeugnissen oder sonstigen Nachweisen belegen lassen. Relevant sind auch Fähigkeiten, die ein Arbeitnehmer im Laufe der Zeit durch Erfahrung in einem bestimmten Beruf und einer bestimmten Branche

---

1454 *Déchamps* et al., 18 Comp. Law J. 2019, 190, 197.

1455 *Heinemann*, WuW 2020, 371, 375, 379; *Kremer*, Arbeitgeber-Kollusionen und das Kartellverbot, 2022, S. 281; *Preetz*, Wettbewerbsbeschränkendes Arbeitgeberverhalten, 2023, S. 208.

1456 Generell dafür *Kremer*, Arbeitgeber-Kollusionen und das Kartellverbot, 2022, S. 281.

1457 Siehe dazu Teil 1 C.III.1.

1458 Siehe dazu Teil 1 C.III.1.

1459 Siehe etwa das eingangs dargestellte Medizinerbeispiel.

1460 DOJ/FTC, Antitrust Guidance for HR Professionals, 2016, S. 2; *Eufinger*, RIW 2017, 481, 482; *Marinescu/Hovenkamp*, 91 Ind. Law J. 2019, 1031, 1053; *Bien/Doganoglu*, NZKart 2019, 185, 186; *Heinemann*, WuW 2020, 371, 375, 379; *Kremer*, Arbeitgeber-Kollusionen und das Kartellverbot, 2022, S. 280.

1461 *Eufinger*, RIW 2017, 481, 482; *Heinemann*, WuW 2020, 371, 379.

1462 Dies für die Ölindustrie erwägend *Todd v. Exxon Corp*, 275 F.3d 191, 202 et seqq. (2nd Cir. 2001); vgl. *Linsmeier/Mächtle*, NZKart 2015, 258, 262.

erwirbt. Ein Arbeitnehmer, der bereits ein oder mehrere Jahrzehnte Berufserfahrung hat, wird regelmäßig ein anderes, besser entlohntes Arbeitsplatzprofil anstreben als ein Berufseinsteiger. Das gilt auch dann, wenn beide den gleichen Ausbildungs- oder Studienabschluss haben.[1463] Arbeitsmärkte können daher nicht nur horizontal nach Berufsbildern oder Branchen, sondern auch vertikal nach Erfahrungs- oder Hierarchieebenen abzugrenzen sein.

Jedermanns-Arbeitsmärkte umfassen Arbeitsleistungen, für die zumeist nur wenig Humankapital erforderlich ist. Arbeitnehmer können die jeweiligen Tätigkeiten typischerweise auch ohne einschlägige Ausbildung oder Vorerfahrung nach einer kurzen Einarbeitungszeit ausüben. Das bedeutet, die Marktzutritts- und -austrittsschranken sind recht gering. Das erschwert die Marktabgrenzung. Denn aus der Sicht der jeweils betroffenen Arbeitnehmer können auch gänzlich andere (Jedermanns-)Arbeitsleistungen als Substitutionsmöglichkeit in Betracht kommen.[1464] Aber auch in anderen Fällen wird es möglicherweise nicht gelingen, einen Arbeitsmarkt mit hinreichender Sicherheit abzugrenzen.

Aus den genannten Erwägungen ergeben sich mögliche Grundsätze für die sachliche Abgrenzung von Arbeitsmärkten: Aus Sicht des Arbeitnehmers sind solche Arbeitsplätze substituierbar, bei denen er sein Humankapital möglichst vollständig zum Einsatz bringen kann. Maßgeblich sind regelmäßig das berufsspezifische Humankapital sowie das Tätigkeitsprofil unterschiedlicher Arbeitsplätze. Bei Jedermanns-Arbeitsleistungen ist eine Marktabgrenzung aufgrund der möglicherweise breiten und heterogenen Substitutionsmöglichkeiten schwierig. Die Absatzmärkte des Arbeitgebers sind bei der Arbeitsmarktabgrenzung nur erheblich, wenn branchenspezifisches Humankapital dazu führt, dass Arbeitsplätze mit gleichem Berufsbild nicht substituierbar sind. Je größer das Humankapital eines Arbeitnehmers ist, umso enger ist in der Regel der sachlich relevante Markt abzugrenzen.[1465] Eine sachliche Abgrenzung ist im Einzelfall nicht nur auf Berufs- oder Branchenebene geboten, sondern auch auf Erfahrungs- oder Hierarchieebene.

Diese Grundsätze sind keinesfalls als abschließender Kriterienkatalog für die Abgrenzung von Arbeitsmärkten zu verstehen. Wie einleitend erläutert, ist die sachliche Marktabgrenzung einzelfallbezogen und kann daher nicht abstrakt vorweggenommen werden. Beispielsweise ist ebenfalls relevant, wie sehr sich Insider-Outsider-Strukturen verfestigt haben. Das bedeutet, Arbeitnehmer mit identischem Humankapital, die gegebenenfalls sogar bei demselben Unternehmen vergleichbare Tätigkeiten ausüben würden, können unterschiedlichen sachlichen Arbeitsmärkten angehören. So könnten ein sachlicher Markt für Outsider, etwa Leiharbeiter oder nur befristet Beschäftigte, und ein separater sachlicher Markt für Insider, insbesondere unbefristet angestellte und gewerkschaftlich vertretene Arbeitnehmer, abzugrenzen sein.

1463 Vgl. dazu das Beispiel in *Todd v. Exxon Corp*, 275 F.3d 191, 204 (2nd Cir. 2001): „Even antitrust lawyers – the favorite example used by the district court and defendants – could be subject to this effect. [...] While defendants are correct that 'there is no specialized body of antitrust law applicable only to the oil industry,' antitrust involves extensive empirical research into the business specifics of a particular industry, and it is not inconceivable that a lawyer who has spent a career mastering the subtleties of the oil and petrochemical industry would be more valuable within that industry."

1464 Bei der Prognose von Nachfragemacht auf Jedermanns-Arbeitsmärkten ist daher die Möglichkeit einer Randsubstitution in den Blick zu nehmen; siehe dazu unten C.III.2.2.2b)gg).

1465 *Bien/Doganoglu*, NZKart 2019, 185, 186; vgl. OECD, Competition in Labour Markets, 2020, S. 33.

1.2.2 Geographische Abgrenzung von Arbeitsmärkten

Die qualitative Methode zur geographischen Abgrenzung von Arbeitsmärkten ist ebenfalls das Bedarfsmarktkonzept.[1466] Maßgeblich ist, ob die Wettbewerbsbedingungen in einem Gebiet hinreichend homogen sind und sich von denen in den benachbarten Gebieten spürbar unterscheiden.[1467]

Eine abstrakte Definition von Grundsätzen für die geographische Arbeitsmarktabgrenzung ist schwierig, da sie von der sachlichen abhängt.[1468] Ein maßgebliches Kriterium ist die Mobilität der jeweiligen Arbeitnehmer, also deren Bereitschaft und Fähigkeit, zu pendeln sowie für einen Arbeitsplatz den Wohnort zu wechseln.[1469] Je nach Arbeitsplatzprofil können Arbeitsmärkte jede Stufe von lokaler bis weltweiter Größe einnehmen.[1470] Tendenziell wird sich die Mobilitätsbereitschaft eines durchschnittlichen Arbeitnehmers mit der Entlohnung erhöhen, gerade wenn die Mobilitätskosten vom Arbeitgeber übernommen werden. So werden sich Arbeitnehmer im Niedriglohnbereich eher lokal oder regional bewerben,[1471] während Arbeitsplätze für hoch qualifizierte Arbeitskräfte und Führungspositionen national oder sogar darüber hinaus vergeben werden können.[1472] Zwingend ist dies allerdings nicht. Auch Lohnunterschiede zwischen verschiedenen Gebieten haben nur eine begrenzte Indizwirkung dafür, dass es sich um zwei unterschiedliche Arbeitsmärkte handelt.[1473] Denn Lohnunterschiede können auch Ausdruck der friktionellen Störung innerhalb eines Arbeitsmarktes sein.[1474] Hinzu kommt, dass die zurzeit stark wachsenden Möglichkeiten zu Homeoffice die geographische Marktabgrenzung deutlich erweitern können.[1475] Gerade Arbeitsmärkte in der IT-Branche oder im Bereich *crowdwork* können daher national bis weltweit abzugrenzen sein. In jedem Einzelfall muss geprüft werden, ob nicht regulatorische oder marktgemachte

---

1466 *Thomas*, in: Immenga/Mestmäcker, Wettbewerbsrecht, 6. Aufl. 2020, Bd. 3, GWB § 36 Rn. 79.

1467 Kommission, Bekanntmachung Marktabgrenzung, ABl. 2024 C 1645, 1, Rn. 12 lit. b); vgl. auch Art. 9 Abs. 7 S. 1 FKVO.

1468 *Kremer*, Arbeitgeber-Kollusionen und das Kartellverbot, 2022, S. 284.

1469 *Kordel*, Arbeitsmarkt und Europäisches Kartellrecht, 2004, S. 5; *Naidu/Posner/Weyl*, 132 Harv. L. Rev. 2018, 536, 575; *Marinescu/Hovenkamp*, 91 Ind. Law J. 2019, 1031, 1048; OECD, Competition in Labour Markets, 2020, S. 33; *Heinemann*, WuW 2020, 371, 380; *Kremer*, Arbeitgeber-Kollusionen und das Kartellverbot, 2022, S. 285.

1470 *Bien/Doganoglu*, NZKart 2019, 185, 186; *Heinemann*, WuW 2020, 371, 380; *Kremer*, Arbeitgeber-Kollusionen und das Kartellverbot, 2022, S. 286.

1471 *Naidu/Posner/Weyl*, 132 Harv. L. Rev. 2018, 536, 554; *Preetz*, Wettbewerbsbeschränkendes Arbeitgeberverhalten, 2023, S. 213.

1472 Memorandum Opinion and Order, *Leinani Deslandes v. McDonald's*, 1:2017cv04857 (7th Cir. 2021), S. 20 f.: „Likely, there are many other high-skill, high-earning jobs (such as dermatologist or computer engineer) for which the relevant market is essentially national or regional. That could be true in any labor market where positions are so highly-skilled or highly-paid that employers can recruit from across the nation, because the labor is worth enough to the employer to pay for relocation and/or the salary is sufficiently high to incentivize an employee to move. […] The relevant market for employees to do the type of work alleged in this case is likely to cover a relatively small geographic area. Most employees who hold low-skill retail or restaurant jobs are looking for a position in the geographic area in which they already live and work, not a position requiring a long commute or a move"; vgl. auch die Beispiele bei *Bien/Doganoglu*, NZKart 2019, 185, 186; *Kremer*, Arbeitgeber-Kollusionen und das Kartellverbot, 2022, S. 286 f.

1473 Zur begrenzten Indizwirkung von Preisunterschieden für die geographische Marktabgrenzung *Körber*, in: Immenga/Mestmäcker, Wettbewerbsrecht, 6. Aufl. 2020, Bd. 3, FKVO Art. 2 Rn. 167.

1474 *Marinescu/Posner*, 105 Cornell L. Rev. 2020, 1343, 1353 f.; siehe dazu Teil 2 D.II.1.

1475 *Bien/Doganoglu*, NZKart 2019, 185, 186; *Kucko* et al., A Comment on Labor Market Definition, 2022, S. 9; *Kremer*, Arbeitgeber-Kollusionen und das Kartellverbot, 2022, S. 285 f.

Marktzutrittsschranken existieren,[1476] die eine Marktausdehnung über den nationalen Bereich hinaus verhindern.[1477]

In der US-Literatur wird vorgeschlagen, Arbeitsmärkte als Ausgangspunkt in Pendlerzonen zu unterteilen.[1478] Angesichts der beschriebenen Abhängigkeit der geographischen von der sachlichen Reichweite eines Arbeitsmarktes sind diesem Vorgehen Grenzen gesetzt. Nach hiesiger Ansicht sollten Pendlerzonen erst dann herangezogen werden, wenn bereits ermittelt wurde, dass es sich um einen lokalen oder regionalen Arbeitsmarkt handelt. Denn erst dann ist relevant, wie lange oder über welche Distanz der durchschnittliche Arbeitnehmer pendelt. Einen ersten groben Überblick kann insoweit die Statistik von *Eurostat* bieten.[1479] Diese gibt die durchschnittlichen Pendlerzeiten für alle europäischen Mitgliedstaaten an und lässt sich auch auf nationaler Ebene weiter nach Bevölkerungsdichte eines Gebietes, Bildungsgrad der Pendler, Geschlecht und Alter filtern. Aufschlussreich ist außerdem das tatsächliche Verhalten der Arbeitnehmer in dem relevanten Gebiet.[1480] Dafür können die Kartellbehörden Auskunftsverlangen nutzen. Sinnvoll erscheint es insbesondere, den Zusammenschlussbeteiligten und ihren möglichen Wettbewerbern aufzugeben, anonymisiert offenzulegen, wo der Wohnsitz ihrer Angestellten mit dem relevanten Arbeitsplatzprofil liegt.[1481] Die Marktgrenze wird dann regelmäßig in der Nähe der Pendlergruppe mit der höchstens Fahrtdistanz oder -zeit liegen, wobei im Einzelfall zu entscheiden ist, ob Extremfälle berücksichtigt werden sollen.[1482]

1.3 SSNDW-Test

Quantitative Methoden können ergänzend zur Ermittlung des relevanten Marktes herangezogen werden. Zu untersuchen ist, ob dies auch für die Abgrenzung von Arbeitsmärkten gilt.

Der SSNIP-Test („*Small but Significant Non-transitory Increase in Price*"), der auch als „hypothetischer Monopoltest" bezeichnet wird, bildet den Rahmen zur Bestimmung des relevanten Marktes anhand quantitativer Methoden.[1483] Dieser Test versucht auf Angebotsmärkten zu ermitteln, ob die Abnehmer eines hypothetischen Monopolisten auf andere Leistungen ausweichen würden, wenn dieser die Preise

---

1476 Beispiele sind Berufszulassungsvoraussetzungen, die Anforderungen an die Sprachkenntnisse oder die Staatsbürgerschaft stellen oder ausländische Ausbildungs- bzw. Hochschulabschlüsse nicht oder nur begrenzt anerkennen.

1477 *Bien/Doganoglu*, NZKart 2019, 185, 186; *Kremer*, Arbeitgeber-Kollusionen und das Kartellverbot, 2022, S. 285.

1478 Siehe etwa *Marinescu/Hovenkamp*, 91 Ind. Law J. 2019, 1031, 1048; *Mellman*, 53 Colum. J. L. & Soc. Probs. 2019, 1, 30; *Marinescu/Posner*, 105 Cornell L. Rev. 2020, 1343, 1354; *Azar/Marinescu/Steinbaum/Taska*, Concentration in US Labor Markets, 2018, S. 8; *Azar/Marinescu/Steinbaum*, 57 J. Hum. Resour. 2022, S167, S173.

1479 Eurostat, Persons in employment by commuting time, educational attainment level and degree of urbanisation, abrufbar unter: https://ec.europa.eu/eurostat/databrowser/view/LFSO_19PLWK28__custom_4514246/default/table?lang=en (zuletzt abgerufen am 6.7.2025); dazu *Jans*, Merger control in labour markets, 2022, Rn. 16.

1480 Zur Indizwirkung des tatsächlichen Verhaltens der Marktteilnehmer Kommission, Bekanntmachung Marktabgrenzung, C(2023) 6789, Rn. 67 ff.; *Körber*, in: Immenga/Mestmäcker, Wettbewerbsrecht, 6. Aufl. 2020, Bd. 3, FKVO Art. 2 Rn. 172.

1481 *Jans*, Merger control in labour markets, 2022, Rn. 16.

1482 *Jans*, Merger control in labour markets, 2022, Rn. 16.

1483 Dazu Kommission, Bekanntmachung Marktabgrenzung, C(2023) 6789, Rn. 59 ff.; *Klein*, WuW 2010, 169 ff.; *Wingerter*, WuW 2016, 357 ff.; *Montag/von Bonin*, in: MüKo, Wettbewerbsrecht, 4. Aufl. 2023, Bd. 1-2, FKVO Art. 2 Rn. 44; *Schwalbe/Zimmer*, Kartellrecht und Ökonomie, 3. Aufl. 2021, S. 89 ff.

für seine Leistungen nicht nur vorübergehend in geringem Maße erhöht.[1484] Ein solch geringes Maß soll bei 5 bis 10 % liegen.[1485] Ausgehend von der kleinstmöglichen Marktabgrenzung wird auf diese Weise ermittelt, ab wann diese Preiserhöhung – mangels Ausweichmöglichkeiten seiner Abnehmer – zu einem Gewinn des Monopolisten führen würde. Dann ist die Grenze des Marktes gefunden.[1486]

Der SSNIP-Test ist auch auf Nachfragemärkte anwendbar.[1487] Speziell für Arbeitsmärkte haben *Naidu*, *Posner* und *Weyl* die Bezeichnung SSNDW-Test („*Small but Significant and Non-transitory Decrease in Wages*") geschaffen.[1488] Dieser Test fragt, ob ein hypothetischer Monopsonist eine geringe, aber nicht nur vorübergehende Lohnkürzung vornehmen könnte, ohne dass aktuelle und potenzielle Arbeitnehmer zu anderen Arbeitgebern wechseln.[1489] Als Maßstab wird eine Lohnreduktion von 5 % vorgeschlagen.[1490] Für die Anwendung des SSNDW-Tests sind insbesondere die Berechnung der Lohnelastizität des Arbeitsangebots[1491] und der Kreuzlohnelastizität des Arbeitsangebots[1492] sowie eine Korrelationsanalyse von Löhnen[1493] relevant. Auch die ökonometrische Analyse vergangener Schocks, die Nachfrager des relevanten Arbeitsmarktes miterfassten, kann aufschlussreich sein.[1494]

1484 Kommission, Bekanntmachung Marktabgrenzung, C(2023) 6789, Rn. 59; *Mestmäcker/Schweitzer*, Europäisches Wettbewerbsrecht, 3. Aufl. 2014, § 26 Rn. 44.

1485 *Schwalbe/Zimmer*, Kartellrecht und Ökonomie, 3. Aufl. 2021, S. 91; so auch noch die frühere Bekanntmachung der Kommission über die Definition des relevanten Marktes im Sinne des Wettbewerbsrechts der Gemeinschaft (Bekanntmachung Marktdefinition), ABl. 1997 C 372, 5, Rn. 17.

1486 *Wingerter*, WuW 2016, 357, 358; *Mestmäcker/Schweitzer*, Europäisches Wettbewerbsrecht, 3. Aufl. 2014, § 26 Rn. 44; *Thomas*, in: Immenga/Mestmäcker, Wettbewerbsrecht, 6. Aufl. 2020, Bd. 3, GWB § 36 Rn. 90.

1487 Kommission, Bekanntmachung Marktdefinition, ABl. 1997 C 372, 5, Rn. 17; Kommission, Leitlinien horizontale Zusammenarbeit, ABl. 2011 C 11, 1, Rn. 198: „Bei der Ermittlung des Wettbewerbsdrucks auf die Einkäufer sind die Alternativen der Anbieter ausschlaggebend. Diese Alternativen könnten zum Beispiel durch die Untersuchung der Reaktion der Anbieter auf eine geringe, nicht nur vorübergehende Preissenkung ermittelt werden."

1488 *Naidu/Posner/Weyl*, 132 Harv. L. Rev. 2018, 536, 574 ff.; siehe auch *Sillman*, 30 Kan. J. L. & Pub. Pol. 2020, 37, 76; *Déchamps* et al., 18 Comp. Law J. 2019, 190, 197 f.; *Heinemann*, WuW 2020, 371, 379; *Lichtenberg*, NZKart 2023, 296, 299; dagegen von einem SSNRW-Test („*Small but Non-transitory Reduction in Wages*") sprechend *Marinescu/Hovenkamp*, 91 Ind. Law J. 2019, 1031, 1050; *Mellman*, 53 Colum. J. L. & Soc. Probs. 2019, 1, 28; die US-Behörden kategorisieren den hypothetischen Monopoltest für Arbeitsmärkte als Unterfall des für Nachfragemärkte geltenden SSNIPT-Tests („*Small but Significant Non-transitory Increase in Price or other worsening of terms*"); DOJ/FTC, Merger Guidelines, 2023, S. 42.

1489 *Naidu/Posner/Weyl*, 132 Harv. L. Rev. 2018, 536, 574; *Marinescu/Hovenkamp*, 91 Ind. Law J. 2019, 1031, 1050.

1490 *Naidu/Posner/Weyl*, 132 Harv. L. Rev. 2018, 536, 575.

1491 *Naidu/Posner/Weyl*, 132 Harv. L. Rev. 2018, 536, 576; *Marinescu/Hovenkamp*, 91 Ind. Law J. 2019, 1031, 1050; *Kucko* et al., A Comment on Labor Market Definition, 2022, S. 3 f.; allgemein zur Preiselastizität Kommission, Entsch. v. 24.4.1996, Fall IV/M.619, Rn. 56 ff. – *Gencor/Lonrho*; Kommission, Bekanntmachung Marktabgrenzung, C(2023) 6789, Rn. 53.

1492 Allgemein zur Kreuzpreiselastizität: Kommission, Bekanntmachung Marktabgrenzung, C(2023) 6789, Rn. 53; Kommission, Entsch. v. 17.10.2001, Fall COMP/M.2187, Rn. 75 f. – *CVC/Lenzing*; Kommission, Leitlinien für horizontale Zusammenschlüsse, ABl. 2004 C 31, 5, Rn. 29 Fn. 5: „Mit der Kreuzpreiselastizität der Nachfrage wird gemessen, in welchem Maße sich die nachgefragte Menge eines Produktes in Erwiderung auf eine Änderung des Preises eines anderen Produkts verändert, wenn alle übrigen Bedingungen gleich bleiben." Im Kontext der Nachfrageseite von Arbeitsmärkten müsste ermittelt werden, in welchem Maße sich die Anzahl an verfügbaren Arbeitnehmern für ein bestimmtes Arbeitsplatzprofil ändert, wenn der Lohn für ein anderes Arbeitsplatzprofil erhöht oder gesenkt wird (sog. Kreuzlohnelastizität des Arbeitsangebots).

1493 Zur Korrelationsanalyse von Preisen: Kommission, Entsch. v. 22.7.1992, Fall IV/M.190, Rn. 18 – *Nestlé/Perrier*; Kommission, Entsch. v. 30.9.1992, Fall IV/M.214, Rn. 28 – *Du Pont/ICI*; Kommission, Bekanntmachung Marktabgrenzung, C(2023) 6789, Rn. 49.

1494 *Naidu/Posner/Weyl*, 132 Harv. L. Rev. 2018, 536, 576; allgemein zur Schockanalyse Kommission, Bekanntmachung Marktabgrenzung, C(2023) 6789, Rn. 51.

Dem SSNIP-Test wird teilweise eine begrenzte Aussagekraft zugesprochen, unter anderem weil er sich nur auf Preise beziehe.[1495] Dieser Einwand ist auch bei Marktpreisen in Gestalt von Löhnen plausibel. Denn empirische Analysen zur Elastizität oder Korrelation von Löhnen werden durch die Besonderheiten des *Matching*-Prozesses auf Arbeitsmärkten erschwert. Zu diesen Besonderheiten zählt vor allem die regelmäßig unelastische Reaktion des Arbeitsangebots auf Lohnänderungen im Vergleich zu dem Angebot auf industriellen Warenmärkten.[1496] Dies liegt einerseits an Suchfriktionen und Opportunismusproblemen, die regelmäßig den beidseitigen Wunsch nach einer längerfristigen Arbeitsbeziehung begründen.[1497] Relevant ist außerdem, dass Arbeitnehmer neben dem Lohn noch weitere Kriterien zur Bewertung von Arbeitsplätzen heranziehen, die kaum oder gar nicht quantifizierbar sind, beispielsweise ihre Arbeitszeiten, Aufstiegschancen oder das Betriebsklima.[1498] Außerdem entstehen im Laufe von Arbeitsverhältnissen soziale Beziehungen zwischen Mitarbeitern und auch soziale Normen wie die Reziprozität können zu einer sinkenden Elastizität führen.[1499] Soziale Normen tragen außerdem zu der arbeitsmarktspezifischen Besonderheit bei, dass Nominallohnkürzungen eher selten vorkommen.[1500] Quantitative Methoden, die auf empirischen Untersuchungen aufbauen, müssten sich daher vermutlich vermehrt auf die Auswirkungen von Lohnerhöhungen beschränken.[1501]

Diese Besonderheiten können zu Ungenauigkeiten bei der Analyse oder Interpretation von Lohnelastizitäten oder -korrelationen führen, die sich dann in der Marktabgrenzung niederschlagen.[1502] Insbesondere die Überinterpretation von geringen Lohnelastizitäten oder -korrelationen könnte in einer zu engen Marktabgrenzung resultieren. Mit den quantitativen Analysemethoden ist zudem das praktische Problem verbunden, die hierfür notwendigen belastbaren Arbeitsmarktdaten zu erlangen, was in einigen Fällen schwierig oder jedenfalls aufwendig sein dürfte.[1503]

1495 *Ewald*, ZWeR 2004, 512, 529: „Der komplexe Wettbewerbsprozess wird ferner auf den Aspekt des Preiswettbewerbs und das Problem der Marktmacht auf die Existenz profitabler Preiserhöhungsspielräume reduziert"; *Mestmäcker/Schweitzer*, Europäisches Wettbewerbsrecht, 3. Aufl. 2014, § 26 Rn. 45; *Thomas*, in: Immenga/Mestmäcker, Wettbewerbsrecht, 6. Aufl. 2020, Bd. 3, GWB § 36 Rn. 93.

1496 Siehe die ausführlichere Erläuterung unter Teil 2 D.II.2.

1497 Siehe dazu Teil 1 C.III.3.1.3 und E. Aufgrund der regelmäßig langen Dauer von Arbeitsbeziehungen ebenfalls zurückhaltend hinsichtlich des Aussagegehalts eines SSNDW-Tests *Kucko* et al., A Comment on Labor Market Definition, 2022, S. 5 ff.

1498 Siehe dazu etwa Teil 1 C.III.2. Aufgrund der nichtmonetären Aspekte der Arbeitsbeziehung ebenfalls zurückhaltend hinsichtlich des Aussagegehalts eines SSNDW-Tests *Déchamps* et al., 18 Comp. Law J. 2019, 190, 198; *Jans*, Merger control in labour markets, 2022, Rn. 14; *Kucko* et al., A Comment on Labor Market Definition, 2022, S. 4 f.; *Kremer*, Arbeitgeber-Kollusionen und das Kartellverbot, 2022, S. 283; *Preetz*, Wettbewerbsbeschränkendes Arbeitgeberverhalten, 2023, S. 210 f.

1499 Siehe dazu Teil 1 C.III.3.1.3 und C.III.3.2.4c).

1500 Dazu, dass Löhne oft abwärts rigide sind, siehe Teil 1 C.III.3.1.1 und C.III.3.2.4c)bb).

1501 Die Lohnrigidität von Arbeitsmärkten und der von Arbeitgebern gegenüber Lohnkürzungen favorisierte Stellenabbau können allerdings möglicherweise auf anderem Wege für die Marktabgrenzung fruchtbar gemacht werden: Es könnte empirisch untersucht werden, welche Arbeitsplätze die betroffenen Arbeitnehmer nach ihrer Entlassung belegen. Dies kann ein Indiz dafür sein, welche Arbeitsplätze aus ihrer Sicht substituierbar sind.

1502 Vgl. *Kucko* et al., A Comment on Labor Market Definition, 2022, S. 6 f. Auch abseits von Arbeitsmärkten ist es schwierig, zuverlässige Elastizitätswerte zu ermitteln; *Hirsbrunner/Hacker*, in: von der Groeben/Schwarze/Hatje, Europäisches Unionsrecht, 7. Aufl. 2015, FKVO Art. 2 Rn. 335; *Anchustegui*, Buyer Power in EU Competition Law, 2017, S. 201; *Legner*, Schadenstheorien bei Nachfragemacht im europäischen und deutschen Kartellrecht, 2019, S. 131.

1503 *Jans*, Merger control in labour markets, 2022, Rn. 14; vgl. dazu allgemein *Kling/Thomas*, Kartellrecht, 2. Aufl. 2016, § 8 Rn. 134; *Riesenkampff/Steinbarth*, in: Kersting/Meyer-Lindemann/Podszun, Kartellrecht, 5. Aufl. 2025, FKVO Art. 2 Rn. 26.

Generell indizieren diese Erwägungen zu den arbeitsmarktspezifischen Besonderheiten, dass quantitativen Methoden eher keine zentrale Rolle bei der Abgrenzung von Arbeitsmärkten einnehmen werden. Eine ergänzende Rolle, beispielsweise zur Überprüfung des Ergebnisses der qualitativen Analyse, ist dagegen durchaus denkbar.

2. Kontrafaktische Analyse von Zusammenschlüssen auf Arbeitsmärkten

2.1 Ausgangspunkt

Im Folgenden soll die Anwendung des SIEC-Kriteriums bei Nachfragemacht auf Arbeitsmärkte untersucht werden. Der Abschnitt will folglich aufzeigen, ob und unter welchen Voraussetzungen ein horizontaler Zusammenschluss auf Arbeitsmärkten Nachfragemacht begründen oder verstärken kann, die bei einer kontrafaktischen Betrachtung zu einer erheblichen Behinderung wirksamen Wettbewerbs führen würde. Die Arbeit wird sich dabei auf unilaterale Effekte konzentrieren. Es geht also um die kontrafaktische Analyse einer Marktstellung der fusionierten Einheit, die es ihr gestatten würde, wirksamen Wettbewerb durch ihr individuelles Verhalten erheblich zu beschränken. Mögliche koordinierte Effekte, die insbesondere bei einer kollektiven Marktbeherrschung mehrerer Oligopol-Unternehmen entstehen können, sollen dagegen nicht untersucht werden.

Der ökonomische Grundlagenteil dieser Abhandlung hat gezeigt, dass Arbeitsleistung ein Produktionsfaktor ist und Arbeitnehmer funktionell betrachtet Unternehmer sind, die diese Leistung anbieten. Konsequenterweise können die beiden gängigen Nachfragemacht-Modelle für industrielle Warenmärkte, das Monopson-Modell und das Modell bilateraler Verhandlungsmacht, grundsätzlich auch auf Arbeitsmärkte anwendbar sein.[1504] Ausgehend von der geschilderten Zielsetzung dieses Abschnitts ist es daher in einem ersten Schritt geboten, die Ermittlung von Monopsonmacht und bilateraler Verhandlungsmacht auf Arbeitsmärkten in den Blick zu nehmen. Im Folgenden sollen konkret die für industrielle Warenmärkte anerkannten Kriterien zur Ermittlung von Marktmacht – und spezielle Nachfragemacht – daraufhin untersucht werden, ob sie geeignet sind, steigende Monopsonmacht oder bilaterale Verhandlungsmacht auf Arbeitsmärkten zu erfassen (2.2).

Anschließend soll der Frage nachgegangen werden, welche Schadenstheorie bei Nachfragemacht auf Arbeitsmärkten eine erhebliche Behinderung wirksamen Wettbewerbs begründen könnte. Nachfragemacht bewirkt auf industriellen Warenmärkten grundsätzlich, dass die Preise der betroffenen Güter – verglichen mit dem wettbewerbsanalogen Niveau – absinken. Das gilt für Nachfragemacht auf Arbeitsmärkten entsprechend: Der Lohn für die betroffene Arbeitsleistung sinkt. Dieser ökonomische Befund findet allerdings keinen unmittelbaren normativen Widerhall in der europäischen oder deutschen Fusionskontrolle. Denn es wurde bereits gezeigt, dass weder eine *supplier welfare* noch außerwettbewerbliche Ziele wie ein Arbeitnehmerschutz von den Schutzzwecken beider Fusionskontrollregime umfasst werden.[1505] Der SIEC-Test muss sich auf Arbeitsmärkten anderer Schadenstheorien bedienen. Welche Schadenstheorien insoweit in Betracht kommen, will die Arbeit untersuchen (2.3).

Zuletzt versucht sie aufzuzeigen, welche arbeitsmarktspezifischen Besonderheiten Einfluss auf die Prüfung des SIEC-Tests haben können und wie diese in die Prüfung zu integrieren sind (2.4). Der Fokus

1504 Siehe dazu Teil 1 D.

1505 Siehe dazu oben C.II.3 und C.II.4.

wird insoweit auf Gewerkschaften liegen, die im Rahmen von Tarifverhandlungen eine erhebliche gegengewichtige Marktmacht zu der fusionierten Einheit begründen können.

2.2 Ermittlung von Nachfragemacht durch Zusammenschlüsse auf Arbeitsmärkten

2.2.1 Vorüberlegung: Verhältnis von Monopson- und Verhandlungsmacht auf Arbeitsmärkten

Bevor die Ermittlung von Monopsonmacht und bilateraler Verhandlungsmacht auf Arbeitsmärkten näher untersucht werden kann, ist zu klären, ob eines der beiden Nachfragemacht-Modelle besser dazu geeignet ist, die tatsächlichen Arbeitsmarktverhältnisse sachgerecht zu erfassen. Möglicherweise lässt sich sogar ermitteln, dass regelmäßig nur eines der beiden Modelle im Regelfall dazu in der Lage ist, als Ausgangspunkt eines SIEC-Tests auf Arbeitsmärkten zu dienen.

Im Rahmen der wettbewerbsökonomischen Untersuchung von Arbeitsmärkten wurde bereits gezeigt, dass die Art der Lohnsetzung einen Anhaltspunkt für das passende Nachfragemacht-Modell liefert.[1506] Ein *ex ante wage-posting* lässt keinen Raum für einen Verhandlungsprozess, bei dem der Arbeitgeber sein Drohpotenzial zur Erwirkung günstigerer Löhne ausüben könnte. Insoweit könnte das Monopson-Modell besser geeignet sein, die Marktrealität zu erfassen. Die empirischen Erkenntnisse über die Verteilung von *ex ante wage-posting* und *ex post wage-bargaining* im Lohnsetzungsprozess sind noch recht begrenzt. Die bisher vorhandenen Studien lassen allerdings erste Schlussfolgerungen zu. So wurde bei der empirischen Untersuchung von US-amerikanischen und deutschen Arbeitsmärkten festgestellt, dass etwa ein Drittel der Löhne verhandelt und zwei Drittel einseitig vom Arbeitgeber gesetzt werden.[1507] Ermittelt wurde auch, dass *wage-bargaining* eher bei hoch qualifizierten Arbeitskräften verbreitet ist, während *wage-posting* bei weniger qualifizierten Arbeitnehmern mit niedrigeren Löhnen vorherrscht.[1508] Dieser Befund wird durch Studien bestätigt, die Auswirkungen von neuen Informationen über die *outside options* für Arbeitnehmer untersuchen. Danach führen neu erlangte Informationen über höhere Lohnzahlungen anderer Arbeitgeber regelmäßig nur bei höher qualifizierten und bereits besser bezahlten Arbeitskräften zu einer Lohnsteigerung.[1509] Das gleiche Resultat erzielte eine Studie, die Stellenausschreibungen auf Arbeitsmärkten in den USA, dem Vereinigten Königreich und Slowenien untersuchte.[1510] Das indiziert, dass diese Arbeitnehmer dazu in der Lage sind, ihre *outside options* als Drohpunkte in Verhandlungen mit ihrem Arbeitgeber zu realisieren.[1511]

1506 Siehe dazu oben Teil 1 D.III.3.; vgl. *Inderst/Thomas*, Why (European) Antitrust Law Should Not Treat Labor Markets Differently, 2023, S. 7: „[C]onclusions about the implications of, for instance, firm mergers, should not be drawn without an analysis of the prevailing pricing/wage-setting institution."

1507 *Krueger/Hall*, 4 Am. Econ. J. 2012, 56 ermitteln diesen Wert anhand einer Befragung von etwa 1300 US-Arbeitnehmern. Bei dieser Methode ist allerdings unklar, ob Arbeitnehmer, die angaben ihr Gehalt nicht verhandelt zu haben, im Einzelfall doch ein Gegenangebot hätten machen können. *Brenzel/Gartner/Schnabel*, 29 Labour Econ. 2014, 41 verwenden dagegen Daten von deutschen Arbeitgebern, die diesen Mangel nicht aufweisen; dafür schließen sie allerdings zuvor kollektiv verhandelte Löhne mit ein. Ähnlich kommen die Studien von *Doniger* zu dem Ergebnis, dass *wage-posting* auf US-amerikanischen Arbeitsmärkten von 58 % der Arbeitgeber praktiziert wird und auf deutschen Arbeitsmärkten von 73 %; siehe *Doniger*, Wage Dispersion with Heterogeneous Wage Contracts, 2015, S. 25; *dies.*, 51 Rev. Econ. Dyn. 2023, 138, 154.

1508 *Krueger/Hall*, 4 Am. Econ. J. 2012, 56, 60, 67; *Brenzel/Gartner/Schnabel*, 29 Labour Econ. 2014, 41, 47.

1509 *Caldwell/Harmon*, Outside Options, Bargaining, and Wages, 2019, S. 4 f.; *Lachowska/Mas/Saggio/Woodbury*, 40 J. Labor Econ. 2022, S469, S472, S490; vgl. auch *Cahuc/Postel-Vinay/Robin*, 74 Econometrica 2006, 323, 352, die basierend auf französischen Arbeitsmarktdaten ermittelten, dass die Verhandlungsmacht von Arbeitnehmern nur bei hoch qualifizierten Arbeitnehmern Auswirkungen auf die Lohnsetzung hat.

1510 *Brenčič*, 45 Can. J. Econ. 2012, 1529, 1552.

1511 *Lachowska/Mas/Saggio/Woodbury*, 40 J. Labor Econ. 2022, S469, S472, S490.

Diese empirischen Erkenntnisse lassen sich gut mit dem arbeitsökonomischen Grundlagenteil vereinbaren. Dort wurde gezeigt, dass soziale Normen wie Reziprozität und Fairness sowie die damit verknüpfte Arbeitnehmerproduktivität es gebieten können, eine einheitliche interne Lohnstruktur zu schaffen.[1512] Eine unternehmensinterne Lohndiskriminierung zwischen verschiedenen Arbeitnehmern einer homogenen Gruppe ist deswegen vermutlich weniger üblich. Das gilt auch aufgrund der Schwierigkeit, unterschiedliche Reservationslöhne zu ermitteln.[1513] Um Löhne mittels Nachfragemacht zu senken, müsste ein Arbeitgeber, der eine einheitliche Lohnstruktur etabliert hat, nach dem Monopson-Modell grundsätzlich die Menge an beschäftigten Arbeitnehmern reduzieren. Diese tatsächliche Mengenanpassung ist der wesentliche Unterschied der Modellannahmen von Monopsonmacht und bilateraler Verhandlungsmacht. Bei Letzterer wird lediglich mit einer solchen gedroht.[1514]

Wichtig ist allerdings die Einschränkung, dass das Monopson-Modell nur dann Anwendung finden kann, wenn eine Lohnsenkung zugleich prognostizierbar zu einem Beschäftigungsverlust führt.[1515] Das ist jedoch nicht unbedingt der Fall, wenn jeder Arbeitnehmer des jeweiligen Unternehmens – und damit auch die letzte Arbeitseinheit – eine Rente erhält. Ein Beispiel dafür sind Effizienzlöhne. Dann kann eine Lohnsenkung – abhängig von der Höhe – auch ohne Beschäftigungsverlust vonstattengehen. Trotz diagnostizierter Nachfragemacht und *wage-posting* kommt es insoweit regelmäßig nicht zu einem Wohlfahrtsverlust, der einen SIEC begründen könnte.[1516]

Die Anwendung des Modells bilateraler Verhandlungen wird nach den bisherigen Erkenntnissen und der an dieser Stelle gebotenen generalisierenden Betrachtung tendenziell besonders auf Arbeitsmärkten für höher qualifizierte Arbeitskräfte relevant werden. Auf diesen Märkten ist auch auf Arbeitnehmerseite meist nur eine begrenzte Anzahl an möglichen Bewerbern verfügbar, mit denen die Löhne dann verhandelt werden. Eine solche Verhandlungskonstellation kann auch auf geographisch eng abzugrenzenden Arbeitsmärkten mit einer geringen Arbeitslosigkeit entstehen.[1517]

Die wesentliche Erkenntnis dieses Abschnitts ist, dass beide Nachfragemacht-Modelle, das Monopson-Modell und das Modell bilateraler Verhandlungen, grundsätzlich geeignet sein können, um Nachfragemacht auf Arbeitsmärkten adäquat zu erfassen.[1518] Die Arbeit wird daher im Rahmen der folgenden Untersuchung auf beide Modelle eingehen. Keines der Modelle hat jedoch einen exklusiven Anwendungsanspruch. Das passende Modell ist vielmehr im Einzelfall zu ermitteln. Diese Ermittlung kann

---

1512 Siehe dazu Teil 1 C.III.3.2.4 und D.II.2; vgl. auch *Bewely*, Why Wages Don't Fall During a Recession, 1999, S. 76, 78, 79, der zahlreiche Manager interviewte, von denen auf ihre Unternehmen übertragen 78 % angaben, dass Harmonie und Moral der Grund für eine intern gleich Entlohnung einheitlicher Arbeitnehmergruppen seien: „The most interesting comments on the rationale for structure were made by managers who had introduced their system fairly recently. Most focused on the virtues of fairness, objectivity, and internal equity. […] Other employers emphasized the importance of incentives for fairness and clear definitions of duties and the promotion ladder. […] Managers claimed that internal equity was vital, since perceptions of inequity favoritism embitter and antagonize employees. I suspect that the principal cause of managers' preoccupation with morale is experience with inequities."

1513 Vgl. dazu Teil 1 D.III.1, D.III.2 und Teil 2 C.I.

1514 *Kirkwood*, 72 Antitrust L. J. 2005, 625, 639; OECD, Monopsony and Buyer Power, 2008, S. 26; *Chen*, 53 Antitrust Bull. 2008, 241, 2434; *Thomas*, ZWeR 2015, 210, 215 f.; siehe dazu bereits oben Teil 1 D.II.2.

1515 Siehe dazu und zum Folgenden Teil 1 D.III.1.

1516 Siehe dazu ausführlicher unten C.III.2.3.2a).

1517 *Brenzel/Gartner/Schnabel*, 29 Labour Econ. 2014, 41, 47.

1518 Vgl. *Inderst/Thomas*, Why (European) Antitrust Law Should Not Treat Labor Markets Differently, 2023, S. 5: „Undeniably, there is no one-size-fits-all answer."

auch ergeben, dass weder die Annahmen des Monopson-Modells noch die des Modells bilateraler Verhandlungsmacht greifen. Das wäre dann vor allem bei der Prognose möglicher Schadenstheorien zu berücksichtigen.[1519]

2.2.2 Ermittlung von Nachfragemacht durch Zusammenschlüsse auf Arbeitsmärkten

a) Vorüberlegung

Die fusionskontrollrechtliche Prüfung bezieht sich auf einen einzelnen oder mehrere voneinander abgegrenzte Märkte. Es kommt darauf an, ob ein Zusammenschlussvorhaben wirksamen Wettbewerb auf mindestens einem Markt erheblich behindern wird.[1520] Auch das Regelbeispiel des SIEC-Tests, die Marktbeherrschung, zeigt, dass eine wirtschaftliche Machtstellung dann zur Untersagung eines Zusammenschlusses führt, wenn sie marktweit besteht. Der Begriff der Marktbeherrschung geht auf das wettbewerbsökonomische Konzept der Marktmacht zurück.[1521] Diese äußert sich in – insbesondere preisbezogenen – Verhaltensspielräumen eines Unternehmens aufgrund einer gegenüber dem Marktmodell des bilateralen Polypols verringerten wettbewerblichen Kontrolle.[1522]

Das Monopson-Modell ist darauf ausgelegt, Nachfragemacht gegenüber der gesamten Angebotsseite zu erfassen.[1523] Bei dem Modell bilateraler Verhandlungen ist dies grundsätzlich nicht der Fall. Es beschreibt Nachfragemacht nur in einem bilateralen Verhandlungsprozess.[1524] Für die folgende Untersuchung ist daher zu klären, anhand welcher Faktoren sich eine marktweite Verhandlungsmacht eines Arbeitgebers ermitteln lässt.[1525]

Für die Ermittlung von Verhandlungsmacht im bilateralen Verhandlungsprozess kommt es darauf an, ob der Verhandlungspartner über werthaltige *outside options* verfügt.[1526] Für die Ermittlung von marktweiter Verhandlungsmacht ist es daher bedeutsam, ob der jeweilige Markt so strukturiert ist, dass ein

---

[1519] Siehe dazu unten C.III.2.3.

[1520] *Thomas*, in: Immenga/Mestmäcker, Wettbewerbsrecht, 6. Aufl. 2020, Bd. 3, GWB § 36 Rn. 267; *Riesenkampff/Steinbarth*, in: Kersting/Meyer-Lindemann/Podszun, Kartellrecht, 5. Aufl. 2025, FKVO Art. 2 Rn. 9; *Körber*, in: Immenga/Mestmäcker, Wettbewerbsrecht, 6. Aufl. 2020, Bd. 3, FKVO Art. 2 Rn. 16.

[1521] BKartA, Leitfaden zur Marktbeherrschung in der Fusionskontrolle, 2012, Rn. 8; so insgesamt zum SIEC-Test, einschließlich des Regelbeispiels der Marktbeherrschung, Kommission, Leitlinien für horizontale Zusammenschlüsse, ABl. 2004 C 31, 5, Rn. 8, 24; *Thomas*, in: Immenga/Mestmäcker, Wettbewerbsrecht, 6. Aufl. 2020, Bd. 3, GWB § 36 Rn. 121.

[1522] BKartA, Leitfaden zur Marktbeherrschung in der Fusionskontrolle, 2012, Rn. 8; *Wingerter*, WuW 2018, 199 f.; *Thomas*, in: Immenga/Mestmäcker, Wettbewerbsrecht, 6. Aufl. 2020, Bd. 3, GWB § 36 Rn. 121.

[1523] *Schwalbe/Zimmer*, Kartellrecht und Ökonomie, 3. Aufl. 2021, S. 51 f.; siehe dazu bereits Teil 1 D.II.1.

[1524] BKartA, Leitfaden zur Marktbeherrschung in der Fusionskontrolle, 2012, Rn. 126; BKartA, Beschl. v. 31.3.2015, B2-96/14, Rn. 602 f. – *EDEKA/Tengelmann*; *Palatzke*, Nachfragemacht im Kartellrecht, 2012, S. 69; *Legner*, Schadenstheorien bei Nachfragemacht im europäischen und deutschen Kartellrecht, 2019, S. 69 f.; *Thomas*, in: Immenga/Mestmäcker, Wettbewerbsrecht, 6. Aufl. 2020, Bd. 3, GWB § 36 Rn. 267.

[1525] Vgl. aber dazu, dass die Ausweichmöglichkeiten im bilateralen Verhandlungsprozess oft schon Rückschlüsse auf eine marktmächtige Stellung erlauben, *Inderst*, WuW 2008, 1261, 1265: „Der Anteil an den Profiten, den eine Vertragspartei erhält, hängt […] insbesondere von den Abbruchsoptionen ab. Deren Wert bestimmt sich gerade nicht in der bilateralen Beziehung allein, sondern hängt von den jeweiligen Marktverhältnissen auf *beiden* Stufen ab. Hat beispielsweise ein Hersteller Marktzugang über verschiedene Händler, d.h. sind diese einfach zu substituieren, so erhöht dies den Wert seiner eigenen Abbruchsoption in jeder geführten Verhandlung. Verhandlungsmacht und Marktmacht lassen sich oft nicht trennen. Im Gegenteil: Marktmacht und Marktverhältnisse auf beiden Stufen werden durch die verwendete Konzeption von Verhandlungsmacht mit erfasst." Hervorhebung im Original.

[1526] Siehe dazu Teil 1 D.II.2.

gewisser Teil der Anbieter über keine gleichwertigen Ausweichmöglichkeiten verfügt, falls die Verhandlungen mit der fusionierten Einheit scheitern.[1527] Je größer dieser Teil der Anbieter ist, umso näher rückt der Nachfrager an eine marktbeherrschende Stellung heran. Diese graduelle Vorgehensweise steht in Einklang mit der Auslegung des Bewertungskriteriums in § 18 Abs. 3 Nr. 9 GWB. Danach ist die „Möglichkeit der Marktgegenseite, auf andere Unternehmen auszuweichen" bei der Bewertung der Marktstellung zu berücksichtigen. Nach der Regierungsbegründung zur 5. GWB-Novelle ist das Kriterium verwirklicht, wenn eine erhebliche Anzahl von Akteuren der Marktgegenseite keine ausreichenden und zumutbaren Ausweichmöglichkeiten besitzt.[1528] Daraus zieht das Bundeskartellamt die überzeugende Schlussfolgerung, dass zumutbare Ausweichmöglichkeiten nicht für alle Unternehmen der Marktgegenseite fehlen müssen, damit das Kriterium auf Beschaffungsmärkten erfüllt ist.[1529]

Bilaterale Verhandlungsmacht kann also dann zu marktweiter Nachfragemacht auf Arbeitsmärkten führen, wenn ein Arbeitgeber die Möglichkeit hat, sich gegenüber einem gewissen Teil der Arbeitnehmer eines Marktes bei Verhandlungen über Löhne und sonstige Arbeitsbedingungen unabhängig zu verhalten, weil diese nur über weniger werthaltige *outside options* verfügen.[1530] Ist dies der Fall, können seine Wettbewerber nicht mehr genügend Wettbewerbsdruck aufbauen, da sie eben keine gleichwertige Ausweichmöglichkeit darstellen. Auch ihnen gegenüber agiert der jeweilige Arbeitgeber dann zu einem gewissen Grad unabhängig. Die Schwelle zur Marktbeherrschung ist nach hier vertretener Ansicht dann überschritten, wenn ein Arbeitgeber für einen erheblichen Teil der Arbeitnehmer eines Arbeitsmarktes ein unverzichtbarer Vertragspartner ist.[1531]

Dies zugrunde gelegt, wird sich die Untersuchung im Folgenden auf Indikatoren für Nachfragemacht konzentrieren, die für Arbeitsmärkte im Regelfall besonders relevant sein dürften. Die aufgezählten Indikatoren sind allerdings nicht als abschließend zu verstehen. In Einzelfällen können weitere Indikatoren in Betracht kommen.

1527 Kommission, Entsch. v. 27.8.1996, Fall IV/M.803, Rn. 20 – *Rewe/Billa*; BKartA, Beschl. v. 31.3.2015, B2-96/14, Rn. 601, 603, 884 – *EDEKA/Tengelmann*; zur Marktbeherrschung BKartA, Leitfaden zur Marktbeherrschung in der Fusionskontrolle, 2012, Rn. 126: „Eine strukturelle Gefährdungslage liegt in der Regel dann vor, wenn eine für den Markt erhebliche Zahl von Unternehmen auf die Belieferung einzelner oder einer Gruppe von Abnehmern angewiesen ist, weil ausreichende und zumutbare Absatzalternativen fehlen"; *Thomas*, in: Immenga/Mestmäcker, Wettbewerbsrecht, 6. Aufl. 2020, Bd. 3, GWB § 36 Rn. 267.

1528 Regierungsbegründung zur 5. GWB-Novelle, BT-Drs. 11/4610, S. 17.

1529 BKartA, Beschl. v. 28.10.2010, B2-52/10, S. 134 – *EDEKA/trinkgut*. Zur Bedeutung von § 18 Abs. 3 Nr. 9 GWB für die Feststellung von Marktmacht auf Beschaffungsmärkten siehe auch BKartA, Beschl. v. 31.3.2015, B2-96/14, Rn. 606 ff. – *EDEKA/Tengelmann*: „Diese Regelung stellt den vorrangigen Horizontalbezug der Fusionskontrolle nicht in Frage; sie liefert vielmehr auch einen wichtigen Bezugspunkt für die Bewertung möglicher struktureller Vorteile oder Nachteile der verschiedenen nachfragenden Handelsunternehmen im horizontalen Vergleich."

1530 Klarstellend ist darauf hinzuweisen, dass die Ausweichmöglichkeiten der Arbeitsanbieter auch ein wichtiger Faktor zur Ermittlung von Monopsonmacht sind. Denn außerhalb des Voll-Monopsons können Wettbewerber dazu in der Lage sein, Mengenreduktionen des Monopsonisten aufzufangen. Dadurch schränken sie dessen Verhaltensspielraum ein, mit einer Mengenreduktion auch tatsächlich einen niedrigeren Einkaufspreis zu erzielen.

1531 Vgl. zu Handelsmärkten Kommission, Entsch. v. 3.2.1999, Fall IV/M.1221, Rn. 101 – *Rewe/Meinl*; Kommission, Entsch. 23.6.2008, COMP/M.5047, Rn. 93 – *REWE/ADEG*; BKartA, Leitfaden zur Marktbeherrschung in der Fusionskontrolle, 2012, Rn. 125; *Legner*, Schadenstheorien bei Nachfragemacht im europäischen und deutschen Kartellrecht, 2019, S. 75 f.

b) Faktoren zur Feststellung von Nachfragemacht auf Arbeitsmärkten

aa) Marktanteile der Arbeitsnachfrager

Bei der Fusionskontrolle ist die Prüfung der Marktanteile der Zusammenschlussbeteiligten und ihrer Wettbewerber ein wichtiger Faktor, um Marktmacht zu ermitteln.[1532] Zu untersuchen ist, inwiefern dies auch für Nachfragemacht auf Arbeitsmärkten gilt.

Im Monopson-Modell steigt mit dem Marktanteil grundsätzlich die Fähigkeit eines Nachfragers, eine Mengenreduktion zur Senkung seiner Einkaufspreise zu nutzen, da die Absatzalternativen der Anbieter sinken.[1533] Vergleichbar bedeutet ein hoher Marktanteil eines Nachfragers im Modell bilateraler Verhandlungsmacht grundsätzlich, dass Lieferanten über weniger *outside options* verfügen, was ihre Verhandlungsposition verschlechtert.[1534] Es spricht viel dafür, dass diese Annahmen grundsätzlich auch auf Arbeitsmärkte zutreffen. Dort kann die friktionelle Störung des *Matching*-Prozesses außerdem als zusätzlicher Katalysator für Nachfragemacht wirken.[1535] Die absolute Höhe der Marktanteile von Arbeitgebern kann daher grundsätzlich als Indikator für Monopsonmacht oder bilaterale Verhandlungsmacht auf Arbeitsmärkten herangezogen werden.

Daneben sind bei der Marktanteilsbetrachtung die Abstände zwischen den Wettbewerbern einzubeziehen.[1536] Grundsätzlich wird angenommen, dass die Marktmacht eines Unternehmens umso größer ist, je kleiner die Marktanteile seiner Wettbewerber sind.[1537] Hintergrund ist bei Nachfragemärkten, dass ähnlich große Nachfrager auch meist vergleichbare Mengen einkaufen und daher aus Anbieterperspektive als gleichwertige Absatzalternativen angesehen werden können, während dies bei kleinen Nachfragern nicht so ist.[1538]

Auf Arbeitsmärkten scheint dies jedoch nicht der Regelfall zu sein. Eine Besonderheit dieser Märkte ist, dass ein Arbeitnehmer seine Arbeitsleistung häufig nur an einen einzigen Arbeitgeber verkauft. Das bedeutet, ein Arbeitgeber verfügt nicht deswegen über einen hohen Verhaltensspielraum, weil seine

---

1532 Kommission, Leitlinien für horizontale Zusammenschlüsse, ABl. 2004 C 31, 5, Rn. 27; BKartA, Leitfaden zur Marktbeherrschung in der Fusionskontrolle, 2012, Rn. 25.

1533 *Dobson/Waterson/Chu*, The Welfare Consequences of Buyer Power, 1998, S. 13; vgl. *Schwalbe/Zimmer*, Kartellrecht und Ökonomie, 3. Aufl. 2021, S. 52.

1534 BKartA, Sektoruntersuchung Lebensmitteleinzelhandel, 2014, S. 22; *Raeder*, Der Schutz des Lieferanten als Marktgegenseite im Kartellrecht, 2017, S. 185 f.; *Legner*, Schadenstheorien bei Nachfragemacht im europäischen und deutschen Kartellrecht, 2019, S. 51.

1535 Siehe dazu Teil 2 D.II.1. Zu beachten ist allerdings, dass auch die Nachfrageseite von diesen Friktionen betroffen ist und daher nicht angenommen werden kann, dass Arbeitsmärkte grundsätzlich schneller und stärker vermachten als andere wirtschaftliche Märkte; siehe dazu Teil 2 D.II.2.

1536 EuGH, Urt. v. 13.2.1979, Rs. 85/76, ECLI:EU:C:1979:36, Rn. 48 – *Hoffmann-La Roche*; EuG, Urt. v. 25.3.1999, Rs. T-102/96, ECLI:EU:T:1999:65, Rn. 202 – *Gencor*; BKartA, Leitfaden zur Marktbeherrschung in der Fusionskontrolle, 2012, Rn. 31; BKartA, Sektoruntersuchung Lebensmitteleinzelhandel, 2014, S. 22.

1537 Kommission, Entsch. v. 2.10.1991, Fall IV/M.053, Rn. 29, 51 – *Aerospatiale-Alenia/de Havilland*; Kommission, Entsch. v. 14.11.1995, Fall IV/M.603, Rn. 55 ff. – *Crown Cork & Seal/CarnaudMetalbox*; *Thomas*, in: Immenga/Mestmäcker, Wettbewerbsrecht, 6. Aufl. 2020, Bd. 3, GWB § 36 Rn. 149 f.; *Montag/von Bonin*, in: MüKo, Wettbewerbsrecht, 4. Aufl. 2023, Bd. 1-2, FKVO Art. 2 Rn. 262. Dies ist allerdings nicht zwingend. Trotz hoher Marktanteilsabstände kann erheblicher Wettbewerb herrschen, was etwa durch bedeutende Markteintritte in jüngster Vergangenheit oder bekannte Markten sowie gute Produktqualität von Wettbewerbern indiziert werden kann; vgl. Kommission, Entsch. v. 31.7.1991, Fall IV/MO12, Rn. 57 ff. – *Varta/Bosch*; Kommission, Entsch. v. 2.4.2001, Fall COMP/M.2223, Rn. 22 ff. – *Getronics/Hagemeyer/JV*; Kommission, Entsch. v. 19.10.2011, Fall COMP/M.6214, Rn. 398 ff. – *Seagate/HDD Business of Samsung*.

1538 Dazu *Legner*, Schadenstheorien bei Nachfragemacht im europäischen und deutschen Kartellrecht, 2019, S. 52.

Wettbewerber nur geringe Marktanteile haben. Das macht ihn nicht zu einer gänzlich oder kaum umgänglichen Absatzalternative. Die meisten Arbeitnehmer erbringen ihre volle Arbeitsleistung ohnehin nur gegenüber einem Arbeitgeber. Dies gilt auch dann, wenn diese nur über geringe Marktanteile auf einem Arbeitsmarkt verfügen. Zu berücksichtigen ist allerdings, dass die Informationsfriktionen auf Arbeitsmärkten dazu führen können, dass gerade kleine Arbeitgeber von Arbeitnehmern möglicherweise überhaupt nicht als mögliche Abnehmer ihrer Arbeitsleistung wahrgenommen werden. Dies wird auch davon abhängen, wie sehr diese Arbeitgeber versuchen, Informationsfriktionen proaktiv durch Stellenanzeigen auf Jobportalen oder andere Maßnahmen zu minimieren. Dennoch ist die relative Verteilung der Marktanteile auf Arbeitsmärkten nach hiesiger Ansicht grundsätzlich kein sonderlich aussagekräftiger Faktor zur Ermittlung von Nachfragemacht. Insbesondere für die Ermittlung bilateraler Verhandlungsmacht bedeutet das, dass sich der Wert der *outside options*, der insoweit von hoher Bedeutung ist,[1539] meist nicht durch die relativen Marktanteilsabstände zwischen Arbeitgebern feststellen lassen wird.

Vor diesem Hintergrund stellt sich die Frage, ob die soeben angeführten Argumente zugleich für eine nur begrenzte Aussagekraft der absoluten Marktanteilshöhen bei der Ermittlung von Nachfragemacht sprechen. Dies ist jedoch nicht plausibel. Denn konkurrierende Arbeitgeber können nicht alle Arbeitnehmer eines Arbeitsmarktes aufnehmen. Haben die Zusammenschlussbeteiligten einen hohen Marktanteil, weil sie einen großen Teil der Arbeitnehmer eines Arbeitsmarktes beschäftigen, wird meist nur eine begrenzte Anzahl an Arbeitnehmern zu anderen Arbeitgebern abwandern können. Der restliche Teil hat dagegen keine oder nur minderwertige Ausweichmöglichkeiten.[1540] Daher wird die absolute Größe eines Arbeitsnachfragers oft ein Indikator für marktweite Nachfragemacht sein, auch wenn diese nicht in jedem bilateralen Arbeitsverhältnis besteht.[1541]

Zur Berechnung der Marktanteile der fusionierten Einheit können im Regelfall die bisherigen Marktanteile der Zusammenschlussbeteiligten addiert werden.[1542] Eine andere Methode kann jedoch dann geboten sein, wenn prognostiziert werden kann, dass die fusionierte Einheit in nicht nur unerheblichem Umfang Arbeitsplätze abbauen oder zusätzliche Arbeitnehmer einstellen wird.

[1539] Siehe dazu Teil 1 D.II.2.

[1540] Das allerdings gilt nicht, wenn auf dem relevanten Arbeitsmarkt ein Nachfrageüberhang besteht; dazu sogleich.

[1541] Die Begründung zur Relevanz der absoluten Marktanteilshöhe für die Feststellung von bilateraler Verhandlungsmacht ist auf Arbeitsmärkten daher eine etwas andere als auf Handelsmärkten. Auf Letzteren ist der Grund in den hohen Umsatzanteilen zu sehen, die ein großer Nachfrager an den Gesamtumsätzen der Lieferanten hat. Dadurch hat er ein hohes Drohpotenzial in Verhandlungen; vgl. Kommission, Entsch. v. 17.12.2007, Fall COMP/M.5064, Rn. 279 – *Friesland Foods/Campina*: „Allgemein gesprochen nimmt die Glaubwürdigkeit einer solchen Substituierungsdrohung mit der Größe des Einzelhändlers zu. Je größer die vom Einzelhändler abgenommene Produktmenge, desto lohnender und daher als Drohung glaubwürdiger wäre ein Lieferantenwechsel oder selbst vorbeugende Maßnahmen wie eine (strategische) Beschaffung aus mehreren Quellen als Reaktion auf Preiserhöhungen"; siehe auch Kommission, Entsch. v. 3.2.1999, Fall IV/M.1221, Rn. 101 – *Rewe/Meinl*: „Die Kommission hat die Hersteller befragt, ab welchem Umsatzanteil mit einem bestimmten Abnehmer eine Ausweichmöglichkeit auf andere Absatzkanäle nur noch schwer möglich ist. Es ergab sich im Durchschnitt ein Umsatzanteil von 22 %, ab dem ein Abnehmer nur unter schwersten wirtschaftlichen Verlusten oder überhaupt nicht mehr ersetzbar werden kann."

[1542] Kommission, Leitlinien für horizontale Zusammenschlüsse, ABl. 2004 C 31, 5, Rn. 27; BKartA, Leitfaden zur Marktbeherrschung in der Fusionskontrolle, 2012, Rn. 30.

Bei der Berechnung der Marktanteile auf Nachfragemärkten kommt es auf die Einkäufe an.[1543] Im Regelfall wird auf den Umsatzwert (Lohnwert) abgestellt.[1544] Es können allerdings auch Mengenangaben herangezogen werden, wenn dies sachgerecht ist.[1545] Für die Wahl der Berechnungsmethode ist grundsätzlich entscheidend, ob es sich um homogene oder heterogene Waren oder Leistungen handelt. Bei Ersteren erfasst eine umsatzbasierte Berechnung die tatsächlichen Marktverhältnisse besser, und bei Letzteren eine mengenbasierte.[1546] Bei Arbeitsplätzen mit niedrigeren oder nur allgemeinen Humankapitalanforderungen werden Arbeitnehmer regelmäßig leichter austauschbar sein, was für eine mengenbasierte Marktanteilsberechnung spricht. Auf Arbeitsmärkten für hoch qualifizierte und spezialisierte Arbeitskräfte können im Einzelfall noch deutliche Unterschiede zwischen den Bewerbern bestehen, so dass höhere Qualifikationen mehr Produktivität versprechen und entsprechend besser entlohnt werden. Dann könnte eine umsatzbasierte Berechnung angezeigt sein, also eine Addition aller relevanten Entgelte (Lohnwert). Für eine genaue Berechnung ist dabei nicht nur der Lohn zu berücksichtigen, sondern alle monetären Vorteile, beispielsweise Bonuszahlungen, Geschäftswagen oder Aktienpakete. Diese Methode ist in der praktischen Umsetzung allerdings vermutlich regelmäßig aufwendiger, so dass eine mengenbasierte Berechnung die grundsätzlich pragmatischere Variante zu sein scheint.[1547] Bei dieser ist darauf zu achten, dass unterschiedliche Arbeitszeiten, also vor allem Voll- und Teilzeitverträge, angemessen gewichtet werden.

Zusammenfassend ist die absolute Marktanteilshöhe der Zusammenschlussbeteiligten ein tauglicher erster Indikator für beide Arten von Nachfragemacht. Die relative Marktanteilsverteilung ist dagegen nur von geringer Relevanz. Für die Ermittlung der Marktanteile wird zumeist ein mengenbasierter Ansatz die sachgerechtere Wahl sein.

1543 *Thomas*, in: Immenga/Mestmäcker, Wettbewerbsrecht, 6. Aufl. 2020, Bd. 3, GWB § 36 Rn. 133.

1544 Kommission, Entsch. v. 22.7.1992, Fall IV/M.190, Rn. 40 – *Nestlé/Perrier*; Kommission, Entsch. v. 29.7.1994, Fall IV/M.478, Rn. 28 – *Voith/Sulzer II*; Kommission, Entsch. v. 21.6.1994, Fall IV/M.430, Rn. 112 ff. – *Procter & Gamble/VP Schickedanz (II)*; BKartA, Leitfaden zur Marktbeherrschung in der Fusionskontrolle, 2012, Rn. 28.

1545 Kommission, Entsch. v. 17.2. 1993, Fall IV/M.278, Rn. 10 – *British Airways/Dan Air*; Kommission, Entsch. v. 25.6.2008, Fall COMP/M.5121, Rn. 51, 73 Fn. 37 – *News Corp/Premiere*; Kommission, Bekanntmachung Marktabgrenzung, C(2023) 6789, Rn. 107, 111; BKartA, Leitfaden zur Marktbeherrschung in der Fusionskontrolle, 2012, Rn. 28.

1546 Kommission, Entsch. v. 22.7.1992, Fall IV/M.190, Rn. 40 – *Nestlé/Perrier*; Kommission, Entsch. v. 21.6.1994, Fall IV/M.430, Rn. 113 – *Procter & Gamble/VP Schickedanz (II)*; BKartA, Leitfaden zur Marktbeherrschung in der Fusionskontrolle, 2012, Rn. 28; vgl. Kommission, Bekanntmachung Marktabgrenzung, C(2023) 6789, Rn. 111.

1547 So auch *Jans*, Merger control in labour markets, 2022, Rn. 18 f., die einen Überblick über mögliche praktische Ansätze für die Berechnung gibt. Ein damit verbundenes praktisches Problem ist, alle – oder zumindest die größten – Arbeitgeber eines Arbeitsmarktes ausfindig zu machen, um die Marktanteile der Zusammenschlussbeteiligten sachgerecht berechnen zu können. Das wird jedenfalls dann erforderlich sein, wenn nicht schon auf belastbare Statistiken für diese Arbeitsmärkte zurückgegriffen werden kann. Insoweit kann bereits der Ermittlungsprozess indizieren, dass den Zusammenschlussbeteiligten keine wesentliche Nachfragemacht aufgrund hoher Marktanteile zukommt. Denn wäre dies der Fall, werden sich kaum oder nur kleine Wettbewerber ausmachen lassen. Kommen dagegen viele mögliche Wettbewerber in Betracht, wird der Marktanteil der Zusammenschlussbeteiligten regelmäßig nicht sehr hoch sein.

bb) Marktkonzentration der Arbeitsnachfrage

Neben den Marktanteilen kann der Konzentrationsgrad eines Marktes Hinweise auf dessen Vermachtung liefern. Eine anerkannte quantitative Methode zur Ermittlung der Marktkonzentration ist der Herfindahl-Hirschman-Index (HHI).[1548] Der HHI errechnet sich aus der Summe des Quadrates der Marktanteile aller Marktteilnehmer.[1549] Die absolute Höhe des Index gibt die Konzentration des gesamten Marktes wieder. Aufschluss zur Konzentrationswirkung gibt das Delta zwischen dem HHI-Wert der beteiligten Unternehmen vor und nach dem Zusammenschluss.[1550]

Schwierig zu bestimmen ist, ab welchen HHI-Werten eine problematische Marktkonzentration vorliegt. Die Kommission hält Zusammenschlussvorhaben grundsätzlich für unproblematisch, wenn der absolute Wert unter 2000 und der Delta-Wert unter 250 liegt oder wenn der absolute Wert über 2000 und der Delta-Wert dafür unter 150 liegt.[1551] Das könnte dazu verleiten, die Schwellenwerte auch auf Arbeitsmärkte zu übertragen. So handhaben es einige Beiträge zur Konzentration von US-Arbeitsmärkten. Die aktuellen *Horizontal Merger Guidelines* der US-Behörden sprechen bereits ab einem absoluten HHI-Wert von über 1800 von einem hoch konzentrierten Markt.[1552] Die frühere Fassung der *Horizontal Merger Guidelines* aus dem Jahr 2010 nannte insoweit noch einen absoluten HHI-Wert von 2500.[1553] Dieser Wert wird auch für die Bewertung der Marktkonzentration auf Arbeitsmärkten herangezogen.[1554]

Dieses Vorgehen ist allerdings zu hinterfragen. Denn einerseits ist gegen derartige Schwellenwerte an sich einzuwenden, dass HHI-Werte, wie gleich zu zeigen ist, kein Instrument zur abschließenden Bemessung von Marktmacht sind.[1555] So stellt die Kommission selbst klar, dass ein Überschreiten ihrer HHI-Schwellenwerte noch keine Vermutung dafür begründet, dass wettbewerbliche Bedenken bestehen oder fehlen.[1556] Andererseits bedarf es noch genauerer wissenschaftlicher und praktischer Erkenntnisse darüber, ob die gängigen HHI-Schwellenwerte auf Arbeitsmärkten die gleiche Aussagekraft besitzen wie auf industriellen Warenmärkten.[1557]

1548 Kommission, Leitlinien für horizontale Zusammenschlüsse, ABl. 2004 C 31, 5, Rn. 16, 19 ff.; BKartA, Leitfaden zur Marktbeherrschung in der Fusionskontrolle, 2012, Rn. 33.

1549 Kommission, Leitlinien für horizontale Zusammenschlüsse, ABl. 2004 C 31, 5, Rn. 16; *Ulshöfer*, ZWeR 2004, 50, 54; *Schwalbe/Zimmer*, Kartellrecht und Ökonomie, 3. Aufl. 2021, S. 333.

1550 Kommission, Leitlinien für horizontale Zusammenschlüsse, ABl. 2004 C 31, 5, Rn. 16; BKartA, Leitfaden zur Marktbeherrschung in der Fusionskontrolle, 2012, Rn. 33; *Montag/von Bonin*, in: MüKo, Wettbewerbsrecht, 4. Aufl. 2023, Bd. 1-2, FKVO Art. 2 Rn. 105.

1551 Kommission, Leitlinien für horizontale Zusammenschlüsse, ABl. 2004 C 31, 5, Rn. 20.

1552 DOJ/FTC, Horizontal Merger Guidelines, 2023, S. 6 f.

1553 DOJ/FTC, Horizontal Merger Guidelines, 2010, S. 6.

1554 *Marinescu/Hovenkamp*, 91 Ind. Law J. 2019, 1031, 1039; *Sillman*, 30 Kan. J. L. & Pub. Pol. 2020, 37, 78; *Azar/Marinescu/Steinbaum*, 57 J. Hum. Resour. 2022, S167, S174.

1555 Vgl. die Aussage eines Mitautors der Horizontal Merger Guidelines von 1982 zu einem der HHI-Schwellenwerte, *Baxter*, 51 Antitrust L. J. 1982, 287, 292: „Mergers on both sides of the line should be treated the same. The lines themselves are arbitrary, and reflect the fact that we were born with ten fingers and have gotten used to a base ten system. They have no magical qualities beyond that."

1556 Kommission, Leitlinien für horizontale Zusammenschlüsse, ABl. 2004 C 31, 5, Rn. 21.

1557 Vgl. dazu *Mellman*, 53 Colum. J. L. & Soc. Probs. 2019, 1, 31: „The same boundaries for moderately and highly concentrated product markets have been used in recent research on labor markets. However, this consistency is likely due more to inertia than a principled economic argument that HHI analysis will be precisely the same in both labor and product markets."

Der HHI kann folglich ergänzend zur Bemessung von Nachfragemacht auf Arbeitsmärkten herangezogen werden.[1558] Dass der Index dafür eine gewisse Aussagekraft besitzt, belegt die Relevanz der Marktanteile selbst,[1559] die zu seiner Berechnung herangezogen werden. Der HHI sollte allerdings nicht als abschließende Methode zur Feststellung des Marktmachtgrades verstanden werden. Denn die Ermittlung der Marktkonzentration erlaubt zumeist noch keine endgültige Beurteilung der Marktstruktur und Wettbewerbsbedingungen.[1560] Die Struktur auf zwei verschiedenen Märkten kann der fusionierten Einheit trotz identischer HHI-Werte unterschiedliche wettbewerbliche Handlungsspielräume eröffnen.

Die Aussagekraft des Index ist für den Grad bilateraler Verhandlungsmacht eines Unternehmens grundsätzlich geringer als bei Monopsonmacht.[1561] Denn die HHI-Werte beziehen sich auf eine Marktseite und können daher nur begrenzte Erkenntnisse über die Machtverteilung in den bilateralen Verhandlungsprozessen der Akteure beider Marktseiten liefern. Insbesondere bieten sie nur eine Erkenntnismöglichkeit für die Anzahl der *outside options*, allerdings nicht zu deren Wert. Dieser hat bei der Bemessung von Verhandlungsmacht eine hohe Bedeutung.[1562]

Bei Arbeitsmärkten ist diese Einschränkung allerdings etwas zu relativieren. Wie gezeigt, ist dort die absolute Marktanteilshöhe und nicht die relative Marktanteilsverteilung ein Indikator für marktweite Verhandlungsmacht, weil ein Arbeitgeber im Regelfall 100 % der Arbeitsleistung eines Arbeitnehmers einkauft.[1563] Zusätzlich sehen Arbeitnehmer in Arbeitgebern keinen Absatzkanal für ihre Leistung auf nachgelagerten Märkten, wie dies auf Handelsmärkten der Fall ist.[1564] Der Wert der *outside options* wird auf Arbeitsmärkten folglich meist nicht durch einen prozentualen Anteil am Absatzvolumen eines Lieferanten oder der Marktstellung des Nachfragers auf dem nachgelagerten Absatzmarkt bestimmt. Es kommt vielmehr darauf an, welche Löhne und sonstige Arbeitsbedingungen bei anderen Arbeitgebern erzielt werden können. Auf Arbeitsmärkten ist daher anzunehmen, dass eine konzentrierte Nachfrageseite, also wenige *outside options* für Arbeitnehmer, *ceteris paribus* regelmäßig auch zu weniger werthaltigen Ausweichmöglichkeiten führen wird. Wie bei Monopsonmacht kann dennoch nicht auf eine Analyse der Marktstruktur und der Wettbewerbsverhältnisse verzichtet werden.

cc) Angebots- und Nachfrageüberhang

Die Marktstruktur der Angebotsseite eines Marktes kann den Grad an Nachfragemacht ebenfalls beeinflussen.[1565] In der behördlichen Praxis wird üblicherweise die Marktgegenseite der vom Zusammen-

---

1558 So auch *Card*, 112 Am. Econ. Rev. 2022, 1075, 1082 f.

1559 Siehe dazu soeben C.III.2.2.2b)aa).

1560 *Naidu/Posner/Weyl*, 132 Harv. L. Rev. 2018, 536, 580; vgl. auch BKartA, Leitfaden zur Marktbeherrschung in der Fusionskontrolle, 2012, Rn. 33: „Wo der HHI als komprimierte Aussage zu den Marktanteilen und Marktanteilsabständen sinnvoll erscheint, kann dieser Wert aber zusätzlich in die Betrachtung einfließen"; *Thomas*, in: Immenga/Mestmäcker, Wettbewerbsrecht, 6. Aufl. 2020, Bd. 3, GWB § 36 Rn. 158; *Schwalbe/Zimmer*, Kartellrecht und Ökonomie, 3. Aufl. 2021, S. 334 f.

1561 *Inderst/Mazzarotto*, 8 J. Eur. Compet. Law Pract. 2017, 185, 186; *Legner*, Schadenstheorien bei Nachfragemacht im europäischen und deutschen Kartellrecht, 2019, S. 54 f.

1562 *Legner*, Schadenstheorien bei Nachfragemacht im europäischen und deutschen Kartellrecht, 2019, S. 54 f.

1563 Dazu soeben C.III.2.2.2b)aa).

1564 Dazu ausführlicher unten C.III.2.2.2b)dd).

1565 *Palatzke*, Nachfragemacht im Kartellrecht, 2012, S. 70; *Raeder*, Der Schutz des Lieferanten als Marktgegenseite im Kartellrecht, 2017, S. 191 f.; *Schwalbe/Zimmer*, Kartellrecht und Ökonomie, 3. Aufl. 2021, S. 52 f.

schluss betroffenen Märkte auf machtfördernde und machtbegrenzende Strukturen untersucht, insbesondere auf gegengewichtige Marktmacht.[1566] Auf Arbeitsmärkten kommt es dabei allerdings grundsätzlich nicht auf die absolute Marktanteilshöhe oder die relative Marktanteilsverteilung an.[1567] Denn die Angebotsseite wird in der Regel stark fragmentiert sein. Selbst wenn im Einzelfall nur eine begrenzte Anzahl an Arbeitnehmern auf einem Arbeitsmarkt agiert, haben diese in der Regel dennoch niedrige und fast identische Marktanteile, die sich praktisch ohnehin nur schwerlich ermitteln lassen werden.

Relevant ist vielmehr, ob auf einem Arbeitsmarkt ein Angebots- oder Nachfrageüberhang besteht, also Arbeitslosigkeit oder Arbeitskräfteknappheit herrscht. In der Praxis zu Produktmärkten ist anerkannt, dass Überkapazitäten den Wettbewerbsdruck so erhöhen können, dass auch Anbieter mit sehr hohen Marktanteilen keinen unabhängigen Verhaltensspielraum haben.[1568] Den umgekehrten Effekt bewirkt ein Nachfrageüberhang auf Arbeitsmärkten. Er dämpft die Marktmacht eines großen Arbeitgebers. Andere Arbeitgeber werden dann häufig die Kapazitäten haben, seine Bewerber oder wechselwilligen Arbeitnehmer selbst einzustellen.[1569] Ist dies der Fall, wird das Arbeitsangebot aufgrund der guten Ausweichmöglichkeiten – im Verhältnis zu Arbeitsmärkten ohne Nachfrageüberhang – vermutlich regelmäßig elastischer auf Lohnänderungen reagieren. Infolgedessen schwindet der Verhaltensspielraum eines großen Arbeitgebers, mittels Mengenreduzierung eine Lohnsenkung zu bewirken und dadurch Monopsongewinne zu erzielen.[1570] Im Verhandlungsprozess führt ein Nachfrageüberhang analog zu einer geringeren Anzahl an *outside options* für einen Arbeitgeber und mindert dadurch seine Verhandlungsmacht. Ein Angebotsüberhang stärkt Monopson- und Verhandlungsmacht dagegen spiegelbildlich zur beschriebenen Senkung bei einem Nachfrageüberhang.

In ähnlicher Weise kann die Beschäftigungssituation der fusionierten Einheit selbst relevant werden. Wenn Unternehmen Arbeitnehmer über die tatsächlich notwendige Beschäftigungsmenge hinaus horten, kann dies ihre *intra-firm*-Nachfragemacht erhöhen. Das Unternehmen ist dann nicht auf alle betroffenen Arbeitnehmer angewiesen und kann jedem Einzelnen glaubhaft mit einer Kündigung drohen. Im Rahmen der fusionskontrollrechtlichen Prüfung ist demnach von Bedeutung, ob ein Zusammenschlussvorhaben einen (erheblichen) Überschuss eines bestimmten Arbeitnehmertyps bewirkt oder verstärkt. Ist dies der Fall, kann dies Nachfragemacht gegenüber den bereits angestellten Arbeitnehmern indizieren. Unter Umständen wirkt dieser Hortungseffekt auch über die Unternehmensgrenzen hinaus, weil das Unternehmen gegenüber Bewerbern einen besseren Drohpunkt erhält. Dafür müssen die Marktverhältnisse jedoch genau analysiert werden.

[1566] Kommission, Entsch. v. 3.7.2001, Fall COMP/JV.55, Rn. 119 – *Hutchison/RCPM/ECT*; BKartA, Beschl. v. 14.12.2004, B9-101/04, Rn. 34 f. – *Belgian New Fruit Wharf/HHLA/Stein*; Kommission, Leitlinien für horizontale Zusammenschlüsse, ABl. 2004 C 31, 5, Rn. 65; BKartA, Leitfaden zur Marktbeherrschung in der Fusionskontrolle, 2012, Rn. 79 f.

[1567] Anders verhält sich dies bei einer gewerkschaftlichen Vertretung der Arbeitnehmerseite. Ausführlich zu einer gegengewichtigen Marktmacht durch Gewerkschaften unten C.III.2.4.2.

[1568] Kommission, Entsch. v. 10.1.2002, Fall COMP/M.2176, Rn. 41 – *K+S/Solvay/JV*; Kommission, Entsch. v. 20.12.2006, Fall COMP/M.4215, Rn. 68 ff., 103 f. – *Glatfelter/Crompton Assets*; BKartA, Leitfaden zur Marktbeherrschung in der Fusionskontrolle, 2012, Rn. 41; dazu *Montag/von Bonin*, in: MüKo, Wettbewerbsrecht, 4. Aufl. 2023, Bd. 1-2, FKVO Art. 2 Rn. 267 f.

[1569] Vgl. zu einem fehlenden Wettbewerbsdruck bei geringen Kapazitäten von Wettbewerbern BKartA, Beschl. v. 29.9.2004, B5-170/03, Rn. 127 – *Legget & Platt/AGRO*; siehe auch BKartA, Leitfaden zur Marktbeherrschung in der Fusionskontrolle, 2012, Rn. 40.

[1570] Vgl. OECD, Purchasing Power and Buyers' Cartels, 2022, S. 10: „A requisite for monopsony power is for the purchaser to control a sufficiently large share of sales to decrease the prices it faces by reducing its demand. This will clearly not be the case if sellers have alternative destinations to sell their products or services. If they did, others could offset the reduction in quantity from the purchaser."

dd) Stellung auf Absatzmärkten

Der Zugang zu Absatzmärkten ist ein wichtiger Faktor zur Bemessung bilateraler Verhandlungsmacht, insbesondere auf Beschaffungsmärkten für Lebensmittel.[1571] Hintergrund ist, dass Lieferanten eine möglichst hohe Zahl an Endverbrauchern erreichen möchten, wofür sie auf Handelspartner als Absatzkanäle angewiesen sind, die auf den nachgelagerten Absatzmärkten eine möglichst flächendeckende Distribution der Waren ermöglichen.[1572] Die Nachfragemacht eines Händlers nimmt daher zu, wenn ein Lieferant über keine gleichwertigen Absatzalternativen verfügt.[1573] Gibt es für einen bestimmten Absatzmarkt nur einen einzigen Absatzkanal, hat der jeweilige Nachfrager eine *Gatekeeper*-Funktion für dieses Gebiet.[1574] Er ist unumgänglicher Handelspartner und hat mangels *outside options* der Lieferanten eine starke Verhandlungsposition.

Im Vergleich zu Lieferanten von Handelsprodukten kommt es Arbeitnehmern in aller Regel nicht darauf an, dass ihren Leistungen Zugang zu nachgelagerten Märkten gewährt wird. Vielmehr erbringen sie ihre Arbeitsleistung nur für und gegenüber ihrem Arbeitgeber, der versucht, mit diesem Produktionsfaktor Arbitragegewinne zu erzielen, indem er ihn in einen Gütermarkt mit höheren Erlöserwartungen lenkt.[1575] Arbeitnehmer streben jedoch in der Regel nicht danach, mit ihrer Arbeitsleistung eine möglichst hohe Durchdringung der nachgelagerten Märkte zu erzielen. Die Stellung von Arbeitgebern auf nachgelagerten Absatzmärkten beeinflusst also ihren Wert als *outside option* in Verhandlungen mit Arbeitnehmern grundsätzlich nicht maßgeblich.[1576]

Ergänzend ist darauf hinzuweisen, dass es sich insoweit nicht um ein Alleinstellungsmerkmal von Arbeitsmärkten handelt. Vielmehr gibt es auch Anbieter auf anderen Märkten, die kein oder kaum ein Interesse an der Durchdringung des nachgelagerten Marktes mit ihrem Produkt oder ihrer Dienstleistung haben. Ein Beispiel dafür sind Energieerzeuger. Für einen Stromanbieter spielt es keine relevante Rolle, welche Stellung ein Industriekunde auf dem nachgelagerten Absatzmarkt innehat.

1571 Kommission, Entsch. v. 3.2.1999, Fall IV/M.1221, Rn. 72 – *Rewe/Meinl*: „Im Einzelhandel besteht eine enge Interdependenz zwischen dem Handelsmarkt und dem Beschaffungsmarkt"; BKartA, Beschl. v. 31.3.2015, B2-96/14, Rn. 128 ff. – *EDEKA/Tengelmann*; *Inderst*, WuW 2008, 1261, 1265; OECD, Monopsony and Buyer Power, 2008, S. 41, 42; *Raeder*, Der Schutz des Lieferanten als Marktgegenseite im Kartellrecht, 2017, S. 187 f.; *Legner*, Schadenstheorien bei Nachfragemacht im europäischen und deutschen Kartellrecht, 2019, S. 55 ff.

1572 BKartA, Beschl. v. 28.10.2010, B2-52/10, S. 95 f., 97, 132 f. – *EDEKA/trinkgut*; *Legner*, Schadenstheorien bei Nachfragemacht im europäischen und deutschen Kartellrecht, 2019, S. 55.

1573 Kommission, Entsch. v. 3.2.1999, Fall IV/M.1221, Rn. 74 – *Rewe/Meinl*; *Inderst*, WuW 2008, 1261, 1266; *Haucap/Heimeshoff/Klein/Rickert/Wey*, WuW 2014, 946, 947.

1574 Kommission, Entsch. v. 17.12.2007, Fall COMP/M.5064, Rn. 282 – *Friesland Foods/Campina*; BKartA, Beschl. v. 28.10.2010, B2-52/10, S. 134 – *EDEKA/trinkgut*; BKartA, Beschl. v. 31.3.2015, B2-96/14, Rn. 373 – *EDEKA/Tengelmann*; *Palatzke*, Nachfragemacht im Kartellrecht, 2012, S. 69; *Haucap/Heimeshoff/Klein/Rickert/Wey*, WuW 2014, 946, 949; *Paha*, WuW 2022, 320, 322.

1575 *Kirzner*, Wettbewerb und Unternehmertum, 1978, S. 38 ff.; *Keuchel*, Kann der Arbeitsmarkt dem Wettbewerb unterworfen werden?, 1989, S. 117.

1576 In Ausnahmefällen kann dies allerdings der Fall sein, beispielsweise wenn ein Unternehmen aufgrund seiner Marke, Produktqualität oder sonstiger Merkmale über eine besonders angesehene Stellung auf dem Absatzmarkt verfügt und deswegen von Arbeitnehmern als besonders attraktiver Arbeitgeber wahrgenommen wird. Glauben Arbeitnehmer von dieser Stellung profitieren zu können, z.B. durch den Erwerb von Humankapital, werden sie andere Arbeitgeber als weniger werthaltige *outside options* bewerten.

ee) Buyer Power Index

Der Buyer Power Index (BPI) wurde speziell für die Ermittlung von Nachfragemacht in Form von Monopsonmacht entwickelt.[1577] Seine Berechnung setzt sich aus drei Elementen zusammen: der Angebotselastizität, der Nachfrageelastizität und den Marktanteilen des Nachfragers.[1578] Insbesondere wenn alle drei Elemente in dieselbe Richtung deuten, ist der BPI eine aussagekräftige Methode zur Bemessung von Monopsonmacht.[1579] Für die Ermittlung bilateraler Verhandlungsmacht eignet sich der BPI dagegen nicht. Denn seine Elastizitätselemente setzen eine Kopplung von Preis und Menge im neoklassischen Sinne voraus, was auf das Modell bilateraler Verhandlungen, das Nachfragemacht als Drohpotenzial ohne tatsächliche Mengenreduktion versteht, gerade nicht zutrifft.[1580]

Ein Problem bei der Anwendung des BPI zur Ermittlung von Monopsonmacht auf Arbeitsmärkten liegt in den bereits formulierten Bedenken gegen die Verwendung von Lohnelastizitäten.[1581] Der Index wurde nicht für Arbeitsmärkte entwickelt. Der *Matching*-Prozess auf Arbeitsmärkten weist allerdings Besonderheiten auf, die in einer relativ niedrigen Elastizität von Angebot und Nachfrage gegenüber anderen Märkten resultieren. Die Anwendung des BPI begründet daher die Gefahr, auf Arbeitsmärkten vorschnell Monopsonmacht zu indizieren. Damit der BPI zuverlässig auf Arbeitsmärkte angewendet werden kann, bedarf es eines Maßstabs, der die relativ geringen Elastizitäten dieser Märkte berücksichtigt. Damit wird dem BPI jedoch nicht seine grundsätzliche Eignung zur Ermittlung von Monopsonmacht abgesprochen.

ff) *Close competitors*

Bei differenzierten Produkten können auch innerhalb sachlich und geographisch abgegrenzter Märkte noch unterschiedlich starke Substitutionsbeziehungen bestehen, die die Marktmacht der Wettbewerber beeinflussen.[1582] Besteht zwischen zwei Wettbewerbern eine sehr enge Substitutionsbeziehung (*close competitors*) und wollen diese fusionieren, kann dies den Wettbewerbsdruck auf die neue Einheit schwächen und einen Anreiz zu Preiserhöhungen setzen. Das gilt umso mehr, wenn zu den verbleibenden Wettbewerbern keine enge Substitutionsbeziehung besteht.[1583]

1577 Nach *Blair/Harrison*, 53 Antitrust Bull. 1992, 133, 140 ff.

1578 *Blair/Harrison*, Monopsony in Law and Economics, 2010, S. 66 f. Nur im Fall eines Voll-Monopsons, das alle Marktanteile auf sich vereint, kommt es lediglich auf die Angebotselastizität an; *Blair/Harrison*, 53 Antitrust Bull. 1992, 133, 141.

1579 *Blair/Harrison*, Monopsony in Law and Economics, 2010, S. 67. Wenn das Angebot und die Nachfrage unelastisch auf Preisänderungen reagieren und der Nachfrager einen hohen Marktanteil hat, hat er Monopsonmacht inne. Umgekehrt fehlt es an Monopsonmacht, wenn Angebot und Nachfrage elastisch sind und der Nachfrager nur einen geringen Marktanteil hat.

1580 Dazu *Legner*, Schadenstheorien bei Nachfragemacht im europäischen und deutschen Kartellrecht, 2019, S. 58 f.

1581 Siehe dazu oben C.III.1.3.

1582 Kommission, Leitlinien für horizontale Zusammenschlüsse, ABl. 2004 C 31, 5, Rn. 28; Kommission, Entsch. v. 17.12.2007, Fall COMP/M.5064, Rn. 242 ff. – *Friesland Foods/Campina*; Kommission, Entsch. v. 17.11.2010, COMP/M.5658, Rn. 158 ff. – *Unilever/Sara Lee*; Kommission, Entsch. v. 19.10.2011, COMP/M.6106, Rn. 99 ff. – *Caterpillar/MWM*; Kommission, Entsch. v. 12.12.2012, Fall COMP/M.6497, Rn. 229 ff. – *Hutchison 3 G Austria/Orange Austria*; BKartA, Leitfaden zur Marktbeherrschung in der Fusionskontrolle, 2012, Rn. 37, 42; speziell zu Nachfragemacht auf Handelsmärkten BKartA, Beschl. v. 31.3.2015, B2-96/14, Rn. 623 ff. – *EDEKA/Tengelmann*.

1583 Kommission, Leitlinien für horizontale Zusammenschlüsse, ABl. 2004 C 31, 5, Rn. 28; Kommission, Entsch. v. 17.11.2010, COMP/M.5658, Rn. 161 – *Unilever/Sara Lee*; Kommission, Entsch. v. 28.5.2014, Fall

Auf Arbeitsmärkten könnte ein Zusammenschluss enger Wettbewerber folglich zu Monopson- oder Verhandlungsmacht führen, wenn für einen Arbeitnehmerkreis mit bestimmten Präferenzen keine gleichwertigen Ausweichmöglichkeiten bestehen. Relevant ist, ob zwischen den Zusammenschlussbeteiligten und den weiteren Arbeitgebern eines Arbeitsmarktes solche Unterschiede bestehen, dass engere und weitere Substitutionsbeziehungen aus Arbeitnehmersicht identifiziert werden können.

Da die Substituierbarkeit bereits für die Marktabgrenzung relevant ist, ist für die Ermittlung wettbewerblicher Näheverhältnisse innerhalb eines Marktes (*closeness of competition*) ein sensiblerer Maßstab anzulegen.[1584] Es können grundsätzlich die gleichen Methoden wie für die Marktabgrenzung verwendet werden.[1585] In qualitativer Hinsicht ist vor allem zu prüfen, welche Unterschiede oder Gemeinsamkeiten zwischen den Arbeitsplätzen der Zusammenschlussbeteiligten und denen ihrer Wettbewerber bestehen. Behörden und Gerichte können für diese Beurteilung auf die eigene Sachkunde zurückgreifen oder Befragungen der Marktteilnehmer durchführen.[1586]

Aus Sicht der Arbeitnehmer spielen die Absatzmöglichkeiten ihrer Leistungen auf nachgelagerten Märkten oder unterschiedliche Abnahmemengen ihrer Leistung bei der Arbeitsplatzwahl keine wesentliche Rolle,[1587] weshalb dies keine geeigneten Kriterien für die Ermittlung wettbewerblicher Näheverhältnisse auf Arbeitsmärkten sind. Maßgeblich sind vielmehr die Parameter des Arbeitsmarktwettbewerbs. Das sind grundsätzlich alle monetären und nichtmonetären Präferenzen von Arbeitnehmern. Eine enge Substitutionsbeziehung zwischen zwei Arbeitgebern kann sich in sachlicher Hinsicht beispielsweise aus ähnlichen internen Lohnstrukturen, Karriereleitern, Arbeitszeiten oder einem vergleichbaren Ansehen ergeben. Das Ansehen kann aus einer herausgehobenen Stellung auf den nachgelagerten Märkten herrühren oder sich nur auf die Arbeitgeberqualitäten beziehen. Ein Indiz für eine enge Substitutionsbedingung aufgrund des Letzteren könnte beispielsweise ein ähnliches Abschneiden zweier Arbeitgeber in öffentlich verfügbaren Arbeitgeber-Rankings sein. Relevant kann auch sein, in welcher Branche das Unternehmen des Arbeitgebers tätig ist, falls dies nicht bereits zur Abgrenzung eines separaten Arbeitsmarktes geführt hat. Gleiches gilt für die Frage, ob Arbeitgeber eher Insider, etwa gewerkschaftlich vertretene oder unbefristet angestellte Arbeitnehmer, oder Outsider, etwa befristet Angestellte oder Leiharbeiter, einstellen. Gerade Outsider dürften eher Nachfragemacht ausgesetzt sein.

In geographischer Hinsicht können bei internationalen abzugrenzenden Arbeitsmärkten Sprachhindernisse den Substitutionsgrad beeinflussen. Gleiches gilt für geringe oder große räumliche Distanzen zwischen Arbeitgebern.[1588] Arbeitnehmer werden tendenziell weniger Bereitschaft für einen Arbeitgeberwechsel zeigen, wenn sich dadurch ihr Arbeitsweg erheblich verlängert oder ein Wohnortwechsel erforderlich wird, insbesondere in das Ausland.

COMP/M.6992, Rn. 586 – *Hutchison 3G UK/Telefonica Ireland*; *Körber*, in: Immenga/Mestmäcker, Wettbewerbsrecht, 6. Aufl. 2020, Bd. 3, FKVO Art. 2 Rn. 424; vgl. auch das Beispiel bei *Thomas*, ZWeR 2023, 281, 294 f.

1584 *Legner*, Schadenstheorien bei Nachfragemacht im europäischen und deutschen Kartellrecht, 2019, S. 61.

1585 *Thomas*, 4 J. Eur. Compet. Law Pract. 2013, 391, 392; vgl. auch *Rosenthal/Thomas*, European Merger Control, 2010, C. Rn. 155.

1586 *Naidu/Posner/Weyl*, 132 Harv. L. Rev. 2018, 536, 581; allgemein zur Befragung anderer Marktteilnehmer zur Ermittlung wettbewerblicher Näheverhältnisse Kommission, Entsch. v. 13.11.2006, COMP/M.4297, Rn. 88 – *Nokia/Siemens*; Kommission, Entsch. v. 29.4.2008, Rn. 26 – *Oracle/BEA*; *Thomas*, 4 J. Eur. Compet. Law Pract. 2013, 391, 392.

1587 Dazu bereits soeben C.III.2.2.2b)dd).

1588 Vgl. zur räumlichen Nähe als Kriterium für ein *close competitor*-Verhältnis *Montag/von Bonin*, in: MüKo, Wettbewerbsrecht, 4. Aufl. 2023, Bd. 1-2, FKVO Art. 2 Rn. 274.

Quantitative Methoden zur Bewertung eines *close competitor*-Verhältnisses sind allgemein die Umlenkungsziffer (*diversion ratio*) und der *Upward Pricing Pressure* (UPP). Die Umlenkungsziffer gibt an, welcher Anteil des Absatzes eines Produkts bei einer Preiserhöhung verloren geht und durch ein anderes Produkt aufgesogen wird.[1589] Der UPP ermittelt, ob die fusionierenden Unternehmen nach dem Zusammenschluss einen Anreiz haben werden, ihre Verkaufspreise zu erhöhen.[1590] Beide Methoden lassen sich spiegelbildlich auf Monopsonmacht übertragen. Ihre Anwendung auf bilaterale Verhandlungsmacht ist dagegen mit Einschränkungen verbunden.[1591]

Für Arbeitsmärkte wird vorgeschlagen, die Umlenkungsziffer-Analyse und eine – von der UPP-Analyse abgeleitete – DWP-Analyse („*Downwards Wage Pressure*") anzuwenden.[1592] Die Berechnung entspreche der Vorgehensweise auf Produktmärkten.[1593] Praktisch dürfte es allerdings schwierig werden, mit den beiden Analysemethoden ein belastbares Ergebnis zur wettbewerblichen Nähe zu ermitteln. Denn die Umlenkungsziffer verlangt eine Berechnung der Preiselastizität und der Kreuzpreiselastizität.[1594] Die DWP-Analyse verlangt wiederum eine Berechnung der Umlenkungsziffer.[1595] Beide Analysemethoden erfordern also eine Berechnung der Lohnelastizität und Kreuzlohnelastizität des Arbeitsangebots. Auf Arbeitsmärkten begegnet die Ermittlung und Interpretation von Elastizitäten jedoch den bereits formulierten Schwierigkeiten, die auf arbeitsmarktspezifische Besonderheiten zurückzuführen sind.[1596] Beide quantitativen Methoden sollten daher nach hiesiger Ansicht zunächst vorsichtig gehandhabt und zurückhaltend interpretiert werden. Für eine starke Gewichtung der Methoden bei der Ermittlung von Nachfragemacht auf Arbeitsmärkten bedarf es noch weiterer wissenschaftlicher Erkenntnisse und praktischer Erfahrungswerte.

Zusammenfassend sind *close competitor*-Verhältnisse auf Arbeitsmärkten vorwiegend qualitativ anhand der Kriterien des Bedarfsmarktkonzepts zu bestimmen. Umlenkungsziffer- und DWP-Analyse sind bei Monopsonmacht grundsätzlich ebenfalls geeignete Methoden. Ihre Durchführung ist jedoch aufwendig und mit Schwierigkeiten bei der Messung und Bewertung der Elastizitäten des Arbeitsangebots verbunden.

gg) Randsubstitution

Mit dem Indikator der *closeness of competition* wird versucht, Substitutionsbeziehungen innerhalb eines Arbeitsmarktes zu ermitteln. Die Marktmacht von Arbeitgebern kann außerdem durch die Möglichkeit von Arbeitnehmern beeinflusst werden, auf einen anderen Arbeitsmarkt auszuweichen. Das ist dann der

---

1589 Kommission, Leitlinien für horizontale Zusammenschlüsse, ABl. 2004 C 31, 5, Rn. 29 Fn. 39; Kommission, Entsch. v. 17.11.2010, COMP/M.5658, Rn. 79 – *Unilever/Sara Lee*.

1590 Kommission, Entsch. v. 12.12.2012, Fall COMP/M.6497, Rn. 310 – *Hutchison 3 G Austria/Orange Austria*; Kommission, Entsch. v. 28.5.2014, Fall COMP/M.6992, Rn. 588 – *Hutchison 3G UK/Telefonica Ireland*; *Farrell/Shapiro*, 10 B. E. J. Theor. Econ. 2010, Article 9, 2; *Zimmer*, WuW 2013, 928, 932.

1591 Dazu ausführlich *Legner*, Schadenstheorien bei Nachfragemacht im europäischen und deutschen Kartellrecht, 2019, S. 62 ff., 125 ff.

1592 *Naidu/Posner/Weyl*, 132 Harv. L. Rev. 2018, 536, 578 ff.

1593 Zur Berechnung *Naidu/Posner/Weyl*, 132 Harv. L. Rev. 2018, 536, 580 ff., 592 ff.

1594 Kommission, Entsch. v. 17.11.2010, COMP/M.5658, Rn. 79 ff. – *Unilever/Sara Lee*; *Thomas*, 4 J. Eur. Compet. Law Pract. 2013, 391, 393.

1595 *Naidu/Posner/Weyl*, 132 Harv. L. Rev. 2018, 536, 579; OECD, Competition in Labour Markets, 2020, S. 34; vgl. zur UPP-Analyse: Kommission, Entsch. v. 12.12.2012, Fall COMP/M.6497, Rn. 312 – *Hutchison 3 G Austria/Orange Austria*; Kommission, Entsch. v. 28.5.2014, Fall COMP/M.6992, Rn. 588 – *Hutchison 3G UK/Telefonica Ireland*.

1596 Siehe dazu C.III.1.3.

Fall, wenn von dieser Möglichkeit ein gewisser Disziplinierungseffekt im Sinne einer Beschränkung der wettbewerblichen Spielräume der Marktgegenseite ausgeht (Randsubstitution).[1597]

Eine marktübergreifende Ausweichmöglichkeit für Arbeitnehmer wird tendenziell eher auf Arbeitsmärkten mit niedrigen oder keinen Humankapitalanforderungen bestehen. Die dort erbrachten Arbeitsleistungen verlangen keine lange Einlernphase oder den Nachweis eines bestimmten Hochschul- oder Ausbildungsabschlusses. Die Marktzutrittsschranken sind also gering. Zwischen solchen Jedermanns-Arbeitsmärkten kann eine Interdependenz bestehen: Deutliche Lohnerhöhungen auf einem Arbeitsmarkt können Arbeitnehmer von anderen Märkten anziehen, und umgekehrt.[1598] Voraussetzung dafür ist allerdings zumindest eine gewisse Lohntransparenz. Dagegen wird ein Wechsel auf einen anderen sachlichen Arbeitsmarkt für einen Arbeitnehmer im Regelfall umso schwieriger, je spezialisierter er ist. Sein Humankapital wird er dort regelmäßig nicht voll ausschöpfen können und deswegen häufig einen schlechteren Lohn erzielen.

Eine Randsubstitution ist nicht nur in sachlicher, sondern auch in geographischer Hinsicht möglich, insbesondere bei eng abzugrenzenden Arbeitsmärkten. Die Aussicht auf einen deutlich besseren Lohn oder bessere Arbeitsbedingungen kann aus Arbeitnehmersicht eine längere Pendlerstrecke rechtfertigen.

hh) Retrospektive Betrachtung des Lohnniveaus

Der wettbewerbliche Verhaltensspielraum, den Marktmacht voraussetzt, bezieht sich zwar auf alle Wettbewerbsparameter, er wird in der Praxis allerdings vorwiegend preisbezogen ermittelt.[1599] Bei der Ermittlung von Marktmacht auf Angebotsmärkten geht es also regelmäßig darum zu prognostizieren, ob die fusionierte Einheit einen Verhaltensspielraum erreichen wird, den sie zu Preiserhöhungen nutzen kann.[1600] Daher stellt sich die Frage, ob auf Arbeitsmärkten – umgekehrt – die gezahlten Löhne ein Indikator für einen solchen Verhaltensspielraum sein können.

Die bisher untersuchten Marktmachtfaktoren haben sich vor allem auf eine marktstrukturelle Betrachtung konzentriert. Sie dienen primär dem Zweck, die Ausweichmöglichkeiten der Arbeitnehmerseite zu prüfen. Möglicherweise können aber auch die tatsächlich auf einem Arbeitsmarkt gezahlten Löhne Aufschluss darüber geben, ob und in welchem Umfang eine oder beide Parteien vor dem Zusammenschluss bereits Marktmacht innehatten.

Ein Lohnvergleich zwischen verschiedenen Arbeitsnachfragern eines Marktes ist dafür allerdings nur beschränkt aussagekräftig. Denn Nachfragemacht äußert sich grundsätzlich darin, dass der Nachfrager

---

[1597] Vgl. allgemein dazu BKartA, Leitfaden zur Marktbeherrschung in der Fusionskontrolle, 2012, Rn. 78 f.; *Thomas*, in: Immenga/Mestmäcker, Wettbewerbsrecht, 6. Aufl. 2020, Bd. 3, GWB § 36 Rn. 202 ff.

[1598] Auf Jedermanns-Arbeitsmärkten entstehen bei einem Arbeitsplatzwechsel regelmäßig kaum Fluktuationskosten. Außerdem spielen soziale Normen und Opportunismusprobleme nur eine untergeordnete Rolle, weshalb Arbeitsverträge auf diesen Märkten oft nur von kurz- oder mittelfristiger Dauer sind und das Arbeitsangebot daher grundsätzlich etwas elastischer auf Lohnänderungen reagiert.

[1599] Kommission, Prioritätenmitteilung, ABl. 2009 C 45, 7, Rn. 11.

[1600] Vgl. Kommission, Leitlinien für horizontale Zusammenschlüsse, ABl. 2004 C 31, 5, Rn. 24: „Die unmittelbarste Wirkung der Fusion liegt im Verlust des Wettbewerbs zwischen den fusionierenden Unternehmen. Wenn z.B. eines dieser Unternehmen vor dem Zusammenschluss seine Preise erhöht hätte, hätte es einen Teil seines Absatzes an den anderen Fusionsteilnehmer verloren. Mit dem Zusammenschluss wird dieser Wettbewerbsdruck beseitigt. [...] Der Rückgang dieses Wettbewerbsdrucks könnte zu spürbaren Preiserhöhungen in dem relevanten Markt führen. Im Allgemeinen würde ein Zusammenschluss, welcher eine solche nicht koordinierte Wirkung zeigt, einen wirksamen Wettbewerb dadurch erheblich behindern, dass hierdurch die beherrschende Stellung eines Unternehmens begründet oder verstärkt wird"; Kommission, Entsch. v. 17.11.2010, COMP/M.5658, Rn. 158 ff. – *Unilever/Sara Lee.*

einen höheren Teil der Gewinnrente der Austauschverhältnisse abschöpfen kann als seine Transaktionspartner.[1601] Die Lohnhöhe selbst lässt daher keinen präzisen Rückschluss auf die konkrete Gewinnrentenaufteilung zu. Es ist praktisch außerdem nur schwerlich möglich, die Gewinnrenten verschiedener Arbeitsbeziehungen sachgerecht zu ermitteln und zu vergleichen[1602] – selbst wenn man unterstellt, dass alle betroffenen Arbeitnehmer einen einheitlichen Reservationslohn haben.[1603] Dafür spricht vor allem, dass die Gewinnrente von der Profitsituation des Arbeitgebers auf den nachgelagerten Produktmärkten beeinflusst wird. Außerdem weisen Arbeitnehmer heterogene Produktivitätslevel auf, die Einfluss auf die Gewinnrente haben. Das liegt nicht nur an dem Humankapital und der Arbeitsintensität von Arbeitnehmern,[1604] sondern auch an der heterogenen Fähigkeit von Arbeitgebern, die Arbeitsleistung in eine möglichst ertragreiche Verwendung zu lenken.[1605] Das kann zu der Situation führen, in der ein Arbeitgeber zwar höhere Gehälter als andere zahlt, sich dabei allerdings dennoch einen prozentual höheren Anteil der Gewinnrente des Arbeitsverhältnisses aneignet. Hinzu kommt das Problem, dass eine Messung des Outputs, also der Produktivität von Arbeitnehmern, in einigen Fällen schwerlich möglich ist, gerade wenn es sich um Teamtätigkeiten handelt. Aus diesen Gründen ist auch ein Vergleich der absoluten Lohnhöhe nicht zielführend.[1606] Außerdem sind die Arbeitsverträge eines Arbeitsmarktes meist nicht identisch, insbesondere wenn sie individuell verhandelt werden. So können nichtmonetäre Aspekte aus Arbeitnehmersicht einen geringeren Lohn aufwiegen, was einen Vergleich zusätzlich erschwert. Ein wettbewerbsanaloges Lohnniveau oder eine wettbewerbsanaloge Gewinnrentenaufteilung lassen sich also nur schwerlich belastbar ermitteln.

Möglicherweise kann aber eine Betrachtung der in der Vergangenheit durch die Zusammenschlussparteien gezahlten Löhne aufschlussreich sein. Ergibt diese, dass die gezahlten Nominallöhne über einen längeren Zeitraum stagnierten, obwohl die Unternehmen hohe Profite erwirtschafteten, könnte dies eine marktmächtige Stellung auf dem jeweiligen Arbeitsmarkt indizieren. Denn angesichts der kontinuierlichen – in unterschiedlicher Höhe auftretenden – Preisinflation auf Produktmärkten ist ein stagnierender Nominallohn gleichbedeutend mit einer Senkung des Reallohns. Ein sinkender Reallohn bei gleichbleibenden oder sogar steigenden Unternehmensprofiten könnte möglicherweise ein Indiz dafür sein, dass ein Arbeitgeber einen zunehmend wachsenden Teil der Gewinnrenten aus den betroffenen Arbeitsverhältnissen abgeschöpft hat. Ein Zusammenschluss mit einem Arbeitgeber auf demselben Markt könnte diese Stellung verstärken.

Wie aussagekräftig das Indiz im Einzelfall ist, sollte allerdings anhand einer Gesamtbetrachtung mit den anderen Marktmachtfaktoren bewertet werden. Denn sinkende Reallöhne bedeuten nicht zwangsläufig,

---

1601 Siehe dazu Teil 1 D.II.

1602 *Bewely*, Why wages don't fall during a recession, 1999, S. 82.

1603 Vgl. zur fehlenden Aussagekraft der Aufteilung der bilateralen Gewinnrente auf Handelsmärkten für die Feststellung von Nachfragemacht, da diese von zahlreichen Faktoren beeinflusst wird, Kommission, Entsch. v. 17.11.2010, COMP/M.5658, Rn. 305 – *Unilever/Sara Lee*.

1604 Siehe dazu Teil 1 C.III.1.

1605 Beispielsweise ist ein angestellter Rechtsanwalt produktiver, wenn sein Arbeitgeber seine Arbeitsleistung mit einem deutlich höheren Stundenhonorar abrechnet als andere Arbeitgeber. Dann wird er für den Arbeitgeber im Regelfall ein höheres Einkommen erwirtschaften.

1606 Wenn man unterstellt, dass größere Unternehmen durchschnittlich dazu in der Lage sind, ihre Arbeitnehmer produktiver einzusetzen als kleinere, was plausibel ist, überrascht es nicht, dass sie auch durchschnittlich höhere Löhne zahlen; dazu *Strand*, 28 Int. Econ. Rev. 1987, 51 ff.; *Gibson/Stillmann*, 91 Rev. Econ. Stat. 2009, 213 ff.; *Bloom* et al., 108 AEA Papers and Proceedings 2018, 317; *Stühmeier*, WuW 2020, 197. Der Umstand sagt nämlich noch nichts über die konkrete Verteilung der Gewinnrente aus.

dass die betroffenen Arbeitnehmer über keine oder geringe Ausweichmöglichkeiten verfügen. Außerdem kann auch eine Strukturveränderung von Arbeitsmärkten der Grund für ein stagnierendes Lohnniveau sein, ohne dass dies auf die Marktmacht einzelner Unternehmen zurückzuführen ist.

c) Ergebnis

Die Untersuchung hat ergeben, dass überwiegend dieselben Faktoren verwendet werden können, um Monopsonmacht und marktweite Verhandlungsmacht auf Arbeitsmärkten zu ermitteln. Das liegt zunächst daran, dass für beide Arten von Nachfragemacht die Ausweichmöglichkeiten der Arbeitnehmer maßgeblich sind. Entscheidend ist weiter, dass sich deren Wert auf Arbeitsmärkten etwas anders bemisst als auf Handelsmärkten. Denn zwei Merkmale von bilateralen Verhandlungsprozessen auf Handelsmärkten können nicht undifferenziert auf Arbeitsmärkte übertragen werden: Auf Arbeitsmärkten kommt es meist nicht auf die Stellung des Nachfragers auf dem nachgelagerten Absatzmarkt an und auch die Abnahmemenge des Arbeitgebers spielt dort im Verhandlungsprozess keine vergleichbare Rolle. Dies führt im Ergebnis zu einer deutlichen Angleichung der Faktoren für die Ermittlung von Monopsonmacht und Verhandlungsmacht auf Arbeitsmärkten.

Geeignet ist eine Ermittlung der absoluten Marktanteilshöhe der fusionierten Einheit. Auch die Arbeitsmarktstruktur ist ein wichtiger Indikator, also ob sich zukünftig eine hohe Arbeitslosigkeit oder ein Arbeitskräftemangel prognostizieren lassen. Aufgrund der Relevanz der absoluten Marktanteile kann ergänzend auch die Marktkonzentration anhand des HHI herangezogen werden. Dennoch ist es unerlässlich, daneben die Wettbewerbsbedingungen und -verhältnisse zu untersuchen. Hierfür ist insbesondere eine qualitative Analyse der *closeness of competition* und einer möglichen Randsubstitution in den Blick zu nehmen.

Für die Ermittlung von Monopsonmacht kommen daneben ergänzend noch quantitative Methoden wie der BPI, eine Umlenkungsziffer- oder DWP-Analyse in Betracht. Deren Durchführung ist jedoch meist aufwendig und mit Schwierigkeiten bei der Messung und Bewertung der Elastizitäten des Arbeitsangebots und der Arbeitsnachfrage verbunden.

Die retrospektive Betrachtung der auf einem Arbeitsmarkt bisher gezahlten Löhne ist nur begrenzt geeignet, um Nachfragemacht zu ermitteln. Möglich ist allerdings, dass die Lohnentwicklung innerhalb des Unternehmens eines Zusammenschlussbeteiligten in bestimmten Fällen ein Indikator für bestehende Nachfragemacht sein kann. Das ist denkbar, wenn sinkende Reallöhne auf langfristig steigende Unternehmensprofite treffen. Dieser Indikator sollte allerdings nicht überbewertet und nur ergänzend herangezogen werden.

Zuletzt kann aus der Relevanz der Marktanteile sowie der Marktkonzentration für die Feststellung von Nachfragemacht auf Arbeitsmärkten abgeleitet werden, dass eine Marktabgrenzung eine wichtige Grundvoraussetzung ist, um Nachfragemacht überhaupt ermitteln zu können. Das indiziert zugleich, dass die im Folgenden zu untersuchenden Schadenstheorien bei Nachfragemacht vornehmlich dann erwogen werden sollten, wenn ein Arbeitsmarkt zuvor erfolgreich abgegrenzt werden konnte. Das gilt insbesondere für das Monopson-Modell. Dieses lässt nach den bisherigen Untersuchungsergebnissen deutlich negativere wohlfahrtsökonomische Konsequenzen erwarten als das Modell bilateraler Verhandlungsmacht.[1607]

[1607] Siehe dazu oben Teil 1 D.

2.3 Schadenstheorien bei Nachfragemacht auf Arbeitsmärkten

2.3.1 Ausgangspunkt

Im Folgenden wird sich die Abhandlung möglichen Schadenstheorien für den SIEC-Test auf Arbeitsmärkten bei ermittelter Nachfragemacht der fusionierten Einheit zuwenden. Ausgangspunkt dieser Untersuchung sind die Schutzzwecke der europäischen und deutschen Fusionskontrolle. Denn eine Schadenstheorie für den Wettbewerb durch zusammenschlussbedingt gestiegene Nachfragemacht muss normativ legitimiert sein, um eine fusionskontrollrechtliche Untersagung rechtfertigen zu können. Es hängt folglich von den Schutzzwecken der Fusionskontrolle ab, wann Nachfragemacht ein kartellbehördliches Einschreiten rechtfertigen kann.

Es wurde bereits gezeigt, dass der SIEC-Test sowohl den Schutz des Wettbewerbsprozesses als auch den Schutz der *consumer welfare* bezweckt.[1608] Beide Schutzzwecke stehen nicht im Widerspruch zueinander. Auch das ordoliberale Verständnis von Wettbewerbsfreiheit und dessen Schutz vor Kartellen und Monopolen geht letztlich auf den Gedanken zurück, dass ein durch wirksamen Wettbewerb gesteuerter Markt gegenüber einem monopolisierten Markt grundsätzlich vorteilhafter für Verbraucher ist. In anderen Worten: Ein Monopol resultiert meist in Wohlfahrtsverlusten für Verbraucher. Überschreitet ein Zusammenschlussvorhaben die Schwelle zur Marktbeherrschung, kann dies folglich auch als Vermutung dafür verstanden werden, dass es einen wirksamen Wettbewerbsprozess so stark beeinträchtigen würde, dass ein *consumer harm* entsteht.[1609] Die vorliegende Arbeit wird sich daher im Folgenden zuvorderst auf Schadenstheorien für die *consumer welfare* durch Nachfragemacht auf Arbeitsmärkten konzentrieren.[1610]

Monopsonmacht und bilaterale Verhandlungsmacht bewirken auf industriellen Warenmärkten sowie Arbeitsmärkten, dass die Preise der betroffenen Güter bzw. die Löhne der betroffenen Arbeitsleistung – verglichen mit dem wettbewerbsanalogen Niveau – absinken. Dieser ökonomische Befund kann allerdings per se keine fusionskontrollrechtliche Intervention rechtfertigen, da er an sich keinen *consumer harm* begründet.[1611]

Ein zentraler Unterschied zwischen den Modellannahmen von Monopsonmacht und bilateraler Verhandlungsmacht ist, dass nur bei Ersterer eine Mengenreduktion zur Durchsetzung niedrigerer Einkaufspreise eingesetzt wird. Ein verhandlungsmächtiges Unternehmen wird dagegen langfristig zumeist sogar höhere Mengen einkaufen. Dieser Unterschied hat zur Folge, dass bei Monopsonmacht regelmäßig ein *deadweight loss* zu erwarten ist und bei bilateraler Verhandlungsmacht regelmäßig nicht.[1612] Insoweit besteht im Grundsatz kein Unterschied zwischen Nachfragemacht auf industriellen Warenmärkten und Arbeitsmärkten.[1613]

Dies zugrunde gelegt, ist die Arbeitshypothese der folgenden Abschnitte, dass die Auswirkungen von Nachfragemacht auf die Beschäftigungsmenge maßgeblich für die Ermittlung einer erheblichen Behinderung wirksamen Wettbewerbs durch einen Zusammenschluss sein können. Ein preisbezogener *con-*

1608 Siehe dazu oben C.II.

1609 *Thomas*, in: Immenga/Mestmäcker, Wettbewerbsrecht, 6. Aufl. 2020, Bd. 3, GWB § 36 Rn. 121.

1610 Insoweit wird auch von einer unmittelbaren oder direkten Anwendung des SIEC-Tests gesprochen; vgl. etwa *Kling/Thomas*, Kartellrecht, 2. Aufl. 2016, § 8 Rn. 222 ff., § 22 Rn. 136 ff.

1611 Siehe dazu bereits oben C.III.2.1.

1612 Siehe dazu Teil 1 D.II.

1613 Siehe dazu Teil 1 D.III.

sumer harm könnte aus einer sinkenden Beschäftigungsmenge resultieren, was insbesondere bei Monopsonmacht denkbar ist (2.3.2). Bei bilateraler Verhandlungsmacht könnte dagegen eine steigende Beschäftigungsmenge in Ausnahmefällen einen preisbezogenen Schaden für die *consumer welfare* begründen (2.3.3). Außerdem soll untersucht werden, ob auch abseits von unmittelbaren Mengeneffekten ein *consumer harm* prognostiziert werden kann. Insoweit kommen vor allem dynamische Ineffizienzen durch die Senkung der Arbeitsmotivation oder der Bereitschaft zu Investitionen in Humankapital in Betracht (2.3.4). Das Regelbeispiel der Marktbeherrschung wird zuletzt behandelt (2.3.5).

2.3.2 Senkung der Beschäftigungsmenge, Output-Reduktion und Verkaufspreisanstieg

a) Erklärung und Anwendbarkeit der Schadenstheorie auf Arbeitsmärkte

Die Ausübung von Marktmacht auf der Angebotsseite führt grundsätzlich zu einem preisbezogenen *consumer harm*. Ein Unternehmen mit Monopolmacht kann die Angebotsmenge im Vergleich zu einem polypolistischen Zustand marktweit reduzieren, um dadurch die Verkaufspreise zu erhöhen.[1614] [1615] Spiegelbildlich dazu kann ein Monopsonist die Nachfragemenge reduzieren, um niedrigere Einkaufspreise zu erzielen. Das führt allerdings nicht zwingend dazu, dass er diese niedrigeren Einkaufspreise in Gestalt niedrigerer Verkaufspreise an Verbraucher weitergibt.[1616]

Welche Auswirkungen Monopsonmacht auf die Verkaufspreise auf dem nachgelagerten Absatzmarkt haben wird, hängt von den dortigen Wettbewerbsverhältnissen ab.[1617] Maßgeblich ist, ob die Wettbewerber des Absatzmarktes den aus der geringeren Einkaufsmenge folgenden geringeren Output auffangen können.[1618] Ist dies der Fall, bleibt der marktweite Output in der Regel unbeeinflusst und in der Folge auch der Verkaufspreis. Voraussetzung dafür ist allerdings, dass die Output-Erweiterung für Wettbewerber nicht zu höheren Beschaffungskosten führt, die sie durch Verkaufspreiserhöhungen an die Verbraucher weitergeben.[1619] Hat der monopsonmächtige Nachfrager zusätzlich Angebotsmacht auf den nachgelagerten Märkten, dann werden seine Wettbewerber den verringerten Output dagegen nicht vollständig auffangen können. Das gibt ihm die Möglichkeit, dort die Verkaufspreise zu erhöhen.[1620] Insoweit kann Monopsonmacht den durch Monopolmacht entstehenden *consumer harm* verstärken. Umgekehrt ist regelmäßig dann kein *consumer harm* zu erwarten, wenn der Nachfrager mit Monopsonmacht

---

1614 Kommission, Leitlinien für horizontale Zusammenschlüsse, ABl. 2004 C 31, 5, Rn. 61; *Grimes*, 72 Antitrust L. J. 2005, 563, 566; *Wingerter*, WuW 2018, 199 f.; *Schwalbe/Zimmer*, Kartellrecht und Ökonomie, 3. Aufl. 2021, S. 24, 32 f.

1615 Grundsätzlich begründet eine Output-Senkung an sich schon einen *consumer harm*; vgl. Kommission, Prioritätenmitteilung, ABl. 2009 C 45, 7, Rn. 11. Da Output-Reduktion und Verkaufspreisanstieg nach dem wettbewerbsökonomischen Marktmachtkonzept allerdings Hand in Hand gehen, weil es auf der neoklassischen Preistheorie aufbaut, wird im Folgenden nicht auf die Output-Reduktion als separaten *consumer harm* abgestellt.

1616 *Grimes*, 72 Antitrust L. J. 2005, 563, 576; *Blair/Harrison*, Monopsony in Law and Economics, 2010, S. 46.

1617 *van Doorn*, The Law and Economics of Buyer Power in EU Competition Policy, 2015, S. 88 ff.; OECD, Purchasing Power and Buyers' Cartels, 2022, S. 11.

1618 *Blair/Harrison*, Monopsony in Law and Economics, 2010, S. 47; *van Doorn*, The Law and Economics of Buyer Power in EU Competition Policy, 2015, S. 88 f.; *Legner*, Schadenstheorien bei Nachfragemacht im europäischen und deutschen Kartellrecht, 2019, S. 134 f.; *Wingerter*, WuW 2020, 387, 388.

1619 *Noll*, 72 Antitrust L. J. 2005, 589, 599 f.; *van Doorn*, The Law and Economics of Buyer Power in EU Competition Policy, 2015, S. 89.

1620 *Dobson/Waterson/Chu*, The Welfare Consequences of Buyer Power, 1998, S. 15; *Wingerter*, WuW 2020, 387, 388; OECD, Purchasing Power and Buyers' Cartels, 2022, S. 11; vgl. auch Kommission, Leitlinien für horizontale Zusammenschlüsse, ABl. 2004 C 31, 5, Rn. 61; Kommission, Entsch. v. 23.6.2008, COMP/M.5047, Rn. 100 – *REWE/ADEG*.

auf dem nachgelagerten Markt einem hohen Wettbewerbsdruck ausgesetzt ist.[1621] Das kann allerdings nur als Daumenregel gelten und macht eine Einzelfallprüfung nicht entbehrlich.

Diese Schadenstheorie für die *consumer welfare* bei Monopsonmacht gilt grundsätzlich auch für Arbeitsmärkte.[1622] Für einen *consumer harm* muss also Monopsonmacht auf dem jeweiligen Arbeitsmarkt und Monopolmacht auf dem nachgelagerten Absatzmarkt prognostiziert werden. Bei Letzterem liegt der Fokus auf der Möglichkeit von Wettbewerbern, ihre Angebotskapazitäten so zu erweitern, dass sie die Output-Reduktion des Monopsonisten ohne Erhöhung der Verkaufspreise auffangen können. Wie groß der *consumer harm* im Einzelfall ausfällt, wird von dem Grad an Marktmacht auf dem Arbeits- und Absatzmarkt beeinflusst.

Diese Schadenstheorie kann – wie auch das Monopson-Modell selbst – jedoch nicht uneingeschränkt Anwendung finden, wenn alle Arbeitnehmer eine Rente erhalten.[1623] Dann führt eine Lohnsenkung nicht auch zwingend zu einer Senkung der Beschäftigungsmenge. Gerade wenn die Lohnsenkung die Reservationslöhne der Arbeitnehmer nicht unterschreitet, erzielen diese weiterhin eine Rente und verfügen daher regelmäßig über keine gleichwertigen *outside options*. In dieser Situation haben sie keinen hohen Anreiz, den Arbeitgeber aufgrund der Lohnsenkung zu verlassen. Diese kann daher mit Blick auf die Beschäftigungsmenge folgenlos bleiben. Mangels Mengeneffekt scheidet in der Konsequenz auch die soeben beschriebene Schadenstheorie für die *consumer welfare* aus.

Dies in der Praxis mit hinreichender Wahrscheinlichkeit zu prognostizieren, ist mit Schwierigkeiten verbunden. Denn es hängt unter anderem vom subjektiven Reservationslohn und der emotionalen Reaktion von Arbeitnehmern ab, ob diese infolge einer Lohnsenkung ihre Beschäftigung niederlegen werden. Das lässt sich von außen schwerlich eindeutig prognostizieren und indiziert, dass die Anwendbarkeit des Monopson-Modells und seiner wohlfahrtsökonomischen Folgen in der fusionskontrollrechtlichen Praxis auf Arbeitsmärkten nicht vorschnell bejaht werden sollte.

b) Anreiz zur Umsetzung

Bei dieser Schadenstheorie könnten zusätzlich Faktoren in den Blick zu nehmen sein, die den Anreiz für einen Arbeitsnachfrager senken, die Beschäftigtenmenge zu reduzieren und dadurch einen *consumer harm* zu bewirken. Diese wären ebenfalls bei der fusionskontrollrechtlichen Prüfung zu berücksichtigen. Denn ein geringer oder fehlender Anreiz zur Umsetzung der Schadenstheorie bewirkt eine faktische Einschränkung der Verhaltensspielräume der fusionierten Einheit.[1624]

Nach der Schadenstheorie entsteht nur dann ein *consumer harm*, wenn die Reduzierung der Einkaufsmenge sich in einem reduzierten Output des Unternehmens niederschlägt. Bei Produktionsfaktoren wie

---

[1621] *Blair/Harrison*, Monopsony in Law and Economics, 2010, S. 47; OECD, Purchasing Power and Buyers' Cartels, 2022, S. 11.

[1622] *Marinescu/Hovenkamp*, 91 Ind. Law J. 2019, 1031, 1038, 1062 f.; OECD, Competition in Labour Markets, 2020, S. 15 f.

[1623] Siehe dazu bereits Teil 1 D.III.1.

[1624] Vgl. zur Berücksichtigungsfähigkeit von Anreizen zu Preiserhöhungen oder zu Mengenreduktionen bei der fusionskontrollrechtlichen Prognoseentscheidung etwa Kommission, Leitlinien für horizontale Zusammenschlüsse, ABl. 2004 C 31, 5, Rn. 32 und speziell zu Nachfragemacht Rn. 66; Kommission, Entsch. v. 7.11.2012, Fall COMP/M.6471, Rn. 776 – *Outokumpu/INOXUM*: „As a result, the Commission concludes that according to economic theory reactions from horizontal competitors will, in general, not be sufficient to eliminate the incentive for the merged entity to raise price." Auch die in der Kommissionspraxis anerkannte UPP-Analyse soll den Preiserhöhungsanreiz der fusionierten Einheit ermitteln; dazu auch oben C.III.2.2.2b)ff).

Rohstoffen, die nur für die Herstellung einer bestimmten Ware eingekauft werden, ist dies der Regelfall. Bei Arbeitsleistung ist das hingegen nicht immer eindeutig. Bei unternehmensinternen, unterstützenden Tätigkeiten, die keinen direkten Einfluss auf die Produktion haben, ist denkbar, dass eine reduzierte Beschäftigungsmenge den Output auf Absatzmärkten nicht beeinflusst. Beispiele sind Berufe im Bereich des Personalwesens, der Rechtsabteilung oder im Controlling. Folglich sollte für einen *consumer harm* prognostiziert werden, dass die Nachfragemacht eine Arbeitsleistung betrifft, die bei einer Reduzierung der Beschäftigtenmenge mit hinreichender Wahrscheinlichkeit eine Output-Senkung auf dem nachgelagerten Markt erwarten lässt.[1625]

Einschränkend ist insoweit hinzuzufügen, dass diese unternehmensinternen Tätigkeiten, die den Angebotsprozess auf den nachgelagerten Märkten lediglich unterstützen, zwar ebenfalls in beschränktem Umfang den Output beeinflussen können. Allgemein gesprochen kann eine schlechte Planung der organisatorischen Abläufe innerhalb eines Unternehmens zu einem ineffizienten Produktionsprozess führen und dadurch den Output schmälern. Unternehmen haben allerdings keinen Anreiz dazu, den Output auf solche Weise zu senken. Der Anreiz, Monopsongewinne zu erzielen, ist folglich im Kern auf Arbeitsleistungen beschränkt, welche die Absatzmenge direkt beeinflussen können. Für die Prognose eines *consumer harms* muss dann in einem zweiten Schritt, wie zuvor erläutert, die Wettbewerbssituation auf dem jeweiligen Absatzmarkt untersucht werden. Hat ein Monopsonist auf den relevanten Absatzmärkten keine Marktmacht, kann dies einer erfolgreichen Verkaufspreisanhebung durch eine Reduzierung der Beschäftigtenmenge und des Outputs entgegenstehen.

Des Weiteren können Unternehmenszusammenschlüsse öfters zu einer zunächst sinkenden Beschäftigungsmenge aufgrund von Rationalisierungs- und Restrukturierungsmaßnahmen führen.[1626] Insoweit ist besonders kritisch zu prüfen, ob die Schadenstheorie dennoch einschlägig ist. Denn solche Rationalisierungs- und Restrukturierungseffekte sind auch dann möglich, wenn die fusionierte Einheit keine Nachfragemacht innehat.[1627]

Als weiterer Faktor ist die Nachfragesituation auf den Absatzmärkten in den Blick zu nehmen. Denn die Nachfrage nach Arbeitnehmern leitet sich aus der Nachfrage auf den nachgelagerten Absatzmärkten ab.[1628] Das bedeutet, die Absatzsituation auf diesen Märkten hat Einfluss auf die Menge an Arbeitsleistung, die ein Arbeitgeber benötigt. Das gilt allerdings nicht nur für Arbeitsleistung, sondern auch für andere Produktionsfaktoren. Ein rational agierendes Unternehmen wird die zu beschaffende Menge an Produktionsfaktoren regelmäßig so wählen, dass es auf den Absatzmärkten den höchstmöglichen Profit erwirtschaften kann. Diese Entscheidung hängt sowohl von den summierten Kosten der Produktionsfaktoren als auch von der Margen- und Nachfragesituation auf den Absatzmärkten ab. Die Umstände können im Einzelfall möglicherweise so liegen, dass der Monopsonist eines Arbeitsmarktes keinen Anreiz hat, die Menge der beschäftigten Arbeitnehmer zu senken, um dadurch eine Lohnreduzierung zu erreichen. Das könnte insbesondere der Fall sein, wenn ein höherer Output auf Absatzmärkten einen Profit verspricht, der den Monopsongewinn übersteigt.

1625 Ansatzpunkt für eine Prüfung im Einzelfall könnte die betriebswirtschaftliche Unterscheidung zwischen direkter und indirekter Arbeit (*direct and indirect labor*) sein.

1626 *Dobbelaere/McCormack/Prinz/Sóvágó*, Firm Consolidation and Labor Market Outcomes, 2022, S. 2, 18.

1627 Vgl. *Costa*, Local Labor Market Effects of Mergers and Acquisitions in Developing Countries, 2023, S. 2, 24, der in Bezug auf brasilianische Arbeitsmärkte feststellt, dass große Zusammenschlüsse anschließend zu einer marktweit sinkenden Beschäftigung führen, wobei dies fast ausschließlich auf – machtunabhängigen – Rationalisierungsmaßnahmen der fusionierten Unternehmenseinheit beruhen soll.

1628 *Wagner/Jahn*, Neue Arbeitsmarkttheorien, 2. Aufl. 2004, S. 26; *Mankiw/Taylor*, Grundzüge der Volkswirtschaftslehre, 8. Aufl. 2021, S. 486.

Das soll folgendes Beispiel illustrieren: Ein Unternehmen hat auf einem oder mehreren geographisch eng abgegrenzten Arbeitsmärkten Monopsonmacht inne. Die Produkte, die das Unternehmen vertreibt und für deren Herstellung die betroffene Arbeitsleistung verwendet wird, verlangen allerdings, dass noch weitere Arbeitnehmer und sonstige Produktionsfaktoren auf anderen Beschaffungsmärkten eingekauft werden. Diese verursachen deutlich mehr Kosten als die Löhne der Arbeitnehmer, gegenüber denen das Unternehmen Monopsonmacht innehat. Außerdem herrscht auf den nachgelagerten Märkten eine hohe Nachfrage und die Produkte können mit einer profitablen Marge restlos abgesetzt werden. In einer solchen Situation wird das Unternehmen eher keinen gewichtigen Anreiz haben, seine Monopsonmacht auf den Arbeitsmärkten zu nutzen. Das Beispiel ist zwar recht abstrakt und plastisch gebildet. Es verdeutlicht allerdings, dass die Marktgegebenheiten auf Beschaffungs- und Absatzmärkten den wettbewerblichen Verhaltensspielraum einer fusionierten Einheit auf Arbeitsmärkten durch bestimmte Anreize faktisch einschränken können.

Zuletzt können auch die besonderen Eigenschaften des Faktors Arbeit den Anreiz zu Lohnsenkungen mindern. Im Grundlagenabschnitt wurde bereits umfassend herausgearbeitet, dass Arbeitsbeziehungen und vor allem die Lohnsetzung sich deutlich von Lieferbeziehungen auf industriellen Warenmärkten unterscheiden.[1629] In Arbeitsbeziehungen bestehen oft Anreize zu einer langfristigen Kooperation. Arbeitnehmer reagieren deswegen oft unelastisch auf Lohnänderungen, weil sie aufgrund ihrer Risikoaversion, sozialer Normen, der Bildung betriebsspezifischen Humankapitals und nichtmonetärer Arbeitsplatzmerkmale oft kein Interesse daran haben, bei einem besser entlohnten Angebot sofort den Arbeitgeber zu wechseln. Diese Besonderheiten müssen Arbeitgeber bei der Lohnsetzung beachten. So können gerade die Effizienzlohntheorien erklären, warum Arbeitgeber – trotz theoretisch bestehender Monopsonmacht – Anreize haben, Löhne nicht möglichst tief zu setzen. Sie müssen einer adversen Selektion vorbeugen, Anreize zu produktiver Leistung setzen, Loyalität und Reziprozität erzeugen sowie Fairnessvorstellungen genügen.[1630] Deswegen sind Nominallöhne auch in Rezessionszeiten regelmäßig abwärts recht rigide.[1631] Diese Aspekte sind bei der fusionskontrollrechtlichen Prüfung zu berücksichtigen und mahnen zu einer sorgfältigen Prüfung aller Schadenstheorien, die auf einer Lohnsenkung durch einen Zusammenschluss basieren.

Zusammenfassend kann Monopsonmacht auf Arbeitsmärkten durch eine Reduzierung der Beschäftigten- und Output-Menge zu einem Schaden für die *consumer welfare* führen. Bei der Prüfung dieser Schadenstheorie sind allerdings arbeitsmarktspezifische Besonderheiten zu beachten, die den Anreiz zur Ausübung von Monopsonmacht einschränken können.

2.3.3 Lohndiskriminierung bei steigender Beschäftigungsmenge und Verdrängungswirkung

a) Ausgangspunkt

Nach dem Modell bilateraler Verhandlungsmacht reduziert der Nachfrager seine Einkaufsmenge nicht, sondern nutzt sein Drohpotenzial, um einen größeren Teil der Gewinnrente der Austauschbeziehung abzuschöpfen. Es kommt grundsätzlich nicht zu einer Output-Reduzierung, sondern nur zu einer Verschiebung der Gewinnrente.

Im bilateralen Verhandlungsprozess auf Arbeitsmärkten kann der Arbeitgeber niedrige Löhne durch die Drohung mit einer Nichteinstellung oder Kündigung erreichen. Bei echten Lohnverhandlungen scheint

---

[1629] Siehe dazu insbesondere Teil 1 C.III.3.2 und Teil 2 D.II.2.

[1630] *Naidu/Posner*, 57 J. Hum. Resour. 2022, 284, 294; siehe dazu Teil 1 C.III.3.2.

[1631] Siehe dazu Teil 1 C.III.3.1.3 und C.III.3.2.

die Annahme gerechtfertigt, dass für die jeweiligen Arbeitsplätze keine einheitliche unternehmensinterne Lohnstruktur herrscht, also eine unterschiedliche Entlohnung von Arbeitnehmern mit identischem oder vergleichbarem Berufsprofil möglich ist und effiziente *Matches* regelmäßig auch zustande kommen werden.[1632] Dann führt bilaterale Verhandlungsmacht auf Arbeitsmärkten ebenfalls in der Regel nur zu einer Gewinnrentenverschiebung und nicht zu einer Mengenreduktion. An einer Mengenreduktion kann es auf Arbeitsmärkten auch bei Nachfragemacht außerhalb eines Verhandlungsrahmens fehlen – insbesondere bei *wage-posting* und Nichtanwendbarkeit des Monopson-Modells.[1633]

Trotz ausbleibender Mengensenkung gibt es bei bilateraler Verhandlungsmacht auf industriellen Warenmärkten Schadenstheorien für die *consumer welfare*. Diskutiert werden ein Spiraleffekt (b)) und ein Wasserbetteffekt (c)). Beide Effekte knüpfen an der Fähigkeit des verhandlungsmächtigen Nachfragers an, günstigere Einkaufskonditionen und höhere Einkaufsmengen als seine Wettbewerber aushandeln zu können. Damit sorgt er für eine Einkaufspreisdiskriminierung, die sich zu einer Vermachtung des nachgelagerten Absatzmarktes und dadurch steigenden Verkaufspreisen fortentwickeln kann.[1634] Ob eine entsprechende Lohndiskriminierung auf Arbeitsmärkten zu einem *consumer harm* führen kann, soll im Folgenden untersucht werden.

b) Zu einem Spiraleffekt

aa) Erklärung und Anwendbarkeit der Schadenstheorie auf Arbeitsmärkte

Der Spiraleffekt beschreibt das Marktverhalten eines mächtigen Nachfragers, das langfristig zu steigenden Preisen auf den nachgelagerten Absatzmärkten führen kann.[1635] Dieser Nachfrager nutzt seine günstigen Beschaffungskonditionen zunächst dazu, die Verkaufspreise auf dem Absatzmarkt zu senken. Das ermöglicht es ihm, dort seinen Marktanteil und seine Marktmacht auszubauen, da seine Wettbewerber über schlechtere Einkaufskonditionen verfügen.[1636] Sie sind deswegen regelmäßig nicht dazu in der Lage, sein niedriges Verkaufspreisniveau vollständig mitzugehen.[1637] Das kann wiederum dazu führen, dass sie ihre Einkaufsmenge reduzieren müssen, während der marktmächtige Nachfrager seine ausweitet.[1638] Die zunehmenden Unterschiede bei der Beschaffungsmenge vergrößern die Schere bei den Einkaufskonditionen. Diese Wechselwirkung zwischen Beschaffungs- und Absatzmarkt kann also zu einer Konzentrations- und Machtspirale führen, die die Marktmacht des Nachfragers auf beiden Märkten erhöht.[1639] Ineffiziente Wettbewerber können vollständig verdrängt werden. Auf lange Sicht kann die Spirale zu einer Absatzmarktstruktur mit deutlich verminderter Wettbewerbsintensität führen, die eine profitable Erhöhung der Verkaufspreise durch den Nachfrager zulässt.[1640] Darin liegt der *consumer harm*.

1632 Siehe dazu bereits Teil 1 D.III.3.

1633 Das wurde hier bereits mehrfach erläutert. Siehe etwa C.III.2.2.1.

1634 BKartA, Leitfaden zur Marktbeherrschung in der Fusionskontrolle, 2012, Rn. 128; OECD, Monopsony and Buyer Power, 2008, S. 23.

1635 BKartA, Beschl. v. 28.10.2010, B2-52/10, S. 100 – *EDEKA/trinkgut*; *Inderst*, WuW 2008, 1261, 1269.

1636 Kommission, Entsch. v. 3.2.1999, Fall IV/M.1221, Rn. 72 – *Rewe/Meinl*; BKartA, Beschl. v. 31.3.2015, B2-96/14, Rn. 622 – *EDEKA/Tengelmann*; *Thomas*, ZWeR 2015, 210, 219; OECD, Purchasing Power and Buyers' Cartels, 2022, S. 14.

1637 *Inderst*, WuW 2008, 1261, 1268; *Legner*, Schadenstheorien bei Nachfragemacht im europäischen und deutschen Kartellrecht, 2019, S. 85.

1638 *Thomas*, ZWeR 2015, 210, 219.

1639 BKartA, Beschl. v. 28.10.2010, B2-52/10, S. 100 – *EDEKA/trinkgut*; BKartA, Beschl. v. 31.3.2015, B2-96/14, Rn. 130, 374, 632 – *EDEKA/Tengelmann*; *Inderst*, WuW 2008, 1261, 1268.

1640 Kommission, Entsch. v. 3.2.1999, Fall IV/M.1221, Rn. 73 – *Rewe/Meinl*; BKartA, Nachfragemacht im Kartellrecht, 2008, S. 3; *Wingerter*, WuW 2020, 387, 388.

Diese Schadenstheorie setzt folglich eine dynamische Wechselbeziehung zwischen Marktmacht auf Beschaffungs- und Absatzmärkten voraus: Günstige Einkaufskonditionen stärken die Marktmacht auf dem Absatzmarkt, was wiederum der Nachfragemacht auf dem Beschaffungsmarkt zuträglich ist.[1641] Der letztgenannte Machtkonnex beruht unter anderem auf der Annahme, dass wachsende Absatzmengen und Marktanteile auf dem Angebotsmarkt dafür sorgen, dass die Bedeutung des Unternehmens als Absatzkanal für die Lieferanten des Beschaffungsmarktes steigt – entweder aufgrund einer *Gatekeeper*-Stellung oder wegen des wachsenden Anteils am Gesamtumsatz der Lieferanten.[1642] Außerdem ermöglicht die höhere Abnahmemenge dem Lieferanten oft eine effizientere Produktion durch Skaleneffekte. Das gibt dem mächtigen Nachfrager eine zusätzliche Möglichkeit, Sonderkonditionen oder Mengenrabatte auszuhandeln.[1643] Denn die Kostenvorteile erhöhen die Gewinnrente der Vertragsbeziehung und können von einem verhandlungsmächtigen Nachfrager abgeschöpft werden. Dadurch verbessert sich seine Situation gegenüber kleineren Nachfragern erneut.

Es lässt sich nicht ohne weiteres davon ausgehen, dass diese Annahmen in vergleichbarer Weise auch auf Arbeitsmärkte zutreffen. Bereits gezeigt wurde, dass ein Arbeitnehmer im Regelfall nicht daran interessiert ist, seine Arbeitsleistung auf dem nachgelagerten Markt abzusetzen.[1644] Dabei handelt es sich nicht um ein Alleinstellungsmerkmal von Arbeitsmärkten, sondern dies trifft auch auf Anbieter anderer Produkte oder Dienstleistungen zu.[1645] Ein Arbeitgeber kann daher primär nur aufgrund hoher Marktanteile ein unumgänglicher Vertragspartner für einen erheblichen Teil der Arbeitnehmer eines Marktes werden, nicht aber wegen seiner Bedeutung als Absatzkanal. Außerdem gibt die Einstellung vieler Arbeitnehmer einem Arbeitgeber grundsätzlich nicht die Möglichkeit, einen Mengenrabatt zu verhandeln, wie dies auf Handelsmärkten regelmäßig der Fall ist.[1646] Der Skaleneffekt gilt für die Produktion. Ohnehin nimmt ein Arbeitgeber im Regelfall 100 % der Leistung eines Arbeitnehmers ab.[1647] Folglich fehlt es hinsichtlich beider Annahmen an der Wechselbeziehung von Marktmacht zwischen Arbeits- und Absatzmarkt, die ein Spiraleffekt voraussetzt.

Die steigende Gewinnrente eines verhandlungsmächtigen Arbeitgebers ermöglicht es ihm daher zunächst nur, die Verkaufspreise auf dem nachgelagerten Absatzmarkt zu senken. Das würde die *consumer welfare* kurzfristig erhöhen.[1648] Denkbar wäre höchstens, dass dies zu einem Spiraleffekt in abgeschwächter Form führt: Die Preissenkung und die damit einhergehende Output-Steigerung könnten eine erhöhte Nachfrage auf den betroffenen Arbeitsmärkten generieren und dadurch langfristig die Verhandlungsmacht des Nachfragers steigern. Denn wachsende Marktanteile eines bereits marktmächtigen Arbeitgebers stärken seine Verhandlungsmacht gegenüber dem Arbeitsangebot zusätzlich.[1649] Führt dies

---

[1641] BKartA, Beschl. v. 31.3.2015, B2-96/14, Rn. 129 f. – *EDEKA/Tengelmann*; OECD, Purchasing Power and Buyers' Cartels, 2022, S. 14, dort als Unterfall des Wasserbetteffekts beschrieben; *Thomas*, ZWeR 2015, 210, 219; *Raeder*, Der Schutz des Lieferanten als Marktgegenseite im Kartellrecht, 2017, S. 195.

[1642] Vgl. *Legner*, Schadenstheorien bei Nachfragemacht im europäischen und deutschen Kartellrecht, 2019, S. 85.

[1643] Vgl. *Inderst*, WuW 2008, 1261, 1269; *Thomas*, ZWeR 2015, 210, 219.

[1644] Siehe dazu oben C.III.2.2.2b)dd).

[1645] Siehe dazu oben C.III.2.2.2b)dd).

[1646] Vgl. Kommission, Entsch. v. 3.2.1999, Fall IV/M.1221, Rn. 72 – *Rewe/Meinl*: „Je größer das Einkaufsvolumen, desto günstiger sind in der Regel die Einkaufskonditionen, die dem Handelsunternehmen von seinen Lieferanten eingeräumt werden"; *Inderst*, WuW 2008, 1261, 1269.

[1647] Siehe dazu oben C.III.2.2.2b)aa).

[1648] Kommission, Entsch. v. 3.2.1999, Fall IV/M.1221, Rn. 73 – *Rewe/Meinl*; *Legner*, Schadenstheorien bei Nachfragemacht im europäischen und deutschen Kartellrecht, 2019, S. 85.

[1649] Siehe dazu oben C.III.2.2.2b)aa).

zu einer erheblichen unternehmensübergreifenden Lohndiskriminierung, könnten Wettbewerber langfristig möglicherweise ganz aus beiden Märkten verdrängt werden. Der dadurch weiterwachsende Marktanteil des Arbeitgebers und die wachsende Marktkonzentration steigern *ceteris paribus* erneut seine Verhandlungsmacht,[1650] da die Ausweichmöglichkeiten der Arbeitnehmer schwinden.[1651]

Damit ein Spiraleffekt in der eben beschriebenen Form möglich ist, müssten die Wettbewerber des Absatzmarktes allerdings auch Wettbewerber auf den jeweiligen Arbeitsmärkten sein. Gerade Wettbewerber auf nationalen oder internationalen Absatzmärkten sind jedoch oft keine Wettbewerber auf Arbeitsmärkten. Letztere sind in geographischer Hinsicht meist enger abzugrenzen.[1652] In diesem Zusammenhang ist noch anzumerken, dass unternehmensübergreifende Lohnunterschiede, die nicht auf Nachfragemacht zurückzuführen sind, keine Untersagung eines Zusammenschlusses rechtfertigen können. Das ist beispielsweise der Fall, wenn Wettbewerber auf internationalen Absatzmärkten teilweise in Hochlohnländern und teilweise in Niedriglohnländern produzieren lassen. Die Lohnunterschiede werden dann im Wesentlichen auf den unterschiedlichen Marktgegebenheiten beruhen und nicht auf Nachfragemacht.

Die beschriebene Überlegung zu einem Spiraleffekt verlangt außerdem, dass Löhne einen erheblichen Teil der Kosten des Angebots auf dem nachgelagerten Absatzmarkt ausmachen und die Verhandlungsmacht eine deutliche Lohndiskriminierung zugunsten des mächtigen Arbeitgebers erlaubt. Dann kann es plausibel sein, dass unternehmensübergreifende Lohnunterschiede so bedeutend sind, dass sie eine deutlich spürbare Senkung der Verkaufspreise zulassen, die Wettbewerber nicht dauerhaft mitgehen können.[1653] Andernfalls wird sich eine erfolgreiche Verdrängungsstrategie nur schwerlich prognostizieren lassen. Das ist für die fusionskontrollrechtliche Prüfung allerdings erforderlich. Denn ansonsten fehlt für einen verhandlungsmächtigen Arbeitgeber der Anreiz für einen Versuch, einen Spiraleffekt tatsächlich herbeizuführen. Ein *consumer harm* ließe sich dann nicht mit der notwendigen Wahrscheinlichkeit prognostizieren.

bb) Anreiz zur Umsetzung

Auch hinsichtlich des Umsetzungsanreizes unterscheiden sich Arbeitsmärkte von Beschaffungsmärkten des Lebensmitteleinzelhandels, auf denen der Spiraleffekt bisher eine hohe Aufmerksamkeit erfahren hat.[1654] Diese Beschaffungsmärkte sind in geographischer Hinsicht oft national abzugrenzen.[1655] Ein großer Einzelhändler mit Nachfragemacht kann daher davon ausgehen, dass eine nationale Steigerung

---

1650 Die wachsende Marktkonzentration kann dann auch zu Verhandlungsmacht der Wettbewerber führen (sog. Zweitrundeneffekt); dazu BKartA, Beschl. v. 31.3.2015, B2-96/14, Rn. 144, 602 – *EDEKA/Tengelmann*.

1651 Siehe dazu oben C.III.2.2.2b)aa) und C.III.2.2.2b)bb).

1652 Siehe dazu oben C.III.1.2.1b) und C.III.1.2.2.

1653 Eine erhebliche unternehmensübergreifende Lohndiskriminierung ist auf einem Arbeitsmarkt eher unwahrscheinlich. Denn, wie gezeigt, sind insbesondere große, marktanteilsstarke Arbeitgeber verhandlungsmächtig; siehe dazu oben C.III.2.2.2b)aa). Größere Unternehmen zahlen allerdings durchschnittlich bessere Löhne als kleine Unternehmen, da sie ihre Arbeitnehmer regelmäßig produktiver einsetzen können; dazu *Strand*, 28 Int. Econ. Rev. 1987, 51 ff.; *Gibson/Stillmann*, 91 Rev. Econ. Stat. 2009, 213 ff.; *Bloom* et al., 108 AEA Papers and Proceedings 2018, 317; *Stühmeier*, WuW 2020, 197. Ein großes marktmächtiges Unternehmen kann also einen prozentual höheren Anteil der Gewinnrente aus Arbeitsbeziehungen abschöpfen und dennoch gleichzeitig identische oder höhere Löhne zahlen als kleine Unternehmen. Bessere Einkaufskonditionen, die gleichzeitig Nachteile für kleinere Wettbewerber bewirken, hat es dann nicht.

1654 Vgl. Kommission, Entsch. v. 3.2.1999, Fall IV/M.1221, Rn. 71 ff. – *Rewe/Meinl*; Kommission, Entsch. v. 23.6.2008, COMP/M.5047, Rn. 103 – *REWE/ADEG*, die den Spiraleffekt als Teil des Wasserbetteffekts beschreibt; BKartA, Beschl. v. 28.10.2010, B2-52/10, S. 100 f. – *EDEKA/trinkgut*; BKartA, Beschl. v. 31.3.2015, B2-96/14, Rn. 128 ff. – *EDEKA/Tengelmann*.

1655 BKartA, Beschl. v. 31.3.2015, B2-96/14, Rn. 128 – *EDEKA/Tengelmann*.

seiner Beschaffungs- und Absatzmenge relativ kurzfristig seine Marktanteile erhöhen wird. Das kann es ihm ermöglichen, bessere Einkaufskonditionen auszuhandeln als zuvor. Gleichzeitig weiß er, dass eine Steigerung seiner Absatz- und Beschaffungsmengen zu einer Senkung dieser Mengen bei seinen Wettbewerbern führen wird. Dadurch kann die Diskrepanz bei den Einkaufskonditionen weiterwachsen.

Eine erfolgreiche Verdrängungsstrategie im beschriebenen Sinne ist dagegen für Arbeitsmärkte aus Unternehmenssicht ungleich schwieriger zu prognostizieren. Zum einen liegt dies an den bereits genannten Aspekten wie der geschwächten Machtinterdependenz zwischen Arbeits- und Absatzmarkt und der oft inkongruenten Wettbewerberverhältnisse dieser Märkte. Zum anderen ist die wettbewerbliche Allokation auf Arbeitsmärkten meist deutlich unflexibler als auf Handelsmärkten. Auf eine sinkende oder steigende Nachfrage auf dem Absatzmarkt reagieren Arbeitgeber nicht sofort spiegelbildlich mit Entlassungen oder Neueinstellungen. Denn Arbeitsverträge sind grundsätzlich auf eine langfristige Kooperation angelegt und enthalten informelle Vertragsbestandteile, die eine Nachfrageänderung auf dem nachgelagerten Absatzmarkt in gewissem Umfang abfedern können, ohne direkt eine Mengenanpassung zu verlangen.[1656] Hinzu kommt, dass Arbeitsleistungen nicht wie Lebensmittel unverarbeitet an die nächste Marktstufe weitergegeben werden. Arbeitnehmer müssen in die unternehmensinterne Produktions- und Prozessorganisation eingegliedert werden. Wie produktiv ihre Arbeitsleistung ist, hängt auch von der individuellen Organisation des Arbeitgebers ab. Diese lässt sich für Außenstehende kaum erkennen und entsprechend auch schwerlich bei der eigenen Preissetzungsstrategie berücksichtigen.

Insgesamt zeigen diese Erwägungen eine geringe Wahrscheinlichkeit, dass ein durch Verhandlungsmacht auf Arbeitsmärkten ausgelöster Spiraleffekt in der materiellen Fusionskontrollprüfung eine relevante praktische Rolle spielen wird.

c) Zu einem Wasserbetteffekt

Eine zweite diskutierte Schadenstheorie für die *consumer welfare* durch Verhandlungsmacht ist der Wasserbetteffekt. Dieser geht nicht nur davon aus, dass marktmächtige Nachfrager bessere Einkaufskonditionen als ihre kleineren Wettbewerber aushandeln können. Zusätzlich unterstellt er, dass Lieferanten ihre Preise gegenüber diesen kleineren Wettbewerbern anheben, um ihre Verluste mit dem marktmächtigen Nachfrager auszugleichen, wozu sie aufgrund deren geschwächter Verhandlungsposition auch in der Lage sind.[1657] Ein Wasserbetteffekt verstärkt letztlich die Einkaufspreisdiskriminierung zwischen den Nachfragewettbewerbern und kann dadurch einen Spiraleffekt beschleunigen.[1658] Möglich ist auch, dass es kurzfristig zu einer Verkaufspreiserhöhung der diskriminierten Nachfrager kommt.[1659]

Ob ein solcher Wasserbetteffekt tatsächlich existiert, ist allerdings umstritten.[1660] Insbesondere für Arbeitsmärkte scheint ein Wasserbetteffekt eher fernliegend zu sein. Denn der Effekt setzt voraus, dass

---

1656 Siehe dazu Teil 1 C.III.3.1 und C.III.3.2.3a).

1657 Kommission, Entsch. v. 23.6.2008, COMP/M.5047, Rn. 103 – *REWE/ADEG*; BKartA, Beschl. v. 28.10.2010, B2-52/10, S. 100 – *EDEKA/trinkgut*; BKartA, Nachfragemacht im Kartellrecht, 2008, S. 4; *Inderst*, WuW 2008, 1261, 1270; *Thomas*, ZWeR 2015, 210, 218 f.

1658 *Legner*, Schadenstheorien bei Nachfragemacht im europäischen und deutschen Kartellrecht, 2019, S. 87; *Wingerter*, WuW 2020, 387, 388.

1659 *Inderst*, WuW 2008, 1261, 1270; *Raeder*, Der Schutz des Lieferanten als Marktgegenseite im Kartellrecht, 2017, S. 197 f.; *Wingerter*, WuW 2020, 387, 388.

1660 Siehe dazu etwa *Dobson/Inderst*, 28 E.C.L.R. 2007, 393 ff.; *Inderst/Valletti*, 59 J. Ind. Econ. 2011, 1 ff.; *van Doorn*, The Law and Economics of Buyer Power in EU Competition Policy, 2015, S. 97 ff.; *Haucap/Heimeshoff/Thorwarth/Wey*, WuW 2015, 605, 610; *Legner*, Schadenstheorien bei Nachfragemacht im europäischen und deutschen Kartellrecht, 2019, S. 88 f.; *Thomas*, in: Immenga/Mestmäcker, Wettbewerbsrecht, 6. Aufl. 2020, Bd. 3, GWB § 36 Rn. 271 f.

Lieferanten mehrere Abnehmer gleichzeitig beliefern und die Abnahmemengen die Einkaufskonditionen beeinflussen; je höher die Einkaufsmenge, umso günstiger der Preis, und umgekehrt. Dann kann der Machtzuwachs eines Nachfragers die Marktstruktur in einem Verhandlungskontext so beeinflussen, dass sie die Anbieter gegenüber anderen Nachfragern in eine bessere Verhandlungsposition versetzt. Auf Arbeitsmärkten sind diese Voraussetzungen grundsätzlich nicht gegeben. Arbeitnehmer verkaufen ihre Arbeitsleistung in der Regel nur an einen Arbeitgeber. Eine Lohndiskriminierung verschiedener Arbeitgeber durch einen Arbeitnehmer ist dann nicht möglich.[1661] Es besteht auch kein Konnex dergestalt, dass die Bewerber oder bereits beschäftigten Arbeitnehmer eines Arbeitgebers dadurch in eine bessere Verhandlungsposition versetzt werden, weil ein anderer marktmächtiger Arbeitgeber seine gute Verhandlungsposition nutzt, um niedrigere Löhne zu vereinbaren; eher das Gegenteil ist der Fall.

Ein *consumer harm* durch einen Wasserbetteffekt ist auf Arbeitsmärkten folglich – nach hiesiger Auffassung – praktisch höchst unwahrscheinlich.

2.3.4 Dynamische Ineffizienzen

a) Erklärung und Anwendbarkeit der Schadenstheorien auf Arbeitsmärkten

Im Folgenden soll untersucht werden, ob Nachfragemacht auf Arbeitsmärkten dynamische Ineffizienz bewirken kann, die einen *consumer harm* begründen.

Dynamische Effizienz meint eine dynamische Entwicklung des Marktgeschehens durch Fortschritt und Produkt- oder Prozessinnovationen in optimaler Geschwindigkeit.[1662] Ein dynamisch effizienter Wettbewerbsprozess maximiert die *consumer welfare* durch Verbesserungen bei der Qualität oder Vielfalt von Produkten.[1663] Auf Unternehmensebene wird diese Wohlfahrtsmaximierung vor allem durch Investitionen in Forschung und Entwicklung ausgelöst.[1664] Das bedeutet, können für ein Zusammenschlussvorhaben negative Auswirkungen auf die Produktvielfalt, -qualität oder -innovation prognostiziert werden, kann dies einen *consumer harm* begründen.[1665] Dabei geht es vor allem um den verminderten Anreiz, in Forschung und Entwicklung zu investieren, wenn Unternehmen auf einem Angebotsmarkt keinem intensiven Wettbewerbsdruck ausgesetzt sind.[1666] Bei Nachfragemacht gilt es dagegen zu prognostizieren, dass der Zusammenschluss einen verminderten Anreiz zu solchen Investitionen bei Lieferanten erzeugt.[1667]

1661 *Baumgart*, Der Schutz des Wettbewerbs und der Arbeitnehmer durch Arbeits- und Kartellrecht, 2025, S. 92.

1662 Siehe Teil 1 B.II.

1663 Vgl. BKartA, Beschl. v. 3.7.2014, B2-58/09, Rn. 66 – *Hochzeitsrabatte*; BKartA, Beschl. v. 31.3.2015, B2-96/14, Rn. 605 – *EDEKA/Tengelmann*.

1664 *Schwalbe/Zimmer*, Kartellrecht und Ökonomie, 3. Aufl. 2021, S. 9.

1665 Kommission, Entsch. v. 27.3.2017, Fall M.7932, Rn. 3285 – *Dow/DuPont*; BKartA, Beschl. v. 31.3.2015, B2 96/14, Rn. 605 – *EDEKA/Tengelmann*; *Thomas*, in: Immenga/Mestmäcker, Wettbewerbsrecht, 6. Aufl. 2020, Bd. 3, GWB § 36 Rn. 275 f.

1666 Kommission, Leitlinien für horizontale Zusammenschlüsse, ABl. 2004 C 31, 5, Rn. 38; Kommission, Entsch. v. 8.9.2015, Fall M.7278, Rn. 999 f. – *General Electric/Alstom*: „As such, the Transaction would remove an important innovator in the market for 50 Hz HDGTs, therefore reducing the overall competitive pressure on the remaining players, with a reduction in the overall incentives to invest significantly in innovation. The Commission concludes that, due to the very high barriers to entry in the market for 50 Hz HDGTs, by removing an important innovator, the Transaction is likely to lead to significant and lasting harm on innovation"; Kommission, Entsch. v. 27.3.2017, Fall M.7932, Rn. 3285 ff. – *Dow/DuPont*.

1667 BKartA, Nachfragemacht im Kartellrecht, 2008, S. 4; *Grimes*, 72 Antitrust L. J. 2005, 563, 569; *Inderst/Wey*, Die Wettbewerbsanalyse von Nachfragemacht aus verhandlungstheoretischer Sicht, 2007, S. 17 ff.; *Inderst*, WuW 2008, 1261, 1270 f.

Auf Produktmärkten sind die Auswirkungen der beiden Arten von Nachfragemacht auf die dynamische Effizienz des Wettbewerbsprozesses ambivalent. Sie lassen sich kaum mit der nötigen Prognosesicherheit feststellen.[1668] Arbeitnehmer unterscheiden sich von vielen anderen Lieferanten insoweit, dass sie selbst keine Produkte oder Leistungen anbieten, die durch eine verbesserte Vielfalt, Qualität oder Innovation unmittelbar das Endverbraucherwohl fördern könnten. Das übernehmen vielmehr die Unternehmen, für die sie ihre Arbeitsleistung erbringen.

Arbeitnehmer liefern allerdings Humankapital, das es für Forschungs- und Entwicklungstätigkeiten braucht. Ihre Arbeitsleistung ist insoweit mittelbar für dynamische Effizienzen auf Absatzmärkten mitverantwortlich.[1669] Nachfragemacht könnte folglich dann einen *consumer harm* in Gestalt einer dynamischen Ineffizienz auslösen, wenn dadurch der Anreiz für Arbeitnehmer reduziert wird, in ihr Humankapital zu investieren.[1670] Das gilt primär für Humankapital, das von Arbeitgebern für den Bereich der Forschung und Entwicklung ihres Unternehmens nachgefragt wird. Sinkt dieses Humankapital, könnte dies geringere oder weniger erfolgreiche Forschungs- und Entwicklungsaktivitäten zur Folge haben. Zusätzlich könnte ein nachfragemachtbedingt niedriges Lohnniveau möglicherweise zu Abwanderungen der betroffenen Arbeitnehmer auf andere Arbeitsmärkte führen. Langfristig wäre denkbar, dass der Anreiz abnimmt, überhaupt in den Erwerb des jeweiligen Humankapitals zu investieren. Das gilt vor allem, wenn es sich um betriebsspezifisches Humankapital handelt, das ein Arbeitnehmer nicht für andere Arbeitgeber einsetzen kann.

Nachfragemachtbedingt sinkende oder stagnierende Löhne könnten in Einzelfällen außerdem eine Verschlechterung der Qualität oder Intensität von Arbeitsleistung bewirken. Dies könnte sich möglicherweise kurz- bis mittelfristig in einer verminderten Qualität der auf dem Absatzmarkt angebotenen Waren und Dienstleistungen niederschlagen. Die Idee zu einer solchen Schadenstheorie beruht auf den arbeitsökonomischen Erkenntnissen zur Motivationsfunktion der Lohnhöhe, die die Produktivität von Arbeitnehmern steigern oder senken kann.[1671] Gleichwohl ist es im Einzelfall möglicherweise auch denkbar, dass sinkende oder stagnierende Löhne bei den betroffenen Arbeitnehmern Leistungsanreize setzen, um sich gegenüber anderen Arbeitsanbietern abzusetzen und in eine bessere Ausgangsposition für eine Lohnerhöhung oder eine Beförderung zu bringen.

b) Anreiz zur Umsetzung

Die eindimensionale Betrachtungsweise des vorigen Abschnitts ist um die Anreizsituation des Arbeitgebers zu ergänzen, die sich vorwiegend aus den nachgelagerten Absatzmärkten ableitet.

[1668] Siehe dazu etwa OECD, Monopsony and Buyer Power, 2008, S. 53 f.; *Inderst/Wey*, 9 J. Eur. Econ. Assoc. 2011, 702 ff.; *Thomas*, ZWeR 2015, 210, 238 ff.; *van Doorn*, The Law and Economics of Buyer Power in EU Competition Policy, 2015, S. 99 ff.; *Raeder*, Der Schutz des Lieferanten als Marktgegenseite im Kartellrecht, 2017, S. 204 ff.; *Legner*, Schadenstheorien bei Nachfragemacht im europäischen und deutschen Kartellrecht, 2019, S. 108 ff., 136 ff.

[1669] Siehe dazu Teil 1 C.IV; vgl. auch Autoridade da Concorrência (AdC), Labour market agreements and competition policy, 2021, S. 15 ff. zu einem *consumer harm* durch Abwerbeverbote zwischen Arbeitgebern im Bereich Forschung und Entwicklung. Diese sollen zu einer geringeren Arbeitnehmerfluktuation und dadurch einer dynamischen Ineffizienz führen können. Die These wird auf empirische Untersuchungen gestützt, die eine positive Korrelation zwischen Arbeitnehmerfluktuation und Produktivität im Bereich Forschung und Entwicklung vermuten lassen.

[1670] Siehe zur Investitionsentscheidung von Arbeitnehmern in ihr Humankapital (Humankapitaltheorie) oben Teil 1 C.III.1.

[1671] Siehe dazu Teil 1 C.III.3.2.4.

Die Entscheidung eines Unternehmens, in Forschung und Entwicklung zu investieren, hängt maßgeblich von den Marktbedingungen und Wettbewerbsverhältnissen auf den Absatzmärkten ab. Zunächst muss es sich um Märkte handeln, die einer dynamischen Entwicklung durch Fortschritt und Innovation zugänglich sind. Herrscht zusätzlich noch ein hoher Wettbewerbsdruck, kann ein Unternehmen regelmäßig bestrebt sein, seine Produkte und Leistungen durch Investitionen in Forschung und Entwicklung zu verbessern. Auf diese Weise kann es sich – zumindest kurz- bis mittelfristig – einen Vorsprung im Wettbewerb erarbeiten.[1672] Umgekehrt sinkt dieser Anreiz regelmäßig, wenn ein Unternehmen bereits Monopolmacht hat.[1673] Das bedeutet, der Anreiz zu Investitionen in Forschung und Entwicklung hängt unter anderem von der Wettbewerbssituation auf den Absatzmärkten ab.

Ein Monopolist kann seine Gewinne durch Einsparungen bei Forschungs- und Entwicklungsaktivitäten unabhängig davon erhöhen, ob er auf Arbeitsmärkten nachfragemächtig ist. Nachfragemacht kann insoweit dabei helfen, Löhne unter dem wettbewerbsanalogen Niveau zu setzen und dadurch die Kosten der Forschungs- und Entwicklungstätigkeit weiter zu reduzieren. Sollte dies mittel- bis langfristig dazu führen, dass das Arbeitnehmerangebot nicht mehr das benötigte Humankapital aufweist, kann der Arbeitgeber dem entgegenwirken, indem er die Löhne und Arbeitsbedingungen wieder verbessert. Ob er dies tun wird, hängt allerdings im Regelfall maßgeblich von der Wettbewerbssituation auf dem Absatzmarkt ab.

Das gilt im Übrigen auch für eine nachfragemachtbedingt sinkende Arbeitsqualität und -intensität sowie für sinkendes Humankapital abseits von Forschungs- und Entwicklungstätigkeiten. Wenn diese sich in einer Verschlechterung der Waren- oder Dienstleistungsqualität des mächtigen Nachfragers niederschlagen sollten, wird vor allem die Wettbewerbssituation auf den Absatzmärkten darüber entscheiden, ob er seine Waren und Dienstleistungen dennoch gewinnbringend am Markt absetzen kann. Sollte dies aufgrund bestehender Marktmacht der Fall sein, besteht für den nachfragemächtigen Arbeitgeber möglicherweise ein geringerer Anreiz, Löhne und sonstige Arbeitskonditionen anzuheben.

Zusammenfassend ist Nachfragemacht auf Arbeitsmärkten nicht der Haupttreiber für einen *consumer harm* durch dynamische Ineffizienzen. Entscheidend ist vor allem die Wettbewerbssituation auf den nachgelagerten Absatzmärkten. Ist ein Unternehmen dort marktmächtig, gibt ihm das die Möglichkeit, trotz geringer Forschungsinvestitionen oder einer mäßigen Produktqualität, (Monopol-)Gewinne zu erzielen. Nachfragemacht auf Arbeitsmärkten kann dem Unternehmen insoweit helfen, diese Gewinne zu erhöhen, indem es einen Großteil der Gewinnrente der Arbeitsverhältnisse abschöpft. Diese Nachfragemacht kann also ein zusätzlicher Anreiz für ein Unternehmen sein, seine Forschungs- und Entwicklungstätigkeiten zum Schaden der *consumer welfare* zu verringern. Eine auf Arbeitsmärkten ausgelöste dynamische Ineffizienz könnte in Einzelfällen außerdem eine verschlechterte Waren- oder Dienstleistungsqualität aufgrund sinkender Arbeitsmotivation sein. Daneben ist es denkbar, dass Arbeitsanbieter langfristig ihre Investitionen in das für den betroffenen Arbeitsmarkt benötigte Humankapital senken oder auf andere Arbeitsmärkte abwandern. Das könnte wiederum in einer sinkenden Waren- oder Dienstleistungsqualität oder einer geringeren Absatzmenge resultieren. Beide Szenarien könnten einen *consumer harm* begründen. Einen solchen in der fusionskontrollrechtlichen Prüfung mit hinreichender Gewissheit zu prognostizieren, ist allerdings mit erheblichen Schwierigkeiten verbunden.

1672 *Schwalbe/Zimmer*, Kartellrecht und Ökonomie, 3. Aufl. 2021, S. 27 f.

1673 *Fritsch*, Marktversagen und Wirtschaftspolitik, 10. Aufl. 2018, S. 199; *Schwalbe/Zimmer*, Kartellrecht und Ökonomie, 3. Aufl. 2021, S. 28; *Stühmeier*, WuW 2020, 197, 198.

2.3.5 Regelbeispiel Marktbeherrschung

a) Marktbeherrschung durch Nachfrager

Die Marktbeherrschung ist das Regelbeispiel für eine erhebliche Behinderung wirksamen Wettbewerbs. Die Arbeit will an dieser Stelle erläutern, welche Voraussetzungen das Fusionskontrollrecht an die Prognose der Entstehung oder Verstärkung einer beherrschenden Stellung auf Nachfragemärkten stellt. Erst im Anschluss kann untersucht werden, wie eine marktbeherrschende Stellung eines Arbeitsnachfragers ermittelt werden kann.[1674]

Nach der europäischen Rechtsprechung kennzeichnet eine marktbeherrschende Stellung die aus wirtschaftlicher Macht entstehende Möglichkeit eines Unternehmens, sich seinen Wettbewerbern sowie anderen Marktakteuren gegenüber unabhängig zu verhalten und dadurch wirksamen Wettbewerb zu verhindern.[1675] Der Marktbeherrschungsbegriff des GWB unterscheidet sich davon nicht wesentlich. Im Unterschied zum europäischen Recht nennt § 18 Abs. 1 GWB zwar drei Formen der Einzelmarktbeherrschung. Das Tatbestandsmerkmal ist allerdings bereits mit der schwächsten der drei Formen verwirklicht, der überragenden Marktstellung nach § 18 Abs. 1 Nr. 3 GWB. Diese verlangt einen überragenden Verhaltensspielraum bei der Entwicklung von Marktstrategien oder beim Einsatz einzelner Aktionsparameter,[1676] was im Wesentlichen der europäischen Definition der Marktbeherrschung entspricht.[1677]

Damit ein Unternehmen eine marktbeherrschende Stellung erlangen kann, muss es marktmächtig sein. Denn der Begriff der Marktbeherrschung geht auf das ökonomische Konzept der Marktmacht zurück.[1678] Diese äußert sich insbesondere in preisbezogenen Verhaltensspielräumen eines Unternehmens aufgrund einer gegenüber dem Marktmodell des bilateralen Polypols verringerten wettbewerblichen Kontrolle.[1679] Übersteigt diese Marktmacht eine kritische Schwelle, ist von einer Marktbeherrschung auszugehen.[1680] Erforderlich ist, dass die wirtschaftliche Machtstellung zu einem Verhaltensspielraum „in einem nennenswerten Umfang" führt.[1681] Ob der für eine Marktbeherrschung erforderliche Grad an Marktmacht

---

1674 Siehe dazu sogleich C.III.2.3.5b).

1675 EuGH, Urt. v. 14.2.1978, Rs. 27/76, ECLI:EU:C:1978:22, Rn. 63 ff. – *United Brands*; EuGH, Urt. v. 13.2.1979, Rs. 85/76, ECLI:EU:C:1979:36, Rn. 38 – *Hoffmann-La Roche*; EuGH, Urt. v. 9.11.1983, Rs. 322/81, ECLI:EU:C:1983:313, Rn. 30 – *Michelin*; EuGH, Urt. v. 6.12. 2012, Rs. C-457/10 P, ECLI:EU:C:2012:770, Rn. 175 – *AstraZeneca*; EuG, Urt. v. 7.6.2013, Rs. T-405/08, ECLI:EU:T:2013:306, Rn. 50 – *SPAR Österreichische Warenhandels AG*.

1676 BGH, Beschl. v. 3.7.1976, KVR 4/75, WuW/E BGH 1435, 1439 – *Vitamin B 12*; BGH, Beschl. v. 16.12.1976, KVR 2/76, WuW/E BGH 1445, 1449 – *Valium*. Teilweise spricht der BGH auch von einem durch Wettbewerb nicht hinreichend kontrollierten Verhaltensspielraum; siehe etwa BGH, Beschl. v. 12.12.1978, KVR 6/77, WuW/E BGH 1533, 1536 – *Erdgas Schwaben*; BGH, Beschl. v. 25.6.1985, KVR 3/84, WuW/E BGH 2150, 2156 – *Edelstahlbestecke*; BGH, Beschl. v. 28.4.1992, KVR 9/91, WuW/E BGH 2771, 2773 – *Kaufhof/Saturn*; ähnlich BGH, Beschl. v. 21.2.1978, KVR 4/77, BGHZ 71, 102, 111 – *Kfz-Kupplungen*.

1677 *Kling/Thomas*, Kartellrecht, 2. Aufl. 2016, § 20 Rn. 31; vgl. auch BKartA, Leitfaden zur Marktbeherrschung in der Fusionskontrolle, 2012, Rn. 9, das die Marktbeherrschungsdefinition des EuGH zur Konkretisierung der Definition des BGH heranzieht.

1678 BKartA, Leitfaden zur Marktbeherrschung in der Fusionskontrolle, 2012, Rn. 8; so insgesamt zum SIEC-Test, einschließlich des Regelbeispiels der Marktbeherrschung, Kommission, Leitlinien für horizontale Zusammenschlüsse, ABl. 2004 C 31, 5, Rn. 8, 24.

1679 BKartA, Leitfaden zur Marktbeherrschung in der Fusionskontrolle, 2012, Rn. 8; *Thomas*, in: Immenga/Mestmäcker, Wettbewerbsrecht, 6. Aufl. 2020, Bd. 3, GWB § 36 Rn. 121.

1680 Vgl. BKartA, Leitfaden zur Marktbeherrschung in der Fusionskontrolle, 2012, Rn. 8.

1681 EuGH, Urt. v. 14.2.1978, Rs. 27/76, ECLI:EU:C:1978:22, Rn. 65 – *United Brands*; EuGH, Urt. v. 13.2.1979, Rs. 85/76, ECLI:EU:C:1979:36, Rn. 38 – *Hoffmann-La Roche*; vgl. EuGH, Urt. v. 6.12. 2012, Rs. C-457/10 P, ECLI:EU:C:2012:770, Rn. 175 – *AstraZeneca*; Kommission, Entsch. v. 11.6.2003, COMP/M.2947, Rn. 105 – *Verbund/EnergieAllianz*.

im Einzelfall erreicht ist, muss anhand einer Gesamtbetrachtung mehrerer Faktoren ermittelt werden, wobei keiner der Faktoren für sich genommen ausschlaggebend sein muss.[1682] Im deutschen Recht werden solche Faktoren in § 18 Abs. 3 genannt. Der Katalog ist allerdings nicht abschließend.

b) Ermittlung einer marktbeherrschenden Stellung auf Arbeitsmärkten

Der Marktbeherrschungsbegriff meint einen besonders hohen oder überragenden Grad an Marktmacht.[1683] Überträgt man die im vorigen Abschnitt gefundene Definition der Nachfragemarktbeherrschung auf Arbeitsmärkte, kann ein Arbeitsnachfrager marktbeherrschend sein, wenn er eine kritische Schwelle an Nachfragemacht überschritten hat, die es ihm erlaubt, sich von seinen Wettbewerbern und den Arbeitsanbietern des jeweiligen Arbeitsmarktes in nennenswertem Umfang unabhängig zu verhalten. Zur Ermittlung eines solchen Grades an Nachfragemacht ist eine Gesamtbetrachtung der zuvor ermittelten Faktoren notwendig,[1684] wobei keiner der Faktoren für sich genommen ausschlaggebend sein muss.[1685] Diese Prüfung ist einzelfallbezogen vorzunehmen und kann an dieser Stelle daher nicht vertieft werden. Zu klären ist allerdings, ob auf Arbeitsmärkten die Marktanteilsschwellen herangezogen werden können, die eine marktbeherrschende Stellung auf industriellen Warenmärkten vermuten lassen.

Für den Machtfaktor Marktanteile existieren anerkannte Schwellenwerte, die eine marktbeherrschende Stellung vermuten lassen oder indizieren. Im deutschen Recht wird eine marktbeherrschende Stellung nach § 18 Abs. 4 GWB ab einem Marktanteil von 40 % vermutet. Im europäischen Recht ist zwar keine Vermutungsregelung normiert. Allerdings messen die europäischen Gerichte und die Kommission hohen Marktanteilen dennoch eine starke Indizwirkung für eine marktbeherrschende Stellung zu.[1686] Die Kommission nennt in ihren Leitlinien für horizontale Zusammenschlüsse einen Marktanteil von 50 % als starkes Indiz.[1687] Diese Schwellenwerte wurden ursprünglich für Angebotsmacht konzipiert. Da Monopsonmacht auch auf Arbeitsmärkten spiegelbildlich zum ökonomischen Konzept von Angebotsmacht funktioniert und die absolute Marktanteilshöhe ein wichtiger Faktor für die Ermittlung von Monopsonmacht ist, kann die Bedeutung dieser Schwellen grundsätzlich auf Arbeitsmärkte übertragen werden. Eine Prüfung der übrigen Faktoren für Nachfragemacht kann dies allerdings nicht ersetzen. Diese Faktoren können trotz hoher Marktanteile zu der Prognose führen, dass die fusionierte Einheit aufgrund des

---

1682 EuGH, Urt. v. 14.2.1978, Rs. 27/76, ECLI:EU:C:1978:22, Rn. 66 – *United Brands*; EuGH, Urt. v. 13.2.1979, Rs. 85/76, ECLI:EU:C:1979:36, Rn. 39 – *Hoffmann-La Roche*; EuGH, Urt. v. 6.12. 2012, Rs. C-457/10 P, ECLI:EU:C:2012:770, Rn. 175 – *AstraZeneca*; BGH, Beschl. v. 3.7.1976, KVR 4/75, WuW/E BGH 1435, 1439 f. – *Vitamin B 12*; Kommission, Prioritätenmitteilung, ABl. 2009 C 45, 7, Rn. 10; siehe dazu *Mestmäcker/Schweitzer*, Europäisches Wettbewerbsrecht, 3. Aufl. 2014, § 17 Rn. 33 ff.

1683 *Körber*, in: Immenga/Mestmäcker, Wettbewerbsrecht, 6. Aufl. 2020, Bd. 3, FKVO Art. 2 Rn. 411.

1684 Siehe dazu oben C.III.2.2.2b).

1685 Vgl. EuGH, Urt. v. 14.2.1978, Rs. 27/76, ECLI:EU:C:1978:22, Rn. 66 – *United Brands*; EuGH, Urt. v. 13.2.1979, Rs. 85/76, ECLI:EU:C:1979:36, Rn. 39 – *Hoffmann-La Roche*; EuGH, Urt. v. 6.12. 2012, Rs. C 457/10 P, ECLI:EU:C:2012:770, Rn. 175 – *AstraZeneca*; BGH, Beschl. v. 3.7.1976, KVR 4/75, WuW/E BGH 1435, 1439 f. – *Vitamin B 12*; Kommission, Prioritätenmitteilung, ABl. 2009 C 45, 7, Rn. 10; siehe dazu *Mestmäcker/Schweitzer*, Europäisches Wettbewerbsrecht, 3. Aufl. 2014, § 17 Rn. 33 ff.

1686 EuGH, Urt. v. 3.7.1991, Rs. C-62/86, ECLI:EU:C:1991:286, Rn. 60 – *AKZO/Kommission*; EuGH, Urt. v. 13.2.1979, Rs. 85/76, ECLI:EU:C:1979:36, Rn. 41 – *Hoffmann-La Roche*; EuG, Urt. v. 25.3.1999, Rs. T-102/96, ECLI:EU:T:1999:65, Rn. 205 – *Gencor*; EuG, Urt. v. 28.4.1999, Rs. T-221/95, ECLI:EU:T:1999:85, Rn. 132 ff. – *Endemol/Kommission*; Kommission, Entsch. v. 12.11.1992, Fall IV/M.222, Rn. 112 – *Mannesmann/Hoesch*; Kommission, Urt. v. 17.10.2001, COMP/M.2187, Rn. 137 – *CVC/Lenzing*; Kommission, Prioritätenmitteilung, ABl. 2009 C 45, 7, Rn. 13 ff.

1687 Kommission, Leitlinien für horizontale Zusammenschlüsse, ABl. 2004 C 31, 5, Rn. 17; siehe auch EuGH, Urt. v. 3.7.1991, Rs. C-62/86, ECLI:EU:C:1991:286, Rn. 59 f. – *AKZO/Kommission*; Kommission, Entsch. v. 27.7.2001, Fall COMP/M.2337, Rn. 48 ff. – *Nestlé/Ralston*.

bestehenden Wettbewerbsdrucks keinen unabhängigen Verhaltensspielraum in nennenswertem Umfang haben wird.[1688]

Zu bilateraler Verhandlungsmacht auf Beschaffungsmärkten hat die Europäische Kommission entschieden, dass ein Marktanteil von nur 22 % Nachfragemacht begründen kann.[1689] Diese Bewertung beruht auf der Prämisse, dass ein Kunde für einen Lieferanten ab einem Anteil von 22 % an dessen Absatzvolumen ein unverzichtbarer Handelspartner ist.[1690] Das mag auf Handelsmärkte zutreffen. Für Arbeitsmärkte wurde gezeigt, dass die prozentuale Abnahmemenge keine relevante Rolle für die Bewertung von Nachfragemacht spielt, da Arbeitnehmer ihre Arbeitsleistung meist nur an einen Arbeitgeber verkaufen.[1691] Weiter hat die Untersuchung bisher ergeben, dass auf Arbeitsmärkten im Wesentlichen die gleichen qualitativen Faktoren für die Ermittlung von Monopson- und Verhandlungsmacht geeignet sind. Für Arbeitsmärkte kann daher nicht ohne Weiteres davon ausgegangen werden, dass ein Arbeitgeber in Verhandlungskonstellationen ab einem Marktanteil von mindestens 22 % nachfragemächtig ist. Dementsprechend sollte auch für die kritische Schwelle der Marktbeherrschung kein wesentlich niedrigerer Maßstab als bei Monopsonmacht angelegt werden. Ein Arbeitgeber ist regelmäßig nur bei einem hohen Marktanteil ein unverzichtbarer Vertragspartner für einen erheblichen Teil der Arbeitnehmer eines Arbeitsmarktes.[1692]

Zusammenfassend kann den anerkannten Marktanteilsschwellenwerten, die eine marktbeherrschende Stellung indizieren oder vermuten lassen, nach den hiesigen Erkenntnissen grundsätzlich für beide Arten von Nachfragemacht auf Arbeitsmärkten eine ähnliche Bedeutung wie auf industriellen Warenmärkten beigemessen werden. Sie machen eine Prüfung der übrigen Indikatoren für Nachfragemacht jedoch keineswegs entbehrlich. Gerade wegen der Besonderheiten von Arbeitsmärkten scheint eine eher vorsichtige Anwendung der Schwellenwerte geboten zu sein.

2.3.6 Ergebnis

Die Untersuchung hat bisher gezeigt, dass ein *consumer harm* aufgrund von Nachfragemacht auf Arbeitsmärkten in der Regel nur bei einer Senkung der Beschäftigtenmenge in Betracht kommt. Das ist denkbar, wenn eine Senkung der Beschäftigungsmenge in einer Output-Reduktion des Unternehmens resultiert und dadurch die Verkaufspreise – mangels hinreichenden Wettbewerbsdrucks auf dem nachgelagerten Absatzmarkt – ansteigen. Dafür muss es sich allerdings im Kern um Monopsonmacht gegenüber Arbeitnehmern handeln, deren Arbeitsleistung die Produktions- und Absatzmenge direkt beeinflusst. Außerdem könnte in Einzelfällen die Absatz- und Nachfragesituation auf den nachgelagerten Märkten so strukturiert sein, dass der Arbeitsnachfrager keinen Anreiz hat, die Beschäftigungsmenge zu

[1688] Vgl. Kommission, Entsch. v. 12.4.1991, Fall IV/M042, Rn. 38 – *Alcatel/Telettra*; Kommission, Entsch. v. 16.7.2003, COMP/38.233, Rn. 212 ff. – *Wanadoo Interactive*; *Riesenkampff/Steinbarth*, in: Kersting/Meyer-Lindemann/Podszun, Kartellrecht, 5. Aufl. 2025, FKVO Art. 2 Rn. 80. Grundsätzlich gilt: Je niedriger der Marktanteil, umso stärker fallen andere Faktoren bei der Gesamtbetrachtung ins Gewicht; Kommission, Prioritätenmitteilung, ABl. 2009 C 45, 7, Rn. 15; *Schröter/Bartl*, in: von der Groeben/Schwarze/Hatje, Europäisches Unionsrecht, 7. Aufl. 2015, AEUV Art. 102 Rn. 96, 98 f.; *Fuchs*, in: Immenga/Mestmäcker, Wettbewerbsrecht, 7. Aufl. 2025, Bd. 1, AEUV Art. 102 Rn. 127.

[1689] Kommission, Entsch. v. 23.6.2008, COMP/M.5047, Rn. 93 f. – *REWE/ADEG* mit Verweis auf die Entscheidung *Rewe/Meinl*, bei der die Kommission noch davon sprach, dass ein Lieferant einen Abnehmer durchschnittlich ab einem Anteil von 22 % an seinen Umsätzen kaum noch ersetzen kann; Kommission, Entsch. v. 3.2.1999, Fall IV/M.1221, Rn. 101 – *Rewe/Meinl*.

[1690] Kommission, Entsch. v. 3.2.1999, Fall IV/M.1221, Rn. 101 – *Rewe/Meinl*; Kommission, Entsch. 23.6.2008, COMP/M.5047, Rn. 93 – *REWE/ADEG*.

[1691] Siehe dazu oben C.III.2.2.2b)aa).

[1692] Siehe zu diesem Kriterium für eine Arbeitsmarktbeherrschung bei Verhandlungsmacht oben C.III.2.2.2a).

senken, da ein gleichbleibender oder steigender Absatz einen höheren Profit gegenüber einem Monopsongewinn verspricht. Zuletzt ist im Einzelfall zu prognostizieren, ob eine Lohnsenkung tatsächlich die Beschäftigtenmenge sinken lassen wird. Das ist insbesondere dann nicht zwingend, wenn alle Arbeitnehmer – und damit auch die letzte Arbeitseinheit – eine Rente erzielen.

Abseits von Mengensenkungen führt Nachfragemacht auf Arbeitsmärkten grundsätzlich nicht zu einem Schaden für die *consumer welfare*. Ein Wasserbetteffekt ist nach hiesigen Erkenntnissen nicht möglich. Ein Spiraleffekt ist nur in abgeschwächter Form denkbar. Eine Analyse der dafür erforderlichen Voraussetzung hat allerdings gezeigt, dass er in der Praxis nur äußerst selten eine relevante Rolle spielen dürfte. Das bedeutet, ohne Mengensenkung bewirkt Nachfragemacht auf Arbeitsmärkten regelmäßig nur eine Rentenverschiebung. Diese erzeugt an sich keinen *consumer harm*.

Die Untersuchung hat ebenfalls ergeben, dass Nachfragemacht auf Arbeitsmärkten nicht der Haupttreiber für einen *consumer harm* durch dynamische Ineffizienzen ist. Sie hilft dem mächtigen Nachfrager in erster Linie, seine Gewinnrente zu vergrößern, sollte er auch auf den Absatzmärkten über Marktmacht verfügen. Nachfragemacht auf Arbeitsmärkten kann allerdings möglicherweise zu dynamischen Ineffizienzen durch eine sinkende Arbeitsmotivation, geringere Investitionen in das benötigte Humankapital oder eine Abwanderung der Arbeitsanbieter auf andere Arbeitsmärkte führen. Dies könnte einen *consumer harm* durch eine sinkende Waren- oder Dienstleistungsqualität begründen. Die Prognose solcher dynamischen Ineffizienzen mit der nötigen Sicherheit ist im Einzelfall jedoch mit erheblichen Schwierigkeiten verbunden.

Eine Nachfragemarktbeherrschung ist anhand einer Gesamtbetrachtung aller geeigneter Indikatoren zu ermitteln. Für Arbeitsmärkte ist die – im Einzelfall schwierige – Analyse vorzunehmen, ob die fusionierte Einheit eine kritische Schwelle an Nachfragemacht überschreiten wird, die es ihr erlaubt, sich von den Nachfragewettbewerbern und Arbeitsanbietern des jeweiligen Arbeitsmarktes in einem nennenswerten Umfang unabhängig zu verhalten. Bei dieser Analyse können die in der deutschen Rechtsordnung und europäischen Rechtsprechung anerkannten Marktanteilsschwellenwerte, die eine marktbeherrschende Stellung indizieren oder vermuten lassen, für beide Arten von Nachfragemacht herangezogen werden. Sie machen eine Prüfung der übrigen Indikatoren für Nachfragemacht jedoch keineswegs entbehrlich. Angesichts der eher hohen Anforderungen und der Schwierigkeiten bei der Prognose eines *consumer harms* durch Nachfragemacht auf Arbeitsmärkten wird vermutlich dem Regelbeispiel der Marktbeherrschung die größte praktische Bedeutung bei der Anwendung des SIEC-Tests auf Arbeitsmärkten zukommen.

2.4 Nachfragemachtbeschränkende Faktoren auf Arbeitsmärkten

2.4.1 Ausgangspunkt

Im vorherigen Abschnitt wurde gezeigt, dass fusionskontrollrechtlich relevante Schadenstheorien bei Nachfragemacht auf Arbeitsmärkten existieren. Im Folgenden will die Abhandlung auf verschiedene Marktgegebenheiten eingehen, die entweder den Befund von Nachfragemacht oder die dargestellten Schadenstheorien auf Arbeitsmärkten einschränken können. Diese Untersuchung ist allerdings mit der Schwierigkeit verbunden, dass solche Marktgegebenheiten grundsätzlich im Einzelfall zu analysieren sind; hinzu kommen unterschiedliche arbeits- und tarifrechtliche Regelungen der verschiedenen mitgliedstaatlichen Jurisdiktionen. Es bedarf einer Gesamtbetrachtung aller Faktoren im Einzelfall, um zu prognostizieren, in welchem Umfang sie Nachfragemacht, einem *consumer harm* oder einer Marktbeherrschung entgegenstehen. Die Abhandlung wird sich daher darauf beschränken, Faktoren aufzuzeigen, die Nachfragemacht auf Arbeitsmärkten möglicherweise beschränken können.

Dies zugrunde gelegt, sollen vor allem Arbeitsmärkte mit Kollektivverträgen untersucht werden (2.4.2). Dies insbesondere weil Gewerkschaften eine erhebliche gegengewichtige Marktmacht (*countervailing power*) begründen können.[1693] Hierfür wird zur Grundlegung auf die Abschnitte zu den Kollektivvertragsformen und den Machtverhältnissen im Verhandlungsprozess über Kollektivverträge verwiesen.[1694] Neben Kollektivverträgen können möglicherweise arbeits- und vertragsrechtliche Vorschriften die Ausübung von Nachfragemacht zum Schutz von Arbeitnehmern einschränken (2.4.3).

2.4.2 Arbeitsmärkte mit Kollektivverträgen

a) Fusionierte Einheiten auf Arbeitsmärkten mit Verbandstarifverträgen

Im Folgenden soll untersucht werden, ob eine fusionierte Einheit, die auf einem Arbeitsmarkt künftig von der Bindungswirkung eines Verbandstarifvertrages erfasst sein wird,[1695] Nachfragemacht auf diesem Arbeitsmarkt erlangen kann. Hierfür werden drei unterschiedliche Konstellationen betrachtet.

Erstens können Vergütungs- und Manteltarifverträge in Kombination geschlossen werden. Auf den erfassten Arbeitsmärkten wird ein Unternehmenszusammenschluss den Beteiligten tendenziell eher wenig bis keine Marktmacht verschaffen. Denn die Verhandlungen über Löhne und sonstige Arbeitsbedingungen finden dann oberhalb der Unternehmensebene statt. Die Machtverhältnisse auf Verbandsebene entscheiden über den Inhalt des Tarifvertrages. Dass ein Zusammenschluss die Verhandlungsmacht zwischen Gewerkschaft und Arbeitgeberverband prognostizierbar zugunsten des Letzteren und damit auch zugunsten der beteiligten Arbeitsnachfrager erheblich beeinflusst, wird zumeist die Ausnahme sein. Erforderlich dafür wäre etwa, dass ein großes Unternehmen zuvor nicht Mitglied des Arbeitgeberverbandes war, diesem nach dem Zusammenschluss beitreten wird und dadurch die Ausweichoptionen der Gewerkschaft verschlechtert.[1696] Möglicherweise hält die fusionierte Einheit auch so hohe Marktanteile auf einem Arbeitsmarkt, dass es ihr möglich ist, aus dem Arbeitgeberverband auszutreten und Arbeitskonditionen nach Ablauf der Bindungsdauer des Tarifvertrages individuell unter dem tariflichen Niveau festzusetzen. Beides wird sich allerdings nur schwerlich belastbar prognostizieren lassen.

Die tariflichen Mindeststandards durch kombinierte Vergütungs- und Manteltarifverträge können den wettbewerblichen Verhaltensspielraum der fusionierten Einheit erheblich beschränken. Sie kann Arbeitsbedingungen grundsätzlich nur oberhalb des Mindeststandards festsetzen; unterhalb dieser Grenze findet kein Wettbewerb statt. Eine erhebliche Behinderung wirksamen Wettbewerbs wäre also entweder nur oberhalb der Mindeststandards oder bei Arbeitskonditionen möglich, die nicht von den jeweiligen Tarifverträgen umfasst werden. Wenn Vergütungs- und Manteltarifvertrag allerdings die für Arbeitneh-

---

[1693] Vgl. *Legner*, ZWeR 2025, 215, 220. Siehe zur Relevanz von gegengewichtiger Marktmacht in der fusionskontrollrechtlichen Prüfung etwa Kommission, Leitlinien für horizontale Zusammenschlüsse, ABl. 2004 C 31, 5, Rn. 65; BKartA, Leitfaden zur Marktbeherrschung in der Fusionskontrolle, 2012, Rn. 79 f.; zur Relevanz des Konzepts der gegengewichtigen Marktmacht sowohl für Angebots- als auch für Nachfragemärkte *Thomas*, in: Immenga/Mestmäcker, Wettbewerbsrecht, 6. Aufl. 2020, Bd. 3, GWB § 36 Rn. 206 ff.

[1694] Siehe Teil 2 B.II.2 und B.II.4.1.

[1695] Siehe zur insoweit maßgeblichen *counterfactual analysis* oben B.II.2.

[1696] Zur Ermittlung von Verhandlungsmacht bei Tarifverhandlungen siehe unten C.III.2.4.2b)bb).

mer wesentlichen Arbeitsbedingungen regeln und die meisten Arbeitgeber ihre individuellen Konditionen an den tariflichen Mindeststandard anpassen, wird ein Zusammenschluss in der Regel keine fusionskontrollrechtlich relevante Macht auf diesem Arbeitsmarkt erzeugen.

Anders ist dies bei der zweiten Konstellation: Manteltarifverträgen oder sonstigen Tarifverträgen, die keine Vergütungsregelungen enthalten. Die fusionierte Einheit kann insoweit noch einen erheblichen Verhaltensspielraum hinsichtlich des zentralen Wettbewerbsparameters Lohn erlangen. Ob dies der Fall sein wird, hängt von den konkreten Arbeitsmarktverhältnissen ab. Diese sind anhand der beschriebenen Faktoren für Nachfragemacht zu analysieren.[1697]

Die dritte Konstellation betrifft Arbeitsmärkte, auf denen nur Vergütungstarifverträge geschlossen werden. Ein Zusammenschlussvorhaben kann insoweit zwar nur einen begrenzten Verhaltensspielraum oberhalb des tariflichen Lohnniveaus erlangen. Denkbar ist allerdings, dass die fusionierte Einheit einen erheblichen Verhaltensspielraum hinsichtlich anderer Wettbewerbsparameter erreicht. Insoweit ist jedoch zu berücksichtigen, dass viele Wettbewerbsparameter in den Arbeitsrechtsordnungen der EU-Mitgliedstaaten zugunsten von Arbeitnehmern reguliert sind, insbesondere die maximale Arbeitszeit und der Mindesturlaub. Andere Wettbewerbsparameter, die Arbeitgeber stärker beeinflussen können, etwa die Möglichkeit zu Homeoffice, nichtmonetäre Zuwendungen oder flexible Arbeitszeiten, müssten – kumuliert betrachtet – gewichtig genug sein, um einen unabhängigen wettbewerblichen Verhaltensspielraum zu begründen oder zu verstärken. Das könnte möglich sein, wenn Zusammenschlussbeteiligte gemeinsam den Großteil der Marktanteile auf sich vereinen. Dann könnte der Zusammenschluss zwar grundsätzlich nicht den Lohnwettbewerb, aber den Wettbewerb um andere Arbeitskonditionen erheblich beschränken. Dabei wird es allerdings letztlich auf eine Einzelfallbewertung der Marktgegebenheiten ankommen. Jedenfalls sind höhere Anforderungen an die Feststellung von Nachfragemacht oder einer Nachfragemarktbeherrschung zu stellen, als dies auf Arbeitsmärkten ohne Vergütungstarifverträge oder ohne jegliche Tarifverträge der Fall ist.

b) Fusionierte Einheiten mit einer Beteiligung an Firmentarifverträgen

aa) Regelungsinhalt von Firmentarifverträgen

Neben Verbandstarifverträgen können auf Arbeitsmärkten auch Firmentarifverträge geschlossen werden. Zu untersuchen ist, ob ein Zusammenschluss Nachfragemacht oder eine marktbeherrschende Stellung begründen oder verstärken kann, wenn die fusionierte Einheit zukünftig als Tarifpartei eines Firmentarifvertrages auftreten wird.

Firmentarifverträge können im deutschen Recht in Form eines Anerkennungs- oder Haustarifvertrages geschlossen werden.[1698] Letzterer ermöglicht die Vereinbarung von Arbeitsbedingungen, die zugunsten des Arbeitgebers von einem Verbandstarifvertrag abweichen. Die folgende Untersuchung wird sich deswegen auf Haustarifverträge konzentrieren.

Der zu Verbandstarifverträgen getroffenen Differenzierung entsprechend[1699] ist für die weitere Untersuchung maßgeblich, ob der Haustarifvertrag Löhne regelt. Ist dies nicht der Fall, kann die fusionierte Einheit einen erheblichen Verhaltensspielraum hinsichtlich des zentralen Wettbewerbsparameters Lohn erlangen. Dann sind die Marktverhältnisse anhand der beschriebenen Faktoren für Nachfragemacht auf

---

1697 Siehe dazu oben C.III.2.2.2b).

1698 Siehe dazu Teil 2 B.II.2.

1699 Siehe dazu soeben C.III.2.4.2a).

Arbeitsmärkten zu analysieren.[1700] Aber auch wenn das Zusammenschlussvorhaben künftig Haustarifverträge über Vergütungen abschließen wird, ist die Begründung oder Verstärkung einer marktmächtigen oder marktbeherrschenden Stellung zumindest denkbar. Denn im Unterschied zu Verbandstarifverträgen kann sich der Zusammenschluss unmittelbar auf die Verhandlungsmacht der Haustarifvertragsparteien auswirken. Diese Konstellation soll im Folgenden untersucht werden.[1701]

bb) Ermittlung von Marktmacht bei Haustarifvertragsverhandlungen

Wenn die Zusammenschlussbeteiligten zukünftig Haustarifverträge über Löhne aushandeln, fragt sich, ob und wie Nachfragemacht ermittelt werden kann.[1702]

In einem ersten Schritt sind dafür die Faktoren zu betrachten, die Verhandlungsmacht im bilateralen Verhandlungsprozess über Haustarifverträge begründen oder verstärken können. Maßgeblich sind die *outside options* beider Verhandlungsparteien. Außerdem spielt das Verhandlungsgeschick eine Rolle. Dieses ist allerdings einzelfallabhängig und lässt sich von außen kaum analysieren.[1703] Zusätzlich sind bei Tarifverhandlungen, die nur Löhne und nicht Beschäftigungsmengen betreffen, noch die vermutete Elastizität des Arbeitsangebots und der Arbeitsnachfrage relevant,[1704] die aber einzelfallabhängig zu ermitteln sind. Im Folgenden soll daher nur den *outside options* der Haustarifvertragsparteien nachgegangen werden, die ihren Drohpunkt im Verhandlungsprozess für den Fall der Nichteinigung fixieren.[1705]

Der Drohpunkt des Arbeitgebers trägt dem Umstand Rechnung, dass er ohne Arbeitnehmer nicht produzieren und damit keinen Gewinn erwirtschaften kann.[1706] Sein Drohpunkt verbessert sich also, wenn er über Ausweichoptionen für die von der Gewerkschaft vertretenen Arbeitnehmer verfügt. Beispielsweise wenn auf dem jeweiligen Arbeitsmarkt ein geringer gewerkschaftlicher Organisationsgrad herrscht, also der Arbeitgeber statt Gewerkschaftsmitgliedern vermehrt Tarifaußenseiter einstellen kann, oder wenn ein Teil der Produktion in ein Gebiet außerhalb des Wirkungsbereichs der Gewerkschaft verlegt werden kann.[1707] Die Verhandlungsposition des Arbeitgebers kann sich auch verbessern, wenn Gewerkschaften im Wettbewerb stehen, also ein Arbeitgeber mit mehreren Gewerkschaften verhandelt (*multiunion bargaining*).[1708] Das kann zu Verhandlungsmacht des Arbeitgebers führen, wenn die von

---

1700 Siehe dazu oben C.III.2.2.2b).

1701 Die Arbeit wird im Folgenden nicht explizit auf Betriebsvereinbarungen eingehen, da diese – jedenfalls in Deutschland – nur in Ausnahmefällen Löhne regeln; vgl. dazu Teil 2 B.II.2.

1702 Die nun zu erörternden Kriterien zur Ermittlung von Verhandlungsmacht bei Tarifverhandlungen gelten nicht nur für Haustarifverträge, sondern auch für andere Tarifvertragsarten. Da zuvor ermittelt wurde, dass sie im Rahmen dieser Arbeit vor allem für Haustarifvertragsverhandlungen relevant sind, sollen sie in diesem Kontext erläutert werden.

1703 Siehe dazu Teil 1 D.II.2.

1704 Siehe dazu Teil 2 B.II.4.1.

1705 Vgl. *Inderst*, WuW 2008, 1261, 1264.

1706 *Lesch*, Ökonomik des Arbeitskampfrechts, 2013, S. 24.

1707 *Lesch*, Ökonomik des Arbeitskampfrechts, 2013, S. 28, 31.

1708 Zu berücksichtigen ist allerdings, dass diese Gewerkschaften grundsätzlich die Möglichkeit und auch einen Anreiz haben, sich zusammenzuschließen oder gemeinsam zu verhandeln. Das wird ihren Drohpunkt *ceteris paribus* verbessern und kann Nachfragemacht neutralisieren; vgl. *Aghadadashli/Wey*, 171 JITE 2015, 666, 670, 679 ff.; *Wey*, SF 2016, 247, 251. Dagegen finden Gewerkschaftszusammenschlüsse aufgrund unterschiedlicher Tarifvertragsordnungen eher selten über Ländergrenzen hinweg statt; *Wey*, SF 2016, 247, 250. Auf europäischer Ebene existieren in der Regel nur Dachverbände oder Föderationen, die für ihre Mitglieder nicht selbstständig mit Unternehmen über Löhne verhandeln. Diesen Umstand können international tätige Zusammenschlussbeteiligte nutzen, um ihren Drohpunkt in Verhandlungen mit den nationalen Gewerkschaften zu verbessern; *Horn/Wolinsky*, 98 Econ. J. 1988, 484, 494; *Wey*, SF 2016, 247, 250.

beiden Gewerkschaften vertretenen Arbeitnehmer aus Unternehmenssicht zumindest teilweise substituierbar sind.[1709] Je höher der Grad der Substituierbarkeit ist, umso stärker ist im Regelfall auch der Wettbewerb zwischen diesen Gewerkschaften, was wiederum den Drohpunkt der fusionierten Einheit verbessert.[1710] [1711] Eine solche Substituierbarkeit kann sich etwa daraus ergeben, dass die fusionierte Einheit ihre Produktion zumindest teilweise zwischen verschiedenen (internationalen) Standorten verlagern kann.[1712] Die Produktion kann dann im Falle des Scheiterns der Verhandlung mit einer Gewerkschaft an einem anderen Standort weitergeführt werden.[1713] Vergleichbar dazu ist die Konstellation, bei der die fusionierte Einheit mehrere Produkte vertreibt und niedrigere Verkaufsmengen eines Produktes mit höheren Verkaufsmengen eines anderen ausgleichen kann – abhängig davon, für welches Produkt sie den günstigeren Tarifvertrag abschließt.[1714]

Der Drohpunkt der Gewerkschaft berücksichtigt, dass ohne Produktion des Unternehmens auch keine Löhne gezahlt werden.[1715] Das bedeutet, ihre Ausweichoptionen verbessern sich, wenn sie mit weiteren Arbeitgebern verhandelt, die zumindest einen Teil der von ihr vertretenen Arbeitnehmer beschäftigen könnten. Das ist bei branchenübergreifend einsetzbaren Arbeitnehmern denkbar, hängt allerdings auch von der Gesamtsituation der Arbeitsmärkte ab, also ob Arbeitslosigkeit oder Arbeitskräftemangel herrscht.[1716] Die Stellung der gewerkschaftlich vertretenen Berufsgruppe innerhalb des Unternehmens bestimmt ebenfalls ihren Drohpunkt. Handelt es sich um eine betriebswirtschaftliche Schlüsselstellung, erhöht dies die Verhandlungsmacht der Gewerkschaft.[1717]

Bei Tarifverhandlungen besteht außerdem die Besonderheit, dass Arbeitnehmer und Arbeitgeber die Möglichkeit zu Arbeitskampfmaßnahmen haben, insbesondere zu Streiks und Aussperrungen. Diese

---

1709 Vgl. *Aghadadashli/Wey*, 171 JITE 2015, 666, 671, 680; *Wey*, SF 2016, 247, 250. Falls beide bereits zuvor mit zwei Gewerkschaften verhandelten, die substituierbare Arbeitnehmer vertreten, z.B. wenn eine Gewerkschaft Leiharbeiter und eine andere Gewerkschaft dauerhaft angestellte Arbeitnehmer vertritt, kann der Zusammenschluss insoweit auch eine bisher bestehende Marktmacht verstärken.

1710 Vgl. *Wey*, SF 2016, 247, 251.

1711 Dabei ist allerdings zu berücksichtigen, dass sich diese Substitutionsmöglichkeiten praktisch nicht so einfach umsetzen lassen, wie dies auf anderen Beschaffungsmärkten der Fall ist. Beispielsweise kann ein mächtiger Lebensmitteleinzelhändler die Vertragsbeziehung mit einem Lieferanten auslaufen lassen und ihn – bei der hier unterstellten Substitutionsmöglichkeit – durch einen anderen ersetzen. Das gibt ihm einen starken Drohpunkt in der Vertragsverhandlung. Auf Arbeitsmärkten ist die praktische Umsetzung der Substitutionsmöglichkeit dagegen ungleich schwieriger. Zum einen kann beim Verlust von betriebsspezifischem Humankapital auch die Produktivität des Unternehmens leiden. Ein Produktivitätsverlust kann auch durch die negativ reziproke Reaktion der restlichen Belegschaft auf die Entlassungen entstehen, was den Anreiz für Unternehmen zu Massenentlassungen senkt. Zum anderen ist der Austausch von Arbeitnehmern mit Fluktuationskosten für den Arbeitgeber verbunden. Der standortübergreifende Austausch einer höheren Anzahl an Arbeitnehmern in einem kurzen Zeitraum lässt sich also eher nicht ohne spürbare finanzielle Einschnitte bewerkstelligen. Darüber hinaus wäre der Extremfall, die Schließung einer ganzen Produktionsstätte, ebenfalls mit erheblichen Kosten verbunden. Die soeben genannten Punkte werden im Einzelfall mal mehr und mal weniger zutreffen. Allgemeingültig lässt sich festhalten, dass Substitutionsmöglichkeiten auf Arbeitsmärkten nicht stets zu einem vergleichbar guten Drohpunkt und unabhängigem Verhaltensspielraum wie auf anderen Beschaffungsmärkten führen.

1712 *Wey*, SF 2016, 247, 250: „Das ist zum Beispiel in der Autoproduktion möglich, wo Firmen wie Volkswagen in vielen Ländern Produktionsstätten haben und wo gleichzeitig alle Autotypen durch ein einheitliches Plattformdesign miteinander verbunden sind. Damit kann ein bestimmter Typ auch in anderen Ländern produziert werden. Die Möglichkeit der Produktionsverlagerung erhöht die Verhandlungsmacht der Unternehmen."

1713 *Lommerud/Straume/Sørgard*, 37 Rand. J. Econ. 2006, 212, 214; *Wey*, SF 2016, 247, 250.

1714 *Lommerud/Straume/Sørgard*, 37 Rand. J. Econ. 2006, 212, 214.

1715 *Lesch*, Ökonomik des Arbeitskampfrechts, 2013, S. 24.

1716 *Lesch*, Ökonomik des Arbeitskampfrechts, 2013, S. 31, 32 f.

1717 *Lesch*, Ökonomik des Arbeitskampfrechts, 2013, S. 31.

temporären Verhandlungsabbrüche können sich auf die Verhandlungsdrohpunkte auswirken.[1718] Maßgeblich sind insbesondere die finanziellen Verhältnisse. Ein Arbeitgeber kann über finanzielle Reserven verfügen, um einen Arbeitnehmerstreik zu überbrücken. Umgekehrt können Gewerkschaften den streikenden Arbeitnehmern ein Streikgeld zahlen, das die ausbleibende Lohnzahlung überbrückt. Eine leere Streikkasse verringert dagegen ihre Verhandlungsmacht.[1719] Auch die Absatztätigkeit des Arbeitgebers kann den Drohpunkt beeinflussen. Zum Beispiel in Dienstleistungsbranchen kann ein Streik den Output des Unternehmens vollständig lahmlegen und in der Folge zu schmerzhaften Umsatzeinbußen oder Auftragsverlusten führen. Die Drohpunkte werden außerdem von den konkreten Vorgaben der Arbeitskampfordnung der jeweiligen Jurisdiktion beeinflusst.[1720]

Damit sind die Determinanten für Verhandlungsmacht bei bilateralen Haustarifvertragsverhandlungen skizziert. Für die Ermittlung marktweiter Verhandlungsmacht ist entscheidend, ob der jeweilige Markt so strukturiert ist, dass ein erheblicher Teil der Anbieter über keine gleichwertigen Ausweichmöglichkeiten verfügt, wenn die Verhandlungen mit der fusionierten Einheit scheitern.[1721] Grundsätzlich lässt bereits die Analyse der Ausweichmöglichkeiten im bilateralen Verhandlungsprozess Rückschlüsse auf die Marktstruktur zu.[1722] Das gilt insbesondere, wenn sich die Analyse auf die Machtverhältnisse bei Haustarifvertragsverhandlungen bezieht. Denn die verhandelnden Gewerkschaften werden zumeist einen erheblichen Teil der Arbeitnehmerseite des jeweiligen Arbeitsmarktes vertreten. Dann genügt die Analyse der bilateralen Verhandlungsbeziehung der fusionierten Einheit mit der Gewerkschaft. Bei Arbeitsmärkten mit einer geringen gewerkschaftlichen Bindung ist dagegen zu prüfen, inwiefern der nicht gewerkschaftlich organisierte Anteil an Arbeitnehmern die Verhandlungspositionen beeinflusst. Im Regelfall wird dies die Verhandlungsmacht der fusionierten Einheit gegenüber der Gewerkschaft stärken. Zusätzlich muss dann aber auch ihre Verhandlungsposition gegenüber den nicht gewerkschaftlich vertretenen Arbeitnehmern geprüft werden, da die Gewerkschaft eben keinen repräsentativen Anteil der Arbeitnehmerseite vertritt.

Wenn die Marktverhältnisse über den bilateralen Verhandlungsprozess zwischen Gewerkschaft und fusionierter Einheit hinaus analysiert werden müssen, kann grundsätzlich auf die zur Ermittlung von bilateraler Verhandlungsmacht auf Arbeitsmärkten genannten Faktoren zurückgegriffen werden.[1723] Den wesentlichen Unterschied lassen jedoch bereits die vorherigen Ausführungen erkennen: Bei Haustarifvertragsverhandlungen ist die Anzahl der von einem Unternehmen beschäftigten Gewerkschaftsmitglieder, also die Abnahmemenge, ein relevanter Faktor für die Ermittlung von Nachfragemacht. Dabei ist es nicht notwendig, dass Gewerkschaft und Arbeitgeber auch über die Beschäftigungsmenge verhandeln. Es kommt auf die tatsächlich bei dem Unternehmen beschäftigte Anzahl an Gewerkschaftsmitgliedern an. Der Arbeitgeber wird beispielsweise einen guten Drohpunkt haben, wenn die Mitglieder der verhandelnden Gewerkschaft nur einen geringen Anteil seiner Belegschaft ausmachen, keine Schlüsselpositionen besetzen oder durch andere Arbeitnehmer substituiert werden können. Umgekehrt verbessert es den Drohpunkt einer Gewerkschaft, wenn der Großteil der Belegschaft des Unternehmens aus ihren Mitgliedern besteht. Dann ist das Unternehmen eher auf eine Einigung angewiesen.

1718 *Lesch*, Ökonomik des Arbeitskampfrechts, 2013, S. 30 ff.; *Wey*, SF 2016, 247, 248.

1719 Vgl. *Lesch*, Ökonomik des Arbeitskampfrechts, 2013, S. 33 Fn. 16, 44.

1720 *Wey*, SF 2016, 247, 248.

1721 Siehe dazu oben C.III.2.2.2a).

1722 Vgl. *Inderst*, WuW 2008, 1261, 1265.

1723 Siehe dazu oben C.III.2.2.2b).

c) Zusammenfassung und Schlussfolgerungen

Zusammenfassend ist festzuhalten, dass Verbandstarifverträge eine nachfragemächtige oder marktbeherrschende Stellung einer fusionierten Einheit nur in begrenztem Umfang zulassen. Gerade bei einer Kombination von Vergütungs- und Manteltarifverträgen wird eine fusionskontrollrechtlich relevante Nachfragemacht nur in Ausnahmefällen anzunehmen sein. Auch bei reinen Vergütungstarifverträgen sind hohe Anforderungen zu stellen. Dagegen ist eine nachfragemächtige oder marktbeherrschende Stellung auf Arbeitsmärkten mit Manteltarifverträgen oder sonstigen, nicht vergütungsrelevanten Tarifverträgen am ehesten möglich, da der Wettbewerb um den zentralen Parameter Lohn durch die fusionierte Einheit erheblich behindert werden kann.[1724]

Der Unterschied zwischen einer prognostizierbaren Beteiligung der fusionierten Einheit an Verbands- und Haustarifverträgen liegt zunächst darin, dass sich ein Zusammenschluss meist direkter und stärker auf die Verhandlungsmacht der Haustarifvertragsparteien auswirken wird. Denn insoweit verhandelt die fusionierte Einheit selbst und wird nicht – zusammen mit anderen Unternehmen – von einem Arbeitgeberverband vertreten. Die Kriterien zur Ermittlung von Verhandlungsmacht bei Haustarifvertragsverhandlungen haben gezeigt, dass es für eine fusionierte Einheit auf den betreffenden Arbeitsmärkten dennoch regelmäßig schwierig ist, fusionskontrollrechtlich relevante Nachfragemacht zu erlangen. Erheblicher Gewerkschaftswettbewerb oder beträchtliche Substitutionsmöglichkeiten der fusionierten Einheit für die gewerkschaftlich vertretenen Arbeitnehmer werden vermutlich eher die Ausnahme sein. Gewerkschaften bilden daher regelmäßig eine erhebliche Gegenmacht.[1725]

Die Ausführungen zur Ermittlung von Marktmacht bei Tarifverhandlungen legen außerdem nahe, dass eine Gewerkschaft selbst dann eine gewisse gegengewichtige Marktmacht begründen kann, wenn die fusionierte Einheit nicht mit ihr verhandelt. Das ist denkbar, wenn die fusionierte Einheit zwar nur Tarifaußenseiter beschäftigt, aber die Gewerkschaft ansonsten die Mehrheit der auf dem Arbeitsmarkt verbleibenden Arbeitnehmer vertritt. Die fusionierte Einheit verfügt dann über geringe Ausweichmöglichkeiten, was wiederum die Verhandlungsposition der bei ihr beschäftigten Arbeitnehmer verbessert. Damit steht im Einklang, dass Unternehmen die Entlohnung von Tarifaußenseitern teilweise an den Tariflohn anpassen, obwohl sie hierzu nicht verpflichtet sind.[1726]

Gewerkschaftliche Gegenmacht ist also ein sehr relevanter Faktor bei der fusionskontrollrechtlichen Prüfung. Es ist gut vorstellbar, dass eine fusionierte Einheit, die auf einem Arbeitsmarkt gegenüber einzelnen Arbeitnehmern nachfragemächtig wäre, bei einer gewerkschaftlichen Vertretung dieser Arbeitnehmer wiederum keine oder nur geringe Nachfragemacht innehat. Aus dieser Erkenntnis folgt direkt, dass die Marktanteilsschwellen, die eine marktbeherrschende Stellung indizieren oder vermuten lassen,[1727] nicht undifferenziert auf Arbeitsmärkte übertragen werden können, auf denen eine Gewerkschaft agiert. Denn deren gebündelte Verhandlungsmacht stellt ein Gegengewicht zur Marktmacht der fusionierten Einheit dar.[1728] Selbst wenn diese Marktanteile von deutlich über 40 % erlangt, kann die

---

[1724] Dass der Lohn – trotz weiterer, nichtmonetärer Wettbewerbsparameter – der wichtigste Allokationsfaktor auf Arbeitsmärkten ist, wird dadurch belegt, dass er im Fokus vieler arbeitsökonomischen Theorien steht; siehe dazu insbesondere Teil 1 C.III.3.2.

[1725] Vgl. zu dieser Fallgruppe gegengewichtiger Marktmacht als „Entmachtung im Vertikalverhältnis" *Körber*, in: Immenga/Mestmäcker, Wettbewerbsrecht, 6. Aufl. 2020, Bd. 3, FKVO Art. 2 Rn. 324.

[1726] *Möschel*, BB 2005, 490 f.

[1727] Siehe dazu oben C.III.2.3.5b).

[1728] Gegengewichtige Marktmacht ist auf Beschaffungsmärkten ebenso zu berücksichtigen wie auf Angebotsmärkten; BKartA, Beschl. v. 31.3.2015, B2-96/14, Rn. 875 ff. – *EDEKA/Tengelmann*; *Thomas*, in: Immenga/Mestmäcker, Wettbewerbsrecht, 6. Aufl. 2020, Bd. 3, GWB § 36 Rn. 206.

Verhandlungsmacht einer großen Gewerkschaft eine disziplinierende Wirkung auf ihre wettbewerblichen Verhaltensspielräume entfalten. Wie groß die Gegenmacht im Einzelfall bezogen auf den gesamten Markt ist, hängt vor allem davon ab, wie viele Arbeitnehmer eines Arbeitsmarktes gewerkschaftlich vertreten werden.[1729] Außerdem ist mitentscheidend, wie viele Arbeitskonditionen, also Wettbewerbsparameter auf Arbeitsmärkten, von den Tarifverträgen erfasst werden.[1730] Je mehr Arbeitskonditionen durch die Gewerkschaft ausgehandelt werden, umso höher wird auch ihre gegengewichtige Marktmacht sein.

Abschließend soll versucht werden, eine mögliche lohnbezogene Schadenstheorie für die *consumer welfare* aufzuzeigen, wenn die fusionierte Einheit auf einem Arbeitsmarkt zukünftig prognostizierbar an Tarifverhandlungen teilnehmen wird. Dabei wird unterstellt, dass es sich um Haustarifvertragsverhandlungen handelt. Bei diesen hat eine fusionierte Einheit nach dem bisherigen Erkenntnisstand bessere Chancen, Nachfragemacht zu erlangen, als bei Verbandstarifvertragsverhandlungen. Außerdem wird angenommen, dass sie mit der Gewerkschaft Löhne verhandelt, aber nicht die Beschäftigungsmenge. In diesem Szenario könnte das *right to manage*-Modell geeignet sein, die Wohlfahrtseffekte der Verhandlungsergebnisse zu analysieren.[1731] Denn es obliegt dem Arbeitgeber, die Beschäftigungsmenge selbstständig an den mit der Gewerkschaft ausgehandelten Lohn anzupassen.[1732] Begründet oder verstärkt der Zusammenschluss Nachfragemacht, wird der Tariflohn regelmäßig unter jenem liegen, den die Parteien ohne den Zusammenschluss vereinbart hätten. Die kontrafaktische Analyse würde dann eine Lohnsenkung gegenüber dem hypothetischen Zustand ohne Zusammenschluss ergeben.

Welche Wohlfahrtswirkungen dies hat, kann unter anderem davon abhängen, ob die fusionierte Einheit die Löhne anschließend per *wage-posting* oder *wage-bargaining* festlegt. Im Folgenden wird für beide Varianten unterstellt, dass der Haustariflohn unter dem Gleichgewichtslohn liegt, was bei einer überlegenen Verhandlungsmacht der fusionierten Einheit oft plausibel – wenn auch nicht zwingend[1733] – sein dürfte. Denn der hiesige Prüfungsschritt wird nur relevant, wenn zuvor Nachfragemacht der fusionierten Einheit festgestellt wurde. Letzteres bedeutet zugleich, dass die fusionierte Einheit im Regelfall eine höhere Gewinnrente als die Gewerkschaft in den Tarifverhandlungen erzielt. Dann kann der Tariflohn

[1729] Vgl. dazu, dass gegengewichtige Marktmacht nachteilige Wirkungen eher nicht ausgleicht, wenn sie nur ein bestimmtes Segment an Marktteilnehmern mit besonderer Verhandlungsstärke vor einer Verschlechterung der Konditionen schützt, Kommission, Leitlinien für horizontale Zusammenschlüsse, ABl. 2004 C 31, 5, Rn. 67; BKartA, Leitfaden zur Marktbeherrschung in der Fusionskontrolle, 2012, Rn. 79.

[1730] Vgl. BKartA, Leitfaden zur Marktbeherrschung in der Fusionskontrolle, 2012, Rn. 79: „Gegengewichtige Marktmacht kann die aus anderen Strukturfaktoren resultierende Marktmacht allerdings nicht hinreichend begrenzen, wenn [...] diese nur im Hinblick auf einzelne Parameter besteht."

[1731] Siehe dazu Teil 2 B.II.4.1.

[1732] Wenn Haustarifvertragsverhandlungen nicht nur Löhne umfassen, sondern auch die Beschäftigungsmenge, gilt das Modell effizienter Verhandlungen; siehe dazu Teil 2 B.II.4.1. Im Vergleich zum *right to manage*-Modell lässt es grundsätzlich keinen *deadweight loss* erwarten. Dann führt Nachfragemacht nicht zu einem *consumer harm* in Gestalt erhöhter Verkaufspreise aufgrund eines reduzierten Outputs. Denn das Modell nimmt an, dass die parallele Verhandlung über Löhne und Beschäftigungsmengen zu allokativ effizienten Verhandlungsergebnissen führen wird. Es trifft hinsichtlich des Verhandlungsprozesses damit vergleichbare Annahmen wie das Modell bilateraler Verhandlungsmacht.

[1733] Wenn die Zusammenschlussbeteiligten sich zuvor in einer unterlegenen Verhandlungsposition gegenüber den Gewerkschaften befanden, ist es möglich, dass das bisherige Lohnniveau über dem Gleichgewichtslohn lag. Da Nominallohnkürzungen generell und erst recht bei Tarifverhandlungen eher selten sind, wird die Verhandlungsmacht der fusionierten Einheit wohl zu stagnierenden Nominallöhnen führen, die aber erst einmal weiterhin über dem Gleichgewichtslohn liegen werden. Das Zusammenschlussvorhaben kann die *consumer welfare* dann möglicherweise sogar maximieren. Ein *consumer harm* entsteht kurzfristig wohl nicht.

unter dem Lohnniveau liegen, das sich bei vollständiger Konkurrenz auf beiden Marktseiten ergeben würde.

Wenn die fusionierte Einheit dann die Löhne mit Arbeitnehmern trotz des Tariflohns verhandelt und eine Möglichkeit zur Lohndiskriminierung von Arbeitnehmern – oberhalb des tariflichen Mindestlohns – nutzt, ist ein Wohlfahrtsverlust zweifelhaft. Denn ein tariflicher Mindestlohn unter dem Gleichgewichtslohn kombiniert mit einer Lohndiskriminierung in individuellen Vertragsverhandlungen kann zu dem gleichen allokativen Wohlfahrtsergebnis wie das Modell bilateraler Verhandlungsmacht oder eines (perfekt) diskriminierenden Monopsons führen – es kommt nur zu einer Rentenverschiebung gegenüber dem Zustand ohne Zusammenschluss.[1734] *Wage-bargaining* trotz eines Haustariflohns wird allerdings vermutlich die Ausnahme sein. Auf Arbeitsmärkten mit Tariflöhnen finden eher selten individuelle Lohnverhandlungen statt.[1735] Das wird umso mehr gelten, wenn die Tariflöhne nicht auf Verbandsebene verhandelt wurden, sondern auf Firmenebene.

Löhne werden also im Regelfall per *wage-posting* gesetzt, wenn Unternehmen für die jeweiligen Arbeitnehmer einen Haustarifvertrag abschließen.[1736] Für die Prognose eines *consumer harms* können dann die Annahmen des Monopson-Modells greifen.[1737] Maßgeblich ist insoweit also, ob die fusionierte Einheit einen Anreiz und die Möglichkeit hat, die Beschäftigungsmenge und dadurch den Output gegenüber dem hypothetischen Szenario ohne Zusammenschluss zu reduzieren, um einen Anstieg der Verkaufspreise und folglich einen *consumer harm* zu bewirken. In diesem Szenario könnte also die bereits zu Monopsonmacht auf Arbeitsmärkten untersuchte Schadenstheorie zum Tragen kommen.[1738]

[1734] Siehe dazu bereits Teil 1 D.III.1, insbesondere Fn. 265.

[1735] Dazu mit empirischen Belegen *Brenzel/Gartner/Schnabel*, 29 Labour Econ. 2014, 41, 44 f.

[1736] In diesem Kontext kann auch von *ex ante collective bargaining* und *ex post wage-posting* gesprochen werden; *Brenzel/Gartner/Schnabel*, 29 Labour Econ. 2014, 41, 44.

[1737] Umgekehrt könnte bei *wage-bargaining* auf die Annahmen des Modells bilateraler Verhandlungen zurückgegriffen werden. Dann würden grundsätzlich die bereits erörterten Schadenstheorien eines Spiraleffekts und Wasserbetteffekts in Betracht kommen. Insoweit wurde bisher ermittelt, dass diese auf Arbeitsmärkten kaum prognostizierbar sind; siehe dazu oben C.III.2.3.3. Verhandelt die fusionierte Einheit Haustarifverträge, ist jedoch eine Ergänzung zu einem möglichen Wasserbetteffekt geboten: Der Effekt setzt voraus, dass Lieferanten mehrere Abnehmer gleichzeitig beliefern und die Abnahmemengen die Einkaufskonditionen beeinflussen, was auf Arbeitsmärkten mit individuellen Verhandlungen nicht der Fall ist. Im Vergleich dazu verhandeln Gewerkschaften in der Regel nicht nur mit einem Unternehmen, sondern mit mehreren Unternehmen oder Arbeitgeberverbänden. Gezeigt wurde auch, dass die Beschäftigungsmenge an Gewerkschaftsmitgliedern eines Unternehmens die Drohpunkte in Tarifverhandlungen beeinflusst; siehe dazu oben C.III.2.4.2b)bb). Ein Wasserbetteffekt ist demnach nicht kategorisch ausgeschlossen. Gegen einen Wasserbetteffekt spricht allerdings, dass Arbeitsmärkte nicht so dynamisch und flexibel auf eine Änderung der Absatzmenge auf den nachgelagerten Märkten reagieren, wie dies auf Handelsmärkten der Fall ist; siehe dazu oben C.III.2.3.3b). Das bedeutet, erleiden Wettbewerber einen Rückgang der Absatzmenge, schlägt sich das nicht direkt in einer geringeren Arbeitsnachfrage und einer dadurch verschlechterten Verhandlungsposition nieder. Außerdem werden Gewerkschaften dann eher bemüht sein, eine Lohnhöhe auszuhandeln, die verhindert, dass viele ihrer Mitglieder aufgrund der reduzierten Absatzaktivitäten entlassen werden. Das streitet gegen die Möglichkeit, eine Tariflohnsteigerung durchsetzen zu können. Ebenfalls gegen einen Wasserbetteffekt spricht, dass Gewerkschaften bei Verhandlungen mit einem nachfragemächtigen Unternehmen keine Verluste erwirtschaften können, die es durch Lohnerhöhungen gegenüber anderen Unternehmen zu kompensieren gilt. Sie vertreten die Interessen ihrer Mitglieder und werden in jeder Tarifverhandlung versuchen, möglichst hohe Löhne bei einer ungefähr gleichbleibenden Beschäftigung zu erzielen – unabhängig von anderen Verhandlungsergebnissen. Der Wasserbetteffekt ist ohnehin keine eigenständige Schadenstheorie, sondern beschreibt ein Lieferantenverhalten, das einen Spiraleffekt beschleunigt; siehe dazu oben C.III.2.3.3c). Ein Spiraleffekt konnte bisher allerdings nicht als praktisch relevante Schadenstheorie bei Nachfragemacht auf Arbeitsmärkten identifiziert werden. Diese Umstände sprechen insgesamt dafür, dass auch ein Wasserbetteffekt in diesem Szenario eher keine relevante Schadenstheorie für die *consumer welfare* ist.

[1738] Siehe dazu oben C.III.2.3.2.

Unabhängig hiervon ist zu beachten, dass die fusionierte Einheit abseits von Tarifverträgen Nachfragemacht gegenüber den nicht gewerkschaftlich vertretenen Arbeitnehmern desselben oder eines benachbarten Arbeitsmarktes innehaben kann.[1739] Die durch Tarifverträge geschaffenen oder verstärkten Insider-Outsider-Strukturen könnten Nachfragemacht, insbesondere Monopsonmacht, der fusionierten Einheit gegenüber den Outsidern begründen oder stärken. Insoweit wirken Tarifverträge also nicht (nur) nachfragemachtbeschränkend.

2.4.3 Arbeits- oder vertragsrechtliche Einschränkungen

Arbeitsmärkte sind in vielen europäischen Ländern einer vertragsrechtlichen und vor allem arbeitsrechtlichen Regulierung unterworfen. Diese dient meist dem Schutz von Arbeitnehmern und beschränkt dadurch zugleich die Verhaltensspielräume von Arbeitgebern. Das könnte in einzelnen Fällen dazu führen, dass Arbeitgeber ihre vermeintliche Nachfragemacht nicht oder nur begrenzt ausüben können. Das wäre dann ebenfalls bei der Ermittlung fusionskontrollrechtlich relevanter Nachfragemacht zu berücksichtigen. Dass sich die Zusammenschlussbeteiligten gesetzestreu verhalten, wird man bei der fusionskontrollrechtlichen Prüfung unterstellen müssen.

Die Fähigkeit, Löhne zu senken, wird auf manchen Arbeitsmärkten durch Mindestlöhne beschränkt. Dabei kann es sich um einen gesetzlich festgelegten Mindestverdienst handeln. Dieser begrenzt Nachfragemacht jedoch nur dann effektiv, wenn das wettbewerbsanaloge Lohnniveau nach dem Zusammenschluss unter dem jeweiligen Mindestlohn liegen würde. Das wird zumeist nur Arbeitsmärkte betreffen, die ohnehin ein recht niedriges wettbewerbsanaloges Lohnniveau aufweisen. Daneben können Mindestlöhne in Kollektivverträgen vereinbart werden und dadurch normative Wirkung erlangen.[1740] Zu berücksichtigen ist auch, dass eine Senkung von Löhnen bei bestehenden unbefristeten Arbeitsverträgen grundsätzlich rechtlich nicht ohne Einverständnis der jeweiligen Arbeitnehmer möglich ist. Das beschränkt die Möglichkeit der fusionierten Einheit, nach dem Zusammenschluss die Nominallöhne zu senken. Das gilt vor allem, wenn Unternehmen eine einheitliche Lohnstruktur etabliert haben, die unabhängig vom Einstellungszeitpunkt gilt. Besteht eine solche nicht, kann Nachfragemacht zumindest dazu genutzt werden, um die Löhne der neu eingestellten Arbeitnehmer zu senken.

Des Weiteren können arbeitsrechtliche Kündigungsschutzvorschriften eine Reduzierung der Beschäftigungsmenge infolge eines Zusammenschlusses erschweren.[1741] Das ist vor allem für die Ausübung von Monopsonmacht relevant. Denn Kündigungsschutzvorschriften können gegebenenfalls die Möglichkeit einschränken, die Beschäftigungsmenge erheblich zu reduzieren und dadurch einen *consumer harm* auszulösen.[1742] Ob dies im Einzelfall zutrifft, wird allerdings von der betroffenen Jurisdiktion sowie der betrieblichen Situation der fusionierten Einheit abhängen. Außerdem ist zu berücksichtigen, dass Un-

[1739] Zu einer möglichen Abgrenzung verschiedener sachlicher Arbeitsmärkte aufgrund von tariflichen Insider-Outsider-Strukturen siehe C.III.1.2.1b).

[1740] Zur Auswirkung dieser Form der Regulierung auf die fusionskontrollrechtliche Prüfung siehe soeben C.III.2.4.2.

[1741] Vgl. zu diesem „arbeitsrechtlichen Bestandsschutz" im deutschen Recht *von Klitzing*, Ordnungsökonomische Analyse des arbeitsrechtlichen Bestandsschutzes, 2004; *Dietz*, Der Arbeitsmarkt in institutionentheoretischer Perspektive, 2006, S. 226. Im deutschen Recht ist die Kündigung eines Arbeitsverhältnisses beispielsweise wegen des Betriebsübergangs infolge eines Zusammenschlusses nach § 613a Abs. 4 S. 1 BGB unwirksam.

[1742] Siehe zu dieser Schadenstheorie oben C.III.2.3.2.

ternehmenszusammenschlüsse oft zu einer zunächst sinkenden Beschäftigungsmenge aufgrund von Rationalisierungs- und Restrukturierungsmaßnahmen führen, ohne dass dies Ausfluss von Monopsonmacht ist.[1743]

Für die fusionskontrollrechtliche Prüfung könnte dies zu der Schlussfolgerung führen, dass sich Nachfragemacht auf Arbeitsmärkten, auf denen die Zusammenschlussbeteiligten bereits vor der Fusion aktiv waren, eher nicht in sinkenden Nominallöhnen und einem erheblichen Stellenabbau äußern wird, wenn der wettbewerbliche Verhaltensspielraum insoweit stark durch arbeits- und vertragsrechtliche Regulierung beschränkt ist. Die Ausübung von Nachfragemacht könnte auf diesen Märkten eher zu einer Stagnation der Nominallöhne und der Anzahl an Arbeitsplätzen führen.

Eine tatsächliche Nominallohnsenkung und Stellenreduktion könnte dagegen möglich sein, wenn auf einem Arbeitsmarkt befristete Stellen vergeben werden oder eine sehr hohe Fluktuation herrscht. Die Lohnhöhe und die Beschäftigungsmenge lassen sich dann kurz- bis mittelfristig nach unten anpassen. Außerdem kann die fusionierte Einheit dazu in der Lage sein, Nachfragemacht entsprechend auszuüben, wenn sie nach dem Zusammenschluss prognostizierbar auf einen Arbeitsmarkt vordringt, auf dem sie bisher noch nicht tätig war.

Zusammenfassend zeigen die obigen Erwägungen, dass gesetzliche Vorschriften zum Schutz von Arbeitnehmern die Nachfragemacht einer fusionierten Einheit beschränken können. Ob und in welchem Umfang dies der Fall ist, muss allerdings einzelfallbezogen ermittelt werden.

[1743] *Dobbelaere/McCormack/Prinz/Sóvágó*, Firm Consolidation and Labor Market Outcomes, 2022, S. 2, 18.

TEIL 6: ZUSAMMENFASSUNG DER ERGEBNISSE

1. Arbeitsmärkte weisen gewisse Besonderheiten auf, unterscheiden sich aus wettbewerbsökonomischer Sicht indes nicht fundamental von vielen anderen wirtschaftlichen Märkten. Wettbewerb erfüllt auch auf Arbeitsmärkten grundsätzlich seine ökonomischen Zielfunktionen. Die Wettbewerbsprozesse entsprechen allerdings nicht den Annahmen des neoklassischen Modells vollkommener Konkurrenz. In der Folge führt Arbeitsmarktwettbewerb nicht zu pareto-effizienten Ergebnissen.

2. Bei der Feststellung eines durch arbeitsrechtliche Kollektivverträge zu korrigierenden Markt- oder Wettbewerbsversagens auf freien Arbeitsmärkten ist Zurückhaltung geboten. Hierfür müssten arbeitsrechtliche Kollektivverträge realistischerweise in Summe eine Wohlfahrtssteigerung gegenüber der wettbewerblichen Marktsteuerung erwarten lassen. Eine in diesem Sinne generelle Wohlfahrtssteigerung über alle oder die meisten Arbeitsmärkte hinweg konnte die Untersuchung jedoch nicht mit hinreichender Wahrscheinlichkeit prognostizieren. Zwar weisen Arbeitsmärkte Ineffizienzen gegenüber dem Modell vollkommenen Wettbewerbs auf. Auch können arbeitsrechtliche Kollektivverträge gewisse Effizienzsteigerungen bewirken. Es konnte allerdings nicht festgestellt werden, dass arbeitsrechtliche Kollektivverträge realistischerweise in Summe effizienzsteigernd wirken werden. Die wohlfahrtsökonomischen Effekte von arbeitsrechtlichen Kollektivverhandlungen sind vielmehr ambivalent.

3. Auf normativer Ebene besteht auf Arbeitsmärkten ein Spannungsverhältnis zwischen dem Wettbewerbsprinzip auf der einen und der Kollektivautonomie auf der anderen Seite. Aufgrund des fundamentalen Konflikts lässt sich die Kollision nicht durch eine praktische Konkordanz im Sinne eines verhältnismäßigen Ausgleichs im Einzelfall lösen. Vielmehr sind die gängigen Kollisionsregeln anzuwenden. Maßgeblich ist dabei, dass Kollektivvertragssysteme nach dem europäischen Primärrecht das speziellere Ordnungsprinzip für Arbeitsmärkte sind. Die Kollektivautonomie ist eine *Lex specialis* zum Wettbewerbsprinzip, und damit auch zum EU-Kartellrecht. Daraus folgt, dass auch die kartellrechtlichen Normen des Primärrechts, die den Wettbewerb schützen sollen, hinter der Kollektivautonomie zurücktreten. Soweit Kollektivverträge und Koalitionsbildung mit kartellrechtlichen Normen kollidieren, ist ein Ausnahmebereich zugunsten Ersterer zu schaffen.

4. Diese Primärrechtslage bedeutet für die Kollision des Kartellverbots mit Kollektivverträgen, dass für Letztere ein rechtsimmanenter Ausnahmebereich von Art. 101 AEUV existiert. Die Grenzen dieses Ausnahmebereichs sind dem europäischen Primärrecht zu entnehmen, obwohl das Recht auf Kollektivautonomie in Art. 28 GRC als Verweisungsgrundrecht ausgestaltet ist. Hintergrund ist, dass die Union die ausschließliche Zuständigkeit für ihre Wettbewerbsregeln besitzt. Da es sich dabei um primärrechtliche Normen handelt, müssen auch die Grenzen ihrer Anwendung primärrechtlicher Natur sein.

4.1 Die Grenzen des Ausnahmebereichs für Kollektivverträge sind Art. 151 ff. AEUV und Art. 28 GRC i.V.m. Art. 6 Abs. 1 EUV zu entnehmen. In personeller Hinsicht sind Arbeitnehmer und Arbeitgeber sowie ihre Organisationen privilegiert. In formeller Hinsicht sind es sämtliche Arten von Kollektivverträgen. Erst wenn eine Regelung nicht mehr Ausfluss einer beidseitigen Verhandlung ist, also einseitig ohne Beteiligung der Gegenseite festgesetzt wurde, ist die Grenze des Ausnahmebereichs überschritten. Inhaltlich privilegiert sind Kollektivverträge, die die sozialpolitischen Bereichsziele in Art. 151 Abs. 1 AEUV fördern. Welche Kriterien an die Prüfung dieser Fähigkeit zu stellen sind, wird unterschiedlich beantwortet. Die hiesige Untersuchung ergab, dass

M. Meinzer, *Nachfragemacht auf Arbeitsmärkten*,
https://doi.org/10.1007/978-3-658-52576-7_7

es ausreichend ist, wenn kollektivvertragliche Klauseln unmittelbar Arbeits- und Beschäftigungsbedingungen regeln. Die dadurch entstehenden Wettbewerbsbeschränkungen sind aufgrund des primärrechtlichen Vorrangs der mitgliedstaatlichen Kollektivvertragssysteme vor dem Wettbewerbsprinzip hinzunehmen.

4.2 Entscheidend für die Beantwortung der Frage, ob Solo-Selbstständige und speziell Plattformarbeiter der Digitalökonomie von dem kartellrechtlichen Ausnahmebereich profitieren können, ist die konkrete Ausgestaltung dessen personeller Grenze. Der Unternehmensbegriff des Kartellverbots ist nicht geeignet, diese Grenze zu ziehen. Zum einen ist er ein Tatbestandsmerkmal von Art. 101 AEUV, während der Ausnahmebereich auf außertatbestandliche Erwägungen zurückgeht. Zum anderen sind Arbeitnehmer selbst als Unternehmen im kartellrechtlichen Sinne zu qualifizieren, soweit sie ihre Arbeitsleistung auf Arbeitsmärkten anbieten. Die personelle Grenze des Ausnahmebereichs ist daher alleine durch den unionsrechtlichen Arbeitnehmerbegriff im Kontext der Kollektivautonomie zu bestimmen. Unter diesen fällt nach hier vertretener Ansicht, wer seine Freiheit aufgibt, unternehmerische Entscheidungen über den Einsatz seiner persönlichen Arbeitsleistung auf eigene Rechnung zu treffen, und deswegen in die Organisation des Leistungsempfängers eingegliedert ist und dessen Weisungen unterliegt. Die Scheinselbstständigkeit ist eine rein begriffliche Schöpfung. Sie meint die Verschleierung eines tatsächlichen Arbeitsverhältnisses. Die nur wirtschaftliche Abhängigkeit eines Solo-Selbstständigen von seinem Auftraggeber genügt allerdings noch nicht, um einen Arbeitnehmerstatus zu begründen. Eine Zwischenkategorie, neben Arbeitnehmern und Selbstständigen, die ebenfalls zu Kollektivverhandlungen berechtigt wäre, kennt das Unionsrecht nicht. Echte Solo-Selbstständige profitieren folglich nicht von dem kartellrechtlichen Ausnahmebereich. Bei Plattformarbeitern ist zwischen den beiden Modellen der Leistungserbringung zu differenzieren. Im Agenturmodell sind Plattformarbeiter keine Arbeitnehmer, da sie ihre unternehmerische Entscheidungsfreiheit auf eigene Rechnung nicht aufgeben. Bei Plattformarbeit in Form einer Leistungskette ist im Einzelfall zu prüfen, ob die Arbeitnehmermerkmale bei einer Gesamtabwägung der Indikatoren erfüllt sind. In Anbetracht der herausgearbeiteten Indikatoren werden Plattformarbeiter im Regelfall allerdings nicht als Arbeitnehmer zu qualifizieren sein.

4.3 Der Ausnahmebereich für Kollektivverträge von §§ 1, 2 GWB ist ganz überwiegend identisch mit dem von Art. 101 AEUV. Abweichungen des nationalen Ausnahmebereichs sind nur zulässig, soweit sie unterhalb der Zwischenstaatlichkeitsschwelle erfolgen und die Reichweite des Ausnahmebereichs erweitern. Relevant ist im deutschen Recht insoweit § 12a TVG, der arbeitnehmerähnlichen Personen die Tariffähigkeit zuspricht und damit den Ausnahmebereich entsprechend ausdehnt. Erfüllen echte Solo-Selbstständige die Voraussetzungen dieser Norm, dann profitieren auch sie von dem kartellrechtlichen Ausnahmebereich. Das gilt allerdings nur, sofern der Anwendungsbereich von Art. 101 AEUV nicht eröffnet ist.

4.4 Die Leitlinien der Kommission zur Anwendung des Wettbewerbsrechts auf Tarifverträge Solo-Selbstständiger sind ein zu begrüßendes Vorhaben, das leider nicht überzeugend umgesetzt wurde. Die Leitlinien verstoßen gegen geltendes Primärrecht und werden vermutlich zu einem *under-enforcement* des europäischen Kartellverbots führen. Hauptkritikpunkt ist eine Fehlinterpretation der *FNV Kunsten*-Entscheidung des EuGH durch die Kommission. Die Leitlinien dehnen dadurch die personelle Grenze des kartellrechtlichen Ausnahmebereichs *contra legem* aus. Die Kommission geht nämlich davon aus, dass nicht nur Arbeitnehmer, sondern auch mit diesen vergleichbare Personen zu Kollektivverhandlungen berechtigt sind. Das widerspricht allerdings der geltenden Primärrechtslage. Außerdem stellen die Durchsetzungsprioritäten der Kommission so niedrige Anforderungen, dass sie faktisch vermutlich zu einer Nichtverfolgung aller Kollektivverhandlungen von Solo-Selbstständigen führen werden, die eigentlich in den Anwendungsbereich von Art. 101 AEUV fallen.

5. Sozialpolitische Ziele sind bei der Anwendung des Kartellverbots nur über die *Wouters*-Doktrin unmittelbar berücksichtigungsfähig. Die Doktrin bietet eine tatbestandliche Rechtfertigungsmöglichkeit für Wettbewerbsbeschränkungen, die die Selbstregulierung eines Verbandes zugunsten zwingender Allgemeininteressen notwendigerweise begleiten. Mit ihr wird das Schrankensystem der Grundfreiheiten auf das Kartellverbot übertragen. Dadurch soll ein Gleichlauf beider Regelungskomplexe gewährleistet werden, wenn diese mit staatlichen Regeln oder Verbandsregeln zugunsten zwingender Allgemeininteressen kollidieren. Die Anwendung der *Wouters*-Doktrin auf Kollektivverträge von echten Solo-Selbstständigen mit der Marktgegenseite kommt jedoch schon konzeptionell nicht in Betracht. Einseitige Preisbeschlüsse von Gewerkschaften für echte Solo-Selbstständige werden außerdem in aller Regel bezweckte Wettbewerbsbeschränkungen darstellen, auf die die *Wouters*-Doktrin nach jüngster EuGH-Rechtsprechung schon gar nicht anwendbar ist. Die Voraussetzungen des Drei-Stufen-Tests würden sie im Regelfall ohnehin nicht erfüllen.

6. Die europäischen und deutschen Fusionskontrollvorschriften sind auf Arbeitsmärkte anwendbar. Für die FKVO ergibt sich das aus dem Universalitätsprinzip. Für die §§ 35 ff. GWB war zu untersuchen, ob ihre Anwendbarkeit auf Arbeitsmärkte ausgeschlossen ist, weil der Gesetzeswortlaut an verschiedenen Stellen nur von gewerblichen Leistungen spricht. Gegen diese Anwendungsbeschränkung sprechen vor allem die historisch-genetische und die systematische Auslegung des Begriffs der gewerblichen Leistung. Danach erfüllte dieser nur in § 1 GWB 1957 einen eigenständigen Zweck, während er in die übrigen Vorschriften zur Wahrung eines einheitlichen Gesetzeswortlauts eingefügt wurde. Mit der Streichung des Begriffs aus § 1 GWB entfiel damit auch der Anknüpfungspunkt für eine Nichtanwendung der §§ 35 ff. GWB auf Arbeitsmärkte.

7. Bei der Anwendung der Fusionskontrollvorschriften auf Arbeitsmärkte existiert ein beschränkter, rechtsimmanenter Ausnahmebereich für Koalitionsgründungen, -fusionen und -beitritte.

7.1 Es ist durchaus denkbar, dass Gewerkschaftsgründungen oder -fusionen Zusammenschlusstatbestände nach Art. 3 FKVO und § 37 GWB erfüllen. Sie könnten – vergleichbar mit einem Gleichordnungskonzern – eine faktische Fusion bewirken. Außerdem ist ein Zusammenschluss in Gestalt eines Kontrollerwerbs bei der Zusammenlegung von Gewerkschaften denkbar. Insoweit besteht ein fundamentaler Konflikt zwischen Kollektivautonomie, Koalitionsfreiheit und der Fusionskontrolle. Dieses Spannungsverhältnis ist normativ zugunsten von Kollektivautonomie und Koalitionsfreiheit als speziellerer Rechtsmaterie für Arbeitsmärkte aufzulösen, indem Koalitionen vom Anwendungsbereich der Fusionskontrolle auszunehmen sind, soweit sie sich innerhalb der geltenden arbeits- und tarifrechtlichen Grenzen bewegen.

7.2 Es gibt jedoch keinen normativen Anknüpfungspunkt dafür, dass die Vermachtung beider Marktseiten ein genereller Bestandteil der europäischen oder deutschen Arbeitsmarktordnung ist und der Wettbewerb dort deshalb nicht vor exzessivem externem Unternehmenswachstum zu schützen wäre. Sofern Arbeitsmarktakteure nicht von ihren Rechten auf Kollektivautonomie und Koalitionsfreiheit Gebrauch machen, bleibt es wegen des Universalitätsprinzips bei der Anwendbarkeit der fusionskontrollrechtlichen Regelungen.

8. Die materiellen Fusionskontrollvorschriften können nur auf die Nachfrageseite von Arbeitsmärkten angewendet werden. Im Rahmen des SIEC-Tests bedarf es einer kontrafaktischen Analyse der Wirkungen des Zusammenschlusses auf den Wettbewerb.

8.1 Entscheidend für die Untersagung eines Zusammenschlusses wegen Nachfragemacht ist der Schutzzweck der europäischen und deutschen Fusionskontrolle. Hier wird die Ansicht vertreten, dass beide Fusionskontrollregime den Wettbewerbsprozess und die *consumer welfare* schützen. Dagegen sind weder eine *supplier welfare* noch außerwettbewerbliche sozialpolitische Ziele vom Schutzzweck der Fusionskontrolle umfasst.

8.2 Sowohl das Monopson-Modell als auch das Modell bilateraler Verhandlungen kann auf Arbeitsmärkte Anwendung finden. Welches Nachfragemacht-Modell die Marktrealität besser abbilden kann, ist im Einzelfall zu prüfen. Anhaltspunkt dafür kann unter anderem die Art der Lohnsetzung (*ex ante wage-posting* oder *ex post wage-bargaining*) sein sowie, ob jeder Arbeitnehmer eines Marktes eine Rente erzielt – auch die letzte Arbeitseinheit.

8.3 Die Untersuchung hat weiter gezeigt, dass oft dieselben qualitativen Faktoren verwendet werden können, um Monopsonmacht und marktweite Verhandlungsmacht auf Arbeitsmärkten zu ermitteln. Das liegt zunächst daran, dass für beide Arten von Nachfragemacht die Ausweichmöglichkeiten der Arbeitnehmer maßgeblich sind. Außerdem bemisst sich der Wert von Ausweichmöglichkeiten auf Arbeitsmärkten anders als auf Handelsmärkten. Auf Arbeitsmärkten kommt es nämlich in der Regel nicht auf die Stellung des Nachfragers auf dem nachgelagerten Absatzmarkt an und im bilateralen Verhandlungsprozess spielt auch die Abnahmemenge eines Arbeitgebers keine relevante Rolle. Geeignete qualitative Faktoren zur Ermittlung von Nachfragemacht sind die absolute Marktanteilshöhe der fusionierten Einheit und die Arbeitsmarktstruktur, also ob sich zukünftig eine hohe Arbeitslosigkeit oder ein Arbeitskräftemangel prognostizieren lässt. Ergänzend kann auch die Marktkonzentration herangezogen werden. Unerlässlich ist es, zusätzlich noch die Wettbewerbsbedingungen und -verhältnisse zu untersuchen. Hierfür sind insbesondere eine Analyse der wettbewerblichen Näheverhältnisse und eine mögliche Randsubstitution in den Blick zu nehmen. Für die Ermittlung von Monopsonmacht kommen ergänzend noch quantitative Methoden in Betracht. Deren Durchführung ist jedoch oft aufwendig und mit Schwierigkeiten bei der Messung und Bewertung der Elastizitäten des Arbeitsangebots und der Arbeitsnachfrage verbunden. Die retrospektive Betrachtung des Lohnniveaus der Zusammenschlussbeteiligten kann in Ausnahmefällen als ergänzender Indikator zur Feststellung von Nachfragemacht geeignet sein.

8.4 Begründet oder verstärkt ein Zusammenschluss Nachfragemacht auf Arbeitsmärkten, muss – nach hier vertretener Ansicht – im Rahmen des SIEC-Tests ein Schaden für die *consumer welfare* prognostiziert werden, um eine Untersagung zu rechtfertigen. Nur beim Regelbeispiel der Marktbeherrschung ist dies nicht erforderlich. Für die Prognose eines *consumer harms* sind die Beschäftigungseffekte von Nachfragemacht maßgeblich.

8.4.1 Ein preisbezogener *consumer harm* kommt auf Arbeitsmärkten grundsätzlich am ehesten bei Monopsonmacht in Betracht. Spiegelbildlich zu einem Monopolisten kann ein monopsonistischer Arbeitgeber die Beschäftigungsmenge reduzieren, um niedrigere Löhne zu erzielen. Ist er zusätzlich auf dem nachgelagerten Absatzmarkt keinem starken Wettbewerbsdruck ausgesetzt und beeinflusst die Beschäftigungsmenge zugleich die Output-Menge, lässt sich möglicherweise ein *consumer harm* prognostizieren. Bei der Prüfung dieser Schadenstheorie ist allerdings zu berücksichtigen, dass der Anreiz zur Ausübung von Monopsonmacht durch die Art der betroffenen Arbeitsleistung sowie die Nachfragesituation auf den Absatzmärkten faktisch eingeschränkt sein kann. Außerdem greift diese Schadenstheorie dann nicht uneingeschränkt, wenn jeder Arbeitnehmer eine Rente erzielt.

8.4.2 Nachfragemacht auf Arbeitsmärkten in Gestalt bilateraler Verhandlungsmacht führt dagegen grundsätzlich nicht zu einem preisbezogenen *consumer harm*. Ein Wasserbetteffekt scheint kategorisch ausgeschlossen zu sein. Ein Spiraleffekt ist nur in abgeschwächter Form denkbar. Eine Analyse der dafür erforderlichen Voraussetzung hat allerdings gezeigt, dass er praktisch kaum eine relevante Rolle spielen wird. Das bedeutet, bilaterale Verhandlungsmacht bewirkt auf Arbeitsmärkten in den meisten Fällen nur eine Rentenverschiebung und keine allokative Ineffizienz zum Nachteil von Konsumenten.

8.4.3 Nachfragemacht auf Arbeitsmärkten ist nicht der Haupttreiber für einen *consumer harm* durch dynamische Ineffizienzen. Sie hilft dem mächtigen Nachfrager in erster Linie, seine Gewinnrente zu vergrößern, sollte er auch auf den Absatzmärkten über Marktmacht verfügen. Nachfragemacht auf Arbeitsmärkten kann allerdings möglicherweise zu dynamischen Ineffizienzen durch eine sinkende Arbeitsmotivation, geringere Investitionen in das benötigte Humankapital oder eine Abwanderung der Arbeitsanbieter auf andere Arbeitsmärkte führen. Dies kann einen *consumer harm* primär durch eine sinkende Waren- und Dienstleistungsqualität begründen. Die Prognose solcher dynamischen Ineffizienzen mit der nötigen Sicherheit ist allerdings im Einzelfall mit erheblichen Schwierigkeiten verbunden.

8.4.4 Ein Nachfrager erfüllt dann das Regelbeispiel der Marktbeherrschung, wenn er Nachfragemacht in einem solchen Umfang erreicht hat, dass er sich von seinen Wettbewerbern und seinen Lieferanten in einem nennenswerten Umfang unabhängig verhalten kann. Auf Arbeitsmärkten ist diese Grenze regelmäßig dann überschritten, wenn ein Arbeitgeber für einen erheblichen Teil der Arbeitnehmerseite ein unverzichtbarer Vertragspartner ist. Die in der deutschen Rechtsordnung und europäischen Rechtsprechung anerkannten Marktanteilswerte, die eine marktbeherrschende Stellung indizieren oder vermuten lassen, gelten grundsätzlich auch für Arbeitsmärkte.

8.5 Arbeitsmarktspezifische Besonderheiten können die Nachfragemacht einer fusionierten Einheit einschränken.

8.5.1 Ein wesentlicher Faktor ist insoweit die gegengewichtige Marktmacht von Gewerkschaften. Das gilt insbesondere für Arbeitsmärkte, auf denen fusionierte Einheiten von der Bindungswirkung von Verbandstarifverträgen erfasst werden. Verbandstarifverträge lassen eine nachfragemächtige oder marktbeherrschende Stellung auf Arbeitsmärkten nur in sehr begrenztem Umfang zu. Gerade bei einer Kombination von Vergütungs- und Verbandstarifverträgen wird eine fusionskontrollrechtlich relevante Nachfragemacht – wenn überhaupt – nur in Ausnahmefällen anzunehmen sein. Auch bei reinen Vergütungstarifverträgen sind hohe Anforderungen zu stellen. Dagegen ist eine nachfragemächtige oder marktbeherrschende Stellung auf Arbeitsmärkten mit Manteltarifverträgen oder sonstigen, nicht vergütungsrelevanten Tarifverträgen eher möglich, da der Wettbewerb um den zentralen Parameter Lohn erheblich behindert werden kann.

8.5.2 Der Unterschied zwischen einer Beteiligung der fusionierten Einheit an Verbands- und Haustarifverträgen liegt zunächst darin, dass sich ein Zusammenschluss meist direkter und stärker auf die Verhandlungsmacht der Haustarifvertragsparteien auswirken wird. Die Kriterien zur Ermittlung von Verhandlungsmacht bei Haustarifvertragsverhandlungen haben gezeigt, dass es für eine fusionierte Einheit auf den betreffenden Arbeitsmärkten dennoch regelmäßig schwierig ist, fusionskontrollrechtlich relevante Nachfragemacht zu erlangen. Gewerkschaften bilden regelmäßig eine erhebliche Gegenmacht. Das gilt möglicherweise sogar dann, wenn die fusionierte Einheit selbst nicht mit einer Gewerkschaft verhandelt oder von der Bindungswirkung eines Tarifvertrages erfasst wird. Denkbar ist dies etwa, wenn die fusionierte Einheit zwar nur Tarifaußenseiter beschäftigt, aber die Gewerkschaft ansonsten die Mehrheit der auf dem Arbeitsmarkt verbleibenden Arbeitnehmer vertritt. Die fusionierte Einheit verfügt dann über geringe Ausweichmöglichkeiten, was wiederum die Verhandlungsposition der bei ihr beschäftigten Arbeitnehmer verbessert.

8.5.3 Aus der Erkenntnis, dass Gewerkschaften eine erhebliche gegengewichtige Marktmacht ausüben können, folgt außerdem direkt, dass die Marktanteilsschwellen, die eine marktbeherrschende Stellung indizieren oder vermuten lassen, nicht undifferenziert auf Arbeitsmärkte übertragen werden können, auf denen eine Gewerkschaft agiert. Denn selbst wenn die fusionierte Einheit Marktanteile von über 40 % erlangt, kann die Verhandlungsmacht einer großen Gewerkschaft eine disziplinierende Wirkung auf ihre wettbewerblichen Verhaltensspielräume entfalten.

8.5.4 Gesetzliche Regulierung zum Schutz von Arbeitnehmern kann die Nachfragemacht einer fusionierten Einheit ebenfalls beschränken. Ob und in welchem Umfang dies der Fall ist, muss allerdings einzelfallbezogen ermittelt werden und hängt insbesondere von der betroffenen Jurisdiktion ab. Für die fusionskontrollrechtliche Prüfung kommt es insoweit beispielsweise auf Regulierung durch Mindestlöhne, Höchstarbeitszeiten sowie den arbeitsrechtlichen Kündigungsschutz an. Diese Faktoren werden meist umso gewichtiger sein, je länger und beständiger die Arbeitsverhältnisse auf einem Arbeitsmarkt sind.

LITERATURVERZEICHNIS

Abraham, Martin/Hinz, Thomas, Theorien des Arbeitsmarktes, in: Abraham, Martin/Hinz, Thomas (Hrsg.), Arbeitsmarktsoziologie. Probleme, Theorien, empirische Befunde, 3. Auflage, Wiesbaden 2018, S. 9–76.

Ackermann, Thomas, GWB Novelle und kartellrechtlicher Geltungsanspruch, in: Rieble, Volker/Junker, Abbo/Giesen, Richard (Hrsg.), Kartellrecht und Arbeitsmarkt, München 2010, S. 17–42.

ders., Kartellrechtliche Aspekte des gewerkschaftsnützigen Einsatzes der Nachfragemacht von Großunternehmen, in: Rieble, Volker/Junker, Abbo/Giesen, Richard (Hrsg.), Ausweitung der Tarifmacht – Zugriff auf Unternehmensautonomie und Marktverhalten, München 2012, S. 85–109.

ders., Grenzen der Sportverbandsautonomie nach der Wouters-Doktrin, WuW 2022, 122–127.

Adams, Stacy J., Inequity in Social Exchange, in: Berkowitz, Leonard (Hrsg.), Advances in Experimental Social Psychology, Band 2, New York/London 1965, S. 267–299.

Aghadadashli, Hamid/Wey, Christian, Multiunion Bargaining: Tariff Plurality and Tariff Competition, 171 JITE 2015, 666–695.

Ahrendt, Martina, Firmentarifvertrag und firmenbezogener Verbandstarifvertrag. Ein aktueller Rechtsprechungsüberblick, RdA 2012, 129–139.

Akerlof, George A., Labor Contracts as Partial Gift Exchange, 97 Q. J. Econ. 1982, 543–569.

ders., The Market for “Lemons”: Quality Uncertainty and the Market Mechanism, 84 Q. J. Econ. 1970, 488–500.

ders./Shiller, Robert J., Animal Spirits. Wie Wirtschaft wirklich funktioniert, Frankfurt/New York 2009.

ders./Yellen, Janet L., Efficiency Wage Models of the Labor Market, Cambridge/New York 1986.

dies., Fairness and Unemployment, 78 Am. Econ. Rev. 1988, 44–49.

dies., The Fair Wage-Effort Hypothesis and Unemployment, 105 Q. J. Econ. 1990, 255–283.

Alexander, Christian, Das vertragliche Verbot der Abwerbung von Mitarbeitern zwischen Unternehmen im Spannungsfeld von Kartellrecht, Handelsrecht und Lauterkeitsrecht, ZWeR 2016, 16–39.

Anchustegui, Ignacio Herrera, Buyer power in EU Competition Law, Paris 2017 (zugl. Diss. Bergen 2017).

Andersson, Fredrik/Brown, Clair/Campbell, Benjamin/Chiang, Hyowook/Park, Yooki, The Effect of HRM Practices and R&D Investment on Worker Productivity, in: Bender, Stefan/Lane, Julia/Shaw, Kathryn L./Andersson, Fredrik/Wachter, Till von (Hrsg.), The Analysis of Firms and Employees. Quantitative and Qualitative Approaches, Chicago/London 2008, S. 19–44.

Aoki, Masahiko, The Firm as a Nexus of Treaties, London u.a. 1990.

Apolte, Thomas, Arbeitsmarktökonomik, in: Apolte, Thomas/Erlei, Mathias/Göcke, Matthias/Menges, Roland/Ott, Notburga/Schmidt, Andreas (Hrsg.), Kompendium der Wirtschaftstheorie und Wirtschaftspolitik III, Wiesbaden 2019, S. 263–318.

Arnauld, Andreas von, Normenhierarchien innerhalb des primären Gemeinschaftsrechts – Gedanken im Prozess der Konstitutionalisierung Europas, EuR 2003, 191–216.

Arnold, Christian, Die Stellung der Sozialpartner in der europäischen Sozialpolitik, NZA, 2002, S. 1261–1268.

ders., Betriebliche Tarifnormen und Außenseiter. Zur Legitimation der tarifvertraglichen Regelungsbefugnis, Berlin 2007 (zugl. Diss. Tübingen 2005).

Arnold, David, Mergers and Acquisitions, Local Labor Market Concentration, and Worker Outcomes, 2021, abrufbar unter: https://darnold199.github.io/madraft.pdf (zuletzt abgerufen am 6.7.2025).

Asshoff, Gregor/Walser, Manfred, Stärkung der Tarifautonomie – auch an ihren Rändern: Die Solo-Selbständigen, NZA 2021, 1526–1534.

M. Meinzer, *Nachfragemacht auf Arbeitsmärkten*,
https://doi.org/10.1007/978-3-658-52576-7

Authority for Consumers & Markets, Guidelines – Price arrangements between self-employed workers, Den Haag 2019, abrufbar unter: https://www.acm.nl/sites/default/files/documents/2020-07/guidelines-on-price-arrangements-between-self-employed-workers.pdf (zuletzt abgerufen am: 6.7.2025).

Autor, David/Dorn, David/Lawrence, F. Katz/Patterson, Christina/Van Reenen, John, The Fall of the Labor Share and the Rise of Superstar Firms, 135 Q. J. Econ 2020, 645–709.

Azar, José/Marinescu, Ioana/Steinbaum, Marshall, Labor Market Concentration, 57 J. Hum. Resour. 2022, S167–S199.

ders./Marinescu, Ioana/Steinbaum, Marshall/Taska, Bledi, Concentration in US Labor Markets: Evidence from Online Vacancy Data, IZA Discussion Paper No. 11379, 2018, abrufbar unter: https://docs.iza.org/dp11379.pdf (zuletzt abgerufen am 6.7.2025).

Babecký, Jan/Caju, Philip Du/Kosma, Theodora/Lawless, Martina/Messina, Julián/Rõõm, Tairi, Downward Nominal and Real Wage Rigidity: Survey Evidence from European Firms, 112 Scand. J. Econ. 2010, 884–910.

Bachmann, Ronald/Demir, Gökay/Frings, Hanna, Labor Market Polarization, Job Tasks, and Monopsony Power, 57 J. Hum. Resour. 2022, S11–S49.

ders./Frings, Hanna, Monopsonistic Competition, Low-Wage Labour Markets, and Minimum Wages: An Empirical Analysis, 49 Appl. Econ. 2017, 5268–5286.

Balan, David J., Labor Practices Can Be an Antitrust Problem Even when Labor Markets Are Competitive, CPI Antitrust Chronicle, Juni 2020, abrufbar unter: https://www.competitionpolicyinternational.com/labor-practices-can-be-an-antitrust-problem-even-when-labor-markets-are-competitive/ (zuletzt abgerufen am 6.7.2025).

Bartling, Hartwig, Schlußfolgerungen aus Entwicklungstendenzen der Wettbewerbstheorie für die Wettbewerbspolitik, WuW 1993, 16–30.

Basedow, Jürgen, Von der deutschen zur europäischen Wirtschaftsverfassung, Tübingen 1992.

ders., Zielkonflikte und Zielhierarchien im Vertrag über die Europäische Gemeinschaft, in: Due, Ole (Hrsg.), Festschrift für Ulrich Everling, Baden-Baden 1995, S. 49–68.

Bassanini, Andrea/Bovini, Giulia/Caroli, Eve/Ferrando, Jorge Casanova/Cingano, Federico/Falco, Paolo/Felgueroso, Florentino/Jansen, Marcel/Martins, Pedro S./Melo, António/Oberfichtner, Michael/Popp, Martin, Labour Market Concentration, Wages and Job Security in Europe, IZA Discussion Paper Series, 2022, abrufbar unter: https://docs.iza.org/dp15231.pdf (zuletzt abgerufen am 6.7.2025).

Bauer, Johann Paul, Wettbewerbsbeschränkungen auf dem Arbeitsmarkt?, in: Hubmann, Heinrich/Hübner, Heinz (Hrsg.), Festschrift für Ludwig Schnorr von Carolsfeld zum 70. Geburtstag, Köln 1973, S. 1–18.

Baumgart, Sophie Charlotte, Der Schutz des Wettbewerbs und der Arbeitnehmer durch Arbeits- und Kartellrecht, Baden-Baden 2025 (zugl. Diss. Würzburg 2024).

Baxter, William F., A Justice Department Perspective, 51 Antitrust L. J. 1982, 287–294.

Bayreuther, Frank, Tarifautonomie als kollektiv ausgeübte Privatautonomie: Tarifrecht im Spannungsfeld von Arbeits-, Privat- und Wirtschaftsrecht, München 2005.

ders., Selbständige im Tarif- und Koalitionsrecht, SR-Sonderausg. 2019, 4–11.

Becchetti, Leonardo/Castriota, Stefano/Ermanno, Tortia C., Productivity, Wages and Intrinsic Motivations, 41 Small. Bus. Econ. 2013, 379–399.

Bechtold, Rainer, Zur Anwendung des Kartellverbots auf wettbewerbsbeschränkende Tarifverträge, RdA 1983, 99–101.

ders., Ladenschluss, Arbeitnehmerschutz und Kartellrecht, in: Baeck, Ulrich/Hauck, Friedrich/Preis, Ulrich/Rieble, Volker/Röder, Gerhard/Schunder, Achim (Hrsg.), Festschrift für Jobst-Hubertus Bauer zum 65. Geburtstag, München 2010, S. 109–118.

ders., Leitlinien der Kommission und Rechtssicherheit – am Beispiel der neuen Horizontal-Leitlinien, GRUR 2012, 107–112.

ders./Bosch, Wolfgang, Gesetz gegen Wettbewerbsbeschränkungen. Kommentar, 11. Auflage, München 2025.

dies./Brinker, Ingo, EU-Kartellrecht. Kommentar, 4. Auflage, München 2023.

Becker, Gary, Human Capital. A Theoretical and Empirical Analysis, with Special Reference to Education, New York/London 1964.

ders., Investment in Human Capital. A Theoretical Analysis, 70 J. Political Econ. 1962, 9–49.

Becker, Mirko, Wettbewerbsbeschränkungen im System der Legalausnahme, Köln u.a. 2006 (zugl. Diss. Freiburg 2004).

Becker, Ulrich/Hatje, Armin/Schoo, Johann/Schwarze, Jürgen (Hrsg.), EU-Kommentar, 4. Auflage, Baden-Baden u.a. 2019.

BeckOK Kartellrecht, Bacher, Klaus/Hempel, Rolf/Wagner-von Papp, Florian (Hrsg.), 8. Edition, München 2023.

Behrens, Peter, Die Bedeutung der ökonomischen Analyse des Rechts für das Arbeitsrecht, ZfA 1989, 209–238.

ders., Der Wettbewerb im Vertrag von Lissabon, EuZW 2008, 193.

Belman, Dale/Wolfson, Paul J., What Does the Minimum Wage Do?, Kalamazoo 2014.

Benjamin, Daniel J., A Theory of Fairness in Labour Markets, 66 Jpn. Econ. Rev. 2015, 182–225.

Benmelech, Efraim/Bergman, Nittai K., Strong Employers and Weak Employees. How Does Employer Concentration Affect Wages?, 57 J. Hum. Resour. 2022, S200–S250.

Berg, Werner, Neue Entscheidungen des EuGH zur Anwendung des EG-Kartellrechts im Bereich der sozialen Sicherheit, EuZW 2000, 170–173.

Berger, David/Herkenhoff, Kyle/Mongey, Simon, Labor Market Power, 112 Am. Econ. Rev 2022, 1147–1193.

Berman, Eli/Bound, John/Griliches, Zvi, Changes in the Demand for Skilled Labor within U. S. Manufacturing: Evidence from the Annual Survey of Manufactures, 109 Q. J. Econ. 1994, 367–397.

Bernheim, Douglas B./Whinston, Michael, Microeconomics, Boston u.a. 2008.

Bernsdorff, Norbert/Borowsky, Martin, Die Charta der Grundrechte der Europäischen Union. Handreichungen und Sitzungsprotokolle, Baden-Baden 2002.

Bewely, Truman F., Why Wages Don't Fall During a Recession, Cambridge/London 1999.

ders., Fairness, Reciprocity, and Wage Rigidity, IZA - Discussion Paper No. 1137, Bonn 2004, abrufbar unter: https://docs.iza.org/dp1137.pdf (zuletzt abgerufen am 6.7.2025).

Bhaskar, Venkataraman/Manning, Alan/To, Ted, Oligopsony and Monopsonistic Competition in Labor Markets, 16 J. Econ. Perspect. 2002, 155–174.

Bien, Florian, Kollektivvereinbarungen der Sozialpartner und Kartellverbot, in: Joost, Detlev/Oetker, Hartmut/Paschke, Marian (Hrsg.), Selbstverantwortete Freiheit und Recht. Festschrift für Franz Jürgen Säcker zum 80. Geburtstag, München 2021.

ders./Doganoglu, Toker, Arbeitsmärkte in der Fusionskontrolle, NZKart 2019, 185–186.

ders./Becker, Björn Christian, Regelungsautonomie der Sportverbände vs. Kartellverbot – Zum Anwendungsbereich der Meca-Medina-Ausnahme, ZWeR 2021, 565–600.

dies., Das Anwerben von Mitarbeitern im Lichte der deutschen und europäischen Fusionskontrolle – Teil 1: Der Zusammenschlusstatbestand, WuW 2024, 81–88.

dies., Das Anwerben von Mitarbeitern im Lichte der deutschen und europäischen Fusionskontrolle – Teil 2: Schwellenwerte, Rechtsfolgen, Alternativen, WuW 2024, 183–191.

dies./Doganoglu, Toker, Direct hiring als neue Herausforderung für die Fusionskontrolle, NZKart 2025, 41–43.

Binder, Alan S./Choi, Don H., A Shred of Evidence on Theories of Wage Stickiness, 105 Q. J. Econ. 1990, 1003–1015.

Birk, Axel, Das Prinzip des unverfälschten Wettbewerbs und seine Bedeutung im europäischen Gemeinschaftsrecht, Baden-Baden 2000 (zugl. Diss. Konstanz 1999).

Birk, Rolf, Die Realisierung des europäischen Binnenmarktes 1992 und ihre Auswirkungen auf das Arbeitsrecht, NZA 1989, S. 329–334.

Bishop, Simon/Walker, Mike, The Economics of EC Competition Law: Concepts, Application and Measurement, 3. Auflage, London 2010.

Blair, Roger D./Harrison, Jeffrey L., Monopsony in Law and Economics, New York 2010.

dies., The measurement of monopsony power, 53 Antitrust Bull. 1992, S. 133–150.

Blanchard, Oliver J./Summers, Lawrence H., Hysteresis and the European Unemployment Problem, 1 NBER Macroeconomics Annual 1986, 15–78.

Blanchard, Olivier/Amighini, Alessia/Giavazzi, Francesco, Macroeconomics, 4. Auflage, Harlow 2021.

Blanke, Thomas, Tarifvertrag vor Wettbewerbsrecht, AuR 2000, 28–32.

Bloom, Nicholas/Guvenen, Fatih/Smith, Benjamin S./Song, Jae/Watcher, Till von, The Disappearing Large-Firm Wage Premium, 108 AEA Papers and Proceedings 2018, 317–322.

Boecken, Winfried/Düwell, Franz/Diller, Martin/Hanau, Hans (Hrsg.), Gesamtes Arbeitsrecht, 2. Auflage, Baden-Baden 2023.

Boemke, Burkhard, Neue Selbständigkeit und Arbeitsverhältnis. Grundsatzfragen sinnvoller Abgrenzung von Arbeitnehmern, Arbeitnehmerähnlichen und Selbständigen, ZfA 1998, 285–326.

Bogdandy, Armin von, Grundprinzipien des Unionsrechts – eine verfassungstheoretische und -dogmatische Skizze, EuR 2009, 749–768.

Böhm, Franz, Freiheit und Ordnung in der Marktwirtschaft, Baden-Baden 1980.

Borjas, George, Labor Economics, 7. Auflage, New York 2016.

ders., Labor Economics, 9. Auflage, New York 2024.

Bornkamm, Joachim/Becker, Mirko, Die privatrechtliche Durchsetzung des Kartellverbots nach der Modernisierung des EG-Kartellrechts. Einflussmöglichkeiten der Kommission, ZWeR 2005, 213–236.

Bourazeri, Konstantina, Neue Beschäftigungsformen in der digitalen Wirtschaft am Beispiel soloselbstständiger Crowdworker, NZA 2019, 741–746.

dies., Tarifautonomie und Wirtschaftskrise. Regulierung tarifvertraglicher Arbeitsbedingungen auf der Grundlage von Memoranda of Understanding nach europäischem, deutschem und griechischem Recht, Baden-Baden 2019 (zugl. Diss. Berlin 2016).

dies., Wirtschaftskrisenbedingte Anpassung nationaler Kollektivvertragssysteme im Spannungsverhältnis zu Art. 28 GRCh. Am Beispiel der Tariffähigkeit nicht-gewerkschaftlicher Personenvereinigungen, NZA-Beilage 2019, 25–34.

Brandes, Wolfgang/Buttler, Friedrich/Dorndorf, Eberhard, Arbeitsmarkttheorie und Arbeitsrechtswissenschaft: Analoge Probleme und Diskussionsschwerpunkte im Hinblick auf die Funktionsfähigkeit der Arbeitsmärkte, in: Fischer, Wolfram (Hrsg.), Währungsreform und soziale Marktwirtschaft. Erfahrungen und Perspektiven nach 40 Jahren, Berlin 1989, S. 489–506.

Brenčič, Vera, Wage posting: evidence from job ads, 45 Can. J. Econ. 2012, 1529–1559.

Brenner, Christiane, Crowdworking gestalten – IG Metall 4.0, in: Hensel, Isabell/Schönefeld, Daniel/Kocher, Eva/Schwarz, Anna/Koch, Jochen (Hrsg.), Selbstständige Unselbstständigkeit. Crowdworking zwischen Autonomie und Kontrolle, Baden-Baden 2019, S. 143–150.

Brenzel, Hanna/Gartner, Hermann/Schnabel, Claus, Wage bargaining or wage posting? Evidence from the employers' side, 29 Labour Econ. 2014, 41–48.

Bretzigheimer, Marco/Maturana, Simón, Arbeitsmärkte und Kartellrecht – Der Leitlinienentwurf der Kommission zu Tarifverträgen von Solo-Selbstständigen, NZKart 2022, 246–251.

Breuer, Ludger, Das EU-Kartellrecht im Kraftfeld der Unionsziele. Die finale Programmierung der Unionstätigkeit durch die Querschnittsklauseln am Beispiel des Art. 101 AEUV, Baden-Baden 2013 (zugl. Diss. Bonn 2012).

Breyer, Friedrich/Buchholz, Wolfgang, Ökonomie des Sozialstaates, 3. Auflage, Wiesbaden 2021.

Brinker, Ingo, War for Talents, NZKart 2015, 209–210.

Brown, Charles/Medoff, James, The Impact of Firm Acquisitions on Labor, in: Auerbach, Alan (Hrsg.), Corporate Takeovers: Causes and Consequences, Chicago 1988, S. 9–32.

Brown, E. H. Phelps/Hopkings, Sheila V., The Course of Wage-Rates in Five Countries, 1860-1939, 2 Oxf. Econ. Pap. 1950, 226–296.

Bruttel, Oliver, The effects of the new statutory minimum wage in Germany: a first assessment of the evidence, 53 J. Labour Mark. Res. 2019, Art. No. 10.

Bücker, Andreas, Tarifautonomie für selbstständige Arbeitskräfte – Zur Korrekturbedürftigkeit der EuGH-Entscheidung C-413/13 (FNV Kunsten Informatie en Media), in: Deinert, Olaf/Heuschmid, Johannes/Kittner, Michael/Schmidt, Marlene (Hrsg.), Demokratisierung der Wirtschaft durch Arbeitsrecht. Festschrift für Thomas Klebe zum 70. Geburtstag, Frankfurt am Main 2018, S. 65–71.

Bundeskartellamt, Tarifvertragliche Regelung der Ladenöffnungszeiten verletzt § 1 GWB, WuW 1989, 563, 564.

dass., Nachfragemacht im Kartellrecht – Stand und Perspektiven, Bonn 2008, abrufbar unter: https://www.bundeskartellamt.de/SharedDocs/Publikation/DE/Diskussions_Hintergrundpapier/AK_Kartellrecht_2008_Hintergrundpapier.pdf?_blob=publicationFile&v=2 (zuletzt abgerufen am 6.7.2025).

dass., Marktbeherrschungs- und SIEC-Test. Eine Bestandsaufnahme, Bonn 2009, abrufbar unter: https://www.bundeskartellamt.de/SharedDocs/Publikation/DE/Diskussions_Hintergrundpapier/AK_Kartellrecht_2009_Hintergrundpapier.pdf?__blob=publicationFile&v=2 (zuletzt abgerufen am 6.7.2025).

dass., Sektoruntersuchung Lebensmitteleinzelhandel. Darstellung und Analyse der Strukturen und des Beschaffungsverhaltens auf den Märkten des Lebensmitteleinzelhandels in Deutschland, Bonn 2014, abrufbar unter: https://www.bundeskartellamt.de/SharedDocs/Publikation/DE/Sektoruntersuchungen/Sektoruntersuchung_LEH.pdf?__blob=publicationFile&v=3 (zuletzt abgerufen am 6.7.2025).

dass., Arbeitspapier – Marktmacht von Plattformen und Netzwerken, Bonn 2016, abrufbar unter: https://www.bundeskartellamt.de/SharedDocs/Publikation/DE/Berichte/Think-Tank-Bericht.pdf?__blob=publicationFile&v=5 (zuletzt abgerufen am 6.7.2025).

dass., Offene Märkte und nachhaltiges Wirtschaften – Gemeinwohlziele als Herausforderung für die Kartellrechtspraxis, Bonn 2020, abrufbar unter: https://www.bundeskartellamt.de/SharedDocs/Publikation/DE/Diskussions_Hintergrundpapier/AK_Kartellrecht_2020_Hintergrundpapier.pdf?__blob=publicationFile&v=2 (zuletzt abgerufen am 6.7.2025).

dass., Sektoruntersuchung Krankenhäuser. Wettbewerb im Krankenhaussektor in Deutschland und Schutz durch die Fusionskontrolle. Darstellung und Analyse der Strukturen auf den Märkten der Akutkrankenhäuser in Deutschland, Bonn 2021, abrufbar unter: https://www.bundeskartellamt.de/SharedDocs/Publikation/DE/Sektoruntersuchungen/Sektoruntersuchung_Krankenhaeuser.pdf?__blob=publicationFile&v=1 (zuletzt abgerufen am 6.7.2025).

Bunte, Hermann-Josef (Hrsg.), Kartellrecht. Kommentar Band 1 Deutsches Kartellrecht, 14. Auflage, Köln 2022.

ders. (Hrsg.), Kartellrecht. Kommentar Band 2 Europäisches Kartellrecht, 14. Auflage, Köln 2022.

Cahuc, Pierre/Postel-Vinay, Fabien/Robin, Jean-Marc, Wage Bargaining with On-the-Job Search: Theory and Evidence, 74 Econometrica 2006, 323–364.

Caju, Philip Du/Kosma, Theodora/Lawless, Martina/Messina, Julián/Rõõm, Tairi, Why Firms Avoid Cutting Wages: Survey Evidence from European Firms, 68 ILR Review 2015, 862–888.

Caliendo, Marco/Fossen, Frank/Kritikos, Alexander, Trust, Positive Reciprocity, and Negative Reciprocity: Do these Traits Impact Entrepreneurial Dynamics?, 33 J. Econ. Psych. 2012, 394–409.

Calliess, Christian, Konfrontation statt Kooperation zwischen BVerfG und EuGH? Zu den Folgen des Karlsruher PSPP-Urteils, NVwZ 2020, 897–904.

ders./Ruffert, Matthias (Hrsg.), EUV/AEUV. Das Verfassungsrecht der Europäischen Union mit Europäischer Grundrechtecharta, 6. Auflage, München 2022.

Card, David, Who Set *Your* Wage?, 112 Am. Econ. Rev. 2022, 1075–1090.

ders./Krueger, Alan B., Minimum Wages and Employment: A Case Study of the Fast-Food Industry in New Jersey and Pennsylvania, 84 Am. Econ. Rev. 1994, 772–793.

ders./Mas, Alexandre/Moretti, Enrico/Saez, Emmanuel, Inequality at Work: The Effect of Peer Salaries on Job Satisfaction, 102 Am. Econ. Rev. 2012, 2981–3003.

Castillo, Victoria/Garone, Lucas Figal/Maffioli, Alessandro/Rojo, Sofia/Stucchi, Rodolfo, Knowledge Spillovers through Labour Mobility: An Employer–Employee Analysis, 56 J. Dev. Stud. 2020, 469–488.

Cengiz, Firat, The conflict between market competition and worker solidarity: moving from consumer to a citizen welfare standard in competition law, 41 Leg. Stud. 2021, 73–90.

Cerasoli, Christopher P./Nicklin, Jessica M./Ford, Michael T., Intrinsic Motivation and Extrinsic Incentives Jointly Predict Performance: A 40-Year Meta-Analysis, 140 Psychol Bull. 2014, 980–1008.

Chen, Zhiqi, Defining Buyer Power, 53 Antitrust Bull. 2008, 241–249.

Clark, John Maurice, Competition As A Dynamic Process, Washington D.C. 1961.

Cohn, Alain/Fehr, Ernst/Goette, Lorenz, Fair Wages and Effort Provision: Combining Evidence from a Choice Experiment and a Field Experiment, 61 Management Science 2015, 1777–1794.

Costa, Vitor, Local Labor Market Effects of Mergers and Acquisitions in Developing Countries: Evidence from Brazil, 2023, abrufbar unter: https://papers.ssrn.com/sol3/Delivery.cfm/SSRN_ID4477819_code3271144.pdf?abstractid=4477819&mirid=1 (zuletzt abgerufen am 6.7.2025).

Council of Economic Advisers, Labor Market Monopsony: Trends, Consequences, and Policy Responses, 2016, abrufbar unter: https://obamawhitehouse.archives.gov/sites/default/files/page/files/20161025_monopsony_labor_mrkt_cea.pdf (zuletzt abgerufen am 6.7.2025).

Countouris, Nicola/De Stefano, Valerio/Lianos, Ioannis, The EU, Competition Law and Workers' Rights, CLES Research Paper Series 2/2021, abrufbar unter: https://papers.ssrn.com/sol3/Delivery.cfm/SSRN_ID3812153_code565608.pdf?abstractid=3812153&mirid=1 (zuletzt abgerufen am 6.7.2025).

Cox, Helmut/Hübener, Harald, Wettbewerb. Eine Einführung in die Wettbewerbstheorie und Wettbewerbspolitik, in: Cox, Helmut/Hübener, Harald (Hrsg.), Handbuch des Wettbewerbs, München 1981, S. 1–48.

Cukurov, Dennis, Kartellrechtliche Zulässigkeit von Superligen im Fußball. Der europäische Ligasport vor dem Umbruch, Baden-Baden 2021 (zugl. Diss. Düsseldorf 2021).

Currie, Janet/Farsi, Mehdi/Macleod, Bentley W., Cut to the Bone? Hospital Takeovers and Nurse Employment Contracts, 58 ILR Review 2005, 471–493.

Daskalova, Victoria, Regulating the New Self-Employed in the Uber Economy: What Role for EU Competition Law?, 19 Ger. Law J. 2018, 461–508.

Däubler, Wolfgang, Europäische Tarifverträge nach Maastricht, EuZW 1992, 329–336.

ders. (Hrsg.), Kommentar zum Tarifvertragsgesetz, 5. Auflage, Baden-Baden 2022.

ders./Klebe, Thomas, Crowdwork: Die neue Form der Arbeit – Arbeitgeber auf der Flucht?, NZA 2015, 1032–1041.

Ludwigs, Markus (Hrsg.), Handbuch des EU-Wirtschaftsrechts, 62. Ergänzungslieferung, München 2025.

Davidov, Guy, Collective Bargaining Laws: Purpose and Scope, abrufbar unter: https://papers.ssrn.com/sol3/Delivery.cfm/SSRN_ID554823_code357931.pdf?abstractid=554823&mirid=1 (zuletzt abgerufen am 6.7.2025).

De Stefano, Valerio, The Rise of the Just-in-Time Workforce: On-Demand Work, Crowdwork, and Labor Protection in the Gig-Economy, 37 Comp. Lab. L. & Pol'y J. 2016, 471–504.

Déchamps, Pascale/Descamps, Ambroise/Arduini, Francesca/Baye, Célia/Damstra, Lola, Labour markets: a blind spot for competition authorities, 18 Comp. Law J. 2019, 190–199.

Deinert, Olaf, Der europäische Kollektivvertrag. Rechtstatsächliche und rechtsdogmatische Grundlagen einer gemeineuropäischen Kollektivvertragsautonomie, Baden-Baden 1999 (zugl. Diss. Rostock 1998).

ders., Neuregelung des Fremdpersonaleinsatzes im Betrieb, RdA 2017, 65–82.

ders./Maksimek, Elena/Sutterer-Kipping, Amélie, Die Rechtspolitik des Sozial- und Arbeitsrechts, Frankfurt am Main 2020.

Demsetz, Harold, Information and Efficiency: Another Viewpoint, 12 J. Law Econ. 1969, 1–22.

Denzel, Ulrich/Klöppner, Carsten, Wettbewerbsbeschränkungen für „Ein-Mann-Unternehmen", in: Rieble, Volker/Junker, Abbo/Giesen, Richard (Hrsg.), Kartellrecht und Arbeitsmarkt, München 2010, S. 131–151.

DePasquale, Christina, Hospital Consolidation and Monopsony Power in the Labor Market for Nurses, CPI Antitrust Chronicle, Juni 2020, abrufbar unter: https://www.competitionpolicyinternational.com/hospital-consolidation-and-monopsony-power-in-the-labor-market-for-nurses/ (zuletzt abgerufen am 6.7.2025).

Depew, Briggs/Sørensen, Todd A., The elasticity of labor supply to the firm over the business cycle, 24 Labour Econ. 2013, 196–204.

Deregulierungskommission, Marktöffnung und Wettbewerb, Stuttgart 1991.

Desai, Ashok V., Real Wages in Germany 1871-1913, Oxford 1968.

Desai, Kiran S., E.C. Competition Law, 20 E. C. L. R. 1999, 175–178.

Dieterich, Thomas, Grundgesetz und Privatautonomie im Arbeitsrecht, RdA 1995, 126–136.

Dietz, Martin, Der Arbeitsmarkt in institutionentheoretischer Perspektive, Stuttgart 2006.

Dietze, Philipp von/Janssen, Helmut, Kartellrecht in der anwaltlichen Praxis, 6. Auflage, München 2023.

Dobbelaere, Sabien/McCormack, Grace/Prinz, Daniel/Sóvágó, Sándor, Firm Consolidation and Labor Market Outcomes; IZA - Discussion Paper No. 15724, Bonn 2022, abrufbar unter: https://docs.iza.org/dp15724.pdf (zuletzt abgerufen am 6.7.2025).

Dobson, Paul W./Inderst, Roman, Differential Buyer Power and the Waterbed Effect: Do Strong Buyers Benefit or Harm Consumers?, 28 E.C.L.R. 2007, 393–400.

ers./Waterson, Michael/Chu, Alex, The Welfare Consequences of the Exercise of Buyer Power, Research Paper für das Office of Fair Trading, Lonon 1998, abrufbar unter: https://wrap.warwick.ac.uk/21/1/WRAP_Waterson_oft239.pdf (zuletzt abgerufen am 6.7.2025).

Doniger, Cynthia L., Wage Dispersion with Heterogeneous Wage Contracts, Finance and Economics Discussion Series, Divisions of Research & Statistics and Monetary Affairs Federal Reserve Board, Washington D.C. 2015, abrufbar unter: https://www.federalreserve.gov/econresdata/feds/2015/files/2015023pap.pdf (zuletzt abgerufen am 6.7.2025).

dies., Wage Dispersion with Heterogeneous Wage Contracts, 51 Rev. Econ. Dyn. 2023, 138–160.

van Doorn, Frederik Albert Hendrik, The Law and Economics of Buyer Power in EU Competition Policy, Den Haag 2015 (zugl. Diss. Utrecht 2015).

Dorndorf, Eberhard, Mehr Individualvertragsfreiheit im Arbeitsrecht?, in: Däubler, Wolfgang/Bobke, Manfred/Kehrmann, Karl (Hrsg.), Arbeit und Recht. Festschrift für Albert Gnade, Köln 1992, S. 39–55.

Doucouliagos, Hristos/Stanley, T. D., Publication Selection Bias in Minimum-Wage Research? A Meta-Regression Analysis, 47 Br. J. Ind. Relat. 2009, 406–428.

Dreher, Meinrad, Der Rang des Wettbewerbs im europäischen Gemeinschaftsrecht, WuW 1998, 656–666.

ders./Kulka, Michael/Rittner, Fritz, Wettbewerbs- und Kartellrecht. Eine systematische Darstellung des deutschen und europäischen Kartellrechts, 11. Auflage, Heidelberg 2021.

ders./Thomas, Stefan, Die Angebotssubstituierbarkeit in der Marktabgrenzung, ZWeR 2014, 366–384.

Drexl, Josef, Wettbewerbsverfassung, in: Bogdandy, Armin von/Bast, Jürgen (Hrsg.), Europäisches Verfassungsrecht, 2. Auflage, Berlin u.a. 2009, S. 905–958.

Duda, Helga/Fehr, Ernst, Macht, Effizienz und Profitabilität – Eine Radikale Theorie der Unternehmung, Leviathan 1986, 546–568.

Dustmann, Christian/Lindner, Attila/Schönberg, Uta/Umkehrer, Matthias/Berge, Philipp vom, Reallocation Effects of the Minimum Wage, 137 Q. J. Econ. 2022, 267–328.

Eggert, Matthias, Sperrabreden unter Arbeitgebern, Baden-Baden 2001.

Ehrenberg, Ronald G./Smith, Robert S., Modern Labor Economics, 13. Auflage, London/New York 2018.

Eichhorst, Werner/Tobsch, Verena, Atypische Beschäftigung in Europa, WSI-Mitteilungen 2017, 62–69, abrufbar unter: https://www.wsi.de/data/wsimit_2017_01_eichhorst.pdf (zuletzt abgerufen am 6.7.2025).

Eickhof, Norbert, Theorien des Markt- und Wettbewerbsversagens, Wirtschaftsdienst 1986, 468–476.

Eilmansberger, Thomas, Verbraucherwohlfahrt, Effizienzen und ökonomische Analyse – Neue Paradigmen im europäischen Kartellrecht?, ZWeR 2009, 437–471.

Erfurter Kommentar zum Arbeitsrecht, Müller-Glöge, Rudi/Preis, Ulrich/Schmidt, Ingrid (Hrsg.), 25. Auflage, München 2025.

Erickson, Christopher L./Mitchell, Daniel J.B., Monopsony as a metaphor for the emerging post-union labour market, 146 Int. Labour Rev. 2007, 163–188.

Erlei, Mathias/Leschke, Martin/Sauerland, Dirk, Institutionenökonomik, 3. Auflage, Stuttgart 2016.

Esser, Michael/Höft, Jan Christoph, Die Einführung des SIEC-Tests durch die 8. GWB-Novelle – Folgen für die Praxis, NZKart 2013, 447–457.

Estaintot, Isaure d', Considering worker welfare? A capability assessment of antitrust, in: Šmejkal, Václav (Hrsg.), EU Antitrust: Hot Topics & Next Steps, Prag 2022, S. 383-400.

Eufinger, Alexander, Zur Anwendung des Kartellrechts bei Tarifverträgen, DB 2015, 192–193.

ders., „War for Talents" und Kartellrecht. Der „Antitrust Guidance for Human Resource Professionals" des US-Department of Justice, RIW 2017, 481–486.

Europäische Kommission, Dritter Bericht über die Wettbewerbspolitik (Anlage zum „Siebenten Gesamtbericht über die Tätigkeiten der Gemeinschaft"), Brüssel/Luxemburg 1974.

dies., Siebenter Bericht über die Wettbewerbspolitik (im Zusammenhang mit dem „Elften Gesamtbericht über die Tätigkeit der Europäischen Gemeinschaften" veröffentlichter Bericht), Brüssel/Luxemburg 1978.

dies., Zehnter Bericht über die Wettbewerbspolitik (im Zusammenhang mit dem „Vierzehnten Gesamtbericht über die Tätigkeit der Europäischen Gemeinschaften 1980" veröffentlichter Bericht), Brüssel/Luxemburg 1981.

dies, Bekanntmachung der Kommission – Leitlinien über den Begriff der Beeinträchtigung des zwischenstaatlichen Handels in den Artikeln 81 und 82 des Vertrags, 2004/C 101/07, Brüssel 2004, ABl. 2004 C 101, 81–96.

dies, Bekanntmachung der Kommission – Leitlinien zur Anwendung von Artikel 81 Absatz 3 EG-Vertrag, 2004/C 101/08, Brüssel 2004, ABl. 2004 C 101, 97–118.

dies, Bekanntmachung der Kommission über die Definition des relevanten Marktes im Sinne des Wettbewerbsrechts der Gemeinschaft, 97/C 372/03, Brüssel 1997, ABl. 1997 C 372, 5–13.

dies, Bekanntmachung der Kommission über die Abgrenzung des relevanten Marktes im Sinne des Wettbewerbsrechts der Union, C/2024/1645, Brüssel 2024, ABl. 2024 C 1645, 1–35.

dies, Empfehlung der Kommission vom 6. Mai 2003 betreffend die Definition der Kleinstunternehmen sowie der kleinen und mittleren Unternehmen, 2003/361/EG, Brüssel 2003, ABl. L 2003 124, 36–41.

dies, Europäische Sozialpolitik. Ein zukunftsweisender Weg für die Union. Weißbuch, KOM(94) 333 endgültig, Brüssel 1994.

dies, Konsolidierte Mitteilung der Kommission zu Zuständigkeitsfragen gemäß der Verordnung (EG) Nr. 139/2004 des Rates über die Kontrolle von Unternehmenszusammenschlüssen, 2008/C 95/01, Brüssel 2008, ABl. 2008 C 95, 1–48.

dies, Leitlinien zur Anwendung des Wettbewerbsrechts der Union auf Tarifverträge über die Arbeitsbedingungen von Solo-Selbstständigen, 2022/C 374/02, 2022 Brüssel, ABl. 2022 C 374, 2–13.

dies, Leitlinien zur Bewertung horizontaler Zusammenschlüsse gemäß der Ratsverordnung über die Kontrolle von Unternehmenszusammenschlüssen, 2004/C 31/03, Brüssel 2004, ABl. 2004 C 31, 5–18.

dies, Leitlinien zur Bewertung nichthorizontaler Zusammenschlüsse gemäß der Ratsverordnung über die Kontrolle von Unternehmenszusammenschlüssen, 2008/C 265/07, Brüssel 2008, ABl. 2008 C 265, 6–25.

dies, Mitteilung der Kommission – Bekanntmachung der Kommission über die Abgrenzung des relevanten Marktes im Sinne des Wettbewerbsrechts der Union, C(2023) 6789 final, Brüssel 2024.

dies, Mitteilung der Kommission – Erläuterungen zu den Prioritäten der Kommission bei der Anwendung von Artikel 82 des EG-Vertrags auf Fälle von Behinderungsmissbrauch durch marktbeherrschende Unternehmen, 2009/C 45/02, Brüssel 2009, ABl. 2009 C 45, 7–20.

dies, Mitteilung der Kommission – Leitlinien zur Anwendbarkeit von Artikel 101 des Vertrags über die Arbeitsweise der Europäischen Union auf Vereinbarungen über horizontale Zusammenarbeit, Text von Bedeutung für den EWR, 2011/C 11/01, Brüssel 2011, ABl. 2011 C 11, 1–72.

dies, Mitteilung der Kommission über die Anwendung des Protokolls über die Sozialpolitik an den Rat und an das Europäische Parlament, KOM(93) 600 endgültig, Brüssel 1993.

dies, Vorschlag für eine Richtlinie des Europäischen Parlaments und des Rates zur Verbesserung der Arbeitsbedingungen in der Plattformarbeit, COM(2021) 762 final, Brüssel 2021.

Ewald, Christian, Paradigmenwechsel bei der Abgrenzung relevanter Märkte? Ansatzpunkte und Grenzen eines more economic approach der Marktabgrenzung am Beispiel des trans-o-flex-Beschlusses des OLG Düsseldorf, ZWeR 2004, 512–544.

Ezrachi, Ariel, Buying Alliances and Input Price Fixing: In Search Of A European Enforcement, 8 J. Comp. Law Econ. 2012, 47–71.

Farrell, Joseph/Shapiro, Carl, Antitrust Evaluation of Horizontal Mergers: An Economic Alternative to Market Definition, 10 B. E. J. Theor. Econ. 2010, Article 9.

Fastrich, Lorenz, Richterliche Inhaltskontrolle im Privatrecht, München 1992.

ders., Inhaltskontrolle im Arbeitsrecht nach der Bürgschaftsentscheidung des Bundesverfassungsgerichts vom 19.10.1993, RdA 1997, 65–80.

Fehl, Ulrich/Oberender, Peter, Grundlagen der Mikroökonomie. Eine Einführung in die Produktions-, Nachfrage- und Markttheorie, 9. Auflage, München 2004.

Fehr, Ernst/Falk, Armin, Psychological foundations of incentives, 46 Eur. Econ. Rev. 2002, 687–724.

ders./Goette, Lorenz/Zehnder, Christian, A Behavioral Account of the Labor Market: The Role of Fairness Concerns, 1 Annu. Rev. Econ. 2009, 355–384.

Ferguson, William D., Worker Motivation, Wages, and Bilateral Market Power in Nonunion Labor Markets, 20 East. Econ. J. 2004, 527–547.

Fezer, Karl-Heinz, Verantwortete Marktwirtschaft, JZ, 1990, 657–663.

Fikentscher, Wolfgang, Wirtschaftsrecht Band 2. Deutsches Wirtschaftsrecht, München 1983.

Fischels, André, Sollte die Rechtsprechung zum innerbetrieblichen Schadensausgleich auf Solo-Selbstständige erstreckt werden?, RdA 2019, 208–215.

Fleischer, Holger, Tarifverträge und Europäisches Wettbewerbsrecht. Besprechung der Albany-International-Entscheidung des EuGH, DB 2000, 821–825.

Frankfurter Kommentar zum Kartellrecht, Jaeger, Wolfgang/Kokott, Juliane/Pohlmann, Petra/Schroeder, Dirk/Achenbach, Hans/von Hahn, Helmuth/Rieger, Harald (Hrsg.), 110. Ergänzungslieferung, Köln 2025.

Franz, Wolfgang, Arbeitsökonomik, 8. Auflage, Berlin/Heidelberg 2013.

Franzen, Martin, Die Rechtsprechung des Europäischen Gerichtshofs im Arbeitsrecht im Jahr 2014 und im ersten Halbjahr 2015, EuZA 2015, 445–487.

ders./Gallner, Inken/Oetker, Hartmut (Hrsg.), Kommentar zum europäischen Arbeitsrecht, 5. Auflage, München 2024.

Freeman, Richard B./Medoff, James L., What Do Unions Do?, New York 1984.

ders./Gibbons, Robert S., Getting Together and Breaking Apart: The Decline of Centralized Collective Bargaining, in: Freeman, Richard B./Katz, Lawrence F. (Hrsg.), Differences and Changes in Wage Structures, Chicago 1995, S. 345–370.

Fries, Lukas, Die Berücksichtigung außerwettbewerblicher Interessen in der Fusionskontrolle. Überlegungen zur Reformbedürftigkeit der Ministererlaubnis nach § 42 GWB, Baden-Baden 2020 (zugl. Diss. Köln 2020).

Fritsch, Michael, Marktversagen und Wirtschaftspolitik. Mikroökonomische Grundlagen staatlichen Handelns, 10. Auflage, München 2018.

Fuchs, Maximilian, Tarifverträge Selbstständiger und europäisches Wettbewerbsrecht, ZESAR 2016, 297–306.

Fuhlrott, Michael/Oltmanns, Sönke, Der Crowdworker – (K)ein Arbeitnehmer?, NJW 2020, 958–963.

Fulda, Carolin Denise/Lesch, Hagen, Motive für Tarifbindung, IW-Report 29/2023, Köln 2023, abrufbar unter: https://www.iwkoeln.de/studien/carolin-denise-fulda-hagen-lesch-tarifloehne-als-mittel-zur-fachkraeftesicherung.html (zuletzt abgerufen am 6.7.2025).

Gächter, Simon/Falk, Armin, Work Motivation, Institutions, and Performance, in: Zwick, Rami/Rapoport, Amnon (Hrsg.), Experimental Business Research, Boston u.a. 2002, 351–372.

Gächter, Simon/Thöni, Christian, Social Comparison and Performance: Experimental Evidence on the Fair Wage-Effort Hypothesis, IZA - Discussion Paper No. 4687, Bonn 2010, abrufbar unter: https://docs.iza.org/dp4687.pdf (zuletzt abgerufen am 6.7.2025).

Gangl, Markus, Lohnbildung und Lohnverteilung, in: Abraham, Martin/Hinz, Thomas (Hrsg.), Arbeitsmarktsoziologie. Probleme, Theorien, empirische Befunde, 3. Auflage, Wiesbaden 2018, S. 261–309.

Gärtner, Jan Armin, Koalitionsfreiheit und Crowdwork. Zur Kollektivierung der Beschäftigteninteressen soloselbstständiger Crowdworker, Berlin 2020 (zugl. Diss. Göttingen 2020).

Gerber, Christine, Crowdworker*innen zwischen Autonomie und Kontrolle. Die Stabilisierung von Arbeitsteilung durch algorithmisches Management, WSI-Mitteilungen 2020, 182–192.

Gibson, John/Stillmann, Steven, Why Do Big Firms Pay Higher Wages? Evidence from an International Database, 91 Rev. Econ. Stat. 2009, 213–218.

Glöckner, Jochen, Vereinbarte Abwerbeverbote, JuS 2018, 1130–1138.

Gloy, Wolfgang (Begr.)/*Loschelder, Michael/Danckwerts, Rolf* (Hrsg.), Handbuch des Wettbewerbsrechts, 5. Auflage, München 2019.

Göbel, Elisabeth, Neue Institutionenökonomik, München/Stuttgart 2021.

Godechot, Olivier/Senik, Claudia, Wage comparisons in and out of the firm. Evidence from a matched employer-employee French database, 117 J. Econ. Behav. Organ. 2015, 395–410.

Goette, Lorenz/Huffman, David, Do Emotions Improve Labor Market Outcomes?, IZA - Discussion Paper No. 1895, Bonn 2005, abrufbar unter: https://docs.iza.org/dp1895.pdf (zuletzt abgerufen am 6.7.2025).

Goldmann, Julius, Tarifverträge für selbständige Dienstleistungsanbieter als Verstoß gegen EU-Kartellrecht?, EuZA, 2015, 509–518.

Görgens, Egon/Pfahler, Thomas, Adverse Selektion, moralisches Risiko und Tarifvertragsrecht: Beeinflusst das Vertragsrecht die Ausgestaltung anreizkompatibler Verträge?, in: Apolte, Thomas/Vollmer, Uwe (Hrsg.), Arbeitsmärkte und soziale Sicherungssysteme unter Reformdruck: Fehlentwicklungen und Lösungsansätze aus institutionenökonomischer Sicht, Stuttgart 2002, S. 85-112.

ders./Ruckriegel, Karlheinz, Makroökonomik, 10. Auflage, Stuttgart 2007.

Grabitz, Eberhard/Hilf, Meinhard/Nettesheim, Martin (Hrsg.), Das Recht der Europäischen Union: EUV/AEUV Kommentar, 84. Ergänzungslieferung, München 2025.

Graevenitz, Albrecht von, Mitteilungen, Leitlinien, Stellungnahmen – Soft Law der EU mit Lenkungswirkung, EuZW 2013, 169–173.

Griet, Jans, Merger Control in Labour Markets: Considerations from an Enforcer's Perspective, Concurrence Review Law & Economics Nr. 3 2022, abrufbar unter: https://www.concurrences.com/en/review/issues/no-3-2022/law-economics/merger-control-in-labour-markets-considerations-from-an-enforcer-s-perspective-107369 (zuletzt abgerufen am 6.7.2025).

Grimes, Warren, Buyer Power and Retail Gatekeeper Power: Protecting Competition and the Atomic Seller, 72 Antitrust L. J. 2005, 563–588.

Grobys, Isabella/Panzer-Heemeier, Andrea (Hrsg.), Arbeitsrecht. Individualarbeitsrecht. Kollektives Arbeitsrecht. Prozessrecht. Alphabetische Gesamtdarstellung, 4. Auflage, Baden-Baden 2023.

Groeben, Hans von der/Schwarze, Jürgen/Hatje, Armin (Hrsg.), Europäisches Unionsrecht, 7. Auflage, Baden-Baden 2015.

Hack, Sebastian/Leister, Thomas, Zur Zulässigkeit von Abwerbeverboten aus kartellrechtlicher Sicht, DB 2018, 2741–2744.

Hafiz, Hiba, Labor Antitrust's Paradox, 87 Univ. Chic. Law Rev. 2020, 381–411.

Hall, Robert E./Krueger, Alan B., Evidence on the Incidence of Wage Posting, Wage Bargaining, and On-the-Job Search, 4 Am. Econ. J. 2012, 56–67.

Hanau, Hans, Mindestlohn und Natur des Arbeitsverhältnisses, ZfA 2012, 269–290.

ders., Wirtschaftsrisiko und Spielräume für Flexibilisierung, ZfA 2014, 131–152.

Hannan, Lynn R., The Combined Effect of Wages and Firm Profit on Employee Effort, 80 ACCR 2005, 167–188.

Hardes, Heinz-Dieter, Vorschläge zur Differenzierung und Flexibilisierung der Löhne, MittAB 1988, 52–73.

ders., Zur Bedeutung längerfristiger Arbeitsbeziehungen und betriebsinterner Teilarbeitsmärkte. Vertragstheoretische Überlegungen und arbeitsmarktpolitische Implikationen, MittAB 1989, 540–552.

Harris, Seth D./Krueger, Alan B., A Proposal for Modernizing Labor Laws for Twenty-First-Century Work: The "Independent Worker", The Hamilton Project, Discussion Paper 2015, abrufbar unter: https://www.hamiltonproject.org/assets/files/modernizing_labor_laws_for_twenty_first_century_work_krueger_harris.pdf (zuletzt abgerufen am 6.7.2025).

Hatje, Armin/Müller-Graff, Peter-Christian (Hrsg.), Europäisches Organisations- und Verfassungsrecht, 2. Auflage, Baden-Baden u.a. 2022.

ders., Wirtschaftsverfassung im Binnenmarkt, in: Bogdandy, Armin von/Bast, Jürgen (Hrsg.), Europäisches Verfassungsrecht, 2. Auflage, Berlin u.a. 2009, S. 801–904.

Haucap, Justus/Heimeshoff, Ulrich/Klein, Gordon J./Wey, Christian, Die Bestimmung von Nachfragemacht im Lebensmitteleinzelhandel: Theoretische Grundlagen und empirischer Nachweis, WuW 2014, 946–958.

Hayek, Friedrich August von, Der Wettbewerb als Entdeckungsverfahren, Kiel 1968.

He, Alex Xi/Maire, Daniel le, Mergers and Managers: Manager-Specific Wage Premiums and Rent Extraction in M&As, UniCredit Foundation Working Paper Series 2019, abrufbar unter: https://papers.ssrn.com/sol3/Delivery.cfm/SSRN_ID4306206_code2712980.pdf?abstractid=3481262&mirid=1 (zuletzt abgerufen am 6.7.2025).

Heckelmann, Martin, Crowdworking – eine arbeitsrechtliche Bestandsaufnahme, NZA 2022, 73–81.

Heermann, Peter W., Missbrauch einer marktbeherrschenden Stellung im Sport (Teil 2). Ist eine Neubewertung nach dem Urteil des OLG München im Pechstein-Verfahren erforderlich?, WRP 2015, 1172–1179.

ders., Zum Anwendungsbereich des Meca-Medina-Tests auf wettbewerbsbeschränkende Statuten und Maßnahmen der Sportverbände, WuW 2022, 308–314.

Heinemann, Andreas, Kartellrecht auf Arbeitsmärkten, WuW 2020, 371–382.

ders., Tarifverträge für Solo-Selbständige: Zum Verhältnis von Wettbewerbs- und Sozialpolitik, WuW 2023, 257–264.

Heinze, Meinhard, Die Rechtsgrundlagen des sozialen Dialogs auf Gemeinschaftsebene, ZfA 1997, 505–521.

Heise, Arne, How did they get it so wrong? Mindestlöhne und ihre Bedrohung für die Standardökonomie, ZÖSS Discussion Papers 85, Hamburg 2021, abrufbar unter: https://www.ssoar.info/ssoar/bitstream/handle/document/73250/ssoar-2021-heise-How_did_they_get_it.pdf?sequence=1&isAllowed=y&lnkname=ssoar-2021-heise-How_did_they_get_it.pdf (zuletzt abgerufen am 6.7.2025).

Hemphill, C. Scott/Rose, Nancy L., Mergers that Harm Sellers, 127 Yale L. J. 2018, 2078–2109.

Henning, Leopold, Anmerkung zum Urteil des EuGH vom 18.07.2013 (C-136/12, EuZW 2013, 782) – Zum Umfang der Vorlagepflicht letztinstanzlicher Gericht sowie der Zulässigkeit von Wettbewerbsbeschränkungen durch Standesregeln eines Berufsverbandes, EuZW 2013, 785–786.

Henssler, Martin/Willemsen, Heinz Josef/Kalb, Heinz-Jürgen (Hrsg.), Arbeitsrecht Kommentar, 11. Auflage, Köln 2024.

Herdzina, Klaus, Wettbewerbspolitik, 5. Auflage, Stuttgart 1999.

Herresthal, Carsten, Die Re-Individualisierung des kollektiven Arbeitsrechts in der europäischen Integration am Beispiel der Tarifautonomie, EuZ, 2011, 3–29.

Hertfelder, Johannes, Die consumer welfare im europäischen Wettbewerbsrecht, Baden-Baden 2010.

Heuschmid, Johannes/Hlava, Daniel, Tarifvertragliche Mindesttarife für selbständige Dienstleistungserbringer – Anwendungsbereich des Art. 101 AEUV – Verbot wettbewerbseinschränkender Vereinbarungen – Arbeitnehmerbegriff – Scheinselbständigkeit, AuR 2015, 194–195.

ders./Klebe, Thomas, Erwerbsarbeit in der Plattformökonomie und Schutz des Arbeits- und Sozialrechts?, in: Faber, Ulrich/Feldhoff, Kerstin/Nebe, Katja/Schmidt, Kristina/Waßer, Ursula (Hrsg.), Gesellschaftliche Bewegungen – Recht unter Beobachtung und in Aktion. Festschrift für Wolfhard Kohte, Baden-Baden 2016, S. 73–84.

Hirsch, Barry T./Schumacher, Edward J., Classic or new monopsony? Searching for evidence in nursing labor markets, 24 J. Health Econ. 2005, 969–989.

Hirsch, Boris/Jahn, Elke J./Manning, Alan/Oberfichtner, Michael, The Urban Wage Premium in Imperfect Labor Markets, 57 J. Human Resour. 2022, S111–S136.

ders./ Jahn, Elke J./Schnabel, Claus, Do Employers Have More Monopsony Power in Slack Labor Markets?, 71 ILR Review 2018, 676–704.

ders./Schank, Thorsten/Schnabel, Claus, Differences in Labor Supply to Monopsonistic Firms and the Gender Pay Gap: An Empirical Analysis Using Linked Employer-Employee Data from Germany, 28 J. Labor Econ. 2010, S. 291–330.

Hohe Behörde, Siebenter Gesamtbericht über die Tätigkeit der Gemeinschaft, Luxemburg 1950.

Holzer, Harry J., Wages, Employer Costs, and Employee Performance in the Firm, 43 ILR Review 1990, 147–162.

Höpfner, Clemens, Die Tarifgeltung im Arbeitsverhältnis. Historische, ökonomische und legitimatorische Grundlagen des deutschen Koalitions- und Tarifvertragsrechts, Baden-Baden 2015 (zugl. Habil. Köln 2014).

Hoppmann, Erich, Wirtschaftsordnung und Wettbewerb, Baden-Baden 1988.

Horn, Henrik/Wolinsky, Asher, Worker Substitutability and Patterns of Unionisation, 98 Econ. J. 1988, 484–497.

Hovenkamp, Herbert J., Worker Welfare and Antitrust, 90 U. Chi. L. Rev. 2023, 511–543.

Hümmerich, Klaus/Lücke, Oliver/Mauer, Reinhold (Hrsg.), Arbeitsrecht. Vertragsgestaltung | Prozessführung | Personalarbeit | Betriebsvereinbarungen, 10. Auflage, Baden-Baden 2022.

Hütter-Brungs, Gisela, Möglichkeiten und Grenzen kollektivautonomer Regelungen der Lohn- und Arbeitsbedingungen Selbstständiger, ZfA 2018, 552–585.

Immenga, Ulrich, Grenzen des kartellrechtlichen Ausnahmebereichs Arbeitsmarkt. Zur Zulässigkeit tarifvertraglicher Regelung von Ladenschlußzeiten, München 1989.

ders., Die Europäische Fusionskontrolle im wettbewerbspolitischen Kräftefeld, Tübingen 1993.

ders., Wettbewerbspolitik contra Industriepolitik nach Maastricht, EuZW 1994, 14–18.

ders./Mestmäcker, Ernst-Joachim (Hrsg.), Wettbewerbsrecht Band 1. EU. Kommentar zum Europäischen Kartellrecht, 6. Auflage, München 2019.

dies. (Hrsg.), Wettbewerbsrecht Band 1. EU. Kommentar zum Europäischen Kartellrecht, 7. Auflage, München 2025.

dies. (Hrsg.), Wettbewerbsrecht Band 2. GWB. Kommentar zum Deutschen Kartellrecht, 7. Auflage, München 2024.

dies. (Hrsg.), Wettbewerbsrecht Band 3. Fusionskontrolle, 6. Auflage, München 2020.

Inderst, Roman, Die Ökonomische Analyse von Nachfragemacht in der Wettbewerbspolitik, WuW 2008, 1261–1271.

ders./Mazzarotto, Nicola, Can the SIEC test be used to assess effects from buyer power?, 8 J. Eur. Compet. Law Pract. 2017, 185–189.

ders./Thomas, Stefan, Legal Design in Sustainable Antitrust, 2022, abrufbar unter: https://papers.ssrn.com/sol3/Delivery.cfm/SSRN_ID4221569_code2397291.pdf?abstractid=4058367&mirid=1 (zuletzt abgerufen am 6.7.2025).

dies., Why (European) Antitrust Law Should Not Treat Labor Markets Differently, CPI Antitrust Chronicle, Dezember 2023, abrufbar unter: https://www.pymnts.com/wp-content/uploads/2023/12/2-WHY-EUROPEAN-ANTITRUST-LAW-SHOULD-NOT-TREAT-LABOR-MARKETS-DIFFERENTLY-Roman-Inderst-Stefan-Thomas.pdf (zuletzt abgerufen am 6.7.2025).

ders./Valletti, Tommaso M., Buyer Power and the "Waterbed Effect", 59 J. Ind. Econ. 2011, 1–20.

ders./Wey, Christian, Wettbewerbsanalyse von Nachfragemacht aus verhandlungstheoretischer Sicht, DIW – Research Notes 25, Berlin 2007, abrufbar unter: https://www.diw.de/documents/publikationen/73/diw_01.c.72132.de/rn25.pdf (zuletzt abgerufen am 6.7.2025).

dies., Countervailing Power and Dynamic Efficiency, 9 J. Eur. Econ. Assoc. 2011, 702–720.

Jarass, Hans D., Charta der Grundrechte der Europäischen Union unter Einbeziehung der sonstigen Grundrechtsregelungen des Primärrechts und der EMRK. Kommentar, 4. Auflage, München 2021.

Jarosch, Gregor/Nimczik, Jan S./Sorkin, Isaac, Granular Search, Market Structure, and Wages, NBER Working Paper, 2020, abrufbar unter: https://www.nber.org/system/files/working_papers/w26239/w26239.pdf (zuletzt abgerufen am 6.7.2025).

Jasperneite, Christian, Arbeitsmarktordnung und Arbeitsmarktentwicklung, Wiesbaden 2001.

Jost, Peter-Jürgen, Kommentar zu Roger J. Van den Bergh und Peter D. Camesaca – Die Dezentralisierung kollektiver Tarifverhandlungen: Eine ökonomische Analyse, in: Ott, Claus/Schäfer, Hans-Bernd (Hrsg.), Ökonomische Analyse des Arbeitsrechts. Beiträge zum VII. Travemünder Symposium zur ökonomischen Analyse des Rechts (22.-25. März 2000), Tübingen 2001, S. 174–188.

Junker, Abbo, Die Gewährleistung der Tarifautonomie im europäischen Recht, ZfA 2015, 267–286.

ders., Die Einflüsse des europäischen Rechts auf die personelle Reichweite des Arbeitnehmerschutzes – Der Arbeitnehmerbegriff in der Rechtsprechung des Europäischen Gerichtshofs, EuZA 2016, 184–206.

Kaeding, Nadja, Ungeschriebene Ausnahmen vom Verbot wettbewerbsbeschränkender Verhaltenskoordinierung? Ein rechtsdogmatisches Plädoyer zur Beachtung des Regel-Ausnahme-Verhältnisses in Art. 101 AEUV, Baden-Baden 2017 (zugl. Habil. Berlin 2015).

Kahneman, Daniel/Knetsch, Jack L./Thaler, Richard, Fairness as a Constraint on Profit Seeking: Entitlements in the Market, 76 Am. Econ. Rev. 1986, 728–741.

Kainer, Friedmann, Tarifverträge im Fokus des Kartellrechts. Urteil des EFTA-Gerichtshofs vom 19.4.2016 – Rechtssache Holship, EuZA 2017, 90–100.

Kainer, Friedmann/Persch, Johannes, Das Prinzip der Einheit des Binnenmarktes: Keine Rosinen für Drittstaaten, EuZW 2018, 932–937.

Kamanabrou, Sudabeh, Arbeitsrecht im Binnenmarkt, EuZA 2010, 157–179.

Kantzenbach, Erhard, Die Funktionsfähigkeit des Wettbewerbs, Göttingen 1966 (zugl. Habil. Hamburg 1965).

Kaufman, Bruce E., Expanding the Behavioral Foundations of Labor Economics, 52 Indus. & Lab. Rel. Rev. 1999, 361–392.

Kaufman, Bruce E., Models of Union Wage Determination: What Have We Learned Since Dunlop and Ross?, 41 Ind. Rel. 41 2002, 110–158.

Kempen, Otto Ernst, Kollektivautonomie contra Privatautonomie: Arbeitsvertrag und Tarifvertrag, NZA-Beilage 2000, 7–14.

Keßler, Jürgen, Wettbewerbsbeschränkende Abreden in Gesellschaftsverträgen im Lichte von § 1 GWB und Art. 81 EGV – eine methodische und rechtdogmatische Betrachtung, WRP 2009, 1208–1214.

Kersting, Christian/Meyer-Lindemann, Hans Jürgen/Podszun, Rupprecht, Kartellrecht. Kommentar zum Deutschen und Europäischen Kartellrecht, 5. Auflage, München 2025.

Keuchel, Matthias, Kann der Arbeitsmarkt dem Wettbewerb unterworfen werden?, Köln 1989 (zugl. Diss. Bochum 1988).

Kim, Eugene K., Labor's Antitrust Problem: A Case for Worker Welfare, 130 Yale L. J. 2020, 428–476.

Kirchgässner, Gebhard, Homo oeconomicus. Das ökonomische Modell individuellen Verhaltens und seine Anwendung in den Wirtschafts- und Sozialwissenschaften, 4. Auflage, Tübingen 2013.

Kirchner, Stefan, Arbeiten in der Plattformökonomie: Grundlagen und Grenzen von „Cloudwork" und „Gigwork", KZfSS 2019, 3–25.

Kirkwood, John B., Buyer Power an Exclusionary Conduct: Should Brooke Group Set the Standards for Buyer-induced Price Discrimination and Predatory Bidding?, 72 Antitrust L. J. 2005, 625–668.

ders., Powerful Buyers and Merger Enforcement, 92 B. U. L. Rev. 2012, 1485–1560.

Kirzner, Israel M., Wettbewerb und Unternehmertum, Tübingen 1978.

Kittner, Michael, Die Rechtsprechung des BVerfG zur „Wiederherstellung gestörter Vertragsparität" im Lichte der ökonomischen Analyse des Rechts und von Deregulierungspostulaten, in: Hanau, Peter (Hrsg.), Richterliches Arbeitsrecht. Festschrift für Thomas Dieterich zum 65. Geburtstag, München 1999, S. 279–296.

Klamert, Marcus, Unschärfen der Kompetenzverteilung im Wettbewerbsrecht und das Loyalitätsgebot als ausgleichendes Kooperationsprinzip, EuZW 2017, 131–136.

Klapperich, Julia Anna, Kollektive Selbsthilfe von Solo-Selbständigen – Koalition oder Kartell?, NZKart 2020, 125–128.

Klasse, Max, Gemeinschaftsrechtliche Grenzen für staatlich veranlasste Wettbewerbsbeschränkungen. Dargestellt anhand von Entscheidungen des EuGH unter besonderer Berücksichtigung von Preisregelungen im Energierecht, Baden-Baden 2006 (zugl. Diss. Köln 2005).

Klebe, Thomas, Crowdwork: Faire Arbeit im Netz?, AuR 2016, 277–281.

Klein, Thilo, SSNIP-Test oder Bedarfsmarktkonzept? Marktabgrenzung in der deutschen Kartellrechtspraxis, WuW 2010, 169–177.

Kling, Michael/Thomas, Stefan, Kartellrecht, 2. Auflage, München 2016.

Klitzing, Henning von, Ordnungsökonomische Analyse des arbeitsrechtlichen Bestandsschutzes. Eine Untersuchung richterlicher Regelsetzung, Berlin 2004 (zugl. Diss. Freiburg 2001/2002).

Knieps, Günter, Wettbewerbsökonomie. Regulierungstheorie, Industrieökonomie, Wettbewerbspolitik, 3. Auflage, Berlin/Heidelberg 2008.

Kober, Martin, Der Grundrechtsschutz in der Europäischen Union. Bestandsaufnahme, Konkretisierung und Ansätze zur Weiterentwicklung der europäischen Grundrechtsdogmatik anhand der Charta der Grundrechte der Europäischen Union, München 2009 (zugl. Diss. München 2008).

Koch, Christian, Can reference points explain wage rigidity? Experimental evidence, 55 J. Labour Mark. Res. 2021, Article No. 5.

Koch, Jochen, Crowdworking zwischen Markt und Organisation – Eine steuerungstheoretische Betrachtung, in: Hensel, Isabell/Schönefeld, Daniel/Kocher, Eva/Schwarz, Anna/Koch, Jochen (Hrsg.), Selbstständige Unselbstständigkeit. Crowdworking zwischen Autonomie und Kontrolle, Baden-Baden 2019, S. 153–172.

Kocher, Eva, Die Spinnen im Netz der Verträge – Geschäftsmodelle und Kardinalspflichten von Crowdsourcing-Plattformen, JZ 2018, 862–870.

dies., Crowdworking: Ein neuer Typus von Beschäftigungsverhältnissen?, in: Hensel, Isabell/Schönefeld, Daniel/Kocher, Eva/Schwarz, Anna/Koch, Jochen (Hrsg.), Selbstständige Unselbstständigkeit. Crowdworking zwischen Autonomie und Kontrolle, Baden-Baden 2019, S. 173–214.

dies., Digitale Plattformarbeit – die Verantwortung von Marktorganisatoren, ZEuP 2021, 606–633.

dies./Hensel, Isabell, Herausforderungen des Arbeitsrechts durch digitale Plattformen – ein neuer Koordinationsmodus von Erwerbsarbeit, NZA 2016, 984–990.

Kögel, Rainer, Die Angleichung der deutschen an die europäische Fusionskontrolle, Baden-Baden (zugl. Diss. Tübingen 1996).

Köhler, Christoph/Struck, Olaf, Offene und geschlossene Beschäftigungssysteme. Ansätze – Ergebnisse – Ausblick, in: Köhler, Christoph/Struck, Olaf/Grotheer, Michael/Krause, Alexandra/Krause, Ina/Schröder, Tim (Hrsg.), Offene und geschlossene Beschäftigungssysteme. Determinanten, Risiken und Nebenwirkungen, Wiesbaden 2008, S. 11–30.

Köhler, Helmut/Feddersen, Jörn, Gesetz gegen den unlauteren Wettbewerb Kommentar, 43. Auflage, München 2025.

Kölling, Arnd, Monopsony power and the demand for low-skilled workers, 33 ELRR 2022, 377–395.

Kölner Kommentar zum Kartellrecht Band 3. Art. 101-106 AEUV, Gruppenfreistellungsverordnungen, Busche, Jan/Röhling, Andreas (Hrsg.), 1. Auflage, Köln 2016.

Konzen, Horst, Der europäische Einfluß auf das deutsche Arbeitsrecht nach dem Vertrag über die Europäische Union, EuZW 1995, 39–50.

Koopmann, Peter, Gewerkschaftsfusion und Tarifautonomie, Berlin 2000 (zugl. Diss. Regensburg 1998).

Körber, Torsten, Der SIEC-Test im GWB – Verhältnis zum Unionsrecht und Auswirkungen auf die Praxis, WuW 2014, 250–260.

Kordel, Guido, Arbeitsmarkt und europäisches Kartellrecht. Zur Anwendung der Art. 81, 82 EGV und der Fusionskontrollverordnung auf das Verhalten von Arbeitnehmern, Arbeitgebern und ihrer Verbände, Köln 2004 (zugl. Diss. Bonn 2003).

ders., Das Günstigkeitsprinzip des § 4 Abs. 3 TVG aus der Sicht der ökonomischen und verhaltenswissenschaftlichen Analyse des Rechts, ZfA, 2005, S. 459–481.

Krause, Rüdiger, Tarifverträge zur Begrenzung der Leiharbeit und zur Durchsetzung von Equal Pay. HSI-Schriftenreihe Band 2, 2. Auflage, Saarbrücken 2012, abrufbar unter: https://www.hugo-sinzheimer-institut.de/fpdf/HBS-006705/p_hsi_schriften_2.pdf (zuletzt abgerufen am 6.7.2025).

ders., Herausforderung Digitalisierung der Arbeitswelt und Arbeiten 4.0, NZA-Beilage 2017, 53–59.

ders., Auf dem Weg zur unionsrechtlichen Regelung von Plattformtätigkeiten. Die Kommissionsinitiative zur Plattformarbeit, NZA 2022, 521–533.

Krebber, Sebastian, Die Unionsrechts- und Kompetenzakzessorietät des unionsrechtlichen Grundrechtsschutzes im Bereich des Arbeitsrechts: Grundsatz und Ausnahmen, EuZA 2016, 3–21.

Kremer, Mats, Arbeitgeber-Kollusionen und das Kartellverbot, Baden-Baden 2022 (zugl. Diss. Köln 2022).

Kreps, David M., Intrinsic Motivation and Extrinsic Incentives, 87 Am. Econ. Rev. 1997, 359–364.

Kriechel, Ben/Düll, Nicola/Vogler-Ludwig, Kurt, Arbeitsmarkt 2030 – Wirtschaft und Arbeitsmarkt im digitalen Zeitalter. Prognose 2016, Bielefeld 2016, abrufbar unter: https://www.ssoar.info/ssoar/bitstream/handle/document/52096/ssoar-2016-kriechel_et_al-Arbeitsmarkt_2030_-_Wirtschaft_und.pdf?sequence=1&isAllowed=y&lnkname=ssoar-2016-kriechel_et_al-Arbeitsmarkt_2030_-_Wirtschaft_und.pdf (zuletzt abgerufen am 6.7.2025).

Kromphardt, Jürgen, Ursachen und Konsequenzen der Wettbewerbsbeschränkungen auf dem Arbeitsmarkt: Zu den Ausführungen der Monopolkommission im Hauptgutachten 1992/93, in: Kruse, Jörn/Mayer, Otto G. (Hrsg.), Aktuelle Probleme der Wettbewerbs- und Wirtschaftspolitik. Erhard Kantzenbach zum 65. Geburtstag, Baden-Baden 1996, S. 323–340.

Kronberger Kreis, Mehr Markt im Arbeitsrecht, Bad Homburg v.d.H. 1986.

Kube, Sebastian/Maréchal, Michel André/Puppe, Clemens, Do Wage Cuts Damage Work Morale? Evidence from a Natural Field Experiment, 11 J. Eur. Econ. Assoc. 2013, 853–870.

Kucko, Kavan/McCrary, Justin/Ricchetti, Bryan/Schwabe, Rainer, A Comment on Labor Market Definition, 2022, abrufbar unter: https://downloads.regulations.gov/FTC-2022-0003-1089/attachment_1.pdf (zuletzt abgerufen am 6.7.2025).

Kuhn, Peter, Is monopsony the right way to model labor markets? a review of Alan Manning's monopsony in motion, 11 Int. J. Econ. Bus. 2004, 369–378.

Kühnen, Jürgen, Der SIEC-Test in der deutschen Fusionskontrolle. Einige Überlegungen zu den Konsequenzen, WuW 2012, 458–467.

Kulka, Michael, Kollektives Arbeitsrecht und Kartellrecht. Zur Anwendbarkeit des GWB auf Wettbewerbsbeschränkungen durch Arbeitskampf und Tarifvertrag, RdA 1987, 5–23.

Künzler, Adrian, Effizienz oder Wettbewerbsfreiheit? Zur Frage nach den Aufgaben des Rechts gegen private Wettbewerbsbeschränkungen, Tübingen 2008 (zugl. Diss. Zürich 2008).

Lachowska, Marta/Mas, Alexandre/Saggio, Raffaele/Woodbury, Stephen A., Wage Posting or Wage Bargaining? A Test Using Dual Jobholders, 40 J. Labor Econ. 2022, S469–S493.

Lange, Knut Werner, Kartellrechtlicher Unternehmensbegriff und staatliches Wirtschaftshandeln in Europa, WuW 2002, 953–961.

Langella, Monica/Manning, Alan, The Measure of Monopsony, 19 J. Eur. Econ. Assoc. 2021, 2929–2957.

Langen, Eugen/Bunte, Hermann-Josef (Hrsg.), Kommentar zum deutschen und europäischen Kartellrecht, 9. Auflage, Neuwied u.a. 2001.

Latzel, Clemens/Serr, Stephan, Kartellkontrollprivileg für Tarifverträge als formeller Rahmen eines Unionstarifrechts, EuZW 2014, 410–415.

Legner, Sarah, Schadenstheorien bei Nachfragemacht im europäischen und deutschen Kartellrecht, Tübingen 2019 (zugl. Diss. Tübingen 2019).

dies., Wettbewerbsschutz auf Arbeitsmärkten - Die Leitlinien der Kommission für Solo-Selbstständige, ZWeR 2025, 215–240.

Lesch, Hagen, Ökonomik des Tarifrechts, Köln 2006.

ders., Ökonomik des Arbeitskampfrechts, Köln 2013.

Lettl, Tobias, Kartellverbot (Art. 101 Abs. 1 AEUV, § 1 GWB) und Tarifvertrag, WRP 2015, 294–301.

Lewerth, Tobias, Nachfragemacht und internationaler Handel. Monopsonistischer und oligopolistischer Wettbewerb auf dem Arbeitsmarkt, Wiesbaden 2014 (zugl. Diss. Konstanz 2012).

Lianos, Ioannis/Countouris, Nicola/De Stefano, Valerio, Re-thinking the competition law/labour law interaction: Promoting a fairer labour market, 10 Eur. Labour L. J. 2019, 291–333.

Lichtenberg, Tim, Die Unternehmenseigenschaft von Arbeitnehmern, NZKart 2023, 296–300.

Lindbeck, Assar/Snower, Dennis J., The Insider-Outsider Theory: A Survey, IZA - Discussion Paper No. 534, Bonn 2002, abrufbar unter: https://docs.iza.org/dp534.pdf (zuletzt abgerufen am 6.7.2025).

dies., Wage Setting, Unemployment, and Insider-Outsider Relations, 76 Am. Econ. Rev. 1986, 235–239.

Linsmeier, Petra, „Hände weg von meinen Mitarbeitern" – Absprachen im Personalbereich in der Praxis der Kartellbehörden, BB 2018, 515–519.

dies./Mächtle, Cathrin, Abwerbeverbote und Kartellrecht, NZKart 2015, 258–262.

Litwinski, John A., Regulation of Labor Market Monopsony, 22 BJELL 2001, 49–98.

Loewenheim, Ulrich/Meessen, Karl/Riesenkampff, Alexander/Kersting, Christian/Meyer-Lindemann, Hans Jürgen (Hrsg.), Kartellrecht. Kommentar zum Deutschen und Europäischen Recht, 4. Auflage, München 2020.

Lommerud, Kjell Erik/Straume, Odd Rune/Sørgard, Lars, National versus international mergers in unionized oligopoly, 37 Rand. J. Econ. 2006, 212–233.

Löwisch, Manfred /Rieble, Volker, Tarifvertragsgesetz. Kommentar, 4. Auflage, München 2017.

Macneil, Ian R., Contracts: Adjustment of Long-Term Economic Relations under Classical and Neoclassical, and Relational Contract Law, 72 Nw. U. L. Rev. 1978, 854–905.

Macneil, Ian R., The Many Futures of Contracts, 47 S. Cal. L. Rev. 1973/1974, 691–816.

Maeßen, Charlotte, Auswirkungen der EuGH-Rechtsprechung auf das deutsche Arbeitskampfrecht. Unter besonderer Berücksichtigung der Entscheidungen in den Rechtssachen Viking und Laval, Frankfurt am Main 2010 (zugl. Diss. Bochum 2010).

Maggiolino, Mariateresa, Even employees are undertakings in the labour market, but granting social rights is not antitrust's job, 10 J. Antitrust Enforc. 2022, 365–402.

Magill, Michael/Quinzii, Martine, Theory of Incomplete Markets, Band 1, Cambridge 2002.

Makowski, Gösta Christian, Kartellrechtliche Grenzen der Selbstregulierung, Baden-Baden 2007 (zugl. Diss. Bonn 2006/2007).

Malcomson, James M., Contracts, Hold-Up, and Labor Markets, 35 J. Econ. Lit. 1997, 1916–1952.

ders., Uneymployment and the Efficiency Wage Hypothesis, 91 Econ. J. 1981, 848–866.

Mangold, Sonja, Crowdwork. Aktuelle rechtliche Entwicklungen und Bedeutung wirtschaftsethischer Selbstinitiativen, RDi 2022, 478–483.

Mangoldt, Hermann von/Klein, Friedrich/Starck, Christian (Hrsg.), Grundgesetz, 7. Auflage, München 2018.

Mankiw, Gregory/Taylor, Mark P., Grundzüge der Volkswirtschaftslehre, 8. Auflage, Stuttgart 2021.

Manning, Alan, Monopsony in Motion. Imperfect Competition in Labor Markets, Princeton/Oxford 2003.

Marinescu, Ioana/Hovenkamp, Herbert J., Anticompetitive Mergers in Labor Markets, 91 Ind. Law J. 2019, 1031–1064.

dies./Ouss, Ivan/Pape, Louis-Daniel, 184 J. Econ. Behav. Organ. 2021, 506–605.

dies./Posner, Eric, Why Has Antitrust Law Failed Workers?, 105 Cornell L. Rev. 2020, 1343–1394.

Martina, Dietmar, Crowdworker: Arbeitnehmer, Heimarbeiter oder Solo-Selbstständige? Besprechung von BAG, Urt. v. 1.12.2020 – 9 AZR 102/20, NZA 2021, 616–620.

Maschmann, Frank, Arbeitsverträge und Verträge mit Selbständigen. Rechtliche Qualifizierung von Dienstleistungsverhältnissen als Abgrenzungs- und Einordnungsproblem, Berlin 2001 (zugl. Diss. Passau 2000/2001).

Masterman, Clayton J., The Customer Is Not Always Right: Balancing Worker and Customer Welfare in Antitrust Law, 69 Vanderbilt Law Rev. 2016, 1387–1422.

McDonald, Ian/Solow, Robert, Wage Bargaining and Employment, 71 Am. Econ. Rev. 71 1981, 896–908.

Mellman, Aryeh, Measuring the Impact of Mergers on Labor Markets, 53 Colum. J. L. & Soc. Probs. 2019, 1–42.

Meredith, Evan Edward, Experimental Investigations of the Fair Wage-Effort Hypothesis, 2006, abrufbar unter: https://harvest.usask.ca/bitstream/handle/10388/etd-07312006-152307/Evanthesisfinal.pdf?sequence=1&isAllowed=y (zuletzt abgerufen am 6.7.2025).

Mestmäcker, Ernst-Joachim/Schweitzer, Heike, Europäisches Wettbewerbsrecht, 3. Auflage, München 2014.

Meyer, Jürgen/Hölscheidt, Sven (Hrsg.), Charta der Grundrechte der Europäischen Union, 5. Auflage, Baden-Baden 2019.

Mische, Harald, Nicht-wettbewerbliche Faktoren in der europäischen Fusionskontrolle. Wettbewerbspolitik zwischen Schutzpolitik und Gestaltung, Baden-Baden 2002 (zugl. Diss. Tübingen 2001).

Mohr, Jochen, Das Verhältnis von Tarifvertragsrecht und Kartellrecht am Beispiel solo-selbständiger Unternehmer, EuZA 2018, 436–462.

ders., Kartellrechtlicher Konditionenmissbrauch durch datenschutzwidrige Allgemeine Geschäftsbedingungen. Die Facebook-Entscheidung des Bundeskartellamts v. 6.2.2019, EuZW 2019, 265–273.

ders./Mey, Paul, Kollektivvertrage über die Tätigkeitsbedingungen von Solo-Selbständigen nach den neuen Leitlinien der Kommission, NZKart 2022, 665–674.

ders./Wolf, Maik, Verbandstarifverträge zwischen Tarifautonomie und Kartellrecht, JZ 2011, 1091–1102.

Möller, Silke, Verbraucherbegriff und Verbraucherwohlfahrt im europäischen und amerikanischen Kartellrecht, Baden-Baden 2008 (zugl. Diss. Bonn 2008).

Monopolkommission, Hauptgutachten 1982/1983, Ökonomische Kriterien für die Rechtsanwendung, Hauptgutachten der Monopolkommission V, Baden-Baden 1984.

dies., Mehr Wettbewerb auf allen Märkten, 10. Hauptgutachten 1992/1993, BT-Drs. 12/8323, Baden-Baden 1994.

Monti, Giorgio, Collective labour agreements and EU competition law: Five reconfigurations, 17 Eur. Comp. J. 2021, 714–744.

Möschel, Wernhard, Tarifautonomie – ein überholtes Ordnungsmodell?, WuW 1995, 704–713.

ders., Tarifvertragsreform zwischen Ökonomie und Verfassung, BB 2005, 490–494.

Mühlbach, Tatjana, Tarifverträge in der europäischen Kartellkontrolle, Baden-Baden 2007 (zugl. Diss. Hamburg 2006).

Müller, Thomas, Wettbewerb und Unionsverfassung. Begründung und Begrenzung des Wettbewerbsprinzips in der europäischen Verfassung, Tübingen 2014 (zugl. Habil. Innsbruck 2014).

Müller-Graff, Peter-Christian, Das verschleierte Antlitz der Lissabonner Wirtschaftsverfassung, BB 2011, 1923–1930.

Münchener Handbuch zum Arbeitsrecht Band 1. Individualarbeitsrecht I, Kiel, Heinrich/Lunk, Stefan/Oetker, Hartmut (Hrsg.), 6. Auflage, München 2024.

Münchener Handbuch zum Arbeitsrecht Band 3. Kollektives Arbeitsrecht I, Kiel, Heinrich/Lunk, Stefan/Oetker, Hartmut (Hrsg.), 6. Auflage, München 2025.

Münchener Kommentar Europäisches und Deutsches Wettbewerbsrecht Band 1 Teilband 1. Europäisches Wettbewerbsrecht I, Säcker, Franz Jürgen/Meier-Beck, Peter/Bien, Florian/Montag, Frank (Hrsg.), 4. Auflage, München 2023.

Münchener Kommentar Europäisches und Deutsches Wettbewerbsrecht Band 1 Teilband 2. Europäisches Wettbewerbsrecht II, Säcker, Franz Jürgen/Meier-Beck, Peter/Bien, Florian/Montag, Frank (Hrsg.), 4. Auflage, München 2023.

Münchener Kommentar Europäisches und Deutsches Wettbewerbsrecht Band 2. GWB, Säcker, Franz Jürgen/Meier-Beck, Peter (Hrsg.), 4. Auflage, München 2022.

Münchener Kommentar zum Bürgerlichen Gesetzbuch Band 5. Schuldrecht – Besonderer Teil II, Säcker, Franz Jürgen/Rixecker, Roland/Oetker, Hartmut/Limperg, Bettina (Hrsg.), 9. Auflage, München 2023.

Mürtz, Tassilo, Meca-Medina-Test des EuGH. Berücksichtigung sportspezifischer außerwettbewerblicher Faktoren im europäischen Kartellrecht, Baden-Baden 2023 (zugl. Diss. Bayreuth 2022).

Naber, Sebastian, Abwehrverbote und andere Wettbewerbsabreden zwischen Unternehmen. Zugleich Besprechung des BGH-Urteils vom 30.04.2014 – I ZR 245/12, DB 2014, 2945–2950.

Nacken, Gerd, Tarifverträge über das Ende der Arbeitszeit und § 1 GWG, WuW 1988, 475–488.

Nagel, Bernhard, Kommentar zu Norbert Berthold / Oliver Stettes – Tarifstrukturen und Zukunft des Flächentarifvertrages in Deutschland, in: Ott, Claus/Schäfer, Hans-Bernd (Hrsg.), Ökonomische Analyse des Arbeitsrechts. Beiträge zum VII. Travemünder Symposium zur ökonomischen Analyse des Rechts vom 22.-25. März 2000, Tübingen 2001, S. 30–44.

Naidu, Suresh/Posner, Eric A., Labor Monopsony and the Limits of the Law, 57 J. Hum. Resour. 2022, 284–323.

Naidu, Suresh/Posner, Eric A./Weyl, Glen, Antitrust Remedies for Labor Market Power, 132 Harv. L. Rev. 2018, 536–601.

Nettesheim, Martin, Normenhierarchien im EU-Recht, EuR 2006, 737–772.

Nicholson, Walter/Snyder, Christopher, Intermediate Microeconomics and Its Application, 13. Auflage, Boston 2022.

Noll, Roger, Buyer Power and Economic Policy, 72 Antitrust L. J. 2005, 589–624.

Nowak, Carsten, Binnenmarktziel und Wirtschaftsverfassung der Europäischen Union vor und nach dem Reformvertrag von Lissabon, EuR Beiheft 1 2009, 129–192.

Nowak, Carsten, Europarecht nach Lissabon, Baden-Baden 2011.

Ochel, Wolfgang, Dezentralisierung der Lohnverhandlungen in Deutschland – ein Weg zu mehr Beschäftigung?, ifo Schnelldienst 2005 Heft 5, 7-18.

Odudu, Okeoghene, The Boundaries of EC Competition Law: The Scope of Article 81, Oxford 2006.

OECD, Policy Roundtables, Monopsony and Buyer Power, DAF/COMP/WD(2008)80, Paris 2008, abrufbar unter: https://www.oecd.org/daf/competition/44445750.pdf (zuletzt abgerufen am 6.7.2025).

dies., Competition in Labour Markets, Paris 2020, abrufbar unter: https://www.oecd.org/daf/competition/competition-in-labour-markets-2020.pdf (zuletzt abgerufen am 6.7.2025).

dies, Purchasing Power and Buyers' Cartels, Paris 2022, abrufbar unter: https://www.oecd.org/daf/competition/purchasing-power-and-buyers-cartels-2022.pdf (zuletzt abgerufen am 6.7.2025).

Oesingmann, Katrin, The Extension of Collective Agreements in Europe, 2 CESifo DICE Report 2016, 59–64.

Offerman, Theo, Hurting hurts more than helping helps, 46 Eur. Econ. Rev. 2002, 1423–1437.

Olten, Rainer, Wettbewerbstheorie und Wettbewerbspolitik, München u.a. 1995.

Oppolzer, Alfred, Individuelle Freiheit und kollektive Sicherheit im Arbeitsrecht. Neue Herausforderungen für das Arbeitsrecht, AuR 1998, 45–56.

Oswald, Andrew J., The Economic Theory of Trade Unions: An Introductory Survey, 87 Scand. J. Econ. 1985, 160–193.

ders./Turnbull, Peter J., Pay and Employment Determination in Britain: What Are Labour "Contracts" Really Like?, 1 Oxford Rev. Econ. Policy 1985, 80–97.

Ott, Arne, Praktische Fragen zur Bedeutung des Kartellrechts im Personalbereich – ein Update anhand von Fallbeispielen, ZWeR 2022, 200–220.

Ouchi, William G., Markets, Bureaucracies, and Clans, 25 Adm. Sci. Q. 1980, 129–141.

Paha, Johannes, Wie mächtig ist der Handel wirklich? Ökonomische Analyse zum Anzapfverbot im Kartellrecht, WuW 2022, 320–327.

Palatzke, Anja, Nachfragemacht im Kartellrecht – Bewährungsprobe für den More Economic Approach, Frankfurt am Main 2012 (zugl. Diss. Konstanz 2011).

Picker, Christian, Rechtsanspruch auf Homeoffice?, ZfA 2019, 269–290.

ders., Die betriebliche Übung, Tübingen 2011 (zugl. Diss. Freiburg 2011).

ders., Niedriglohn und Mindestlohn, RdA 2014, 25–36.

ders., Die neue Arbeitsbedingungenrichtlinie: Mehr als (nur) Transparenz wagen, ZEuP 2020, 305–334.

Podszun, Rupprecht, Anwendbarkeit des Kartellrechts auf die Regulierung von Spielervermittlern durch Sportverbände, NZKart 2021, 138–147.

ders., Kompensation von Wettbewerbsbeschränkungen im Rahmen von Art. 101 Abs. 1 AEUV. Zugleich Anmerkung zum Urteil des OLG Frankfurt a.M. zu Spielervermittlern, NZKart 2022, 181–187.

ders., The Arbitrariness of Market Definition and an Evolutionary Concept of Markets, 61 Antitrust Bull. 2016, 121–132.

Polanyi, Karl, Ökonomie und Gesellschaft, Baden-Baden 1979.

Posner, Eric A., The Anticompetitive Effects of Covenants not to Compete, CPI Antitrust Chronicle, Januar 2020, abrufbar unter: https://www.competitionpolicyinternational.com/wp-content/uploads/2020/01/CPI-Posner.pdf (zuletzt abgerufen am 6.7.2025).

Poth, Holger, Kartellrechtliche Grenzen der Regelung betrieblicher Nutzungszeiten durch Tarifvertrag, NZA 1989, 626–632.

ders., Die Grenzen des Arbeitsrechts aus kartellrechtlicher Sicht, Frankfurt am Main u.a. 1990 (zugl. Diss. Frankfurt am Main 1989).

Prager, Elena/Schmitt, Matt, Employer Consolidation and Wages: Evidence from Hospitals, 111 Am. Econ. Rev. 2021, 397–427.

Präsidium des Europäischen Konvents, Erläuterungen zur Charta der Grundrechte, 2007/C 303/02, Brüssel 2007, ABl. 2007 C 303, 17–35.

Preetz, Friedrich, Wettbewerbsbeschränkendes Arbeitgeberverhalten. Zugleich ein Beitrag zur Fortentwicklung der grundrechtlichen Schutzpflichtenlehre in Fällen drittbelastenden Verhaltens, Baden-Baden 2023 (zugl. Diss. Berlin 2022).

Preis, Ulrich /Sagan, Adam (Hrsg.), Europäisches Arbeitsrecht. Grundlagen, Richtlinien, Folgen für das deutsche Recht, 2. Auflage, Köln 2019.

Raeder, Markus, Der Schutz des Lieferanten als Marktgegenseite im Kartellrecht, Baden-Baden 2017 (zugl. Diss. München 2016).

Raible, Martin/Wecker, Gregor, Die internationale Verfolgungspraxis von Kartellverstößen auf Arbeitsmärkten, in: Gleiss, Lutz (Hrsg.), Festgabe für Rainer Bechtold zum 80. Geburtstag, Baden-Baden 2021, S. 203–224.

Rebhahn, Robert, Der Arbeitnehmerbegriff in vergleichender Perspektive, RdA 2009, 154–175.

ders., Die Zukunft der Kollektivautonomie in Europa – Tarifautonomie im Rechtsvergleich, EuZA 2010, 62–87.

ders., Die Arbeitnehmerbegriffe des Unionsrechts in der neueren Judikatur des EuGH, EuZA 2012, 3–34.

Rebitzer, James B., Radical Political Economy and the Economics of Labor Markets, 31 J. Econ. Lit. 1993, 1394–1434.

Rehbinder, Eckard, Zum Verhältnis zwischen nationalem und EG-Kartellrecht nach der VO Nr. 1/2003, in: Fuchs, Andreas/Schwintowski, Hans-Peter/Zimmer, Daniel (Hrsg.), Wirtschafts- und Privatrecht im Spannungsfeld von Privatautonomie, Wettbewerb und Regulierung. Festschrift für Ulrich Immenga zum 70. Geburtstag, München 2004, S. 303–318.

Reichold, Hermann, Gegenmachtprinzip und arbeitsrechtliche Kartellgarantie aus Art. 9 Abs. 3 GG, in: Rieble, Volker/Junker, Abbo/Giesen, Richard (Hrsg.), Kartellrecht und Arbeitsmarkt, München 2010, S. 55–77.

ders., Die Kontrolle des Tarifvertrages durch das europäisierte GWB, ZESAR 2010, 195–201.

ders., Grundlagen und Grenzen der Flexibilisierung im Arbeitsvertrag, RdA 2002, 321–333.

Rengeling, Hans-Werner/Middeke, Andreas/Gellermann, Martin (Hrsg.), Handbuch des Rechtsschutzes in der Europäischen Union, 3. Auflage, München 2014.

Reuter, Dieter, Betriebsverfassung und Tarifvertrag, RdA 1994, 152–168.

Richardi, Reinhard, Der Arbeitsvertrag im Licht des neuen § 611 a BGB, NZA 2017, 36–39.

Richardi, Reinhard (Hrsg.), Betriebsverfassungsgesetz mit Wahlordnung. Kommentar, 17. Auflage, München 2022.

ders./Bayreuther, Frank, Kollektives Arbeitsrecht, 5. Auflage, München 2023.

Richter, Rudolf/Furubotn, Eirik Grundtvig, Neue Institutionenökonomik, 4. Auflage, Tübingen 2010.

Rieble, Volker, Arbeitsmarkt und Wettbewerb. Der Schutz von Vertrags- und Wettbewerbsfreiheit im Arbeitsrecht, Berlin u.a. 1996 (zugl. Habil. Freiburg 1996).

ders., EuGH: Kartellkontrolle von Tarifverträgen, ZWeR 2016, 165–178.

Riesenhuber, Karl, Arbeitnehmer(ähnlicher) Schutz von Crowd-Dienstleistern?, ZfA 2021, 5–43.

Rinck, Ursula, Der Arbeitnehmerbegriff im Wandel – Entwicklungen und Perspektiven, RdA 2019, 127–131.

Rinz, Kevin, Labor Market Concentration, Earnings, and Inequality, 57 J. Hum. Resour. 2022, S251–S283.

Risak, Martin/Dullinger, Thomas, Der ArbeitnehmerInnen-Begriff im EU-Arbeitsrecht – Status quo und Veränderungspotenzial, DRdA 2019, 205–213.

Rittner, Fritz, Über das Verhältnis von Vertrag und Wettbewerb, AcP 1988, 101–139.

ders., Die wirtschaftsrechtliche Ordnung der EG und das Privatrecht, JZ 1990, 838–846.

ders./Dreher, Meinrad, Europäisches und deutsches Wirtschaftsrecht. Eine systematische Darstellung, 3. Auflage, Heidelberg 2008.

Roll, Michael, Die Zulässigkeit von Abwerbe- und Einstellungsverboten zwischen Arbeitgebern, Baden-Baden 2024 (zugl. Diss. Mannheim 2023).

Robbers, Thomas, Investitionen in berufliches Humankapital und die Absicherung erwarteter Erträge. Eine Analyse aus der Sicht neuerer ökonomischer Ansätze, Bergisch Gladbach u.a. 1993 (zugl. Diss. Münster 1992).

Rogerson, Richard/Shimer, Robert/Wright, Randall, Search-Theoretic Models of the Labor Market: A Survey, 43 J. Econ. Lit. Vol. 2005, 959–988.

Rosenthal, Michael/Thomas, Stefan, European Merger Control, München u.a. 2010.

Ross, Stephen, The Economic Theory of Agency: The Principal's Problem, 63 Am. Econ. Rev. 1973, 134–139.

Roth, Wulf-Henning, Tarifverträge aus kartellrechtlicher Sicht, in: Forschungsinstitut für Wirtschaftsverfassung und Wettbewerb e.V. (Hrsg.), Tarifautonomie und Kartellrecht. Referate einer FIW-Veranstaltung, Köln u.a. 1990.

Royal Swedish Academy of Sciences, Markets with Frictions. Scientific Background on the Sveriges Riksbank Prize in Economic Sciences in Memory of Alfred Nobel, Stockholm 2010, abrufbar unter: https://www.nobelprize.org/uploads/2018/06/advanced-economicsciences2010.pdf (zuletzt abgerufen am 6.7.2025).

Rummel, Jan, Kartellrechtliche Freistellung sozialpartnerschaftlicher Kollektivverträge, Baden-Baden 2023 (zugl. Diss. Frankfurt am Main 2022).

Ryan, Richard M./Deci, Edward L., Intrinsic and Extrinsic Motivations: Classic Definitions and New Directions, 25 Contemp. Educ. Psychol 2000, 54–67.

Säcker, Franz Jürgen, Entwicklung der europäischen Praxis aus deutscher Sicht und Bindungswirkung der europäischen Praxis bei Übernahme des SIEC-Tests in deutsches Recht, WuW 2010, 370–377.

ders., Solo-Selbständige und Wettbewerbsrecht – Überlegungen zur Anwendung von Art. 101 Abs. 3 AEUV, in: Bachmann, Gregor/Grundmann, Stefan/Mengel, Anja/Krolop, Kaspar (Hrsg.), Festschrift für Christine Windbichler zum 70. Geburtstag am 8. Dezember 2020, Berlin/Boston 2020, S. 1435–1446.

ders., Gruppenautonomie und Übermachtkontrolle im Arbeitsrecht, Berlin 1972.

ders./Oetker, Hartmut, Grundlagen und Grenzen der Tarifautonomie, München 1992.

Said, Malek, Die personelle Reichweite der Tarifmacht. Eine methodische und rechtshistorische Untersuchung unter besonderer Berücksichtigung von Leiharbeitnehmern und „kleinen Leistungsanbietern“, Baden-Baden 2021 (zugl. Diss. Köln 2020).

Salje, Peter, Individualarbeitsrecht und Kartellverbot, ZfA 1991, 653–682.

Salop, Steven C., A Model of the Natural Rate of Unemployment, 69 Am. Econ. Rev. 1979, 117–125.

Samuelson, Paul Anthony/Nordhaus, William D., Volkswirtschaftslehre, 5. Auflage, München 2016.

Sanfey, Peter J., Insiders and Outsiders in Union Models, 9 J. Econ. Surv. 1995, 255–284.

Sauter, Herbert, Ein Nachwort zur Europäischen Fusionskontrolle, in: Westermann, Harm Peter/Rosener, Wolfgang (Hrsg.), Festschrift für Karlheinz Quack zum 65. Geburtstag am 3. Januar 1991, Berlin 1991, S. 657–668.

Schäfer, Hans-Bernd/Ott, Claus, Lehrbuch der ökonomischen Analyse des Zivilrechts, 6. Auflage, Berlin 2020.

Schäfer, Holger/Köster, Thomas, Neue Beschäftigungsverhältnisse. Daten, Fakten, Argumente, 2. Auflage, Berlin 2018.

Schaub, Günter (Hrsg.), Arbeitsrecht-Handbuch, 20. Auflage, München 2023.

Schiek, Dagmar/Gideon, Andrea, Outsmarting the gig-economy through collective bargaining – EU competition law as a barrier to smart cities?, 32 Int. Rev. Law Comput. Technol. 2018, 275–294.

Schlicht, Ekkehart, Lohnbildung in modernen Arbeitsmärkten: Weder gerecht noch effizient, Wirtschaftsdienst, 2010, 221–227.

ders., Efficiency Wages: Variants and Implications, IZA World of Labor, Article No. 275, Bonn 2016, abrufbar unter: https://wol.iza.org/uploads/articles/275/pdfs/efficiency-wages-variants-and-implications.pdf?v=1 (zuletzt abgerufen am 6.7.2025).

ders., Labour Turnover, Wage Structure, and Natural Unemployment, Zeitschrift für die gesamte Staatswissenschaft 1978 / 134 J. Institutional Theor. Econ. 1978, 337–346.

ders., Effektiver Schutz der Belegschaft durch vertragliche Abwerbeverbote?, BB 2003, 1382–1387.

Schmidt, Alexander J., Unionsrechtlicher Arbeitnehmerbegriff in der Plattformökonomie. Besprechung von EuGH v. 22.4.2020 – C-692/19, NZA 2021, 1246 – Yodel, NZA 2021, 1232–1236.

Schmidt, Florian A., Arbeitsmärkte in der Plattformökonomie – zur Funktionsweise und den Herausforderungen von Crowdwork und Gigwork, Bonn 2017, abrufbar unter: http://library.fes.de/pdf-files/wiso/12826.pdf (zuletzt abgerufen am 6.7.2025).

Schmidt, Ingo/Haucap, Justus, Wettbewerbspolitik und Kartellrecht. Eine interdisziplinäre Einführung, 13. Auflage, München 2013.

Schmidt-Eriksen, Christoph, Tarifvertragliche Betriebsnormen, Baden-Baden 1992 (zugl. Diss. Hannover 1990).

Schmidt-Preuß, Matthias, Die soziale Marktwirtschaft als Wirtschaftsverfassung der Europäischen Union, in: Joost, Detlev/Oetker, Hartmut/Paschke, Marian (Hrsg.), Festschrift für Franz Jürgen Säcker zum 70. Geburtstag, München 2011, S. 969–984.

Schnabel, Claus, Zur ökonomischen Analyse der Gewerkschaften in der Bundesrepublik Deutschland. Theoretische und empirische Untersuchungen von Mitgliederentwicklung, Verhalten und Einfluß auf wirtschaftliche Größen, Frankfurt am Main u.a. 1989 (zugl. Diss. Hohenheim 1988).

Schneider, Carsten, Veränderungen von Arbeits- und Umwelteinstellungen im internationalen Vergleich, WZB Discussion Paper, No. P00-506, Berlin 2000, abrufbar unter: https://www.econstor.eu/bitstream/10419/50310/1/311841929.pdf (zuletzt abgerufen am 6.7.2025).

Schubert, Claudia, Ist der Außenseiter vor der Normsetzung durch die Tarifvertragsparteien geschützt?, RdA 2001, 199–207.

dies., Der Tarifvertrag in den Schranken Europas – Die Tarifautonomie als Bestandteil der europäischen Wirtschaftsordnung, ZfA 2013, 1–40.

dies., Neue Beschäftigungsformen in der digitalen Wirtschaft – Rückzug des Arbeitsrechts?, RdA 2018, 200–206.

dies., Tarifverträge zum Schutz von Crowdworkern trotz Kartellverbot?, in: Deinert, Olaf/Heuschmid, Johannes/Kittner, Michael/Schmidt, Marlene (Hrsg.), Demokratisierung der Wirtschaft durch Arbeitsrecht. Festschrift für Thomas Klebe zum 70. Geburtstag, Frankfurt am Main 2018, S. 351–356.

dies./Hütt, Marc-Thorsten, Economy-on-demand and the fairness of algorithms, 10 Eur. Labour L. J. 2019, 3–16.

Schubert, Gregor/Stansbury, Anna/Taska, Bledi, Employer Concentration and Outside Options, Washington Center for Equitable Growth Working Paper Series, Washington D.C. 2022, abrufbar unter: https://equitablegrowth.org/wp-content/uploads/2021/01/030822-WP-Employer-Concentration-and-Outside-Options-Schubert-Stansbury-and-Taska.pdf (zuletzt abgerufen am 6.7.2025).

Schuhmacher, Florian, Effizienz und Wettbewerb. Ein Modell zur Einbeziehung ökonomischer Ansätze in das Kartellrecht, Baden-Baden 2011 (zugl. Habil. Wien 2010).

Schumpeter, Joseph A., Kapitalismus, Sozialismus und Demokratie, 10. Auflage, Tübingen 2020.

Schürnbrand, Jan, Die Anwendung des Kartellrechts im Bereich des Sports, ZWeR 2005, 396–415.

Schwalbe, Ulrich/Zimmer, Daniel, Kartellrecht und Ökonomie. Moderne ökonomische Ansätze in der europäischen und deutschen Zusammenschlusskontrolle, 3. Auflage, Frankfurt am Main 2021.

Schwarze, Roland, Arbeitnehmerbegriff und Vertragstheorie. Der paternalistische Kern des Arbeitnehmerschutzes, ZfA 2005, 81–107.

Schwedler, Thomas, Abbau institutioneller Machtfaktoren auf Arbeitsmärkten als Mittel gegen die Arbeitslosigkeit?, WuG 1991, 199–227.

Seifert, Achim, Die Bedeutung von EMRK und GRCh für das deutsche kollektive Arbeitsrecht, EuZA 2013, 205–220.

ders., Kollektivverträge für wirtschaftlich abhängige Selbstständige und unionsrechtliches Kartellverbot, HSI-Schriftenreihe, Band 42, Frankfurt am Main 2022, abrufbar unter: https://www.boeckler.de/fpdf/HBS-008291/p_hsi_schriften_42.pdf (zuletzt abgerufen am 6.7.2025).

Sell, Friedrich L., Das Monopson am Arbeitsmarkt: Beschäftigungs-, Output- und Preiseffekte, WiSt 2016, 303–310.

ders./Reinisch, David C., Anmerkungen zum Monopson am Arbeitsmarkt: Der Zeithorizont macht den Unterschied, Universität der Bundeswehr München – Volkswirtschaftliche Diskussionsbeiträge, München 2012, abrufbar unter: https://www.econstor.eu/bitstream/10419/67385/1/730679675.pdf (zuletzt abgerufen am 6.7.2025).

Serr, Stephan, Private Tariftreue, München 2013 (zugl. Diss. München 2013).

Sesselmeier, Werner, (De)Stabilisierung der Arbeitsmarktsegmentation?, in: Keller, Berndt/Seifert, Hartmut (Hrsg.), Atypische Beschäftigung – Flexibilisierung und soziale Risiken, Berlin 2007, S. 67–80.

ders./Funk, Lothar/Waas, Bernd, Arbeitsmarkttheorien. Eine ökonomisch-juristische Einführung, 3. Auflage, Berlin/Heidelberg 2010.

Shapiro, Carl/Stiglitz, Joseph E., Equilibrium Unemployment as a Worker Discipline Device, 74 Am. Econ. Rev. 1984, 433–444.

Sillman, Lauren, Antitrust for Consumers and Workers: A Framework for Labor Market Analysis in Merger Review, 30 Kan. J. L. & Pub. Pol. 2020, 37–82.

Simon, Herbert A., Administrative Behavior, 2. Auflage, New York 1965.

Skouris, Vassilios, Das Verhältnis der Grundfreiheiten zu den Gemeinschaftsgrundrechten, RdA-Beilage 2009, 25–30.

Sokolova, Anna/Todd, Sorensen, Monopsony in Labor Markets: A Meta-Analysis, 74 ILR Review 2021, 27–55.

Soldner, André/Gastell, Michael, Regulierung verbandsexterner Spielervermittler durch Verbandsregelwerke?, SpoPrax 2022, 74–80.

Söllner, Alfred, Tarifmacht – Grenzen und Grenzverschiebungen, NZA-Beilage 2000, 33–41.

Soltwedel, Rüdiger/Hoffmeyer, Martin/Laaser, Claus-Friedrich/Lammers, Konrad/Merz, Monika/Reuter, Dieter, Regulierung auf dem Arbeitsmarkt der Bundesrepublik, Tübingen 1990.

Staiger, Douglas O./Spetz, Joanne/Phibbs, Ciaran S., Is There Monopsony in the Labor Market? Evidence from a Natural Experiment, 28 J. Labor Econ. 2010, 211–236.

Stecker, Christina/Schnettler, Sebastian, Arbeitsmarkt und Demografie, in: Abraham, Martin/Hinz, Thomas (Hrsg.), Arbeitsmarktsoziologie. Probleme, Theorien, empirische Befunde, 3. Auflage, Wiesbaden 2018, S. 437–478.

Steindorff, Ernst, Markt und hoheitliche Verantwortung in der EG, ZHR 2000, 223–273.

Steinle, Christian/Fuhrer, Evelyne, Kartellrecht im Personalbereich: Das immer noch unterschätzte Risiko, CB 2023, 201–205.

ders./Haußmann, Katrin, Kartellrecht: Anwendbarkeit des Kartellrechts auf Tarifverträge für selbstständige Dienstleister, NZKart 2015, 313–317.

Stöhr, Alexander, Der arbeitsrechtliche Status von Plattformtätigen nach dem Richtlinienentwurf – Eine kritische Analyse, EuZA 2022, 413–430.

Stole, Lars A./Zwiebel, Jeffrey, Intra-firm Bargaining under Non-binding Contracts, 63 Rev. Econ. Stud. 1996, 375–410.

Storr, Stefan, Der Staat als Unternehmer. Öffentliche Unternehmen in der Freiheits- und Gleichheitsdogmatik des nationalen Rechts und des Gemeinschaftsrechts, Tübingen 2001 (zugl. Habil. Jena 2000/2001).

Strand, Jon, The Relationship between Wages and Firm Size: An Information Theoretic Analysis, 28 Int. Econ. Rev. 1987, 51–68.

Streinz, Rudolf (Hrsg.), EUV/AEUV, 3. Auflage, München 2018.

Strohm, Andreas, Europäische Fusionskontrolle und Beschäftigungsfolgen, in: Bußmann, Ludwig (Hrsg.), Unternehmensfusionen und Beschäftigung, Berlin 2002, S. 61–64.

Stühmeier, Torben, Marktkonzentration, Marktmacht und makroökonomische Effekte, WuW 2020, 197–198.

Stützel, Wolfgang, Marktpreis und Menschenwürde, 2. Auflage, Stuttgart 1982.

Sullivan, Daniel, Monopsony Power in the Market for Nurses, 32 J. Law Econ. 1989, S135–S178.

Thomas, Stefan, Die Bindungswirkung von Mitteilungen, Bekanntmachungen und Leitlinien der EG-Kommission, EuR 2009, 423–443.

ders., Nachfragemacht im Kartellrecht, ZWeR 2015, 210–244.

ders., Struktur und Anwendung des SIEC-Tatbestands – Eine Analyse der CK Telecoms-Entscheidung des EuGH, ZWeR 2023, 281–308.

ders., Kollektive Preisabsprache mit Selbstständigen, in: Ory, Stephan/Cole, Mark (Hrsg.), Reform des Urhebervertragsrechts. Dokumentation der EMR-Veranstaltung vom 28. Januar 2016 in Berlin, Baden-Baden 2016, S. 47–108.

ders., Die Auswirkungen des SIEC-Tests auf den Anwendungsbereich der Ministererlaubnis. Wohlfahrtsstandards und politische Verantwortlichkeit in der deutschen Fusionskontrolle, ZWeR 2018, 246–271.

ders., Das Anzapfverbot des § 19 Abs. 1, 2 Nr. 5 i. V. mit § 20 Abs. 2 GWB unter Berücksichtigung vertikaler Wettbewerbsdynamiken – Grundfragen (Teil 1), WuW 2019, 23–28.

ders., Normative goals in merger control: Why merger control should not attempt to achieve better outcomes than competition, in: Kokkoris, Ioannis/Lemus, Claudia (Hrsg.), Research Handbook on the Law and Economics of Competition Enforcement, Cheltenham 2022, S. 193–216.

ders., Close Competitors in Merger Review, 4 J. Eur. Compet. Law Pract. 2013, 391–401.

ders., Wettbewerb, Wohlfahrt und Demokratie - ordnungspolitische Bewertung aktueller Entwicklungen, ZHR 2024, 762–798.

ders., Konzeptionelle Überlegungen zur Anwendung des Kartellrechts auf persönliche Arbeit, in: Hartmeyer, Elisabeth/Ludwig, Pascal M./Pfrang, Sebastian (Hrsg.), Sozialprivatrecht in mehrdimensionaler Perspektive – Beiträge aus weltlicher und kirchlicher Sicht. Festschrift für Hermann Reichold zum 70. Geburtstag, München 2025, S. 459–468.

Thüsing, Gregor, Von der Quadratur einer gesetzlichen Arbeitnehmerdefinition zur Zwangssolidarisierung der Leiharbeitnehmer, NZA 2015, 1478–1479.

ders./Hütter-Brungs, Gisela, Crowdworking: Lenkung statt Weisung – Was macht den Arbeitnehmer zum Arbeitnehmer?, NZA-RR 2021, 231–237.

ders./Traut, Johannes, Zur begrenzten Reichweite der Koalitionsfreiheit im Unionsrecht, RdA 2012, 65–73.

Tomassetti, Julia, Does Uber Redefine the Firm: The Postindustrial Corporation and Advanced Information Technology, 34 Hofstra Lab. & Emp. L. J. 2016, 1–78.

Traxler, Franz, Collective Bargaining in the OECD: Developments, Preconditions and Effects, 4 Eur. J. Ind. Relat. 1998, 207–226.

Ulber, Daniel, Tarifdispositives Gesetzesrecht im Spannungsfeld von Tarifautonomie und grundrechtlichen Schutzpflichten, Berlin 2010 (zugl. Diss. Köln 2010).

Ulshöfer, Matthias, Der Einzug des Herfindahl-Hirschman Index (HHI) in die europäische Fusionskontrolle, ZWeR 2004, 50–74.

Unruh, Peter, Die Unionstreue – Anmerkungen zu einem Rechtsgrundsatz der Europäischen Union, EuR 2002, 41–66.

Urban, Nele, Der Betriebsbegriff in Zeiten von mobilem Arbeiten, ArbRAktuell 2022, 221–224.

U.S. Department of Justice/Federal Trade Commission, Horizontal Merger Guidelines, Washington D.C. 2010, abrufbar unter: https://www.justice.gov/atr/public/guidelines/hmg-2010.pdf (zuletzt abgerufen am 6.7.2025).

dies., Antitrust Guidance For Human Resource Professionals, Washington D.C. 2016, abrufbar unter: https://www.ftc.gov/system/files/documents/public_statements/992623/ftc-doj_hr_guidance_final_10-20-16.pdf (zuletzt abgerufen am 6.7.2025).

dies., Merger Guidelines, Washington D.C. 2023, abrufbar unter: https://www.justice.gov/d9/2023-12/2023%20Merger%20Guidelines.pdf (zuletzt abgerufen am 6.7.2025).

U.S. Department of the Treasury, The State of Labor Market Competition, Washington D.C. 2022, abrufbar unter: https://home.treasury.gov/system/files/136/State-of-Labor-Market-Competition-2022.pdf (zuletzt abgerufen am 6.7.2025).

Vaupel, Christian, Die Kompensation von Ungleichgewichtslagen im Arbeits- und Verbraucherrecht, Herbolzheim 2006 (zugl. Diss. Gießen 2006).

Viol, Marion, Die Anwendbarkeit des europäischen Kartellrechts auf Tarifverträge. Unter rechtsvergleichender Betrachtung der Rechtsordnungen der Schweiz, der USA und Deutschlands, Baden-Baden 2005 (zugl. Diss. St. Gallen 2004).

Vocke, Julius Conrad, Der kartellrechtliche Marktbegriff und unentgeltliche Leistungen, Tübingen 2021 (zugl. Diss. Tübingen 2020).

Volmar, Maximilian, Märkte ohne Geld – Der kartellrechtliche Marktbegriff im Zeitalter der Digitalisierung, WRP 2019, 582–587.

Voswinkel, Stephan, Krise des Arbeitsrechts – Individualisierung der Anerkennungsverhältnisse?, WSI-Mitteilungen 2007, 427–433, abrufbar unter: https://www.wsi.de/data/wsimit_2007_08_voswinkel.pdf (zuletzt abgerufen am 6.7.2025).

Vranes, Erich, Lex Superior, Lex Specialis, Lex Posterior – Zur Rechtsnatur der „Konfliktlösungsregeln", ZaöRV 2005, 391–405.

Waas, Bernd, Verbesserung der Arbeitsbedingungen von Plattformbeschäftigten, ZRP 2022, 105–108.

Wagner, Thomas/Jahn, Elke J., Neue Arbeitsmarkttheorien, 2. Auflage, Stuttgart 2004.

von Wallenberg, Gabriela, EU-Fusionskontrolle und außerwettbewerbliche Ziele, in: Bachmann, Gregor/Grundmann, Stefan/Mengel, Anja/Krolop, Kaspar (Hrsg.), Festschrift für Christine Windbichler zum 70. Geburtstag am 8. Dezember 2020, Berlin/Boston 2020, S. 1461–1473.

dies., Die geklaute Firma – wie eine Untersagungsverfügung des BKartA unterlaufen wurde, NZKart 2023, 473–478.

Graf von Wallwitz, Sebastian, Tarifverträge und die Wettbewerbsordnung des EG-Vertrages, Frankfurt am Main 1997 (zugl. Diss. Freiburg 1996).

Waltermann, Raimund, Digital statt analog: Zur Zukunftsfähigkeit des Arbeitsrechts, RdA 2019, 94–101.

ders., Abhängige Beschäftigung in der digitalisierten Arbeitswelt, NZA 2021, 297–301.

Walwei, Ulrich, Ökonomische Analyse arbeitsrechtlicher Regelungen, in: Kleinhenz, Gerhard (Hrsg.), IAB-Kompendium Arbeitsmarkt und Berufsforschung, Nürnberg 2002, S. 95–106.

Walzel, Daisy/Monz, Jonathan, Überraschende Schnittstellen von Kartellrecht und Arbeitsrecht: Die Sperrabrede unter Arbeitgebern, CB 2024, 56–60.

Wank, Rolf, Arbeitnehmer und Selbständige, München 1988 (zugl. Habil. Köln 1982/1983).

ders., Telearbeit, NZA 1999, 225–235.

ders., Die personelle Reichweite des Arbeitnehmerschutzes aus rechtsdogmatischer und rechtspolitischer Perspektive, EuZA 2016, 143–170.

ders., Neues zum Arbeitnehmerbegriff des EuGH, EuZW 2018, 21–30.

ders., Die Entwicklung der Rechtsprechung des EuGH zum Arbeitnehmerbegriff, EuZA 2023, 22–49.

Webb, Douglas A., Firm Market Power and the Earnings Distribution, 35 Labour Econ. 2015, 123–134.

Webb, Sidney/Webb, Beatrice, Industrial Democracy, London u.a. 1902.

Weiland, Bernd H., Zur Durchsetzbarkeit vertraglicher Abwerbungsverbote, BB 1976, 1179–1181.

Weingärtner, Simon, Soziologische Arbeitsmarkttheorien. Ein Überblick, Wiesbaden 2019.

Weiss, Andrew, Efficiency Wages. Models of Unemployment, Layoffs, and Wage Dispersion, Princeton 1990.

Weiß, Wolfgang, Grundrechtsschutz durch den EuGH: Tendenzen seit Lissabon, EuZW 2013, 287–292.

Werding, Martin, Talente werden knapp: Perspektiven für den Arbeitsmarkt, in: Busold, Matthias (Hrsg.), War for Talents. Erfolgsfaktoren im Kampf um die Besten, 2. Auflage, Berlin 2019, S. 3–17.

Werner, Jens, Der Begriff der wirtschaftlichen Tätigkeit im europäischen Kartellrecht. Unter besonderer Berücksichtigung der FENIN-Rechtsprechung und ihrer Auswirkungen auf den Unternehmensbegriff des GWB, Baden-Baden 2012 (zugl. Diss. Bonn 2011/2012).

Wernicke, Stephan, Der Vertrag von Lissabon und das Wettbewerbsprinzip – Status quo ante, Neugewichtung oder Unwucht?, in: Pernice, Ingolf (Hrsg.), Der Vertrag von Lissabon: Reform der EU ohne Verfassung? Kolloquium zum 10. Geburtstag des WHI, Baden-Baden 2008, S. 190–196.

Wey, Christian, Verhandlungsmacht und Gewerkschaftswettbewerb, SF 2016, 247–253.

Whish, Richard/Bailey, David, Competition Law, 9. Auflage, Oxford 2018.

dies., Competition Law, 10. Auflage, Oxford 2021.

Wiedemann, Gerhard (Hrsg.), Handbuch des Kartellrechts, 4. Auflage, München 2020.

Wiedemann, Herbert (Hrsg.), Tarifvertragsgesetz, 8. Auflage, München 2019.

Williamson, Oliver E., The Economics of Organization: The Transaction Cost Approach, 87 Am. J. Sociol. 1981, 548–577.

ders., The Economic Institutions of Capitalism: Firms, Markets, Relational Contracting, London/New York u.a. 1985.

ders., Die ökonomischen Institutionen des Kapitalismus. Unternehmen, Märkte, Kooperationen. Gekürzte Übersetzung aus dem Amerikanischen von Monika Streissler, Tübingen 1990.

Wimmer, Alexander, Über private Selbstregulierung, Verbandsprivilegien und die Rechtfertigung von Wettbewerbsbeschränkungen durch nicht-wirtschaftliche Ziele. Lehren aus dem ISU-Urteil des EuG hinsichtlich der Interdependenz zwischen Wettbewerbsprinzip und Privatrechtsgesellschaft, ZWeR 2022, 156–184.

Windbichler, Christine, Grenzen der Mitbestimmung in einer marktwirtschaftlichen Ordnung, ZfA 1991, 35–52.

dies., Arbeitsrecht und Wettbewerb in der europäischen Wirtschaftsverfassung, RdA 1992, 74–84.

Wingerter, Eugen, Der SSNIP-Test – die ökonomischere Abgrenzung des relevanten Marktes?, WuW 2016, 357–359.

ders., Das wettbewerbsökonomische Konzept der Marktmacht. Eine kritische Einführung, WuW 2018, 199–201.

ders., Die Nachfragemacht, WuW 2020, 387–389.

Wisskirchen, Gerlind/Haupt, Jan, Crowdworker: Arbeitnehmer oder Selbstständiger? Zugleich eine Besprechung des Urteils des BAG v. 1.12.2020 - 9 AZR 102/20, RdA 2021, 355–360.

ders./Schwindlig, Jan, Crowdworking im Lichte des Arbeitsrechts, ZESAR 2017, 318–327.

Wölker, Ulrich, Die Normenhierarchie im Unionsrecht in der Praxis, EuR 2007, 32–57.

Yellen, Janet L., Efficiency Wage Models of Unemployment, 74 Am. Econ. Rev. 1984, 200–205.

Zimmer, Daniel., The basic goal of competition law: to protect the opposite side of the market, in: Zimmer, Daniel (Hrsg.), The Goals of Competition Law, Cheltenham u.a. 2012, S. 486–501.

ders., Differenzierte Produkte, nichtkoordinierte Effekte und das Upward Pricing Pressure-Konzept: Wird die Marktabgrenzung in Fusionskontrollverfahren entbehrlich?, WuW 2013, 928–936.

Zimmer, Reingard, Entwicklungsperspektiven transnationaler Kollektivverhandlungen in Europa – Schaffung eines rechtlichen Rahmens für transnationale Kollektivverträge in der Europäischen Union, EuZA 2013, 247–259.

Zöllner, Wolfgang, Privatautonomie und Arbeitsverhältnis. Bemerkung zu Parität und Richtigkeitsgewähr beim Arbeitsvertrag, AcP 1976, 221–246.

ders., Arbeitsrecht und Marktwirtschaft, ZfA 1994, 423–437.

Kolibri 360 GmbH
Ferdinand-Jühlke-Straße 7
99095 Erfurt, Deutschland
produktsicherheit@kolibri360.de